EU사법(III)

한국외대 법학연구소

외법총서 3

EU사법(Ⅲ)

Private Law of the European Union

편집대표 박 영 복

한국외국어대학교 지식출판원

유럽공통매매법 서문

김영두 교수(충남대학교 법학전문대학원)

이 책은 유럽공통매매법에 대한 연구성과를 담고 있다. 이 책에 실린 연구성과물이 취합된 2016년 현재 유럽공통매매법에 관한 규칙(regulation)을 위한 집행위원회의 제안은 결과적으로 "디지털콘텐츠 공급을 위한 계약"과 "온라인과 원격 물품매매"를 위한 지침(directive)이라는 두 개의 제안으로 대체되었다. 그럼에도 불구하고 이 두 개의 지침은 유럽공통매매법에 대한 경험과 논의내용을 바탕으로 하고 있기 때문에 현 시점에서도 여전히 유럽공통매매법에 대한 논의는 유효하다. 유럽공통매매법이 제안된 과정과 두 개의 지침에 대한 제안으로 대체된 과정을 살펴보기 위해서는 먼저 유럽연합의 입법절차를 살펴볼 필요가 있다. 유럽연합의 입법절차에는 네 가지 유형이 있는데, 규칙(regulation)이나 지침(directive)을 제정하는 과정은 보통입법절차(the ordinary legislative procedure)에 따른다(Treaty on the Functioning of the European Union[이하 "TFEU]" 제289조 제1항). 보통입법절차에서는 유럽의회와 이사회가 공동으로 입법에 관한 사항을 결정을 하게 된다(codecision procedure). 공동결정절차는 유럽연합조약(the Maastricht Treaty on European Union 1992)에 의해서 도입되었고 암스테르담조약(the Amsterdam Treaty 1999)에 의해서 확대되었고 더욱 효과적이 되었다. 그리고 2009년 12월 1일 효력을 발생한 리스본조약(the Lisbon Treaty 2007)에 의해서 통상입법절차는 유럽연합에서 가장 중요한 입법절차가 되었다.

보통입법절차는 TFEU 제294조가 규정하고 있다. 먼저 집행위원회는 유럽의회와 이사회에 제안(proposal)을 제출한다(TFEU 제294조 제2항). 유럽의회는 제1회독(frist reading)에서 입장을 정하고 이를 이사회에 제출한다(TFEU 제294조 제3항). 이사회가 유럽의회의 입장을 승인한다면 유럽의회의 입장에 따른 문구대로 법안이 채택된다(TFEU 제294조 제4항). 만약 이사회가 유럽의회의 입장을 승인하지 않는다면 이사회는 제1회독에서 자신의 입장을 결정하고 이를 유럽의회에 통지한다(TFEU 제294조 제5항). 이 경우에 이사회는 제1회독에서 자신의 입장을 정하게 된 이유를 유럽의회에 알려야 하고, 집행위원회도 유럽의회에 자신의 입장을 알려야 한다(TFEU 제294조 제6항). 통지를 받은 이후에는 제2회독(second reading) 절차가 진행된다. 통지를 받은 후 3개월 이내에 유럽의회가 제1회독에 따른 이사회의 입장을 승인하거나 아무런 결정을 하지 않는다면 이사회의 입장에 따른 문구 그대로 법안이 채택된다(TFEU 제294조 제7항(a)). 만약 3개월 이내에 유럽의회가 과반수의 결의에 의해서 이사회의 입장을 거절한다면 그 법안은 채택되지 않은 것이다(TFEU 제294조 제7항(b)). 유럽의회는 3개월 이내에 과반수 결의에 의해서 이사회의 입장에 대한 수정안을 제시한다면, 그 수정안은 이사회와 집행위원회에 전달된다(TFEU 제294조 제7항(c)). 유럽의회의 수정안을 받은 후 3개월 이내에 이사회가 가중다수결(qualified majority)에 의해서 수정안을 승인하면, 그 법안은 채택된 것이다(TFEU 제294조 제8항(a)). 만약 이사회가 수정안을 모두 승인하지 않는다면 이사회의 의장(the President of the Council)은 유럽의회 의장(the President of the European Parliament)과 함께 6주 이내에 조정위원회(Conciliation Committee)를 개최하게 된다(TFEU 제294조 제8항(b)). 조정위원회는 제2회독 이후의 유럽의회와 이사회의 수정안에 대한 문구의 합의를 도출하는 역할을 한다(TFEU 제294조 제10항). 조정위원회에서 공동문안(a joint text)을 승인하면 제3회독 절차가 개시되며, 유럽의회와 이사회는 6주 이내에 그 공동문안의 승인 여부를 결의하게 된다. 만약 승인하지 못하면 법안은 채택되지 않은 것이다.

유럽연합집행위원회(European Commission)는 2011년 10월 11일 유럽공통매매법에 관한 규칙(regulation)을 위한 제안을 공표하였다. 규칙을 제정하기 위한 절차이므로 보통입법절차에 따라 입법이 이루어진다. 이 절차를 진행하기 위해서 집행위원회가 유럽의회와 이사회에 규칙을 제안하였다. 이 제안은 "Proposal for a Regulation of the European Parliament and of the Council on a Common European Sales Law, October 11, 2011, COM(2011) 635 final"이다. 지침(Directive)이나 규칙(Regulation)은 모두 유럽연합의 구속력이 있는 규범이다. 지침의 경우에는 회원국들의 입법전환이 필요하지만, 규칙의 경우에는 별 다른 절차없이 직접적으로 효력이 발생한다. 따라서 유럽공통매매법을 위한 규칙의 제정은 유럽연합 회원국간의 국경을 넘는 거래에 대해서 직접 적용될 수 있는 유럽공통매매법을 만든다는 것을 의미한다. 유럽공통매매법의 제안배경이나 제안이유, 목적,인적·물적·장소적 적용범위, 유럽공통매매법과 국내법의 관계 등에 대해서는 이 책에 실려 있는 박영복, "EU 집행위원회에 의해서 제안된 「유럽공통매매법에 관한 규칙」"을 참고하면 된다.

집행위원회의 제안에 대해서 유럽의회의 제1회독 절차가 개시되었다. 2013년 2월 18일 유럽의회는 집행위원회의 제안을 수정하는 초안보고서를 발표하였다. 유럽위원회의 제안에 대한 검토와 초안보고서는 유럽의회의 상임이사회인 법사위원회(Committee on Legal Affairs[JURI])"에 의해서 이루어졌다. 초안보고서의 이름은 "Committee on Legal Affairs, Draft Report on the proposed for a regulation of the European Parliament and of the Council on a Common European Sales Law, 18.2.2013"이다. 이 초안에 대한 "역내시장 및 소비자 보호 위원회(the Committee on the Internal Market and Consumer Protection[IMCO])"와 "경제통화위원회(the Committee on Economic and Monetary Affairs[ECON])"의 의견을 참고하여 법사위원회는 최종 수정안을 작성하였고, 이 수정안은 2014년 2월 26일 유럽의회 본회의에서 채택되었다("European Parliament legislative resolution of 26 February 2014 on the proposal for a regulation of the European Parliament and of the Council on a Common European Sales Law"). 의회 수정안의 내용에 대해서는 이 책에 실려있는 박영복, "유럽 공통의 매매법, -「유럽공통매매법에 관한 EU 규칙」을 위한 유럽의회 수정안을 중심으로 -"를 참고하면 된다. 유럽의회 회원 중에 찬성은 416표이었고, 반대는 159표이었고, 기권은 65표이었다. 유럽의회에서 영국과 독일정부는 반대를 했다. 2014년 3월 3일 유럽연합 사무총장은 유럽공통매매법에 대한 유럽의회의 제1회독결과(Outcome of the European Parliament's first reading)를 이사회(European Council)와 상주대표회의(Permanent Representatives Committee)에 발송한다.

이사회의 논의가 진행 중인 상태에서 결과적으로 집행위원회는 유럽공통매매법에 대한 제안을 수정한다. 집행이사회는 이사회가 법안을 채택하기 이전이라면 시점과 상관없이 자신의 제안을 수정할 수 있는 권한(TFEU 제293조 제2항)이 있는데, 이 권한에 근거하여 집행이사회는 유럽공통매매법에 관한 제한을 수정하였다. 2014년 12월 16일 집행위원회는 유럽의회와 이사회, 유럽경제사회위원회(European Economic and Social Committee), 지역위원회(Committee of the Regions)에 "새로운 출발(A New Start)"이라는 이름의 2015년 집행위원회의 작업계획(Work programme)에 관한 통신문(COM(2014) 910 final)[1]을 발송한다. 유럽연합 시민들은 유럽연합이 거시경제와 사회적 변화(높은 실업률, 저성장, 높은 수준의 공공부채, 투자격차(investment gap), 국제시장에서 경쟁력부재)에 유럽연합이 새로운 접근을 할 것을 기대하고 있으

1) COMMUNICATION FROM THE COMMISSION TO THE EUROPEAN PARLIAMENT, THE COUNCIL, THE EUROPEAN ECONOMIC AND SOCIAL COMMITTEE AND THE COMMITTEE OF THE REGIONS, Commission Work Programme 2015, A New Start, Strasbourg, 16.12.2014, COM(2014) 910 final.

며 이러한 기대에 부응하여 집행위원회는 새로운 일(different things)을 하고, 그 일들을 새로운 방법(differently)으로 수행하기로 한다.[2] 그리고 집행위원회는 직업과 성장과 같은 거시적인 문제에 집중하기 위해서 10개의 우선과제를 제시하고, 이러한 우선과제와 양립하지 않는 제안들은 제시하지 않을 것임을 밝힌다.[3] 이러한 새로운 출발선상에서 집행위원회는 기존의 제안들에 대한 철회와 수정목록을 작성한다. 그 목록 중에는 유럽공통매매법도 올라가 있다. 새로운 출발을 알리는 통신문의 제2부속서(ANNEX 2)는 집행위원회의 제안에 대한 수정/철회목록을 담고 있는데, 60번째 항목에는 유럽의회와 이사회에 제안했던 유럽공통매매법에 대한 제안(COM(2011) 635 final)이 수정되었다는 점이 기재되어 있다. 수정이유는 디지털단일시장속에서 전자상거래의 잠재력을 촉발시키기 위함이다.[4] 유럽공통매매법에 대한 제안이 수정되었다고 하지만 그 내용이 수정된 것은 아니다. 그리고 2015년 12월 9일 집행위원회는 "디지털콘텐츠 공급을 위한 계약"과 "온라인과 원격 물품매매"를 분리하여 제안하였고, 유럽공통매매법은 규칙(regulation)의 형태로 제안되었지만, 앞의 두 개의 법안은 지침(directive)의 형태로 제안하였다는 점을 고려한다면 사실상 유럽공통매매법에 대한 제안은 수정되었다기 보다는 철회된 것과 마찬가지이다.[5] 그러나 두 개의 지침에 대한 제안이 유럽공통매매법의 논의를 바탕으로 하였기 때문에 수정이라는 표현을 사용한 것으로 볼 수 있다.

---

2) COM(2015) 910 final, p. 2.
3) 10개의 우선과제는 다음과 같다. ① 직업, 성장, 투자를 위한 새로운 부양책(A New Boost for Jobs, Growth and Investment), ② 결합된 디지털단일시장(A Connected Digital Single Market), ③ 미래를 내다보는 기후변화정책에 따른 탄력적인 에너지 공동체(A Resilient Energy Union with a Forward-Looking Climate Policy), ④ 강화된 사업기반에 따른 더욱 심화되고 공정한 역내시장(A Deeper and Fairer Internal Market with a Strengthened Industrial Base), ⑤ 더욱 심화되고 공정한 경제통화공동체(A Deeper and Fairer Economic and Monetary Union), ⑥ 합리적이고 균형있는 미국과의 자유무역협정(A Reasonable and Balanced Free Trade Agreement with the U.S.), ⑦ 상호신뢰에 기반을 둔 정의와 기본적 권리의 영역(An Area of Justice and Fundamental Rights Based on Mutual Trust), ⑧ 이민에 대한 새로운 정책을 위하여(Toward a New Policy on Migration), ⑨ 강력한 국제적 역할(A Stronger Global Actor), ⑩민주적변화의 공동체(A Union of Democratic Change)가 10개의 우선과제이다.
4) COM(2014) 910 final, Annex II, p. 12.
5) 보통입법절차에서 집행위원회가 제안을 철회할 수 있는 권한이 있는지 여부에 대해서는 논란이 있다. 그러나 집행이사회와 대부분의 학자들은 집행위원회가 법안발의권을 갖고 있으며, 유럽공동체의 공동의 이익의 수호자이기 때문에 철회권도 갖고 있다고 한다. 이에 대해서는 Eva Poptcheva, The European Commission's right to withdraw a legislative proposal(https://epthinktank.eu/2015/04/23/the-european-commissions-right-to-withdraw-a-legislative-proposal/)(2016년 12월. 15일 최종방문).

집행위원회는 2015년 5월 6일 "유럽디지털시장전략(the Digital Single Market Strategy)"이라는 제목의 통신문[6]을 발송한다. 이 전략은 세 개의 축으로 구성된다. 첫째, 유럽 내에서 소비자와 사업자가 온라인 물품과 서비스에 대해서 더 잘 접근할 수 있도록 하는 것이다. 이를 위해서는 오프라인과 마찬가지로 온라인 활동에 대한 장애물이 되는 국가 간의 장벽을 제거해야 한다. 둘째, 디지털서비스와 네트워크가 번성할 수 있도록 알맞은 환경을 조성하는 것이다. 이를 위해서는 빠르고 안전하고 신뢰할 수 있는 기반시설(infrastructures), 콘텐츠서비스가 갖추어져야 하고 혁신과 투자, 공정경쟁을 위한 규제환경이 마련되어야 한다. 셋째, 유럽디지털경제의 성장잠재력을 최대화하는 것이다. 이를 위해서는 정보통신기술(ICT) 기반시설과 클라우드 컴퓨팅이나 빅데이터와 같은 기술, 산업경쟁력과 공공서비스의 활성화를 위한 혁신과 연구에 대한 투자가 필요하다.[7] 유럽디지털시장전략에서 집행위원회는 유럽공통매매법을 수정하는 제안을 하겠다고 약속한다.

2015년 12월 9일 집행위원회는 유럽의회와 이사회에 세 개의 통신문을 발송한다. 이 세 개의 통신문은 디지털단일시장전략을 구체화하는 통신문으로 볼 수 있다. 첫 번째 통신문은 전자상거래(e-commerce)를 촉발하는 유럽을 위한 디지털계약에 관한 내용이다(이하 "COM(2015) 633 final").[8] 두 번째 통신문은 디지털콘텐츠 공급을 위한 계약에 관련된 지침에 대한 제안[9](이하 "COM(2015) 634 final")을 포함하고 있다. 세 번째 통신문은 온라인과 원격 물품매매를 위한 지침에 관한 제안[10](이하 "COM(2015) 635 final")을 포함하고 있다.

첫 번째 통신문은 법안의 제안을 위한 통신문이 아니라 집행위원회가 제안할 "디지

6) COMMUNICATION FROM THE COMMISSION TO THE EUROPEAN PARLIAMENT, THE COUNCIL, THE EUROPEAN ECONOMIC AND SOCIAL COMMITTEE AND THE COMMITTEE OF THE REGIONS, A Digital Single Market Strategy for Europe, Brussels, 6.5.2015, COM(2015) 192 final.

7) COM(2015) 192 final, pp. 3~4.

8) COMMUNICATION FROM THE COMMISSION TO THE EUROPEAN PARLIAMENT, THE COUNCIL AND THE EUROPEAN ECONOMIC AND SOCIAL COMMITTEE, Digital contracts for Europe – Unleashing the potential of e-commerce, Brussels, 9.12.2015, COM(2015) 633 final.

9) Proposal for a DIRECTIVE OF THE EUROPEAN PARLIAMENT AND OF THE COUNCIL on certain aspects concerning contracts for the supply of digital content, Brussels, 9.12.2015, COM(2015) 634 final.

10) Proposal for a DIRECTIVE OF THE EUROPEAN PARLIAMENT AND OF THE COUNCIL on certain aspects concerning contracts for the online and other distance sales of goods, Brussels, 9.12.2015, COM(2015) 635 final.

털콘텐츠 공급을 위한 계약"과 "온라인과 원격 물품매매"에 관한 지침의 배경이나 방향을 설명하고 있다. 위에서 설명하였듯이 2015년 5월 6일 발표된 디지털단일시장전략은 세 가지 목적을 갖고 있었는데 그 중의 하나는 국가간 장벽을 제거하는 것을 목적으로 하고 있으며,[11] 이를 위하여 디지털콘텐츠의 공급과 온라인물품거래을 위한 조화로운 규정에 대한 입법발의(legislative initiative)를 선언하고 있다. 이를 구체화하는 것이 두 개의 지침을 제안하고 있는 통신문(COM(2015) 634 final, COM(2015) 635 final)이다.

집행위원회가 발표한 2015년 작업계획(2015 Work Programme)에 따르면 이 두 개의 지침에 대한 제안은 유럽공통매매법 규칙을 위한 협상과정의 경험에 기초하고 있다고 한다. 유럽공통매매법이 규칙의 형태로 제안되었다는 점과 달리 "디지털콘텐츠 공급을 위한 계약"과 "온라인과 원격 물품매매"는 지침의 형태로 제안되었기 때문에 당사자들의 선택에 의해서 임의로 적용되는 것이 아니고 회원국들이 국내법으로 입법전환을 해야 한다. 그리고 유럽공통매매법과 달리 이 두 개의 지침은 일련의 포괄적인 규정들로 이루어지지도 않았다. 대신 특정한 목표를 위해서 집중된 분야에 대한 조화로운 규정들을 담고 있다. 또한 집행위원회가 제안한 두 개의 지침은 유럽공통매매법에 대한 규칙의 제1회독에서 유럽의회가 제안한 내용들을 기반으로 하고 있고,[12] 그 적용범위를 온라인이나 원격지 물품매매로 제한하고 있으며, 반대급부가 금전이 아닌 경우의 디지털콘텐츠에도 적용을 확대하고 있다.

---

11) COM(2015) 633 final, p. 3.

12) 디지털콘텐츠 공급을 위한 계약에 관련된 지침 제2조의 정의에 관한 규정의 일부내용은 유럽공통매매법에서 기원한 것이다.

"디지털콘텐츠 공급을 위한 계약"에 관한 지침은 서문과 총 24개의 조문으로 구성되어 있다. 그 내용을 개관하면 다음과 같다.

제1조 적용사항(Subject matter)
제2조 정의(Definitions)
제3조 범위(Scope)
제4조 조화의 수준(Level of harmonisation)
제5조 디지털콘텐츠의 제공(Supply of the digital content)
제6조 디지털콘텐츠의 계약 적합성(Conformity of the digital content with the contract)
제7조 디지털콘텐츠의 결합(Integration of the digital content)
제8조 제3자 권리(Third party rights)
제9조 입증책임(Burden of proof)
제10조 제공자의 책임(Liability of the supplier)
제11조 미제공에 대한 구제수단(Remedy for the failure to supply)
제12조 계약 적합성의 결여에 대한 구제수단(Remedies for the lack of conformity with the contract)
제13조 해제(Termination)
제14조 손해배상(Right to damages)
제15조 디지털콘텐츠의 변경(Modification of the digital content)
제16조 장기계약의 해제권(Right to terminate long term contracts)
제17조 보상에 대한 권리(Right of redress)
제18조 실행(Enforcement)
제19조 강행규정성(Mandatory nature)
제20조 지침 1999/44/EC, 규칙 (EC) No 2006/2004, 지침 2009/22/EC에 대한 수정 (Amendments to Directive 1999/44/EC, Regulation (EC) 2006/2004, Directive 2009/22/EC)
제21조 입법전환(Transposition)
제22조 조사(Review)
제23조 효력발생(Entering into force)
제24조 수신인(Addressees)

“온라인과 원격 물품매매”에 관한 지침은 서문과 22개의 조문으로 구성되어 있다. 그 내용을 개관하면 다음과 같다.

제1조 적용사항과 범위(Subject matter and scope)
제2조 정의(Definitions)
제3조 조화의 수준(Level of harmonisation)
제4조 계약 적합성(Conformity with the contract)
제5조 물품의 적합성 요건(Requirement for conformity of the goods)
제6조 부적절한 설치(Incorrect installation)
제7조 제3자 권리(Third party rights)
제8조 계약적합성을 갖추어야 하는 시점(Relevant time for establishing conformity with the contract)
제9조 계약부적합성의 결여에 대한 소비자의 구제수단(Consumer's remedies for the lack of conformity with the contract)
제10조 물품의 교환(Replacement of goods)
제11조 수리와 교환에 대한 소비자의 선택(Consumer's choice between repair and replacement)
제12조 대금감액(Price reduction)
제13조 소비자의 계약해제권(Consumer's right to terminate the contract)
제14조 권리행사기간(Time limits)
제15조 상업적 보증(Commercial guarantees)
제16조 보상에 대한 권리(Right of redress)
제17조 실행(Enforcement)
제18조 강행규정성(Mandatory nature)
제19조 지침 1999/44/EC, 규칙 (EC) No 2006/2004, 지침 2009/22/EC에 대한 수정 (Amendments to Directive 1999/44/EC, Regulation (EC) 2006/2004, Directive 2009/22/EC)
제20조 입법전환(Transposition)
제21조 효력발생(Entering into force)
제22조 수신인(Addressees)

2016년 1월 18일과 21일에 이사회와 유럽의회는 유럽경제사회위원회(the European Economic and Social Committee)에 집행위원회가 제안한 두 개의 지침에 대한 자문을 의뢰하기로 결정하였다. 유럽경제사회위원회는 2016년 7월 20일 이에 대한 의견을 제출한다.[13] 그리고 유럽의회연구소(European Parliamentary Research

13) Opinion of the European Economic and Social Committee on the 'Proposal for a directive of the European Parliament and of the Council on certain aspects concerning contracts for the supply of

Service)에서는 5월과 9월에 두 번의 분석 자료를 발간하였고,[14] 유럽의회 차원에서 2016년 2월 "Contracts for online and other distance sales of goods", 2016년 4월 "Contracts for supply of digital content to consumers"라는 제목의 두 개의 브리핑도 나와 있다. 비록 유럽공통매매법에 관한 집행위원회의 제안은 "디지털콘텐츠 공급을 위한 계약"과 "온라인과 원격 물품매매"에 관한 지침으로 대체되었지만, 유럽공통매매법의 제정에 대한 경험과 그 논의 내용은 이 두 지침에 상당한 영향을 주었다. 이 시점에서 유럽공통매매법의 내용을 구체적으로 살펴보는 일은 앞으로 유럽연합에서 만들어질 두 개의 지침에 대한 입법절차와 논의를 이해함에 있어서 많은 시사점을 줄 수 있을 것이다.

---

digital content'. 이 의견은 유럽연합 공식저널(Official Journal of the European Union)에 실려 있으며 http://eur-lex.europa.eu/legal-content/EN/TXT/?uri=CELEX%3A52015AE6292에서 확인할 수 있다(2016년 12월 17일 최종방문).

14) 2016년 5월 발간된 보고서의 저자는 Rafał Mańko이고, 제목은 "Contracts for supply of digital content-A legal analysis of the Commission's proposal for a new directive -"이다. http://www.europarl.europa.eu/RegData/etudes/IDAN/2016/582048/EPRS_IDA(2016)582048_EN.pdf에서 확인할 수 있다(2016년 12월 17일 최종방문). 9월에 발간된 보고서의 저자도 Rafał Mańko이며 제목은 "Contract law and the Digital Single Market, - Towards a new EU online consumer sales law? -"이다. http://www.europarl.europa.eu/RegData/etudes/IDAN/2015/568322/EPRS_IDA(2015)568322_EN.pdf에서 확인할 수 있다(2016년 12월 17일 최종방문).

목차

제2장 계약의 성립

제3장 계약의 확정

제4장 계약 당사자의 의무와 구제수단

제5장 손해배상과 이자

제6장 소멸시효

제7장 디지털콘텐츠

찾아보기

EU사법(III)

Private Law of the European Union

제 1 장
총 설

제1절 EU 私法의 전개

- EU Consumer Acquis and the European Contract Law-

박영복 교수 (한국외국어대학교 법학전문대학원)

I. 시작하면서

유럽의 사법 상황은 병렬적으로 이루어지는 두 개의 전개로 특징지을 수 있다. 두 전개 중 하나는 유럽 공동체에 의해 특정 분야에서 이루어져 온, 특히 소비자 보호법의 영역에 있어서의 수많은 EU 지침(Directive)군이다. 그리고 또 하나는 공통기준[공통준거틀](Common Frame of Reference)이라는 형태로, 또는 미래에 유럽계약법전이 될지도 모르는 형태로 유럽에서의 일반 사법의 평준화를 달성하기 위해 행해진 작업이다. 이 두 전개는 상호 독자적으로 생겨난 것으로, 현재 두 전개를 통합하는 것이 공동체 사법의 발전을 위해 가장 요구되고 있는 것일 것이다.

EU 지침은 유럽 공동체의 입법행위[legislative acts]이며, 그 때문에 구속력을 갖는 규범인 반면에, 유럽계약법전의 준비 작업(내지 계약법 이론의 정리 작업)은 사적으로 조직된 연구 프로젝트로 행해져 왔다. 그러나 유럽위원회는 유럽계약법을 위한 보고서[1] 및 이에 이은 액션 플랜[행동계획][2]에 의해 일반 계약법을 평준화한다는(harmonizing) 이념을 받아들였다. 그리고 유럽위원회는 현재의 연구 성과를 유럽계

* 이 글은 박영복, "EU 私法의 전개 - EU Consumer Acquis and the European Contract Law -", 『EU 연구』(한국외국어대 EU연구소) 제3호(2012.10.)의 내용을 수정 보완한 것임.

1) Communication from the Commission to the Council and the European Parliament on EUROPEAN CONTRACT LAW, COM(2001)398 final. 이하 모든 문서는 Official website of the EU: http://europa.eu/ 참조.

2) Communication from the Commission to the European Parliament and the Council; A MORE COHERENT EUROPEAN CONTRACT LAW, AN ACTION PLAN, COM(2003) 68 final.

약법의 발전을 위한 기반으로 이용하려고 하고 있다. 여기서 문제는 이들 두 공동체 정책 – 소비자 보호법의 현대화와 계약법의 평준화 – 을 어떻게 하면 일치시킬 수 있는가에 있다. 유럽위원회는 당초 위의 액션플랜 및 이에 근거하는 공통기준틀 프로젝트에 의해 두 영역(즉 일반 계약법과 소비자 보호법에 대한 문제)을 포괄적으로 해결하려고 생각하고 있었던 것으로 생각된다. 그러나 그 후 위원회는 소비자 보호법에 관한 아키 코미노테(acquis communautaire)의 재검토를 위한 2007년 그런 페이퍼[3]에 의해 이 전체 계획에서 소비자 보호법의 현대화를 꺼내, 이 목적을 아키 코미노테의 현대화의 작업으로 추구하고, 그와 함께 공통기준의 완성으로 나가려고 하고 있는 것이다.

이하에서는 첫째, 소비자법에 관한 아키 코미노테의 성립 및 전개를 더듬어, 현재의 구조적 결함에 대한 기존 논의를 살펴본다(II). 그리고 둘째로, 유럽계약법원칙(PECL) 등 유럽계약법상의 작업을 소개한다(III). 이 원칙은 생성 중에 있는 유럽계약법의 핵심 부분을 나타내고 있으며, 현재는 유럽 민법전 연구그룹이 이것을 한층 더 발전시키고 있다. 유럽계약법원칙은 처음에는 순수하게 사적인 발의에 의해 전개되어 왔지만, 현재는 경제계 및 실무계에 널리 수용되고 있으며, 이 원칙이 유럽연합에 있어서의 계약법의 평준화에 있어서 가지는 의의는 거의 다툼의 여지가 없는 것이다. 그러나 문제는 PECL이 기존 소비자 보호법을 완전히 도외시하고 있다는 점이다. 따라서 PECL이 어느 정도 유럽 소비자 보호법의 구조적 결함의 해소에 도움이 될 수 있는지에 대해 의심받고 있다. 셋째, 현재 이루어지고 있는 여러 제안, 그리고 특히 유럽계약법을 실현하기 위한 액션 플랜을 자세히 보고자 한다(IV). 여기서 밝혀지는 것은 위의 두 전개와 관련된 작업, 즉 소비자 보호법의 현대화와 계약법의 평준화가 평행 하면서도 서로 완전히 별개는 아닌 형태로 추구되고 있다는 것이다. 유럽계약법의 현대화를 추구하는 '작업 1'(공통기준)과 소비자법에 대한 아키 고미노테의 개정 '작업 2'를 정리하며(V, VI), 그 작업 2의 결실이라 할 수 있는 소비자권리에 관한 지침에 대해 살펴본다(VII). 그 다음 이들을 통합하여 제안하고 있는 '선택적 유럽 공통 매매법 규칙(안)'에 대한 작업 개요와(Ⅷ), 그에 대한 평가 및 의의를 바탕으로 앞으로의 전개에 대해 전망하고자 한다(IX).

3) GREEN PAPER on the Review of the Consumer Acquis, 08.02.2007 COM (2006) 744 final.

II. 소비자법의 아키 코미노테[4)]

1. 유럽 소비자 계약법의 성립

1970년대 중순 이후 유럽 공동체는 공통의 소비자 정책을 전개해 왔다.[5)] 이 정책은 그 후 1986년 단일 유럽 의정서(Single European Act)에 의해 유럽 공동체 설립 조약(Treaty establishing the European Community. TEC)속에서도 명확하게 근거를 갖게 되었다.[6)] 그에 따르면, 소비자 보호법의 영역에서 활동하는 유럽 공동체의 권한은 동 조약(TEC) 제153조에 있어서의 소비자 보호 정책의 기준과 연계하여 TEC 제95조에 규정된 역내 시장의 권한에 기해 고도의 소비자 보호 수준을 정착시킬 수 있는 것으로 되어 있다.[7)]

이 기초에 근거하여 유럽 공동체는 1980년대 중반부터 사법 영역에서도 점차 활동을 확대해 왔다. 계약법의 평준화(Harmonization)를 위한 접근의 첫 계기는 구체적인 남용적 판매 방법을 금지할 필요성에 있었다. 그때까지의 유럽계약법의 대부분이 소비자 계약법이므로 일반 민법은 거의 그 영향을 받지 않은 채로인 것은 이러한 사정에

---

4) acquis communautaire는 공동체(EC)에 의해 이제까지 생성된 법규의 총체를 말하는 것으로(유럽사법재판소의 판결도 포함) 유럽 공동체법 정도로 표현할 수 있을 것이다. 유럽에서는 현존하는 유럽공동체법(the Existing EC Private Law)라 표현하기도 한다.

5) 1975년 「소비자 보호 및 정보 정책을 위한 유럽경제공동체의 예비 계획에 관한 1975년 4월 14일의 이사회 결의」가 각료이사회에서 채택되었다. 이 결의의 내용에 의하면, 건강, 안전, 경제적 이익, 구제, 정보 및 교육, 의견표명에 관한 소비자의 권리가 확인되었다. 이 권리에 대응하여 소비자 정책의 목표가 책정되어 있었다.

6) 단일 유럽 의정서는 1987년 1월 7일에 발효하고 있다. 또한 그 후 제101a조가 새롭게 창설되어, 이에 의해 유럽위원회에게는 고도의 소비자 보호 수준을 실현하기 위한 조치를 제안하는 권한이 주어지고 있다.

7) TEC 제153조는 개별적으로 소비자 보호에 관하여 규정하고 있다. 여기에서는 소비자의 건강·안전·경제적 이익의 보호, 소비자의 이익을 보호하기 위한 정보 제공과 교육에 대한 권리, 단체 조직을 앞세워 역내 시장의 완성에 관련된 법을 상호 접근시키기 위한 조치를 행하는 것으로 하고 있다. 오늘날의 EU의 소비자 정책도 이 규정에 기하여 전개되고 있다(= TEFU 제169조). TEC 제14조는 법의 접근에 의한 역내 시장의 확립을 위한 조치의 채택을 유럽 공동체에 맡기고 있다. 이 규정을 받아 유럽이사회는 TEC 제95조에 있어서의 법의 접근에 관한 조치를 TEC 제251조에 따라 행하게 된다. 법의 상호접근(Approximation of Laws)에 관한 조화 입법 절차는 TEC 제94조 내지 제97조에 규정되어 있다. 법의 접근에 관한 조치 중에 TEC 제249조 내지 제256조에 있어서의 규칙의 제정, 지침의 공표, 결정, 권고, 의견의 전달이 있다. 리스본 조약 전의 EU 민사법제 및 입법 근거 등에 대해서는 졸고, "EU법제하의 민사법", 법제, 2006.08, 71면 이하 참조.

근거한다. 즉, 이 경우에 중요한 것은 개개의 사안을 해결하기 위한 체계적 규범이 아니라, 오히려 특정 시장 행동의 규제였으므로 일반적으로 지침이라는 형식이 선택되었던 것이다.

EC 조약 제249조에 근거하는 지침(Directives)이라는 규제 수단은 회원국에 대해 구속력을 수반한 규제 목적을 설정하지만, 통일법을 창설하는 것은 아니다. 즉, 지침을 어떻게 국내법화할지는 회원국에 맡겨져 있어, 그 규제 목적은 각 회원국의 생각에 따라 각국의 민법에 짜 넣어질 여지가 남아 있는 것이다.

제조물 책임 지침[8]은 소비자단체에 의해 요구되어 온 것이지만, 협의의 의미에서의 소비자법은 아니다. 따라서 이것을 도외시하면, 소비자 계약법의 영역에 있어서의 유럽 공동체의 최초의 지침은 1985년의 방문판매 지침(85/577/EC)이다. 그 규제 내용 및 규제 기술은 제1세대라 불리우는 이 이후의 소비자 보호에 관한 지침 모두에 이용되고 있다.

본 지침의 규제 목적은 다음에 있다. 즉, 소비자가 계약의 청약을 받는 것을 상정하고 있지 않고, – 따라서 기습 형태로 – 자기에게 불리한 계약을 체결해 버리는 상황으로부터 소비자를 보호하는 것에 있다. 이 지침은 그러한 기습의 위험이 있는 몇 개의 상황을 제한적으로 열거하고 있으며, 소비자의 철회권이라는 법률 효과를 정하고 있다. 소비자는 부여된 고려 기간(이른바 쿨링오프 기간) 내에 계약이 스스로에 불이익하다고 생각하면, 이 철회권에 의해 불이익을 입는 일 없이 계약에서 해방될 수 있다. 이 고려 기간의 기산은 소비자가 자기에게 철회권이 있는 것을 알게 된 시점부터라고 되어 있다. 이에 의해서 철회권의 유효성이 보완적으로 확보되고 있다.

공동체의 입법자는 계속해서 이러한 영역 특정형의 규제를 소비자 신용 문제,[9] 패키지 투어(90/314/EC), 그리고 특히 남용되기 쉬운 타임 쉐어링 계약(94/47/EC)에 대해서도 행하였다. 이들 3개의 지침은 소비자에게 있어서 특히 문제가 되는 계약 유형을 상세하게 규정하고, 사업자에 대한 소비자의 정형적인[일상적인] 열위 상태를 정보제공의무, 철회 내지 해제권에 의해 보충하는 것을 시도하고 있다.

그 후 1993년의 불공정계약조항지침(93/13/EC)에 의해 영역을 특정하지 않는 첫

8) Directive (85/374/EEC) of 25.7.1985 on the approximation of the laws, regulations and administrative provisions of the Member States concerning liability for defective products(products liability Directive.

9) Council Directive 87/102/EEC of 22 December 1986 for the approximation of the laws, regulations and administrative provisions of the Member States concerning consumer credit 소비자 신용에 관한 회원국의 법, 규제, 권고의 적정화에 관한 지침(87/102/EEC 지침).

규제가 소비자 보호법의 영역에서 공포되었다. 이 지침은 규제 기술면에서는 위의 여러 지침과 같은 것이지만, 형식면에서는 분명 진보하고 있다. 왜냐하면 이 지침은 특정의 상황에 결합된 적용 영역이나 특정의 계약 유형에 따라 만들어진 것이 아니라, 소비자 거래 일반을 대상으로 하고 있기 때문이다. 본 지침은 소비자 계약을 효율적으로 처리하기 위한 보조 수단으로 약관이 사용되는 것 자체를 제한하는 것이 아니라, 약관의 사용에 의해 소비자에게 생기는 불이익 방지를 목적으로 하고 있다. 본 지침이 소비자 계약에 있어서의 개별적으로 교섭되지 않은 계약 조항에 대해서 내용 컨트롤[통제] 및 투명성 컨트롤을 규정하고 있는 것은 이 목적에 부응하는 것이다.[10]

위의 3개의 수직형 지침, 즉 적용 영역이 특정되어 있는 지침과 불공정계약조항지침과 같은 수평형 지침, 즉 어떤 문제에 대해 영역을 특정하지 않고 적용되는 지침과의 정확히 중간적인 위치에 있는 것이 통신 판매 지침(97/7/EC), 전자 상거래 지침(2000/31/EC), 소비재 매매 지침(99/44/EC)이다. 이러한 지침은 구체적인 폐해 사례에 대한 대책으로 도움이 됨과 동시에 적용 영역이 특정된 지침으로 특정의 계약 체결 태양 내지 특정의 계약 유형에도 결합되고 있다. 이를 위해 이용되고 있는 보호 수단도 기존의 지침에서 이용되어 온 것과 마찬가지로 정보제공의무, 철회권 내지 해제권이다. 그럼에도 불구하고 이들 지침은 제1세대의 수직형 지침과는 실무상의 중요성 측면에서 상당히 차이가 난다. 왜냐하면, 그 적용 영역이 일반 사법에 필적하는 특별 규정으로서가 아니라, 일반 사법의 핵심 영역에 이를 만큼 넓게 파악되고 있기 때문이다. 그때까지 소비자 계약은 통상[일반적으로] 오로지 각국의 국내법에 따라서만 판단될 수 있던 것이어, 개별 사례에서, 즉 특정의 계약 체결 방식이나, 드물게만 나타나는 계약 유형의 경우에만, 공동체법도 기준으로 된 것에 지나지 않았지만, 제2세대에 속하는 이러한 지침에 의해 이 원칙과 예외의 관계가 역전하게 된 것이다. 법적 판단 시에 국내법과 함께 공동체법이 의의를 가지는 계약의 수는 계속적으로 증가하고 있다. 그리고 이러한 경향은 불공정한 거래 수단에 관한 새로운 지침에 의해 새롭게 강화되고 있다.[11] 이 새로운 지침은 수평형에 속한다.

이와 관련하여 언급할 점으로 유럽 소비자 보호법은 소비자 계약법 내지 (공정)경쟁법 영역의 규정을 정하는 것만이 아니라, 유럽 소송법 및 국제사법 속의 보조 규정에

---

10) 노동계약, 친족법 내지 상속법상의 계약, 회사법상의 계약은 적용 대상에서 제외되고 있다.

11) DIRECTIVE 2005/29/EC of 11 May 2005 concerning unfair business-to-consumer commercial practices in the internal market(Unfair Commercial Practices Directive).

의해서도 보완되고 있는 것을 들 수 있다. 유럽재판관할규칙[12] 제15조에 의한 소비자 재판 관할의 보장과 국제사법상의 연결점 변경에 의한 강행법규 회피의 배제(계약 채무의 준거법에 관한 조약 제5조 2항[13])는 국제 거래 사례에서도 최저한의 보호 수준을 효과적으로 확보하는 것이다.

2. 유럽 소비자계약법의 구조적 내지 내용적 결함

개별 지침에 의해 소비자 거래에서 생기는 개개의 문제를 해결하는 규제 기술은 새로운 폐해 사례에 유연하게 대응하는 데에는 효과적이지만, 그 결점도 점차 밝혀지고 있다.[14] 원래 특정의 계약유형 내지 마케팅 기술을 지표로 하는 개별 어프로치가 이루어져 온 결과, 한편으로는 거의 간파할 수 없을 정도로 많은 개별 규제가 생기고 있고, 다른 한편으로는 규제의 내용적 확산이 발생함으로써 지침을 각국의 민법으로 전환하는 작업이 매우 곤란하게 되어, 궁극적으로는 시스템 파괴를 피할 수 없게 되기 때문이다.[15] 특히 문제가 있다고 생각되는 것은, 첫째, 소비자 보호를 목적으로 하는 제반 지침 자체에 상호의 내용적인 불일치가 생기고 있는 것이다. 둘째로, 여러 지침이 단순한 하한 평준화로 작성되어 온 결과, 개개의 국내법의 사이에 이차적인 법 분열 상태가 생기고 있는 것이다. 그리고 최근에는 이에 더해 세 번째 문제도 발생하고 있다. 즉, 개개 지침의 적용 영역이 부분적으로 겹쳐지고 있는 것이다.

이미 기술하였듯이, 개개의 지침은 원래 특정 계약유형 혹은 마케팅 기술을 지표로 하고, 이들에 결합된 위험을 이에 익숙하지 않은 소비자를 위해 제거하려고 하는 것이다. 이러한 지침은 상호 관계가 없는 채 병존하고, 유사하지만 동일하지 않은 규제 기술의 결과로서 발생하고 있다. 개개의 지침 사이의 차이가 전체적으로 시스템의 형성 및 국내 계약법에의 적절한 편입을 방해하고 있다. 그 문제점으로는 첫째, 소비자와 사

---

12) Regulation 44/2001/EC of 22 December 2000 on jurisdiction and the recognition and enforcement of judgments in civil and commercial matters["Brussels I"].

13) 계약 채무의 준거법에 관한 조약 제5조 및 소비자보호를 위한 제반 지침에 포함되는 저촉 규정 참조. 계약상 채무의 준거법에 관한 유럽공동체 협약(로마협약) 제5조 제2항 "당사자에 의한 법의 선택은, 다음의 경우 소비자가 상거소를 가지고 있는 국가의 법의 강행법규가 소비자에게 부여하는 보호를 박탈하는 결과를 초래하여서는 아니된다. = 규칙 제6조 제2항

14) 유럽계약법에 대한 실행계획에서의 설명 참조(위의 각주 2), No. 50 참조.

15) 이에 대해서는 Koch, Die Einheit der nationalen Rechtsordnung und die europäische Privatrechtsangleichung, JZ 2006, 277 ff. 참조.

업자라는 대개념 정의가 통일되어 있지 않다는 점을 든다. 소비자 개념은 지침의 인적 적용 범위를 긋는다는 중요한 기능을 행한다. 그렇다고는 해도 모든 지침이 소비자 개념의 정의를 예정하고 있는 것은 아니고, 또한 이 개념의 정의를 포함하는 지침조차 정의를 함에 있어 동일한 문구를 사용하고 있는 것은 아니다. 둘째, 철회권 내지 해제권의 규정 방법이 다양하다는 문제이다. 먼저 해제권 내지 철회권의 명칭이 일치하고 있지 않다. 다른 명칭 마다 다른 법적 효과가 결부되고 있는 것도 아니다. 철회 기간[의 길이]도 다양하게 규정되고 있고 그 기간의 기산점도 다양하게 되어있다. 요컨대 철회권에 관한 규율은 불필요하게 복잡하게 되어 있다고 말할 수 있다.

3. 아키 코미노테의 개정의 필요성

오늘의 법상황의 개관으로부터 밝혀지는 것은, 현재 소비자 계약법은 지침에 의해 지배되고 있는 것, 및 이에 관한 제반 지침은 통일적인 하한의 기준을 창설하는 것에 의해 소비자 보호법을 꽤 강화하고 있는 것이다. 그렇지만 기존의 지침에 대한 영역 특정형 어프로치 및 그 내용의 일관성의 결여는 점차 강한 비판을 받고 있다.

간파할 수 없을 만큼 많은 지침은 다양한 지침 상호의 관계를 명확히 하는 규정이 존재하지 않기 때문에 더욱 문제가 되어 있다. 어떤 사실 관계가 복수의 지침의 적용 영역에 있는 경우, 하한 기준이 중첩적으로 적용되게 된다. 내용상 일치하지 않는 복수의 규정이 저촉하는 경우 – 예를 들어 다른 철회 기간이 정해져 있는 경우 – 를 어떻게 해결해야할지 충분히 해명되어 있지 않다. 이러한 내용적 불통일 상태는 지침을 국내 민법으로 전환하는데 어려움을 증대시키고 있으며, 또한 일반화된 構造 원리의 抽出을 방해하고 있다. 이는 국내법의 입법자를 다음과 같은 선택 앞에 서게 한다. 즉, 입법자는 중심이 되어야 할 민법전을 편찬해야 한다는 주장을 다수의 특별법을 창설하는 것에 의해 무너뜨려야 할지, 혹은 통합은 종종 체계의 붕괴를 불가피하게 야기 하더라도, 역시 통합을 요구할지의 선택이다. 유럽 소비자 보호법이 2002년에 국내법화 된 소비용 동산 매매 지침, 통신 판매 지침, 전자 상거래 지침의 3개의 지침에 의해 민법의 핵심 영역에 관계하게 된 이후에는 위와 같은 왜곡은 더 이상 원치 않는 부작용으로 감수되어야 하는 것이 아니라, 선택된 평준화 어프로치의 계속을 비판적으로 물어야 할 계기를 제공하는 것이 되었다.

두 번째 핵심적 비판은 하한[최저한]의 평준화라는 형태이다. 기존의 지침이 채용해 온 접근방식이 무시하고 있던 것은, 통일적 역내 시장을 현실화하기 위해서는 내용적으로 통일된 소비자 계약법도 필요로 한다는 것이었다. 다른 회원국에서 동등한 정도의 수준이 타당하다는 것만이 아니라, 동일 규제가 타당하다는 것의 확보가 소비자와 사업자 모두에게 점차 중요한 의의를 가지고 있다.

마지막으로, 소비자 계약법이 유럽 국제사법 및 국제 소송법과의 관계에서 불충분 내지는 만족스러운 상황은 아니라고 평가된다.

III. 순수한 유럽계약법의 성립

1. 유럽 사법의 통일을 목적으로 하는 사적 제안

앞서 본 소비자 계약법 영역의 전개와는 별도로 1980년대 초반부터 유럽 사법의 통일을 목적으로 한 일련의 제안이 이루어져 오고 있다. 그 중에 가장 오래된 그리고 아마도 가장 잘 알려져 있는 것이 「유럽계약법위원회」(Commission on European Contract Law['란도 위원회'로 통칭])이다.

란도 위원회는 본디 역내 시장에서의 국제 거래를 촉진하는 것에 관심을 가지고 있었다. 그 관심에 따라 먼저 상법전의 초안이 보고되었지만, 곧 그 연구 어프로치는 계약법 일반으로 확대되었다. 그 때, 이 비교법 작업의 출발점은 첫째, 회원국의 국내법 질서 및 국제적 통일법이었다. 이러한 기초 하에 「유럽계약법원칙」(Principles of European Contract Law/PECL)이 작성되었다. PECL은 비교법적 기초 연구로서 학설상 큰 주목을 끌었다. 그리고 중재 절차에서도 이미 반복하여 직접 적용되어 오고 있다. 그러나 여기에 머무르지 않고, PECL는 작성자의 의사에 따르면, EU 내부에 있어서 사법의 새로운 평준화를 위한 기초로서의 의미도 가지고 있다.

란도 위원회의 목적은 일반 계약법에 있어서 기능적으로 우수한 체계를 일종의 기반 구조[infrastructure]로 제공한 후 이를 이용할지 여부의 선택을 잠재적 이용자의 손에 맡기는 것이었다. 작성자의 의도에 의하면, PECL은 기초 연구 및 교육용 수업에 도움이 되며, 이하의 4개의 적용 영역을 가질 수 있다:[16]

16) Art. 1:101 PECL. 참조.

I. 공동체법이 회원국 계약법의 일반 규정을 지정하는 경우에 있어서 EU의 일반 계약법으로서 적용.

II. 계약 당사자가 계약에 적용되는 준거법으로 PECL을 법선택한 것에 기한 적용.

III. (중재) 재판소에 의해 법의 흠결 보충을 위해 사용.

IV. 국내의 입법자 혹은 유럽의 입법자가 새로운 입법을 계획하는 경우의 지침[guideline]으로서 그리고 동시에 유럽 법통일을 위한 자료로서 이용.

란도 위원회의 작업은 유럽 민법전연구 그룹(Study Group on a European Civil Code)에 의해 계속되었다. 이 그룹은 PECL을 기초로 하여 발전적으로 그 대상을 재산법으로 확대한 뒤, 마찬가지로 유럽법원칙(Principles of European Law)을 작성하고 있다.

2. 유럽(계약)법원칙

유럽계약법원칙(PECL)은 유럽계약법위원회에 의해 미국의 리스테이트먼트를 모델로 하여 비교법적 기초 위에 작성되었다. 그 때 회원국의 법질서와 함께, 특히 국제적 통일법(UN 통일매매법,[17] Unidroit 국제상사계약원칙[18])도 고려되었다. PECL는 블랙 레터 룰[black letter rule], 즉 제정법의 규정을 비교적 간결하게 표현하는 기본적 원칙, 해설 첨부의 주석 및 비교법적 견지에 기한 주해[코멘트]로 이루어져 있다. PECL는 어프로치의 방법론으로는 회원국 중 다수가 채용하고 있는 해결책을 강제하는 것이 아니라, 「더 나은 접근방식[better law approach]」를 채용하고 있다.

란도 위원회는 1995년에 PECL 제1부를, 1999년에 제1부 개정판 및 제2부를 공표하고, 계약의 성립·해석·내용 및 채무불이행에 관한 기본원칙을 체계화시켰다. 그리고 2003년에는 제3부를 공표하여, 다수채권자·채권양도 등에 관한 기본원칙을 정리하여 PECL을 완성시키고 있다.[19]

---

17) United Nations Convention on Contracts for the International Sale of Goods(CISG), 11 April 1980(효력발생은 1.January 1988).

18) Unidroit Principles of International Commercial Contracts(PICC) (1994. 2004, 2010년 개정). Unidroit 원칙 관련 정보에 대해서는 http://www.unidroit.org/english/principles/contracts/main.htm 참조.

19) O.Lando & H.Beale(eds.), Principles of European Contract Law. Part I & II(2000); O.Lando,

PECL의 기원은 유럽계약법위원회의 순수하게 사적 차원에서의 주도적인 활동에 있지만, 현재는 유럽계약법의 평준화를 위한 준비작업의 확고한 일부로 일반적으로 인정되고 있다. 그리고 PECL은, 이와 동시에, 상관습법(lex mercatoria)의 현대적 표현이라고 평가되고 있으며, 상관습법에 있어서는 중립성이라는 이점에 구체적인 검증 가능성 및 거기로부터 귀결되는 법의 안정성이 결부되고 있다.[20]

3. 통일의 시도에서 소비자 계약법이 제외되고 있는 것

란도 위원회 및 유럽 민법전연구 그룹 작업에서 눈에 띄는 특징으로, 동시에 자주 비판되는 것으로, 양자의 작업에서는 소비자 보호법의 문제가 거의 완전히 배척되고 있다는 것이다.[21] PECL은 현존 아키에 적응하고 있지 않을 뿐만 아니라, 소비자를 위한 특별 규정을 전혀 예정하고 있지 않다. 실체적 계약 정의에 배려하는 규정을 보이는 데에 지나지 않고,[22] 소비자를 위한 특별한 보호 규정은 마련되어 있지 않다. 이러한 내용적 선행 결정은, 언뜻 보면, 원래의 계획에서는 유럽 상법전을 작성하려고 생각하고 있었다는 것에 기인하는 것으로 보인다. 그러나 보다 자세히 보면, 소비자 계약법의 배제는 우연이 아니라, 아키 코미노테[유럽공동체법]와의 조정은 오히려 거기서 추구하는 연구 방법과 모순되게 되었을 것이라는 점이 밝혀진다. 소비자법에 관한 기존의 아

E.Clive, A.Prüm and R.Zimmermann(eds.), Principles of European Contract Law, Part III(2003).

20) PECL은 Unidroit 원칙과 마찬가지로, 국가의 입법권한에 기하여 제정된 법은 아니고, Lex Mercatoria(非國家法)로서의 계약법원칙의 총체이며, 법적 구속력을 갖지 않는 일종의「원용 가능한 規定(Available rule)」이다. Lex Mercatoria의 정의는 학자에 따라 반드시 일치되어 있지 않지만, 일반적으로 국제거래에 종사하는 자가 작성한 원용가능한 통일규칙, 표준계약조건, 국제상관습 그리고 법의 일반원칙(「계약은 지켜져야 한다. pacta sunt servanda」는 원칙, 신의성실의 원칙 등)이라는 국제거래를 대상으로 하는 규범을 지칭한다. 원용가능한 통일규칙으로는, 국제상업회의소(International Chamber of Commerce[ICC])가 작성한「일반무역조건(INCOTERMS)」및「화환어음신용장에 관한 통일규칙」(Uniform Customs and Practice for Documentary Credits) 등을 들 수 있다. PECL, Unidroit 원칙 등의 체계성이 있는 계약법원칙도 Lex Mercatoria에 포섭된다고 보기도 하지만, Lex Mercatoria는 不文의 상관습법을 지칭하면서 PECL나 Unidroit 원칙을 포함하지 않기도 한다. 이러한 혼란을 피하기 위해 Lex Mercatoria를 국가의 입법권한에 기초하지 않는 규범 모두를 포함하는「비국가법」으로 총칭하기도 한다.

21) Schulze, Gemeinsamer Referenzrahmen und acquis communautaire, ZEuP 2007, p. 128 참조. 특히 소비자보호법의 취급이 없다는 점에 대해서는, Micklitz, Verbraucherschutz in den Grundregeln des Europäischen Vertragsrechts, ZVglRWiss 2004, 88 ff. 참조.

22) Art. 4: 109 및 Art. 4:110 PECL 참조.

키를 비교 작업함에 있어서 하나의 법원(法源)으로서 취급하는 것은 가능하고, 드물기는 하지만 이러한 일은 실제로 이루어지고도 있다. 그러나 기존의 소비자 보호법을 변경 할 수 없는 것으로 미리 상정하는 것은 「최선의 해결[책]」을 찾아낸다고 하는 작업 목적과 양립하지 않는 것이 될 것이다. 그 대신 단순하게 국내법의 강행 법규가 참조되었던 것이다.[23] 따라서 기존의 소비자 보호법의 배제는 그 한도에서 논리적 일관성이 있는 것처럼 보인다. 그러나 유럽에 있어서의 사법의 평준화를 향한 향후의 작업을 위해 PECL이 적합성을 가지고 있는지 여부는 또한 문제가 된다.

IV. 이에 대한 유럽위원회의 대응

1. 유럽계약법을 위한 액션 플랜

1) 당시 유럽계약법의 분야는 두 가지 현상을 보이고 있었다. 일면에서는 소비자에 관한 아키 코미노테가 있다. 그 구조상의 결함이 존재한다는 점에서, 일관성이 있는 유럽 소비자 계약법을 발전시키기 위해 영역 특정형의 어프로치를 계속하는 것도, 최저한의 평준화라는 방법을 계속하는 것도 적절하다고는 생각되지 않는다는 것이다. 다른 면에 있어서는 독립된 규제 작업을 위해 집중해서 이루어진 연구의 성과가 있다는 것이다. 이 연구 성과는 그러한 정합성이 있는 계약법의 모델을 제공하고 있지만, 소비자법에 관한 기존의 아키 코미노테를 전혀 고려하지 않고, 그 결과 소비자 계약법에 존재하는 구조적 결함에 대한 구제 수단으로도 적합하지 않다고 생각되고 있었다.

그동안 사법 통일에 대하여 신중한 태도를 취하고 있었던 유럽위원회는 이 딜레마의 타개책으로 계약법 영역에 대한 입법절차를 검토하기 전에 먼저 계약법의 역내 시장에 있어서의 중요성 및 사법 영역에 있어서의 법통일의 필요성에 관한 연구를 위탁했다. 이 연구는 사법상의 규율의 다양함은 역내시장이 더욱 더 발전하는데 결과적으로는 장애로 된다는 결론에 도달하였다.[24]

23) Art. 1:102 PECL. 참조.
24) SANCO B5-1000/02/000574 참조.

2) 유럽위원회의 보고서(COM 2001)

위 연구를 기초로 유럽위원회는 2001년 7월 공식적으로 폭넓은 논의를 위해 유럽에 있어서 계약법을 다루어야 하는지, 또 어떻게 다루어야 하는지를 묻는 「통신문」(Communication = 보고서/검토문서)을 공표하였다.[25]

이 보고서는 기관뿐만 아니라 경제계와 법조계의 학자와 실무가들 및 소비자단체 등을 대상으로 역내시장과 관련된 계약법에 관한 의견을 수렴함으로써 유럽공동체 내의 계약법에 관한 논의를 확대하고자 한 것이다. 이 검토문서는 유럽공동체 내부의 국경을 넘는 거래에 있어서 계약법의 차이로 인해 계약의 체결, 해석, 적용과 관련된 문제가 발생하는가, 계약법의 차이로 인해서 국경을 넘는 거래의 비용이 증가하는가, 지침과 규칙을 통한 계약법의 부분별 조화를 위한 공동체의 노력이 혹시 유럽공동체 차원에서 모순을 발생시키지는 않는가, 유럽공동체법의 조화롭지 못한 실행이나 국내법으로의 전환이 통일적이지 못하다는 문제를 발생케 하지는 않는가 등에 대한 정보를 얻는 것을 목표로 하고 있다.[26]

1980년의 계약상 채무의 준거법에 관한 유럽공동체 협약(로마협약)과 국제물품매매계약에 관한 유엔 협약(CISG)의 단점, 계약상의 중요한 룰이 공동체 지침으로 별도로 규정되어 있는 것, 회원국 계약법의 강행 법규와 약관의 차이는 국제적 거래에 소극적인 영향을 주어 계약의 체결을 곤란하게 하는 것, 각 회원국 법의 차이로 높은 거래비용이 발생한다는 것, 회원국에 있어서 공동체법의 적용에 불일치를 초래하고 공동체법에 추상적인 단어를 사용하는 것으로 인해 공동체법과 회원국의 조치가 비통일적인 방법으로 적용되는 것, 그리고 공동체법의 통일적 적용이 불가결함에도 지침을 통해 이루어진 부분적 법동화가 이를 오히려 어렵게 만드는 등의 문제점이 강조되었다. 그리고 그러한 문제에 대한 해결책으로 네 가지 대처방안(Option)을 제시하고 있다: ① 「非EC주도」(No EC action)로 이름 붙여진 것으로, 유럽공동체 차원에서 아무런 조치를 취하지 않고 시장원리에 문제해결을 맡기는 방안(Option I); ② 회원국의 국내법을 좀 더 수렴하는 공통 계약법 원칙을 탐구·확립하는 방안(Option II); ③ 현존하는 공동체법을 심화·발전시키는 방안(Option III); ④ EU 차원에서 특정의 계약유형 뿐만 아니라 계약법의 일반문제의 규정도 포함하는 계약에 대한 포괄적인 일반법을 제정하

25) Communication from the Commission to the Council and the European Parliament on European Contract Law, COM(2001) 398, C5-0471/2001, 11.7.2001, OJC 255, 13.9.2001, p. 1.

26) COM(2001) 398 final, p. 10.

는 방안(Option IV).

위원회의 이 문서는 활발한 논의를 불러일으켰고, 이에 대한 응답으로 2001년 9월의 「유럽계약법위원회 및 유럽민법전연구회의 유럽계약법원칙에 관한 공동회신[27]」을 포함하여 각국 정부 및 재계, 소비자단체, 법률실무가, 학자로부터 많은 반응과 이에 대한 의견이 제시되었다. 이들 대부분이 유럽계약법의 전망에 대해서는 상당히 미래의 것이라고 평가하면서도, 의견의 대다수가 이 영역에서 공동체의 행동이 어떤 일관성을 가져야 하는 것에는 긍정적인 자세를 보였다.

유럽의회는 한 걸음 더 나아갔다. 유럽의회는 2001년 11월 15일 법률·역내시장 위원회(Committee on Legal Affairs and the Internal Market)의 연구에 따라 「회원국의 민법 및 상법의 近似化(approximation)」에 대하여 결의하였다.[28] 여기서 각 국가법이 지니는 다양성으로 인한 유해한 효력과 조화되지 못하고 있는 유럽법이 지적되고, 국제사법이 적절한 해결책을 제공할 수 없다는 인식 하에, 비교법 분석 및 통일된 개념과 용어의 사용을 포함하여 2010년을 정점으로 EU에서의 계약법에 관한 일련의 룰이 정립될 수 있도록 유럽위원회에 실행계획을 제출할 것을 요구하였다.

3) 제2보고서(COM 2003)

2003년 2월 유럽위원회는 유럽의회와 이사회의 요구에 대한 응답으로, 유럽계약법에 관한 실행계획(Action Plan on European Contract Law)을 채택함으로써 유럽계약법에 대한 장래의 전망에 대한 반영 및 계속적 논의를 전개시켰다(COM 2003).[29] 여기서는 위의 기조를 유지하면서 세 방책이 제안되었다. ① 계약법의 분야에 있어서의 유럽공동체법의 통일성(coherence)을 증진하는 것, ② EU 공통의 표준적 계약조항(EU-wide general contract terms)을 책정하는 것, ③ 유럽계약법 영역에서의 문제에 있어서 특정영역에 제한되지 않은 해결책(요컨대 포괄적 대체법규)이 요구되는지를 검토하고자 하는 것이다. ③은 유럽계약법 영역의 선택적 규범(「optional

27) Joint Response of the Commission on European Contract Law and the Study Group on a European Civil Code to the European Commission's Communication on the future of European contract law.

28) European Parliament resolution on the approximation of the civil and commercial law of the Member States, (COM(2001) 398 C5-0471/2001 2001/2187(COS).

29) Communication from the Commission to the European Parliament and the Council. A More Coherent European Contract Law An Action Plan, COM(2003) 68 final of 12.2.2003.

instrument」)을 기초한다는 사고이다. 이 선택적 규범은 각국의 계약법을 변경하지 않고 존속시켜, 그와 병존하는 것이다. 당사자는 유럽계약법이라는 optional rule을 적용 가능한 법으로서 선택할 수 있고, 이에 의하여 국제적인 계약의 체결을 용이하게 하는 것이 가능하다는 것으로 여겼다.

첫째 방안(①)은 이른바 「공통의 기준틀」(Common Frame of Reference, CFR)을 채택하는 것에 의해 달성될 수 있다고 하였다. 유럽공동체법(EC acquis)의 개선을 통하여 공동체법의 통일적인 적용과 국경을 넘는 거래의 원활한 작동을 촉진시키고, 결과적으로 역내시장을 완전하게 하기 위한 제안이다. 공통기준은 유럽계약법의 분야에 있어서의 공통의 원리와 전문용어를 확립하는 것으로, 유럽위원회는 이를 유럽 공동체계약법의 진보를 향한 중요한 한 step으로 보았다.

유럽위원회는 CFR의 설정에 의하여 각국마다 상이한 법적 개념에 대해 모델을 제공할 것이고, 현존하는 유럽공동체법, 국제규범 그리고 회원국의 국내법이나 판례, 거래관행에서 발견할 수 있는 가장 합리적인 해결책을 참고하여 만들어 질 것이므로 이들 사이의 부조화를 극복할 수 있을 것이라고 판단하면서,[30] 나아가 CFR은 유럽계약법 영역에 있어서 선택적 규범의 기초가 될 것으로 기대하였다.

V. 유럽계약법의 현대화와 공동체법(acquis)의 개정

1. 2004년 「유럽계약법과 공동체법(acquis)의 개정: 나아갈 길」보고서[31]

이 보고서는 EU 기관, 회원국과 이해관계자로부터의 반응을 고려하여 2003년의 행동계획에 대한 유럽위원회의 후속조치를 명시하는 것이다. 이 문서는 어떻게 하여 공통의 기준 틀(Common Frame of Reference [CFR])을 기존의 공동체법과 장래의 공동체법의 통일성을 개선하기 위해 개발시킬 것인가를 설명하고, 2002년부터 2006년의 소비자 전략(Consumer Policy Strategy 2002-2006)과 조화시켜 소비자 보호에 관

30) COM(2003) 68 final, p. 19.

31) Communication from the Commission to the European Parliament and the Council; European Contract Law and the revision of the acquis: the way forward, COM(2004)651 final.

련된 공동체법의 여러 부분을 위한 특별 계획을 명시하고 있다. 이 문서는 또한 EU 차원의 표준계약약관(EU-wide standard contract terms)의 촉진에 관한 활동 계획을 설명하고, 선택적 제도(optional instrument)의 적절함에 관한 고찰을 계속하는 것을 의도하고 있다.

이 보고서는 공통 기준틀을 작성하는 취지를 분명히 했다. 행동계획은 공동체법의 여러 범주의 문제를 확인하였다. 그 주요한 것으로,

- 지침에서의 정의가 없거나 또는 너무 넓게 정의되고 있는 추상적인 법률 용어의 사용
- 지침의 적용에 의해 실무상의 문제가 해결되지 않는 영역
- 소비자 보호 지침의 최저한도의 조화를 행하는 것으로부터 발생하는 회원국의 전환법 사이의 차이
- EC의 계약법 입법에 있어서의 불일치를 들고 있다.

먼저, 이러한 여러 문제를 해결하기 위해 기존의 지침을 수정할 필요성에 근거하여 정책 선택이 행해져야만 한다. 만약 그렇다면, 유럽위원회가 계약법의 영역에 있어서의 기존의 공동체법 및 장래의 법제도의 성질과 통일성을 개선하기 위한 제안을 할 때에, 적절한 경우에는 유럽위원회는 CFR을 도구상자(toolbox)로 이용한다. 동시에, 그것은 공동체법의 단순화 목적에 도움이 된다. CFR은 유럽 공동체법과 회원국의 법질서에서 찾은 최선의 해결책에 의거하여 법률 용어의 명료한 정의, 기본원칙, 계약법의 통일적인 모델법을 제공한다.

위원회는 이 보고서에서 소비자공동체법 재검토를 위한 프로젝트로부터 공통기준틀 작업을 분리한다고 발표하였다.

이 때 공통 기준틀은 계약법 영역에서의 현재 및 장래의 아키 코미노테의 질과 일관성의 향상을 위한 기초로(제2옵션) 이용되지만, 동시에 선택적 규범(optional instrument)을 위한 제1초안(제4옵션)의 준비로서의 의미도 있을 수 있을 것이다. 유럽 위원회는 필요한 준비작업에 있어서「해결책을 새롭게 찾을」생각은 없고, 기존의 연구 성과 – 특히 PECL 및 현재 진행 중의 유럽 민법전연구 그룹의 성과 – 에 의거 할 생각이라는 점을 시사하고 있다.[32)]

위원회는 이 보고서에서 소비자공동체법 재검토를 위한 프로젝트와 공통기준틀 작

32) Action plan 2003, p. 66.

업을 분리하고 있다.[33] 이 문서에 의하면, 두 선택방안을 더욱 검토하고자 한다고 하고 있다. 즉 ① 한편으로는 기존의 공동체법의 일관성을 높이는 조치를 강구하고, ② 다른 한편으로는 특정 부문에 한정되지 않는 도구를 만들고자 하는 것이다.

유럽 위원회의 의향에 의하면, 공통기준틀은 먼저 첫째, 개념, 정의, 규정을 제공해야 하고, 이것들은 기존 지침의 개정 및 새로운 지침의 준비 시에 준거할 수 있는 틀로 사용할 수 있다는 것이다. 공통기준틀에는 다음의 다양한 희망이 결부되어 있다. 즉, 기존의 2차법에서 보이는 불일치를 제거하고, 편찬의 질을 높여 기존의 규정을 단순화하고, 현행 2차법의 결함을 메우기 위한 여러 규칙을 제공하는 것이다. 확실히 소비자 보호법의 영역에 대해서도 이것이 타당하다.[34] 그렇다고 하는 것은, 처음에는 일반 계약법만이 주목받고 있던 것에 대해 2003년 보고서가 처음으로 소비자 보호에 관한 아키 코미노테의 개정을 언급하고 있기 때문이다. 이 보고서에 의하면, 소비자 보호에 관한 가장 중요한 지침을 공통기준틀을 이용해 개정하고, 그에 의해 동시에 기준틀의 실용가능성을 테스트하는 것이 명확하게 예정 되고 있다.[35] 여기에 그치지 않고, 이 보고서는 회원국의 입법자 및 (중재) 재판소도 또한 공통기준틀을 이용할 가능성도 언급하고 있다.

이상과 같은 공통기준틀이 선택적 룰의 초안으로 이용될 수 있는가라는 문제에 대해 보고서에서는 더 이상 확실한 태도 결정은 이루어지지 않고, 학설상의 논의의 중심인 유럽 민법전의 문제도 보고서에서는 선명하게 취급되지 않았다. 그러나 위탁된 연구 계획의 범위 및 이로 인해 얻어지는 내용에 비추면, 위원회가 유럽 민법전의 편찬이라고 하는 장기에 걸치는 시야를 견지 하고 있다는 것이 이해의 출발점이 되어야 한다. 그렇다고 하는 것은, 공통 기준틀은 현존하는 공동체 사법의 간결한 요약이라고 할 수 있을 뿐만 아니라, 그 구조에 있어 현저하게 PECL에 상응하고 있고,[36] 그러면서 규제의 상세함 및 커버되는 대상이라는 점에서 오히려 채무법의 고전적 대륙법전을 연상케 하기 때문이다.

---

33) Communication 2004, p. 6. 그전에는 일반 계약법만이 주목되고 있었으나 2003년 보고서는 처음 소비자 보호에 관한 아키 코미노테의 개정을 언급하고 있다. 이 보고서에 의하면, 소비자 보호에 관한 가장 중요한 지침을 공통기준틀을 이용해 개정하고, 그에 의해 동시에 기준틀의 실용가능성 테스트를 하는 것이 명확하게 예정 되고 있다. 여기에 그치지 않고, 이 보고서는 회원국의 입법자 및 (중재) 재판소도 또한 공통기준틀을 이용할 가능성도 언급하고 있다.

34) Communication 2004, 13.

35) Communication 2004, 6.

36) 공통기준틀의 「생각할 수 있는 구조」에 대해서는 Communication 2004, Annex I 참조.

2. 공통 기준틀

(정치적) 결정을 선행시키지 않고 공통 기준틀의 준비작업을 촉진하기 위해 공통 기준틀의 작성 작업은 2005년 5월 그 작업을 위해 설립된 연구자 네트워크인 「유럽사법에 관한 공동 네트워크」(Joint Network on European Private Law, CoPECL)에 위탁되었다. 이 소위 엑셀런스 네트워크는 이미 이전부터 순수하게 사적인 활동에 근거해 이에 상응하는 연구 프로젝트를 가동시키고 있던 일련의 연구자 그룹에 의해 구성되었다.[37)]

그러나 공적 발의(initiative)에 의한 공통 기준틀 연구 계획의 제도화와 동시에 작업의 초점이 변경되어야 했다. 이 연구 그룹의 준비작업은 종래 기초로서의 국내 사법에만 집중해 왔기 때문에, 공동체 사법에 관해서 확대되어 온 유럽법의 내용을 거의 고려해 오지 않았다. 그러나 공동체는 이미 달성된 평준화 상태에서 후퇴할 의사는 없었기 때문에, 기존의 연구자 그룹의 작업에서 기존의 아키 코미노테의 고려가 빠져 있었다는 결함이 제거되지 않으면 안 되었다.

이 목적을 위해 2002년에 설립된 「기존 EC 사법에 관한 유럽 리서치 그룹[연구 그룹]」(아키 그룹)이 앞의 연구자 네트워크에 연결되었다. 아키 그룹은 내용적으로는 공동체 사법 영역의 아키 코미노테의 통합을 작업 대상으로 하고 있으며 기존의 2차법군으로부터 성립 도상에 있는 유럽 사법의 최초의 기본적 제개념을 얻는 것을 시도하는 것이다. 그 때 아키 그룹에 의한 작업의 중점은 소비자 사법에 있었다. 아키 그룹은 유럽 민법전연구 그룹과 공동으로 공통 기준틀을 위한 텍스트 초안의 작성에 대해 주된 책임을 진다.

2009년 2월 연구자 그룹에 의하여 준비되어온 유럽사법(European Private Law)에 관한 공통기준 초안(Draft Common Frame of Reference)이 공표되었다.[38)] 이에 앞서 2008년 1월에 공통기준의 「잠정적 개요판」(Interim Outline Edition)이 공간되어 활발한 논의의 주제가 되고 있었다. 이 2008년 판은 당시 진행되고 있는 계획의 개요를 보임과 동시에, 공통기준 초안에 대하여 널리 의견을 묻는 기회를 얻고자 미리 부분적으로 불완전한 채 공간된 것이다. 2009년 판은 2008년 판을 둘러싼 다양한 회의, 논문

37) 여기에 참가하고 있는 12 연구 프로젝트에 대한 자세한 내용은 http://www.copecl.org/ 참조.

38) von Bar/Clive/Schulte-Nolke(eds.)[prepared by Study Group on a European Civil Code/Research Group on the Existing EC Private Law (Acquis Group)], Principles, Definitions and Model Rules of European Private Law Draft Common Frame of Reference, Outline Edition(2009).

등을 통하여 가해진 비판적 의견이 받아들여 크고 작은 수정을 한 것이다. 이 2009년판은 연구자 그룹에 의한 초안으로서는 최종판이지만, 2008년판과 마찬가지로, 현 단계에서는 모델 룰(Model Rules)과 용어의 정의를 나타내 보이는 것에 지나지 않는 점에서는 마찬가지로 「개요판」이다. 사례를 포함한 내용 설명의 주해(comment)와 비교법적인 검토대상에 대한 notes를 붙인 완전판(Full Edition)은 2009년 10월에 전6권으로 출판되었다.

VI. 소비자법에 관한 아키 코미노테의 개정 작업

한편, 위 작업과 병행하여 공동체 소비자법의 현상 조사가 유럽위원회로부터 아키 그룹[39]이라고 칭해지는 연구 그룹에 위탁되어,[40] 2006년에 조사 결과(EU Consumer Law Compendium)가 공표되었다.[41] 이것을 받아 유럽위원회는 2007년에 그린 페이퍼(COM(2006) 744 final)를 공표하였다.[42] 이 그린 페이퍼에서는 기존의 대부분의 지침은 대처요법적인 것으로, 원칙에 입각한 체계적인 구성을 취하고 있지 않기 때문에 급격하게 변화하는 시장 요구에 더 이상 응할 수 있는 것은 아니게 되어 있다는 것, 역내의 현재 소비자 보호법은 최저한의 평준화 방식에 기인하는 각국의 법 차이 및 지침 상호간의 불일치라는 두 가지 점에서 분단되어 있는 것, 이러한 문제 특히 최저한의 평준화에 기인하는 법 차이라는 문제가 국경을 넘은 거래에 대한 소비자의 신뢰를 해치는 결과를 초래하고 있는 것으로 지적되었다. 그리고 이 문제에 대한 대처 방안으로 기존의 지침을 개별적으로 수정한다고 하는 수직 접근 방법(vertical approach)만이 아니라 보다 통일적인[통합적인] 수평 접근(horizontal approach)도 채용하는 것을 대안으로 제시하였다.

---

39) http://www.acquis-group.org/

40) 이 조사는 공동체의 소비자 관련 입법 중 8개의 지침 즉 불공정계약조항지침(93/13/EC), 소비재매매 지침(99/44/EC), 타임 쉐어링[시분할이용계약] 지침(94/47/EC), 가격표시 지침(98/6/EC), 금지[청구] 지침(98/27/EC), 패키지여행 지침(90/314/EC), 통신판매[원격거래]지침(97/7/EC), 방문판매지침(85/577/EC)을 대상으로 하는 것이다.

41) http://ec.europa.eu/consumers/rights/cons_acquis_en.htm.

42) GREEN PAPER on the Review of the Consumer Acquis, COM(2006)744 final.

이 그린 페이퍼에서 유럽위원회는 원칙적으로는 공통의 프로젝트를 견지하고 있지만, 그러나 소비자 보호에 관한 아키 코미노테의 현대화를 전면에 내세우고 있다. 이 페이퍼에서 유럽 위원회가 새롭게 확인하고 있는 것은, 위원회가 유럽 소비자 보호법의 현상을 불충분하다고 평가하고 있고, 그 평가에 있어 주된 문제는 다수의 지침사이에 일관성이 부족하다는 것이 아니라, 최저한의 평준화 및 이에 대응하는 회원국의 전환의 여지에 있다는 것을 지적하고 있다.[43] 또한 소비자 보호 규정이 내용적으로 현대화를 필요로 한다는 점에 대해서는 다툼이 없다. 이 점에 대한 대응으로 위원회는 – 유럽 계약법을 위한 액션 플랜에 있어서와 마찬가지로 – 4 가지 선택방안을 제시하고 있다.

① 기존의 규제 기술을 견지하면서 기존 지침의 개정 작업을 행한다(수직형 어프로치).
② 수평형 조치와 영역 특정형 조치를 결합한다(the mixed approach).
③ 공동체는 아무것도 [활동]하지 않는다(no legislative action).
④ 통합된 수평형 소비자 보호 지침을 창안한다(Creating one instrument for all consumer contracts).[44]

제3선택, 즉 「아무것도 하지 않는다」는 것이 진지하게는 검토되지 않은 반면, 영역 특정형 어프로치의 계속[제1방안], 통합된 수평형 소비자 보호 지침의 창설[제4방안] 내지 혼합 어프로치[제2방안]의 3개에 대해서는 그린 페이퍼에서 동등한 무게로 논의되고 있다. 그러나 이미 유럽 위원회가 혼합 어프로치[방식]를 채용하여, 소비자 계약법, 말하자면 총론 부분과 각론 부분으로 분할하려고 하는 징표가 나타나고 있다.[45] 만

---

43) GREEN PAPER on the Review of the Consumer Acquis, p. 10.

44) 통합형 접근을 택하는 경우에 그 적용범위에 대해 (I) 통합 조항을 국내거래와 국제 거래를 불문하고 모든 소비자거래에 적용할 것인가, (II) 국제간 거래에 대해서만 적용할 것인가, (III) 국내거래, 국제거래 중 격지자간 거래에 대해서만 적용할 것인가의 선택지가 제시된다.

45) GREEN PAPER on the Review of the Consumer Acquis, p.10; Micklitz, VuR 2007, 121, 125. 그 대표적인 예로 2005년의 불공정거래행위 지침(2005/29/EC: Unfair Commercial Practices)을 들 수 있다. 이 지침은 역내에서의 사업자의 소비자에 대한 불공정한 거래 방법에 대해 단일하고 공통의 일반적인 금지를 마련하여 소비자가 국경을 넘은 거래를 쉽게 할 수 있도록 하는 것을 도모한 것으로, 기존의 오인 광고 지침(84/450/EEC), 통신 판매 지침(97/7/EC), 통신 소비자 금융 서비스 지침(2002/65/EC) 등의 개정도 포함하는 것이었다. 구체적으로는 이 지침은 오해를 초래하는 거래 방법과 공격적 거래 방법을 불공정한 거래 방법으로 금지하는 일반 규정을 마련함과 동시에, 불공정한 거래 방법의 블랙리스트를 마련했다. 앞서 언급했듯이, 기존의 지침이 그 대상을 특정 거래 유형 및 유형에 한정하고 있던 것에 대해, 이 지침은 그 대상이 일반적이고, 널리 역내에서의 사업자의 불공정한 거래 방법에 대해 소비자의 경제적 이익을 보호하는 것을 목적으로 하고 있는 점이 특징이며, 완전 평준화 조치를 채택하고 있는 점에서도 특징적이다.

약 이 방향이 진행된다고 하면, 소비자 보호법의 중심적 기본 규정은 하나의 테두리 지침으로 통합[집약]되게 될 것이다. 그러나 이와 나란히 앞으로도 영역 특정형 지침이 계속 존속하게 될 것이다. 이런 종류의 수직형 지침은 새로 만들어지는 수평형 소비자 보호 지침에 근거해 형성되고, 이러한 수평적 지침을 참조하는 것이 될 것이다.

소비자 보호법에 관한 아키 코미노테의 개정을 위한 이러한 작업을 공통 기준틀의 작성 계획과 비교한다면, 이들은 형식적으로는 완전히 다른 공동체 조치이지만, 내용적으로는 상당히 중복되는 것을 볼 수 있다. 즉, 양 작업에서 소비자 보호법상의 아키 코미노테에 중심적 역할을 부여하고 있다. 그것은 한편으로는 기존의 공동체법의 공통구조에 관한 기초적 근원으로, 또 다른 한편으로는 재검토와 현대화의 대상 그 자체로 기능한다는 역할이다.

따라서 소비자에 관한 아키 코미노테의 개정 작업의 범위 내에서도 내용적으로는 공통기준틀의 준비작업의 결과가 이용되는 것, 즉 장래에 만들어질 수 있는 수평형 지침의 내용은 공통기준틀을 위해 형성된 기본 규정에 크게 상응하는 것이 될 것이라는 것에 대해서는 의심의 여지가 없다고 한다.[46] 그린 페이퍼에서 계획되고 있는 것처럼, EU가 소비자법 전반에 대해 최저한의 평준화(minimum harmonisation)에서 최대의 평준화(maximum harmonization)로 전환해야 한다면, 그러기 위해서는 공통기준틀이 그 기초를 제공하는 것이 필요할 것이다.[47] 또한 아키 그룹의 일련의 회원이 소비자에 관한 아키 코미노테의 개정 작업에 포함된 것도 또한 이점을 뒷받침하고 있다. 유럽위원회의 의향으로도 유럽계약법에 관한 그린 페이퍼와 액션 플랜은 서로 보완하는 관계에 있다고 한다.[48]

공통기준틀과 소비자 공동체법과의 관계에 대해서, 공통기준틀은 일반적인 계약법 원칙 뿐만이 아니라, 소비자 계약법의 영역에도 밀접하게 관련되는 것이라는 인식을 보이고 있다.

> 공통의 틀의 이용과 관련하여 "유럽 공동체법의 재검토 또는 법안을 기초하는 경우의 도구상자가 되는 것이지만, 유럽위원회를 구속하는 것이 아니라는 점, 회원국이 EU지침을 국내법으로 옮겨놓는 경우에 공통의 틀을 이용할 수 있다는 점, 회원국의 재판관·중재인·

---

46) Micklitz/Reich, Europäisches Verbraucherrecht, VuR 2007, 121, 124 f.

47) von Bar/Schulte-Nölke, Gemeinsamer Referenzrahmen für europäisches Schuld und Sachenrecht, ZRP 2005, 165, 168.

48) 2004 Communication(「유럽계약법과 공동체법(acquis)의 개정: 가야할 길」) 및 2004년 12월 3일의 유럽계약법에 관한 회원국의 전문가 네트워크의 워크숍.

유럽사법재판소에서의 법해석의 지침이 되는 것이다. 개별 계약에서 당사자가 선택할 수 있는 선택 가능한 법제도도 병행하여 고찰될 예정"이라고 하고 있다.

<2004년 12월 3일의 유럽계약법에 관한 회원국의 전문가 네트워크의 워크숍 개요>

그런데 왜 아키 코미노테의 개정을 떼어내어 시간적으로 우선시키는 지는 분명하지 않다. 계약법의 완전한 평준화와 아키 코미노테의 개정 작업의 분리는 2003년의 보고서에 이미 시사되고 있다. 그렇다고는 해도, 거기서는 덧붙여 공통 기준틀을 이용한 아키 코미노테의 개정이 「첫 번째 실무 테스트」로 한다는 것이 예정되어 있었다. 이것에서 보면, 아키 코미노테의 개정은 공통기준틀의 완성보다 시간적으로 늦는 것이 전제로 되어 있었을 것이다. 그러나 실제로는 유럽 위원회는 공통기준틀의 첫 번째 초안을 기다리지 않고 개별 지침의 개정을 위한 여러 제안을 제시해 왔다.

VII. 소비자 권리에 관한 지침

1. 2008년 지침안

유럽위원회는 이 소비자법의 재검토에 대한 보고서에 기해 2008년 10월 8일 소비자권리지침(안)(Proposal for a Directive on Consumer Rights)을 제안하였다.[49] 소비자권리지침안은 소비자보호의 수준을 강화하기 위한 것으로 기준의 4개 소비자 보호지침인 소비재매매지침(99/44/EC), 불공정계약조항지침(93/13/EC), 원격거래[통신판매]지침(97/7/EC), 방문판매지침(85/577/EC)을 하나의 지침으로 통합하고자 한 것으로, 더 나아가 기술적 변화(M-commerce, 온라인경매)를 반영하여 현행 소비자권리를 강화하고자 한 것이다. 이들 4지침을 개정하여 새로운 포괄적인 하나의 지침으로 바꾸고, 그에 따라 조화(harmonisation)를 한층 더 추진하는 것을 도모하고자 하는 것이다. 이 지침안은 앞서 기술한 소비자 공동체법의 재검토의 과정에서 만들어진 것이다.

---

49) Commission of the European Communities, Proposal for a Directive of the European Parliament and of the Council on Consumer Rights, Brussels, 8.10.2008, COM (2008) 614 final.

이 지침안의 방안 수립[책정]은 기존의 소비자 보호 지침에 있던 최저한도 조화 조항으로 인해 회원국법이 뿔뿔이 흩어져 있었다는 것을 그 배경으로 하고 있었다. 이 상황은 저촉법에 의해 해결할 수 없어 뿔뿔이 흩어진 회원국법을 준수하기 위해 고비용이 요구되고 사업자 및 소비자에게 불이익을 주어 소비자 교육이나 재판 외의 분쟁해결 수단에 악영향을 주는 것으로 평가되고 있다. 따라서 이 상태에서 벗어나기 위해 이 지침안이 책정된 것으로, 역내 시장의 적절한 기능과 높은 공통 수준의 소비자 보호가 본 지침안의 목적이라고 한다.

이 지침안은 영업소 외에서 교섭된 소비자 계약, 소비자 계약에 있어서의 불공정계약조항, 원격지 계약, 소비재의 매매 및 보증계약에 관한 각 지침을 통합하여 완전 조화를 이루는 것을 그 내용으로 하고 있으며, 공통의 개념, 계약 전의 정보 제공, 매매계약을 규정하여 소비자 공동체법을 단순화하고자 한 것이다.

이 지침안은 영업소 외에서 교섭된 소비자 계약, 원격지 계약, 소비재의 매매 및 보증계약에 관한 각 지침이나 불공정한 거래 관행에 관한 지침에 있어서의 정보 제공의 조건을 도입하고, 그 위반의 효과를 신설한다고 한다. 또한 유럽연합 기본권 헌장에 규정되어 있는 기본권이나 EC 조약의 기본 원칙과의 일관성도 배려하고 있다.

다만, 본 지침안은 보충성 원칙과 비례 원칙에 따르는 것을 명기하고 있다. 즉 본 지침안은 사업자와 소비자 사이의 계약법에 한정되는 의미에서 보충성 원칙이 적용되며, 본 지침안은 소비자 계약법만을 대상으로 국내 거래를 포함하고 있는 점에서 비례 원칙이 나타나고 있다고 한다.

이 지침안은 규칙이라는 법 형식을 채용하지 않고, 지침이라고 하는 법형식을 채용하고 있다. 이 법 형식을 취하는 의미는 본 지침안과 모순되지 않는 한에서 회원국의 법 개념과 계약법의 기본 원칙을 승인하여, 회원국에 있어서의 단일하고 일관된 법체계의 실현을 가능하게 하는 것에 있다고 한다.

2. 그 후의 검토

1) 소비자 권리에 관한 지침안의 영향평가서

유럽위원회는 2008년 소비자 권리에 관한 지침안에 수반하는 영향평가서를 작성하여 공표하였다.[50] 본 영향평가서는 많은 기존의 소비자 지침의 문제점을 지적하였으며, 어떠한 입법 정책이 좋은지를 검토한 것이다.

2) 소비자 권리에 관한 지침안과 회원국의 소비자법

앞에서 기술한 영향평가서와 관련하여 유럽위원회는 회원국법에 대한 본 지침안의 영향에 대해 개별적인 조문에 입각해 비교 검토를 하였다. 이 검토는 비교표 형식으로 공표되어 있다.[51] 이에 의하면 회원국법이 분열하고 있다는 것을 알 수 있다.

3) 소비자 권리에 관한 지침안과 회원국의 일반계약법 및 기타의 지침

소비자 권리에 관한 지침안의 검토에서 회원국의 일반 계약법 및 다른 지침과의 관계가 문제시되고 있었다. 이 문서는 2009년 이 점에 관한 유럽위원회의 잠정적인 의견을 표명한 것이다.[52] 이 문서에 의해 본 지침안의 적용 관계를 이해할 수 있다.

4) 소비자의 권리에 관한 지침안과 매매법

「매매의 구제 방법」(Sales Remedies)이라는 제목이 붙은 본 보고서는, 소비자의 권리에 관한 지침안에 있어서의 제26조의 계약의 적합성 결여, 제27조의 비용과 손해배상, 제28조의 기간 제한과 증명 책임에 관한 법 준칙의 제정 과정과 취지를 주요한 대상으로 하고 있다.[53]

---

50) Commission of the European Communities, Commission Staff Working Document, accompanying the Proposal for a Directive on Consumer Rights, Impact Assessment Report, 2008, pp. 2-4, pp26-39. Commission of the European Communities, Commission Staff Working Document, Accompanying Document to the Proposal for a Directive on Consumer Rights, Executive Summary of the Impact Assessment, Brussels, 30.7.2008, COM (2008), pp. 2-7.

51) Commission of the European Communities, The Proposal for a Directive on Consumer Rights: Impact on Level of National Consumer Protection Comparative Table, Brussels 09 October 2009, pp. 4-16.

52) Commission of the European Communities, The Proposal for a Directive on Consumer Rights: Scope, Relationship with National General Contract Law and Relationship with other Community Legislation,, Brussels 09 October 2009, pp. 1-7.

53) European Commission, Qualitative Eurobarometer Study, Sales Remedies, Aggregate Report December 2009, Conducted by TNS Qual+at the request of Directorate General for Health and

3. 수정된 2010년 지침 - 2008년 지침안의 범위 축소

2011년 10월에 수정된 지침이 공표되어 시행되었다.[54] 회원국은 2년 이내에 법 개정을 해야 한다. 소비자의 권리에 관한 유럽 의회 및 이사회 지침은 EU 역내에 있어서의 판매자의 주소나 거래 수단에 관계없이 소비자에게 가격과 부가적인 요금[추가 가격] 정보를 계약 전에 명시하여야 한다는 점, 배달 지연, 쿨링오프 기간, 반품, 환불, 보상 등에 관한 사항을 명확하게 하여 소비자의 권리를 강화하는 것을 목적으로 하고 있다.

이 지침은 전술한 현행 지침 중 방문판매지침(85/577/EEC)과 통신거래지침(97/7/EC)을 폐지하고 이를 대체하는 신 지침을 제정(일원화)하는 것이다(당초 함께 일원화 예정이었던 불공정계약조항지침(93/13/EEC)과 소비재매매지침(1999/44/EC)에 대한 근본적인 개정은 보류).

VIII. 선택적 유럽 공통 매매법 규칙(안)

1. From DCFR to Draft Optional Instrument

이 초안[DCFR]은 유럽계약법「공통기준」의 학술적 초안을 제공한 것으로서, 유럽위원회의 2003년 실행계획에서 요구하는 정치적「공통기준」(a political CFR)의 기초 작업으로 역할하는 것을 그 목적으로 하고 있다. 발표 후 이 초안은 그 타당성 및 수용가능성 등에 대하여 계속적으로 검토되고 있고, 보충성의 원리를 고려하여 공동 시장을 원할히 기능시키기 위해서 필요하고 가능한 범위로 한정된 범위에서 보다 구체적인 작업으로 이어졌다.

Consumers, Survey co-ordinated by Directorate General Communication, TNS Qual+Avenue Herrmann Debroux, 40 1160 Brussels Belgium, pp. 6-8, pp. 110-119.

54) Directive 2011/83/EU of the European Parliament and of the Council of 25 October 2011 on consumer rights, amending Council Directive 93/13/EEC and Directive 1999/44/EC of the European Parliament and of the Council and repealing Council Directive 85/577/EEC and Directive 97/7/EC of the European Parliament and of the Council.

- 그 후 유럽의회는 [정치적] CFR의 필요성 및 optional instrument가 가장 적절한 해결책이라는 의견 표명을 하였다(European Parliament resolution of 25.11.2009).
- 2009년 12월 2일 스톡홀름 계획(Stockholm Programme)에서 유럽 연합 이사회 의장국(Presidency of the Council of the European Union)은 정치적 CFR로 발전되어야 한다는 점에 대해 다시금 언급하고 있다.[55] "The European Council reaffirms that the common frame of reference for European contract law should be a non-binding set of fundamental principles, definitions and model rules to be used by the law-makers at Union level to ensure greater coherence and quality in the law-making process. The Commission is invited to submit a proposal on a common frame of reference."
- 2010년 3월 유럽위원회는 유럽계약법의 일관성 증진이 요구된다는 점을 재차 표명하였다.[56]
- 2010년 4월 유럽계약법을 위한 규범의 실행가능성을 연구하기 위한 전문가 그룹(Expert Group)을 구성하였다(the Export Group on a Common Frame of Reference in the Area of European Contract Law).

이 전개에 대한 반응으로 유럽위원회(European Commission)는 2010년 6월「유럽계약법 진행 방안에 관한 녹서」(a Green Paper on policy options for progress towards a European contract law for consumers and business)를 발표하였다. 이 문서도 역내시장의 신장을 위해 유럽계약법의 통일화의 중요성을 강조하였다. 국가별 계약법의 차이는 추가거래비용, 법적 불안정성, 소비자의 신뢰 상실을 야기한다는 점에 기초하고 있다. 이 때문에 국경을 넘은 거래를 하지 않게 되고, 역내 시장의 의미를 상실시킬 우려가 있다는 것이다. 이는 양 프로젝트, 즉 CFR과 '소비자법의 재검토'를 재통합시킨다는 것을 보이고 있다.[57]

55) The Stockholm Programme for 2010-2014, Council act of 2 December 2009, No 17024/09. THE STOCKHOLM PROGRAMME — AN OPEN AND SECURE EUROPE SERVING AND PROTECTING CITIZENS, OJ C 115/1, 4.5.2010, p. 16 (유럽위원회에서 10/11.12.2009 채택).

56) COMMUNICATION FROM THE COMMISSION TO THE EUROPEAN PARLIAMENT, THE COUNCIL, THE EUROPEAN ECONOMIC AND SOCIAL COMMITTEE AND THE COMMITTEE OF THE REGIONS - Delivering an area of freedom, security and justice for Europe's citizens - Action Plan Implementing the Stockholm Programme, 20.Apr.2010, COM(2010) 171 final.

57) 그러면서도 EU 이사회는 2011년 1월 24일(법안마련을 위한 공공의견 수렴기간 동안)에 소비자권

2. 2010년 유럽위원회의「소비자와 사업자를 위한 유럽계약법으로의 진전을 위한 정책적 선택방안에 관한 그린 페이퍼」[58]

이 문서는 계약법의 다양성[여러 국가 계약법에 의한 규율]에 대해 부정적인 평가를 내리고 있다. 이 다양성은 거래 비용의 증대, 법적 안정성의 결여, 소비자의 신뢰 상실을 야기한다고 하기 때문이다. 이 때문에 국경을 넘은 거래를 하지 않게 되고, 역내 시장의 의미를 상실시킬 우려가 있는 것이다. 여기에 본 문서의 출발점이 있고, 해결책으로 입법상의 제안을 시사하고 있다. 법의 다양성을 부정할 수 없다고 해도, 법의 조화[평준화]의 사상이 기초가 되어야 한다는 것이다. 이 사상은 역내 시장의 관철과 결부되어 있는 것에 주의를 요한다.

EU는 역내시장에서의 국제적 거래(cross-border transactions)를 보다 용이하게 하여야 한다는 점에서 유럽계약법 영역의 진전을 통해 역내시장을 강화하는 방안의 설정을 본 그린 페이퍼의 목적으로 하고 있다.

이 문서는 이러한 사정의 배경에 대해 기술하는데 있어서, EU의 국제 사법(Rome I 규칙)의 소비자 상거소 주의의 미비를 지적하고 2008년 소비자 권리에 관한 지침안의 의의를 언급하고 있다. 그러나 그 범위 제한 때문에 회원국의 다른 부분의 소비자법과의 적합성의 문제와 EU법의 범위 외에 있는 회원국의 일반 계약법과의 적합성 문제를 정당하게 인식하고 있다. 2008년의 소비자 권리에 관한 지침안 등에 있는 완전 조화의 원칙의 한계도 자각하고 있는 것이다. 그러나 또한 사업자 사이의 거래에 있어서 유럽 공통의 계약법을 선택할 여지가 없기 때문에, 당사자가 선택한 준거법, 국제물품매매계약에 관한 UN 협약, Unidroit 국제 상사 계약 원칙의 불충분함을 지적한다. 이러한 복잡한 상항 속에서 EU에 있어서의 계약법의 형태가 문제시되고 있는 것이다. 불완전하면서도, 그 방향을 추구하고 있다고 할 수 있다.

이 EU의 계약법 형태의 지침으로서 계약법의 다양성 회피, 높은 수준의 소비자 보호, 포괄성, 자립성을 들고 있다. 이와 관련하여 법적 성격, 인적·영역적인 적용 범위, 실체법상의 범위를 문제로 하고 있다. 이 문서는 크게 두 영역(① 적용 범위, ② 규범의 법적 성질)을 다루고 있다.

리에 관한 지침안에 동의하였고, 유럽의회는 6월 23일 이 지침안을 승인하였다.

58) European Commission, Green Paper from the Commission on Policy Options for Progress towards a European Contract Law for Consumers and Businesses, Brussels, 1.7.2010, COM(2010) 348 final.

1) 적용 영역 관련

인적 적용 범위에 관련하여 유럽계약법은 단지 사업자와 소비자사이의 계약(B2C)에만 적용되는지, 또는 사법자와 사업자사이의 계약(B2B)에도 적용되어야 하는지에 대해 문제를 제기하고 있다. 이와 관련하여 「통일 유럽계약법규」와 「소비자권리지침(안)」과의 관계 설정이 요구된다.

영역적 적용 범위에 대해서는 규범이 국경을 넘은 거래에만 적용되는지, 아니면 국경을 넘은 거래와 국내 거래 양쪽 모두에 적용되어야 하는지를 검토한다. 후자에 대해 조금 더 적극적이다.

실체법상의 범위에 대해서 소비자 보호를 위한 강행 법규를 포함한다고 하지만, 계약의 정의, 계약 전의 의무, 계약의 형성, 철회권, 대리, 취소·무효, 해석, 내용 및 효과, 이행, 불이행에 대한 구제 수단, 다수 당사자, 당사자의 교환, 상계, 혼동, 시효로 하는 제안, 이들 외에 부당이득, 계약 외 책임, 동산의 취득 및 상실, 동산 담보를 추가하는 제안, 일반적 계약법과 동산 매매, 서비스 계약, 자동차 리스, 보험, 금융 서비스로 하는 제안, 계약법과 사무관리, 부당이득, 불법행위로 하는 제안으로 나누어져 있다. 어느 제안도 병기되고 있을 뿐이다.

2) 규범의 법적 성질

이를 위해 위원회는 다음과 같은 7 가지의 법적 성격을 지니는 규범을 제안할 수 있다고 한다:

① Publication by an Expert Group

전문가 그룹에 의한 편집물을 공표하는 방법이 있다고 한다. 그러나 이것은 임의로 이용되는 것일 뿐 전술한 거래 비용의 증대, 법적 안정성의 결여, 소비자의 신뢰 상실을 제거하는 데는 도움이 되지 않는다고 평가한다.

② Toolbox for the Union legislators

유럽위원회의 문서나 결정, 혹은, 유럽위원회 및 유럽 의회와 유럽 이사회의 합의에 의한 입법 도구로 하는 방법이 있다고 한다. 그러나 이 방법은 전문가 그룹에 의한 편집물을 공표하는 방법과 마찬가지로 거래 비용의 증대, 법적 안정성의 결여, 소비자의 신뢰 상실을 제거하는 데는 도움이 되지 않고, 법 해석과 적용을 포함한 법의 공통성을 확보할 수 없다고 한다.

③ Commission Recommendation on European Contract Law

유럽위원회의 권고에 의해 규범을 회원국법으로 전환하는 것을 요구하는 방식이 있다고 한다. 그러나 회원국에 대해 구속력이 없는 것이 단점으로 고려되고 있다.

④ Regulation setting up an 'optional instrument' for European Contract Law

회원국법과 병존시키는 선택 수단으로서 규칙화 하는 방법이 있다고 한다. 이 방법은 앞서 기술한 유럽위원회의 권고에 의한 방법에 있어서의 회원국법과 병존시키는 선택 수단으로 하는 방식과 유사하지만, 권고가 아니고 규칙으로 한다는 점에 구속력이 강해지는 특색이 있다. 이 규칙이 충분하게 기능하기 위해 명료성과 강행 법규에의 적용을 조건으로 하고 있다. 이 방법은 거래 비용의 증대, 법적 안정성의 결여, 소비자의 신뢰 상실을 제거하는데 도움이 된다고 하지만, 그러나 법적 환경의 복잡함을 단점으로 꼽고 있다.

⑤ Directive on harmonising national laws

유럽계약법에 관한 지침이라는 방법이 있다고 하지만, 최저한도의 공통 기준을 내용으로 하는 한 법의 다양성이라는 문제가 남아있을 것이라 한다.

⑥ Regulation establishing European Contract Law

각 국내법을 대신하는 유럽계약법의 제정에 관한 규칙이라는 방법이 있지만, 보충성의 원칙과 비례성의 원칙에 반할 우려가 있다고 한다.

⑦ Regulation establishing a European Civil Code

유럽 민사법전의 제정에 관한 규칙도 있을 수 있다고 하지만, 보충성 원칙과의 관련성을 문제로 하고 있다. 이는 위의 ⑥ 방안보다 계약법 외의 영역도 대상으로 할 수 있다는 점에서 구별된다.

어느 방법도 장단점이 있지만, 이 문서는 유럽위원회의 권고에 의한 방법과 회원국법과 병존시키는 선택 수단을 정하는 규칙에 의한 방법(④ option)에 호의적이다. 전문가 그룹의 보고서에서도「선택적 규범」방식을 가장 선호하고 있음을 볼 수 있다.

이를 기초로 법안 마련을 위한 준비단계로서의 공공의견 수렴(Public consultation)을 2011년 1월 말까지 실시하였고 그에 대해 181건의 응답이 있었다고 하며, 이들에 대해 위원회의 평가가 이루어졌다고 한다.

2011년 5월에는 전문가 그룹(Expert Group)에 의해 제시된 안(draft)에 대해「유럽 매매법 규범화에 대한 타당성 분석」(a Feasibility Study proposing draft rules for a European contract law)이 발표되었다.[59] 위원회는 2011년 7월 8일「진행 중인 버전("work-in-progress" version)」을 발표하였다.[60]

3. 유럽위원회의 규칙안 제안

위원회는 2011년 10월「선택적 유럽 공통 매매법 규칙(안)」(a proposal for a Regulation on an optional Common European Sales Law)을 발표하였다.[61] 이 제안은 DCFR을 기반으로 하고 있지만, 그 외에도 유럽계약법원칙(PECL), Unidroit 원칙, 국제물품매매계약에 관한 UN 협약(CISG), 프랑스 연구그룹의 작업[62] 등도 참고로 하였다고 한다.

물품매매계약을 대상으로 하는 이 공통매매법은 그 내용으로는 계약의 성립전의 정

59) 그 결과에 대해서는, A European contract law for consumers and businesses: Publication of the results of the feasibility study carried out by the Expert Group on European contract law for stakeholders' and legal practitioners' feedback, in: http://ec.europa.eu/justice/ contract/files/feasibility_study_final.pdf

60) "the Commission … will use the Expert Group's text as a 'toolbox' in the preparation of a possible future initiative on European contract law"(in the Feasibility Study).

61) http://ec.europa.eu/justice/contract/files/common_sales_law/regulation_sales_law_en.pdf

62) 이른바 Terminology Group(The Association Henri Capitant and the Société de Législation Comparée)의 연구물. Fauvarque-Cosson/Mazeaud (eds.), European Contract Law, Materials for a Common Frame of Reference: Terminology, Guiding Principles, Model Rules, 2008.

보제공의무, 계약의 체결, 철회권, 당사자의 권리와 의무, 불이행에 대한 구제수단 등을 포괄적으로 담고 있다. 사업자와 사업자사이의 계약과 사업자와 소비자사이의 계약으로 EU내에서의 국제적 거래(cross-border transactions)에 당사자들이 선택적으로 이용하는 것(국내거래에서의 이용 여부는 회원국이 선택)을 목적으로 하고 있다.

규칙(안)은 16개의 모두[冒頭] 규정(Chapeau)과 부속서(Annex)로 이루어져 있다. 부속서I의 유럽공통매매법은 총 8개의 부(Part), 18개의 장(Chapter), 186개의 조문으로 구성되어 있다.[63)]

IX. 앞으로의 전개 및 그 전망

1. 앞으로의 과정

유럽위원회는 단일시장 설립 20주년이 되는 해인 올해 2012년에 이 제안이 채택되도록 하는 것을 목표로 하고 있다고 한다.[64)] 규칙으로 채택되기 위해서는 유럽의회와 EU 이사회(각료이사회)의 승인이 있어야 한다.

보통입법절차(ordinary legislative procedure)[유럽위원회의 제안에 의거하여 유럽의회 및 이사회가 공동으로 규칙, 지침 또는 결정을 채택하는 절차(TFEU 제289조 1항)]는 다음과 같은 과정을 취한다: 유럽위원회가 유럽 의회와 EU 이사회에 제안[서]을 제출한다. 그 후, 유럽 의회에서 제1독회가 열린다. EU이사회가 EC위원회의 제안에 대한 유럽의회의 수정안 또는 유럽의회가 수정을 제안하지 않는 경우에는 원래의 제안을 가중다수결에 의하여 채택할 수 있다. 유럽의회는 EU이사회가 EC위원회의 제안에 대하여 공동입장을 채택하기 전에 EU이사회에게 의견을 주는 것이다. 유럽 의회의 의견을 받아 EU 이사회는 유럽 의회의 의견을 승인할지 하지 않을지를 결정한다. EC위원회의 제안에 대한 유럽의회의 수정안 또는 유럽의회가 수정을 제안하지 않

63) 그 외에도 부칙(Appendix)으로 계약철회에 관한 규범설명서(Model instructions on withdrawal)와 계약철회를 위한 규범서식(Model withdrawal form) 등을 포함하고 있다.

64) EU 집행위원회 부위원장 겸 사법 집행위원(EU Justice Commissioner)인 V. Reding, The optional Common European Sales Law - Seizing the opportunity; Conference on European Tort Law, Warsaw, 10 November 2011.

는 경우에는 원래의 제안을 가중다수결에 의하여 채택할 수 있다. 승인하지 않는 경우, EU 이사회는 「공통의 입장」을 채택하고, 그것을 유럽 의회에 전한다. 유럽 의회에서는 제2독회가 열리고, 거기서 승인, 부결, 수정을 한다. 수정의 경우는 다시 EU 이사회에 전하고 거기서 승인 내지 부결을 한다. 부결된 경우에는 유럽 의회와 EU 이사회에서 구성하는 조정위원회(Conciliation Committee)가 개최되어, 거기서 공동안이 나온다. 이 공동안을 양자가(유럽의회는 투표절대과반수로써 그리고 EU이사회는 가중다수결로써) 승인하면 채택, 부결하면 불채택으로 종료된다.

유럽의회는 오래전부터 EU 계약법의 선택적 규범(optional instrument)을 위한 제안을 지원하고 있지만, 현 단계에서 얼마나 많은 회원국이 이 안을 지지할지는 명확하지 않다. 일부 국가, 특히 영국 정부는 이러한 규범의 필요성 및 이를 추구하기 위한 EU의 권한(competence)에 강한 의구심을 나타내고 있다.[65] 이는 위원회의 그린 페이퍼(COM[2010] 348)에 대한 영국 법무부의 응답에서도 보이는데, 이 제도의 도입의 결과 불가피하게 야기될 추가 비용, 각 회원국 법원에 의한 해석의 차이, 현재의 영국법에 대한 영향 및 법적 문화적 전통을 반영하지 못함으로 인하여 사용되지 못할 위험성 등이 지적되었다. 클라크(Ken Clarke) 법무부장관(Lord Chancellor[66])은 현재 EU에 존재하는 27개 계약법 체계가 사업자 또는 소비자에게 진정 곤란함을 야기하는지, 그리고 설령 그렇다 하더라도 다른 법을 만드는 것이 옳은 방법인지에 의문을 제기하고 있다.[67] 유럽 전역의 소비자 단체들 또한 (각 회원국의 소비자 보호법을 저해할 것

65) 영국 정부 및 의회의 Draft Regulation on a Common European Sales Law for the European Union에 대한 부정적 평가에 대해서는 http://www.publications.parliament.uk/pa/cm201012/ cmselect/cmeuleg/428-xlii/42807.htm.에서 자세히 볼 수 있다.

66) 2005년 헌법개혁법(Constitutional Reform Act 2005)으로 의회와 겸직하던 기존 사법부 시스템을 사법부 독립식 단일 대법원 체제로 바꾸었다. 이전까지는 영국 상원의장(Lord Chancellor)이 대법원장을 겸직을 하였으나, 의회로 부터 대법원을 완전히 분리시켰다. 기존의 상원의장 겸 대법원장(Lord Chancellor)이 더 이상 대법원 재판업무를 보지 않게 했다. 따라서 중세 이래 사법부 2인자였던 Lord Chief Justice가 대법원장이 되고, 사법부 1인자인 Lord Chancellor는 상원의장 겸 신설 법무부 장관이 되었다. 과거에 대법원은 상원 내에 설치되어 있어서 12명의 상원상임법관(Law Lords)들에 의하여 최종심이 운영되었으나 2009년 10월 상원으로부터 분리된 대법원이 설치됨으로써 입법부로부터 완전히 독립하게 되었다. 대법관(Lords of Appeal in Ordinary, Law Lords)은 모두 12명인데, 여왕이 Lord Chancellor(상원의장 겸 신설 법무부 장관)를 통한 총리의 추천을 받아 최종적으로 임명한다. 대법관은 종신직이지만 75세까지만 재판업무를 본다. 출처: Wikopedia(The Free Encyclopedia)

67) 이러한 영국 측 반응에 대해서는 Herbert Smith, Commission publishes proposal for an optional Common European Sales Law, European contract law reform e-bulletin in: http://www.herbertsmith.com/NR/rdonlyres/35888235-4B45-42E9-97B9-80D679A9E0DE/0/CommissionpublishesproposalsforanOptionalCommonEuropeanSalesLaw13October2011.html. 참조.

으로 보이는) 이 계획에 반대하고 있다고 한다.[68]

2. 이 제안에 대한 평가

이 제안 발표 후의 논의 내지 발표된 글은 – 당연하지만 – ① 그 내용을 긍정적으로 설명하고 있는 것 외에 ② 그에 대해 (건설적) 비판적인[konstruktive Kritik] 견해를 보이는 글이 주종을 이룬다.[69] 이에 대한 Conference에서도[70] 이 제안에 대한 비판 및 해결되어야 할 문제점이 지적되고 있다.[71] 주된 문제점으로는 크게 ① 통일매매법에 대한 EU의 권한, ② 그 적용[범위]에 관한 것이다: 구체적으로는 I) 법적 근거(EU의 권한. 즉, 역내시장에 대한 Art. 114 TFEU, 보충성 및 비례성의 원칙 관련) II) 제안의 적용범위(인적, 장소적, 실체적 범위), III) 사업자와 소비자사이의(B2C) 국제적 거래에 있어서의 "opting-in" 방식, IV) 아키(acquis), 특히 최근 채택된 "소비자권리지침(2011/83/EU of 25.10.2011)과의 관계, V) 국내법과의 충돌; 국제사법과의 관계. 특히 소비자보호에 바탕을 둔 로마 규칙(Verordnung(EG) Nr. 593/2008) 제6조 2항의 규정하의 회원국법과의 관계에 있어서의 문제점[72]이 지적되고 있다.

유럽이사회에는「회원국의 법률 및 행정규칙을 근사화[approximation] 하기 위하여

---

68) 유럽위원회 및 이 작업 관련자에 의하면 공통의 유럽매매법은 소비자뿐만 아니라 사업자에게 이점을 줄 수 있다고 한다: "국제적 거래의 단순화와 비용 절감으로 물품 및 서비스의 증진을 가져올 것이다. 따라서 ① 소비자는 보다 넓은 선택의 가능성을 가지며 저렴한 가격으로 구입을 가능하게 한다. 공통의 유럽매매법은 고수준의 소비자보호(및 권리)를 제공하여, 소비자의 불안정성을 낮추고 국제적 거래에 대한 신뢰를 증진시킬 것이다. ② 또한 사업자에게도 국제적 거래를 위한 비용 절감으로 경제 활동의 확대에 도움이 된다." V.Reding, Warum Europa ein optionales Europäisches Vertragsrecht benötigt, ZEuP 2011, 1ff.

69) H. Fleischer, The Optional Instrument in European Private Law ("28th Regime"), RabelsZ 2012, pp. 235-252. 그 법적 근거, 선택적 규범의 필요성, 적용범위, 회원국 국내법과의 관련 및 국제사법과의 관계에 대해 기존의 다양한 주장을 정리하고 있다.

70) 예를 들어, The Proposed Common European Sales Law: Have the Right Choices Been Made?' in Brussels, Belgium, 9.12.2011. 이에 대한 개괄적 소개는 G. Low & J. Smits, The Proposed Common European Sales Law: Have the Right Choices Been Made? Introduction and editors to special issue, Maastricht Journal of European and Comparative Law 19 (2012), pp. 3-6; W.Bull, Conference Report, ERPL, 2012, pp. 649-654 참조.

71) Hans-W. Micklitz & N. Reich, The Commission Proposal for a 'Regulation on a Common European Sales Law (CESL)' - Too Broad or Not Broad Enough?, EUI Working Papers LAW No. 2012/04.

72) 특히 III) - V)와 관련해서는 M.Fornasier, ≫28.≪ versus ≫2.Regime≪, RabelsZ 2012, 401ff. 참조.

역내시장의 형성 및 원활한 기능을 목적으로 하는 법적 조치를 취하는」(TFEU 제114조(ex Article 95 ①TEC)[73]) 권한이 주어지고 있으므로, 경우에 따라서는 (보통입법절차에 따라) EC 규칙(regulation)을 제정할 근거가 될 수 있다고 하는 것도 가능하다. 그렇다고 하더라도 동조에 있어서는「역내시장의 형성 및 원활한 기능을 목적으로 하는」법적 조치이어야 한다는 요건이 부과되어 있다는 점에 문제가 있다고 한다.[74] 각 회원국의 국내법이 다르다는 것 자체가 역내시장의 원활한 기능을 방해하고 있다는 것에 대해, "계약법의 차이가 역내시장에 미치는 영향은, 경쟁법 등과는 달리, 어디까지나 간접적인 것이다. 각 회원국에 있어서의 공통의 계약법으로 人·물건·서비스·자본의 자유이동의 저해요인을 제거하는 것이 가능한지는 분명하지 않다."고 하기도 한다. 또한 유럽 공동체에 있어서는「보충성의 원칙」(principle of subsidiarity) 및「비례의 원칙」(principle of proportionality)(TEU 제5조)이 적용되어,[75] 유럽공동체는 역내시장의 통합을 위하여 필요하고 상당한 범위에서만 입법권한을 행사할 수 있다. 이러한 유럽 공동체설립조약상의 제약에 기하여 지금까지는 필요 최저한의 범위에서 사법의 평준화가 행해지고, 구체적인 규범 내용의 실현은 각 회원국에 맡기는 입법 형식이 취해져 왔다고 할 수 있다.

따라서 이 공통매매법 제안은 각국의 법을 존치시키면서, 병행하여 규칙에 의해 (선택할 수 있는, 그리고 원칙적으로 국제적 계약에만 적용되는) 매매법을 만들고자 한 것이다. 그럼에도 불구하고 EU 운영조약 제114조를 법적 근거로 하고자 하는 유럽위

---

73) The Treaty establishing the European Community<→ The Treaty on European Union[EU 조약. TEU] and of the Treaty Functioning of the European Union[EU 운영조약. TFEU]>. 2009년 12월 1일 발효된 리스본 조약(2008/C 115/01)에 있어서도, 제94조와 제95조의 순서가 교체되고(제114조, 제115조), 약간의 문구수정이 이루어진 것에 불과하므로, 이 유럽공동체의 입법권한에 관한 전제는 크게 변한 것은 아니다.

74) Tamm, Das Gemeinsame Europäische Kaufrecht als optionales Instrument, VuR 2012, 3(5 ff.).

75) EU조약 제3b조에 명기되어 있었다: "EU는 이 조약 속에서 지정된 권한과 목적의 한계 내에서만 활동할 수 있다. 그의 배타적 관할에 속하지 않는 영역에서는 보충성의 원칙에 따라, 그 목적이 회원국 차원에서는 충분히 이루어질 수 없고 그 범위 또는 효과의 측면에서 공동체차원에서 조치가 취해져야 비로소 목표달성이 가능한 때에 한하여, 개입할 수 있을 뿐이다. EC의 조치는 이 조약의 목적달성에 필요한 범위를 넘어설 수 없다". 따라서 이에 근거하여 공동체 차원의 새로운 법안은 세 가지 원칙을 검토하고 만족시켜야 제안될 수 있다. 첫째, 공동체는 조약 하에서 어떤 특정 영역에서 입법권이 부여되어 있는가? (권한 부여의 원칙) 둘째, 권한이 공유되는 영역의 경우 특정한 영역에서 공동체가 입법하는 것이 적절한가? 아니면 회원국에 맡기는 것이 적절한가? (보충성의 원칙) 셋째, 선택된 수단이 추구되는 목적에 비례하는가? 아니면 수단이 회원국가의 자율성에 지나치게 부담을 주는가? (비례성의 원칙). 이에 대해서는 김면회/김재길, "유럽통합에서 나타난 보조성 원칙 연구", EU연구 제27호(2010년), 67면 이하(특히 77면 - 79면) 참조.

원회의 시도는 유럽 연합과 회원국 간의 관계, 기본 방향의 차이, (연합에 부여하지 않고) 회원국에 남아있는 권한과 연합의 입법적 작업을 위해 요구되는 최저한의 합의에 대해 재조명케 하고 있다.[76]

한편 공통 매매법의 적용 범위는 회원국과 유럽연합 사이의 전통적 경합에 관계없이 거래관행의 실제적이고 잠재적인 필요성을 고려하여 결정되어야 한다고 하면서, 다음과 같이 지적하고 있다. "위원회의 작업이 주로 역내시장과 소비자계약, 특히 온라인으로 체결되는 계약에 한정하였다는 것으로 보인다. 이 규범의 적용에서 특정 거래 군을 배제하고 있는데, 이 배제는 사법적 관점에서 뿐만 아니라 시장 경제적 관점에서도 정당화되거나 공감하기 어렵다. 또한 이러한 제한의 기술적인 구현도 올바르지 않다. 각 배제요건에 관한 일반적 문제가 특정 문제로 취급되고 있다. 즉, 예외의 확정을 위한 관련 시점의 결정은 단순히 장소적 적용범위뿐만 아니라, 그 인적 적용범위와 관련해서도 문제된다(특히 중소기업[a small or medium-sized enterprise. SME] 관련). 또한 혼합계약에 관한 특별규정은 보다 근본적인 측면을 손상시켜, 하나의 계약이 장소적, 인적 또는 실제적 이유에서 종종 부분적으로만 CESL[공통의 매매법]의 적용범위에 속하게 되는 문제가 있다."[77]

독일의 H.Eidenmüller 등은 적용 범위 및 공통의 유럽매매법(CESL)의 선택적(Opt-in) 방식의 결합을 지적하고, 지나치게 광범위한 정보제공 의무와 철회권, 표준거래조

76) 이 외에 TFEU 제352조(= ex Article 308 TEC)를 그 근거로 고려되기도 한다.
제308조 "역내시장에서 목적을 달성하기 위하여 공동체의 행동이 필요하지만 조약에 이에 대한 필요한 권한이 정해져 있지 않은 경우, 이사회는 위원회의 제안에 따라 유럽의회의 동의를 거쳐 전원일치로 적절한 조치를 취한다. 이 조치가 이사회에 의해 특별입법절차에 따라 채택되는 경우, 이사회는 위원회로부터의 제안에 대해 유럽의회의 동의를 얻은 후 그리고 전원일치로 행해져야 한다.
이에 대해 "이 규정은 다른 입법의 근거와의 관계에서는 보완적인 것에 불과한 것이므로, EC 제94조 및 제 95조에 비추어 보면, 각국법을 近似化[상호 접근]시키는 것에는 역할을 하지 못한다. 이들은 공동체상표(Community trade mark)와 유럽경제이익단체(European economic interest grouping)에 대한 규칙(Regulation 40/94/EC of 20 December 1993, Regulation 2137/85/EEC of 25 July 1985)과 같이, 국내법에 있는 기존의 제도의 테두리 밖에서 형성된 법제도를 국내법에 전환하는 공동체 입법을 제정하기 위한 근거를 제공하고 있다." 가능하다 하더라도 이는 의회의 동의 후에 이사회의 전원일치에 의한 승인을 전제로 하므로, TFEU 제114조의 가중다수결(qualified majority)에 비해, 그 통과 여부가 더욱 불투명하게 된다는 지적을 볼 수 있다. 이에 대해서는 H.Fleischer, RabelsZ 2012, 235(244) 및 이를 근거로 한다는 견해에 대해서는 S. 244의 각주 58. 문헌 참조.

77) Jürgen Basedow, Ein Gemeinsames Europäisches Kaufrecht für grenzübergreifende Verträge - Seine Bedeutung und Auswirkung auf freie Märkte -, 2012.05.30. 한독법률학회 2012년 춘계학술대회 발표논문.

건 등 아키 코미나테를 포함하고 있는데, 그들의 적절한 목적과 용도를 고려치 않고 있다고 평가한다. 또 내용적으로 매매법 영역에서 많은 강행규정을 두고 있는데 이는 중대한 문제를 발생시킨다고 한다. 따라서 신속한 입법 제정보다는 유럽에서의 계약법 조화의 범위, 형식 및 그 내용에 대한 광범위하고 철저한 논의를 요구하고 있다.[78]

3. 본 규칙(안)의 의의

(1) 이 제안이 발표되기 직전에 이루어진 콘퍼런스[79]에서 위의 제안 및 이제까지의 작업 의의에 대한 평가를 볼 수 있다:

- 소비자공동체법(Consumer acquis)은 공통기준(CFR)을 위한 영감의 원천(Source of inspiration)으로 역할 하였기 때문에 계약법과 소비자 매매는 뒤얽혀서 서로 긴밀한 관계를 가진다. 이 두 그룹에 의해 별개의 목적 하에 수행하던 작업이 선택적 규범(Optional instrument) 하에 하나로 재정비되고 있다.[80]
- 그린 페이퍼(Green Paper on the Review of the Consumer Acquis, Com[2006]), 744)는 소비자공동체법에 대한 논의를 재가동시켰지만, 그 제안된 지침의 최대한의 평준화(maximum harmonization)에 대한 비판이 제기된 점에 비추어 볼 때, "지침(directive)에 의한 평준화 시대가 끝났고 오직 규칙(regulation)에 의한 시대가 열렸다"[81]

또한 이에 대한 학자의 글에서는 "이 규칙안은 유럽계약법의 통일을 향한 일보"라고 평가하거나,[82] "유럽계약법의 발전을 위한 이정표를 보인 것으로 장래 유럽 민법전을

---

78) H.Eidenmüller, N.Jansen, E.M. Kieninger, G. Wagner, R. Zimmermann, Der Vorschlag für eine Verordnung über ein Gemeinsames Europäisches Kaufrecht, JZ 2012/06, pp. 269-289.

79) A European Optional Contract Law: Policy Choices, Conference of the Society of European Contract Law[SECOLA](14/15.Jan.2011).

80) S. Jansen, A European Optional Contract Law: Policy Choices[Conference of the Society of European Contract Law[SECOLA](14/15.Jan.2011)의 보고서], ERPL 2011, 457 중 G.Howells 교수의 견해(p.464) 참조.

81) Jansen의 앞의 보고서(Fn.75) 중 Twigg-Flesner 교수의 견해(p. 466) 참조.

82) O.Lando, Comments and Questions Relating to the European Commission's Proposal for a Regulation on a Common European Sales Law, ERPL 2011, 717(718-719, 728). 그러나 규칙안의

향한 제1보라 할 수 있다."고 한다.[83]

(2) 1980년대 들어 유럽 여러 국가의 법학자들은 유럽계약법에 관한 작업을 시작하였지만, [유럽]위원회는 2001년 처음으로 이와 관련하여 의견[communication]을 공표하였다. 이 문서에서 계약법에 있어서의 발전을 심도있게 추구하기 위한 대략적 윤곽을 그리고 있다. 그 후 위원회는 이 분야의 포괄적인 입법 제안을 위한 준비를 해 왔다: 많은 검토문서 발표와 유럽의 공공의 협의, 계약법의 여러 측면을 다루는 학문 그룹의 네트워크 지원, 이해 관계자 회의 및 학술회의[컨퍼런스]의 조직, 전문가 그룹의 설치 그리고 소위 타당성 조사(feasibility study)의 발표 등 지난 10년간 이 제안을 준비하기 위한 많은 연구가 이루어졌다. 다만 그 대상은 계약 및 매매법의 「실체법」에 집중된 것으로 이 규범의 적용[범위]에 관한 연구나 논의는 거의 없었다. 따라서 현재 이에 대해 부정적인 또는 비판적인 견해 표명 및 심도있게 논의되고 있는 바를 볼 때, 차후 이 규범의 적용[범위]에 관한 소위 冒頭 규정(chapeau rules)은 수정될 수 있을 것이다. 또한 그 실체법적 내용(CESL)도 규정 내용 자체의 이론적인 고려 외에, 각 회원국과 이익단체 등의 영향 하에 「정책적」 변경(부분적 수정은 물론이고 기본 방향의 전환)도 배제되는 것은 아니다.

(3) 이것이 「규칙」화된다면, 실무 계 뿐만 아니라 유럽 사법체계, 궁극적으로는 각 회원국 법체계에 미치는 영향은 유럽 연합차원에서의 이제까지의 어느 입법행위(legislative acts)보다 클 것이다. 이는 유럽연합과 FTA를 체결하고 있는 우리의 입장에서 실무적 면에서는 물론이고 유럽 법을 계수한 사법체계를 구축하고 있다는 점에서도 주시되어야 할 것이다. 이는 '매매법'이라 명칭을 붙이고 있지만 그것이 담고 있는 내용은 그 범위가 매우 넓어 '매매를 중심으로 한 계약법'이

규율대상 및 범위에 대해 아쉬움을 보인다: 규칙안의 내용은 「계약법 총칙」과 「매매법」으로 구성되어 있는데, 이는 위원회가 궁극적으로 계약법에 일반적으로 적용되는 규칙으로 하고자 하는 사고, 또 공통의 유럽계약법(Common European Contract Law)에 관한 규칙을 구상하고자 한 것으로 보면서, EU 회원국 대부분이 CISG에 가입하고 있으므로 유럽매매법의 필요성이 그리 시급하지 않고, 다만 필요한 것은 계약법의 총칙에 대한 통일법이 필요하다고 하면서, 유럽위원회가 이를 포기한 것은 유감이라고 한다. 장기적으로는 각 회원국의 국내법을 대체하면서 계약법 총칙 및 특별 계약을 커버하는 공통의 유럽계약법전(Common European Contract Code)이 필요하다고 한다(그러면서 언젠가는 그리될 것이라고 예견한다).

83) H.Eidenmüller, N.Jansen, E.M. Kieninger, G. Wagner, R. Zimmermann, JZ 2012/06, pp. 269.

라 할 수 있고, 또한 1980년부터 시작된 유럽 사법의 통일화 작업의 결실이라는 점, 그리고 '소비자 계약법'과 '일반 계약법'의 통일화를 보여주는 현대 계약법의 한 모습으로 평가될 수 있다는 점에서 향후 우리의 (이론적 및 민법 개정을 위한) 연구에 있어서도 중요한 소재를 제공할 것이다.

참고문헌

JChristian von Bar/Hans Schulte-Nölke, Gemeinsamer Referenzrahmen für europäisches Schuld und Sachenrecht, Zeitschrift für Rechtspolitik[ZRP] 165 (2005).

Von Bar/Clive/Schulte-Nolke(eds.)[prepared by Study Group on a European Civil Code/ Research Group on the Existing EC Private Law (Acquis Group)], Principles, Definitions and Model Rules of European Private Law Draft Common Frame of Reference, Outline Edition(2009).

Jürgen Basedow, Ein Gemeinsames Europäisches Kaufrecht für grenzübergreifende Verträge - Seine Bedeutung und Auswirkung auf freie Märkte - 2012.05.30. 한독법률학회 2012년 춘계학술대회 발표논문.

H.Eidenmueller, N.Jansen, E.M. Kieninger, G. Wagner, R. Zimmermann, Der Vorschlag für eine Verordnung über ein Gemeinsames Europäisches Kaufrecht, Juristenzeitung[JZ], 269(2012/06).

Bénédicte Fauvarque-Cosson/Denis Mazeaud (eds.), European Contract Law, Materials for a Common Frame of Reference: Terminology, Guiding Principles, Model Rules(2008).

Holger Fleischer, The Optional Instrument in European Private Law ("28th Regime"), 76 Rabels Zeitschrift für ausländisches und internationales Privatrecht[RabelsZ] 235(2012).

Matteo Fornasier, ≫28.≪ versus ≫2.Regime≪ - Kollisionsrechtliche Aspekte eines optionalen europäischen Vertragsrechts, 76 RabelsZ 401(2012).

Sanne Jansen, A European Optional Contract Law: Policy Choices, European Review of Private Law[ERPL], 457(2011).

Jens Koch, Die Einheit der nationalen Rechtsordnung und die europäische Privatrechtsangleichung, JZ 277(2006).

Ole Lando, Comments and Questions Relating to the European Commission's Proposal for a Regulation on a Common European Sales Law, ERPL 717(2011).

Garry Low, A Numbers Game - The Legal Basis for an Optional Instrument in European Contract Law, Maastricht Faculty of Law, Working Paper No. 2012/02; Unitas via Diversitas: Can the Common European Sales Law Harmonize Through Diversity?,

Maastricht Journal of European and Comparative Law, Vol. 1, 2012<Available at SSRN: http://ssrn.com/abstract=1991070>

Gary Low & Jan Smits, The Proposed Common European Sales Law: Have the Right Choices Been Made? Introduction to a special issue, 19 Maastricht Journal of European and Comparative Law 3(2012).

Hans-W. Micklitz, Verbraucherschutz in den Grundregeln des Europäischen Vertragsrechts, 103 Zeitschrift für Vergleichende Rechtswissenschaft [ZVglRWiss] 88(2004).

Hans-W. Micklitz & Norbert Reich, Europäisches Verbraucherrecht - quo vadis? Überlegungen zum Grünbuch der Kommission zur Überprüfung des gemeinschaftlichen Besitzstandes im Verbraucherschutz vom 8.2.2007, Verbrauceher und Recht[VuR] 121(2007).

Hans-W. Micklitz & N. Reich, The Commission Proposal for a 'Regulation on a Common European Sales Law (CESL)' - Too Broad or Not Broad Enough?, EUI Working Papers LAW No. 2012/04<Available at SSRN: http://ssrn.com/abstract=2013183>

Viviane Reding, The optional Common European Sales Law - Seizing the opportunity; Conference on European Tort Law, Warsaw, 10 November 2011. <Available over Internet: http://europa.eu/rapid/ pressReleasesAction.do?reference=SPEECH/11/742&format=HTML&aged=0&language=EN&guiLanguage=en>

_______, Warum Europa ein optionales Europäisches Vertragsrecht benötigt, ZEuP 1(2011).

Reiner Schulze, Gemeinsamer Referenzrahmen und acquis communautaire, Zeitschrift für Europäisches Privatrecht (ZEuP) 128(2007).

Marina Tamm, Das Gemeinsame Europäische Kaufrecht als optionales Instrument - eine kritische Analyse zur Binnenmarktharmonisierungskompetenz der Kommission, VuR 3(2012).

제2절 EU 집행위원회에 의해 제안된 「유럽공통매매법에 관한 규칙」

박영복 교수(한국외국어대학교 법학전문대학원)

I. 머리말

EU의 법안의 입안과 이행을 담당하는 EU 집행위원회(European Commission. 「유럽위원회」로도 칭해지지만, 이하 「집행위원회」라고 한다)는 2011년 10월 11일 유럽공통매매법에 관한 규칙을 위한 제안을 공표하였다.[1]

유럽공통매매법에 관한 규칙(이하, 「매매법 규칙」이라고 한다)이 제정되면, 특히 국경을 넘는 사업자와 소비자의 거래관계[2]에 적용 가능한 규범으로서 혁신적이면서 유럽법상 전례가 없는 메커니즘을 도입하게 된다. 집행위원회는 국내법 차원에서 완전히 평준화된 전 유럽적인 매매법, 즉 유럽 공통의 매매법을 제정하는 것을 기도하고 있다. 이는 기존의 국내 매매법에 대한 대안으로 임의적이고 병렬적인 국내 매매법 체제를 구축하고자 하는 것이다.

같은 날 발행된 집행위원회 제안에 관한 홍보용 설명서에 의하면, 매매법 규칙은 섭외 거래에 있어서 다양한 국내 매매법의 존재에 의해 발생하게 되는 「장애를 제거함으로써」, 「사업자에 대해 시장을 개방하고, 소비자에 대해 보다 많은 선택과 높은 수준의

* 이 글은 박영복, "EU 집행위원회에 의해 제안된 「유럽공통매매법에 관한 규칙」", 『외법논집』 제37권 제3호(2013. 8.)의 내용을 수정 보완한 것임.

1) Proposal for a Regulation of the European Parliament and of the Council on a Common European Sales Law, October 11, 2011, COM(2011) 635 final.

2) 매매법 규칙 제안 제7조에 의하면, 적어도 한쪽 당사자가 중소기업(small and medium enterprises)이면 동 규칙은 사업자사이의 거래에도 적용될 수 있다.

보호를 제공하는」 것이라고 하고 있다.[3] 집행위원회는 매매법 규칙의 적용 대상인 두 그룹, 즉 섭외 거래를 원하는 사업자와 보다 많은 상품이 보다 저렴하게 제공됨으로써 이익을 받게 될 소비자 양자에게 이익이 될 것으로 기대하고 있다.[4]

본고는 매매법 규칙(및 그에 담겨 있는 공통매매법 규정)의 분석을 위해 사전적 작업을 목적으로 하고 있다. 이하에서는, 먼저, 매매법 규칙의 제안 배경(II)과 집행위원회의 제안의 이유와 목적을 개관한다(III). 그 다음, 매매법 규칙의 내용을 소개하고, 그 특징을 강조하면서 그 규범적인 틀을 살펴본다(IV). 그리고 제안된 통일매매법의 법적 성질에 대한 논의를 살펴보고(V), 이어서 매매법 규칙에 대한 분석 및 유럽에서의 평가를 쟁점별로 정리하고(VI), 집행위원회의 제안 이후의, 특히 유럽의회에서의 전개를 정리한다(VII). 본고는 제안된 유럽의 공통매매법 규칙을 이해하고자 한다는 점에 주안점을 둔다. 따라서 이 제안에 대한 [비판적] 평가도 비유럽 국가에서 이 제도를 이해하고자 하는 시각 하에서, 그리고 그에 도움이 되는 한도에서 다룬다.

II. 유럽공통매매법 제안의 배경

1. EU 법과 소비자 보호

유럽 입법의 틀 내에서 소비자 보호가 독립적이고 명백한 역할을 하기에 이른 것은 마스트리히트 조약이 채택되고 나서이다(마스트리히트 조약 219 a조 참조). 이 조약의 채택 이후, 집행위원회는 소비자 법 분야에서 단계별로 평준화된 준칙을 도입해 왔다. 이러한 움직임은 소비자 계약법 영역에서의 준칙의 단편화(斷片化)를 초래했다. 이 문제를 타개하기 위해 집행위원회는 2007년에 「기존의 소비자법 개정에 관한 그린

3) Communication Department of the European Commission, An Optional Common European Sales Law: Frequently Asked Questions (October 11, 2011) online at <http://europa.eu/rapid/press-release_MEMO-11-680_en.htm?locale=en> 참조.

4) European Commission, Explanatory Memorandum to the Proposal for a Regulation on the European Parliament and of the Council on a Common European Sales Law(2011년 10월 11일) online at <http://ec.europa.eu/justice/contract/files/common_sales_law/regulation_sales_law_en.pdf> 참조.

페이퍼」(이하, 「아키 그린 페이퍼」[Acquis Green Paper]라고 한다)를 공표했다.[5] 이 아키 그린 페이퍼는 보다 일반적인 법적 틀의 도입으로 기존의 소비자법 준칙을 대체하고 평준화하는 것을 기도하였다.

아키 그린 페이퍼는 여덟 개의 지침을 재검토하여 다양한 소비자 계약법상의 준칙이 혼재하고 있는 상황을 어느 정도 해결하려고 노력했다. 이 작업의 성과로 최근 채택된 「소비자의 권리에 관한 지침」은 여덟 개의 지침 중 네 개의 지침, 즉 소비자 매매 지침, 부당 조항 지침, 통신 판매 지침 그리고 방문판매 지침을 통합한 것이다.[6] 이들 네 개의 지침은 모두 계약법만을 대상으로 하며, 「(유럽) 연합 전체에 있어서의 사업자와 소비자 사이의 계약의 일정한 측면」[7]에 관한 일반적 규제 틀을 제공하고 있다. 따라서 유럽 소비자법의 규제 체제[mechanism]는 개별 영역마다의 산재된 규범 틀로부터 보다 통합된 것으로 이행(移行)하기 시작했다고 말할 수 있다.

소비자법 분야에서는 또 다른 중요한 변화가 있다. 그것은 과거의 지침이 회원국에 의해 엄격한 국내법 준칙을 제정할 재량[권]을 남기는 최소한의 평준화 어프로치[a minimum harmonization]를 취하고 있던 반면, 최근 집행위원회는 EU 전역에 적용되는 확정적인 보호의 수준을 정하는 완전한[전체적인] 또는 최대한의 평준화[a full or maximum harmonization]의 방법을 선택하고 있다는 점이다.[8] 최근 채택된 「소비자의 권리에 관한 지침」도 최종적으로는[결국에는] 최대한의 평준화 방식을 따랐다.[9]

소비자법 분야에서 유럽법상의 움직임이 확대되면서, 집행위원회는 일반 사법의 공

5) Green Paper on the review of the consumer acquis, February 8, 2007, COM (2006) 744 final.

6) Directive 2011/83/EU of the European Parliament and of the Council of 25 October 2011 on consumer rights (소비자의 권리에 관한 유럽의회·이사회 지침 2011/83/EU호). 이것은 Council Directive 93/13/EEC 및 Directive 1999/44/EC of the European Parliament and of the Council(유럽이사회 지침93/13/EEC호 및 유럽의회·이사회 지침 1999/44/EC호)를 수정하고, Council Directive 85/577/EEC(유럽이사회지침 85/577/EEC) 및 Directive 97/7/EC of the European Parliament and of the Council(유럽이사회지침 85/577/EEC) 및 Directive 97/7/EC of the European Parliament and of the Council(유럽의회·이사회 지침 97/7/EC호), OJ 2011 No. L304를 폐기하는 것이다.(이하, 「소비자의 권리에 관한 지침」).

7) 소비자의 권리에 관한 지침의 전문[제안이유] 7. 소비자 권리에 관한 지침과 공통참조기준 초안의 상호관계에 대해서는 예를 들어, Hans Schulte-Nölke, The Way forward in European Consumer Contract Law : Optional Instrument lnstead of Further Deconstruction of National Private Laws, in EUROPEAN UNION PRIVATE LAW 131. 143-6 참조.

8) 소비자의 권리에 관한 지침의 전문[제안이유] 7. 소비자 권리에 관한 지침과 공통참조기준 초안의 상호관계에 대해서는 예를 들어, Hans Schulte-Nölke, The Way forward in European Consumer Contract Law : Optional Instrument lnstead of Further Deconstruction of National Private Laws, in EUROPEAN UNION PRIVATE LAW 131. 143-6 참조.

9) 소비자의 권리에 관한 지침 제4조.

통 준칙에 대한 관심이 커졌다. 이 병행하는 전개는 각각 1980년대 말 및 1990년대 중반에 나온 (본래는 유럽의 민법 전반의 평준화를 목표로 한) 유럽의회의 결의에 의해 촉발되었다.[10]

그로부터 약 10년 후, 그 대상은 좁혀져 계약법만을 대상으로 한 부분적인 사법의 평준화로 방향이 향하게 되었다.[11] 2003년의 「보다 일관된 유럽계약법을 위한 행동계획」 보고서[communication]는 소비자 계약에 관한 문제도 포함하는, 그렇지만 동시에 순수하게 소비자법 관계에[만] 한정하지 않는 일반 계약법전의 형태로 「공통참조기준」을 기초하는 구상을 내놓았다.

2. 유럽계약법의 분야에서의 새로운 법체계 모색

EU 집행위원회의 소비자 계약법의 분야에 있어서의 발전은 두 방향[성]을 가지고 있었다. 한편으로는, 집행위원회의 후생 및 소비자 총국(DG-SANCO)[12]에 의해 소비자의 권리만을 규정하는 평준화 기법이 추진되었다. 그 성과가 2008년의 소비자의 권리에 관한 지침을 위한 제안과 최근 제안된 지침의 채택, 즉 소비자의 권리에 관한 지침이다.

다른 한편으로, 집행위원회의 사법총국(DG Justice)은 주로 두 연구 그룹, 즉 1998년의 유럽 민법전에 관한 스터디 그룹[Study Group on a European Civil Code](이하, 「스터디 그룹」이라고 한다)과 아키 그룹으로서 알려진 2002년의 기존의 유럽 공동체 사

10) Resolution on action to bring into line the private law of the Member States, OJ 1989 C158 and Resolution on the harmonization of certain sectors of the private law of the Member States, OJ 1994 No. C205.

11) Communication from the Commission to the Council and the European Parliament on European contract law, July 11, 2001, COM (2001) 398 final.

12) Health and Consumer Protection Directorate General (DG-SANCO).
집행위원회는 기능별로 총 39개의 총국 (Directorates-General : DG)과 서비스 담당 부서로 구성되어 있으며, 이외에 각 집행위원들간의 업무를 조정하는 역할을 수행하는 사무처(Secretariat-General)를 두고 있다.
예를 들면 환경오염 문제에 대한 신규법안 제정의 경우 환경담당 총국이 관련 산업계, 회원국 정부 및 환경단체들과 협의하여 초안을 작성한 후, 집행위원회내 업무 유관 여타 총국과의 협의와 법률국 및 사무처의 검토를 거친다. 이러한 실무적인 협의를 모두 마친 제안은 집행위원단 회의에 상정되어 다수결(총 27명중 14명)의 찬성이 있는 경우 집행위원회 제안이 되어 이사회 및 유럽의회에 송부된다.

법에 관한 유럽 연구 그룹(The Rearch Group on EC Private Law[Acquis Group])의 협력을 얻으면서, 일반 국내 사법과 유럽 사법상의 원칙을 연구하는데 노력을 기울였다.

이 작업의 일차적인 성과는, 스터디 그룹이 아키 그룹과 협력하여 작성한 유럽 사법의 원칙, 정의, 모델 준칙에 관한「공통참조기준 초안(DCFR)이다.[13] DCFR 자체는 두(학술적인) 연구 그룹의 성과이며, 집행위원회의「정치적」[14]문서로서 기도되고 있는 CFR과 동일시할 수 없다. 그렇지만 공통참조기준 작성을 위한 중요한 단계라고 평가될 수 있고, 2003년의 행동계획에 의해 제안된 선택적 규범의 책정을 더욱 촉진하는 것이라고 볼 수 있다.

III. 유럽공통매매법에 관한 규칙의 제안

1. 제안의 기초

유럽공통매매법 규칙을 위한 제안은 매매법 분야에 대한 완전한 평준화의 기법[평준화된 메커니즘]을 취한 것이다. 학자의 권고적 의견의 집적으로 볼 수 있는 공통참조기준 초안(DCFR)과 달리, 매매법 규칙은 회원국에 직접 적용될 수 있는 구속력을 가진 규범으로 되는 것이 기도 되고 있다. 가장 두드러진 특징으로, 매매법 규칙 제안은 그 부속서 I에 선택적인 (국내법상의) 규범을 도입하고자 하는 것이다.

스터디 그룹과 아키 그룹이 DCFR을 제출하고 나서 얼마 되지 않은 2010년 4월에, 집행위원회는 새로운 연구 그룹, 즉 공통참조기준에 관한 전문가 그룹(the Expert Group on a Common Frame of Reference. 이하「전문가 그룹」이라고 한다)을 설치했다. 이 그룹의 멤버는 법학자, 실무자 그리고 소비자 및 사업자 단체의 대표자로 구성되었다. 전문가 그룹은 매월 정기적으로 회합을 갖는 것, 그리고 선행하는 두 연구 그룹의 성과를 한층 더 발전시킬 것이 요구되었다.[15] 전문가 그룹의 일부 멤버는 스터디

13) Study Group on a European Civil Code and the Research Group on EC Private Law (Acquis Group), PRINCIPLES, DEFINITIONS AND MODEL RULES OF EUROPEAN PRIVATE LAW - Draft Common Frame of Reference(DCFR) outline Edition(2009) 참조.

14) ibid., at 4.

15) IP/10/595, Brussels, 2010년 5월 21일 online at <http://europa.eu/rapid/press-release_IP-10-595_

그룹이나 아키 그룹에 속하고 있었기 때문에, 작업은 매우 원활하게 진행되었다.

전문가 그룹 설치 몇 개월 후, 집행위원회는 소비자 및 사업자를 위한 유럽계약법을 발전시키기 위한 정책 선택에 관한 그린 페이퍼(이하, 「정책 선택에 관한 그린 페이퍼」라고 한다)를 발표하였다.[16] 「정책 선택에 관한 그린 페이퍼」의 목적은 "유럽계약법 분야를 발전시킴으로써 역내 시장을 강화하는 방법에 대한 선택방안을 제시하고, 그들에 대해 공공의 장에서 논의를 하는 것"이라고 기술하고 있다.[17] 정책 선택에 관한 그린 페이퍼는 유럽계약법에 관한 규범의 선택방안으로 총 일곱 가지를 제시하고 있다.[18] 그 선택방안은 「전문가 그룹의 성과의 공표」나 「입법자를 위한 공식적인 「도구상자」와 같은 (구속력이) 약한 체제부터 「유럽계약법을 구축하는 규칙」 또는 「유럽 민법전을 구축하는 규칙」과 같이 (구속력이) 강한 체제까지 다양하고 광범위하였다.

집행위원회는 2011년 7월에 그 결과물인 「유럽공통매매법의 전문가 그룹 초안」을 제안의 핵심 부분으로 공표할 수 있었다. 궁극적으로 유럽공통매매법은 구속력이 없는 DCFR에 그 기초를 두고 있다고 할 수 있지만, 제안이 이를 다음 단계로 발전시킨 것을 인식하여야 할 것이다. 즉, 이 제안은 「정책 선택에 관한 그린 페이퍼」에서의 제4의 선택방안[Regulation setting up an 'optional instrument' for European Contract Law]에 입각하여 (특히) 국제적 소비자 계약(cross-border consumer contracts)에 직접적으로 적용되는 병렬적 매매법 규범을 만들고자 하는 것이다.

2. 제안의 이유와 목적

매매법 규칙 제안을 기초 할 때, 집행위원회는 사업자가 국제적 거래를 하는데 있어서, 다른 국내 매매법의 존재는 – 유일한 최대의 장애는 아니어도 – 가장 큰 장애물 중 하나라는 확신을 가지고 있었다. 집행위원회는 그 논거로 몇 개의 보고서를 원용하고 있지만, 사업자와 소비자의 거래와 관련하여 집행위원회[의 논의]는 주로 국제적 거

en.htm> 참조.

16) Green Paper from the Commission on policy options for progress towards a European Contract Law for consumers and businesses, 1.7.2010, COM(20l0) 348 final. online at <http://eur-lex.europa.eu/LexUriServ/LexUriServ.do?uri=COM:2010:0348:FIN:en:PDF>

17) Ibid., 前文 l.

18) Ibid., 前文 4.1. 이와 관련한 설명으로는 박영복, EU 私法의 전개 - EU Consumer Acquis and the European Contract Law -, EU 연구(한국외국어대 EU연구소), 제32호(2012년) 57면 이하 참조.

래에 관한 법적 요인 및 非法적 관련 요인의 악영향에 대해 사업자로부터 의견 수렴을 한 2011년의 유로 바로미터(Eurobarometer) 설문조사 보고서 「소비자 거래에 있어서의 유럽계약법」(이하, 「소비자 거래 보고서」라고 한다)에 주된 근거를 두고 있다.[19] 국제 무역에 관한 장애의 목록에서 계약법 관련 문제는 중요도에 있어 매우 높은 순위로 기재되어 있는데, 「외국 계약법상의 규정을 조사하는데 있어서의 어려움」이 제1순위, 「외국 계약법상의 소비자 보호 규칙에 적합하게 하고, 이를 준수할 필요」가 제3순위에 각각 자리 매김 되고 있다.[20] 국내법의 차이가 국경을 넘은 거래에 대해 중대한 추가적 비용을 발생시키는 한, 사업자에게는 국경을 넘은 거래, 그리고 소비자에게는 국경을 넘은 쇼핑의 확대를 촉진함으로써 EU 역내 시장의 완성이라는 목적은 충분히 달성할 수 없다는 것을 주된 이유로 한다.[21]

이에 대해 「유럽공통매매법에 대한 규칙 제안에 관한 해설 각서」(이하, 「해설 각서」라고 한다.)[22]에서의 내용을 본다. 이 각서의 내용은 집행위원회가 국제적 거래(cross-border transactions)를 위한 전 유럽적인[범 유럽] 계약법의 필요성에 대해 제안의 독자들에게 이해[납득]시키려고 하고 있다는 점에서 이를 이해하기 위해 그 내용을 거의 그대로 옮긴다.[23]

"회원국 간의 계약법의 차이는 역내 시장 내에서 국제적[국경을 넘은] 거래에 관여[종사] 하려는 사업자와 소비자의 방해가 된다. 이 차이에서 유래하는 장애[장벽]이 사업자 – 특

---

19) The Gallup Organization, Hungary, European Contract Law in Consumer Transactions. Analytical Report. Flash Eurobarometer 321 (2011) (이하 「소비자거래 보고서」라고 한다) online at <http://ec.europa.eu/public_opinion/flash/fl_321_en.pdf>. 또한, 이와 병행하여 이루어진 사업자 사이의 거래에 관한 보고서로, The Gallup Organization, Hungary, European Contract Law in Business-to-business Transactions. Analytical Report. Flash Eurobarometer 320 (2010) online at <http://ec.europa.eu/public_opinion/flash/fl_320_sum_en.pdf> 참조.

20) 소비자거래 보고서, p.19. 언어 문제나 문화 관련 장애와 같은 비법적인 장애도 이 목록에 포함되어 있지만, 전반적으로 계약법 관련의 장애만큼 높은 위치를 차지하고 있지는 않았다.

21) 2011년 6월에는 유럽연합 사법 담당 위원(the EU Justice Commissioner)인 Viviane Reding이 국내 매매법의 다양성은 경제적 문제 또는 법적 문제에 머무르지 않는다고 강조하고, "유럽이 계약 거래에 관해서 27가지 다른 법 시스템을 가지고 있는 사실은, […] 유럽의 단일 시장에 대한 엄청난 정치적 도전이다."라고까지 표현하고 있다.(Viviane Reding, The Next Steps towards a European Contract Law for Businesses and Consumers, in Reiner Schulze and Jules Stuyck (eds.), Towards a European Contract Law p.12 (2011). Viviane Reding, Warum Europa ein optionales Europäisches Vertragsrecht benötigt: ZEuP 2011, 1 ff.도 참조.

22) European Commission, Explanatory Memorandum.to the Proposal(supra note 4).

23) European Commission, Explanatory Memorandum to the Proposal(supra note 4), at 2 이하.

히 중소기업 – 로 하여금 국제적 거래를 시작하거나 새로 회원국의 시장에 사업을 전개[확대]하는 것을 주저케 한다. 소비자는 다른 회원국의 사업자에 의해서 제공되는 제품을 구입하는 것이 곤란해진다.〔중략〕사업자가 국제적 거래에 적용될 수 있는 다른 나라의 계약법에 적합하게 할 필요성은 국제적 거래를 국내 거래보다 복잡하고 비용도 많이 들게 하고 있다. 국경을 넘은 상황에서는 보통[일반적으로] 국내 거래와 비교하여 추가 거래 비용이 사업자에게 발생한다. 여기에는 거래에 적용되는 외국의 계약법 규정을 조사하는 것이나 법적 조언을 얻는 것, 사업자 간 거래에 있어서 준거법을 교섭하거나, 사업자와 소비자 사이의 거래에서 소비자 법의 요구사항에 계약을 적응시키는 것의 어려움이 포함된다.

사업자와 소비자 사이의 국경을 넘은 거래에서는 각국의 소비자 보호를 위한 강행규정의 차이에서 생기는 계약법과 관련된 거래 비용과 법적 장벽은 중대한 영향을 초래한다. 계약상의 채무에 적용되는 법에 관한 유럽 의회 및 이사회 규칙(로마 I 규칙)[24] 제6조[25]에 따라 다른 회원국에서 기업이 소비자에 대해 활동을 행할 경우에는 반드시 그 회원국에서 계약법을 준수하여야 한다. 당사자 간에 다른 준거법이 선택되더라도, 소비자가 거주하는 회원국의 소비자 보호의 강행 규정이 보다 높은 수준의 보호를 규정한 경우에는, 소비자의 거주지 법에 있어서의 그 강행 규정이 존중되어야 한다. 따라서 사업자는 소비자가 거주하는 회원국의 법이 보다 높은 수준의 보호를 규정하고 있는지 여부를 사전에 확인하여, 그 요구사항을 계약이 준수하고 있는 지를 확실히 하여야 한다. EU 차원의 소비자 법의 평준화 현상은 몇몇[일부] 분야에서는 일정한 근사화를 가져 왔지만, 회원국 사이의 법의 차이는 아직도 중대하다. 전자상거래에서는, 사업자는 사업을 하고자 하는 회원국 각각에서의 법적 요구사항에 기업의 웹 사이트가 적합하도록 해야 하기 때문에, 계약법에 관련된 추가 비용이 발생한다.

사업자 간의 국경을 넘은 거래에서는, 당사자는 준거법에 대해 같은 제약은 받지 않는다.

---

24) Regulation 593/2008 of the European Parliament and of the Council of 17 June 2008 on the law applicable to contractual obligations OJ L 177, 4.7.2008, p. 6.

25) Article 6[Consumer contracts] "1. 제5조 및 제7조의 적용을 방해하지 않고, 자신의 사업 또는 직업 외의 것으로 간주되는 목적으로 어느 자연인("소비자")이 자신의 사업 또는 직업으로 행동하고 다른 사람("사업자")과의 사이에 체결하는 계약의 준거법은 소비자의 상거소지국법으로 한다. 단 사업자가, (a) 소비자의 상거소지국에서 사업 또는 직업 활동을 행하고 있는 것, 또는 (b) 어떠한 방법으로, 그러한 활동을 그 국가 또는 그 국가를 포함한 여러 국가를 향해 행하고 있는 것, 그리고 계약이 그러한 활동의 범위의 것임이 필요하다. 2. 제1항에 관계없이, 당사자는 제3조에 따라 제1항의 요건을 충족하는 계약에 적용되는 법을 선택할 수 있다. 그러나 이러한 법선택을 함으로써, 그것이 없는 경우 제1항을 기초로 적용되어야할 법에 있어서의, 합의로 면제할 수 없는 법 규정에 의해 소비자에게 부여되고 있는 보호를 소비자로부터 빼앗는 결과가 되는 것이어서는 안 된다."

그러나 외국의 법에 대해 교섭하고 적용하는 것의 경제적인 영향도 크다. 여러[다양한] 나라의 법과 관련하여 교섭하는데 있어서 발생하는 비용은 특히 중소기업에게 부담이 된다. 보다 큰 회사와의 관계에서 중소기업은 일반적으로 비즈니스 상대방의 법을 적용하기로 합의하고 계약에 적용되는 외국법의 내용을 조사하고, 이를 준수하기 위한 비용을 부담해야 한다. [중략]

사업자는 또한 국내 거래에 비해 국경을 넘은 거래에 있어서의 증대된 법적 복잡성에 노출된다. 왜냐하면 그들은 종종 다른 성질을 가진 복수의 국내 계약법을 취급하지 않으면 안 되기 때문이다.

외국법을 취급하는 것은 국경을 넘은 거래를 더욱 복잡하게 한다. 사업자는 외국의 계약법 규정을 조사하는 것에 있어서의 어려움을, 사업자와 소비자 사이의 거래에 있어서의 장벽으로는 제1순위로, 사업자간의 거래에 있어서는 제3순위 장벽으로 평가하고 있다.[26] 법적 복잡성은 법 제도가 근본적으로 다른 국가와의 거래에 있어서 더욱 증가하게 된다. 다만, 경험적으로는 공통의 기원을 갖는 법 제도를 가진 국가 사이의 양자 무역은 그러한 공통성을 가지지 않는 두 국가 간의 거래보다 훨씬 활발하다는 것으로 밝혀졌다.[27]

따라서 계약법의 차이와 국경을 넘은 거래에서 발생하는 추가적인 거래 비용과 복잡성이 특히 중소기업의 상당수 사업자가 다른 회원국에 시장을 확대하는 것을 주저케 하고 있다. 이러한 차이는 또한 국내 시장에서의 경쟁을 제한하는 효과도 있다. 계약법의 차이를 원인으로 회원국 간에 매년 자제되고 있는 거래의 가치는 그것만으로 수백 억 유로에 달하는 것이다.

또한 국경을 넘은 거래의 기회를 잃는 것은 유럽의 소비자에게도 부정적인 영향을 주고 있다. 국경을 넘은 거래가 적게 되면, 결과적으로 더 적은 수입과 사업자 간의 적은 경쟁을 가져오게 된다. 이는 소비자 시장에서 보다 높은 가격으로 더 제한된 제품을 선택하는 것으로 이어질 것이다.

국경을 넘은 쇼핑은 보다 많으면서 더 좋은 거래의 제의라는 상당한 경제적 이익을 가져

26) Eurobarometer 320 on European contract law in business-to-business transactions of 2011, p. 15 and Eurobarometer 321 on European contract law in consumer transactions of 2011, p. 19.

27) A. Turrini and T. Van Ypersele, Traders, courts and the border effect puzzle, Regional Science and Urban Economics, 40, 2010, p. 82 ["OECD 국가 간의 국제거래의 분석 결과, 국가의 특유 요인, 거리, 공통의 국경 및 공통 언어를 제어하는 것과 유사한 법제도가 거래에 중요한 영향을 주고 있는 것으로 나타났다. 코몬 로나 북유럽의 법적 전통과 같이, 공통의 기원을 기초로 한 법제도를 가진 국가에서 두 국가 간의 무역은 이처럼 공통성을 보유하지 않는 국가사이의 거래보다 40% 많은 것으로 밝혀지고 있다."].

> 옴에도 불구하고 유럽 소비자의 대다수는 국내 밖에서 쇼핑을 하지 않는다. 이 상황에 대한 중요한 이유 중 하나는 소비자들은 종종 국내법이 다르기 때문에 국경을 넘은 상황에 있어서의 자신의 권리를 잘 알지 못하기 때문이다. 예를 들어, 주요 불안 중 하나는, 다른 회원국에서 구입한 제품이 계약에 적합하지 않은 경우에, 자신이 어떤 구제를 받을 수 있을까 하는 것이다. 이 때문에 많은 소비자들은 자신의 국가의 시장 밖에서 물건을 구입하는 것에 열의가 꺾이게 된다. 종종 다른 회원국에서는 품질과 가격 면에서 더 나은 거래 제안이 있음에도 불구하고 그들은 EU 역내 시장에서의 구매 기회를 놓치는 것이다.
> 전자상거래는 사업자의 소재에 관계없이 가격이나 다른 조건의 비교나 거래 제의의 검색을 촉진한다. 그러나 소비자가 다른 회원국의 사업자에게 주문을 하고자 할 때, 그들은 종종, 대개는 계약법의 차이를 이유로 한 판매 거절이라는 상관행에 직면하고 있다."

본 제안은 임의의 통일적 계약법 룰을 이용할 수 있도록 함으로써 EU 역내 시장의 적절한 기능에 기여하는 것을 목적으로 한다. 집행위원회의 견해로는 유럽공통매매법은 궁극적으로는 국제적 거래를 하기를 원하는 사업자와 소비자 쌍방 모두에게 유익한 것이 될 것이며, 그리고 궁극적으로는 역내 시장을 강화하는 것이다. 이와 관련하여 해설각서는 다음과 같이 기술하고 있다:

> "이 제안의 기본적인 목적은 기업에 의한 국경을 넘은 거래와 소비자에 의한 국경을 넘은 구매 확대를 촉진함으로써 EU 역내에서의 시장의 확립과 기능을 향상시키는 것에 있다. 이 목적은 각 회원국에 있어서의 제2의 계약법 체제[a second contract law regime]로 자리 매김 되는, 소비자를 보호하는 규정을 포함한 자립적 계약법의 통일적 규정, 즉 공통유럽매매법(Common European Sales Law)을 사용할 수 있게 함으로써 달성될 수 있다.
> 사업자는 EU 역내의 국경을 넘는 모든 거래에 있어서 계약의 상대방이 동의를 한 경우에는, 다른 국내 계약법을 적용하는 대신 공통유럽매매법을 적용하는 것이 가능하게 된다. 본 규칙은 계약의 라이프 사이클 전체를 다루기 때문에, 국제적 계약을 체결할 때 관련하는 대부분의 분야를 포함한다. 결과적으로 사업자가 다른 회원국의 국내법에 대해 조사할 필요성은, 공통유럽매매법 범위에 들어 있지 않거나, 그다지 중요하지 않은, 그저 몇 가지 사항에 한정될 것이다. 사업자와 소비자 사이의 거래에 있어서는 소비자의 거주지 법에 있어서의 소비자 보호의 강행 규정을 확인할 필요성은 이제 없을 것이다. 왜냐하면, 공통유럽매매법은 EU 전체를 통한 높은 보호 기준을 정하여, 충분히[완벽하게] 조화된 소비자 보호 규정을 포함하고 있기 때문이다. 사업자 간의 국경을 넘은 거래에 있어서

는, 계약 당사자는 그들의 계약관계를 규율하기 위해 양 당사자가 평등하게 접근할 수 있고, 공통유럽매매법의 사용에 합의할 기회를 갖기 때문에, 준거법에 대한 교섭은 보다 원활해질 것이다.

직접적인 결과로서 사업자는 계약법에 관련된 추가적인 거래 비용을 경감할 수 있고, EU 전역에서 단일한 일련의 규칙을 기초로 국경을 넘는 거래에 대해 보다 복잡하지 않은 법적 환경에서 활동할 수 있다. 따라서 사업자는 EU 역내에서 국경을 넘은 거래를 확대함으로써 EU 역내 시장을 더 잘 활용할 수 있으며, 결과적으로 EU 역내 시장에서의 경쟁이 증가할 것이다. 소비자는 EU 전역에서 보다 낮은 가격의 제안에 의해 접하는 것이 쉽게 됨으로써 혜택을 받고, 판매를 거절하는 것은 줄게 될 것이다. 또한 높은 수준의 소비자 보호를 규정하고 있는 단일의 강행 규정을 기초로 국경을 넘어 물품 구입을 할 때 소비자는 자신의 권리에 대해 더 큰 확실성을 누릴 수 있을 것이다."

IV. 제안된 유럽공통매매법에 관한 규칙의 개요

1. 제안의 기본 구조

정책 선택에 관한 그린 페이퍼가 발표된 뒤 그에 대한 3백 개 이상의 의견서[28]와 여러 조사에 근거한 공청회가 개최되고 나서 일 년 남짓 지난 후, 집행위원회는 매매법 규칙을 유럽 의회 및 이사회에 제안하였다.

제안은 기본적으로 3부로 이루어져 있다. 즉, 유럽공통매매법에 관한 규칙 및 2개의 부속서[Annex]이다. 2개의 부속서는 유럽공통매매법 준칙을 정하는 것(부속서 I)과 소비자의 계약상의 권리에 관한 강행적인 리스트[목록]로서 표준 정보 제공서[Standard Information Notice]를 정하는 것(부속서 II)이다. 매매법 규칙의 주문(主文)은 정의의 일람을 포함한 일반적이며 「행정적」인 규정으로 구성된다. 그리고 유럽공통매매법은 186개의 조문으로 구성되는 「실질적」인 매매법 준칙을 제시한다.

28) 의견서 내용과 목록에 대해서는 DG Sanco, *Green Paper an Policy Options for Progress towards a European Contract Law (ECL)*(2010년 7월 1일)을 참조. online at <http://ec.europa.eu/justice/newsroom/contract/opinion/10070l_en.htm>.

유럽공통매매법 자체는 상대적으로 넓은 권리와 의무의 목록으로 구성되어 있지만, 주된 영향원의 하나인 공통참조기준 초안[DCFR]과는 달리, 오로지 매매 계약법의 영역만을 대상으로 하며, 계약 외 채무관계는 대상 외로 하고 있다.

2. 적용범위

1) 인적 적용범위

매매법 규칙의 중요한 특징 중 하나는 그 인적 적용 범위에 있다.

매매법 규칙 제안의 제7조 1항은 유럽공통매매법의 인적 적용 범위에 대해 "물품의 매도인 또는 디지털콘텐츠의 공급자가 사업자일 것"을 요구하고 있다. 즉 계약당사자로 한쪽은 자신의 사업을 영위할 목적으로 계약을 체결하는 사업자이고, 상대방은 소비자 또는 중소기업(SME)일 경우에 한한다(제7조).[29] 당사자 모두가 사업자이며, 또한 어느 당사자도 제7조 제2항에 규정하는 중소기업에 해당하지 않는 경우, 회원국이 자국의 국내법으로 이를 허용하지 않는 한, 공통매매법 사용에 대하여 합의할 수 없다(제13조 b호). 이 규칙의 제안이유(및 해설 각서)에 따르면, 이 제한은 EU 조약 제5조에 규정된 보완성의 원칙 및 비례의 원칙의 준수를 위한 것이라 한다. 사인간에 있어서 체결되는 계약 및 중소기업이 아닌 사업자 간의 계약을 포함시키지 않는 이유는, 이러한 유형의 국제적 계약에 대해서는 조치를 취할 분명한 필요성이 현재 존재하지 않기 때문이라 한다.[30]

매매법 규칙에서는 일부 사업자 사이의 거래(B2B)도 그 적용 대상이 될 수 있지만,[31] 소비자 사이의 거래(C2C)는 그 적용 범위에서 제외되고 있다. 이것은 (이론적으로) 강행적이지 않은 선택적인 규범을 만든다는 것과 함께 EU에 의해 시작된 독특한 국내법상의 규범을 만드는 것이다.

---

29) 소규모 및 중규모의 기업의 정의에 관한 2003년 5월 6일 집행위원회 권고 제2003/361호[Commission Recommendation 2003/361 of 6 May 2003 concerning the definition of micro, small and medium-sized enterprises]에서 정의하는 중소기업[SME]에 의거하여 사업자는 (a) 피용자(被用者)가 250명 이하이며, (b) 연간매출이 5,000만 유로 미만 또는 연간 대차대조표의 합산액이 4,300만 유로 미만인 경우를 의미한다(매매법 규칙 제안 제7조 2항).

30) 집행위원회는 사인인 개인 간의 계약 및 어느 당사자도 중소기업이 아닌 사업자 간 계약에 대해 새로운 입법적 조치가 필요한지 여부에 대해 장래를 위해 검토를 계속한다고 하고 있다.

31) 매매법규칙 제안 제7조1 항, 2항 참조.

기본적으로는, 또는 오히려 「직접적」으로는, 유럽공통매매법은 동 규칙 제4조 2항에서 정의되고 있는 국제적 계약에만 적용된다. 그러나 매매법 규칙은 두 개의 선택이 가능한 규범이기도 하다. 즉, 유럽공통매매법은, 시행되면, 당사자에 의해 국제적 매매계약에 적용되는 것으로 선택될 수 있다(「당사자에 의한 선택」[32]). 순수 국내적 사안은 자동적으로는 대상이 되지 않는다. 그러나 회원국은 유럽공통매매법을 순수 국내적인 소비자 계약에 적용되는 국내법으로 전환할 수도 있다(「회원국에 의한 선택」). 후자의 경우에만 유럽공통매매법은 소비자 거래에서 「완전히」 병행하는 매매법 체제를 구축하는 것으로 된다.

2) 물적 적용범위

유럽공통매매법은 물품을 위한 계약과 서비스 계약을 구별하면서, 기본적으로 전자에만 적용된다. 즉 매매법 규칙 제안 제5조는 매매계약, 「디지털콘텐츠」 계약 및 「관련 서비스 계약」을 유럽공통매매법의 적용범위에 포함되는 3개의 계약 유형으로 정하고 있다.

사항적 적용 범위와 관련하여 매매법 규칙은 매매계약(매매법 규칙 제안 제2조 k호[33])과 무형 물품을 대상으로 한 매매계약의 한 형태로서의 「디지털콘텐츠」계약(매매법 규칙 제안 제2조 j호[34])만을 대상으로 하는 것이다. 매매법 규칙은 「관련하는 서비스 계약」에도 적용된다(매매법 규칙 제안 제2조 m호[35]). 이는 유럽공통매매법이 대상으로 하는 유일한 서비스 계약 요소이며, "물품 또는 디지털콘텐츠에 관련하는 서비

32) 매매법규칙 제안 제13조 a호.

33) 매매법규칙 제안 제2조 k호에 의하면, "「매매계약」이란 그에 의해 사업자(매도인)가 다른 사람(매수인)에게 물품의 소유권을 이전하거나 이전할 것을 인수하고, 매수인이 그 대금을 지급하거나 지급할 것을 인수하는 계약을 말하며, 향후 제조·생산되는 물품의 제공을 약속하는 계약은 포함되며, 강제 집행에 의한 매각 계약 등 공권력의 행사를 포함한 계약은 제외된다."

34) 매매법규칙 제2조 j호에 의하면 "「디지털콘텐츠」는 매수인의 사양[지정]에 따르는지 여부를 불문하고, 영상, 음성, 화상(畫像) 또는 문자 디지털콘텐츠, 디지털 게임, 소프트웨어 또는 기존의 하드웨어 혹은 소프트웨어를 개인용화 하는 것을 가능하게 하는 디지털콘텐츠를 포함하여, 디지털 방식으로 제작되어 공급되는 데이터를 말한다."(일부 예외 인정)

35) 매매법규칙 제2조 m호에 의하면, "「관련 서비스」는 매매계약, 디지털콘텐츠 공급계약 또는 매매계약이나 디지털콘텐츠 공급계약 체결과 동시에 체결된 별개의 관련 서비스 계약에 따라 물품의 매도인 또는 디지털콘텐츠의 공급자에 의해 제공되는 설치, 유지보수, 수리 또는 기타 처리 등의 물품 또는 디지털콘텐츠에 관련된 서비스를 의미하는데, (I) 운송 서비스, (II) 교육 서비스 (III) 통신 지원 서비스, (IV) 금융 서비스는 제외된다."

스"(매매법 규칙 제안 제2조 m호)의 유형에 한한다. 따라서 이들에 관련하지 않는 서비스 계약이나 독립의 서비스 계약은 이 규칙의 적용 범위에 들어가지 않는다.

매매법 규칙은 몇 가지 하위 범주를 구분하여 사항적 적용 범위를 좁히고 있다. 예를 들면, 혼합 계약, 즉 「물품의 매매, 디지털콘텐츠의 공급 그리고 관련 서비스의 제공 이외의 다른 요소를 가지는 계약」(매매법 규칙 제안 제6조 1항) 또는 소비자 신용과 결부된 계약[할부매매](매매법 규칙 제안 제6조 2항)을 적용 대상에서 배제하고 있다. 또, 「물품」의 정의가 유체의 「동산」만을 대상으로 하고 있기 때문에, 부동산도 명시적으로 배제된다(매매법 규칙 제안 제2조 h호). 또한 유체동산에 대해서는 보다 상세하게 구별하여야 한다(제2조 h호). 즉 (i) 전기 및 천연가스, (ii) 물 및 그 밖의 종류의 가스는 물품에서 제외된다(다만, 한정된 분량 또는 정해진 수량으로 매매에 제공되는 것은 제외하므로 이 경우 다시 물품에 포함된다).

3) 장소적 적용범위 - 국경을 넘은 계약[cross-border contracts]

공통의 유럽 매매법은 「국경을 넘어 이루어지는 越境契約」(cross-border contracts)을 위해서만 사용될 수 있다(제4조).[36] 공통유럽매매법의 대상은 추가적인 거래 비용 및 법적 복잡성의 문제가 발생하는 국경을 넘은 거래에 초점을 맞추고 있다. 다만 회원국이 유럽공통매매법을 순수한 국내 사안에 대해서도 적용하는 것을 선택할 수 있게 하고 있다.(제13조 a호).

규칙(안)의 제4조는 제2항과 제3항에서 사업자 사이의 계약[B2B]과 사업자와 소비자와의 사이의 계약[B2C]에 대한 국제적 계약의 정의를 담고 있다: 당사자의 상거소(habitual residence)가 다른 국가에 있는 경우로서 적어도 그 하나가 회원국에 있을 때에는, 사업자 사이의 계약(B2B)은 국제적 계약이다(제2항). 사업자와 소비자 사이의 계약(B2C)은 (a) 소비자가 지시하는[에 의해 표시된] 주소, 물품의 배달 주소 또는 청구서 수신 주소 중 하나가 사업자의 상거소가 있는 국가 외에 위치하며, (b) 이들 국가 중 적어도 하나가 회원국인 경우에 국제적 계약으로 된다(제3항).

유럽공통매매법은 적어도 계약 당사자의 일방이 그의 상거소를 EU 회원국에 두고

---

36) 기본적으로 국제적[cross-border] 사안을 위해 기초된 것은 계약법에 관한 여러 문제를 「국제적」 매매의 주된 장애로 특정한 소비자 거래 보고서[B2C survey] 결론의 논리적 결과이다. cross-border contracts(= grenzübergreifende Verträge)는 월경계약(越境契約)으로 직역할 수도 있으나, 본고에서는 「국제적 계약」이라 칭한다. 다만 그 국제성에 있어 (일반 용어에 있어서 보다는) 한정적이라는 점은 염두에 두어야 할 것이다.

있는 한, 그 사용에 대한 합의를 명시적으로 허용하므로, 회원국 이외의 국가의 당사자 또한 공통유럽매매법이 적용될 수 있다.[37]

3. 유럽공통매매법의 합의

집행위원회는 유럽공통매매법을 「선택적인 규범」(Optional instrument) – 즉, 당사자에 의해 전통적인 국내 매매법 대신에 선택될 수 있는 매매법 규범 – 으로 고안하였다. 매매법 규칙 제안 제3조는, "당사자는 유럽공통매매법을 물품의 매매, 디지털콘텐츠의 공급 및 관련 서비스의 제공을 위한 국제적 계약에 대해 준거법으로 하는 것에 합의할 수 있다."라고 규정하고 있고,[38] 매매법 규칙 제안 제8조는 유럽공통매매법을 준거법으로 하도록 하기 위해 필요한 당사자 합의를 요건으로 정하고 있다.[39]

1) 국제사법상의 저촉 규정 간의 관계

제안 이유에서 명시하는 바와 같이, 이 제안된 매매법 규칙은 "(당사자들이) 선택할

---

37) 또한 순수한 사법적인 접근만을 선택하고 개별적 매수인과 매도인의 이익만을 부각하는 한, 이러한 결론에 도달할 것이다. 이러한 관점에서 회원국 매도인 매수인사이의 매매계약과 회원국 매도인과 비회원국 매수인 사이의 계약 당사자의 이익은 다르지 않다. 새로운 매매법을 기초한다는 측면에서 본다면 그 목적은 보편성을 가져야 한다. 자유 거래는 유럽의 역내시장에만 국한되지 않는다. 그것은 관세 및 무역에 관한 일반협정(GATT, WTO) 상의 기본 원칙이다. 역내시장과 세계 무역질서는 법적으로 구별되지만, 자유무역을 강화하기 위한 노력의 정치적 이념은 광범위하게 일치한다. 역내 시장에서의 국제적 거래를 활성화하기에 적합한 공통의 매매법을 가정한다면, EU에 거주하는 당사자와 제3국가 당사자 사이의 거래관계에도 동일한 것이 적용되어야 한다. 회원국 이외의 국가의 당사자 또한 공통유럽매매법을 적용할 수 있어 차별되지 않는다는 면에서, 본 제안은 EU의 국제무역정책과도 일관성이 있다고 한다.

38) 매매법규칙 제안 제3조[공통유럽매매법의 임의성[선택적 성질] "당사자는, 제4조부터 제7조에 정하는 영역적, 사항적[물적] 및 인적 범위 내에서, 물품의 매매, 디지털콘텐츠의 공급 및 관련 서비스 제공을 위한 국제적 계약에 대해 공통유럽매매법이 적용된다는 것을 합의할 수 있다."

39) 제8조(공통유럽매매법을 사용하는 합의)
1. 공통유럽매매법을 이용하기 위해서는 그 취지의 당사자 합의가 필요하다. 그러한 합의의 존재와 유효성은 본조 제2항, 제3항 및 제9조 그리고 공통유럽매매법의 관련 규정에 근거하여 판단된다.
2. 사업자와 소비자 사이의 관계에서 공통유럽매매법 사용에 대한 합의는, 소비자의 동의가 계약을 체결하는 것을 합의를 보이는 言明과는 별도의 명시적인 언명에 의해 이루어지는 때에만 효력을 갖는다. 사업자는 소비자에게 이 합의의 확인을 지속적 기록 매체로 제공하여야 한다.
3. 사업자와 소비자와의 사이에서는 공통유럽매매법을 부분적으로 선택할 수 없고, 그 전체만이 선택의 대상으로 된다.

수 있는 각 회원국가의 제2의 계약법규의 창출"을 목적으로 하는 것이다. "이 제2의 계약규범(a second contract law regime)은 유럽연합(EU) 전역에서 동일하며, 기존의 국가 계약법과 병존하는 것이 된다."[40] 따라서 이 규칙(안)의 장소적 적용범위에 관한 규정은 실체[법]적 규정으로 간주되며, "유럽공통매매법의 적용에 대한 합의는 로마 I 규칙[41] 또는 관련 저촉법 준칙에 따라 적용되는 각 국내법의 범위 내에서 이루어지는 선택"이 되는 것이다[국제사법에 의한 계약 준거법 지정].[42] 그 결과 공통의 유럽 매매법의 선택은 집행위원회의 시각에서는 "저촉법의 의미에서의 법 선택이 아니다. 즉 이는 저촉법과 관계없이 적용되며, 따라서 이 규칙은 기존의 저촉법에 영향을 미치지 아니한다."[43] 달리 말하면 자율적인 회원국법과 선택적 규범(optional instrument) 사이의 선택[당사자 합의에 의한 준거법 선택]이 보장되며, 후자는 로마 I 규칙이 회원국의 법을 준거법으로 지정하는 경우에 한하여 이용 가능하다.

2) 공통의 유럽매매법의 선택적 성질

로마 I 규칙이 회원국의 법을 지정하는 경우에, 공통의 유럽매매법이 법률상 당연히[ipso iure] 적용되는 것이 아니라, 당사자들이 관련 규정에 따라 이에 의하기로 합의한 경우에 한하여 적용된다. 만일 이에 대해 유효한 합의가 없다면 로마 I 규칙에 의한 국가의 계약법이 관련 계약에 적용된다. 이때 선택적 규범의 사용에 대한 합의는 로마 I 규칙 제3조에 의한 법 선택과 엄격히 구별된다.[44] 후자는, 그것이 개별적으로 이루어졌는지 또는 보통거래약관에 의해 이루어졌는지에 관계없이, 선택된 법에 따른 법선

40) 규칙의 제안이유 9.

41) Regulation (EC) No 593/2008 of the European Parliament and of the Council of 17 June 2008 on the law applicable to contractual obligations (계약 채무의 준거법에 관한 2008년 6월 17일 유럽의회·이사회 규칙 593/2008) OJ 2008L177(이하, 「로마 I 규칙」으로 인용).

42) 규칙의 제안이유 10. 참조.

43) Ibid.

44) "로마 I 규칙은 앞으로도 적용되는 것이며, 본 제안에 의해 영향을 받는 것은 아니다. 향후에도 국제적 계약에 대한 준거법을 결정하는 것은 필요하다. 이것은 로마 I 규칙의 통상의 효력에 의해 이루어지는 것이다. […] 공통유럽매매법은 각 회원국의 국내법에 있어서의 제2의 계약법 체제[a second contract law regime]가 된다. 당사자가 공통유럽매매법을 사용하는 것에 합의한 경우에는, 본 규칙이 그 범위 내의 사항에 대해 적용되는 유일한 국내법이 된다. 따라서 공통유럽매매법의 범위 내에 있는 사항에 대해서는 어떠한 다른 국내법도 적용되지 않는다. 공통유럽매매법을 사용한다는 합의는 한 국가 내에 있는 두 매매법 사이에서 선택을 의미하는 것이기 때문에, 위에서 기술한 국제사법의 의미에서의 준거법 선택을 의미하는 것이 아니며, 그리고 이와 혼동해서는 안 된다."(Explanatory Memorandum to the Proposal[supra note 4], at 6)

택이 유효한 경우에 한하여 효력을 갖는다(로마 I 규칙 제3조 5항[45]). 따라서 계약이 로마 I 규칙에 따라 회원국 법에 의하여야 하는 경우, 사업자사이에 체결된 계약에 있어서의 공통매매법[CESL]의 선택이 유효한지 여부는 선택된 법, 즉 CESL의 계약 체결에 관한 실체법적 규정에 따르게 된다. 그러나 B2C 계약에 있어서는 또 다른 요건이 요구된다. 즉 소비자는 이에 대해, 계약체결에 동의한다는 언명과는 별도로, 명시적으로 동의하여야 한다(제8조 2항).

V. 제안된 유럽공통매매법의 법적 성질

1. 논의의 배경

국내법 차원에서 기존의 국내 매매법에 대체할 수 있는 완전하게 평준화된 전 유럽적 매매법 체계를 통해 사업자와 소비자의 거래관계를 위한 법적 틀을 조정하는 것을 목적으로 하는 유럽공통매매법에 관한 규칙을 위한 제안은 유럽 매매법과 유럽 소비자법 사이의 상호작용에 대해 이루어져 온 장기에 걸친 논의를 더욱 활성화시키고 있다. 특히 제안된 유럽공통매매법의 법적 성질에 대해 파악하는 것은 로마 I 규칙의 적용에 대해 영향을 미치므로 이는 중요시되는 문제이다.[46] 이와 관련하여 가장 널

45) 제3조 5항 "적용법의 선택에 관한 당사자의 합의의 성립 및 유효성은 제10조, 제11조 및 제13조의 규정에 따라 결정되어야 한다."
제10조(동의 및 실질적 유효성) "(1) 계약 또는 그 계약 조항의 성립 및 유효성은 그 계약 또는 그 조항이 유효하다면 준거하게 되는 법에 의해 판단된다. (2) […]"

46) C. Wendehorst, in R. Schulze(ed.), Common European Sales Law(CESL)-Commentary, Art.3 Rn.2-6(2012); H.Eidenmüller et al.. Der Vorschlag für eine Verordnung über ein Gemeinsames Europäisches Kaufrecht: Defizite der neuesten Textstufe des europäischen Vertragsrechts, JURISTENZEITUNG 269, at 269-270(2012); Max Planck Institute for Comparative and International Private Law, Policy Options for Progress Towards a European Contract Law · Comments on the issues raised in the Green Paper from the Commission of 1 July 2010, COM (2010) 348 final, 75 Rabels Zeitschrift für ausländisches und Internationales Privatrecht 371, 400-402 (2011); S. Whittaker, *The Optional Instrument of European Contract Law and Freedom of Contract,* 3 European Review of Contract Law [ERCL] 371, 383-5 (2001) ; G. Rühl, *The Common European Sales Law - 28th Regime, 2nd Regime or 1st Regime,* 5 MAASTRICHT EUROPEAN PRIVATE LAW INSTITUTE WORKING PAPER 3(2012년 3월 19일) online at <http;//papers.

리 논의되고 있는 모델은 제2법체제와 제28법체제이며, 매매법 규칙이 제1법체계(1st Regime)로 되어야 한다고 주장되기도 한다.

2. 제2법체제

「제2법체제」(2nd Regime)라는 용어는 국내법 차원에서 전통적 국내 규칙과 병행하여, 그에 대체 가능한 메커니즘인 법적 준칙을 가리킨다. 반면 「제28법체제」(28th Regime)라는 용어는 27개 현[규칙안 제안 당시[47]] 회원국의 기존의 매매법에 새로운 체계를 부가하는 계약법 준칙으로 유럽공통매매법의 법적 성질을 파악한다. 이것은 선택적이지만, 비국내적인 도구[non-domestic tool]로 파악된다. 유럽공통매매법이 제안되기에 앞서 이루어진 정치적 논의에서는 이 선택적 규범이 종종 제28법체제로 언급되었다.[48] 이 사고를 뒷받침하는 주된 근거는 유럽공통매매법의 제정 과정에서 찾아 볼 수 있다. 즉, 유럽공통매매법을 제정하는 것은 국가의 입법자가 아니라, EU 차

---

ssrn.com/sol3/papers.cfm?abstract_id=2025879> ; M. W. Hesselink, *How to Opt into the Common European Sales Law-Brief Comments on the Commission's Proposal for a Regulation,* CENTRE FOR THE STUDY OF EUROPEAN CONTRACT LAW WORKING PAPER SERIES No. 2011.151(2011 년). http://papers.ssrn.com/sol3/papers.cfm?abstract_id=1950107 ; D. Staudenmayer, *Der Kommissionsvorschlag für eine Verordnung zum Gemeinsamen Europäisclum Kaufrecht,* 48 NJW 3491, 3494-5 (2011) ; H. Heiss/N. Downes, *Non Optional Elements in an Optional European Contract Law. Reflections from a Private International Law Perspective,* 5 European Review of Private Law 693, 700-712 (2005); S. Wrbka, Consumers and the Proposal for an Optional Common European Sales Law - No Roads Lead to Rome?, Kyushu University Legal Research Bulletin(2012년 6월 19일) online at <http://researchbulletin.kyudai.info/?p=248> 참조.

47) 2013년 7월에 「크로아티아」(정식명칭: 흐르바츠카 공화국)가 가입함에 따라 EU의 회원국은 총 28개 국가가 되었다.

48) 예를 들어, 'Project Europe 2030: Challenges and Opportunities', Report to the European Council by the Reflection Group on the Future of the EU 2030, May 2010: "Action should be taken to provide citizens with the option of resorting to a European legal status(the "28th regime") which would apply to contractual relation in certain arears of civil or commercial law alongside the current 27 national regimes." 또한 "The European Commission's proposal for a new optional EU contract law for cross-border trade - a "28th regime" - was published in draft in October 2011, including a 186-article draft code. In the face of opposition from UK and Germany, adoption of the CESL in 2013 appears unlikely."(Nick Johnson, Recent UK/EU consumer law developments, (1013.6.10)at <http://www.osborneclarke.co.uk/publications/services/commercial/update/2013/recent-uk-eu-consumer-law-developments.aspx>.

원의 입법자이다.[49] 그래서 유럽공통매매법은 실제는 각각의 회원국「안」에서의 제2의 국내법이 아니라, EU의 27개 국내 매매법에 제28번째의 체제를 더하는 것으로, 국내 매매법과 동일 차원에 위치하는 것이라는 사고이다.

제28체제 모델은 구상된 선택적 규범과 국제사법을 연결하는 가장 확실한 방법이다. 이 모델에 의하면, 통일매매법(CESL)은 국내 계약법과 같이 당사자들이 자유로이 선택하는 것을 허용함으로써 기존의 국제사법 시스템에 통합된다. 다른 국내 계약법과 같이 국제사법 규정에 따라 당사자들이 선택할 수 있는 계약법이 되는 것이다. CESL의 적용을 위해서는 당사자들에 의한 법 선택이 요구된다는 점에서 야기되는 문제(어떤 규칙이 CESL의 선택이 유효한지 여부를 정하는지, 그리고 그 효과를 정하는지)에 대해 명쾌하게 답을 제공할 것이다. 제28체제에 의하면 CESL의 선택은 국제사법 규정에 따르게 한다. 따라서 CESL 선택의 유효성과 그 효과는 로마 I 규칙 또는 관련 국제사법 규정에 있어 확립된 준칙에 복종될 것이다. 반면에 제2법체제 모델에 따르면, 구상된 선택적 규범(CESL)은 국제사법 시스템에 통합되지 않는다. 이는 국제사법 준칙에 따라 당사자들이 선택할 수 있는 부가적 계약법에 해당하지 않는다. 오히려 각 회원국의 계약법에 병존하는 그리고 당사자들이 그 회원국의 법이 적용되면 선택할 수 있는 제2의 계약법 제도가 될 것이다. 따라서 제2법체제 모델하에서 국제사법 규정은 선택적 유럽매매법보다 우선하게 된다.[50]

집행위원회에 의하면, "제안은 유럽공통매매법을 구축하는 것이다. 그것은 기존의 국내 계약법의 수정을 요구하는 방식이 아니라, 각 회원국의 국내법 내에 제2의 계약법 체계를 만드는 방법에 의해 회원국의 국내 계약법을 평준화하는 것이다."[51] 이것은 즉, 유럽공통매매법은 전통적인 국내 매매법 체제와 나란히 하는 독립적 국내법으로 다루어져야 하는 것을 의미하고 있다. 따라서 집행위원회의 의견으로는, 그것은 제28법체제로서가 아니라, 국내법 차원에 있어서의 제2법체제로 파악되어야 한다고 하고 있다. 유럽공통매매법은 전통적인 매매법의 내용에는 전혀 변경을 가하지 않는다. 즉, 유럽공통매매법은 회원국에 대해 전통적인 매매법을 대신하는 신법의 도입을 요구하는 것은 아니다. 해설 각서에 의하면 "공통유럽매매법은 각 회원국의 국내법에 있어서의 제2의 계약법 체제[a second contract law regime]가 된다. 당사자가 공통유럽매매법을 이용하는 것에 합의한 경우에는, 본 규칙이 그 범위 내의 사항에 대해 적용되는

49) See Hesselink, supra note 46, at 6.

50) 이러한 설명에 대해서는 Rühl, supra note 46, at 3-4 참조.

51) European Commission, Explanatory Memorandum to the Proposal(supra note 4), at 8.

유일한 국내법이 된다. 따라서 공통유럽매매법의 범위 내에 있는 사항에 대해서는 어떠한 다른 국내법도 적용되지 않는다."[52]

그러나 "로마 I 규칙의 통상의[일반적인] 운용 하에서 사업자와 소비자 사이의 거래에 있어서의 준거법에는 제약이 있다. 사업자와 소비자 사이의 거래에서 당사자가 소비자의 상거소 법 이외의 회원국의 법을 선택한 경우에는, 그 선택은 로마 I 규칙 제6조 제1항의 조건에 따라, 소비자의 상거소법의 강행 규정의 보호를 소비자에게서 빼앗아서는 안 된다(로마 I 규칙 제6조 제2항). 그러나 이 규정은 당사자가 공통유럽매매법을 국내의 준거법으로 선택한 경우에는, 아무런 실질적인 중요성은 없다. 왜냐하면, 선택된 그 나라의 법으로서의 공통유럽매매법의 규정은 소비자[의 거주지] 국의 공통유럽매매법의 규정과 동일하기 때문이다. 따라서 소비자 국가의 소비자 보호의 강행 규정의 수준은 보다 높은 것으로는 되지 않고, 소비자는 그 상거소 법의 보호가 박탈되지 않는다."[53]

3. 논의되는 구상

1) 제1법체제

Giesela Rühl은 "적용 범위를 독자적으로 정하고 있으며, 그에 따라 당사자가 유효하게 합의하고 있는 경우에 적용되는 통일법"을 지지하고 있다. 국제사법의 규칙보

---

52) 이러한 집행위원회의 제2법체제 모델은 "불필요하게 복잡한 모델로, 당사들에게 상이한 두 개의 선택(즉 CESL 선택과 로마 I 규칙 제3조에 의한 선택. 본고 III.3. 참조)을 요구하는데, 대부분의 계약당사자들은 이를 알지 못할 것이다"라고 비판을 받는다(H.Eidenmüller et al.. JZ 2012, 274; Matteo Fornasier, »28.« versus »2. Regime« - Kollisionsrechtliche Aspekte eines optionalen europäischen Vertragsrechts, RabelsZ 76 (2012) 401(431); M.Schmidt-Kessel, 'Anwendungsbereich', in M.Schmidt-Kessel(ed), Einheitliches europäisches Kaufrecht?, S.41f.; S.Leible, 'Der räumlich-persönliche Anwendungsbereich', in: O.Remien et al(eds.), Gemeinsames Europäisches Kaufrecht für die EU?, S.30f.; S.Perner, 'Anwendungsbereich', in: C.Wendehorst/ B.Zöchling-Jud(eds.), Am Vorabend eines Gemeinsamen Europäischen Kaufrechts, S. 31ff.(2012) 참조). 그러나 이에 대해 당사자들이 로마 I 규칙 제3조하의 선택을 하지 않고 오직 CESL을 선택하는 합의만을 한 경우에는, CESL에서 다루고 있지 않은 사항에 대해서는 로마 I 규칙 제4조하의 준거법에 의해 규율될 것이라 설명한다(C. Wendehorst, in R. Schulze(ed.), Common European Sales Law, Art.3 Rn.10 참조).

53) European Commission, Explanatory Memorandum to the Proposal(supra note 4), at 8.

다 우선하는 하나의 통일법(a uniform law)으로 분류하는 것을 「제1법체계 모델」[1st regime-model]이라고 칭하고 있다.[54] 이 관점에서 보면, 새로운 매매법 체계 중의 독립 적용 규칙 – 이것은 관련하는 로마 I 규칙을 명시적으로 배제하는 것이다 – 을 선택함으로써 로마 I 규칙의 적용을 쉽게 회피할 수 있게 된다.

마찬가지로 막스 프랑크 연구소 워킹그룹[Working Group][55]은, "로마 I 규칙 제안 제22조 b항[56]에서 고려되고 있는 방식을 채택하는 것이 바람직하고, 선택적 규범의 선택은 로마 I 규칙의 적용을 피하는 것이어야 한다."라고 하면서, "이 문제는 오히려 특별법(leges speciales)으로서 로마 I 규칙에 대체하는 특정의 규칙 체계에 의해 처리되어야 한다."라고 주장하고 있다.[57] 이 워킹 그룹은 그 논의를 로마 I 규칙 전문(no. 14)에 의해 정당화시키고 있다(recital 14. "적절한 법적 문서에 의해 공동체가 실체적 계약법 규칙을 채택하는 경우, 「당사자는 그 규칙의 적용을 선택할 수 있다」고 그 문서에 규정할 수 있다.").

이러한 제1법체계는 실제로 로마 I 규칙 제6조의 보호 체계를 완전히 무효화 할 수 있는 것이다. 또한 그것이 보다 극진한 보호를 제공하는 회원국의 공서[ordre public]에 저촉하는 것으로 간주되지 않는 한, 개별 회원국에 의한 보다 야심적인 소비자 보호를 사실상 끝내버리고 마는 것을 의미한다. 그러나 제1법체제 모델은 몇몇 학자에 의한 권고에 불과하고, 유럽공통매매법의 실제의 초안과는 명확하게 다른 것이라는 것을 이해하지 않으면 안 된다(제1법체계 모델에 관한 논의의 상당수는 현재의 유럽공통매매법 제안이 공표되기 이전에 전문가 그룹에 대해 보고된 것이다 – 다만, 그 공표가 제안의 공표 이후에 이루어진 것도 있다). 집행위원회는 매매법규칙 제안이유 10.에서 제1법체제를 채택하지 않는다는 점을 분명히 하고 있다. 즉, 공통매매법 규칙 제안이유 10.에 의하면, "유럽공통매매법을 사용한다는 합의는 [로마 I 규칙]에 근거해 준거법이 되는 각 국가법의 범위 내에서의 법선택인 것이다. […] 따라서, 이 규칙[즉 공통매매법 규칙]은 기존의 국제사법 규칙에 영향을 주는 것은 아니다." 또한 해설 각서에서 집행위원회는 "로마 I 규칙은 […] 계속 적용되며 제안에 영향을 받는 것은 아

54) Rühl, supra note 46 참조.

55) Jürgen Basedow, Gregor Christandl, Walter Doralt, Matteo Fornasier, Martin Illmer, Jens Kleinschmidt, Sebastian A.E. Martens, Hannes Rösler, Jan Peter Schmidt, Reinhard Zimmermann

56) 이 제안 제22조는 로마 I 규칙 제23조로 되었다.
제23조[공동체 법의 다른 규정과의 관계] "제7조를 제외하고, 본 규칙은 특정 사항에 대해 계약 채무에 관한 저촉법 규칙을 규정하는 공동체 법의 규정의 적용을 방해하지 않는다."

57) Max Planck Institute for Comparative and International Private Law, RabelsZ 75(2011), 400-402.

니다. […] 유럽공통매매법은 각 회원국의 국가법 중의 제2의 계약법 체제가 되는 것이다."라고 기술하고 있다. 유럽공통매매법 초안의 공표 후에도 제1법체제설을 지지하고 있던 Rühl도 "요컨대, 집행위원회는 국제사법 규칙 – 특히 로마 I 규칙 – 이 특정 회원국의 법의 적용을 지정하고 있는 때에 한하여, 유럽공통매매법이 적용되도록 의도하고 있다"는 점을 인정한다. 그렇지만 "로마 I 규칙이 여전히 적용하게 되고 선택적 규범의 적용을 방해하므로 제2법체제는 CESL의 전반적인 목표를 위태롭게 한다."라고 하면서, 집행위원회는 그 입장을 재고하여 제2법체제 대신에 제1법체제 모델을 수용할 것을 제언한다.[58]

2) 제28법체제 방식과 그에 대한 반론

제28법체제설은 유럽공통매매법을 독립의 추가적인 매매법 메커니즘으로 취급하는 입장이다.

유럽공통매매법을 제28법체제로서 성질 결정하는 것은 동법과 계약 준거법에 대해 당사자 자치를 인정하는 로마 I 규칙 제3조 1항 사이의 상호 관계가 현저하게 문제가 되는 실무상의 여러 문제를 야기한다. 「비국가법」은 로마 I 규칙 제3조 1항의 자유로운 법 선택의 대상이 되지 않는다는 것이 지배적인 견해이다.[59] 그러나 이 견해가 원칙적으로 유럽공통매매법의 규칙을 계약에 집어넣는 것을 막는 것은 아니다. 로마 I 규칙 리사이틀[제안이유] 13.에 의하면. "로마 I 규칙은 당사자가 비국가법 체계 또는 국제조약을 참조에 의해 계약에 포함하는 것을 배제하지 않는다." 그러나 당사자들이 특정 외국법을 언급함으로써 당해 규범을 계약의 내용으로 편입시키는 것("incorporating by reference")[60]은, 그러한 규정이 국내법의 강행규정의 중첩적인 적

---

58) Rühl, supra note 46, at 8 참조

59) 보다 자세히는 Gralf-Peter Calliess, in Gralf-Peter Calliess (ed.), ROME REGULATIONS Art. 3 Rome I Recitals 20 et seq. (2011) 참조.

60) 계약서 등의 문서 등에 별도의 문서를 참조하여, 후자를 전자의 일부로 본다는 기술에 의해 후자를 전자의 내용 일부로 일체화하는 것인 incorporate into the contract by reference은 (마치 계약의 내용에 약관을 편입하는 것과 유사하다) 결국 준거법이 허용하는 범위 내에서 법률행위의 구체적 내용을 정함에 갈음하여, 어느 실체법에 의하고자 하는 지정을 의미하는 「실체법적 지정」[materiellrechtliche Verweisung]의 효과를 가져온다. 이는 섭외적 사법관계에 있어서 법률행위 자체를 지배하는 법률, 즉 국제사법상 준거법 자체를 당사자가 지정하는 절차법적 지정[kollisionsrechtliche Verweisung]과는 구별된다.

용을 받는 것을 의미한다.[61] 이것은 집행위원회로서는 분명 피하고 싶은 사태[상황]이다.

제28법체제 방식에 대한 또 다른 반론은 「국가법」(state law) 및 「비국가법」(non-state law)의 정의와 밀접한 관계가 있다. 선택적인[optional] 국가 매매법의 추가를 통해 로마 I 규칙 제6조가 제공하는 보호의 적용 가능성을 회피하는 것이 집행위원회의 목적이었기 때문에[62] 이 성질 결정은 중요하다. 당사자에게 국가법과 비국가법 사이의 법 선택을 허용하는 것은 결코 의도되고 있지 않았다는 점과 「국가법」 및 「비국가법」과 관련하여, 법의 기원 문제와 법적 성질이나 법적 효력의 문제를 준별하여야 한다는 점이 적시된다. 모든 EU 규칙(EU regulation)은 국가의 입법자에 의해서가 아니라 유럽의 입법자에 의해서 제정되는 것이다. 이 의미에서는 유럽공통매매법이 「비국가법」으로 간주될 수 있다. 그러나 모든 EU 규칙은 「본래의」 국가법 내에서 구현(/국내법화[implementation])될 필요 없이 회원국 내에서 직접 적용 가능하다. 「국가법」을 국가적으로 국내에서 제정되는 법(「제정 과정」)으로서가 아니라, 오히려 국가(국내법) 차원에서 적용되는 법(「적용 과정」)으로 파악하는 경우에는 유럽공통매매법을 비국가법적 도구로 파악할 필요는 없다. 다른 EU 규칙과 마찬가지로, 유럽공통매매법도 회원국 내에서 국내적으로 적용 가능한 것이다. 따라서 그것은 비국가적으로 제정된 것이지만, 국가법인 것이다.[63]

4. 향후 논의의 전개

이상을 정리하면, 유럽공통매매법을 제28법체계로 성질 결정[분류]하는 것은 집행위원회의 의도에 부합하지 않을 뿐만 아니라, EU 법의 제정 과정과 적용 과정을 구별할 수 있는 이상, 실제 필요한 것도 아니다. 제정 과정의 관점에서 이 법의 비국가법적 측면을 지적할 수 있다고 해도, 적용 과정의 관점에서 국가법이 될 수 있기 때문이다.

---

61) See e.g. Gralf-Peter Calliess, supra note 59, Art. 3 Rome I Recital 21; Francisco J. Garcimartin Alférez, The Rome I Regulation: Much Ado About Nothing?, 2-2008 THE EUROPEAN LEGAL FORUM 61, 67 (2008) online at <http://www.simons-law.com/library/pdf/e/884.pdf>.

62) European Commission, Explanatory Memorandum to the Proposal(supra note 4), at 2 참조.

63) S. Wrbka, supra note 46, at 10 - 12. 스터디 그룹의 일원으로서 유럽공통매매법의 기초 작업에 참여한 M. W. Hesselink도 같은 방향에서 설명하고 있다. See Hesselink, supra note 46, at 6.

많은 주석서 특히, 이 새로운 법체계에 찬성하는 해설서와 마찬가지로,[64] 집행위원회로서는 유럽공통매매법을 제2법체계로 파악하는 것이 바람직하면서도 가장 명쾌한 선택방안이다. 즉, 집행위원회는 유럽공통매매법을 회원국 차원에서 국내법에 대체 가능한 병렬적인 법체계로 파악하는 견해를 취하고 있다. 이러한 입장을 취하는 것이 제28법체계가 직면할 수 있는 심각한 문제를 회피할 수 있다고 생각하기 때문이다. 유럽공통매매법은 전 유럽 차원에서 매매법을 평준화하는 것이며, 당사자가 유럽공통매매법의 적용을 합의하지 않는 한, 로마 I 규칙 제6조 2항의 우대 원칙이 적용될 수 있다고 일반적으로 생각되고 있다.[65]

앞에서 언급한 바와 같이, 유럽공통매매법의 제정은 국내법 차원에서 된 것은 아니라 할지라도, 국내법 차원에서의 제2의 매매법 메커니즘으로 유럽공통매매법을 파악하는 것은 가능할 것이다. 반면에 규칙에 의해 도입되는 통일매매법(CESL)은 국가법(state law)이 되지만, 제1법제, 제2법제 그리고 제28법제로 분류된 각 측면을 결합하고 있다고 설명하면서, 이 논의는 해결될 수 있는 것보다 더 큰 문제를 야기한다는 견해도 있다.[66] 또한 유럽공통매매법을 (그 적용의 관점에서는) 「혼합적[hybrid]」 또는 「독자적인(sui generis) 법질서」로 파악함으로써 유럽공통매매법을 제2법체계와 제28법체계 중 하나로 성질 결정해야 하느냐는 학술적 논쟁을 해결하려고 하기도 한다.[67]

64) Staudenmayer, supra note 46, at 1494-5; Hesselink, supra note 46, at 3 참조.

65) Staudenmayer, id.; Hesselink, id.; C. Wendehorst, in R. Schulze(ed.), Common European Sales Law, Art.3 Rn.11 참조. 보다 중립적인 입장에서 Micklitz와 Reich는, 유럽공통매매법은 최종적으로 「그 적용 범위 내에서의 완전한 평준화」는 이끌 것이라고 하고 있다. 이 점. H.-W. Micklitz/N. Reich, The Commission Proposal for a "Regulation on a Common European Sales Law (CESL) "- Too Broad or Not Broad Enough ?, 4 EUI WORKING PAPERS LAW 1 (2012) at 22를 참조. online at <http://papers.ssrn.com/sol3/papers.cfm?abstract_id=2013183>.

66) G. Dannemann, in: G. Dannemann/S. Vogenauer (eds), The Common European Sales Law in Context: Interactions with English and German Law, p.24-26(2013).

67) See Hesselink, supra note 46, at 6-7. 제안된 통일매매법은 국제 계약/국내계약, 회원국법/EU법, 직접 적용/간접적용, 실체법/저촉법에 의한 법의 선택 등과 관련하여 깔끔하게 들어맞지 않으므로, 유럽공통매매법은 「독자적인 것(sui generis)으로 파악」해야 한다고 한다(Hesselink, supra note. 46, at 8-9).

VI. 제안된 매매법 규칙의 분석적 평가 및 쟁점

1. 본질적인 측면에서의 논의

1) 규칙 제안의 정당화 근거

통일매매법 규칙을 위한 제안은 EU의 운영에 관한 조약(TFEU) 제114조를 기초로 하고 있다. EU 운영조약 제114조를 법적 근거로 하고자 하는 노력은 유럽 연합과 회원국 간의 상이한 기본 방향사이의 관계 및 회원국의 남아있는 영향력과 연합의 입법적 작업을 위해 요구되는 최저한의 합의에 대해 재조명케 하고 있다.

이미 유럽사법재판소는 국내법과 병존하는 법 체계는 유럽연합의 운용에 관한 조약 제114조 1항이 요구하는 각국법의 近似化["Approximation of national laws"]의 요청을 충족시키지 못할 가능성이 있다고 판단하고 있으므로,[68] 동조가 공통매매법 규칙의 근거가 될지는 의문이 있다고 지적되기도 한다.[69]

그러나 매매법 규칙이 각국법의 근사화 문제[법적 근거의 문제]를 통과한다고 해도, 로마 I 규칙의 보호 체계와의 관계는 여전히 문제가 된다. 유럽공통매매법은 로마 I 규칙의 실효성을 사실상 잃게 해 소비자로부터 중요한 안전망을 빼앗아 버릴 우려가 있기 때문이다. 반면에 매매법의 적용 범위는 회원국과 유럽연합 사이의 전통적 경합에 관계없이 거래관행의 실제적이고 잠재적인 필요성을 고려하여 결정되어야 한다고 하는 주장도 보인다.[70]

---

68) European Commission, Explanatory Memorandum to the Proposal(supra note 4), at 8-9 참조. 다만 C- 436/03, European Parliament v. Council of the European Union [2006] ECR I-3733, at recital 44, 사건에서 유럽사법재판소는, 규칙이 "기존의 다른 국내법을 변경하지 않고 그치는 경우, 회원국 법을 근사화[approximation]시키는 것을 목적으로 하고 있는 것으로 간주할 수 없다"라고 하며, 법의 근사화["approximation of laws"] 요건의 충족을 부정하고 있다. 따라서 매매법 규칙이 유럽연합의 운용에 관한 조약 제114조의 요구사항을 충족하는지도 의심스럽다고 말할 수 있다.

69) Max Planck Institute for Comparative and International Private Law, RabelsZ 75(2011), 388ff.

70) J. Basedow, Ein Gemeinsames Europäisches Kaufrecht für grenzübergreifende Verträge - Seine Bedeutung und Auswirkung auf offene Märkte, in: Martin Gebauer (Hg.), Gemeinsames Europäisches Kaufrecht - Anwendungsbereich und kollisionsrechtliche Einbettung, 3 - 21(2013).

2) 선택적 규범을 통한 사업자와 소비자에게의 이익에 대한 의문

그렇지만 ① 유럽공통매매법은 소비자 권리의 확실성을 높이며, ② 매매법 규칙은 사업자의 비용을 절감시키고, 매매법 준칙을 단순화함으로써 사업자에게 있어서의 법적 확실성을 증가시켜 국제적 거래를 용이하게 할 것이며, ③ 매매법 규칙은 임의의 법체제로 소비자 보호를 강화시킬 것이라는 집행위원회의 견해에 대해 부정적인 평가도 있다. 나아가 유럽공통매매법을 도입할 필요성에 대해서도 부정적인 견해도 있다.[71]

"지금까지 집행위원회는 역내 시장이 결과적으로 강화될 것이라는 예측에 대한 증거[의 뒷받침]를 보여주지 못하고 있다. 소비자가 이익을 얻을 것이라는 가정을 지지하는 증거도 없다. 또한 사업자에 대한 일반적인 이점이 무엇인가는 반드시 분명하지 않다.

반면 집행위원회가 원래 소비자의 이익을 고려에 넣었는지 여부도 불투명하다. 집행위원회는 왜 유럽공통매매법이 「소비자」에게 중요하다고 생각했는지, 또 왜 그것이 실로 필요한가를 설명할 책임을 지고 있다. 최근 채택된 소비자의 권리에 관한 지침은 이미 일정한 개별 국내 소비자 법규를 평준화하고 있다. 그리고 본고에서 보인 것처럼, 유럽공통매매법은 실무상은 선택적인 수단[도구]이 되지 않을 수도 있다. 또한, 이 법은 해결하는 것보다 불확실성을 야기하고, 소비자 보호의 수준의 질적 저하로 이어질 수 있다."

매매법 규칙 제안 제1조 3항에 따라 유럽공통매매법은 "높은 수준의 소비자 보호를 보장한다."라고 집행위원회가 언급하고 있다.[72] 규칙 제안에 대한 해설 각서에서 집행위원회는 "당사자 간에 소비자가 불이익하게 법의 적용을 제한하지 못하도록 하는 소비자 보호의 강행 규정을 포함하는 것이기 때문에 본 제안은 소비자 보호의 높은 수준을 달성한다는 목적과 일치한다. 나아가 이들 강행 규정의 보호 수준은 현재 EU법의 총체(the acquis)와 동일하거나 또는 그 이상이다."라고 덧붙이고 있다.[73] 이 「높은 수

---

71) S. Wrbka, The Proposal for an Optional. Common European Sales Law: A Step in the Right Direction for Consumer Protection?, EUIJ-Kyushu Review, Kyushu University, issue 1-2011, p.103-109. 120. online at <http://euijreview.kyudai.info/?p=149>.

72) 표준정보제공서(Stand Information Notice - 매매법 규칙의 부속서 II)의 첫 번째 단락 참조. 거기에는 "당신이 체결하고 하는 계약은 소비자가 국제거래를 행하는 때에 사용될 수 있는 유럽공통매매법이라는 회원국의 계약법을 대체하는 제도에 의해 규율됩니다. 이 공통의 규칙은 유럽연합(EU)의 어디에서도 동일하며, 소비자에게 높은 수준의 보호를 제공하도록 고안된 것입니다."라고 기재되어 있다.

73) European Commission, Explanatory Memorandum to the Proposal(supra note 4), at 7.

준의 소비자 보호」는 보다 비판적인 입장을 취하는 학자에 의해서도 확인된다. 예를 들어, Reinhard Zimmermann은, 제안이 「개개의 잠재적 개별 문제에 대해 유럽 차원에서 소비자에게 가장 우호적인 해결」을 채용하고자 노력한 것에 대해 높이 평가하고 있다.[74] Giesela Rühl은 유럽공통매매법 제안에 포함되어 있는 높은 수준의 소비자 보호라는 주장을 근거로, "따라서 로마 I 규칙 제6조 2항의 적용은 유럽공통매매법의 선택에 대하여 소비자를 보호할 필요는 없다."는 결론을 내린다.[75]

그러나 이와는 달리 유럽공통매매법을 전통적인 국내 규정과 비교할 때, 모든 부분에 있어서 더 강화된 보호 수준에 이르고 있는 것은 아니라는 지적도 있다. (현 단계의) 제안된 유럽공통매매법은 대체로 소비자 보호를 향상[개선]시킬 가능성은 있지만, 모든 개별 사안에서 소비자의 권리를 높이는 것은 아니라고 하면서, 이는 높은 소비자 보호 수준의 국내법을 가지는 회원국 밖에서의 사안에서는 특히 현저할 것이므로 이것이 유럽공통매매법과 로마 I 규칙 제6조 사이의 상호 작용을 보다 주시해야 한다는 지적도 보인다.

Rühl은 위의 논문에서, "유럽공통매매법이 회원국에 의해 제공되는 소비자 보호 수준을 상회하고 있다는 점은 대체로 사실이지만, 이 법은 모든 경우에 더 높은 보호를 준다는 것은 아니다."라고 하여 이를 인정하고 있다.[76] 집행위원회 자체도 매매법 규칙 제안이유 No. 11에서는, 그 압도적 평가를 다소 약하게 하여, 이 새로운 법체계는 "EU 소비자법(Union consumer law. 국내법은 아닌 것으로 이해된다) 하에서 소비자가 향수하는 보호 수준을 유지 또는 향상시킨다."고 언급하는데 그치고 있다.

2. 유럽공통매매법이 대체적이고 선택적인 법 체제라는 것에 대한 의문

위에서 설명한 바와 같이, 집행위원회는 평준화된 매매법 준칙이 필요한 이유를 국제적 거래에 계약법상의 장애가 있는 것에서 구해 왔다. 이 「문제」를 해결하기 위해 집

74) R. Zimmermann, Perspektiven des künftigen Österreichischen und europäischen Zivilrechts, 134 Juristische Blätter[JBL] 2, 16 (2012). Hans Schulte-Nölke는 "전문가 그룹에 의해 권장되는 소비자 보호 수준은, 종합적으로 보면 어떠한 회원국의 소비자 보호 수준보다 훨씬 높은 것이다."라고 평가하고 있다. Hans Schulte-Nölke, Der Blue Button kommt - Konturen einer neuen rechtlichen Infrastruktur für den Binnenmarkt, ZEuP 749, 755 (2011).

75) Rühl, supra note 46, at 7.

76) Id., at 11.

행위원회는 유럽공통매매법은 계약 당사자 쌍방이 그 적용에 동의하는 경우에만 적용되는 단지 대체적인 법 체제라는 방식을 취하였다. 이 임의성은 또한 새로운 법 체제는 전통적인 국내 매매법 준칙에 대체하는 지침이나 규칙(2010년 정책 선택에 관한 그린페이퍼에서의 제6 및 제7의 선택방안)에 비해 덜「급진적인」도구가 될 것이라는 것을 의미한다.[77]

먼저 제안된 매매법 규칙은 유럽연합의 운용에 관한 조약에 나타나 있는 보충성 및 비례성의 원칙에 의한 제한과의 관계도 고려하여, 비교적 소수의 사업자만 완전하게 만족시킬 듯한 제안을 기초한 것이라 한다.[78] 이 사업자들도 실무상 유럽공통매매법을 선택적인 도구[alternative tool]로 사용하지 않고 유럽공통매매법 체제의 적용에 동의하도록 소비자에게 압력을 가할 수 있다고 평가한다.

반면 유럽공통매매법은「소비자」에게 있어서는 진정한 의미에서의 임의적인 법 체제가 될 수 없다고 한다. "적어도 국내 매매법의 차이를「염려해」현재 국제적 거래에 종사하고 있지 않은 사업자(즉 평준화된 법규범의 도입을 강하게 지지하고 있는 사업자)는 계약의 상대방(즉 소비자)이 유럽공통매매법의 적용에 동의하는 경우에만 국제적 계약을 체결하고자 할 것이다. 이러한 사업자는, 소비자가 유럽공통매매법을 받아들이는 경우에만 국제적 거래를 할 것이라고 예측된다. 계약 당사자 쌍방의 합의가 필요하게 되는 것을 가지고 이 법규범을 이론적으로는「임의적」(voluntary)이라거나 또는「대체적」(alternative)이라고 칭할 수 있다. 그러나 현실에서는 소비자로 하여금 유럽공통매매법 규칙의 적용에 동의하고 받아들이도록 적어도 간접적인 압력이 있을 것이다."

따라서 유럽공통매매법은 실제로는 완전한[100%] 임의적인 법규범은 아니게 될 것

77) 자세한 것은 Commission Staff Working Paper, Impact Assessment accompanying the document Proposal for a Regulation of the European Parliament and of the Council on a Common European Sales Law on a Common European Sales Law, October 11, 2011, (SEC)2011 1165 final, 44-8 참조.

78) 소비자 거래 설문 조사는 평균적으로 국제적 거래에 관심을 가지는 사업자의 대략 71%가 평준화된 단일의 계약법준칙을 긍정적으로 평가한다는 것을 보여주고 있다(소비자거래 설문 조사 Table 22a.). 그러나 대다수의 사업자 (약 53%)는 최종적으로 제안된 옵셔널인 규범보다 국내 계약법에 대체하는 법 체제 쪽을 선호하며, 조사의 대상이 된 사업자 14.6%만이 최종적으로 집행위원회가 채택한 방안(공통매매법)을 선호하고 있다(Ibid., Table 25a.) 국제 거래에 대해서만 선택적 수단을 선호하는 14.6% 외에 22%는 국내·국제 양 거래에 선택적 수단을 이용하는 것에 호의적이다. 그렇지만 지금 현재 제안되고 있는 제도는 일차적으로는 국제 거래에만 적용되고, 각국 국내의 입법자가 국내 적용을 선택한 경우에만 순수하게 국내적인 거래에 적용할 수 있다(매매법 규칙 제안 제13조 a호 참조).

이다. 매매법 규칙은 선택적인[임의적인] 법 체제처럼 보이지만, 집행위원회는 2010년 정책 선택에 관한 그린 페이퍼에서의 제6의 선택방안을 취한 경우와 동일한 결과가 될 것이다.[79]

3. 내용의 불완비성에 대한 지적

부속서의 CESL은 매매계약상의 당사자의 의무와 하자담보에 대한 권리뿐만 아니라, 체계적 관점에서 모든 계약 유형에 공통하는 청약과 승낙, 의사의 하자, 계약해석, 채무자지체와 그 효과, 소별시효 등 매우 넓은 측면을 다루고 있다. 반면에 대리, 양도 또는 복수의 채무자 및 채권자 등과 같은 제3자의 계약에의 개입에 대한 테마는 다루고 있지 않다. 유럽공통매매법에 대해 만족스럽지 못한 측면으로 그 불완비성을 지적하기도 한다.

그럼에도 불구하고, 집행위원회는 이 제안을 계약의 전체 라이프 사이클을 커버하는 포괄적이고 통일적인 계약법 규정이라고 한다.[80] 매매법 규칙 제11조에 따라 (당사자가 유효하게 유럽 공통 판매법을 계약에 사용하는 것을 합의하는 경우에는,) "여기서 규정된 사항에 대해서는 오로지 유럽 공통 매매법만을 따라야 하며", "자치적으로 […] 다른 [즉 국가] 법체계를 고려함이 없이 그에 기초하는 원칙, 목적 및 기타 규정에 의거하여 해석된다."[81]

유럽공통매매법은 매매거래를 둘러싸고 발생할 수 있는 중요한 국면의 모두를 포함하지 않기 때문에, 각 사안에 (유럽공통매매법의 사항적[실질적] 적용 범위 외의 문제에 대해서는[범위 밖에서]) 전통적 규칙[룰]에 대한 필요성은 여전히 있다. 예를 들어, 행위능력, 대표 또는 법인격과 같이[82] 결정적인 중요성을 가질 수 있는 문제들이 유럽

---

79) "실무상의 관점에서 볼 때, 이는 사실상 최대한의 평준화(maximal harmonisation)를 달성하는 우회로(迂廻路)가 될 것이다."(G. Howells, European Contract Law Reform and European Consumer Law - Two Related but Distinct Regimes, p.1 online at <http://ec.europa.eu/justice/news/consulting_public/0052/contributions/188_en.pdf>.

80) European Commission, Communication on a Common European Sales Law to Facilitate Cross-Border Transactions in the Single Market, COM(2011) 636 final, p. 8.

81) 매매법 규칙 제안이유 no. 29. 참조. D. Staudenmayer, NJW 2011, 3495도 참조.

82) 더 많은 예에 대해서는 매매법 규칙 제안이유 no. 27 참조. "법인격, 능력의 결여, 불법성 또는 비도덕성을 이유로 하는 계약의 무효, 계약 언어의 결정, 차별 금지에 관계되는 사항, 대리, 수인의 채무자 및 채권자, 양도를 포함한 당사자 변경, 상계 및 혼동, 소유권 이전을 포함한 재산법, 지적재산법

공통매매법에 포함되어 있지 않기 때문에, 이들은 개개의 사안에 준거법으로 되는 전통적인 국내법 체계[적용될 기존의 국내 법규]에 의하게 된다. 국제적 매매계약을 위한 평준화된 새로운 매매법 규범을 구축[창출]한다는 최종 목표에 비추어보면, 일부 중요한 문제가 유럽공통매매법 제안에 포함되지 않은 점에 대해 지적되고 있다.[83] 이 점과 유럽공통매매법이 「단지」 선택적인 규범인 점을 고려하면, 공통매매법 규칙은 "사업자가 모든 국제적 거래에 대해 공통 준칙 및 공통의 계약 조항에 의거하는 것을 가능하게 하고, 이를 통해 불필요한 비용을 줄이면서 높은 수준의 법적 안정성을 제공한다."라고 [언급]하는 매매법 규칙 제안 제1조 2항에는 어폐(語弊)가 있다고 할 수 있기 때문이다.

VII. 유럽의회에서의 논의와 앞으로의 과정

1. 1차 독회

집행위원회의 제안과 관련하여 현재는 일반입법절차(ordinary legislative procedure)[집행위원회의 제안에 의거하여 유럽의회 및 이사회가 공동으로 규칙, 지침 또는 결정을 채택하는 절차(TFEU 제289조 1항)]에 의거하여 유럽의회 및 EU 이사회는 의견을 집약하고 있는 단계이다.

일반입법절차에 따라 집행위원회의 제안에 대해 유럽의회는 의견을 제시하여야 한

및 불법행위법을 포함된다. 또한 경합하는 계약책임과 비계약적 책임을 동시에 추급할 수 있는지의 문제도 공통유럽매매법의 범위 외로 한다." 그러나 공통매매법 규칙 제안이 이러한 문제를 다루지 않은 이유에 대해서는 언급하지 않는다(제외되고 있는 영역은 국내법적으로는 중요하지만, 국제적 계약과의 관련성은 다소 적다고 판단하였기 때문이라는 정도로 이해된다.).

83) Zimmermann은 이 불완비성(lacunarity of the proposed CESL)을 전문가 그룹이 제안의 기초를 할 때 시간이 한정되어 있던 점에서 설명한 다음, 이 초안은 「개선할 필요가 있다」라고 하면서, 유럽공통매매법 초안에 대한 「전반적인 검토와 학술적 논의」를 요구한다. See Zimmermann, JBL 2012, 21. 마찬가지로 유럽공통매매법 제안의 불완전성은 「매우 타이트한 일정[extremely tight time schedule]」에 기인하는 것이라고 설명하는 H.-W. Micklitz, A "Certain" Future for the Optional Instrument, in R. Schulze/J. Stuyck (eds.), TOWARDS A EUROPEAN CONTRACT LAW 181, 181 (2011) 참조.

다. 이를 위한 절차를 1차 독회("first reading")라 한다. 이와 관련하여 여러 단체 및 기관으로부터 의견을 수렴하였다. 예를 들어, ICC(국제상업회의소)는 CESL의 적용범위에서 B2B를 배제시킬 것을 요구하고 있다.[84] 특히 비중있게 다루어 질 수 있는 응답으로 공통매매법[CESL]에 관한 제안과 관련하여 포괄적이면서도 체계적인 의견을 유럽의회에 전달한 유럽법연구소(European Law Institute)의 보고서를 들 수 있다.[85] 수정제안의 골자로는 ① 중소기업(SME)에 한정하는 것을 포기하고, 비영리단체도 포함할 것, ② 국제적 계약의 요건을 수정할 것, ③ 실질적 적용범위 관련 규정에서 예외를 삭제할 것, ④ B2C계약에서 CESL의 선택(opt-in)을 좀 더 쉽게 할 수 있도록 할 것, ⑤ 표준정보통지를 좀 더 효과적인 정보제공 메커니즘으로 대체할 것, ⑥ B2B계약에서 CESL의 부분적 선택을 통한 강행규정이 배제될 수 없다는 것을 보장할 것, ⑦ 계약전 단계에 있어서 효과적으로 적용되는 계약전 정보제공[의무]를 보장할 것, ⑧ 소비자권리에 관한 지침(Directive 2011/83/EU)에서 파생되는 규정을 재구성할 것, ⑨ CESL의 제4부 – 제6부의 내용을 계약의 전체 사이클에 적절하도록 재구성할 것, ⑩ 해제 규정 및 원상회복에 대한 접근을 수정할 것, ⑪ 디지털콘텐츠에 관한 규정을 개정할 것, ⑫ 불공정 상거래 행위에 대한 지침(Directive 2005/29/EC)과의 관계를 명확히 할 것 등을 들 수 있다. 이 보고서는 집행위원회 안을 구체적으로 수정한 규정안(Consolidated black letter version of Proposal with suggested amendments)을 제시하고 있다.

유럽의회는 12개의 상임위원회(permanent committee)를 두고 있지만, 대부분의 입법적 사안은 한 두 위원회에 배속된다. 이 위원회[들]는 집행위원회나 이사회로부터의 제안을 검토하고, 회합 후 본회의(the plenary session)에 제출될 초안 보고서(draft report)을 작성한다. 또한 의회 위원회는 집행위원회에 의해 제안된 규칙의 수정안을 제안할 수 있다. 즉 해당 위원회에 소속되어 있는 위원이 보고자[rapporteur]가 되어 작성한 이 초안 보고서에 대해 그 위원회에서 연구하고, 그 위원회는 초안 보고서에 대한 수정안을 제안한다. 이 보고서는 해당 위원회에서 표결에 의해 채택되고, 그 다음 의회 본회의에서 표결에 의해 채택되어야 한다. 의회 위원회는 관련된다고 생각되는

---

84) ICC position on the EC proposal for a common European Sales LawDocument No. 460/662 - 12 July 2012 online at <http://www.iccwbo.org/News/Articles/2013/ICC-urges-Members-of-the-European-Parliament-to-remove-B2B-sales-from-scope-of-Common-European-Sales-Law/.

85) Statement of the European Law Institute on the Proposal for a Regulation on a Common European Sales Law COM(2011) 635 final at <http://www.europeanlawinstitute.eu/fileadmin/user_upload/p_eli/Publications/S-2-2012_Statement_on_the_Proposal_for_a_Regulation_on__a_Common_European_Sales_Law.pdf>

사안에 대해 주도적으로 보고서를 기초하는 것을 결정할 수 있으며, 또한 다른 위원회에 대해 직접적으로 의견을 표명할 수 있다.[86)]

2013년 2월 18일에 유럽의회 법사위원회(Committee on Legal Affairs[JURI])가 집행위원회의 제안에 대해 수정을 제안하는 Draft Report[초안 보고서]를 발표하였다.[87)] 집행위원회의 제안에 대한 기본적 변경은 아니고 조문에 대한 기술적 수정(204개 항목)을 제안하고 있다.[88)]

변경 제안 중 가장 중요한 것은 공통매매법[CESL]의 적용범위가 기본적으로 격지계약(distance contracts)에 한정되어야 한다는 것이다. 이는 사실상 역내시장의 적절한 기능에 가장 크게 기여할 수 있는, 그리고 가장 유용할 영역인 온라인 매매에 기본적으로 적용될 것이라는 것을 의미한다. CESL의 실질적인 적용범위에 대한 변경을 제안이유(recital)에 좀 더 구체적으로 담고 있다. 이 초안 보고서는 제안이유에 "CESL은 격지거래, 특히 역내시장에서 빠르게 성장하고 있는 온라인 거래를 위한 이상적 도구"라는 점을 반영시키고 있다. 또 로마 I 규칙과의 관계에 대해 좀 더 명확하게 기술하고 있다. 즉 CESL의 선택으로 소비자 거주지의 강행적인 소비자보호 규정을 배제시킨다는 점을 명백히 하고자 하고 있다.

전문(chapeau) 규정과 관련해서는 혼동을 일으킬 염려가 있거나 불필요한 규정을 삭제 또는 수정 제안을 하고 있다. 특히 규칙 제2조의 정의와 관련하여 「신의성실과 공정 거래의 원칙」(b호), 「표준계약조건」(standard contract terms)(d호), 「서비스 제공자」(n호), 「의무」(y)의 삭제를, 그리고 일부 규정상의 정의를 수정하는 제안을 하고 있다. 이 외에 실체법적 규정에 대해서도 수정 제안이 있으나, 집행위원회의 제안이 틀이 바뀔 만큼 크게 수정하고자 하는 것은 아니라고 생각된다. 2월 20일 이 초안 보고서에 대해 집행위원회는 환영의 의사를 표명하였다.[89)]

---

86) 유럽의회 위원회의 기능 및 역할에 대해서는 http://europarliament.touteleurope.eu/follow.html 참조.

87) DRAFT REPORT on the proposal for a regulation of the European Parliament and of the Council on a Common European Sales Law Document No. 2011/0284(COD), 18. 2. 2013, online at: http://www.europarl.europa.eu/meetdocs/2009_2014/documents/juri/pr/927/927290/927290en.pdf. 이 보고서는 Klaus-Heiner Lehne와 Luigi Berlinguer 유럽의회 의원(JURI) 및 Evelyne Gebhardt와 Hans-Peter Mayer 의원(IMCO)이 기초 작업을 하였다.

88) 유럽의회 법사위원회 홈페이지에 발표되고 있는 2013.3.6.자 Draft report on the proposal for a regulation of the European Parliament and of the Council on a Common European Sales Law(COM(2011)0635 - C7-0329/2011 - 2011/0284(COD))는 앞의 2월 18일자 보고서(supra note 87)의 항목 일부를 정리한 것이다(205개의 수정 항목).

89) 이 문서에 Vice President Reding(the EU's Justice Commissioner) 언급이 기술되어 있다: "The

2013년 7월 19일에는 유럽의회의 「역내시장 및 소비자 보호 위원회」(IMCO)에서 유럽공통매매법(CESL) 구상을 기본적으로 지지하는 의견을 채택하였다. 그러나 집행위원회 제안과 같이 선택적 규범에 관한 규칙(Regulation)이 아니라 기존의 소비자 권리 지침에 의해 커버되지 않는 영역에서 국내법에 대해 평준화하는 지침(Directive)으로 전환할 것을 요구하고 있다. IMCO의 의견은 고려되지만, 그 다음날 이루어진 「법사위원회」에서의 워크숍에서 이 지침으로의 전환 요구는 찬성되지 못하였다. 따라서 이 제안은 가까운 장래에 실현될 가능성이 없는 것으로 보인다. 다만 [의회]총회에서 이와 관련하여 논의가 있을 수 있지만, 이제까지 선택적 규범에 대한 강력한 지지 의사를 보이고 있던 유럽의회가 이 단계에서 방침을 변경한다는 것은 이해하기 어렵다.[90] 이 제안에 대해 리딩 위원회인 유럽의회 「법사위원회」는 그 동안 수차례에 걸쳐 이 제안에 대한 공청회를 가졌고 7월에는 이 제안과 관련하여 각국 의회와의 회합을 가졌다고 한다.[91] 이 법사위원회에서의 표결에 의한 최종 결정은 오는 9월이나 10월에 있을 것이라 한다.

2. 앞으로의 절차

1) 이사회의 1차 독회

유럽의회가 (본회의를 거쳐) 집행위원회의 제안에 대해 수정 제안을 하면, 이사회(The Council of European Union)는 심의 절차를 거쳐 유럽의회의 입장(수정 제안)을 가중다수결(Qualified Majority)[92]로 승인하면 관련 법안은 채택된다. 이사회는 각국

---

co-rapporteurs' approach is very constructive and an important step towards the adoption of an optional Common European Sales Law. I will continue to work closely with the European Parliament and all Member States to make sure that the optional European sales law is adopted swiftly so we can help kick-start the Single Market, Europe's engine for economic growth." at <http://europa.eu/rapid/press-release_MEMO-13-121_en.htm> 참조.

90) 이와 관련하여 Eric Clive, The best can be the enemy of the good, European Private Law News(July 12, 2013) at <http://www.epln.law.ed.ac.uk/> 참조.

91) 리스본조약은 집행위원회가 입법안을 유럽의회 및 이사회에 제출시 동 입법안을 회원국 의회에도 송부토록 하고, 이사회와 유럽의회는 회원국 의회의 의견을 고려하여 결정하도록 하였다.

92) 리스본조약은 2014년부터 가중다수결(Qualified Majority) 요건을 ① 회원국 55% (15/27개국) ② EU 전체인구의 65% 찬성으로 단순화하였다.

의 이해관계를 조정하고, EU 전체의 이익실현을 도모하는 고도의 정치적 의사결정 기관이며, 이사회는 집행위원회가 EU 전체의 이익을 도모하는 것과는 달리 회원국이 자국의 이해를 반영시키는 기구이므로 회원국간 이해관계를 조율하는 정부간 협력체로서 성격이 강하다. 통일매매법(및 이에 대한 규칙[안])에 대해 회원국 중에는 다양한 의문을 제기하는 국가가 있어(구체적으로는 독일, 스페인, 프랑스, 포르투갈, 네덜란드, 핀란드, 슬로베니아, 영국의 이름이 거론되고 있다), 이사회에서 어떠한 결정을 내릴지 현시점에 가늠하기 쉽지 않다. 본 제안은 유럽연합조약이 조인되어 20주년에 이르는 2012년 중에 규칙으로 채택하는 것이 목표로 하고 있었다고 하지만, 2013년 8월 현재 집행위원회에 의해 매매법에 관한 규칙이 제안되고 20여 개월이 지났지만 아직 의견집약(1차 독회)을 하고 있는 단계이다. 이제까지 진행된 공동결정절차[93]를 보면, 1차 독회에서 확정된 것은 (2004년부터 2009년까지의 통계에 의할 때) 72% 정도라 한다. 그때 (제도적으로 기간 제한이 없는) 1차 독회의 평균 소요시간은 15.2개월이지만, 4년 정도 걸린 경우도 있었다고 한다.[94]

이사회에 의해 채택되지 않을 경우 유럽의회에 그 입장 및 사유를 송부한다. 집행위원회도 이에 대한 입장을 유럽의회에 송부한다(Communication from Commission on Council position at frist reading).

2) 2차 독회

유럽의회는 3개월 이내에 ① 이사회의 입장(공동입장)을 승인하거나 ② 재적과반수로 거부하거나, ③ 재적과반수의 동의로 이사회의 1차 독회 입장에 대해 수정 제안(amendments to Council position at first reading)을 할 수 있다. 유럽의회가 승인하는 경우 이사회는 가중다수결(Qualified Majority)로 공동입장대로 법안을 확정하며, 유럽의회가 거부하는 경우 법안은 채택되지 않은 것으로 간주된다.

---

93) 공동체의 민주적 성격 보강을 위해 EU 창설조약에 의해 신설된 공동결정절차(Co-decision)는 리스본조약을 통해 적용범위가 대폭 확대되었다. 니스조약하에서는 공동결정 절차에 의해 법안이 결정되는 분야가 노동력 자유이전, 서비스, 내부시장, 교육, 보건, 소비자 보호, 환경, 문화, 연구 분야 등 44개 분야로 한정되어 있었으나, 리스본조약 발효에 따라 농업, 어업, 일부 내무사법 분야 등 85개로 확대되어 대부분의 EU 입법이 공동결정절차에 의해 이루어지고 있다고 해도 과언이 아니다. 그간 예외적인 절차에 속하였던 이사회와 유럽의회의 공동결정(co-decision) 절차는 리스본조약에 따라 일반적인 입법절차(ordinary legislative procedure)로 변경되었다.

94) 이에 대해 보다 자세한 것은 http://ec.europa.eu/codecision/statistics/index_en.htm 및 http://ec.europa.eu/codecision/statistics/docs/report_statistics_public_draft_en.pdf 참조.

유럽의회가 법안에 대해 수정 제안할 경우 집행위원회는 유럽의회의 수정안(EP' Amendments)에 찬성 또는 반대입장을 표명할 수 있다.

이사회가 유럽의회의 수정 제안을 수용하고, 그리고 집행위원회도 이에 찬성할 경우 이사회는 가중다수결로 수정 법안을 확정·채택한다.[95]

3) 조정

이사회가 유럽의회의 수정 제안에 반대하는 경우, 유럽의회와 이사회의 같은 수의 위원으로 구성되는 조정위원회(Conciliation committee)가 소집된다. 이 조정위원회에서 6주 이내에 합의에 도달하면 유럽의회는 단순 다수결로, 이사회는 가중다수결로 합의한 내용대로 법안을 각각 통과시켜 확정한다. 합의에 이르지 못하면 법안은 폐기된다.[96]

VIII. 맺는 말

공통유럽매매법에 대해서는 찬부의 정치적인 발신 외에, 학술적 연구도 公表되기 시작하여 이미 이에 대한 많은 연구물이 있고, 선행 성과인 유럽계약법원칙(PECL) 및 공통참조기준 초안(DCFR) 등에 이어, EU 계약법을 둘러싼 논의의 중심의 하나가 되고 있다. 특히,「지침(Directive)」의 모습으로 EU 역내의 법통일을 도모하는 것이 아니라, 국경을 넘은 거래에 적용 가능한「규칙(Regulation)」으로 제정되어, 실제 거래에 사용할지 여부를 당사자의 선택에 맡기는 방식을 채용하고 있는데, 이것은 공통유럽매매법을 준거법 선택에 있어서 각국의 계약법과 이를테면 경쟁관계에 세우려고 하는 것이다. 이는 획기적인 것으로, 그 자체가 흥미롭다.

---

95) 집행위원회가 유럽의회의 수정안에 반대한다면 이사회는 만장일치로 유럽의회의 수정안을 수용할 수 있다.

96) 암스테르담 조약 이전에는 조정위원회에서 합의에 이르지 못하였을 경우 이사회가 가중다수결로 공동입장을 확정할 경우 유럽의회가 절대다수결로 이를 거부하지 않는 한 법안은 확정되었다. 암스테르담 조약은 조정위원회에서 이사회와 의회가 합의에 이르지 못하는 경우 법안이 폐기되도록 수정하였다.

집행위원회에 의하면, 공통유럽매매법은 유럽 역내 시장에서 국경을 넘어 판매 또는 구매를 할 때의 비용과 법적 불확실성이라는 기업과 소비자에게 있는 명백한 문제에 대한 구체적인 해결책이다. 비례 원칙에 따라 사업자에게 사용할 옵션[선택권]을 주면서도 회원국의 법적 전통 및 문화를 유지하는 것이기 때문에 혁신적인 접근이기도 하다. 소비자는 높은 수준의 보호에 의한 신뢰에서 뿐만 아니라, 보다 저렴한 가격 및 새로운 제품의 선택을 이끈다는 점에서도 이익을 얻고, 사업자는 비효율적인 작업과 거래 비용을 줄일 수 있기 때문에 본법은 보다 많은 국경을 넘은 거래와 유럽 경제의 성장에 기여할 것이라 한다.[97]

한편으로는 소비자법에 고유의 준칙을, 다른 한편으로는 소비자 문제에도 관계하는 일반 계약법 준칙을 제정한다는 병행 움직임은 흥미로운 학문적 논의를 반영하고 있다. 즉, 소비자법은 사법에 있어서의 특별법으로서의 한 분야[특별 사법의 한 분야]인가, 또는 일반 사법 체제의 구성 부분인가? 나아가 소비자 법은 사법 체제에 있어서의 독립된 한 분야에 머무르는지, 또 머물러야 하는 것인가 혹은 소비자 보호의 발상은 사업자 사이 또는 소비자 사이의 관계를 포함한 일반 사법상의 거래에 침투해야 하는가? 이 문제는 아직 명확하게는 해결되지는 않았지만, 적어도 계약법에 관한 한, 유럽 차원에서는 두 번째 방향을 가리킨다.

따라서 제안된 매매법 규칙이 채택되면, 오랜 시간에 걸쳐 학계에서 논의되어온 국제적 소비자 거래의 장래에 관한 질문의 답변이 될 수 있다. 현재로서는 그 기초[법적 근거]에 대해 논의를 포함하여 규범의 적용범위, 그 법적 성질 등과 관련하여 비판적 지적이 뜨겁기 때문에 집행위원회가 택한 도구(유럽공통매매법)가 확고한 입장에 서 있다고는 할 수 없다. 본고에서 다룬 바와 같은 쟁점이 어떻게 해결될 것인지 향후의 전개가 기대된다.

97) COM(2011) 636 final(supra note 80).

참고문헌

Jürgen Basedow, Ein Gemeinsames Europäisches Kaufrecht für grenzübergreifende Verträge - Seine Bedeutung und Auswirkung auf offene Märkte, in: Martin Gebauer (Hg.), Gemeinsames Europäisches Kaufrecht - Anwendungsbereich und kollisionsrechtliche Einbettung(2013).

Gralf-Peter Calliess (ed.), The ROME REGULATIONS: commentary on the European rules on the conflict of laws(2011).

Gehard Dannemann, in: Gerhard Dannemann/Stefan Vogenauer (eds), The Common European Sales Law in Context: Interactions with English and German Law(2013).

Horst Eidenmüller et al.. Der Vorschlag für eine Verordnung über ein Gemeinsames Europäisches Kaufrecht: Defizite der neuesten Textstufe des europäischen Vertragsrechts, JURISTENZEITUNG 269(2012).

Matteo Fornasier, ≫28.≪ versus ≫2. Regime≪ – Kollisionsrechtliche Aspekte eines optionalen europäischen Vertragsrechts, RabelsZ 76(2012).

Francisco J. Garcimartin Alférez, The Rome I Regulation: Much Ado About Nothing?, 2-2008 THE EUROPEAN LEGAL FORUM 61(2008) online at <http://www.simons-law.com/library/pdf/e/884.pdf>.

Martijn W. Hesselink, How to Opt into the Common European Sales Law-Brief Comments on the Commission's Proposal for a Regulation, CENTRE FOR THE STUDY OF EUROPEAN CONTRACT LAW WORKING PAPER SERIES No. 2011.151(2011년). online at <http://papers.ssrn.com/sol3/papers.cfm?abstract_id=1950107>.

Helmut Heiss/Noemi Downes, Non Optional Elements in an Optional European Contract Law. Reflections from a Private International Law Perspective, 5 European Review of Private Law 693(2005).

Geraint Howells, European Contract Law Reform and European Consumer Law – Two Related but Distinct Regimes, online at <http://ec.europa.eu/justice/news/consulting_public/0052/contributions/188_en.pdf>.

Max Planck Institute for Comparative and International Private Law, Policy Options for Progress Towards a European Contract Law · Comments on the issues raised in the Green Paper from the Commission of 1 July 2010, COM (2010) 348 final, 75 Rabels Zeitschrift für ausländisches und Internationales Privatrecht 371(2011).

Hans-Werner Micklitz, A "Certain" Future for the Optional Instrument, in Reiner Schulze/Jules Stuyck (eds.), TOWARDS A EUROPEAN CONTRACT LAW 181(2011).

Hans. Werner Micklitz/Norbert Reich, The Commission Proposal for a "Regulation on a Common European Sales Law (CESL)"- Too Broad or Not Broad Enough ?, in Hans-Werner Micklitz and Norbert Reich (eds.), THE COMMISSION PROPOSAL FOR A "REGULATION ON A COMMON EUROPEAN SALES LAW(CESL)" - Too BROAD OR NOT BROAD ENOUGH ?, 4 EUI WORKING PAPERS LAW 1 (2012) online at <http://papers.ssrn.com/sol3/papers.cfm?abstract_id=2013183>

Oliver Remien et al(eds.), Gemeinsames Europäisches Kaufrecht für die EU?(2012).

Giesela Rühl, The Common European Sales Law - 28th Regime, 2nd Regime or 1st Regime, 5 MAASTRICHT EUROPEAN PRIVATE LAW INSTITUTE WORKING PAPER 3(2012년 3월 19일) online at <http;//papers.ssrn.com/sol3/papers.cfm?abstract_id=2025879>.

Martin Schmidt-Kessel(ed), Einheitliches europäisches Kaufrecht?(2012).

Reiner Schulze(ed.), Common European Sales Law(CESL)-Commentary(2012).

Hans Schulte-Nölke, Der Blue Button kommt - Konturen einer neuen rechtlichen Infrastruktur für den Binnenmarkt, ZEuP 749(2011).

Alessandro Turrini and Tanguy van Ypersele, Traders, courts and the border effect puzzle, Regional Science and Urban Economics, 40(2010).

Dirk Staudenmayer, Der Kommissionsvorschlag für eine Verordnung zum Gemeinsamen Europäisclum Kaufrecht, 48 NJW 3491(2011).

Christiane Wendehorst/Brigitta Zöchling-Jud(eds.), Am Vorabend eines Gemeinsamen Europäischen Kaufrechts(2012).

Sirnon Whittaker, The Optional Instrument of European Contract Law and Freedom of Contract, 3 European Review of Contract Law [ERCL] 371(2001).

Stefan Wrbka, Consumers and the Proposal for an Optional Common European Sales Law – No Roads Lead to Rome?, Kyushu University Legal Research Bulletin(2012년 6월 19일) online at <http://researchbulletin.kyudai.info/?p=248>.

Stefan Wrbka, The Proposal for an Optional. Common European Sales Law: A Step in the Right Direction for Consumer Protection?, EUIJ-Kyushu Review, Kyushu University, issue 1-2011, p.103-109. 120. online at <http://euijreview.kyudai.info/?p=149>.

Reinhard Zimmermann, Perspektiven des künftigen Österreichischen und europäischen Zivilrechts, 134 Juristische Blätter[JBL] 2(2012).

■ 본고에서 참조한 인터넷 상의 자료·문서는 2013년 7월 20일 - 8월 5일 액세스하였음.

제3절 「유럽공통매매법에 관한 EU 규칙」을 위한 유럽의회의 수정안

박영복 교수(한국외국어대학교 법학전문대학원)

I. 머리말

1. 규칙의 제정 과정

2011년 10월 11일, 집행위원회(European Commission. 이하, 「위원회」라고 한다)는 유럽 공통의 매매법을 규범화하기 위해 유럽의회(European Parliament)에 입법제안을 하였다.[1] 이는 특히 사업자와 소비자 사이의 국경을 넘는 거래관계[2]에 적용 가능한 규범으로서 기존의 국내 매매법에 대한 대안으로, 임의적이고 병렬적인 국내 매매법 체제를 구축하고자 하는 것이다. 위원회에 의하면, 공통매매법 규칙은 섭외 거래에 있어서 다양한 국내 매매법의 존재로 인해 발생하게 되는 「장애를 제거함으로써」, 「사업자에 대해 시장을 개방하고, 소비자에 대해 보다 많은 선택과 높은 수준의 보호를 제공하는」 것이라고 하고 있다. 위원회는 공통매매법 규칙이 수신인으로 하는 두 그룹, 즉 섭외 거래를 원하는 사업자와 보다 많은 상품이 보다 저렴하게 제공됨으로써 이익을 받게 될 소비자 양자에게 이익이 될 것으로 기대하고 있다.

규칙으로 채택되기 위해서는 유럽의회(The European Parliament)와 EU 이사회

---

* 이 글은 박영복, "유럽 공통의 매매법 - 「유럽공통매매법에 관한 EU 규칙」을 위한 유럽의회의 수정안을 중심으로 -", 『외법논집』 제39권 제1호(2015.2.)의 내용을 수정 보완한 것임.

1) Proposal for a Regulation of the European Parliament and of the Council on a Common European Sales Law, October 11, 2011, COM(2011) 635 final. 'Common European Sales Law'(유럽공통매매법)은 본고에서는 「공통매매법」이라 한다.

2) 또한 사업자와 사업자사이의 매매도 적용 가능하다.

(Council of the European Union)의 승인이 있어야 한다. 집행위원회의 제안에 대해 보통입법절차(ordinary legislative procedure)[3]에 따라 유럽의회에서 검토가 이루어졌다(제1독회("first reading").

본 건은 유럽의회의 상임위원회인 법사위원회(Committee on Legal Affairs[JURI]에 배속되었고, 동 위원회는 이를 연구 검토 후 2013년 2월 18일에 집행위원회의 제안에 대해 수정을 제안하는 초안 보고서(draft report)를 작성, 발표하였다.[4] 동 위원회의 보고서를 바탕으로 유럽의회의 「역내시장 및 소비자 보호 위원회」(the Committee on the Internal Market and Consumer Protection[IMCO])와 「경제 통화 위원회」(the Committee on Economic and Monetary Affairs[ECON.])는 이에 대한 의견을 피력하였다.[5] 이를 고려하여 법사위원회는 초안 보고서에 대한 수정안을 제안하였고, 2014년 2월 26일 유럽의회는 본회의(the plenary session)에서 표결에 의해 채택하였다. 이하, 「의회의 수정안」이라고 한다.[6]

2. 연구의 범위

본고는 공통매매법 규칙(및 그에 담겨 있는 공통매매법 규정)의 분석을 위해 의회의 수정안을 중심으로 정리하고자 한다. 이하에서는, 먼저, 공통매매법 규칙의 구성을 개관한 다음(본고 II), 매매법 규칙의 내용을 소개하고, 그 특징을 강조하면서 그 규범적인 틀을 살펴본다(본고 III). 그리고 제안된 공통매매법의 실질적 내용을 기본 틀하에서 살펴보다(본고 IV). 이 공통매매법의 내용과 관련해서는 그 중심적인 내용인 물품의 매매를 중심으로 살펴본다. 따라서 디지털콘텐츠 공급이나 관련 서비스 계약에 대해서는 유념하지 않는다. 또한 그 중에서도 특히 의회에서 수정한 내용을 중심으로 계약의 체결, 매도인의 의무와 그 위반에 대한 매수인의 구제수단, 위험부담, 원상회복

3) 유럽의회 및 이사회가 공동으로 규칙, 지침 또는 결정을 채택하는 절차(TFEU 제289조 1항).

4) Committee on Legal Affairs, Draft Report on the proposed for a regulation of the European Parliament and of the Council on a Common European Sales Law, 18.2.2013.

5) Committee on Legal Affairs, REPORT on the proposal for a regulation of the European Parliament and of the Council on a Common European Sales Law, 24.9.2013.

6) European Parliament legislative resolution of 26 February 2014 on the proposal for a regulation of the European Parliament and of the Council on a Common European Sales Law at: http://www.europarl.europa.eu/sides/getDoc.do?pubRef=-//EP//TEXT+TA+P7-TA-2014-0159+0+DOC+XML+V0//EN.

등에 대해 정리한다.[7]

II. 규칙(안)의 재편성(再編成)

1. 하나의 법문서(a single instrument)로의 통합

위원회 제안은 공통매매법에 관한 「규칙」과 두 「부속서」[Annex]로 이루어져 있다. 양자의 관계는 전자를 '공통매매법 규칙의 주문(主文)' 또는 '전문(chapeau) 규정'이라 할 수 있다. 2개의 부속서는 공통매매법 준칙을 정하는 것(부속서 Annex I)과 소비자의 계약상 권리에 관한 강행적인 리스트[목록]로서 표준 정보 제공서[Standard Information Notice]를 정하는 것(부속서 II)이다. 전문(chapeau) 규정은 본 규칙의 목적, 규범 적용의 요건 및 범위), 정의의 일람을 포함한 일반적이며 「행정적」인 규정으로 구성된다. 그리고 공통매매법은 186개의 조문으로 구성되는 「실질적」인 매매법 준칙을 제시한다.

의회의 수정안은 복잡함을 피하기 위하여 「규칙」의 전문규정과 공통매매법에 대한 실질적인 매매법 준칙인 부속서 I을 하나로 묶고 있다.

2. 구성

의회의 수정안은 4개의 편(Title)으로 구성된다:

(1) 제1편(Title I)은 총칙(General provisions)이라는 표제 하에 위원회 제안의 규칙안 제1조 – 제13조의 내용을 담고 있다. 규범의 적용(Application of the instrument)이라는 소제목을 붙이고 있다.

(2) 제2편(Title II)은 유럽공통매매법의 규정(Provisions of the Common European

---

7) 집행위원회가 제안한 CESL에 대한 개괄적 내용에 대해서는 하경효 외, 보통유럽매매법, 1면 이하 참조.

Sales Law) 표제하에서 위원회 제안의 Annex I(Common European Sales Law)의 내용을 담고 있다.[8]

(3) 제3편(Title III)은 측면적 수단(Flanking measures)의 표제 하에 위원회 제안의 규칙안 제14조에 대한 추가 및 몇 개의 수정 제안을 하고 있다

공통매매법의 효과적인 적용 및 통일적 해석을 확보하기 위해 본 규칙안은 장래의 지원 수단을 상정하고 있다.

공통매매법의 통일적 해석 및 적용을 보장하기 위해 CESL 규정의 해석과 관련된 유럽 및 각 국내의 司法的 판단에 대해 공개적으로 액세스 할 수 있는 데이터베이스를 구축하는 것도 상정하고 있다. 회원국은 위원회에 대해 그러한 사법적 판단에 대해 지체없이 전달하는 것이 요구된다. 제186a조(본 규칙을 적용하는 판결의 전달) 위원회 제안의 규칙안 제14조의 제1항 및 제2항의 회원국은 본 규칙을 적용한 법원의 최종판결을 위원회에 전달하여야 하며, 위원회는 이 판결과 유럽사법재판소의 관련판결에 관한 정보를 참조할 수 있는 시스템을 구축하여야 하며, 이는 일반에게 공개되어야 한다는 점 외에 그 판결의 전달시 첨부되어야 하는 표준 판결 개요를 명기하고 있다.

그 외에 2013.6.18. 발효된 Directive on consumer ADR(Directive 2013/11/EU)을 감안하여 Article 186b(대안적 분쟁 해결[Alternative dispute resolution]),[9] 본 규칙이 발효되고 3개월 내에 CESL을 바탕으로 한 「유럽 모델계약조항(European model contract terms)」 개발을 위해 전문가 그룹을 구축한다는 제186c조(유럽 모델 계약 조항의 개발)을 두고 있다.

(4) 제4편(Title IV) 최종규정(Final provisions)은 위원회 제안의 규칙안 제15조, 제16조의 해당 규정을 옮겨 놓고 있다.

다만 위원회 제안 제15조에 상응하는 제186d조(재검토[Review])에서는 "원격, 특히 온라인 계약에 제한하는 것이 여전히 적절한지 여부 또는 그 적용범위를 확대, 특히 점포[영업소] 내에서의 계약을 포함하여 그 적용 범위를 넓히는 것이 가능한지에 대한 문제를 특별히 고려하여야 한다."는 점이 부가되어 있다.

---

8) 의회의 수정안도 위원회의 제안을 조문 형식은 그대로 유지하고 있어, 본고에서는 규칙에 관한 전문 규정(제1편)을 '규칙안', 유럽공통매매법의 규정(제2편)을 CESL로 구분하여 표기하도록 한다.

9) Directive on consumer ADR(2013/11/EU)를 반영한 규정이다.

조화된 소비자 보호법의 준수를 보장할 목적으로 한 Regulation 2006/2004/EC[10] 등을 고려한 제186e조와 본 규칙안의 '발효 및 적용'에 대한 제186f조를 두고 있다.

III. 위원회 제안의 전문 규정(chapeau)인 규칙안 관련

1. 공통매매법[CESL]의 적용범위

1) 인적 적용범위

위원회 제안은 "공통매매법은 물품의 매도인 또는 디지털콘텐츠의 공급자가 사업자인 경우에 한하여 사용할 수 있다. 계약 당사자 모두가 사업자인 경우에는, 적어도 당사자 일인이 중소기업[SME]인 때에만 공통매매법을 사용할 수 있다."고 하여 계약 당사자로 한쪽은 자신의 사업을 영위할 목적으로 계약을 체결하는 사업자이고, 상대방은 소비자[11] 또는 중소기업(SME)인 경우에 한하고 있다(규칙안 제7조). 「영세 규모, 소규모 및 중규모 기업의 정의에 관한 2003년 5월 6일 위원회 권고」[12]를 따른 중소기업[SME] 기준이 복잡하고, 하나 이상의 지점 또는 법인으로 구성되는 사업자에게 어려움을 주고 있다고 지적되었다. 의회 수정안은 "공통매매법은 물품의 매도인 또는 디지털콘텐츠의 공급자가 사업자인 경우에 한하여 사용될 수 있다."고 하여 SME에(만) 한정하는 것을 포기하고 있다.

---

10) Regulation (EC) No 2006/2004 of the European Parliament and of the Council of 27 October 2004 on cooperation between national authorities responsible for the enforcement of consumer protection laws(the Regulation on consumer protection cooperation).

11) 위원회 제안은 "「소비자」는 자기의 거래, 영업, 업무 또는 [전문]직업 이외의 목적을 위해 행위하는 자연인을 말한다.(f)"고 하고 있는데, 의회의 수정안은 이에 더하여 "계약이 부분적으로 그 자의 거래 내이고 일부는 그렇지 않은 거래 목적으로 체결되고, 그 거래 목적이 계약의 전체적인 맥락에서 우월하지 않게 제한되어 있는 [지배적이지 않은] 경우에는], 그 자는 소비자로 간주되어야 한다."고 추가하고 있다. 이는 복수 목적의 계약에 있어 계약 체결에 대한 주된 목적에 주안점을 두고 있는 소비자권리지침 recital 17 of Directive 2011/83/EU를 반영한 것이다.

12) Commission Recommendation 2003/361 of 6 May 2003 concerning the definition of micro, small and medium-sized enterprises((OJ L 124, 20.5.2003, p. 36).

위원회 제안의 인적 적용범위는 명시적으로 영리법인에 한정하지는 않는다. 그러나 매수인이 규칙안 제2조의 (e)호의 정의 내에 있는 사업자이거나 (f)호의 소비자인 경우에만 적용된다고 하고 있다. "사업자를 자기의 거래, 영업, 업무 또는 [전문]직업과 관련된 목적을 위해 행위하는 [모든] 자연인 또는 법인"이라 하고 있으므로, 매수인이 비영리법인인 경우 CESL은 적용할 수 없다. 의회의 수정안은 「사업자」를 계약과 관련하여 자기의 거래, 영업, 업무 또는 [전문]직업과 관련된 목적을 위해 행위하는 자연인 또는 "사적 또는 공적 소유 여부에 관계없이 모든 법인"을 말한다(e)고 하여 비영리법인이 매수인인 경우도 적용 대상이 될 수 있게 하고 있다.

2) 장소적 적용범위 - 국제적 계약(cross-border contracts)

공통매매법은 국제적 계약[국경을 넘는 계약]에 사용하는 것을 목적으로 한다. 그러나 유럽 내지 유럽연합 내에서의 거래에 한정하는 것은 아니다. 계약 당사자의 상거소가 서로 다른 국가에 있고, 그 중 일방의 상거소가 EU 회원국에 있으면, CESL에 적용될 수 있다(규칙안 제4조 제2항). 나아가 소비자계약에 있어서는 (a) 소비자가 지시하는[에 의해 표시된] 주소, 물품의 배달 주소 또는 청구서 수신 주소 중 하나가 사업자의 상거소가 있는 국가 외에 위치하며, (b) 이들 국가 중 적어도 하나가 회원국일 경우 CESL이 적용될 수 있다(규칙안 제3항).

3) 실질적 적용범위

(1) 물적 적용범위

CESL도 매매(물품을 제조 또는 생산하여 공급하는 계약도 포함[13]), 디지털콘텐츠 공급계약뿐만 아니라 「설치, 유지 관리, 수리를 포함하여 저장 또는 기타의 처리(processing) 등」 매매계약에 관련된 매도인 또는 디지털콘텐츠의 공급자가 제공하는 서비스 계약에도 적용된다.[14] 그러나 매매와 서비스의 요소의 가치 비율은 관계없

13) 규칙안 제2조 (k) 참조.

14) 규칙안 제2조 (m). 의회의 수정안은 "「관련 서비스'related service'」는 매매계약, 디지털콘텐츠 공급계약 또는 매매계약이나 디지털콘텐츠 공급계약 체결과 동시에 체결된 별개의 관련 서비스 계약에 따라 물품의 매도인 또는 디지털콘텐츠의 공급자에 의해 제공되는, 또는 매매계약 또는 디지털콘텐츠의 공급을 위한 계약에서 하나의 옵션으로서 제공되는 설치, 유지관리, 수리를 포함하여

다.[15] CESL는, 비록 노무 [또는 서비스]의 요소가 매매의 요소보다 가치가 높아도 적용된다. 한편, CESL는 운송, 통신 지원이나 금융 서비스 등은 제외하고 있다.[16]

(2) 기본적으로 원격 계약(distance contracts)에 한정

이는 사실상 역내시장이 적절하게 기능하는데 가장 크게 기여할 수 있는, 그리고 가장 유용할 영역인 온라인 매매에 기본적으로 적용될 것이라는 것을 의미한다. CESL의 실질적인 적용범위에 대한 변경을 제안이유(recital)에 좀 더 구체적으로 담고 있다. 이 초안 보고서는 제안이유에 “CESL은 격지거래, 특히 역내시장에서 빠르게 성장하고 있는 온라인 거래를 위한 이상적 도구”라는 점을 반영시키고 있다. 의회의 수정안에서는 “본 규칙은 원격 계약 및 특히 온라인 계약을 위한 공통매매법을 제정하는 것이다.” 라고 하여 위원회의 제안에서의 “이 규칙은 공통매매법을 제정하는 것이다.”를 보다 제한하여 이를 강조하고 있고(Recital 9 참조), 또한 규정에 반영되고 있다(제4조, 제5조). 「원격 계약」은 조직화된 원격 매매 제도 하에서 사업자와 소비자 또는 또 다른 사업자 사이에 체결되는 계약으로서, 계약 체결시를 포함하여 체결에 이를 때까지 오로지 하나 또는 복수의 격지간 통신 수단을 이용하여, 사업자 또는 사업자가 법인인 경우에는 사업자를 위해 행위하는 자연인과 소비자 또는 또 다른 사업자가 동시에 물리적으로 대면하지 않고 이루어지는 것을 말한다(제2조 (p)호).

저장 또는 기타 처리 등의 물품 또는 디지털콘텐츠에 관련된 서비스를 의미한다.”고 수정하고 있다(m). 추가 부분은 관련 서비스가 클라우드 컴퓨팅에서의 저장 서비스를 포함하는 점을 명확히 하고 있다. 클라우드 컴퓨팅의 정의는 개인이 가진 단말기를 통해서는 주로 입/출력 작업만 이루어지고, 정보분석 및 처리, 저장, 관리, 유통 등의 작업은 클라우드라고 불리는 제3의 공간에서 이루어지는 컴퓨팅 시스템 형태라고 할 수 있다. Recital 17a “클라우드 컴퓨팅은 빠르게 발전하고 성장을 위한 큰 잠재력을 가지고 있다. 공통매매법은 디지털콘텐츠 및 관련 서비스의 격지 공급, 특히 온라인 공급에 대해 일관된 준칙의 세트를 제공한다. 이는 디지털콘텐츠나 관련 서비스가 사용하도록 제공된 때, 특히 디지털콘텐츠가 매도인의 클라우드에서 다운 로드되거나 일시적으로 제공자의 클라우드에 저장될 수 있을 때, 이들 준칙이 적용되는 것이 가능하여야 한다.”는 제안이유가 추가되어 있다.

15) cf. CISG 제3조 2항(“이 협약은 물품을 공급하는 당사자의 의무의 주된 부분이 노무 그 밖의 서비스의 공급에 있는 계약에는 적용되지 아니한다.”)

16) 위원회 제안에서 제외하는 교육 서비스(training services)는 의회 수정안에서는 삭제하고 있다.

(3) 결부된 계약 및 혼합 목적의 계약

위원회 규칙안 제6조는 「혼합목적의 계약과 신용과 결부된 계약의 제외」라는 제목 하에, "CESL의 적용범위에 속하지 않는(물품 매매, 디지털콘텐츠 공급 및 관련 서비스 제공 외의[17]) 요소를 포함하는 − 그 요소의 비중이 크지 않다고 하더라도 – 계약"은 CESL의 적용 대상에서 제외한다(동조 제1항).

이에 대해 "CESL의 사용을, 예를 들어 신용과 혼합된 매매 계약 또는 신용 약정과 결부된 매매 계약 등 결부된 계약 및 혼합목적의 계약을 너무 넓게 제한"하고 있다고 지적되었고,[18] 이를 고려하여 의회의 수정안은 이들의 경우에도 허용하는 것으로 하고 있다. 그렇다면 CESL에 의해 규율되는 계약과 결부된 계약의 관계, 그리고 CESL에 의해 규율되지 않는 요소를 포함하는 혼합 목적의 계약에 대한 CESL의 적용 여부를 명확히 할 필요성이 있으므로, 이에 대해 구체적으로 기술하고 있다:

공통매매법은 (a) 공통매매법에 의해 규율되는 계약이 매매 계약, 디지털콘텐츠의 공급계약 또는 관련 서비스 계약 외의[이 아닌 다른] 계약에 결부된 경우, 또는 (b) 계약이 제5조의 의미 내에서 물품의 매매, 디지털콘텐츠의 공급 또는 관련 서비스의 제공 이외의 요소를 포함하는 경우로 이들 요소가 분리 가능하고 그 대금이 배분될 수 있는 경우에 사용될 수 있다고 한 다음(제1항), 위 (a)의 경우 결부된 계약은 다른[그렇지 않았다면] 적용될 법률[준거법]에 의해 규율됨을 명시한 다음(제1a항),[19]

(I) 공통매매법에 의해 규율되는 계약하에서 당사자 일방이 권리, 구제수단 또는 항변을 행사하거나 그 계약이 무효 또는 구속력이 없는 경우에, 결부된 계약하의 당사자들의 의무는 적용될 수 있는 국내법[the applicable national law]에 의해 규율된다고 한다. 한편 (II) 결부된 계약하에서 당사자 일방이 권리, 구제수단 또는 항변을 행사하거나, 그 계약에 적용될 수 있는 국내법하에서 그 계약이 무효 또는 구속력이 없는 경우, 공통매매법에 의해 규율되는 계약 하에서의 당사자들의 의무는 원칙적으로 영향을 받지 아니한다(제1b항). 다만 일방 당사자가 결부된 계약이 없었다면 공통매매법에 의해 규율되는 계약을 체결하지 않았을 것이거나 또는 공통매매법에 의해 규율되

17) 운송, 통신지원 및 금융 서비스는 「관련 서비스」에서 제외한다(규칙안 제3조 (m) 참조).

18) 예를 들어 J. Basedow, Ein Gemeinsames Europäisches Kaufrecht für grenzübergreifende Verträge, in: Martin Gebauer (Hg.), Gemeinsames Europäisches Kaufrecht - Anwendungsbereich und kollisionsrechtliche Einbettung, pp. 3 - 21(2013) 참조.

19) CESL이 적용되는 계약에 결부된 계약에 적용되는 법은 저촉법 규정에 따라 결정되며, CESL은 이 결부된 계약에는 적용되지 않는다.

는 계약을 해제할 수 있는 권한을 그 당사자에게 줄 본질적으로 다른 계약 조건하에서만 체결하였을 경우가 아니어야 한다. 이러한 경우에는 소비자가 매매계약도 해제할 가능성을 가져야 하기 때문이다. 위 (b)에 해당하는 경우, 계약에 포함되는 다른 요소는 결부된 계약 하에서 합의된 것으로 간주된다. 즉 매매계약과 관련한 운송 서비스와 같이 명시적으로 CESL의 적용범위에서 제외되는 요소는 공통매매법의 적용범위 밖에 있다는 점을 명시하고 있다.

2. 본 규칙의 목적 및 성질

1) 목적

본 규칙은 기존의 각국의 계약법을 침해하지 않는 상태에서 원격계약, 특히 온라인 계약을 위한 별도의 통일된 매매법을 유럽연합 차원에서 제정하려는 것이다. 이 공통매매법은 각 회원국의 법질서 내에서의 "두 번째 계약법규"(a second contract law regime)로 각 회원국 계약법과 함께 국내법의 일부를 구성한다. 다만 CESL은 바로 적용되는 것이 아니라, 각 당사자가 그 적용을 선택해야만 당사자 사이의 계약관계에 적용되는 것이다(opt-in model).

> "원격 계약 및 특히 온라인 계약을 위한 공통매매법을 제정하는 본 규칙은 [기존의] 제1의 국내 계약법 체제의 수정을 요구하는 것이 아니라, (각 회원국 국내법의) 그 범위 내에서 계약에 대한 제2의 계약법 체제를 구축함으로써 회원국의 계약법을 평준화[조화]하는 것이다. 이 직접적으로 적용 가능한 제2의 체제는 회원국의 영토 내에서 적용될 수 있는 법질서의 일부가 되어야 한다. 그 적용범위가 허락하는 한 그리고 당사자들이 이를 사용하기를 유효하게 합의한 경우에, 그 법질서 내에서 제1의 국내 계약법 체제 대신에 공통매매법이 적용되어야 한다. 이는 EU 전역에 걸쳐서 동일하고, 또한 기존의 국내 계약법과 병행하여 존재하여야 한다. 공통매매법은 당사자의 명시적 합의에 의해, 국경을 넘는 계약[越境契約]에 대해 자유의사를 근거로 적용되어야 한다."(밑줄 부분은 의회의 수정안에서 추가)(규칙의 제안이유(Recital) 9)

이러한 시각은 규칙안 조문에 반영되고 있다. 즉 규칙안 제1조 제1항은 "본 규칙의 목적은 통일적인 계약법의 준칙을 각 회원국의 법질서 내에서 이용 가능하게 함으로써 역내 시장의 확립 및 기능을 위한 조건을 개선하는 것에 있다. 이들 준칙은 격지에서, 특히 온라인으로 진행되는 물품의 매매, 디지털콘텐츠의 공급 및 관련 서비스를 제공하는 국제적 거래[국경을 넘은 거래]에서 계약 당사자가 이용하는 것을 합의하는 경우에 이용할 수 있다."고 하고 있다.(밑줄 부분은 의회의 수정안에서 추가)

위원회 제안은 규칙안 제11조에서 "당사자가 유효하게 공통매매법을 계약에 사용하는 것을 합의한 때에는, 공통매매법의 준칙이 대상으로 하고 있는 문제에 대해서는 동법만이 적용된다."고 하고 있다. 이에 대해 의회의 수정안은 "당사자가 유효하게 공통매매법을 계약에 사용하는 것을 합의한 때에는, 그러한 합의가 없는 경우에 준거법으로서 결정되는 법질서 내에서 계약을 규율하는 계약법 체제 대신에 공통매매법의 준칙이 대상으로 하고 있는 문제에 대해서는 동법만이 적용된다"고 수정한다(규칙안 제11조 제1항).(밑줄 부분은 의회의 수정안에서 추가)

2) CESL과 회원국의 국내법 및 국제사법과의 관계

CESL의 사용에 대한 합의는 "두 법질서 사이의 선택[지정]"(a choice between two legal orders)이 아니라, "동일 국내 법질서내에서 상이한 두 법사이의 선택"("choice between two different regimes within the same national legal order")을 의미한다(Recital 10 참조). 유럽매매법의 적용에 대한 합의는 「계약상 채권관계의 준거법에 관한 EC 규칙[Rome I 규칙]」[20] 또는 관련 저촉법에 따라 적용될 수 있는 개별 국가법 테두리 내에서 이루어진 선택(Wahl)을 의미한다. 그 결과 [유럽]위원회의 시각에서는 공통의 유럽 매매법의 선택은 "저촉법의 의미에서의 법선택[Rechtswahl im Sinne der Kollisionsnormen]이 아니며, 이 선택은 기존의 저촉법에 영향을 미치지 아니한다."고 한다.

이에 관련하여 의회의 수정안에서는 관련 제안이유를 보충하고 있다: "공통매매법을 사용한다는 합의는 2008년의 EC 규칙 제593/2008호[Rome I 규칙] 또는 계약 전의 정보제공의무와 관련해서는 비계약적[계약외의] 채무에 적용되는 법에 관한 유럽의회·이사회 규칙(EC) 제864/2007호[Rome II 규칙], 또는 기타 관련하는 저촉법에 따라 적용되는 각 국내 법질서 내에서 행사되는 선택이 되어야 한다. 공통매매법을 사용한다는 합의는 동일한 국내[개별 국가의] 법질서 내에서 상이한 두 체제사이의 선택의 결과이다. 따라서 그 선택은 저촉법상의 의미에서 두 국내법질서 사이에서의 선택[준

20) Regulation (EC) No 593/2008 of the European Parliament and of the Council of 17 June 2008 on the law applicable to contractual obligations (Rome I).

거법의 선택]에 해당하는 것이 아니며, 그와 혼동해서는 안 된다. 이 선택은 저촉법에 영향을 주지 않고 적용되어야 한다. 따라서 이 규칙은 EC 규칙 제593/2008호 등 기존의 저촉법 준칙에 영향을 주지 않는다."(제안이유 10).

로마 I 규칙 제6조 제1항[21]에 의하면, 제1단계에서 준거법 선택 내지 지정이 이루어지더라도, 일정한 경우 규정의 내용을 비교하여 소비자에게 유리한 경우에는 준거법의 선택에도 불구하고 소비자의 상거소지국의 소비자법이 적용될 수 있다. 이와의 관계에 대해 제안이유 (12)는 다음과 같이 설명한다:

> "공통매매법을 이용하기로 유효하게 합의가 되면, 오직 공통매매법만이 그 적용범위내에 속하는 사항에 대해 규율하여야 한다. 공통매매법은 획일적으로 평준화된 강행적 소비자 보호 준칙의 포괄적인 정리를 이루는 것이기 때문에, 당사자가 공통매매법을 사용하기로 선택한 경우에는, 이 영역이 있어서 회원국법 사이의 차이는 없게 될 것이다. 그 결과 두 개의 동일한 제2의 계약법 체제의 강행규정 사이의 비교와 마찬가지가 될 것이므로, 회원국에 있어서의 소비자 보호의 수준이 차이가 존재하는 것을 전제로 하는 EC 규칙[Rome I 규칙] 제593/2008호 제6조 2항은 공통매매법의 범주에 있는 사항에 대해서는 실질적인 관련[성]이 없다."(밑줄 부분은 의회의 수정안에서 추가)

3. CESL의 선택(Choice of the CESL)

CESL은 당사자들이 이를 선택하여 그 적용을 받는다고 합의한 경우에만 그 계약관계에 적용될 수가 있다: "공통매매법을 이용하기 위해서는 그 취지의 당사자 합의를 필요로 한다."(제8조 제1항). 다만 사업자와 소비자 사이의 관계에서는 두 개의 합의(① CESL 적용에 대한 합의, ② 매매계약 자체에 대한 합의)가 별도로 이루어질 것이 요구된다(동조 제2항).[22] 그렇다면 사업자 사이의 계약에 있어서는 CESL 적용의 합의

21) Rome I 규칙 제6조 제2항에 의하면, 동 규칙 제3조(법선택의 자유)에 따라 소비자계약에 적용되는 법을 선택할 수 있다. 그러나 이러한 법 선택을 함으로써, 그 선택이 없는 경우 적용되어야 할 법(소비자의 常居所地國法)의 합의로 배제할 수 없는 强行法規가 소비자에게 부여하는 보호를 소비자로부터 빼앗는 결과가 되는 것이어서는 안 된다.

22) 나아가 사업자와 소비자와의 사이의 관계에 있어서는 공통매매법에 규정하는 계약 체결 전의 정보 [제공에 관한] 의무 외에, 사업자는 소비자에게 부속서 II의 정보 통지(Standard Information Notice를 제공하여야 한다. 공통매매법을 사용하는 합의가 전화 또는 기타 소비자에게 정보 통지를 제공하는 것을 가능하게 하지 않는 수단으로 이루어질 경우, 또는 사업자가 정보 통지를 제공

는 계약 자체에 대한 합의와 함께, 그리고 묵시적으로도 가능하다.

위원회 제안 규칙안 제8조 제3항은 "사업자와 소비자와의 사이에서는 공통매매법을 부분적으로 선택할 수 없고, 그 전체만이 선택의 대상으로 된다."고 하고 있다. 이는 B2B계약에 있어서 CESL의 부분적 선택의 가능성을 인정하는 것이다. 그러나 B2B계약에 있어서 부분적 선택을 허용하는 것은 CESL의 제1조 제1항의 규정(당사자들은 강행규정을 배제할 수 없다)과의 사이에 모순이 있다. 따라서 의회의 수정안은 부분적 선택에 의해 CESL의 강행규정의 적용을 회피할 수 없다는 점을 명백히 하고 있다: "사업자와 소비자와의 사이에서는 공통매매법을 부분적으로 선택할 수 없고, 그 전체만이 선택의 대상이 된다. 사업자사이의 관계에서는 공통매매법 안에 관련 조항의 배제가 금지되지 않는 한, 부분적으로 선택될 수 있다"(제8조 3항).

위원회 제안의 규칙안 제11조 제2문은 "계약이 실제로 체결된 때에는, 계약 체결전의 정보 의무의 준수 및 이에 해태한 때의 구제에 대해서도 공통매매법이 규율한다."고 하여 CESL에 있어서의 계약체결전의 정보의무는 계약이 실제로 체결된 경우에 한하여, 그것도 소급하여 적용된다고 하고 있다(계약이 체결되지 않은 경우에는 적용될 수 있는 국내법이 적용된다). 의회 수정안에 의하면 교섭 중에 당사자들이 CESL을 지정한 경우 그 시점부터 계약체결전 단계에 대해 CESL이 적용된다: "당사자가 공통매매법에 의거하여, 교섭하거나 계약 체결을 위한 준비 단계를 수행하는 경우, 공통매매법은 계약 전의 정보 제공의무의 준수와 그 불이행에 대한 구제수단 및 계약 체결 전의 관련된 기타의 문제를 규율한다."(제11조 제1a항) 여기서의 공통매매법의 적용은, 사업자가 다른 법질서를 또한 지정한 경우, 관련하는 저촉법 규칙에 따라 적용될 수 있는 법률을 침해하지 아니한다. 이는 사업자가 CESL 또는 다른 준거법에 따라 계약을 체결할 준비가 되어 있는지 여부가 아직 확정되지 않은 경우, 양자를 준수해야 함을 명확히 하는 것이다.

4. CESL의 포섭 범위

유럽의회의 규칙안은 명확성 및 법적 확실성을 위해 CESL의 적용대상 및 비적용대상을 새로이 명기하고 있다.

하지 않은 경우에는, 소비자가 공통매매법의 사용에 대해 명시적으로 동의할 때까지 그 합의에 구속되지 아니한다. 규칙안 제9조 제1항 참조.

1) 공통매매법이 적용되는 사항(규칙안 제11a조)

공통매매법은 다음의 사항을 다룬다(동조 제1항):

(a) 계약전의 정보 제공 의무
(b) 형식적 요건을 포함한 계약의 체결
(c) 철회권 및 그 효과
(d) 착오, 사기, 강박 및 부당한[불공정한] 이용으로 인한 계약의 취소 및 이 취소의 효과
(e) 해석
(f) 계약의 내용 및 효과
(g) 계약 조항의 불공정성의 평가 및 효과
(h) 계약당사자의 권리 및 의무
(i) 불이행에 대한 구제수단
(j) 취소, 계약 해제 후의 또는 구속력이 없는 계약에 있어서의 원상회복
(k) 권리의 시효와 배제
(l) 그 적용에 기해 발생하는 모든 채무 및 의무의 위반의 경우에 이용 가능한 제재[the sanctions]

2) CESL이 적용되지 않는 사항

CESL에서 다루지 않는 사항은 Rome I 규칙 및 Rome II 규칙, 또는 기타 관련된 저촉법 규칙에 의해 규율된다. 다음과 같이 사항이 그에 해당한다(동조 제2항).[23]

(a) 법인격
(b) 능력의 결여, 불법성 또는 비도덕성을 이유로 하는 계약의 무효(다만 불법 또는 비도덕성을 일으키는 원인이 유럽매매법에서 다루는 경우는 제외한다).
(c) 계약 언어의 결정
(d) 차별 금지에 관계되는 사항
(e) 대리
(f) 수인의 채무자 및 채권자, 양도를 포함한 당사자 변경
(g) 상계 및 혼동

---

23) “본조는 저촉법을 규율하는 관련 규칙에 따라 적용될 수 있는 비회원국의 강행규정을 침해하지 아니한다.”(제3항)

(h) 부동산의 소유권 또는 부동산에 대한 권리의 창설, 취득, 이전을 포함한 재산법
(i) 지적재산권법
(j) 불법행위법. 계약적 책임과 비계약적 책임에 대한 청구권을 함께 주장할 수 있는지의 문제를 포함한다.

IV. CESL 실체법적 규정

1. 계약의 체결

1) 청약

CESL 제31조는 (a) 제안이 승낙된 경우 계약이 된다는 것이 의도되어 있을 것과 (b) 내용의 충분성과 확정성을 청약의 요건으로 하고 있다. CESL은 소비자와의 거래에서 사업자가 계약 체결 전 또는 소비자가 청약에 구속되기 전에 물품의 특성, 대금 합계액 및 계약 조건 등에 대한 정보를 제공하여야 할 의무를 규정하고 있다(제13조). 여기서 제공되어야 하는 것으로 들고 있는 항목 중 하나를 준수하지 않았다고 하여 그 제안이 충분한 내용을 결하고 있다는 것을 의미하는 것은 아니다.[24] 의회의 수정안은 (b)에 더하여 "사업자와 소비자 사이의 관계에서는, 그 제안이 목적물, 양 또는 기간 및 가격을 포함하는 경우 충분한 내용과 확정성을 갖는 것으로 간주된다."고 부가하고 있다.

2) 변경된 승낙

청약의 조건을 실질적으로(materially) 변경하는 부가적인 또는 다른 계약 조항을 명시 또는 묵시로 포함하는 상대방의 응답은 청약의 거절이면서 동시에 새로운 청약이 된다(CESL 제38조 1항). 특히 물품의 대금, 대금지급, 품질과 수량, 인도의 장소와 시기, 당사자 일방의 상대방에 대한 책임 범위 또는 분쟁해결에 관한 부가적 계약 조

24) Schulze/Terryn, Common European Sales Law(CESL), Art.31, para.5.

건 또는 상이한 조건은 청약 조건을 실질적으로 변경하는 것으로 추정된다(동조 2항). 청약에 대하여 확정적인 동의를 하는 응답은, 청약 조건을 실질적으로 변경하는 것이 아닌 한, 부가적인 또는 다른 계약 조항을 명시적 또는 묵시적으로 표명되었다 하더라도 승낙이 된다. 이 경우에는 부가적인 또는 다른 계약 조항은 계약의 일부가 된다(동조 3항). 명시적 또는 묵시적으로 부가적인 계약 조항 또는 다른 계약 조항으로 표명된 응답은 (a) 승낙은 청약 조건에 한정된다는 취지가 청약에 명시적으로 나타나고 있을 때, (b) 청약자가 부당한 지체 없이 부가적인 조항 또는 다른 조항에 대해 이의를 제기할 때, 또는 (c) 상대방이 청약자가 부가적인 조항 또는 상이한 조항에 대해 동의하는 것을 조건으로 승낙을 하고, 청약자의 동의가 합리적 기간 내에 상대방[피청약자]에게 도달하지 않은 경우에는, 항상 청약의 거절이 된다(동조 제4항).

의회의 수정안은 이에 더하여 "사업자와 소비자 사이의 관계에서는, 부가적 계약조건 또는 상이한 조건을 명시적 또는 묵시적으로 표명하는 청약 상대방에 의한 응답은 어떠한 경우에도(실질적으로 변경하지 아니하는 부가적 조건 또는 상이한 조건을 포함하는 청약에 대한 응답이라 하더라도) 청약의 거절이면서 새로운 청약이 된다(동조 4a항)"고 하고 있다.

3) 표준계약약관[조건]의 편입

위원회 제안에서는 "당사자 일방에 의하여 제공된, 그렇지만 개별 교섭을 거치지 않은 계약 조항은, 계약 체결시 내지 그 전에 상대방이 이를 알았거나 또는 계약조항을 준비한 당사자는 상대방이 그에 대해 주의하도록 합리적인 조치를 취한 경우에 한하여 원용할 수 있다."라고 규정하고(CESL 제70조 제1항), 본조의 적용에 있어서, 사업자와 소비자 사이에 있어서는, 설령 소비자가 계약서에 서명한 경우에도 계약서의 계약 조항에 대한 단순히 언급[a mere reference]만으로는 해당 계약 조항에 대해 소비자의 주의를 충분히 환기한 것으로 되는 것은 아니다(동조 제2항)라고 하는 일반규정을 두고 있었다. 계약 유형에 관계없이 인식을 제고할 의무를 규정하는 제1항에 이어, 사업자와 소비자사이에 있어서 계약서의 계약 조항을 단순히 언급한 것만으로는 충분하지 않다는 제2항의 반대 해석(argumentum e contrario)에 의하면, 사업자사이에서는 단순한 언급만으로 충분한 것으로 이해될 수 있으며, 이는 국제매매계약의 실무와 상충되는 태도라는 지적이 있다.[25]

의회의 수정안은 사업자와 소비자 사이의 계약에 한하여 이 '인식을 제고할 의무'를 인정한다(제7장 계약의 내용 및 효과의 제1절 일반규정에 이은 제2절 사업자와 소비자 사이의 계약을 규율하는 특별 규정하에 위치시키고 있다): "사업자에 의해 제공된 계약조항으로 개별 교섭이 이루어지지 않은 것은, 계약 체결시 또는 그 이전에 소비자가 이것을 알았거나 또는 사업자가 소비자의 주의를 환기하기 위해 합리적 조치를 취한 경우에 한하여 소비자에 대하여 그 계약조항의 효력을 주장할 수 있다"(제76a조 1항). 이어서 의회의 수정안은 이 의무를 완수하기 위한 요건을 규정하고 있다: 즉 (a) 그 존재에 대해 소비자의 주의를 끌기에 적합한 방식으로 제시되고, 그리고 (b) 계약이 체결되기 전에 이를 이해할 수 있는 기회를 소비자에게 제공하는 방법으로 사업자에 의해 소비자에게 주어지거나 또는 이용가능하게 한 경우에 한해 해당 계약 조항에 대해 소비자의 주의를 충분히 환기한 것으로 되는 것으로 하고 있다(동조 제2항). 소비자가 계약서에 서명한 경우에도 계약서의 계약 조항을 단순히 언급한 것만으로는 해당 계약 조항에 대해 소비자의 주의를 충분히 환기한 것으로 간주되지 않는다(동조 제3항). DCFR에서는 CESL 제76a조와 같은 규정을 계약 유형에 관계없이 적용하고 있다(II－9:103 참조).

4) 약관충돌의 문제

CESL 제39조 제1항에 의하면, 당사자가 합의에 이르렀다면, 상호 저촉되는 계약조건에 관계없이, 계약은 체결된다. 표준 계약 조건은 이들 계약 조항이 실질적으로 공통되는 범위에서 계약의 일부를 이룬다고 한다(CESL 제39조 1항 2문). CESL 제39조는 기본적으로 약관의 충돌문제에 관하여 'knock out rule'를 채용한 것이라 할 수 있지만,[26] 미리 또는 계약 체결을 목적으로 한 서류의 교환 후 부당한 지체없이 제1항에 근

25) U. Magnus, CISG and CESL, FS Ole Lando, p. 244(= U. Magnus, CISG vs. CESL, in: Magnus(ed), CISG vs. Regional Sales Law Unification, p. 115). "국제매매계약의 당사자들은 대부분 이러한 표준계약조건의 차이를 잘 알지 못하며 알아야 할 필요도 없다."

26) Schulze/Terryn, Common European Sales Law(CESL), Art.39, para.5. knock out rule이라는 것은, 당사자 쌍방이 정형조항을 사용하고, 그 정형조항 이외의 관하여 합의를 한 경우에는, 계약은, 그 합의된 내용 및 정형조항 중 공통되는 조항에 근거하여 체결된다고 하는 방법으로, UNIDROIT 원칙(제2.1.22조) 및 유럽계약법원칙(제2:209조)에서도 채택되어 있다. 그러나 충돌하지 않는 표준 조건의 나머지는 그대로 조건으로 하거나 실질적으로 공통하는 조건만을 조건으로 받아들이는 knockout rule이 바람직한지는 의문이라는 견해도 있으며(U. Magnus, CISG vs. CESL, in: Magnus(ed), CISG vs. Regional Sales Law Unification, p.115), 상사계약(상인)의 경우 가능한 한

거하여 계약 성립에 이의를 제기할 가능성을 당사자에게 줌으로써 이 원칙을 약화시키고 있다(동조 제2항). 이 태도는 DCFR II-4:209에 상응한다.[27]

5) 계약 체결 전 의사표시의 계약에의 편입

CESL는 계약 전 의사표시[statements/Erklärung[독]]의 계약에의 편입(및 구속력)과 관련하여 제69조 1항에서 "계약 체결 전에 사업자가 상대방 또는 공중(公衆)에게 계약에 따라 제공할 것의 특성에 대하여 言明을 한 경우, 그 언명은 계약 내용의 일부가 된다는 취지를 정한다. 의회의 수정안은 사업자 외에 사업자를 위하여 광고 또는 판매촉진을 행하는 제3자[판매촉진활동에 종사한 제3자]의 그러한 언명도 포함하고 있다. 다만 이에 대해 예외를 인정한다. 즉, 사업자가 ① 상대방이 계약 체결 당시 그 언명이 정확하지 않거나 또는 그 언명을 그대로 신뢰할 수 없음을 알았거나 또는 알았을 것으로 기대할 수 있었을 경우, ② 그 언명이 계약의 체결시까지는 정확하였을 경우, ③ 계약을 체결하기로 하는 상대방의 결정이 그 언명에 의해 영향을 받았다고 인정되지 아니하는 경우에는 그러하지 아니하다.[28] 이 규정은 CESL 제100조 (f)와 함께 상사매매에 있어서도 계약체결전의 언명에 대해 매도인의 폭 넓은 책임을 부과한다.[29] DCFR IV.A.-2:303(제3자에 의한 언명)과 동일한 내용이다.

6) 하자있는 합의(제5장)에서의 합의의 하자에 관여한 제3자

의회의 수정안은 당사자가 아닌 제3자가 착오, 사기, 강박, 불공정한 이용과 같은 행

자신의 조건이 유지되는 것을 원할 것으로 추측할 수 있기 때문이다(W.Ernst, Das AGB-Recht des Gemeinsamen Europäischen Kaufrechts, in: Remien/Herrler/Limmer(eds.), Gemeinsames Europäishces Kaufrecht für die EU?, p. 97).

27) Art. II.-4:209 DCFR; Art. 2.1.22 UNIDROIT Principles 참조.

28) DCFR II-9:102와 동일한 태도를 보인다. 다만 동조 제1항은 일반계약에 있어서도 일정한 계약체결 전의 언명을 계약 내용으로 간주된다: "계약이 체결되기 전에 당사자 일방이 한 언명은 만일 상대방이 이 언명이 계약이 체결되면 계약 내용의 일부를 구성한다는 전제에서 이루어진 것으로 합리적으로 이해한 경우에는 계약의 내용으로 간주된다. 상대방이 그 언명을 이와 같이 이해하는데 있어서 합리적이었는지 여부를 판단함에 있어 (a) 상대방에 있어서의 그 언명이 갖는 명백한 중요성, (b) 당사자가 영업 과정에서 그 언명을 하였는지 여부 및 (c) 당사자들의 상대적인 전문성이 고려될 수 있다."

29) 매도인은 CESL 제69조에 의한 계약 내용의 일부를 구성하는 계약 체결 전의 물품의 특성에 관한 언명에 대해 책임을 진다.

위에 관여하였을 때 이를 어떻게 처리할 것인가에 대한 규정을 새로이 추가하고 있다. 이 CESL 제50a조는 DCFR II.–7:208에 의거한 규정이다.

당사자 일방이 제3자의 행위를 지시하였다거나 하는 등 제3자의 행위에 대하여 책임이 있거나, 제3자의 행위에 대해 직접 책임이 있지는 않더라도 그 제3자가 당사자의 동의를 얻어 계약의 체결에 관여한 경우에는, 착오, 사기, 강박 또는 불공정한 이용에 있어서 그 제3자의 행위나 인식은 당사자의 행위나 인식과 동일하게 취급한다: "그 제3자가 (a) 착오를 야기하거나, 착오를 알거나 또는 알 것으로 기대할 수 있거나 또는 (b) 사기, 강박 또는 불공정한 이용의 요건을 충족하는 때에는, 본장의 구제수단은 그 행위 또는 악의를 그 책임이 있거나 동의를 한 당사자의 행위 또는 악의로 보아 적용한다."(동조 제1항) 그러나 그 제3자의 행위에 대하여 당사자가 책임이 없고 또한 그 제3자가 당사자의 동의를 얻어서 계약의 체결에 관여한 것도 아닌 경우에는, 그 제3자가 사기 또는 강박을 한다는 사실을 그 당사자가 알았거나 알았을 것으로 기대할 수 있는 때에, 그 당사자에 대하여 계약을 취소할 수 있도록 하고 있다(동조 제2항). 또한 당사자가 제3자의 행위를 알지 못하였더라도 그 당사자가 계약에 의존하여 행위하지 않았을 경우 계약을 취소할 수 있다.

2. 매도인의 의무

1) 주된 의무CESL은 매도인의 주된 의무로 (a) 물품의 인도, (b) 물품의 소유권을 이전하거나 그 이전을 인수[약속],[30] (c) 물품이 계약에 적합하다는 것에 대한 보장, (e) 계약상 요구되는 물품을 표창하거나 그에 관한 문서의 인도를 명시하고 있다(CESL 제91조).

2) 인도 의무

(1) 인도의 개념

「인도」 (delivery/Lieferung) 개념은 CESL에서는 물품의 이전에 대해 매도인으로서

30) CESL 제91a조의 추가로 소유권은 즉시 이전될 필요가 없다는 점을 명확하게 하고 있다. 제91a조(권원의 유보) "權原留保條項이 합의되었다면, 매수인이 합의된 대금의 지급의무를 이행할 때까

어디까지의 행위를 하면 면책되는지[31)](협의의 급부위험의 한계 설정)라는 관점에서 파악되고 있다. 이때「인도」란 무엇인가, 어디까지의 일[행위]이 이루어지면「인도」가 있었다고 할 수 있는지가 당연히 문제가 된다. CESL은, 별도의 합의가 없는 한,

(a) 소비자 매매계약의 경우, 물품의 물리적 점유 또는 지배(권)를 매수인인 소비자에게 이전함으로써(by transferring the physical possession or control of the goods or the digital content to the consumer),[32)]

(b) 그 외의 경우,[33)] 계약이 운송인에 의한 물품의 운송을 포함하는 때는 매수인에게 전달하기 위해 물품을 최초의 운송인에게 교부하고(by handing over the goods/durch Übergabe der Waren), 물품을 점유하고 있는 운송인으로부터 물품을 인수하는데(to take over/zu übernehmen[독]) 필요한 문서를 매수인에게 교부함으로써,

(c) (a)호 또는 (b)호에 해당하지 않는 경우에는, 매도인은 물품을 매수인이 사용할 수 있도록 함으로써(by making the goods available),[34)] 또는 물품을 표창하는 문서만을 인도하기로 합의된 때에는 그 문서를 교부함으로써 인도의무를 이행한다(CESL 제94조).

그리고 이 의미에서의「인도」가 있는 때에는, 매도인은「인도」후에 물건이 멸실된

지 매도인은 물품의 소유권을 이전할 의무를 지지 아니한다."

31) 여기서의 "어디까지의 행위를 하면 면책되는가"라는 것의 의미는, 엄밀한 의미에서의 불이행에 대한 면책이라는 것은 아니다. 오히려 CESL 제94조는, 매도인의「인도의무」가 미치는 범위를 긋는 것으로서 의미를 갖는 것이며, 거기에서는 인도에 관한 급부위험의 문제가 채무의 내용(사거리)의 외연에 관한 문제로서 다루어지고 있다(거기까지의 일을 하면 매도인으로서는 인도의무의 이행을 한 것이고, 인도와 관련한「불이행」은 없다).

32) 한편 독일어 버전에서는 'durch die Übertragung des Besitzes an den Waren beziehungsweise durch die Übertragung der Kontrolle über die digitalen Inhalte auf den Verbraucher'라 하고 있어 물품의 경우에는 '점유의 이전'에 한정하고 있게 해석된다. 그러나 프랑스 버전에서는 영어 버전과 같다: "en transférant la possession ou le contrôle physique du bien..."

33) B2B 계약으로 매도인이「운송을 주선」하기로 한 경우」와 매수인에게 운송하기로 하였지만「운송할 의무」를 지지 않는 경우가 이에 해당된다. 그러나 B2C계약에 있어서도 매도인이 운송할 의무를 지는 경우로 (a)호가 계약상 배제된 경우에 적용될 수 있다(제94조는 B2C계약에 있어서도 강행규정이 아니다). Schulze/Zoll, Common European Sales Law(CESL), Art.94, para.10.

34) 이는 물품을 매수인에게 제공하는 것(처분 하에 두는 것)으로 충분하고 점유의 이전까지 요구하는 것은 아니다. Schulze/Zoll, Common European Sales Law(CESL), Art.94, para.15. 독일어 버전은 이를 'durch Bereitstellung der Waren'(물품을 제공함으로써)라고 하고 있다.

경우(예를 들어, 최초의 운송인에게 교부한 후에 물품이 소실된 경우)에도 인도의무 위반을 이유로 불이행의 책임을 물을 수는 없는 것이다.

(2) 인도 장소에 대해서는 별도의 규정(CESL 제93조)하에서, 별도로 확정될 수 없는 때는, ① 소비자 매매계약인 때는, 계약 체결시에 있어서의 소비자의 거주지, ② 그 밖의 경우 I) 매매계약이 물품의 운송을 포함하는 때에는, 최초의 운송인의 가장 가까운 수거 장소[集荷地], II) 계약에 운송이 포함되지 않은 때는, 계약 체결시에 있어서의 매도인의 영업소를 인도 장소로 한다.

(3) 인도 시기에 대해 위원회 제안은 변경되고 있다:

의회의 수정안은 해당 조문을 CISG 제33조 (c)호에 맞추어 조정하고 있다: "인도의 시기에 대해 다른 방법으로 확정될 수 없는 때는, 물품은 계약 체결 후 합리적인 기간 내에(위원회의 안은 "지체 없이"[without undue delay/unverzüglich[독]) 인도되어야 한다." B2C 계약에 대한 규정은 2항에서 30일의 인도 기한을 유지하고 있다: "사업자와 소비자 사이의 계약에 있어서는, 당사자가 달리 합의하지 않는 한, 사업자는 계약 체결로부터 30일 이내에 물품을 인도하여야한다."(CESL 제95조).

3) 계약에 적합한 물품을 인도할 의무

매도인은 계약에 적합한 물품을 인도할 의무를 진다. 이는 물품이 어떠한 하자나 제3자의 권리로부터 자유로워야 한다는 것을 의미한다. DCFR과 같이, 권리의 하자도 계약 부적합에 포함하고 있다.

CESL은, DCFR과 같이, 계약에 약정이 있는 경우와 약정이 없는 경우에 있어서의 계약부적합성의 의미(따라서 그 요건)를 규정한다. 물품은 무엇보다도 계약에서 명시한 것에 적합해야 한다(약정된 성상을 갖추어야 한다): ⒜ 수량, 품질 그리고 종류, ⒝ 물품의 포장되거나 담겨져 있을 것, ⒞ 부속품, 물품의 취급 설명서 등의 제공에 계약과의 적합성이 요구되고 있다(CESL 제99조 제1항). 물품이 계약에 적합하기 위해서는 계약상의 요구에 적합하여야 할 뿐만 아니라 부적합에 대한 보충적 기준(CESL 제100조, 제101조, 제102조)을 충족하여야 한다(동조 제2항). 소비자 매매계약에 있어서는 소비자에게 불리하게 제100조, 제101조 및 제102조의 요건을 배제하는 합의는, 계약 체결 시에 소비자가 물품 또는 디지털콘텐츠에 관한 구체적 상태를 알고, 체결시에 이들을(물품 또는 디지털콘텐츠를) 계약에 적합한 것으로 받아들인 경우에만 유효하다(CESL 동조 제3항).

CESL 제100조는 보충적 규정으로, 약정이 없다고 하더라도 묵시적으로 일정한 수준·기대를 요구한다. 물품의 적합성 기준(Criteria)에 대해서는 DCFR의 태도(IV.A-2:302조)와 거의 일치한다. CESL 제100조 f호(= Art.IV.A-2:303)는 매도인의 책임을 상당히 확장하는데, 매도인으로 하여금 계약 체결 전의 물품의 특성에 관한 언명에 대해 책임을 지도록 한다. 제69조에 의한 계약 내용의 일부를 구성하는 계약 체결 전의 언명에서 제시된 품질 및 성능을 가져야 한다.

또한 CESL 제100조 g호는, 물품은 "매수인이 기대할 수 있는 품질 및 성능을 가져야 한다"고 규정한다. 의회의 수정안은 "외관 및 결함의 부재를 포함하여 매수인이 기대할 수 있는 품질 및 성능을 보유하여야 한다."고 보완하고 있다.[35]

물품은 제3자의 권리 또는 명백히 근거 없는 것이 아닌 청구(not obviously unfounded claim/nicht offensichtlich unbegründeten Ansprüchen[독])의 대상이 되지 않는 것이어야 한다(CESL 제102조 제1항). 지적재산권에 근거한 권리 또는 청구에 관해서는, 물품은 지적재산권에 근거한 것으로서 계약 체결 당시 매도인이 알았거나 알았을 것을 기대할 수 있었을 제3자의 여하한 권리 또는 권리 주장이 없어야 한다(동조 제2항). 다만 (a) 사업자 간의 계약에 있어서 매수인이 계약체결시에 지적재산[권]에 기초한 권리 또는 청구를 알았거나 알았을 것으로 기대할 수 있었던 경우, 그리고 (b) 사업자와 소비자간의 계약에 있어서는, 소비자가 계약체결시에 지적재산[권]에 기초한 권리 또는 청구를 알았던 경우에는 제2항은 적용되지 않는다(위원회 제안 동조 제3조 및 제4조 → 의회 수정안 제3조).

다만 부적합에 대한 매수인의 인식에 대해 위원회의 제안 CESL 제104조는 "사업자 간의 계약에 있어서는 매수인이 계약 체결시에 물품의 부적합을 알았거나 또는 모를 수 없었던(knew or could not have been unaware of the lack of conformity)[36] 경우에

35) 위원회의 "제100조 g호는 지나치게 넓은 해석의 여지를 남긴다. 즉 주관적 기준에 의하는지 또는 객관적 기준이 적용되는지가 불분명하며, 매우 좁은 해석뿐만 아니라 매우 넓은 해석이 모두 가능하다"는 지적이 있었으나(U. Magnus, CISG and CESL, FS Ole Lando, p. 247), 이는 제5조에 따라 매수인이 합리적으로 기대할 수 있는 것을 말하므로, 이 지적은 비껴나갈 수 있다.「합리적으로」라 함은 모두「합리적인 자가 채무자의 입장에 선 경우」라는 객관적인 기준을 말한다. 결국 "매수인이 합리적으로 기대할 수 있는 정도의 품질과 성능을 지니고 있어야 한다."는 DCFR의 내용과 같다.

36) CISG하에서의 설명이지만,「모를 수 없었던」(could not have been unaware/Nicht-in-U nkrnntnis-Sein-Können[독])이라는 개념은「알았어야 했던」(ought to have known/Kennen-Müssen) 개념과는 달리, 당사자에게 조사 의무가 있는 것을 전제로 하지 않는다. 따라서「모를 수 없었던」개념은 이러한 의무위반 여부가 아니라 惡意와 동등하게 취급될 정도로 주의의 결여(Sorgfaltwidrigkeit)가 중대하였는지 여부가 기준이 된다(惡意擬制). Schlechtriem/Schwenzer/Martin Schmidt-Kessel, CISG Art. 8, Rn.16; Witz/Salger/Lorenz/Witz, International Einheitliches Kaufrecht, Art.8, Rn.5. 그러나 독일 문헌에서는 '알지 못한데 대하여 중과실이 있음'을 의미한다고 설명하기도 한다. Staudinger/

는 매도인은 물품의 부적합에 대해 책임을 지지 않는다."고 하고 있었지만,[37] 의회 수정안은 "매수인이 계약 체결시에 물품의 부적합을 알았다면, 매도인은 물품의 부적합에 대해 책임을 지지 않는다. 사업자 간의 계약에 있어서는 매수인이 그 부적합을 모를 수 없었던 경우에도 그러하다."고 하여 소비자매매의 경우 소비자가 인식한 부적합에 대해서만 매도인은 면책된다고 하고 있다.[38]

3. 불이행

1) 채무의 불이행(Non-performance of an obligation/Nichterfüllung)

(매도인 및 매수인의) 채무[obligation][39]의 불이행은, 그 불이행이 면책되는지 여부와 관계없이, 그 채무[의무]를 이행하지 않는 것을 말하며, 구체적으로 (I) 물품의 인도의 지체(Verzug) 외에 급부가 불능이 됨으로 인해 인도가 이루어지지 않은 것, 외에 (II) 계약에 적합하지 않은 물품을 인도하는 것, 즉 불완전이행(Schlechterfüllung)도 포함한다. 그 외에 계약에 적합하지 않은 이행을 하는 것을 포함시킴으로써(CESL 제87조 제1항 (f)호), 적극적 계약침해(positiven Vertragsverletzung)도 불이행에 해당된다.[40] 이 불이행은 매수인의 구제수단에 대한 기본적 요건이다.

Magnus, CISG, Art.35, Rn.47; MünchKomm-Gruber, CISG, Art.35 Rn.36; Ferrari/Kieninger/Ferrari, Interntionales Vertragsrecht, CISG Art.35, Rn.29 이렇게 설명하는 우리의 문헌으로 석광현, 국제물품매매계약의 법리, 147면; 법무부, 국제물품매매계약에 관한 유엔협약 해설, 90면.

37) 이 규정과 관련하여, 특히 매수인이 소비자인 경우를 제외하는 것에 문제점이 크다고 지적되고 있었다. Ch. Wilhelm, Rechtsbehelfe des Käufers bei Nichterfüllung, IHR 2011, 226 (229); Alexander Schopper, Verpflichtungen und Abhilfen der Parteien, In: C. Wendehorst/B. Zöchling-Jud(eds.), Am Vorabend eines Gemeinsamen Europäischen Kaufrechts, S.124f.

38) DCFR은 "계약의 체결 시에 매수인이 부적합을 알았거나 또는 합리적으로 보아 알았을 것으로 (사실상) 추정되는 경우에는, 매도인은 부적합에 따른 책임을 지지 않는다."고 하고 있다(IV.A.-2:307 참조).

39) 「채무[obligation]」에 대한 정의로 "법적 관계에 있는 일방 당사자가 타방 당사자[상대방]에 대해 부담하고 있고, 그 상대방이 이를 강제할 권한이 있는 이행 의무를 말한다."고 하여 채무[obligation]와 그 외의 의무[duty]를 구별하기 위해 추가("그 상대방이 이를 강제할 권한이 있는") 하고 있다(규칙안 제2조 (gb)호).

40) A. Schopper, Verpflichtungen und Abhilfen der Parteien, S. 109.

2) 사정의 변경

급부와 반대급부사이의 균형이 후발적으로 파괴된 경우(등가관계의 파괴)에 대해서는 원칙적으로 급부를 약속한 계약당사자가 부담하여야 할 위험(Risiko)이라는 점에 바탕을 두고 있다.[41] 즉 당사자는 이행 비용의 증가 또는 대가로 수령하는 것의 가치 감소로 인하여 이행의 부담이 커진 때에도 채무를 이행하여야 한다. 그러나 예외적인 사정의 변경으로 인해 이행의 부담이 과도하게 커진 경우에는, 당사자에게 계약을 개정 또는 해제하는 것을 목적으로 교섭할 의무를 부담시킨다(CESL 제89조 제1항). 이 교섭이 성과를 거두지 못한 경우, 당사자는 법원(중재원 포함)에 계약의 개정 또는 해제의 판단을 구할 수 있다(동조 제2항). 이때 (a) 사정의 변경이 계약 체결시 이후에 발생하였을 것, (b) 사정의 변경을 원용[주장]하는 당사자가 계약체결시에 사정 변경의 가능성 또는 그 규모를 고려하지 못하고, 또 고려하는 것을 기대할 수 없었을 것, 그리고 (c) 사정 변경을 원용하는 피해당사자가 사정 변경의 위험을 인수하지 않았고, 또 합리적으로 보아 인수하였다고 볼 수 없었을 것을 요건으로 한다(동조 제3항).

4. 불이행에 대한 매수인의 구제수단

1) CESL은 제반 불이행 형태를 망라하는 포괄적·일반 의미의 [채무]불이행을 정의하고(CESL 제87조) 그 단일요건에 따라 모든 구제수단을 열거(하자보수와 교환을 포함한 본래의 의무 이행 청구, 매수인 자신의 의무이행의 유보, 계약해제와 기지급 대금의 반환청구[원상회복], 대금감액, 그리고 손해배상청구)한 후(CESL 제106조), 개별 구제수단에서 세부적 요건을 정하고 있다. 이를 의회의 수정안은 문장을 추가하여 이 점을 명확히 하고 있다: "매도인에 의한 채무의 불이행의 경우, 각 구제수단에 대한 특정 요건을 충족하는 경우, 매수인은 다음 각호에 정하는 구제수단을 행사할 수 있다."(CESL 제106조 제1항) 양립 할 수 있는 구제수단은 함께 행사 가능하다(동조 제6항).[42]

---

41) A. Schopper, Verpflichtungen und Abhilfen der Parteien, S. 117; Schulze/Zoll, Common European Sales Law(CESL), Art.89, para.18.

42) 이행청구권과 계약해제권의 행사, 대금감액과 이행이익에 대한 손해배상청구권 및 대금감액과 계약 해제는 양립 가능하지 않은 관계에 있다(A. Schopper, Verpflichtungen und Abhilfen der Parteien, S. 126; Ch. Wilhelm, IHR 2011, 226 (234).

매수인의 구제수단에 있어서 매수인이 소비자인지의 여부에 따라 달리 규율하고 있다. 예를 들어, 매도인의 추완과 매수인의 구제수단 행사의 관계에 있어서 매수인의 지위가 사업자인 경우에는 매수인의 권리가 매도인의 추완에 의하여 제한되는 반면, 소비자인 경우에는 그러한 제한을 받지 않는다. 또한 매수인이 사업자인 경우에 한하여 매도인이 제공한 물품의 계약적합성에 관하여 검사·통지의무를 부과하고 있다.

2) 이행청구권

CESL은, 의무의 주된 내용 자체에 대한 청구가 아니라, 불이행의 구제수단으로 이행청구권을 인정하면서,[43] 추완청구권을 이행청구권의 일종으로 보고 있다: "매수인은 계약에 적합하지 않는 이행을 무상(無償)으로 추완하는 것을 포함하여 매도인 의무의 이행을 청구할 권리를 가진다."(CESL 제110조 1항). 따라서 대체물인도청구는 CISG하에서는 중대한 부적합의 경우에만("그 부적합이 본질적 계약위반을 구성하는 경우에") 인정되지만(CISG 제46조 제2항), CESL는 불이행이 본질적인지 여부에 관계없이 대체물인도청구를 허용한다(CESL 제110조).

(a) 이행이 불가능하거나 또는 불법하게 된 경우, 또는 (b) 이행의 부담 또는 비용이 그 이행을 통해 매수인이 얻게 될 이익에 비해 과도한(disproportionate/unverhältnismäßig[독]) 경우 이행청구권은 배제된다(CESL 제110조 제3항).[44]

소비자매매 계약에 있어서 사업자에 대해 부적합에 대한 구제가 요구되는 경우, 소비자는 보수 또는 교환(repair and replacement/Ersatzlieferung[독]) 중 하나를 선택할 수 있다. 다만 제110조의 제3항과 같은 제한사유가 있는 경우에는 그러하지 아니하다(CESL 제111조 1항). 소비자가 제1항의 규정에 따라 보수 또는 교환에 의한 부적합에 대한 구제를 요구한 경우에는, (a) 사업자가 30일을 초과하지 않는 합리적 기간 내에 보수 또는 교환을 완료하지 않은 경우, (b) 사업자가 묵시적 또는 명시적으로 부적합에 대한 구제를 거절할 경우, (c) 보수 또는 교환 후에 동일한 결함이 다시 발생한 경우

43) 따라서 매수인의 구제수단으로서 이행청구권은 매도인의 불이행을 요건으로 하므로 매수인의 주된 청구권(Primäranspruch)으로서 계약체결시부터 소권(訴權)이 주어지지 않는다. 이러한 CESL의 코몬 로의 구제수단 개념을 따르고 있는 점과 채무의 성립과 (구제수단으로서의) 이행청구권을 원칙적으로 분리하고 있는 점에 대해서는 독일 학자들로부터의 비판이 많다. vgl Ch. Wilhelm, IHR 2011, 225 (227); Stürner, ERPL 2011, 167 (185); Weller, JZ 2008, 764 ff.

44) 매도인의 매수인에 대한 이행청구에 대해서는, "매도인이 상당한 노력이나 지출을 하지 않고도 합리적인 대체거래를 할 수 있는 경우에 한해 배제"하고 있다(제132조 제2항 참조).

에 한해, 소비자는 다른 구제수단을 행사할 수 있다.[45]

3) 이행유보권(Right to withhold performance)

CESL은 불이행에 대한 채권자의 일반적 권리(구제수단)로 이행유보권을 명정하고 있다(제106조 제1항 (b)). "매도인의 이행과 동시에 또는 그 후에 이행하여야 할 매수인은, 매도인이 이행을 제공하거나 이행할 때까지 이행을 유보할 권리가 있다."하여 후이행의무가 있는 매수인이나 동시이행관계에 있는 매수인에게 이행을 유보할 수 있는 권리를 인정한다(CESL 제113조 제1항). 불이행에 의해 정당화되는 범위에서, 매수인은 전부 또는 일부에 대해 본조의 규정에 따라 이행을 유보할 수 있으므로(동조 제3항 1문), 부적합한 물품을 매수인이 수령한 경우, 불이행의 성질에 의해 정당화되는 범위에서 매수인은 이행을 유보할 수 있다.[46] 이때 부적합의 중요성이 고려되어야 하며, 또한 매수인이 행사할 수 있는 구제수단과 관련하여 평가될 수 있다. 매수인이 대체물을 청구하면서 물품을 매도인에게 반환한 경우, 대금 전부의 지급을 유보하는 것이 정당화된다.

선이행의무관계에 있는 매수인에 대해서는 동조 제2항에서 "매도인의 이행 전에 이행해야 할 매수인은, 이행기 도래 시에 매도인에 의한 불이행이 있을 것이라고 믿는 것이 합리적인 이유가 있을 때는, 합리적인 이유가 계속하는 한, 이행을 유보할 수 있다."고 하고 있다. 일부의 불이행에 대해서는, "불이행에 의해 정당화되는 범위에서, 매수인은 전부 또는 일부에 대해 본조의 규정에 따라 이행을 유보할 수 있다. 매도인의 의무가 개별적인 부분으로 이행되어야 할 것으로 되어 있거나, 또는 그 외의 방법으로 분할될 수 있는 경우에는, 매수인은 이행되지 않은 부분에 대해서만 이행을 유보할 수 있다. 다만, 매도인의 불이행에 의해 매수인이 이행 전부를 유보하는 것이 정당화되는 때는 그러하지 아니하다[계약 전체를 유보할 수 있다]"고 하고 있다(동조 제3항).[47]

---

45) 매수인은 추완이 이루어질 때까지 자기의 이행을 유보할 수 있다. 다만, 매도인에게 추완을 위한 기간을 주는 것과 모순되는 매수인의 권리의 행사는 이 기간이 만료될 때까지 정지된다.[행사할 수 없다](제109조 제6항)

46) Schulze/Zoll, Common European Sales Law(CESL), Art.113, para.9. 매도인이 계약에 적합하지 않은 물품을 인도한 경우에 매수인은 대금 지급을 유보할 수 있는가와 관련하여 E. Senini, Requiring and Withholding Performance, Termination and Price Recuction, in: G. Alpa(eds.), The Proposed Common European Sales Law, 113(127) 참조.

47) 매도인의 이행유보권(CESL 제133조)과 동일. "다만 매수인이 적절한 이행에 대한 상당한 보증 또는 담보를 제공한 경우에는 이행을 유보할 권리는 소멸한다."는 CESL 제133조 제2항 단서를 두고 있다.

의회의 수정안은 "사업자와 소비자 사이의 계약에 있어서, 부적합의 중요성에 비추어 이행 전부에 대한 유보가 과도하지 않는 한, 급부 전체가 유보될 수 있다."를 추가하고 있다(동조 제3a항).[48]

이행유보권에 관한 규정은 DCFR의 태도와 같지만, CESL에서는 DCFR(III-3:401 제3항)에서와 달리 이행을 유보하는 채권자에게 그 행사 사실에 대한 통지의무를 부과하고 있지 않다.[49]

4) 계약해제권

(1) 해제 유형 - 중대한 계약 위반을 이유로 하는 해제와 최고 해제

채무불이행·계약 위반이 있었을 경우에 있어서의 채권자의 해제권에 대해서는, CESL에서는 중대한[본질적] 계약위반(fundamental non-performance)을 이유로 하는 해제와 최고 해제를 인정하고 있다. 전자(중대한 불이행 해제)에 대해서는, 채권자로부터 그 계약에 따라 기대할 수 있는 바를 실질적으로 박탈하는지 여부라는 관점과 채무자의 예견가능성의 관점에서 계약 위반의 중대성을 판단하는 틀을 채용하고 있지만(CESL 제114조 제1항, 제87조 제2항[50]), 소비자 매매 계약에 있어서는 물품이 계약에 적합하지 않다는 불이행이 있는 경우에는, 그 부적합이 중요하지 아니한(insignificant/unerheblich[독]) 경우가 아닌 한, 소비자는 계약을 해제할 수 있다(CESL 제114조 제2항). 조문의 구성에서("unless the lack of conformity is insignificant") 부적합의 중요성은 추정된다.[51]

---

48) 이 규정의 불확실성("이행의 유보가 정당화되는")으로 매수인의 법적 안정성이 요구된다는 지적으로 Faust, Das Kaufrecht im Vorschlag für ein Gemeinsames Europäisches Kaufrecht, in: Schulte-Nölke et al(eds), Der Entwurf für ein optionales europäisches Kaufrecht, S.260 참조. 의회의 수정안은 이러한 지적을 반영한 것으로 보인다.

49) Schulze/Zoll, Common European Sales Law(CESL), Art.113, para.7. 통지의무를 제거한 것에 긍정적인 평가로는 Ch. Wilhelm, IHR 2011, 226 (229).

50) 이에 더하여 "그 불이행이 불이행 당사자의 장래의 이행을 믿을 수 없다는 것을 명확하게 하는 성질의 것인 때"도 본질적 불이행을 인정한다(제87조 제2항 (b)).

51) Schulze/Zoll, Common European Sales Law(CESL), Art.114, para.7. 따라서 「본질적 불이행(fundamental non-performance)」과 「중요하지 아니한(경미한) 부적합(insignificant lack of conformity)」은 구별되는데, 특히 후자의 미확정 개념으로 인하여 그 구체적 적용에 있어서 법적 불확실성을 가져올 것이라 지적된다. A. Schopper, Verpflichtungen und Abhilfen der Parteien, S. 135.

인도 지체가 그 자체로는 중대한[본질적인] 불이행이 아닌 경우에는, 매수인이 이행을 위한 합리적인 길이의 부가기간을 정해 통지를 하고, 매도인이 그 기간 내에 이행하지 않는 때는, 매수인은 계약을 해제할 수 있다(CESL 제115조 제1항). 이때 매도인이 부당한 지체 없이 이의를 제기하지 않는 경우에는 합리적인 길이의 부가기간으로 본다(동조 제2항). 따라서 부가기간이 합리적이지 않다는 것은 매도인이 주장하여야 한다.

(2) 이행기 전의 불이행을 이유로 하는 해제

이행기 전이라도 불이행이 생길 것을 매도인이 밝히거나 명백해진 경우에, 그 불이행이 계약의 해제를 정당화하는 때는, 매수인은 계약을 해제할 수 있다(CESL 제116조). 이 규정은 B2B 계약뿐만 아니라 B2C 계약에도 적용되므로, 예상되는 불이행이 계약 해제를 정당화하는 것이 계약 해제의 요건이 되며, 따라서 그 불이행이 본질적이거나 B2C 계약의 경우에는 경미하지 않은 계약위반이 발생할 것이 명백한 경우가 그에 해당한다.

여기에서는 이행기일 전에 발생한 사태를 가지고 계약위반이라고 평가하고, 이를 이유로 계약 해제를 이끌고 있는 것이 아니라, 장래 예상되는 [본질적] 불이행(anticipated non-performance)을 이유로 하는 계약 해제권을 인정한 것이다. 그 의미에서는 CESL은 이행기일 전의 이행 거절 그 자체를 「적극적 계약침해」라 파악하여 채무불이행의 한 유형이라 하는 독일 민법이론과 같은 사고[방식]에 의거하는 것은 아니다.

(3) 해제권의 상실

계약을 해제할 권리는 통지로써 행사되는데(CESL 제118조), 매수인은 그 권리가 발생한 시점 또는 매수인이 불이행을 인식하거나 또는 매수인이 사업자인 경우에는 그 매수인이 불이행을 인식한 것으로 기대할 수 있었던 시점 중 나중에 도래한 시점으로부터 2개월 내에 해제의 통지를 하지 않을 때는, 매도인은 해제할 권리를 잃는다(의회 수정안 제119조 제1항).[52]

---

52) 위원회의 제안은 "그 권리가 발생한 시점 또는 매수인이 불이행을 인식할 때 또는 인식한 것을 기대할 수 있었던 시점 중 나중에 도래한 시점으로부터 합리적 기간 내에 해제의 통지를 하지 않을 때는, 매도인은 본절의 규정에 근거하는 해제할 권리를 잃는다."고 한 다음, "매수인이 소비자일 때는 제1항은 적용하지 않는다"고 하고 있었다.

5) 손해배상청구권

채무자의 채무의 불이행이 면책되지 않는 한, 채권자는 그 불이행에 의해 생긴 손실(loss)에 대해 손해배상을 청구할 권리를 갖는다(CESL 제159조 제1항). 규칙안 제2조(fg)호에 의거, 「손실」은 재산적 손실 및 육체적·정신적 고통 형태의 비재산적 손실을 의미하는데, 삶의 질에 대한 훼손이나 (얻을 수 있었던) 즐거움의 상실과 같은 형태의 비재산적 손실은 제외한다.[53]

CESL은 완전배상의 원칙을 취하고 있다: 채무불이행으로 초래된 손실에 대한 손해배상액의 일반적 산정기준으로 그 채무가 이행되었더라면 채권자가 놓였을 상태에 가능한 근접하게 채권자를 놓일 수 있도록 하는 금액으로 한다(CESL 제160조)고 하여 차액설적인 사고가 전면에 나와 있다. 손해배상은 채권자에게 「합의 이익」(benefit of the bargain. 만일 합의대로 이행이 되었다면 얻었을 이익. 따라서 일반적으로는 이행이익)을 주고자 하는 것으로, 이른바 완전성 이익(indemnity interest)과 신뢰이익(reliance interest)도 대상이 된다고 설명한다.[54] 계약을 믿었기 때문에 지출한 비용에 대해 채권자는 배상 청구할 수 있지만 이행이익의 한도에서 가능하다.[55] 「불이행으로 인한 손실」에는 직접 손해 뿐만 아니라 간접 손해(결과적 손실), 나아가 일실이익(lost profit)도 포함된다.

나아가 채무자의 예견가능성을 기초로 손해배상범위를 한정하고 있다: "채무자가 불이행의 가능한 결과로서 예견하였거나 예견하였을 것으로 기대할 수 있는 손실에 대해서만 배상책임을 진다"(CESL 제161조). 채무자가 예견하였다거나 예견하였을 것으로 기대할 수 있는 손실에 대해 채권자가 입증책임을 진다.[56] 예견가능성의 시기에 대해서는 계약체결시를 기준시로 하고 있다. 이는 DCFR 태도와 동일하다.

---

53) 비재산적 손해에 대해 계약책임(손해배상책임)을 인정하는 것과 관련하여 계약위반으로 야기되는 비재산적 손해의 범위 및 그 범위에서 제외하는 형태의 비재산적 손실의 획정의 곤란, 완전성 이익, 결과적 손해도 배상범위에 포함하고 있는 점 등에 대해 비판적 시각이 많다. Schulze/Možina, Common European Sales Law(CESL), Art.160, para.6, 18; Remien, Schaden und Zinsen, in: Schumidt-Kessel(ed), Ein einheitliches europäisches Kaufrecht?, p.508; Eidenmüller(eds), JZ 2012, 283.

54) Schulze/Možina, Common European Sales Law(CESL), Art.160, para.1.

55) Schulze/Možina, Common European Sales Law(CESL), Art.160 para.15.

56) Schulze/Možina, Common European Sales Law(CESL), Art.161, para.9.

6) 대금감액권

CESL은 계약에 적합하지 않은 [채무] 이행(인도, 추완이행 또는 대체물인도)을 '거절하지 않고' 수령한(accept a performance not conforming to the contract) 매수인에게 대금감액권을 주고 있다(제120조 제1항). 여기에서는 물품의 부적합의 정도(기준시는 채무이행시)에 따른 매매 대금의 비례 감액이 된다.[57] 계약에 적합한 이행에 의해 수령되었을 가치와 비교하여 수령한 이행이 이행시에 가지는 가치의 감소에 비례하여 감액된다. 이때 매도인의 동의가 요구되는 것은 아니다.[58]

대금감액은 매수인의 일방적 의사표시에 의해 행사되는 형성권(Gestaltungsrecht)이라 할 것이다.[59] 계약에 적합하지 않은 물품을 매수인이 취득하는 경우에는, 마치 그 부적합 물품이 계약 목적물이었던 듯이 계약 내용(매매 대금)이 개정된다는 사고(제120조는 계약개정권([Vertragsanpassung]을 매수인에게 부여한 것이다)를 대금감액권의 기초에 두고 있다고 할 것이다.[60]

---

57) 여기서의 '계약에 적합하지 않은 채무 이행'(performance not conforming to the contract)은 하자있는 급부(die mangelhafte Leistung)만을 의미하는 것이 아니라 모든 불이행을 포괄한다고 해석하기도 한다. Faust, Das Kaufrecht im Vorschlag für ein Gemeinsames Europäisches Kaufrecht, S.263f. 참조. 따라서 이에 의하면, 대금감액에 대한 제120조는 하자있는 급부에 한하지 아니하고 이행지체의 경우에도 적용될 수 있다.

58) Schulze/Možina, Common European Sales Law(CESL), Art.120, para.3.

59) 계약관계의 형성은 대금감액의 매도인에 대한 '통지'의 전달로 발생한다(Schulze/Zoll, Common European Sales Law(CESL), Art.120, para.3). 통지로 그 효과가 발생하므로, 통지 후에는 그 결정을 번복하는, 예를 들어 계약을 해제할 수 없다. 이러한 맥락에서 대금감액권은 일부해제의 기능을 갖는다고 한다(Schulze/Zoll, Common European Sales Law(CESL), Art.120, para.1). 그러나 여기서의 통지는 해제시에 요구되는 통지와는 다르며, 통지가 상대방에 도달하는 것을 요구하지 않는다고 해석된다. 제120조의 조문 내용에 터잡아 대금감액의 자동적 발생을 인정하는 쪽에 기운 Faust, Das Kaufrecht im Vorschlag für ein Gemeinsames Europäisches Kaufrecht, S.264 참조. 대금감액에 대해 당사자의 합의가 요구되지 않으므로 그 강제가능성이 있는지에 대해 불분명하다는 지적에 대해서는 Feltkamp/Vanbossele, The Optional Common European Sales Law, ERPL 2011, 903 참조.

60) CISG하에서의 논의이지만 이러한 맥락에서의 설명은 Schlechtriem/Schwenzer/Müller-Chen, CISG Art. 50, Rn.1; Staudinger/Magnus, CISG, Art.50, Rn.1, 15 참조. 일부해제의 성질을 가지는 것으로 파악하는 견해 등 대금감액권의 법적 성질에 대한 논의에 대해서는 Ch. Wilhelm, IHR 2011, 225 (230) 참조.

5. 구제수단의 배제

1) 면책되는 불이행

(1) 책임의 면책

CESL은, 다른 규범(CISG, PECL, PICC, DCFR)과 마찬가지로, 과실(fault) 사고에 기초를 두지 않고 불가항력 면책형의 처리를 기도하였지만,[61] 불가항력 개념의 다의성(多義性)을 고려해 "당사자에 의한 의무의 불이행이 그 당사자의 지배를 넘는[통제할 수 없는] 장애에 기인하는 것이고, 그 장애를 계약 체결 시에 고려하거나 또는 그 장애나 그로 인한 결과를 회피하거나 또는 극복하는 것을 그 당사자에게 기대할 수 없었던 경우에는 면책된다[불이행의 책임을 면한다]"고 하고 있다(CESL 제88조 제1항). 이에 의해, (I) 불이행의 원인이 채무자 자신의 지배를 넘는 장애로 생긴 것, (II) 그 장애를 채무자가 계약 체결 시에 고려할 수 없었던 것, (III) 그 장애 또는 그 결과를 채무자가 회피·극복할 수 없었던 것이라는 세 요건 하에서 면책의 가부가 결정되게 된다. 이는 과실책임주의를 부정하고, 이에 대신하는 것으로 계약에 의한 장애 위험[리스크]의 분배의 관점, 즉 불이행의 원인이 된 장애가 계약상의 리스크로서 채무자에게 할당되어 있지 않았다는 관점에서 면책의 법리를 세우고 있다. 불이행의 원인이 된 장애에 대한 고려 가능성을 판단할 시기에 대해서는 CISG, PECL, PICC와 마찬가지로, 계약체결시점을 기준으로 하고 있다. 계약 이행 과정에서 생긴 장애 사실에 대해 어느 당사자가 그 리스크를 인수하는지를 당초 계약에 있어서의 평가를 기초로 판단한다는 입장이라 하겠다.

불이행 당사자는 상대방에게 급부장애에 대해 통지하여야 한다. 만일 불이행 당사자가 통지의무를 위반하면 급부장애에 관하여는 면책되더라도 통지의 해태로 생긴 손해에 대하여는 손해배상의무가 생긴다. "이행할 수 없는 당사자는 장애 및 그것이 이행 능력에 미치는 영향에 대한 통지가, 이러한 상황을 알았거나 알았을 것으로 기대할 수 있는 때부터 부당한 지체 없이 상대방에게 도달할 수 있도록 할 의무를 진다. 상대방은 이 의무 위반으로 인한 손실에 대해 손해 배상을 청구할 권리를 갖는다."(동조 제3항).[62]

---

61) Schulze/Zoll, Common European Sales Law(CESL), Art.88, para.6.

62) 기본적으로 CISG와 DCFR과 같은 태도이나, 통지 기간 등 세부적 문구에서 약간의 차이를 보인

(2) 면책의 허용 범위

CESL의 위원회 제안에 의하면, 불이행이 면책되는 때는, 이행청구권과 손해배상청구권은 행사할 수 없다(CESL 제106조 및 제131조). DCFR에서도 면책의 경우, 특정이행 및 손해배상의 청구를 제한하고 있다(DCFR III–3:101).

CISG 제79조 제5항은, 면책의 요건이 충족된 경우라도 당사자가 손해배상청구권 외의 권리를 행사하는 것은 방해되지 않는다고 하고 있다. 이것은, 장애가 일시적인 것인 경우에는 이행의무를 존속시켜야 한다는 고려, 이행의무로부터의 해방을 인정한다면 부수적인 의무도 소멸한다고 생각하여야 한다는 것 등을 고려한 규정이다. 동항의 존재를 감안하면 제79조가 정하는 면책의 요건이 충족됐다고 해도 당사자가 이행의무에서 해방되는 것은 아니라고 할 것이다.[63]

CESL 제131조 제2항에 대한 의회의 수정안은 매수인의 불이행이 면책되는 때는, 매도인은 손해배상의 청구(만)를 제외하고 있다.[64] 반면 매수인의 구제수단을 정하는 제106조 제4항은 매도인의 불이행이 면책되는 때에는, 매수인은 이행 및 손해배상의 청구를 제외하고 제1항에 규정하는 구제수단을 행사할 수 있다.[65]

다: "불이행 당사자는 장애가 존재한다는 것과 그 장애가 자신의 이행능력에 미치는 영향을 상대방에게 통지하여야 한다. 불이행 당사자가 장애를 알았거나 알았어야 했던 때로부터 합리적인 기간 내에 상대방이 그 통지를 수령하지 못한 경우에는, 불이행 당사자는 불수령으로 인한 손해에 대하여 책임이 있다"(CISG 제79조 제4항). "채무자는 장애 및 이행 능력에 대한 그 효과의 통지가 채무자가 그러한 사정을 알았거나 알았을 것으로 합리적으로 기대할 수 있는 때부터 합리적인 기간 내에 채권자에게 도달되도록 하여야 할 의무가 있다. 채권자는 그러한 통지를 수령하지 못하여 발생한 여하한 손실에 대한 손해배상을 청구할 권리가 있다"(DCFR III-3:104).

63) 이에 대해 장애 발생에 의해 당사자는 손해배상의무에서 해방됨에도 불구하고 현실 이행이라는 형태로 해당 장애를 극복해야 하는 것은 모순이라고 하여, 이행의무로부터의 해방을 인정하는 견해도 주장되고 있다(渡辺達徳「ウィーン売買条約J(CISG)における契約違反の構造」小樽商科大学商学討究41巻4号(1991年)135頁以下).

64) 제거·보수 가능한 하자의 경우, 매도인이 제88조에 기해 면책되는 불이행이 존재한다는 것을 입증한다고 해서, 매수인에게 보수 또는 대체물인도에 의한 이행청구권이 주어지지 않는 것에 대한 불합리성에 대한 지적으로 A. Schopper, Verpflichtungen und Abhilfen der Parteien, S. 130. 또한 Faust, Das Kaufrecht im Vorschlag für ein Gemeinsames Europäisches Kaufrecht, S.258 참조.

65) 의회 법사위원회 안에서는 불이행의 면책시 손해배상청구에 한정하는 안이었으나, 의회안에서는 매도인의 면책시 매수인에게는 이행 및 손해배상청구를 할 수 없다는 제106조 4항은 수정하지 않고 있다. "CESL 하에서의 소비자 보호 수준은 소비재매매지침의 최저 기준에 미달해서는 안 되는데, 부적합한 물품의 인도가 면책되는 경우에 매도인은 보수 또는 교환을 거절할 수 있게 될 수 있는 상황(동 지침 제3조 제5항 참조)을 피하기 위한 고려라 보인다. 동 지침 제3조 제5항은, "(동조 제2항은 물품이 적합성을 결여하고 있는 경우, 소비자는 보수 또는 교환, 대금의 감액, 계약해제를 인정하고 있는데) 소비자가 보수나 교환을 요구할 수 없는 경우, 소비자는 대금의 감

(3) 채권자의 행위에 의한 불이행을 이유로 하는 구제수단의 배제

매도인 또는 매수인이 불이행을 야기한 때에는 그 한도에서 불이행을 이유로 하는 구제수단 모두를 박탈한다(CESL 제106조 제5항 및 제131조 제3항).

2) 매도인에 의한 추완

(1) 매도인의 추완권

매수인의 구제수단 행사에 앞서서 불이행 당사자인 매도인 스스로의 치유가능성, 즉 추완권을 부여하고 있다: "이행을 기일 전에 제공하고, 이행이 계약에 적합하지 않다는 통지를 받은 매도인은, 이행을 위해 주어진 기간 내에 행할 수 있는 때에는, 새로이 계약에 적합한 이행을 제공할 수 있다."(CESL 제109조 제1항). 제1항의 규정이 적용되지 아니하는 경우에, 계약에 적합하지 않은 이행을 제공한 매도인은 부적합 통지를 받은 후 부당한 지체 없이 자기의 비용으로 추완[치유]의 제의를 할 수 있다(동조 제2항). 매수인은 (a) 추완을 신속하고 그리고 매수인에게 상당한 불편함 없이 행할 수 없을 때,[66] (b) 매도인의 장래 이행을 신뢰할 수 없다고 매수인이 믿을 이유가 있을 때, 또는 (c) 이행의 지체가 본질적 불이행에 해당하는[이 될 수 있을] 때에만 추완의 제의를 거절할 수 있다(동조 제4항). 매도인은 추완을[치유를] 하기 위한 합리적인 기간을 갖는다. 사업자와 소비자사이의 계약에 있어서는 그 합리적 기간은 30일을 초과하지 않아야 한다(의회 수정안 동조 제5항). 매수인은 추완이 이루어질 때까지 자기의 이행을 유보할 수 있다. 다만, 매도인에게 추완을 위한 기간을 주는 것과 모순되는 매수인의 권리의 행사는 이 기간이 만료될 때까지 행사할 수 없다(제6항). 추완이 이루어지더라도 매수인은 지체 및 추완에 기인하는 또는 추완에 의해 방지되지 않은 손해에 대해 배상을 청구할 권리를 잃지 아니한다(제7항).

액 또는 계약해제를 할 수 없다"고 하고 있다. 다만 물품의 보수나 교환이 불가능하거나 과도한 (disproportionate) 경우에는 이를 요구할 수 없다(동조 제3항 참조).

66) 매수인이 소비자인 경우, 매수인의 구제수단이 제106조 3항 (a)호하의 매도인에 의한 추완에 제한되지 않을 때에도 거절할 수 있다(의회의 수정안 (a). 매수인이 소비자인 경우에는, 매수인의 권리는 매도인에 의한 추완에 제한되지 아니한다. 다만 그 권리가 소비자의 지정에 따라 제조, 생산되거나 또는 수정된, 또는 명백히 개인용화된 물품 또는 디지털콘텐츠와 관련된 경우는 그러하지 아니하다(제106조 제3항 a).

(2) 다른 구제수단과의 관계

매도인의 추완과 매수인의 구제수단 행사의 관계에 있어서 매수인의 지위가 사업자인 경우에는 매수인의 권리가 매도인의 추완에 의하여 제한된다(CESL 제106조 제2항 a호, 제109조 제3항 참조). 즉 매수인이 구제수단을 주장하는 경우, 그럼에도 불구하고 – 설령 계약 해제의 통지를 하였다고 하더라도 – 매도인은 추완을 제의할 수 있다.

다만 소비자인 경우에는 매수인의 권리는 그러한 제한을 원칙적으로 받지 않는다(제106조 제3항[67]). 따라서 B2C 거래에 있어서는 추완권의 우선권이 주어지지 않고, 매수인으로서 소비자에게 구제수단의 자유로운 선택이 인정된다. 따라서 소비자인 매수인은 먼저 추완(보수 또는 교환)을 요구함이 없이, 대금감액을 주장하거나 경미하지 않은 부적합이 있는 경우 계약의 해제와 손해배상을 청구할 수 있다. 이렇게 함으로써 기존의 EU 소비재매매지침(1999/44/EC) 보다 그 보호 수준을 높게 하고 있다. 이 지침은 제1단계로 소비자는 "먼저" 무상으로 하자의 보수 또는 대체물의 급부를 청구할 수 있게 한다(동 지침 제3조 제3항). 대금 감액과 계약 해제는 제2단계로 행사할 수 있는 구제수단이다. 즉 소비자가 수리 또는 대체물의 급부를 요구할 수 없는 경우(수리 또는 대체물의 급부가 불가능하거나 과도한[disproportionate] 경우), 매도인이 합리적 기간 내에 치유를 완료하지 않는 경우, 또는 매도인이 소비자에게 현저한 불편함을 부담시키지 않고 치유할 수 없는 경우에는, 소비자는 대금의 감액이나 계약을 해제할 수 있다(제5항). 다만 하자가 경미한 경우에는 소비자는 계약을 해제할 수 없다(제6항).

기존의 EU 법보다 소비자보호 수준을 유지·상회하게 하고자 하는 CESL의 목적에 비추어 다른 구제수단과의 관계에 대한 태도는 이해되지만, 매수인에게 구제수단을 자유로이 선택할 수 있게 함으로써 매도인에게 과도한 부담이 될 수 있다는 점에서(그렇다면 opt-in model하에서 이러한 매도인에게 비우호적인 내용을 담고 있다는 점에서 과연 사업자에게 자발적 선택을 기대할 수 있는지 의문이다) 지적을 받고 있다.[68]

---

67) 3. 매수인이 소비자인 경우에는, "(a) 매수인의 권리는 매도인에 의한 추완에 제한되지 아니한다. 다만 그 권리가 소비자의 지정에 따라 제조, 생산되거나 또는 수정된, 또는 명백히 개인용화된 물품 또는 디지털콘텐츠와 관련된 경우는 그러하지 아니하다."

68) A. Schopper, Verpflichtungen und Abhilfen der Parteien, S. 129; Staudenmayer, Der Kommissionsvorschlag für eine Verordnung zum Gemeinsamen Europäischen Kaufrecht, NJW 2011, 3491 (3496 f).

3) 부적합에 대한 통지의 해태

CESL 제121조 및 제122조는 매수인에게 인도받은 물품을 검사하고 물품에 부적합이 있는 경우 이를 매도인에게 통지할 의무를 지운다. 이는 B2B 거래에 한하여 적용되는 것으로, 소비자에게는 부적합에 대한 통지가 요구되지 아니한다.

사업자 사이의 계약에 있어서, 매수인은 물품의 인도일로부터 14일을 초과하지 아니하는 합리적인 단 기간 내에(within as short a period as is reasonable) 그 물품을 검사하거나 검사하게 하는 것이 기대된다(CESL 제121조 제1항). 이는 제122조의 통지의 전제로 인정되는 것으로「검사를 게을리 했다」라는 것 자체를 이유로 매도인이 계약부적합을 이유로 하는 책임으로부터의 면책을 주장하는 것은 가능하지 않다. 또, 검사의무 위반을 이유로 매도인이 매수인에 대해 어떠한 책임추급수단을 취득한다는 것도 아니다. 따라서 매수인이 이 물품을 검사할 의무를 행하지 않으면 부적합에 근거하여 주장할 수 있는 권리를 상실하게 하는 DCFR의 태도와 달리(Art. IV.A-4:301(1)), "매수인이 매도인에게 합리적인 기간 내에 부적합의 성질을 특정한 통지를 하지 않는 경우에는, 매수인은 부적합을 주장할 수 없다."(CESL 제122조 제1항)

위원회 제안은, DCFR, CISG와 같이 "이 기간은, 물품이 제공된 때 또는 매수인이 부적합을 발견하거나 또는 발견할 것을 기대할 수 있었을 시점 중 나중에 도래한 시점부터 기산한다."고 하였다. 이때 매수인이 부적합을 발견할 수 있었던 시점이 언제인지는 부적합의 양태에 달려 있고, 매수인이 부적합을 발견하였거나 혹은 발견할 수 있었던 때부터 합리적인 기간이 어느 정도인지는 구체적 사정에 의한다. 즉 목적물의 성질, 하자의 성질, 당사자가 처한 상황, 관련된 거래 관행[usage]등을 고려요소로 하여 개별적으로 판단된다. 그 불분명함을 제거하기 위해 의회의 수정안에서는 이를 삭제한 것이라 보인다.

다만 "매수인은 물품이 계약에 따라 매수인에게 현실로 교부된 때로부터 2년 내에 매도인에게 부적합의 통지를 하지 아니한 경우에는, 물품의 부적합을 주장할 권리를 상실한다."는 규정은 위 규범들과 마찬가지로 두고 있다.

통지 의무를 준수하지 않았기 때문에 구제수단을 잃게 되는 매수인을 위해 인정되는 구제책과 관련하여, 위원회 제안에서는 "(수량부족의 경우에) 매수인에게 나머지 물품이 인도될 것을 믿을 이유가 있을 경우", 매수인은 매도인에게 물품 전부가 인도되지 않은 것에 대한 통지 의무는 면제된다는 규정만을 두고 있었지만(CESL 제122조 제5항), 의회의 수정안은 이를 그대로 두면서, CISG 제44조에 상응하는 규정을 새로이 두고 있다: "그러나 매수인은 정하여진 통지를 하지 못한 데에 합리적인 이유가 있는 경우에는 대금을 감액하거나 이익의 상실을 제외한 손해배상을 청구할 수 있다."

(CESL 동조 제1항 제2문) 또한 물품의 부적합이 매도인이 알았거나 또는 알았을 것으로 기대할 수 있었던 사실에 관한 것이고, 매도인이 이를 매수인에게 밝히지 아니한 경우에는, 매수인이 통지하지 않았다거나 기한 내에 통지하지 않았다는 것을 매도인은 주장할 수 없다(동조 제6항). 이는 그 사실에 대한 입증을 용이하게 한 것으로 매수인에게 입증책임을 부과하는 것이다.[69]

6. 위험의 이전

위험이전에 대한 일반적 규정으로 위험이전의 효과에 대한 규정을 둔 다음, ① 소비자매매와 ② 사업자간 계약에 있어서의 위험 이전을 나누어 규정한다. CESL은, CISG나 DCFR과 같이, 「위험」을 계약 체결 후 그리고 계약 이행 전에 물품이 멸실되거나 훼손됨으로 인한 경제적 위험[불이익]으로 이해하며, 여기서의 위험이전 규율은 「대가위험」에 한정된 규율이다.[70]

1) 일반규정

위험이 매수인에게 이전한 후에 물품이 멸실 또는 훼손되더라도 매수인은 대금을 지급할 의무를 면하지 못한다. 다만, 그 멸실 또는 훼손이 매도인의 작위 또는 부작위에 의한 경우에는 그러하지 아니하다(CESL 제140조). 이처럼 위험이 매도인으로부터 매수인에게 이전한 시점 이후에 물품의 멸실·훼손이 있더라도, 매수인은 대금의 지급을 거절할 수 없다(= 대가위험의 매수인 부담)라는 것이 원칙이다. 매수인으로서는 그 멸실·훼손이 매도인의 작위·부작위에 의한 것임을 주장·입증하는 것이 가능한 때에 비로소 대금 지급을 거절할 수 있다(= 대가위험의 매도인 부담). 물품이 당초의 합의, 매수인에 대한 통지 또는 그 외의 방법으로 계약에 기해 공급될 물품으로 명확하게 특정될 때까지 위험은 매수인에게 이전하지 아니한다(제141조).[71]

---

69) Schulze/Zoll, Common European Sales Law(CESL), Art.122, para.9.

70) A. Schopper, Verpflichtungen und Abhilfen der Parteien, S. 141.

71) CISG에서의 한정적인 태도와 비교(제67조 제2항 및 제69조 제3항 참조)

2) 소비자매매계약에 있어서의 위험의 이전

소비자 또는 소비자에 의해 지정된 운송인이 아닌 제3자가 물품의 물리적인 점유를 취득한 때에 위험은 이전한다(CESL 제142조 1항). 소비자가 물품의 운송을 주선하고, 그 선택이 사업자에 의해 제의된 것이 아닌 때는, 물품이 운송인에게 교부되는(handed over to the carrier) 때에 위험이 이전한다(동조 4항).[72] 당사자는 소비자에게 불리하게 본조의 규정의 적용을 배제하거나 또는 그 효과를 제한 또는 변경할 수 없다(동조 5항).

3) 사업자간 계약에 있어서의 위험의 이전

(1) 원칙

매수인이 물품 또는 물품을 표창하는 문서[의 인도]를 수령한(takes delivery of the goods) 때에 위험이 이전한다(CESL 제143조 제1항).

“제144조, 제145조 및 제146조의 규정이 적용되는 경우에는, 제1항의 규정은 적용되지 아니한다.”는 위원회 제안 제143조 제2항을 의회의 수정안에서는 삭제하면서, 제144조 ~ 제146조를 하나의 조문하에서 재구성하고 있다.

(2) 예외

가. 매수인이 수령하지 아니하는 경우:

물품이 매수인의 처분 하에 놓여지고(placed at the buyer's disposal)[73] 매수인이 이를 알고 있는 경우에는, 제113조의 규정에 따라 매수인이 인도를 수령하는 것을 거절할 권리가 있지 않는 한, 물품이 인수되었어야 했던 시점에 위험은 매수인에게 이전한다(CESL 제143조 제2항 제1문). CISG 제69조 제1항하에서의 “매수인이 적시에 물품을 수령하지 아니한 경우에는 물품이 매수인의 처분 하에 놓여지고 매수인이 이를 수

---

72) 소비자권리지침 Directive 2011/83/EU 제20조 “delivery to the carrier”. 그 외에 본 규칙이 원격계약에 한정하므로, 원격계약이 아닌 경우에 대한 규정(동조 제3항)은 의회의 수정안에서는 삭제되고 있다.

73) 이를 독일어 버전에서는 「dem Käufer zu seiner Verfügung bereitgestellt worden」이라 하고 있고, CISG에서 사용하는 동일 단어(place the goods at the buyer's disposal)를 독일에서는 ‘die Ware dem Käufer zur Verfügung zu stellen’라 하고 있다(CISG 제31조, 제69조). 독일에서 사용하는 용어를 감안하면 ‘매수인이 처분, 사용할 수 있게 제공된’이라 번역할 수 있을 것이다.

령하지 아니하여 계약을 위반하는 때에 매수인에게 이전한다"고 하고 있는 것과 비교되지만, 내용상 동일하게 파악된다.

물품이 매도인의 영업소 이외의 장소(예를 들어 창고업자의 창고)에서 매수인의 처분 하에 놓인 때는, 인도 기일이 도래하고 물품이 그 장소에서 매수인의 처분 하에 놓여진 것을 매수인이 안 때에 위험이 이전한다(CESL 제143조 제2항 제2문).[74] 이는 CISG 제69조 제2항과 동일하다.

나. 매매 계약이 물품의 운송을 포함하는 경우

물품의 운송을 포함하는 매매계약에 있어서 매도인이 특정한 장소에서 물품을 교부할 의무를 지지 않는 때는, 위험은 계약에 따라 매수인에게 전달하기 위해 최초의 운송인에게 물품을 교부하는 때에 매수인에게 이전한다(동조 제2a항).[75] 이때 매도인이 물품의 처분을 지배하는 문서를 보유할[넘겨주지 않을] 권한이 있는지 여부에 관계없다. 반면에 매도인이 특정한 장소에서 물품을 운송인에게 교부할 의무를 부담하고 있는 경우에는(예를 들어 매도인의 영업소가 내륙에 있고, 물품을 항구에서 교부하는 것에 합의를 한 경우), 위험은 물품이 그 장소에서 운송인에게 교부될 때까지 매수인에게 이전하지 않는다(동조 제2b항). 이 내용은 CISG 제67조 제1항과 동일하다.

다. 물품이 운송 중에 매도된 경우

이 경우 위험은 그 상황에 따라 물품이 최초의 운송인에게 교부될 때 또는 계약의 체결시에 매수인에게 이전한다. 매도인이 매매계약의 체결시에 물품이 멸실 또는 훼손된 것을 알았거나 알았을 것으로 기대될 수 있었고, 이를 매수인에게 밝히지 아니한 경우에는, 위험은 매수인에게 이전하지 아니한다(동조 제2b항). 이는 위원회 제안 제146조를 수정하고 있다. 즉. 원칙적으로 물품의 교부시에 위험 이전된다는 것을 유보하고 있다.[76]

DCFR은 "위험은 물품이 첫 번째 운송인에게 교부된[handed over] 때 매수인에게 이전한다. 그러나, 제반 사정에 비추어 위험은 계약 체결 시로부터 매수인에게 이전한다"라고 규정하고 있다(IV.A-5:203 제2항). 계약의 체결 시에 물품에 손실 또는 손해

---

74) 위원회 제안 제144조와 비교

75) 위원회 제안 제145조의 수정(구성을 변경하고 있다).

76) "물품이 최초의 운송인에게 교부될 때에, 위험은 매도인에게 이전한다. 다만, 사정상 계약 체결시부터 매수인이 위험을 인수하는 것을 보일 때는, 위험은 그 때에 매수인에게 이전한다."

가 발생했음을 매도인이 알았거나 또는 알았을 것을 합리적으로 기대할 수 있었으나 이를 매수인에게 고지하지 않은 경우 그 손실이나 손해는 매도인의 위험으로 한다(동조 제3항).

CISG에서는 운송 중에 매도된 물품에 관한 위험은 원칙적으로 계약 체결 시에 매수인에게 이전한다고 하면서, 다만 특별한 사정이 있는 경우에는 위험은 운송계약을 표창하는 서류를 발행한 운송인에게 물품이 교부된 때부터 매수인이 부담하는 것으로 한다. 그럼에도 불구하고, 매도인이 매매계약의 체결시에 물품이 멸실 또는 훼손된 것을 알았거나 알았어야 했고(knew or ought to have known[77]), 매수인에게 이를 밝히지 아니한 경우에는, 그 멸실 또는 훼손은 매도인의 위험으로 한다(제68조).

7. 원상회복(Restitution) 규정의 정리

1) 규정의 특징

계약의 해제 후의 관계와 계약의 취소 후의 [반환]관계를 통합하여 제17장의 원상회복(Restitution/Rückabwicklung[독])하에서 규정하며, 의회의 수정안은 계약의 취소, 해제 외에, 매도인이 특정 의무를 준수하지 않았거나 또는 특정 요건이 충족되지 않았기 때문에 계약이 유효하지 않거나 또는 구속력이 없게 된 경우[78]도 포함하고 있다.

여기에서 규정하는 반환 또는 지급의무는, 특히 당사자가 취소 또는 해제의 원인을 초래했는지 여부 또는 그것을 몰랐는지 여부를 고려하여, 그 이행이 현저히 형평에 반하는 때는, 그 한도에서 변경할 수 있다(CESL 제176조). 또한 여기서의 규정에 대해서는 사업자와 소비자 사이의 관계에 있어서는, 취소 또는 해제의 통지 후에 한해 그 적용을 배제하거나 제한을 허용한다(CESL 제177조)

---

77) 「알았어야 했던」(ought to have known) 경우는, 당사자에게 조사·질문의무가 있는 것을 전제로, 그 위반행위[경과실에 의한 무지]를 의미한다(Schlechtriem/Schwenzer/Müller-Chen, CISG Art. 49, Rn.34; Staudinger/Magnus, CISG, Art.68, Rn.21; Soergel-Lüderitz/Budzikiewicz, 13.Aufl. (2000) Art.68 CISG Rn.4; Staudinger/Magnus, CISG, Art.2, Rn.22).

78) 이를테면, 제19조 4항; 제25조 제2항; 제71조(의회 수정안 제76b조) 1제 1항; 제167조 제3항; 제170조 1항. 그러나 소비자철회권 행사 후의 관계에 대해서는 별도로 제4장(특히 제43조 이하)에서 규율한다.

2) 원물반환의 원칙

어느 당사자에 의해 계약 또는 그 일부가 취소 또는 해제되거나, 또는 취소나 해제 외의 사유로 무효 또는 구속력이 없는 경우, 각 당사자는 자신("수령자")이 상대방으로부터 영향받은 계약 또는 그 일부에 근거하여 수령한 것을 반환할 의무를 진다(CESL 제172조 제1항). 이 의무는 수령한 것에서 파생된 천연 과실 및 법정 과실을 포함한다.

원상회복은 부당한 지체없이 그리고 어떠한 경우에도 취소나 해제 통지를 수령한 후 14일을 넘기지 않고 이루어져야 한다. 수령자가 소비자인 경우, 그 소비자가 14일의 기한이 만료하기 전에 필요한 조치를 취한 경우, 이 기한은 충족한 것으로 간주된다(의회 수정안 동조 2a). 수령자는 수령한 것의 반환 비용을 부담한다(2b). 당사자 일방이 적합성의 존재를 확인하기 위하여 필요한 경우와 같이 그 반환 유보에 정당한 이익을 가지는 경우, 반환의무의 이행을 유보할 수 있다(2c).

3) 가액반환

수령한 것(과실이 파생하는 때에는 이를 포함)을 반환할 수 없을 때에는, 수령자는 그에 대해 금전적으로 평가한 금액[가액]을 지급하여야 한다. 반환이 가능하지만, 불합리한 노력 또는 비용을 요할 때는, 수령자는 상대방의 재산적 이익을 해하지 않는 때에 한해, 금전적 평가액에 의한 지급을 선택할 수 있다(CESL 제173조 제1항).[79]

CISG에 따르면 "매수인이 물품을 수령한 상태와 실질적으로 동일한 상태로 그 물품을 반환할 수 없는 경우(예를 들어, 멸실·훼손·도난)에는, 매수인은 해제권을 상실한다(제82조 제1항). 여기에서는 물품을 완전한 상태로 반환될 수 있는 경우에만 매수인의 해제권을 인정한다. 「실질적으로 동일한 상태로 물품을 반환하는 것」이 가능한지 여부는 관련 거래의 실태, 물품의 사용 목적, 기타 해당 사건의 개별 사정 등을 고려하여 판단된다. 다만, 이 원칙에는 중요한 예외가 있다(실제로는 이쪽이 원칙처럼 되어 있다). (a) 물품을 반환할 수 없거나 수령한 상태와 실질적으로 동일한 상태로 반환할 수 없는 것이 매수인의 작위 또는 부작위에 기인하지 아니한 경우, (b) 물품의 전부 또는 일부가 제38조에 따른 검사의 결과로 멸실 또는 훼손된 경우, (c) 매수인이 부적합을 발견하였거나 발견하였어야 했던 시점 전에, 물품의 전부 또는 일부가 정상적인 거래

79) 의회의 수정안은 디지털콘텐츠 공급의 경우의 반환과 관련하여 별도로 규정(제172a조)을 둠으로써 해당 규정을 수정하고 있다.

과정에서 매각되거나 통상의 용법에 따라 소비 또는 변형된 경우에도 해제권은 배제되지 않는다(제82조 제2항). DCFR, PICC, PECL 그리고 현행 독일 민법에서는, CISG와 달리, 반환 불능은 해제를 방해하지 않고, 원상회복의무는 이행의 가치에 맞는 합리적인 액수의 금전적 급부로 전환한다는 입장을 취하고 있다.[80]

물품의 금전적 평가액(가액)은, 그 물품이 수령자에 의해 멸실 또는 훼손 없이 보유되어 있다면, 금전적 가치의 지급이 이루어져야 하는 시점에 가졌을 가치에 의한다(CESL 제173조 제2항).

"수령자가 물품과 상환으로 금전 또는 대체물을 취득한 경우에 수령자가 취소 또는 해제의 사유를 알았거나 알 것으로 기대할 수 있었던 때는, 상대방은 이 대체물의 반환 또는 대체물을 금전으로 평가한 금액의 지급을 청구하는 것을 선택할 수 있다. 수령자가 물품 에 대한 금전 또는 대체물을 취득한 경우에 수령자가 취소 또는 해제의 사유를 알지 못하거나 또는 아는 것을 기대할 수 없었던 때에는 당해 수령자는 이 대체물을 반환하거나 또는 대체물을 금전으로 평가한 금액을 지급하는 것을 선택할 수 있다."는 위원회 제안의 동조 제5항은 의회 수정안에서는 삭제하였다. 물품을 반환할 수 없다면(예를 들어, 물품이 도난당하였거나 선물로 누군가에게 주었거나 또는 완전히 파괴된 경우) 동조 제1항에 따라 물품의 금전적 가치를 지급하여야 하지만, 반면에 그 물품을 선의로 시가보다 낮은 가격으로 매도한 매수인은 제5항에 의해 그 매각 대금만을 반환하면 되는 임의적 결과를 가져오므로 제5항은 삭제하였다. 두 경우 모두 매수인은 금전적 가치를 지급하여야 한다.

4) 사용이익의 반환

(a) 수령자가 취소 또는 해제의 원인을 초래한 경우, (b) 수령자가 사용 개시 전에 취소 또는 해제의 원인을 알고 있었던 경우, 또는 (c) 물품의 성질, 사용의 성질과 정도 및 해제 이외의 구제수단의 이용가능성을 고려하여, 수령자에게 그 기간 동안 물품을 무상으로 사용하도록 하는 것이 형평에 반하는 경우, 물품을 사용한 수령자는 상대방에게 사용 기간 동안의 이용에 대한 금전으로 평가한 금액을 지급하여야 한다(CESL 제174조 제1항). 금전을 반환해야 하는 수령자는 (a) 상대방이 사용에 대한 지급 의무를

---

80) 이 사고를 지지하는 입장에서는 CISG하에서도 제82조 제2항 a호의 예외를 최대한 확장하고, 동조 제1항에 의해 해제가 배제되는 범위를 좁게 해석하여야 하며, 양 당사자간의 이익의 조정은 오로지 손해배상에 의해 행하여져야 한다고 지적되기도 한다.

부담하거나, 또는 (b) 수령자가 사기, 강박 또는 부당한 이용을 이유로 하는 계약 취소 원인을 초래한 때에 한해 이자를 지급하여야 한다(동조 제2항).

(도난당하였거나 타인에게 무상으로 증여하였거나 또는 완전히 멸실된 경우와 같이) 물품을 반환할 수 없는 매수인은 제173조 제1항에 따라 물품에 상응하는 금전적 가치를 지급하여야 하지만, 물품이 심각하게 훼손되고, 그로 인해 가치가 상당히 감소되었지만 그럼에도 불구하고 반환 가능한 경우, 매수인은 훼손된 물품을 반환하면 된다(동조 제1항 및 제2항). 후자의 경우에도 매수인은 손해를 배상하여야 한다는 규정을 새로이 부가하고 있다: "가치의 감소가 정상적 사용에 따른 가치 감소를 초과하는 경우 그 한도에서 수령자는 물품 가치의 감소에 대해 손해배상책임을 진다."(의회 수정안 제3a조) 원상회복으로부터 어느 당사자도 이익을 얻어서는 안 되므로, 사용이나 가치 감소에 대한 지급은 물품에 대해 합의한 가격에 제한하고 있다: "사용 또는 가치의 감소에 대한 지급은 물품에 대해 합의한 대금을 초과할 수 없다."(제3b조)

5) 지출비용의 상환

이에 대해 수령자가 선의인 경우와 악의인 경우를 나누어 규정하고 있다: 수령자가 물품이나 그 과실에 대해 비용을 지출한 경우, 수령자가 취소 또는 해제의 원인[사유]을 알지 못하고, 또한 알 것으로 기대할 수 없었던 경우, 그 비용 지출이 상대방에게 이익을 주는 한도에서 수령자는 그 상환을 청구할 수 있다(CESL 제175조 제1항). 반면에 취소 또는 해제의 원인을 알았거나 또는 알 것으로 기대할 수 있었던 수령자는, 상대방에게 의사를 문의할 기회가 없었던 때에 한하여, 그 물품이나 그 과실의 멸실 또는 가치 감소를 방지하는데 필요했던 지출비용에 대해서만 상환을 청구할 수 있다(동조 제2항).

8. 「commercial guarantee[81]」 규정 신설

1) 영업상의 보증의 개념

「영업상의 보증」은 적합성 보장에 관한 법적 의무에 추가하여, 물품이나 디지털콘텐츠가 그 성상(性狀. specifications)[82]에 합치되지 않거나, 또는 계약 체결 시나 그 이전에 제공된 보증의 표시(guarantee statement[영]/Garantieerklärung[독]), 일반적으로는 보증서) 또는 관련 광고 중에 명시되어 있는, 적합성과는 관계없는 그 외의 요구조건을 충족하지 않는 경우에, 지급된 대금을 반환하거나 그 물품 또는 디지털 콘텐츠를 교환, 수리 또는 기타 서비스를 하는 것을 사업자 또는 제조자(보증인 the guarantor/Garantiegeber[독])가 소비자에게 보장하는 것을 말한다(규칙안 제2조 (s)). 이는 소비자권리지침 Directive 2011/83/EU 제2조 (14)를 반영하고 있다.

2) 규정의 내용

이 규정(CESL 제177a조)의 내용은 「소비재 매매 및 소비재 보증에 관한 1999/44/EC 지침」 및 이를 포함하여 사업소 외에서 체결된 계약에 관한 85/577/EEC 지침[방문판매지침], 소비자 계약에 있어서의 남용 조항에 관한 93/13/EEC 지침[불공정조항지침]을 통합하고자 한 「소비자의 권리에 관한 지침」 의 위원회 제안(Proposal) 제29조[83]에 의거한 것이다(소비자권리지침에서는 삭제되었음).[84]

---

81) 이를 「상사 보증」, 「사업상의 보증」으로 번역할 수 있을 것이다. 독일어 버전에서는 「Gewerbliche Garantien」(영업상의 보증)로 표기되고 있고, 「영업」이라는 용어는 "상업에 한하지 않고, 널리 영리를 목적으로 하는 독립적, 계속적 사업"을 뜻하므로, 독일에서와 같이 옮겨도 무방할 것이다. 다만 guarantee의 독일어 표기 Garantie는 부종성이 없는 독립적 보증(이를 강학상 "손해담보계약"이라고도 한다)으로 사용된다. 따라서 이를 부종성있는 보증(Bürgschaft)과 구별하여 「보장」으로 옮길 수도 있을 것이다.

82) specifications을 우리말로는 '제품 명세(明細: 물품이나 금액 등의 보다 자세한 내용)', '제품 설명', '제품 성능', '제품 특성' 등으로 옮길 수 있을 것이다. 다만 '제품 「사양」[仕様])은 - 실거래에서 많이 사용되는 용어이지만 - 일본어이므로 피하는 것이 좋을 것이다. 본고에서는 이에 해당하는 단어로 독일어로는 Eigenschaften으로 표기되어 있어 이에 의거하여 성상(性狀)으로 번역한다.

83) Proposal for a DIRECTIVE OF THE EUROPEAN PARLIAMENT AND OF THE COUNCIL on consumer rights, COM (2008) 614 final. 이는 유럽의회의 「역내시장 및 소비자보호위원회」(The Committee on the Internal Market and Consumer Protection)의 제의를 반영한 것이다.

84) 상응하는 내용을 포함하여 폭넓게 정리하고 있는 DCFR IV.A.-6:101~ 6:103의 Consumer goods guarantees[소비자물품보증] 참조.

(1) 보증의 구속력

영업상의 보증은 보증의 표시에 언명된 조건하에서 보증인에 대해 구속력을 가진다. 보증의 표시가 없거나, 또는 보증의 표시가 광고에서보다 유리하지 않으면, 광고에서 영업상의 보증에 관하여 기술되고 있는 조건하에서 구속력을 가진다(CESL 제177a조 제1항). 보증서에 달리 명시된 경우를 제외하고, 보증은 물품의 각 소유자를 위하여 동의가 없더라도 보증기간 내에 구속력이 있다(동조 제3항).

(2) 보증의 요건

보증의 표시(guarantee statement)는 평이하고 이해할 수 있는 언어로 작성되어야 하며, 판독 가능하여야 한다. 보증의 표시는 소비자와 체결된 계약에 사용된 언어로 작성되어야 하며, (a) 제11장(매수인의 구제수단)에 규정된 바와 같은 소비자의 권리의 적시 및 이들 권리는 영업상의 보증에 의해 (배제되는 등의) 영향을 받지 않는다는 점에 대해 명기하여야 하며, (b) 영업상 보증의 내용, 특히 보증 기간, 양도가능성 및 장소적 적용 범위, 보증인의 이름 및 주소, 그리고 보증에 기한 주장을 보증인이 아닌 자에게 하여야 하는 경우에는 그 상대방 및 그 절차가 포함되어야 한다(동조 제2항). 소비자가 요구하는 경우, 사업자는 보증의 표시를 지속적 매체로 제공하여야 한다(동조 제4항). 다만, 이러한 형식적 요건을 충족시키지 못하는 보증에 있어서도 그 유효성은 영향을 받지 않으며, 소비자는 당해 보증에 기하여 권리를 행사하는 것이 가능하다(동조 제5항).

V. 맺는말에 갈음하여

1. 앞으로의 절차

EU 이사회(Council of the European Union)[85]가 심의 절차를 거쳐 유럽의회의 입장(수정 제안)을 가중다수결(Qualified Majority)로 승인하면 관련 법안은 채택된다. 이사회는 각국의 이해관계를 조정하고, EU 전체의 이익실현을 도모하는 고도의 정치적 의사결정 기관이며, 집행위원회가 EU 전체의 이익을 도모하는 것과는 달리 이사회는 자국의 이해를 반영시키는 기구이므로 회원국간 이해관계를 조율하는 정부간 협력체로서 성격이 강하다. 공통매매법(및 이에 대한 규칙[안])에 대해 회원국 중에는 부정적 입장을 보이는 국가가 있어(특히 독일, 프랑스, 영국), 이사회에서 어떠한 결정을 내릴지를 현시점에서 가늠하기는 쉽지 않다.

2. 전체적 면에서의 특징 및 유의할 점

1) 일반원칙으로서의 「신의성실 및 공정거래의 원칙」

「신의성실 및 공정거래」(good faith and fair dealing)의 원칙을 구체적 개별적 사안에서 공평한 해결책을 찾는데 중요한 도구로 판단한다. 다만 이 원칙을 알지 못하는 코몬 로 시각에서는 물론이고 제기될 수 있는 우려를 고려하여 이에 대한 정의 및 일반원칙의 표현을 수정하고 있다(규칙안 제2조 (b) 및 Annex I 제2조 참조).

제안이유 (31)은 "신의성실 및 공정거래의 일반원칙은 당사자가 어떻게 협력해야 할지에[협력해야할 태양에] 대한 지침을 제공하여야 한다. 일부 준칙은 신의성실과 공정 거래의 일반 원칙을 특정 상황에 대해 구체화한 것이며, 이들은 일반 원칙에 우선되어져야 한다. 따라서 일반원칙은 이러한 특정 규정에 정해져 있는 당사자의 특정의 권리와 의무를 변경하는 도구로 사용되어서는 안 된다. 신의성실과 공정 거래의 일반원칙에 기인하는 구체적인 요구 사항은, 특히 당사자의 전문성의 상대적 수준에 따르는

---

85) '각료이사회'라고도 칭하며, EU 회원국의 각 분야별 각료[장관]급이 참석하는 회의로서, 유럽의회와 더불어 집행위원회의 제안을 심의, 의결하는 최고 의사결정기구이다.

것이며[따라 정해져야 하며], 따라서 사업자와 소비자 사이의 거래와 사업자 간 거래에 있어서 달라야 한다. 사업자 간 거래에서는 문제가 되는 특정 상황에 있어서의 선량한 상관행[good commercial practice]이 그 의미에서 고려 요인이어야 한다."고 한다.

이에 따라 규칙안의 제2조(정의) b호에서 「신의성실 및 공정거래의 원칙」에 대해 "正直, 솔직 및 거래 상대방의 이익이나 문제로 되고 있는 관계에 대한 배려로 특징지워지는 행위 기준을 의미한다."는 위원회 제안[86]을 "「신의성실 및 공정 거래의 원칙」은 正直, 솔직[투명성] 및 적절한 한도에서 문제되는 거래 또는 관계에 있어서의 상대방 이익에 대한 합리적인 고려로 특징지어지는 행위 기준[행위규범]을 의미한다."고 수정하고 있다(제2조 (fe)호). 위원회 제안의 문구("이익에 대한 고려")는 특히 B2B계약에 있어서 우려될 수 있는, 자기에게 유리한 조건으로의 거래를 금지하는 것으로 이해될 수 있었다. 이를 의도하고 있지 않음을 명확히 하기 위해, 당사자는 그 권리를 남용해서는 안 된다는 것을 규정한다. 계약당사자들이 협상할 때 자신만의 이익을 추구하는 것은 허용되지 않는지에 관한 우려를 완화시키는 것이다.

또한 CESL 제2조는 " 각 당사자는 신의성실 및 공정 거래<의 원칙>에 따라 행동할 의무를 진다(제1항). 이 의무의 위반은, 위반한 당사자가 본래부터 가졌을 권리, 구제수단 또는 항변을 행사하거나 또는 원용하는 것을 배제할 수 있고, 그 위반에 의하여 상대방에게 생긴 손실에 대하여 그 당사자에게 배상책임을 지울 수 있다.(제2항)"라 하고 있다.[87]

의회의 수정안은 신의성실 및 공정거래의 원칙에 따라 행위할 의무의 위반에 있어 손해배상책임(구제수단)을 인정하는 것에 변화를 보인다. 즉 제안이유 (31)에서 "신의성실과 공정거래의 일반원칙은 정직하고, 투명하며 공정한 관계를 보장하는 행위의 기준을 설정하여야 한다. 이는, 그렇지 않으면 일방당사자가 가졌을 권리, 구제수단 또는 항변을 원용하거나 행사하는 것을 배제하는 반면, 이 원칙 그 자체가 손해배상에 대한 일반적 권리를 발생시켜서는 안 된다. 사기에 의한 취소 또는 묵시적 조건에 의해

86) 선의(good faith)라는 주관적 심적 상태와 구별되는 '신의성실 및 공정거래'는 객관적 행위 기준을 의미한다. Schulze/Wendehorst, Common European Sales Law(CESL), Art.2, para.9.

87) 손해배상청구권이 인정되는 사례는 생각하기 어렵지만, "불이행으로 인해 계약을 해제할 수 있는 권리를 갖는 계약 당사자가 이 권리를 행사하지 않을 것이라는 인상을 주고 있음에도 해제의 통지를 하였다면 제2항 전문(前文)에 의거 무효가 될 것이며, 피해 당사자가 변호사에게 그 해제가 무효인지 여부에 대한 법적 자문을 구하였다면 제2항 후문(後文)에 의거 자문비용에 대한 손해배상청구권이 인정된다."고 예를 들고 있다. Schulze/Wendehorst, Common European Sales Law(CESL), Art.2, para.11. 또한 이로 인한 문제점 지적 및 그 삭제를 제안하고 있다(Art.2, para.12. 참조).

창설된 의무의 불이행과 같이 신의성실 및 공정거래의 일반원칙의 구체적 표현을 구성하는 공통매매법의 준칙은 손해배상에 대한 권리를 발생시키지만, 매우 특정된 사안에 한해서이다."라고 의회의 수정안은 부가하고 있다.

이에 따라 CESL 제2조 제2항을 "(신의성실 및 공정거래의 원칙에 따라 행위할) 의무의 위반은, 위반한 당사자가 본래부터 가졌을 권리, 구제수단 또는 항변을 행사하거나 또는 원용하는 것을 배제할 수 있지만, 의무의 불이행에 대한 구제수단을 직접적으로 생기게 하지 않는다."고 수정하고 있다. 제2조의 신의성실 및 공정거래의 원칙에 따라 행위할 의무는, 조문의 위치(제1장)로 보아, 계약 관계의 모든 단계, 즉 계약체결전 단계, 계약체결의 단계, 불이행에 대한 구제수단의 행사를 포함하여 계약의 이행 단계 및 경우에 따라서는 계약 체결 후의 행위에도 적용될 수 있다.[88]

2) 적용, 해석에 있어서의 「합리성」(reasonableness)과 기대가능성

CESL 제5조는 "① 합리성은 계약의 성질 및 목적, 사안의 제반사정[상황] 및 관련된 거래나 직업의 관습 및 관행을 고려하여 객관적으로 판단되어야 한다. ② [본 규칙에서] 어떤 자에 대하여 또는 어떤 자에 의해 기대될 수 있다는 것, 또는 특정 상황에서 기대될 수 있다는 것은 합리적으로 기대될 수 있다는 것을 뜻한다."고 하고 있다.

DCFR에서도 동일하다는 것은 선행 연구에서 밝힌 바 있다.[89] 여기에서 CISG와 PECL에서는 "① '알았거나 모를 수 없었던(knew or could not have been unaware of)' 이나 ② '알았거나 또는 알 수 있었던[알았어야 했던](knew or ought to have known of)'이라고 표현하는 것을 DCFR에서는 '알았거나 알았을 것으로 합리적으로 기대될 수 있었던'(knew or could reasonably be expected to have known of)으로 표현하고 있다.[90] 매도인이 부적합성을 알았거나 알았을 것으로 합리적으로 기대될 수 있음에

---

88) Schulze/Wendehorst, Common European Sales Law(CESL), Art.2, para.7.

89) 박영복, 유럽계약법 공통기준 초안(DCFR)상의 매매법, 외법논집 제36권 제1호, 95면 참조. 한편 PECL에서는 "합리성은 성실하게 행위하는 자들이 당사자와 동일 입장에 서서 합리적이라고 여기는 바에 따라서 판단되어야 한다. 특히 무엇이 합리적인가를 평가함에 있어서는 계약의 성질과 목적, 사안의 구체적 제반 사정, 거래상 또는 직업상의 관습 및 관행이 고려하여야 한다"고 하고 있다 (제1:302조 참조).

90) 일부 'was aware, or could reasonably be expected to have been aware, of'(II.-8:101조 제2항; 8:201 제2항), 'has become, or could reasonably be expected to have become, aware of'(III.- 3:302조 제4항')라는 표현을 보이지만, '알았거나 또는 알았을 것으로 합리적으로 기대할 수 있었을'로 번역되고 있다. 안태용 역, 「유럽민사법의 공통기준안」(2012년)의 해당 조문 번역 참조.

도 불구하고 매수인에게 알지지 않았다면, 매도인은 부적합에 대한 책임을 제한하는 이들 규정을 원용할 수 없다(Art.IV.A-4:304). 부적합에 대한 (다툼이 없거나 혹은 입증된) 인식(認識)과 같이 「알았을 것으로 합리적으로 기대될 수 있음」을 같이 취급하고 있는 것이다."라고 기술하였다.

한편 CESL은 기본적으로 DCFR와 같이 'knew or could be expected to have known of'로 표현한다.[91] CESL의 총칙 편의 제5조에 기해 이 경우 합리적으로 기대될 수 있다는 것을 뜻하므로 '합리적으로'를 매번 등장시킬 필요는 없다. 그러나 '모를 수 없었던'(could not have been unaware of) 표현을 다시 등장시키고 있다. 앞에서 기술한 DCFR IV.A-4:304에 상응하는 내용에 있어서 "매수인이 계약 체결시에 물품의 부적합을 알았다면, 매도인은 물품의 부적합에 대해 책임을 지지 않는다. 사업자 간의 계약에 있어서는 매수인이 그 부적합을 모를 수 없었던(could not have been unaware of the lack of conformity)[92] 경우에도 그러하다."라고 하고 있다(CESL 제104조).

CISG의 규정 중에는, 당사자의 현실의 인식을 기준으로 하는 경우(제43조 2항, 제49조 2항 a호, 제64조 2항 a호) 외에, ① 당사자가 「알았거나 알았어야 했던」(knew or ought to have known) 경우(제38조 3항, 제43조 1항, 제49조 2항 b호 I, 제68조, 제69조 4항)와 ② 당사자가 「알았거나 또는 모를 수 없었던」 (knew or could not have been unaware) 경우(제35조 3항, 제40조, 제42조 1항·2항)의 두 표현방법을 사용하고 있다. 이에 의거한다면, 특히 독일어 버전에 의한다면 CESL의 'could be expected to have known of'은 ①과 같이 해석할 수 있을 것이다.

---

91) CESL 제102조 2항, 3항; 제122조 제6항 참조. 이를 독일어 버전은 '알았거나 알았어야 했던'이라 번역할 수 있는 'kannte oder hätte kennen müssen'라 하고 있다. 그렇다면 독일에서는 그 알지 못함에 중대한 과실이 있는 경우(「중과실에 의한 부지」[grobfahrlässige Unkenntnis])라 해석할 여지가 있다. CESL을 자세히 보면, 유사하지만 다른 표현도 볼 수 있다. 'was aware, or could be expected to have been aware, of'[wusste bei Vertragsschluss oder hätte wissen müssen](제58조 2항, 69조 1항, 제139조); 'becomes, or could be expected to have become, aware of'/erkannt hat oder hätte erkennen müssen(제119조 제1항과 제139조 제1항).

92) 독일어 버전에서는 "wenn der Käufer die Vertragswidrigkeit hätte kennen müssen"이라 하여 'knew or could be expected to have known of'와 동일하게 표기하고 있다. 반면 프랑스 버전은 영어 버전과 같이 '모를 수 없었던'(ne pouvait pas ignorer ...)이라 하고 있다(위에서 언급한 CESL 제102조 및 제122조에 있어서는 영어 버전과 같이 '알았거나 알았을 것으로 기대할 수 있는'[avait ou pouvait être censé avoir connaissance 또는 connaissait ou était censé connaître]이라 하고 있다).

3) 유사하지만 상이한 용어

CESL은 위험의 이전 시점과 관련하여 많은 상이한 개념을 사용하고 있다:

- 물품의 물리적인 점유를 취득한 때(has acquired the physical possession of the goods/Besitz an den Waren erlangt hat, 제142조 제1항),
- 물품이 운송인에게 교부되는 때(the goods are handed over to the carrier/dem Beförderer übergeben werden, 제142조 제4항; 제143조 제2a항 및 제2b항),
- 물품의 [인도를] 수령하는 때(takes delivery of the goods/die Waren ... angenommen hat, 제143조 제1항),
- 물품이 인수되었어야 했던 시점(the goods should have been taken over/die Waren hätten übernommen werden müssen, 제143조 2항),

또한 위험 이전의 구체적 시점으로 정해지는 것은 아니지만, 관련되는 용어인 '매수인의 처분 하에 놓여진 것'(the goods are placed at the buyer's disposal, CESL 제143조 제2항)

인수(übernommen)는 교부(übergeben)의 반대면으로 보이며, 따라서 양자에 있어서는 동일 시점이 될 것이다. 그러나 매수인이 점유를 취득하여야 하는 것이 요구되는지 또는 그에 이르지 않아도 되는지?, 그리고 이 모든 것이 "수령"(angenommen)과 어떠한 관계가 있는지는 검토되어야 할 것이다.

CISG에 있어서 매수인의 인도 수령 의무(obligation to take delivery: Annahmepflicht)는 내용상 물품을 인수하는 것(taking over the goods)뿐만 아니라 '매도인에 의한 인도를 가능하게 하기 위하여 매수인에게 합리적으로 기대될 수 있는 모든 행위를 하는 것'도 포함하고 있다(제60조).[93] 여기에서의 「인수」(take over; Übernahme) 개념은 목적물을 단순히 물리적으로 받는다는[受取한다는] 것을 의미할 뿐,[94]물품의 승인(承認)(Billigung), 즉 물품이 계약에 적합하다는 사실을 매수인이 인정했다는 의의가 거기에 주어지는 것은 아니다.[95]

---

93) CESL 제129조도 동일.

94) 이를 독일 문헌에서는 '물리적 수취(受取)'(körperliche Abnahme → Abnahmepflicht)라 하고 있다.

95) Staudinger/Magnus, CISG Art. 60, Rn.8; Schlechtriem/Schwenzer/Hager, CISG Art 60, Rn.2a; MünchKomm-Huber, CISG, Art.60 Rn.4.

CESL도 위험의 이전과는 별개로 「인도」(delivery/Lieferung) 개념을 규율하고 있다. 「인도」란 무엇인가, 어디까지의 일[행위]이 이루어지면 「인도」가 있었다고 할 수 있는지에 대해 ① 소비자 매매계약의 경우, 물품의 물리적 점유 또는 지배(권)을 이전함으로써(transferring the physical possession or control of the goods),[96] ② 운송을 포함하는 계약의 경우, 물품을 운송인에게 교부하고(by handing over the goods/durch Übergabe der Waren) 물품을 인수하는데 필요한 문서를 교부함으로써, ③ 그 외의 경우, 물품을 사용할 수 있도록 함으로써(making the goods available/Bereitstellung der Waren)[97] 인도가 있었다고('인도의무를 이행한다'고) 하고 있다(CESL 제94조). CESL은 「인도」(deliver) 개념과 「교부」(hand over) 개념을 분리하고 있다. 즉. 물품이 매수인에게 「교부」되었다고 할 때, 거기에서 말하는 「교부」란 매수인이 「점유」(possession)를 취득했음을 의미한다. 한편, 「인도」 개념은 물품의 이전에 대해 매도인으로서 어디까지의 행위를 하면 인도의무 이행을 했다고 하여, 인도 측면에서의 「불이행」이 없다고 할 수 있는가라는 관점에서 파악되고 있다.

96) 각주 32) 참조.

97) CISG의 인도에 대한 규정에 비출 때, 이는 CESL의 위험 이전에 있어서 사용되는 '매수인의 처분 하에 두는 것'(the goods are placed at the buyer's disposal)과 내용상 같다고 생각한다.
CISG에서 ① 물품의 운송을 포함하는 매매의 문제에서는 매도인이 물품을 최초의 운송인에게 교부하는 것(a호), ② 그 밖의 매매의 경우에는 매도인의 영업소 등에서 매도인이 물품을 매수인의 처분 하에 두는 것(placing the goods at the buyer's disposal. b호 · c호)이 있다면, 「인도」(delivery)가 있었다고 한다(제31조). ②에 있어서 인도의무는 이른바 추심채무(Holschuld)이다. 「매수인의 처분 하에 두는 것」은 물품의 점유를 취득할 수 있는 상태에 매수인을 두는 것을 의미한다. 통상의 경우는 인도되어야 하는 물품의 제공(Bereitstellen der Ware)과 매수인에게 인도 준비 완료의 통지가 있으면 된다. Schlechtriem/Schwenzer/Huber/Widmer, CISG Art. 31 Rn.50f.

참고문헌

박영복, EU 집행위원회에 의해 제안된「유럽공통매매법에 관한 규칙」, 외법논집 제37권 제3호(2013년)

박영복, 유럽계약법 공통기준 초안(DCFR)상의 매매법, 외법논집 제36권 제1호(2012년)

백경일, 유럽공통매매법안(CESL)에서의 계약체결규정에 관한 비교법적 검토, 비교사법 제20권 제2호(2013)

법무부, 국제물품매매계약에 관한 유엔협약 해설(2005년)

석광현, 국제물품매매계약의 법리(2010년)

하경효 외 공역, 보통유럽매매법(2014년)

Guido Alpa/Giuseppe Conte/Ubaldo Perfetti/F. Graf von Westphalen, (eds.), The Proposed Common European Sales Law – the Lawyer's View(2013)

Regine Feltkamp/Frederic Vanbossele, 'The Optional common European sales law for European contract law : better buyer's remedies for seller's non-performance in sales of goods?', 19 European Review of Private Law(ERPL) 2011, pp. 873-905.

Jürgen Basedow, Ein Gemeinsames Europäisches Kaufrecht für grenzübergreifende Verträge - Seine Bedeutung und Auswirkung auf offene Märkte, in: Martin Gebauer (Hg.), Gemeinsames Europäisches Kaufrecht - Anwendungsbereich und kollisionsrechtliche Einbettung(2013)

Horst Eidenmüller et al.. Der Vorschlag für eine Verordnung über ein Gemeinsames Europäisches Kaufrecht: Defizite der neuesten Textstufe des europäischen Vertragsrechts, JURISTENZEITUNG(JZ) 269(2012)

Ulrich Magnus, CISG and CESL, FS Ole Lando(September 1, 2012), p. 225-255

U. Magnus(ed), CISG vs. Regional Sales Law Unification – with a Focus on the New common European Sales Law(2012)

Oliver Remien/Sebastia Herrler/Peter Limmer(eds.), Gemeinsames Europäishces Kaufrecht für die EU?(2012)

Peter Schlechtriem/Ingborg Schwenzer(Hrsg.), Kommentar zum Einheitlichen UN-Kaufrecht, 4.Aufl., 2004

Martin Schmidt-Kessel(ed), Ein einheitliches europäisches Kaufrecht?(2012)

Hans Schulte-Nölke et al(eds), Der Entwurf für ein optionales europäisches Kaufrecht(2012)

Reiner Schulze(ed), Common European Sales Law(CESL), 2012

Dirk Staudenmayer, Der Kommissionsvorschlag für eine Verordnung zum Gemeinsamen Europäischen Kaufrecht, NJW 2011, 3491

Michael Stürner, Die Grenzen der Primärleistungsplicht im Europäischen Vertragsrecht, ERPL, 2011, pp. 167－185.

Beifallswert Weller, Die Struktur des Erfüllungsanspruchs im BGB, common law und DCFR － ein kritischer Vergleich, JZ 2008, 764

Christiane Wendehorst/Brigitta Zöchling-Jud(eds.), Am Vorabend eines Gemeinsamen Europäischen Kaufrechts(2012)

Charlotte Wilhelm, Rechtsbehelfe des Käufers bei Nichterfüllung nach dem neuen Europäischen Kaufrecht, internationales Handelsrecht(IHR) 2011, 225

제2장 계약의 성립

제1절 유럽공통매매법(CESL)안에서의 약관의 충돌 문제

신동현 교수(한림대학교 법학과)

I. 서

국제거래의 증가에 따라 사법 또는 계약법을 국제적으로 조화시킴으로써 통일적인 규율을 달성하려는 노력은 점차 단일 경제권역을 형성해가고 있는 유럽연합(European Union)에서 비교적 활발하게 진행되어 왔다. 거래에 관한 규범을 통일 내지 조화하려는 시도들은 국제물품매매계약에 관한 UN협약(United Nations Convention on Contracts for the International Sale of Goods, 이하 'CISG'), 유럽계약법원칙(Principles of European Contract Law, 이하 'PECL'), 유럽민사법의 공통기준안(Draft Common Frame of Reference, 이하 'DCFR')과 같은 의미 있는 성과물들을 내놓게 되었음은 주지하는 바와 같다.

그러한 노력의 연장선상에서 유럽위원회(European Commission)는 2011년 10월 11일 유럽공통매매법에 관한 유럽의회 및 이사회의 규칙을 위한 제안을 공표하였는데,[1] 유럽공통매매법(Common European Sales Law)(이하 'CESL')안은 동 규칙을 위한 제안의 부속서 I(Annex I)에 수록되어 있다. CESL은 유럽연합 내의 국경을 넘는 거래에 있어서 각국의 매매법의 相違로 인하여 발생하게 되는 장애를 제거하는 것을 목표로 하고 있으며, CESL의 채택이 이루어지면 사업자에 대해 시장을 개방하고, 소비

---

* 이 글은 신동현, "유럽공통매매법(CESL)안에서의 약관의 충돌 문제", 『民事法學』, 第66號(2014/3)의 내용을 轉載한 것이다.

1) Proposal for a Regulation of the European Parliament and of the Council on a Common European Sales Law, October 11, 2011, COM(2011) 635 final.

자에 대해 보다 많은 선택과 높은 수준의 보호를 제공하게 될 것으로 전망하고 있다.[2)]

CESL안은 국제물품매매 등에 관한 총 186개의 조문으로 구성되어 있는데, 현재 우리나라에서 진행 중인 민법개정작업에서 그에 관한 규율내용을 신설할 것인지의 여부와 신설한다면 어떠한 내용이 되어야 할 것인지가 진지하게 검토되고 있는 약관의 충돌 문제에 대하여도 명시적인 규정을 두고 있다. 그런데 약관의 충돌 문제는 2005년부터 우리나라가 체약국이 된 CISG에서의 규율내용과 관련해서도 논란이 있는 문제이므로, 최근의 주요한 비교법적인 자료로서 CESL안을 검토하는 것이 일정한 의의를 가질 수 있으리라 생각한다. 따라서 본고에서는 CESL안의 내용 중에서 약관의 충돌 문제를 다루고 있는 제39조를 중심으로 CISG와 PECL·DCFR에서의 약관의 충돌에 관한 규율과 비교함으로써 CESL의 의의를 단편적으로 살펴보고, 나아가 CESL안에서의 약관의 충돌 규정이 우리나라의 법제에 미칠 수도 있을 영향들을 가늠해보고자 한다. 그리하여 이하에서는 먼저, 약관의 충돌 문제와 그 해결방안들을 개관하고(II), CISG와 PECL·DCFR에서의 약관의 충돌에 관한 규율을 비교·검토한 후(III), 이어서 CESL안에서의 약관의 충돌 문제를 살펴보고(IV), 마지막으로 약관의 충돌 규정을 계기로 본 CESL의 의의와 CESL안 제39조의 시사점에 관하여 정리하는 순서로 논의를 전개하고자 한다(V).

II. 약관의 충돌 문제와 그 해결방안들

1. 약관의 충돌의 의의

거래당사자 상호간에 각자 내용이 다른 약관을 이용하여 청약과 승낙이 이루어지는 경우 서로 일치하지 않는 약관조항들 간의 저촉상황을 약관의 충돌 혹은 이른바 '서식전쟁(the battle of the forms)'이라 한다. 여기서의 약관 또는 서식(form)은 미리 작성

2) 이는 같은 날 발행된, CESL에 관한 유럽의회 및 이사회의 규칙안에 관한 홍보용 설명서에서 밝히고 있는 내용이다. 이에 관하여는, Communication Department of the European Commission, All Optional Common European Sales Law: Frequently Asked Questions (October 11, 2011) <http://ec.europa.eu/justice/contract/files/common_sales_law/m11_680_en.pdf> 참조.

되어 거래에 정형적으로 사용되는 계약조건을 명시한 서면의 의미를 지칭하는 일반적인 의미의 약관뿐만 아니라 널리 거래조건이 들어있는 서면의 의미로도 쓰이기도 하지만,[3] CESL에서의 약관의 충돌 문제를 주된 검토 대상으로 하는 본고에서는 CESL에서의 약관의 정의[4]에 따라 편의상 전자의 의미에 한정하기로 한다. 이러한 약관의 충돌사안에선 과연 계약이 체결된 것인지, 그리고 계약이 체결되었다면 당사자들을 구속하는 계약내용은 충돌하는 약관 중 어느 것인지 혹은 그 밖의 다른 임의규정 등에 의하여 보충될 것인지가 문제된다. 거래계의 실제에 있어 약관의 충돌문제는 계약이행 전 단계에서 일방당사자가 계약의 성립을 주장하고 그가 원하는 내용대로 계약을 이행할 것을 요구하는 모습으로 나타나기보다는, 각자의 약관을 이용한 청약과 승낙 등의 교섭이 있은 후 약관의 모든 조항이 완전하게 일치하지 않더라도 주요한 내용(혹은 조건)이 일치하는 경우 각각의 당사자가 합의를 통한 계약의 성립이 있는 것으로 여기고 계약의 이행을 시작한 후 추후에 분쟁이 발생하게 되면 비로소 계약체결단계에서 약관의 충돌이 있었음을 문제제기하는 형태로 나타나는 경우가 많다. 이러한 양상은 약관의 충돌사안의 해결에 있어서도 계약의 성립 자체를 부정하는 것보다는 계약의 성립은 인정하되 다만 계약내용을 무엇에 의할 것인가의 문제가 주요한 쟁점으로 부각되게 할 것이다.[5]

---

3) 특히 CISG에서의 약관의 충돌 문제를 다루는 경우에 그러하다. 이에 대하여는, 崔興燮, "유엔國際賣買法(CISG)에서 約款에 관한 문제", 法曹 제592호(2006/1), 법조협회, 105면 주 1)을 참조.

4) CESL에 관한 유럽의회 및 이사회의 규칙안 전문 제2조 (d). 이에 관하여는 이하의 IV.1.에서 서술.

5) 약관의 충돌과 관련한 최근 동향은 약관의 충돌이 계약의 성립을 부정하지 않는다는 설명으로는, Felemegas(ed.), *An international approach to the interpretation of the United Nations Convention on Contracts for the International Sale of Goods (1980) as uniform sales law*, Cambridge University Press, 2007, p. 318. 법원이 약관의 충돌에 대하여 판결한 바 있는 대부분의 나라에서 청약자가 승낙이라고 하는 것에 대하여 상당한 지체 없이 이의하지 않는 한 계약은 청약과 이에 대한 승낙이라고 하는 것에 의하여 성립하는 것 같고, 따라서 양 당사자가 이행의 제공과 같이 다른 방법으로 계약을 인정하기 전이라도 계약은 존재하는 것으로 보고 있다는 설명으로는, Lando/Beale(eds.), *Principles of European contract law Parts I and II*, Kluwer Law International, 2000, Article 2:209 Note 1; von Bar/Clive(eds.), *Principles, definitions and model rules of European private law: draft common frame of reference (DCFR) Full Edition*, Vol. I, Oxford University Press, 2010, II.-4:209 Note 1.

2. 약관의 충돌에 대한 주요 해결방안

약관의 충돌이 있는 경우 그에 대한 해결방안으로는 크게 다음의 네 가지 방법이 제시되고 있는데, 계약의 성립을 부정하는 방법, 청약자가 주장하는 약관을 계약내용으로 인정하는 방법(이른바 first shot rule, 최초발포설 또는 최초약관우선의 원칙), 최후에 의사표시를 한 자의 약관이 계약내용이 되는 것으로 인정하는 방법(이른바 last shot rule, 최후발포설 또는 최후약관우선의 원칙), 그리고 당사자들 간의 충돌하는 약관내용들은 계약내용으로 인정하지 않고(상충조건의 배제), 일치하는 한도의 약관들만을 계약내용으로 인정하는 방법(이른바 knock-out rule, 상충조건배제설 또는 충돌약관배제의 원칙)이 그것이다.[6] 이 중 본고에서 비교·검토하고자 하는 CESL안 등은 last shot rule이나 knock-out rule을 채택하고 있는 것으로 평가받고 있으므로 이하에서는 last shot rule과 knock-out rule에 대하여 살펴보기로 한다.

last shot rule은 계약의 성립에 있어 청약과 승낙의 완전한 일치를 요구하는 이른바 mirror image rule(鏡像의 원칙 또는 완전일치의 원칙)이 지배하는 법제에서는, 청약에 대한 승낙이 변경을 가한 것인 한 계약은 성립하지 않고 그 승낙이 새로운 청약으로 되므로 승낙의 의사표시를 수령한 상대방(즉 최초의 청약자)이 여기에 아무 이의제기가 없이 이행에 착수하거나 또는 이행하였다면 마지막 청약에 대한 승낙이 있는 것으로 보게 되므로 이 마지막 청약 속에 있던 변경된 거래조건이 그대로 계약의 내용이 되는 것으로 약관의 충돌을 해결하는 방법으로서,[7] 최후에 의사를 표시한 자의 의사표시에 대하여 이의를 제기하지 않고 이행에 나아간 상대방의 행태를 의사실현에 의한 승낙으로 인정하는 해결방안이라 할 수 있다. last shot rule은 명확하고 확실하여 법적 안정성을 가져오고, 또한 거래당사자들이 약관의 내용을 미리 검토함으로써 계약 내용을 예측할 수 있다는 장점이 있으나,[8] 이유 없이 최후에 의사표시를 한 자를 일방적으로 우대하며,[9] 결과적으로 최후의 의사표시의 수령자에게 그의 침묵을 동의로 여기

---

6) Lando/Beale(eds.)(주 5), pp. 182-185; von Bar/Clive(eds.)(주 5), pp. 330-334.

7) 崔興燮(주 3), 115-116면.

8) Viscasillas, ""Battle of the Forms" under the 1980 United Nations Convention on Contracts for the International Sale of Goods: A Comparision with Section 2-207 UCC and the UNIDROIT Principles", *10 Pace Int'l L. Rev.*(1998), p. 148.

9) last shot rule은 자의적이고 당사자들이 예상하기 힘든 결과에 이르게 된다는 비판으로는, Schroeter, in Schlechtriem/Schwenzer(eds.), *Commentary on the UN Convention on the International Sale of Goods (CISG)*, Oxford University Press, 2010, art 19 no 35; Schulze(ed.), *Common european sales law (CESL): commentary*, C.H. Beck·Hart·Nomos, 2012, p. 205.

면서 그에게 어떤 식으로든 응답할 의무를 부과하는데, 최후의 의사표시의 수령자는 청약에서 이미 자기의 조건을 밝혔으므로 그 조건을 변경하고자 하는 최후의 의사표시를 한 자가 오히려 그 변경내용이 계약내용이 되도록 노력할 의무가 있고, 최후의 의사표시에 우위를 인정한다면 그 의사표시를 수령하는 자가 악의로 상대방의 실수나 침묵을 기대하면서 자기에게 유리한 다양한 내용의 약관조항을 남발할 우려가 있다는 비판을 받고 있다.[10]

그에 비해 knock-out rule은 당사자들 간의 충돌하는 약관내용들은 계약내용으로 인정하지 않고(상충조건의 배제), 일치하는 한도의 약관들만을 계약내용으로 인정하는 방법으로서, 충돌하는 약관이 배제된 결과 초래된 계약내용의 공백은 해당 내용을 규정하고 있는 관련 임의규정(혹은 일반조항)들의 적용이나 일반 법리에 의한 충전으로 보충하고자 하는 해결방안이라 할 수 있다. knock-out rule에 의한 해결은, 당사자들이 각자 의도하지 않은 내용들은 계약내용으로부터 배제하고 의도한 내용만을 계약내용으로 인정함으로써 당사자 의사에도 부응하는 것이고 보다 합리적인 측면을 가지고 있지만, 임의법규와 다른 내용을 적용시키고자 의도했던 당사자들에게 임의법규를 적용하도록 강제하고, 변경된 승낙을 수령한 원래의 청약자가 승낙자의 변경의도를 뻔히 알면서도 어차피 나중에 문제가 발생하면 충돌되는 부분은 배제되리라고 생각하고 이행을 감행하는 악용사례도 생길 수 있다는 비판을 받고 있다.[11]

III. CISG와 PECL·DCFR에서의 약관의 충돌에 관한 규율

1. CISG에서의 약관의 충돌 문제

CISG는 약관이 이용된 경우나 약관의 충돌에 관한 직접적인 규정을 두고 있지 않아 CISG에서의 약관의 충돌 문제는 청약과 승낙에 의한 계약성립에 대한 일반규정과 변경을 가한 승낙에 관한 제18조 제3항과 제19조에 의하여 규율되어야 한다고 보는 것

10) 석광현, 국제물품매매계약의 법리, 박영사, 2010, 94-95면.
11) 崔興燮(주 3), 117면.

이 일반적이다.[12] 제19조에서는 원칙적으로 청약에 대하여 변경을 가한 응답(reply)은 청약의 거절인 동시에 새로운 청약을 한 것으로 보면서도(제1항), 청약을 실질적으로 변경하지 않는 조건을 포함하는 응답은 원칙적으로 승낙이 되며, 그 경우 승낙에 따라 변경을 가한 청약이 계약의 내용이 된다고 규정한다. 즉 비실질적 변경을 가한 승낙을 한 경우 승낙에 의하여 변경된 청약이 계약의 내용이 된다는 것이다. 하지만 비실질적 변경을 가한 승낙의 경우에도 청약자가 부당한 지체 없이 불일치에 대하여 구두로 반대하거나 반대의 취지의 통지를 발송하는 경우에는 승낙이 되지 않으므로 계약은 성립하지 않는다(제2항).[13][14] 그러나 청약에 대하여 변경을 가한 응답(reply)이 청약의 내용을 실질적으로 변경하는 것이 되어 새로운 청약이 되는 경우에도, 청약, 관행 또는 당사자 간에 확립된 관례에 의하여 원래의 청약자가 새로운 청약자에게 통지 없이 물품의 발송 또는 대금지급 등의 행위를 함으로써 동의를 표시할 수 있는 경우에 그러한 계약의 이행으로 나아가면 행위에 의한 승낙으로 인정되어(제18조 제3항),[15] 최후에 제시된 조건이 계약의 내용이 될 수 있다.

이를 약관의 충돌 문제에 비추어 정리하여 보면, CISG에서는 승낙이 실질적이지 않

---

12) Dornis, in Honsell(Hrsg.), *Kommentar zum UN-Kaufrecht. Übereinkommen der Vereinten Nationen über Verträge über den Internationalen Warenkauf (CISG)*, 2. Aufl., Springer, 2010, Art. 19 Rn. 37.

13) CISG 제19조 제3항은 특히 대금, 대금지급, 물품의 품질과 수량, 인도의 장소와 시기, 당사자 일방의 상대방에 대한 책임범위 또는 분쟁해결에 관한 부가적 조건 또는 상이한 조건은 청약 조건의 실질적 변경하는 것으로 본다고 규정하여 실질적 변경에 해당하는 사항들을 예시하고 있다.

14) CISG Article 19

(1) A reply to an offer which purports to be an acceptance but contains additions, limitations or other modifications is a rejection of the offer and constitutes a counteroffer.

(2) However, a reply to an offer which purports to be an acceptance but contains additional or different terms which do not materially alter the terms of the offer constitutes an acceptance, unless the offeror, without undue delay, objects orally to the discrepancy or dispatches a notice to that effect. If he does not so object, the terms of the contract are the terms of the offer with the modifications contained in the acceptance.

(3) Additional or different terms relating, among other things, to the price, payment, quality and quantity of the goods, place and time of delivery, extent of one party's liability to the other or the settlement of disputes are considered to alter the terms of the offer materially.

15) CISG Article 18

(3) However, if, by virtue of the offer or as a result of practices which the parties have established between themselves or of usage, the offeree may indicate assent by performing an act, such as one relating to the dispatch of the goods or payment of the price, without notice to the offeror, the acceptance is effective at the moment the act is performed, provided that the act is performed within the period of time laid down in the preceding paragraph.

은 변경에 이르는 조건을 포함하고 있는 것에 지나지 않을 때에는 원칙적으로는 승낙이 이용하고 있는 약관에 의하여 변경된 청약이 계약의 내용이 되고, 실질적인 변경에 해당하는 조건을 포함하고 있을 때에도 일정한 경우에 행위에 의한 승낙이 인정되어 최후에 제시된 조건이 계약의 내용이 될 수 있는 결과에 이르므로, CISG의 해석론으로는 약관의 충돌 문제에 관하여 last shot rule을 원칙으로 하고 있는 것으로 볼 수 있다는 평가가 국제적으로 다수설에 해당한다.[16][17]

2. PECL·DCFR에서의 약관의 충돌에 관한 규율

PECL과 DCFR은 약관의 정의 그리고 약관의 충돌 문제에 관한 규율에 대하여는 거의 동일한 입장을 취하고 있는 것으로 평가할 수 있다. 이는 관련 규정들의 유사성에서도 그 근거를 찾을 수 있지만, 그에 대한 해설과 비교법적 주석을 담고 있는 공식적인 문헌들의 해당 내용이 거의 일치하고 있음에서도 확인할 수 있다.[18]

구체적으로 살펴보면, PECL은 제2:209조에서 약관의 정의와 약관의 충돌 문제에 대한 명시적인 규정을 두고 있다. 우선 제3항은 약관을 특정한 성질을 가지는 불특정 다수의 계약을 위하여 미리 마련된 내용으로서 당사자들 사이에 개별적으로 교섭되지 않았던 것을 말하는 것으로 정의하고, 당사자들이 교환한 약관이 충돌하는 경우 계

16) Staudinger/*Magnus*, 2005, Art. 19 CISG Rn. 22에 인용된 문헌들 참조; 석광현(주 10), 97면. Lando/Beale(eds.)(주 5), p. 184; von Bar/Clive(eds.)(주 5), p. 332도 CISG 제19조와 제18조는 last shot rule과 같은 결론에 도달하는 것으로 보인다고 하며, 그러한 결론은 승낙의 충돌하는 내용이 청약을 실질적으로 변경하는 경우(제19조 제1항, 제18조 제3항 참조)나 변경하지 않는 경우(제19조 제2항)에 모두 그러하다고 설명하고 있다. 이에 비하여 독일 연방대법원의 판결과 독일의 다수설은 CISG의 해석론으로도 knock-out rule을 취하고 있다는 설명으로는 석광현(주 10), 95-96면을 참조.

17) CISG에서의 약관의 충돌의 문제를 의식적 불합의와 무의식적 불합의로 구분하여 해결하고자 하는 시도로는 가정준, 민법적 시각에서 본 CISG상의 서식전쟁, 國際去來法硏究 第22輯 第1號(2013/7), 국제거래법학회, 209면 이하.

18) 즉, von Bar/Clive(eds.)(주 5), p. 160과 pp. 328-333은 Lando/Beale(eds.)(주 5), pp. 180-185의 내용에 극히 일부의 사항들만을 추가하고 있을 뿐이다. 이는 DCFR을 기초하는데 있어서 약관의 정의 및 약관의 충돌 규정을 담고 있는 제2권이 란도 위원회의 PECL에 그 기초를 두고 있는 사실에서 기인하는 것으로도 볼 수 있다(박영복, "유럽계약법 공통기준 초안(DCFR)상의 매매법", 외법논집 제36권 제1호(2012/2), 한국외국어대학교 법학연구소, 72면; 이영준, "DCFR과 한국민법의 대개정", Christian von Bar 외 10인 편저/안태용 역, 유럽 민사법의 공통기준안(총칙·계약편): DCFR 제1권~제4권, 법무부, 2012, 24면).

약은 일치된 부분에 한하여 성립하며 상호 일치하는 약관내용만이 계약의 내용이 되는 것이지만(제1항), 이 경우에도 계약에 구속되지 않으려는 당사자가 미리 또는 나중에 지체 없이 그 뜻을 상대방에게 알리면 계약이 성립하지 않는 것으로 규정하고 있다.[19] 이러한 PECL의 태도는 knock-out rule을 채택한 것으로서,[20] 각 약관이 서로를 탈락시켜서 남은 공백은 결국 법원이 채워야 할 것이다. 법원은 약관들이 충돌하고 있는 쟁점들을 결정하기 위하여 유럽계약법원칙을 적용할 수 있으며, 특히 관련거래에서의 관행과 당사자 간의 거래관례(제1:105조), 계약의 성질이나 목적의 고려, 신의성실과 공정거래라는 기준 등을 적용하여 그 공백을 메울 수 있을 것이다(제6:102조).

다음으로 DCFR은 PECL 제2:209조에서와는 달리 약관의 정의와 약관의 충돌 문제를 분리하여 규정하고 있는데, 그 내용은 이미 언급한 바와 같이 PECL의 규정과 거의 유사하다. 즉 DCFR II.−1:109는 약관을 다른 당사자들과의 다수의 거래를 위하여 미리 마련된 내용으로서 당사자들 사이에 개별적으로 교섭되지 않았던 것을 말하는 것으로 별도로 규정한 후,[21] II.−4:209에서는 PECL 제2:209조 제1항 및 제2항과 거의 동일한 내용의 규정을 두고 있다.[22] 이러한 DCFR의 태도 역시 knock-out rule을 채택한

---

19) PECL Article 2:209 Conflicting General conditions
(1) If the parties have reached agreement except that the offer and acceptance refer to conflicting general conditions of contract, a contract is nonetheless formed. The general conditions form part of the contract to the extent that they are common in substance.
(2) However, no contract is formed if one party:
(a) has indicated in advance, explicitly, and not by way of general conditions, that it does not intend to be bound by a contract on the basis of paragraph (1); or
(b) without delay, informs the other party that it does not intend to be bound by such contract.
(3) General conditions of contract are terms which have been formulated in advance for an indefinite number of contracts of a certain nature, and which have not been individually negotiated between the parties.

20) Lando/Beale(eds.)(주 5), pp. 182-183.

21) DCFR II.-1:109 Standard terms A "standard term" is a term which has been formulated in advance for several transactions involving different parties and which has not been individually negotiated by the parties.
DCFR은 약관을 의미하는 용어로서 "standard term"을 사용하여, PECL에서의 "General conditions of contract"와 다른 것인가 하는 의문이 있을 수도 있지만, von Bar/Clive(eds.)(주 5), II.−1:109 note 1은 "standard term"의 정의는 PECL 제2:209조에서의 "General conditions of contract"와 유사하며 유일한 차이점은 PECL 제2:209조에서의 "불특정 다수의 계약을 위하여"라는 요건으로서, 이는 너무 엄격한 것이어서 예컨대 100개의 계약을 위하여 마련되는 경우도 역시 약관으로 다루어져야 할 것이므로 "다수의 거래를 위하여"라는 표현을 쓰고 있음을 밝힘으로써 그러한 의문의 여지를 해소하고 있다.

22) DCFR II.-4:209 Conflicting standard terms
(1) If the parties have reached agreement except that the offer and acceptance refer to conflicting

것으로서, 각 약관이 서로를 탈락시켜서 남은 공백은 결국 법원이 채워야 할 것이고, 약관들이 충돌하고 있는 쟁점들을 결정하기 위하여 임의법규와 관련거래에서의 관행과 당사자 간의 거래관례, 계약의 성질이나 목적의 고려, 그리고 신의성실과 공정거래라는 기준 등을 적용하여 그 공백을 메울 수 있을 것임도 PECL에서와 마찬가지이다.[23]

IV. CESL안에서의 약관의 충돌 문제

CESL안은 약관의 정의 그리고 약관의 충돌 문제에 관한 규율과 관련하여, DCFR과 거의 유사한 체제와 내용을 채택하고 있다.[24] 그리고 이는 결국 내용적으로 PECL에서의 규율과 일치하게 될 것이다.

1. 약관의 정의

CESL에 관한 유럽의회 및 이사회의 규칙안 전문 제2조 (d)는, 약관을 다른 당사자들과의 다수의 거래를 위하여 미리 마련된 계약 내용을 의미하는 것으로서, 유럽공통매

standard terms, a contract is nonetheless formed. The standard terms form part of the contract to the extent that they are common in substance.

(2) However, no contract is formed if one party:

(a) has indicated in advance, explicitly, and not by way of standard terms, an intention not to be bound by a contract on the basis of paragraph (1); or

(b) without undue delay, informs the other party of such an intention.

23) von Bar/Clive(eds.)(주 5), p. 330.

24) CESL안의 일부 내용이 DCFR에서의 규율과 일정 부분 공통점을 갖는 것은, CESL안을 마련하는데 있어 DCFR의 내용에 그 기초를 두고 있는 데에서 그 주된 원인을 찾을 수 있지만 CESL안의 작성을 담당한 전문가그룹(Expert Group)의 일부 멤버가 DCFR의 작업을 담당했던 유럽사법전에 관한 연구그룹(Study Group on a European Civil Code) 및 EC사법에 관한 연구그룹(Aquis Group)에 속하고 있었음에서도 일정 부분 이해할 수 있을 듯하다. 이에 관하여는 박영복, "EU 집행위원회에 의해 제안된「유럽공통매매법에 관한 규칙」", 외법논집 제37권 제3호(2013/8), 한국외국어대학교 법학연구소, 39-40면을 참조.

매법 제7조에서 의미하는 당사자들 사이에 개별적으로 교섭되지 않았던 것을 말하는 것으로 정의하고 있다.[25] 이는 표현상의 차이가 있긴 하지만 약관의 충돌 문제와 관련하여서는, PECL 제2:209조 제3항과 DCFR II.－1:109에서의 약관의 정의와 일치하는 것임을 어렵지 않게 확인할 수 있을 것이다.[26]

2. 약관의 충돌에 관한 규율

CESL안은 제39조에서 다음과 같이 약관의 충돌 문제에 대한 명시적인 규정을 두고 있다.

CESL안 제39조 표준계약약관의 충돌[27]

1. 당사자들이 청약과 승낙이 각기 서로 상반하는 표준계약약관을 지시하는 것을 제외하고는 합의에 도달한 경우에는, 계약은 그럼에도 불구하고 체결된다. 이들 표준계약약관은 그들이 실체적으로 동일한 한도에서 계약의 일부가 된다.
2. 제1항의 규정에도 불구하고 당사자 일방이
   (a) 제1항에 기한 계약에 구속되지 않을 의도를, 미리, 명시적으로, 또한 표준계약약관에 의하지 아니하고 지시한 경우; 또는

---

25) Proposal for a Regulation of the European Parliament and of the Council on a Common European Sales Law Article 2 Definitions
For the purpose of this Regulation, the following definitions shall apply:
(d) 'standard contract terms' means contract terms which have been drafted in advance for several transactions involving different parties, and which have not been individually negotiated by the parties within the meaning of Article 7 of the Common European Sales Law;

26) 앞의 주 21 참조. 약관의 정의를 CESL에 관한 유럽의회 및 이사회의 규칙안 전문에 두고 있는 규정 방식에 대한 비판으로는, Wendehorst, in Schulze(ed.), *Common european sales law (CESL): commentary*, C.H. Beck·Hart·Nomos, 2012, p. 18을 참조.

27) CESL Article 39 Conflicting standard contract terms
1. Where the parties have reached agreement except that the offer and acceptance refer to conflicting standard contract terms, a contract is nonetheless concluded. The standard contract terms are part of the contract to the extent that they are common in substance.
2. Notwithstanding paragraph 1, no contract is concluded if one party:
(a) has indicated in advance, explicitly, and not by way of standard contract terms, an intention not to be bound by a contract on the basis of paragraph 1; or
(b) without undue delay, informs the other party of such an intention.

(b) 지체 없이 상대방에게 그러한 의도를 고지한 경우에는,

계약은 체결되지 아니한다.

제39조의 내용은 DCFR II.–4:209와 거의 동일하며, 결과적으로 PECL 제2:209조와도 거의 일치하게 된다. 따라서 PECL 및 DCFR에서의 약관의 충돌에 관한 규율과 마찬가지로 CESL안에서 채택된 해결방안은 knock-out rule이라고 할 것이며, 이러한 knock-out rule은 당사자들에게 미리 또는 계약이 체결이 인정될 수 있는 약관의 교환 후 지체 없이 이의를 제기할 가능성을 부여함으로써 배제되고 당사자는 계약의 성립을 피할 수 있다(제39조 제2항).[28] 만일 제39조의 규정이 존재하지 않았다면, 이미 살펴본 CISG에서의 해석에 있어서와 마찬가지로 논란의 여지는 있지만 last shot rule이 적용될 가능성이 있으며, 그러한 사정은 PECL 및 DCFR에서도 동일할 것이다.[29]

1) knock-out rule의 채택(제39조 제1항)

제39조 제1항에 의하면, 당사자들이 서로 충돌하는 약관을 언급한다는 점을 제외하고는 다른 주요부분에 있어 합의가 존재하는 경우에는 계약이 성립하는 것이며, 서로 충돌하는 약관은 실체적으로 동일한 한도에서만 계약의 내용이 된다는 것을 의미한다. 이 때 '실체적으로 동일'하다는 것은 표현에 있어서가 아니라 초래될 결과(실질적 내용)에 있어서 동일한 것을 의미한다. 각 약관이 충돌하여 배제된 결과 초래되는 공백은, CESL안의 임의규정들에 의해 보충되거나 CESL안 규정들의 근간이 되는 목적과 일반원칙들(제4조 제2항), 관련거래에서의 관행과 당사자 간의 거래관례, 계약의 성질이나 목적의 고려, 그리고 신의성실과 공정거래라는 기준(제68조) 등을 적용하여 그 공백을 메울 수 있을 것임도 PECL 및 DCFR에서와 마찬가지라 할 것이다.[30]

---

28) Terryn, in Schulze(ed.), *Common european sales law (CESL): commentary*, C.H. Beck·Hart·Nomos, 2012, p. 205.

29) CESL안 제38조는 CISG 제19조와 그 내용이 유사하며(Terryn(주 28), pp. 204, 206도 참조), 이는 PECL 제2:208조 및 DCFR II.-4:208도 그러하다. Lando/Beale(eds.)(주 5), p. 182와 von Bar/Clive(eds.)(주 5), p. 329는 약관의 충돌에 관한 규정인 PECL 제2:209조 및 DCFR II.-4:209이 각각 변경된 승낙에 관한 PECL 제2:208조 및 DCFR II.-4:208의 일반 원칙에 대한 예외라고 설명하고 있다.

30) Terryn(주 28), pp. 205-206.

2) knock-out rule이 배제되는 경우(제39조 제2항)

자신의 약관이 임의규정에 의해 대체되는 것이나 상대방의 약관에 의하여 보충되는 것을 원하지 않는 당사자는 미리 또는 계약의 성립으로 인정될 수 있는 약관의 교환 후 지체 없이 이를 배제할 수 있다. 이 경우에는 청약과 (변경된) 승낙에 관한 일반 원칙이 적용될 것이므로 상대방의 약관이 청약자의 약관을 실질적인 변경하는 것으로 인정되면, 원래의 청약은 거절되고 그 승낙은 새로운 청약으로 취급될 것이다. 따라서 knock-out rule의 배제는 last shot rule의 적용으로 이어질 가능성이 있게 된다.[31] 당사자 일방이 자신의 약관과 다른 어떠한 계약 내용에 의해서도 구속되지 않을 의도임을 사전에 명시적으로 표시한 경우에도 knock-out rule은 배제될 것이다. 이 경우 미리 하는 표시는, 청약이나 승낙 상의 명확한 표시를 의미하는 것으로서 약관에서의 그러한 조항은 명백하게 배제된다.

V. 약관의 충돌 문제를 계기로 본 CESL의 의의와 CESL안 제39조의 시사점

1. 약관의 충돌 문제를 계기로 본 CESL의 의의

앞서 살펴본 바와 같이, 약관의 충돌 문제에 관한 CESL안 제39조는, CISG에서와는 큰 대조를 이루지만 PECL 및 DCFR과는 그 내용에 있어 거의 동일하다. 이로 인해 CESL안 제39조 그리고 근본적으로는 CESL의 의의가 그리 크지 않은 것인지 의문이 들 수도 있다. 하지만 각 규범들의 인적, 물적 그리고 장소적 적용범위에 있어서 차이가 있다는 점에서 우선 CESL은 그 적용범위와 관련하여 일정한 의의를 갖게 될 것이다.[32] 그리고 약관의 충돌 문제와 관련해서는, 그 해결방안으로서 last shot rule을 따르고 있는 것으로 평가되는 CISG에 비해 정면으로 knock-out rule을 채택하고 있는

---

31) Terryn(주 28), p. 206.

32) CESL의 적용범위 및 법적 지위에 관해서는, CESL에 관한 유럽의회 및 이사회의 규칙안 전문과 전문규정 및 박영복(주 24), 43-51면; 白慶一, "유럽공통매매법안(CESL)에서의 계약체결규정에 관한 비교법적 검토", 比較私法 제20권 2호(통권 제61호)(2013/5), 韓國比較私法學會, 444-450면을 참조.

PECL 및 DCFR의 규율 내용을 CESL안 제39조가 다시 한 번 확인함으로써 일련의 연속성을 가지고 진행되고 있는 유럽연합의 사법 또는 계약법 통일·조화작업에 있어서 knock-out rule이 약관의 충돌 문제에 관한 지배적인 해결방안으로 자리매김하고 있음을 확인할 수 있게 하기도 한다. 그리고 무엇보다 법적 구속력이 없는 단순한 참고자료나 모델의 제시에 그칠 여지도 있는 PECL이나 DCFR에 비하여, 당사자들의 동의가 있어야 적용될 수 있는 선택적 규범이긴 하지만,[33] CESL안은 국내법으로의 이행절차가 필요 없이 EU회원국 내에 직접 적용되는 법적 구속력을 갖는 규칙(Regulation)의 형태로[34] 제안되고 있다는 점도 주목할 만하다. 그리하여 약관의 충돌에 관한 규율에서 보는 바와 같이, PECL 및 DCFR과의 이러한 효력 상의 차이는, PECL이나 DCFR에서 정하고 있는 것을 별다른 수정 없이 CESL 등에 가져옴으로써 PECL·DCFR의 효용을 제고할 수도 있으며(효력이 약한 DCFR의 법규로서의 CESL로의 전이), EU회원국에 한하는 것이긴 하지만 CISG에 가입하고 있는 체약국의 경우 CISG의 규율 내용들을 CESL 등의 내용으로 대체할 수 있는 여지도 있게 될 것이다. 마지막으로 CESL은 매매법에 해당하지만 사법 및 계약법 내에서 매매법이 갖는 비중을 고려할 때 이러한 매매법의 통일은 장차 진행될 수도 있을 계약법 내지 민법전 전체의 통일·조화에 일정한 기여를 할 것으로 보인다.[35] 물론 장차 진행되는 절차에서 CESL에 관한 유럽의회 및 이사회의 규칙안과 CESL안의 채택 및 수정여부가 어떤 전개과정을 겪게 될 것인지는 쉬이 가늠할 수 없지만, CESL의 도입을 위한 시도가 이러한 의의를 갖는 것임은 경시될 수 없을 것이다.

2. CESL안 제39조의 시사점

사법 또는 계약법을 국제적으로 조화시킴으로써 통일적인 규율을 달성하려는 노력이 유럽연합을 중심으로 활발하게 진행되고 있음은 주지의 사실이다. 그러한 시도들은 우리나라와 일본 그리고 중국을 포함하는 동아시아 각국의 계약법통일 논의에 대해서도 단초를 제공하여 본고에서 검토한 약관의 충돌과 관련하여 일반약관에 의한

33) CESL에 관한 유럽의회 및 이사회의 규칙안 전문규정 제8조 제1항 참조.

34) 이에 관하여는 논란이 존재하고 있으며, 규칙(Regulation)이 아니라 지침(Directive)으로의 전환을 요구하는 의견도 있었다는 것에 관하여는, 박영복(주 24), 49-51면과 56-57면을 참조.

35) 白慶一(주 32), 472면.

계약의 성립과 그 규정의 충돌에 관한 규정도 그러한 논의에 포함되어야 할 것인가를 고려해 볼 필요가 있다는 지적도 제기되고 있다.[36]

또한 약관의 충돌 문제에 관한 해결방안으로서 knock-out rule을 채택하고 있는 PECL 및 DCFR의 규율 내용을 CESL안 제39조가 다시 한 번 확인함으로써 knock-out rule은 점차 지배적인 지위를 점해 가고 있는 것으로 보이는데, 이러한 경향은 우리나라의 사법 개정에도 일정한 영향을 미치고 있다. 즉, 우리나라의 민법과 상법은 약관의 충돌에 관하여 아무런 규정을 두고 있지 않아서 이 문제는 변경을 가한 승낙에 관한 민법 제534조에 의하여 해결되어야 하거나,[37] 법원의 판결에 의하여 그 해결법리가 형성될 여지가 있다.[38] 또한 우리나라는 2004년 2월 17일에 CISG에의 가입을 신청하여 2005년 3월 1일에 체약국이 되었으므로 CISG는 이미 국내법과 동일한 또는 부분적으로는 우선적인 효력을 가지고 있다고도 볼 수 있어서, 약관의 충돌 문제 역시 CISG 제19조에 의하여 규율될 가능성도 존재하고 있다. 그리하여 현재 진행 중인 민법개정작업에서는 약관의 충돌 문제를 규율할 명시적인 규정을 마련하려는 노력이 실제로 진행된 바 있고, 구체적으로는 knock-out rule을 원칙으로 하는 민법개정시안이[39][40] 얼마 전까지 심도 있게 논의되었던 것을 확인할 수 있다.[41] 관련 규정의 도입 및 개정여부는 현재에도 논의 중인 것으로 보이지만, 계약의 성립에 관한 민법개정시안 제527조의 신설은 어느 정도 확정된 것으로 보이는 반면, 약관의 충돌 문제에 관한 직접적 규정이라 할 수 있는 민법개정시안 제533조의2는 일단 누락되어 재검토

---

36) 이영준, "아시아계약법 원칙의 기본방향", 법률신문 제3831호 2010년 4월 8일자.

37) 석광현(주 10), 371면.

38) 池元林, "계약의 성립에 관한 입법론적 연구", 法曹 제527호(2000/8), 법조협회, 200면은 민법의 입법론으로서 knock-out rule의 채택을 지지하고 있다.

39) 민법개정시안 제533조의2(약관의 충돌)
① 서로 다른 내용의 약관을 사용하여 청약과 승낙이 이루어진 경우에 합치된 내용만으로도 제527조의 합의에 이른 때에는 그 범위에서 계약이 성립한다.
② 제1항에도 불구하고 다음 각 호의 경우에는 계약이 성립하지 아니한다.
1. 제1항에 따라 계약에 구속되지 않는다는 의사를 약관에 의하지 않은 방법으로 미리 명시적으로 표시한 경우
2. 약관을 수령하고 지체없이 제1호의 의사를 통지한 경우
민법개정시안 제527조(계약의 성립)
계약은 당사자가 법적 구속을 받을 의사로 그 내용을 확정할 수 있는 합의에 이르면 성립한다.

40) 이에 관하여 찬성하는 입장으로는 金鎭雨, "국제계약규범에서의 계약조항의 편입", 法曹 제663호(2011/12), 법조협회, 121면; 김진우, "CISG에서의 약관의 충돌문제", 國際去來法硏究 第20輯 第2號(2011/12), 국제거래법학회, 185-186면.

41) 법무부 민법개정자료발간팀(編), 2013년 법무부 민법개정시안: 채권편 上, 법무부, 2013, 207-209면, 244-246면, 274-276면 참조.

의 여지를 남기고 있는 듯하다.[42] 이는 아마도 약관의 충돌에 관하여 명시적인 규정을 두고 있는 입법례들이 약관의 정의와 계약의 주요부분 등에 관한 규정 등도 구비하고 있는데 비하여, 우리나라에서는 민법에 관련 규정이 없고 오히려 약관의 규제에 관한 법률에 존재하고 있다는 사실 등에 기인하는 것으로 보인다.[43] 이러한 사실들은 이제까지 본고에서 검토한 CESL에 관한 유럽의회 및 이사회의 규칙안과 CESL안의 채택 및 수정여부,[44] 그리고 그 推移를 지켜보게 하는 흥미로운 소재를 제공하는 것이 되리라 생각한다.

42) 법무부 민법개정자료발간팀(編), 2013년 법무부 민법개정시안: 조문편, 법무부, 2013, 162면과 164면; 同(주 41), 311-312면.

43) 실제로 법무부 민법개정자료발간팀(編)(주 41), 311면에서는, 약관과 관련해서는 약관규제법에 별도의 규정을 두는 것이 좋을듯하다는 검토 의견을 확인할 수 있다.

44) 이에 관한 향후의 절차에 관하여는 박영복(주 24), 57-58면을 참조.

CISG 제18조

(3) However, if, by virtue of the offer or as a result of practices which the parties have established between themselves or of usage, the offeree may indicate assent by performing an act, such as one relating to the dispatch of the goods or payment of the price, without notice to the offeror, the acceptance is effective at the moment the act is performed, provided that the act is performed within the period of time laid down in the preceding paragraph	(3) 청약에 의하여 또는 당사자 간에 확립된 관례나 관행의 결과로 상대방이 청약자에 대한 통지 없이, 물품의 발송이나 대금지급과 같은 행위를 함으로써 동의를 표시할 수 있는 경우에는, 승낙은 그 행위가 이루어진 시점에 효력이 발생한다. 다만, 그 행위는 제2항에서 정한 기간 내에 이루어져야 한다.

*국문번역은 외교부 공식국문본에 의함.

CISG 제19조

(1) A reply to an offer which purports to be an acceptance but contains additions, limitations or other modifications is a rejection of the offer and constitutes a counteroffer.	(1) 승낙을 의도하고 있으나, 부가, 제한 그 밖의 변경을 포함하는 청약에 대한 응답은 청약에 대한 거절이면서 또한 새로운 청약이 된다.
(2) However, a reply to an offer which purports to be an acceptance but contains additional or different terms which do not materially alter the terms of the offer constitutes an acceptance, unless the offeror, without undue delay, objects orally to the discrepancy or dispatches a notice to that effect. If he does not so object, the terms of the contract are the terms of the offer with the modifications contained in the acceptance.	(2) 승낙을 의도하고 있고, 청약의 조건을 실질적으로 변경하지 아니하는 부가적 조건 또는 상이한 조건을 포함하는 청약에 대한 응답은 승낙이 된다. 다만, 청약자가 부당한 지체 없이 그 相違에 구두로 이의를 제기하거나 그러한 취지의 통지를 발송하는 경우에는 그러하지 아니하다. 청약자가 이의를 제기하지 아니하는 경우에는 승낙에 포함된 변경이 가하여진 청약조건이 계약 조건이 된다.

(3) Additional or different terms relating, among other things, to the price, payment, quality and quantity of the goods, place and time of delivery, extent of one party's liability to the other or the settlement of disputes are considered to alter the terms of the offer materially.	(3) 특히 대금, 대금지급, 물품의 품질과 수량, 인도의 장소와 시기, 당사자 일방의 상대방에 대한 책임범위 또는 분쟁해결에 관한 부가적 조건 또는 상이한 조건은 청약 조건을 실질적으로 변경하는 것으로 본다.

*국문번역은 외교부 공식국문본에 의함.

PECL 제2:209조 일반약관의 충돌(Conflicting General conditions)

(1) If the parties have reached agreement except that the offer and acceptance refer to conflicting general conditions of contract, a contract is nonetheless formed. The general conditions form part of the contract to the extent that they are common in substance.	(1) 당사자들이 청약과 승낙이 각기 서로 상반하는 계약일반약관을 지시하는 것을 제외하고는 합의에 도달한 경우에는, 계약은 그럼에도 불구하고 성립한다. 이들 일반약관은 그들이 실체적으로 동일한 한도에서 계약의 일부가 된다.
(2) However, no contract is formed if one party:	(2) 그러나 당사자 일방이
(a) has indicated in advance, explicitly, and not by way of general conditions, that it does not intend to be bound by a contract on the basis of paragraph (1); or	(a) 제1항에 기한 계약에 구속될 의도가 없음을, 미리, 명시적으로, 또한 일반약관에 의하지 아니하고 지시한 경우; 또는
(b) without delay, informs the other party that it does not intend to be bound by such contract.	(b) 그러한 계약에 구속될 의도가 없음을 지체 없이 상대방에게 고지한 경우에는, 계약은 체결되지 아니한다.
(3) General conditions of contract are terms which have been formulated in advance for an indefinite number of contracts of a certain nature, and which have not been individually negotiated between the parties.	(3) 계약의 일반약관이란 특정한 성질을 가지는 불특정 다수의 계약을 위하여 미리 마련된 내용으로서 당사자들 사이에 개별적으로 교섭되지 않았던 것을 말한다.

DCFR II.－1:109 표준약관(Standard terms)

A "standard term" is a term which has been formulated in advance for several transactions involving different parties and which has not been individually negotiated by the parties.	"표준약관"이란 다른 당사자들과의 다수의 거래를 위하여 미리 마련된 내용으로서 당사자들 사이에 개별적으로 교섭되지 않았던 것을 말한다.

DCFR II.-4:209 표준약관의 충돌(Conflicting standard terms)

(1) If the parties have reached agreement except that the offer and acceptance refer to conflicting standard terms, a contract is nonetheless formed. The standard terms form part of the contract to the extent that they are common in substance.	(1) 당사자들이 청약과 승낙이 각기 서로 상반하는 표준약관을 지시하는 것을 제외하고는 합의에 도달한 경우에는, 계약은 그럼에도 불구하고 성립한다. 이들 표준약관은 그들이 실체적으로 동일한 한도에서 계약의 일부가 된다.
(2) However, no contract is formed if one party: (a) has indicated in advance, explicitly, and not by way of standard terms, an intention not to be bound by a contract on the basis of paragraph (1); or (b) without undue delay, informs the other party of such an intention.	(2) 그러나 당사자 일방이 (a) 제1항에 기한 계약에 구속되지 않을 의도를, 미리, 명시적으로, 또한 표준약관에 의하지 아니하고 지시한 경우; 또는 (b) 지체 없이 상대방에게 그러한 의도를 고지한 경우에는, 계약은 체결되지 아니한다.

CESL에 관한 유럽의회 및 이사회의 규칙안 전문 제2조 정의(Definitions)

For the purpose of this Regulation, the following definitions shall apply: (d) 'standard contract terms' means contract terms which have been drafted in advance for several transactions involving different parties, and which have not been individually negotiated by the parties within the meaning of Article 7 of the Common European Sales Law;	이 규칙에서는 다음의 정의가 적용된다. (d) '표준계약약관'이란 다른 당사자들과의 다수의 거래를 위하여 미리 마련된 계약 내용을 의미하는데, 유럽공통매매법 제7조에서 의미하는 당사자들 사이에 개별적으로 교섭되지 않았던 것을 말한다.

CESL안 제39조 표준계약약관의 충돌(Conflicting standard contract terms)

1. Where the parties have reached agreement except that the offer and acceptance refer to conflicting standard contract terms, a contract is nonetheless concluded. The standard contract terms are part of the contract to the extent that they are common in substance.	1. 당사자들이 청약과 승낙이 각기 서로 상반하는 표준계약약관을 지시하는 것을 제외하고는 합의에 도달한 경우에는, 계약은 그럼에도 불구하고 체결된다. 이들 표준계약약관은 그들이 실체적으로 동일한 한도에서 계약의 일부가 된다.
2. Notwithstanding paragraph 1, no contract is concluded if one party: (a) has indicated in advance, explicitly, and not by way of standard contract terms, an intention not to be bound by a contract on the basis of paragraph 1; or (b) without undue delay, informs the other party of such an intention.	2. 제1항의 규정에도 불구하고 당사자 일방이 (a) 제1항에 기한 계약에 구속되지 않을 의도를, 미리, 명시적으로, 또한 표준계약약관에 의하지 아니하고 지시한 경우; 또는 (b) 지체 없이 상대방에게 그러한 의도를 고지한 경우에는, 계약은 체결되지 아니한다.

참고문헌

법무부 민법개정자료발간팀(編), 2013년 법무부 민법개정시안: 채권편 上, 법무부, 2013.

______, 2013년 법무부 민법개정시안: 조문편, 법무부, 2013.

석광현, 국제물품매매계약의 법리, 박영사, 2010.

올 란도·휴 빌 편/김재형 역, 유럽계약법원칙: 제1·2부, 박영사, 2013.

Christian von Bar 외 10인 편저/안태용 역, 유럽 민사법의 공통기준안(총칙·계약편): DCFR 제1권~제4권, 법무부, 2012.

가정준, "민법적 시각에서 본 CISG상의 서식전쟁", 國際去來法硏究 第22輯 第1號(2013/7), 국제거래법학회.

金鎭雨, "국제계약규범에서의 계약조항의 편입", 法曹 제663호(2011/12), 법조협회.

김진우, "CISG에서의 약관의 충돌문제", 國際去來法硏究 第20輯 第2號(2011/12), 국제거래법학회.

박영복, "유럽계약법 공통기준 초안(DCFR)상의 매매법", 외법논집 제36권 제1호(2012/2), 한국외국어대학교 법학연구소.

______, "EU 집행위원회에 의해 제안된 「유럽공통매매법에 관한 규칙」", 외법논집 제37권 제3호(2013/8), 한국외국어대학교 법학연구소.

白慶一, "유럽공통매매법안(CESL)에서의 계약체결규정에 관한 비교법적 검토", 比較私法 제20권 2호(통권 제61호)(2013/5), 韓國比較私法學會.

이영준, "아시아계약법 원칙의 기본방향", 법률신문 제3831호 2010년 4월 8일자.

池元林, "계약의 성립에 관한 입법론적 연구", 法曹 제527호(2000/8), 법조협회.

崔興燮, "유엔國際賣買法(CISG)에서 約款에 관한 문제", 法曹 제592호(2006/1), 법조협회.

John Felemegas(ed.), An international approach to the interpretation of the United Nations Convention on Contracts for the International Sale of Goods (1980) as uniform sales law, Cambridge University Press, 2007.

Ole Lando/Hugh Beale(eds.), Principles of European contract law Parts I and II, Kluwer Law International, 2000.

Christian von Bar/Eric Clive(eds.), Principles, definitions and model rules of European private law: draft common frame of reference (DCFR) Full Edition, Vol. I, Oxford University Press, 2010.

Peter Schlechtriem/Ingeborg Schwenzer(eds.), Commentary on the UN Convention on the International Sale of Goods (CISG), Oxford University Press, 2010.

Reiner Schulze(ed.), Common european sales law (CESL): commentary, C.H. Beck·Hart·Nomos, 2012.

Heinrich Honsell(Hrsg.), Kommentar zum UN-Kaufrecht. Übereinkommen der Vereinten Nationen über Verträge über den Internationalen Warenkauf (CISG), 2. Aufl., Springer, 2010.

J. von Staudingers Kommentar zum Bürgerlichen Gesetzbuch mit Einführungsgesetz und Nebengesetzen. Wiener UN-Kaufrecht (CISG), Sellier - de Gruyter, 2005.

Maria del Pilar Perales Viscasillas, ""Battle of the Forms" under the 1980 United Nations Convention on Contracts for the International Sale of Goods: A Comparision with Section 2-207 UCC and the UNIDROIT Principles", 10 Pace Int'l L. Rev.(1998).

제2절 소비자철회권에 관한 연구

박희호 교수(한국외국어대학교 법학전문대학원)

I. 들어가는 말

2011년 10월 11일에 EU집행위원회(European Commission)가 공표한 유럽공통매매법안[1]은 유럽연합 내에서 이루어지는 국제매매계약에 대하여 통일된 규범을 제공하려는 목적으로 만들어졌다. 국제사법을 통한 준거법 지정에 의하여 국제매매계약이 규율되던 종래의 방식은 법정지의 국제사법이나 그 국제사법에 의하여 지정된 준거법이 외국법인 경우에 국제계약의 당사자들에게는 그에 대한 번역 및 해석의 어려움이 발생하여 거래비용을 증가시키게 되었고 이러한 상황은 유럽연합 역내시장에서의 거래의 활성화를 방해하는 장애물(barriers)로 인식되었다.[2] 유럽공통매매법안이 유럽의회에 제출된 가장 큰 이유는 바로 이러한 유럽연합 내에서의 국제거래, 특히 국제매매의 장벽을 통일된 규범을 통하여 효율적으로 제거하자는 데에 있었다.[3] 이를 근거로 제안된 유럽공통매매법안은 내용상 종래의 통일매매법, 대표적으로 CISG와 대비되는 중요한 특징을 갖는다. 그 특징은 종래에 일반 사법에 대하여 특별법적 지위를 유지하고 있었던 소비자계약법을 유럽공통매매법에 흡수하여 국제매매계약상 소비자의 권리도 일반계약법의 차원에서 통일적으로 규율하려는 시도를 하였다는 점이다. CISG는 개인용, 가족용 또는 가정용으로 구입된 물품의 매매에 대하여 그 적용을 배제

---

* 이 글은 "유럽공통매매법(CESL) 상의 소비자철회권에 관한 연구"라는 제목으로 민사법학 제66호(2014.3.) 365-403에 게재된 글입니다.

1) European Commission, Proposal for a Regulation of the European Parliament and of the Council on a Common European Sales Law, 11. 10. 2011(이하에서는 "유럽공통매매법"으로 기술한다).

2) 유럽공통매매법안 전문(Explanatory Memorandum) 2면 참조.

3) 이에 대한 자세한 설명은 박영복, 유럽위원회에 의하여 제안된 "유럽공통매매법에 관한 규칙", 외법논집 제37권 제3호(2013.8.) 37면 이하 참조

함으로써(Art.2 (a) CISG) 소비자거래를 유엔통일매매법의 적용대상에서 의식적으로 제외하였다.[4] 그러나 유럽공통매매법은 소비자들의 국제적 구매를 촉진하려는 목적에서(Art. 1 RegCESL[5]) 통일매매법 전체구조 내에서 소비자보호를 위한 규정을 적절히 배치하여 유럽연합 내에서의 국제거래에서도 소비자보호가 이루어지도록 하였다.

이러한 소비자보호규정의 대표적인 경우가 바로 계약철회권에 관한 것으로 본 발표는 유럽공통매매법에서의 계약철회권에 대한 연구를 그 주제로 한다. 다만 유럽공통매매법상의 계약철회권에 관한 내용 자체가 매우 방대하여 역사적인 배경이나 그 본질, 그로 인한 문제점 및 계약철회권의 규정들이 갖는 구체적인 의미 등을 깊이 있고 면밀하게 검토하기 이전에 전체적인 개관이 필요하다고 할 것이다. 본고는 이러한 점에 초점을 맞추어 우선 유럽공통매매법상의 계약철회권 규정들을 유럽공통매매법의 구조 내에서 내용적으로 살펴보려고 한다. 기술의 방법과 관련하여 우선 유럽공통매매법상의 계약철회권에 관한 내용을 의의 및 요건 그리고 효과, 부수적 계약의 큰 부분으로 나누어 정리하고 지면이 허락하는 한도 내에서 역사적인 배경이나 기타 문제들을 언급하기로 한다.

II. 계약철회권의 의의

1. 계약철회권의 개념

유럽공통매매법상의 계약철회권(right to withdraw from the contract)을 그 요건과 효과와 관련하여 간단히 정의하자면 '특정의 상황하에 체결된 계약으로부터 자유롭게

4) 이는 각국의 국내법이 다양한 유형의 소비자보호 입법을 가지고 있고 이들이 대체로 강행법적 성질을 가지고 있어서, 국제물품협약의 적용을 배제하여 그러한 국내법의 효력을 침해하지 않기 위함이라고 한다(석광현, 국제물품매매계약의 법리(2010), 39면 참조).

5) 유럽공통매매법은 다시 전문규정(Proposal for a Regulation of the European Parliament and of the Council on a Common European Sales Law)과 부속서1(Annex I), 부속서2(Annex II)로 구성되어 있다. 그런데 전문규정은 유럽공통매매법안의 제정취지와 개념설명과 회원국의 선택, 발효시기 등에 관한 16개의 규정을 두고 있고 실질적인 186개의 조문을 갖는 유럽공통매매법안은 부속서 1에 담겨 있다. 이러한 구조로 이하에서 CESL이라고 할 경우에는 이 부속서 1에 담겨 있는 규정들을 의미하며 전문의 경우에는 RegCESL이라고 약칭한다.

벗어날 수 있는 소비자의 일방적 권리'라고 할 수 있을 것이다. 이러한 정의는 우리나라 소비자관련 개별법규[6]상의 청약철회권과 기본적인 내용[7]에 있어서 대동소이한 것으로 소비자의 보호를 위하여 인정되는 권리이다.

계약철회권은 사업자와 동등한 위치에 있지 못한 소비자의 권익을 보호하기 위한 제도로 실질적 의미의 계약의 자유(freedom of contract in a 'substantive' sense)를 담보한다. 특별한 경우에 소비자의 실질적 계약자유가 침해되는 구조적 불균형(structural imbalance)이 존재하는 것으로 간주되어 소비자는 유효하게 체결된 계약으로부터 일방적으로 벗어날 수 있도록 한 것이다. 하지만 이는 계약구속의 원칙(pacta sunt servanda)의 중요한 예외를 구성하는 것으로 소비자의 보호를 요구하는 전형적인 특정 계약체결상황에서만 인정된다. 이러한 경우로 유럽공통매매법은 격지자간의 계약과 영업소 외에서의 계약을 규정하고 있다(Art. 40 CESL).

2. 유사한 제도와의 구별

1) 청약의 철회(revocation)

계약의 철회(withdrawal)은 우선 계약이 유효한 승낙에 의하여 완결되기 이전에 청약자에 의하여 청약을 거두어들이는 유럽공통매매법상의 청약의 철회(revocation)와 구별된다. 유럽공통매매법에 따를 경우 청약의 철회는 통상 상대방이 승낙을 발송하기 전까지, 행태에 의한 승낙의 경우에는 그러한 행태로 계약이 체결되기 전까지 청약철회의 의사표시를 상대방에게 도달하도록 함으로써 가능하다(Art. 32 (1) RegCESL). 다만 청약의 철회는 일정한 경우에 그 행사가 제한되는데, 이 경우에도 소비자는 계약의 철회를 할 수 있다((Art. 40 (4) CESL)(후술).

---

6) 청약철회권을 규정하고 있는 법률로는 할부거래에 관한 법률, 방문판매 등에 관한 법률, 전자상거래등에서의 소비자보호에 관한 법률, 콘텐츠산업진흥법이 있다.

7) 고형석, 소비자계약에 있어서 청약철회권의 적정화에 관한 연구, 소비자문제연구 제38호(2010.10), 71면 참조.

2) 계약의 취소(avoidance)

계약철회권은 합의의 하자(defects in consent)로 인한 계약의 취소(aviodance)와도 구별된다. 계약취소권과 계약철회권은 계약의 체결로 인하여 발생한 구속성을 교정한다는 측면에서 모두 '구속력 있는 계약의 성립'(Making a binding contract)에 관한 제2편에 규정되어 있다. 하지만 유럽공통매매법은 두 제도의 구조적 차이를 염두에 두고 다른 별도의 장, 즉 계약철회권은 제4장, 계약취소권은 제5장에서 규정한다. 이러한 구조적 차이는 두 권리의 발생요건과 효과에서 잘 나타난다.

우선 계약취소권은 발생요건과 관련하여 의사표시나 합의에 있어서 일정한 하자(defect)를 필요로 한다. 계약취소권의 경우에는 따라서 사안마다 요건의 충족 여부, 즉 하자의 존재여부를 개별적으로 판단하여 권리발생을 결정하여야 한다. 하지만 계약철회권은 당사자 사이에 존재하는 구조적 불균형(structural imbalance)를 가정하여 소비자에게 당연히 권리를 부여하는 제도로 개별사안에서 기타의 추가적 요건을 필요로 하지 않는다. 소비자와 사업자, 격지자간의 계약, 영업소 외에서의 계약 등과 같이 추상적이며 객관적인 척도에 의하여 그 발생여부를 일률적으로 결정한다. 소비자가 계약철회권을 행사하는 경우에 아무런 이유를 제시할 필요가 없다(Art. 40 (1) CESL)는 내용을 유럽공통매매법이 명시적으로 담고 있는 것도 이러한 추상적 요건의 측면에서 동일한 취지로 이해될 수 있다.

권리 행사의 효과와 관련하여서도 두 제도는 차이를 보인다. 계약취소권은 그 규정에서 볼 수 있듯이 소급효(retrospective effect)를 통하여 당사자 사이에 생성된 법률관계를 처음부터 없었던 것으로 만든다(Art. 54 (1) CESL). 하지만 계약철회권은 계약관계의 소급적 소멸이 아니라 기존의 법률관계가 새로운 법률관계로 전환되는 것으로 이해된다[8](후술).

---

8) Schulze, Commentary, p. 234 Rn. 5.

3) 계약의 해제(termination)

계약철회권은 계약의 불이행으로 인하여 발생하는 계약해제권(termination)과도 구별된다. 계약철회권은 계약의 구속력을 일정한 경우에 수정하는 제도로 계약의 이행여부와 상관없이 오직 계약의 성립과 관련을 갖는다. 하지만 계약의 해제권은 유효하게 성립하여 발생한 당사자의 의무를 채무자가 이행하지 못한 경우에 채권자가 계약의 구속력으로부터 벗어날 수 있도록 하는 제도로 유효하게 성립한 계약이 이행의 과정에서 계약의 구속력으로부터 해방될 수 있도록 한 제도이다. 유럽공통매매법은 이러한 점을 고려하여 해제권을 당사자의 의무에 관한 제4편과 제5편에서 별도로 규정하고 있다.

4) 권리의 경합

계약철회권과 계약취소권 그리고 계약해제권은 그 발생요건을 달리 하는 제도로 독립적으로 운용된다. 따라서 계약철회권의 요건이 충족된 경우 다른 원인에 의하여 계약이 해소될 수 있더라도 계약철회권의 행사가 제한되지 않는다. 예를 들어 매수인이 물건을 수령하고도 대금을 지급하지 않아 매도인에게 계약해제권이 발생한 상황이더라도 아직 행사가 되지 않아 계약의 구속력이 존재하는 경우라면 소비자로서의 매수인은 여전히 계약철회권을 행사할 수 있다.[9]

3. 유럽연합차원에서의 계약철회권의 발전과정

계약철회권을 유럽연합차원에서 도입한 최초의 규범은 "1985년의 영업소 외에서 협의된 계약에 관한 소비자보호를 위한 지침[10]"이다. 동 지침 제5조는 소비자가 사업자로부터 계약철회권에 관한 사항에 대하여 고지를 받은 후 7일 이내에 계약을 철회할 수 있음[11]을 정하고 있다. 그 후에 계약철회권은 '부동산사용관련 타임쉐어계약

9) Schulze, Commentary, pp. 216.
10) Council Directive of 20 December 1985 to protect the consumer in respect of contracts negotiated away from business premises(85/577/EEC).
11) "The consumer shall have the right to renounce the effects of his undertaking by sending notice within a period of not less than seven days from receipt by the consumer of the notice referred to

에 대한 지침',[12] '격지자간의 계약에 대한 지침',[13] '소비자금융서비스에 관한 원거리 판매관련지침',[14] '생명보험관련지침',[15] '소비자신용계약관련지침'[16] 등에서 개별적으로 규정되어 왔다. 하지만 이러한 개별지침들에서의 계약철회권은 뚜렷한 설명없이 그 용어나 구체적인 내용에 있어서 차이를 보이고 있었던 관계로 이에 대한 통일적인 규정의 필요성이 제기되고 있었다. 그러한 차에 현존EC사법유럽연구단(European Research Group on the Existing EC Private Law, Acquis Group)[17]은 종래의 소비자보호관련지침들을 참조하여 통일사법의 측면에서 2007년에 철회권에 대한 일반규정을 둔 Acquis 원칙[18]을 발표한다. 동 원칙은 제5장 제1편에서 철회권에 관한 일반규정을 둔 후 제5장 제2편에서 철회권이 발생하는 유형을 열거하여 격지자간의 거래를 포함한 영업소 외에서의 계약(Art.5:201)과 타임쉐어계약(Art. 5:202)에 철회권이 발생하는 것으로 규정하였다. 이러한 규율태도는 이후 2009년에 발간된 유럽공통기준초안(Draft Common Frame of References, DCFR)[19]에서도 그대로 나타난다. DCFR도 제2편(Book II) 제5장(Chapter 5)에서 계약철회권에 관한 규정을 두고 이를 다시 제1절(Section 1)과 제2절(Section 2)로 나누어 전자에서는 계약철회권에 관한 일반규정을 후자에는 Acquis 원칙과 같이 격지자간의 거래를 포함한 영업소 외에서의 계약(Art.5:201)과 타임쉐어계약(Art. 5:202)상 철회권을 규정하였다. 그 후 2011년에 소

---

in Art. 4, in accordance with the procedure laid down by national law"(Art. 5, Dir 85/577/EEC)

12) Directive 94/47/EC of the European Parliament of the Council of 26 October 1994 on the protection of purchasers in respect of certain aspects of contracts relating to the purchase of the right to use immovable properties on a timeshare basis. 이 지침은 Directive 2008/122/EC of the European Parliament and of the Council of 14 January 2009 on the protection of consumers in respect of certain aspects of timeshare, long-term holiday product, resale and exchange contracts 의 제정으로 폐지된다(동 지침 제18조 참조).

13) Directive 97/7/EC of the Parliament and of the Council of 20 May 1997 on the protection of consumers in respect of distance contracts.

14) Directive 2002/65/EC of the European Parliament and of the Council of 23 September 2002 concerning the distance marketing of consumer financial services and amending Council Directive 90/619/EEC and Directives 97/7/EC and 98/27/EC.

15) Directive 2002/83/EC of the European Parliament and of the Council of 5 November 2002 concerning life assurance.

16) Directive 2008/48/EC of the European Parliament and of the Council of 23 April 2008 on credit agreements for consumers and repealing Council Directive 87/102/EEC.

17) Acquis Group에 대하여는 박영복(편집대표), EU사법 (I), 60면 이하 및 338면 이하 참조

18) Acquis Group, Acquis Principles(2007) Chapter 5 Section 1 (Art.5:101 - Art. 5:105)

19) V.Bar/Clive, Principles, Definitions and Model of European Private Law, 2009.(공표과정 및 그 내용에 대하여는 박영복(편집), EU사법(II). 2010; Christian v. Bar/안태용역, 유럽민사법의 공통기준안, 2012 참조)

비자의 권리에 관한 지침(2011/83/EU)[20]이 제정되어 격지자간의 계약과 영업소 외의 계약과 관련된 이전의 지침을 폐지하고[21] 두 계약을 아우르는 통일적인 형식을 취하게 된다.[22]

유럽공통매매법은 기본적으로 소비자권리지침의 계약철회권 관련규정을 거의 그대로 수용하고 있다.[23] 이렇게 유럽공통매매법을 기본적으로 소비자권리지침에 맞추어 제안하게 된 근거는 다음과 같다: 2011년에 만들어진 소비자권리지침(2011/83/EU)은 2014년 6월 13일부터 유럽연합의 모든 회원국에 적용되게 되어 각국의 입법자은 소비자의 권리에 관한 지침에 따라 통일된 소비자권리관련 법률을 제정하거나 혹은 개정하여야 한다. 즉 2011년 소비자권리지침에 따라 유럽연합 회원국의 국내법은 통일되게 되는 것이다. 그러한 상황에서 유럽공통매매법이 소비자권리지침과 다른 내용으로 발효되게 되면 이는 이미 통일되어 있는 유럽연합의 국내법들과 다시 충돌하는 결과를 낳게 된다. 이는 유럽연합의 법률통합이라는 유럽공통매매법의 목적과도 모순되는 결과을 낳을 뿐이다. 따라서 유럽공통매매법의 입법자의 입장에서는 소비자권리와 관련하여서는 소비자권리지침의 내용을 그대로 수용하는 것이 유럽공통매매법의 제정 취지에도 맞고 효율적인 것이다.

III. 계약철회권의 발생

유럽공통매매법 제40조는 계약철회권(Right to withdraw)이라는 제목 아래에 계약철회권의 발생요건에 대하여 규정하고 있다.

---

20) Art.9 - Art. 16 Directive 2011/83/EU of the European Parliament and of the Council of 25 October 2011 on consumer rights.

21) 동 지침 제31조는 방문판매계약지침 85/577/EEC과 격지자간의 계약 97/7/EC을 2002/65/EC, 2005/29/EC, 2007/64/EC에 의하여 수정된 것을 포함하여 2014년 6월 13일 부로 폐지하는 것으로 정하고 있다.

22) 박영복, "EU집행위원회에 의해 제안된 유럽공통매매법에 관한 규칙, 외법논집(2013.8), 38면.

23) Eidenmüller/Jansen/Kieninger/Wagner/Zimmermann, Der Vorschlag für eine Verordnung über ein Gemeinsames Europäisches Kaufrecht, 269(276); Brigitta Zöchling-Jud, Acquis Revision, Common European Sales Law und Verbraucherrechterichtlinie, AcP 212(2012), (550), 563;

1. 인적 요건

유럽공통매매법은 인적 적용범위를 물품의 매도인 또는 디지털콘텐츠의 공급자가 사업자(trader)이며 매수인이 소비자인 경우로 하되, 매도인과 매수인이 모두 사업자인 경우에는 두 당사자 중에 최소한 하나의 사업자가 중소기업(SME)일 경우에도 적용 가능하도록 하였다(Art. 7 RegCESL). 하지만 계약철회권이라는 것이 태생적으로 사업자와 소비자의 구조적 불균형을 가정하여 소비자를 보호하기 위하여 만들어진 제도이기 때문에 유럽공통매매법은 계약철회권의 규정에 대하여서는 그 범위를 더욱 축소하여 매도인이 사업자이며 매수인이 소비자인 경우에만 적용되도록 하고 있다.

유럽공통매매법에서 사업자(trader)란 "자신의 거래(trade), 사업(business), 기능직업(craft), 전문직업(profession)과 관련된 목적을 위하여 행위하는 모든 자연인 혹은 법인"(Art. 2 (e) RegCESL)을 의미한다. 이에 대하여 소비자란 "자신의 거래(trade), 사업(business), 기능직업(craft), 전문직업(profession) 이외의 목적을 위하여 행위하는 모든 자연인"(Art.2 (f) RegCESL)을 의미한다.

2. 상황적 요건

계약철회권이 발생하기 위하여는 소비자의 보호가 요구되는 전형적인 특정 계약체결상황이 전제되어야 하는데, 유럽공통매매법은 이러한 경우로 격지자간의 계약과 영업소 외에서의 계약을 들고 있다. 그런데 이러한 상황은 매매나 임대차 등의 계약의 유형과는 상관없이 계약체결시에 발생하는 특정한 상황만을 가정한 것이므로 계약철회권에 관한 규정은 매매계약의 경우뿐만 아니라 디지털콘텐츠의 공급 그리고 관련 서비스계약(Contracts for related services)에도 적용된다(Art. 5 RegCESL).[24]

1) 격지자간의 계약(distance contract)

격지자간의 계약에 대하여 유럽공통매매법은 "계약체결 당시를 포함하여 계약을 체결할 때까지 하나 또는 복수의 원거리통신수단만을 사용하여 '정형화된 원격 매매

Schulze, commentary, p 209 Rn. 2.

24) Schulze, Commentary, p. 218, Rn. 16.

절차(organized distance sales scheme)'에 따라 사업자와 소비자 사이에 체결되는 계약"(Art. 2 (p) RegCESL)이라고 정의하고 있다. 이러한 정의는 소비자권리지침을 거의 그대로 따른 것으로, 소비자권리지침은 매매뿐만 아니라 서비스공급계약도 포함하기 때문에 매매 이외에 서비스 계약도 포함되어 있다는 점에 차이가 있을 뿐이다.[25] 원거리통신수단으로는 이메일이나 인터넷, 전화, 팩스, 인터넷 웹사이트, 편지, 무선통신 등을 들 수 있다.

이러한 격지자간의 계약에서 소비자에게 계약철회권을 주는 근거는 상대방인 사업자와 매매목적물, 디지털콘텐츠, 관련 서비스에 대한 불가견성(Invisibility)에 있다. 즉 소비자는 상대방이나 매매물품 등을 직접 볼 수 없거나 혹은 제한적으로만 볼 수 있는 상황에 놓이게 되어 정보의 비대칭적 측면에서 계약체결에서 불리한 상황에 놓이게 되는데 이러한 상황에서 소비자를 보호할 수단으로 계약철회권을 인정하는 것이다. 격지자간의 계약에 대하여 계약철회권을 처음으로 부여하는 지침은 '원격계약과 관련한 소비자보호에 관한 지침'(Dir 97/7/EC)으로 그 후 몇몇 유럽소비자관련 지침에서 인정되어 왔고 최근에 소비자권리지침(2011/83/EU)에 수용된 것을 유럽공통매매법이 받아들인 것이다.

하지만 이러한 격지자간의 거래에서 일률적, 강제적으로 소비자에게 계약철회권을 주는 것은 부당하다는 반론이 제기되고 있다.[26] 계약체결시 정보의 비대칭성으로 인한 계약철회권의 강제적 부여는 영업소 외에서의 계약에서는 타당하지만 원격지거래에는 적합하지 않다는 것이다. 이 입장은 원격지거래에서 물건을 실물로(in natura) 확인하지 못한다는 것이 그로 인하여 발생할 비용증가를 정당화하지 못한다고 주장한다. 소비자에 따라 원격지 거래이더라도 특정한 물건을 확정적으로 사려는 사람이 있고, 물건을 본 후에 살 것을 결정하는 사람이 있을 것인데 전자와 관련하여서는 계약철회권은 무의미하며 그들에게까지 계약철회권을 주는 것은 사업자의 비용상승을 가져와서 오히려 물건을 더 싸게 구입할 수 있는 기회를 박탈할 뿐이라고 주장한다.[27] 오히

25) Dir 2011/83/EU Art. 2 (7) "distance contract" means any contract concluded between the trader and the consumer under an organised distance sales or service-provision scheme without the simultaneous physical presence of the trader and the consumer, with the exclusive use of one or more means of distance communication up to and including the time at which the contract is concluded.

26) Eidenmüller, "Die Rechtfertigung von Widerrufsrechten", AcP 210(2010), S. 67(74ff.).

27) Eidenmüller/Jansen/Kieninger/Wagner/Zimmermann, Der Vorschlag für eine Verordnung über ein Gemeinsames Europäisches Kaufrecht, 269(277f.); Eidenmüller, "Die Rechtfertigung von Widerrufsrechten", AcP 210(2010), S. 67(74ff.)

려 계약철회권의 발생을 소비자가 선택(option)할 수 있도록 하여 계약철회권을 포기하고서라도 물건을 싸게 구입하려는 자를 보호하여야 한다는 주장이다.[28]

이러한 주장은 타당한 면이 없지 않으나 이러한 선택권의 부여가 소비자의 이익에 얼마나 기여할 지는 의문이 든다. 가격의 하방경직성으로 소비자에게 가격인하의 이익이 실제로 돌아갈 지가 의문이다. 계약철회권의 부여에 따른 가격의 상승만을 초래할 수 있다. 또한 계약철회권의 강제적 부여는 계약체결시 소비자의 심리적 불안을 상당부분 제거할 수 있어서 유럽연합내의 국제거래의 활성화라는 유럽공통매매법의 제정 취지에도 부합한다. 또한 계약철회권의 강제는 사업자로 하여금 물건을 선택하여 송부하는 과정에서 제품의 선택에 보다 높은 주의를 기울이도록 하는 효과를 가져온다. 원거리매매의 경우 소비자들은 물건에 대하여 불만이 있더라도 근처에서 직접 물건을 사는 경우보다 사업자에 대하여 불만을 제기하기가 어렵다. 이 점을 악용하여 사업자들이 계약철회권이 부가된 매매계약의 경우에는 좋은 물건을, 그렇지 않은 매매의 경우에는 질이 떨어지는 물건을 보낼 위험도 있게 된다.

법률적인 측면에서도 강제적 계약철회권의 부여는 타당하다. 계약철회권에 대한 선택권의 부여는 통상 약관에 의하여 이루어질 것인데, 이럴 경우 개별 국내법에 따른 약관의 효력이 문제되어 유럽공통매매법의 기본 취지인 통일적 법률규제는 무색하게 된다.[29] 그리고 선택권을 부여하여 실질적으로 비용절감의 효과를 온전히 가져오려면 소비자가 계약철회권을 포기하고 물건을 싸게 살 경우 사업자에게 비용절감가 발생하여야 하는데 그렇지 않은 경우가 발생할 가능성이 있다. 즉 계약철회권이 부가된 물건을 사서 이를 사용해 본 후에 계약을 철회하고 계약철회권이 없는 싼 물건을 다시 구매한다면 사업자는 오히려 비용의 증가를 가져올 것이다.[30]

결론적으로 격지자간의 매매의 경우에도 영업소 외에서의 계약과 마찬가지로 강제적으로 계약철회권을 부여하는 것이 타당하다.

2) 영업소 외에서의 계약

영업소 외에서의 계약은 길거리나 집에 갑작스럽게 찾아온 사업자와 준비되지 않은

28) Eidenmüller/Jansen/Kieninger/Wagner/Zimmermann, Der Vorschlag für eine Verordnung über ein Gemeinsames Europäisches Kaufrecht, 269(278).

29) Brigitta Zöchling-Jud, Acquis Revision, Common European Sales Law und Verbraucherrechterichtlinie, AcP 212(2012), (550), 563; Schulze, Commentary p. 222 Rn. 26.

30) Brigitta Zöchling-Jud, Acquis Revision, Common European Sales Law und

상황에서 심리적인 압박을 느끼며 체결되는 계약이라는 점에서 유럽공통매매법은 계약철회권에 의한 소비자 보호의 범위에 포함시키고 있다. 안정된 상황에서 계약에 대한 숙고의 시간을 갖은 후 계약의 구속여부를 결정할 기회를 계약철회권을 통하여 소비자에게 주어야 한다는 입장이다.

유럽공통매매법은 영업소 외에서의 계약을 세 가지의 경우로 나누어 이 중에 한 가지에 해당하면 영업소 외에서의 계약으로 보고 있다. 첫째는 계약의 체결된 경우는 물론 소비자에 의한 매매의 청약이 영업소 외에서 이루어진 경우이다(Art. 2 (q) (i) RegCESL). 두 번째는 소비자가 영업소 외에서 사업자에 의하여 개별적으로 접촉된 후 곧바로 사업장이나 기타 원거리통신에 의하여 계약을 체결한 경우이다. 격지자간의 계약과 달리 이 두 경우의 영업소 외에서의 계약은 그 체결이나 체결을 위한 결정적인 시점에 당사자의 직접적인 대면(simultaneous physical presence)이 있어야 한다는 특징을 갖는다. 따라서 계약의 체결이 영업소 외에서 이루어지더라도 당사자의 직접적인 대면성이 인정되지 않으면 영업소 외에서의 계약이 아니다. 예를 들어 통신수단을 통하여 영업소 외에서 이루어진 계약이라고 하더라도 당사자 사이의 대면성이 인정되지 않기 때문에 영업소 외의 계약에 해당하지 않으며 격지자간의 계약여부만 문제가 된다. 반대로 영업소에서 계약이 체결되거나 원거리통신수단에 의하여 이루어지더라도 그러한 계약이 영업소 외에서 당사자의 직접적인 대면에 의한 협상 직후에 이루어진 경우라면 준비되지 않은 상황에서 심리적인 압박을 통하여 계약이 체결된 경우와 다르지 않기 때문에 영업소 외에서의 계약으로 보게 된다.

세 번째의 경우는 사업자가 물건이나 디지털콘텐츠 및 관련 서비스를 판매하거나 판촉할 목적으로 여행을 조직하여 그 여행 중에 구매가 이루어진 경우이다(Art. 2 (q) (iii) RegCESL). 여행객들을 지나치게 싼 가격에 모집하여 농장 등과 같은 곳을 관광시켜 주면서 그 곳에서 물건을 파는 경우에 해당한다. 만약 사업자가 자신의 농장에 데려가 자기 물건을 파는 것이라면 이는 영업소 외에서의 매매 중 첫번째 경우에 해당한다고 할 것이다. 문제는 여행을 담당하는 사업자와 별개로 판매를 하는 사업자가 있어서 두 사람이 동업을 하는 제3자 관계의 경우이다. 이러한 경우는 방문판매지침(85/577/EEC)에 의하여 기본적으로 해결이 되지 않는 경우였었다.[31] 소비자권리지침은 이 규정을 통하여 종래의 지침상의 흠결을 의식적으로 메우고 있다. 그럼에도 구체적으로 어느 경우에 계약철회권을 줄 지는 명확하지 않다. 여행가이드가 30분의 시간을 주며

Verbraucherrechterichtlinie, AcP 212(2012), (550), 565

31) Schulze, Commentary p. 26 Rn. 44.

기념품이나 엽서를 사도록 하였다고 했을 경우 그때 체결한 계약을 철회하게 하는 것은 부당할 것이다. 매매계약을 체결한 사업가가 – 개점시간을 통상과 달리 조정하거나 특별판매를 기획하는 경우와 같이 – 여행일정을 정하는 데에 도움을 주었을 경우에 해당하면 철회권을 주어도 된다는 제안[32]이 있다.

영업소 외에서의 계약의 경우 유럽공통매매법은 격지자간의 계약에서 요구하지 않는 한 가지 요건을 추가로 요구하고 있다. 바로 거래 금액이 50유로를 초과하여야 한다는 것이다. 즉 대금이 50유로를 초과하거나 계약체결 당시에 대금으로 합의한 다른 통화로의 금액이 이 금액을 초과하여야 하며, 다수의 계약이 동시에 체결된 경우에는 총대금이 50유로를 초과하여야 한다. 이러한 계약철회권 발생의 추가적 요건은 계약철회로 발생하는 원상회복부담의 크기에 비하여 소비자의 경제적 부담이 적은 소소한 일상거래에는 계약철회권을 배제하는 것이 타당하다는 고려에서 비롯되었다.[33]

3) 문제점

먼저 영업소 외에서의 계약의 경우 그 적용범위가 지나치게 넓게 인정된다는 비판이 제기된다.[34] 영업소 외에서의 계약의 경우 계약철회권부여의 취지는 소비자가 전혀 준비되지 않은 상황에서 기습적으로(Überrumpelung) 계약을 제안받고 심리적인 압박의 상황에서 계약을 체결할 위험을 막기 위한 것이다. 그렇다면 계약이 소비자측에서 제안되어 이루어진 경우에는 비록 영업소 외에서 체결된 계약이라고 하더라도 계약철회권을 부여할 필요는 없게 된다. 예를 들어 사업자가 소비자의 요청으로 그의 집에 방문하여 계약을 체결한 경우도 영업소 외에서의 계약이 되어 계약철회권이 부여되는데 이는 제도의 취지에 비추어 제외되는 것이 타당하다. 본래 영업소 외에서 협의된 계약에 관한 1985년의 소비자보호지침(85/577/EEC)은 제1조 제1항 (ii)에서 소비자의 명시적인 요구에 의하여 사업자가 방문한 경우("where the visit does not take place at the express request of the consumer")를 계약철회권을 부여하는 경우로부터 명시적으로 제외하고 있었다. 하지만 2011년의 소비자권리지침[35]은 이 경우에도 심리적인 압박이 존재한다고 보아 의도적으로 이러한 예외규정을 삭제하였고, 유럽공통

32) Schulze, Commentary p. 26 Rn. 44.

33) Schulze, Commentary p. 219 Rn. 19.

34) Brigitta Zöchling-Jud, Acquis Revision, Common European Sales Law und Verbraucherrechterichtlinie, AcP 212(2012), (550), 566.

35) Dir 2011/83/EU Recital 21.

매매법이 이를 그대로 받아들인 것이다. 하지만 이러한 경우에 소비자에 대한 심리적 압박은 통상 없다고 보는 것이 더 합당해 보인다.

또 하나의 문제점으로 지적되는 것은 영업소 외에서의 계약에서 계약철회권을 50유로를 초과한 경우에 한하여 부여하는 규정이다. 이 규정의 기본취지는 설명한 대로 원상회복의 경우에 드는 비용이 거래대금에 비하여 과다한 큰 경우에는 계약철회권을 제한하는 것이 타당하다는 것에 근거한다. 그러나 이는 완전하게 이행이 이루어진 경우에만 문제가 될 뿐이고 당사자의 이행이 모두 이루어지지 않았거나 소비자에 의하여 대금만 지급된 경우에는 계약철회권을 주지 않을 이유가 없다. 이 규정과 관련하여 모범이 된 소비자권리지침은 대금 50유로를 초과하지 않는 경우 영업소 외에서의 계약에 대하여 계약철회권을 부여하지 않을 수 있다고 규정하고 있다.[36] 이 규정에 대하여 회원국은 50유로를 초과하는 경우에 계약철회권을 줄 것인지에 관하여 선택할 수도 있지만 더 탄력적으로 예를들어 30유로를 초과하지 않는 경우에 이행이 이루어지지 않은 경우 계약철회권이 존재하는 것으로 지침을 수용할 수도 있다고 해석된다.[37] 이럴 경우 유럽공통매매법이 50유로를 초과하는 모든 영업소 이외의 계약에 대하여 계약철회권을 배제한 것은 소비자권리지침에 대한 잘못된 이해에서 비롯된 것이 된다.

3. 계약철회권의 배제

유럽공통매매법은 격지자간의 계약이나 영업소 외에서의 계약에 해당하더라도 계약철회권을 소비자에게 부여하는 것이 부적절하다고 여겨지는 예외적인 경우에 계약철회권을 배제하고 있다. 소비자권리지침의 경우에는 제16조의 한 조항에 예외적인 경우를 모두 규정하고 있지만 유럽공통매매법은 이를 두 개의 항으로 구별하여 제40조 제2항에서는 계약철회권이 항상 배제되는 경우, 제3항에서는 경우에 따라 배제될 수 있는 경우를 규정한다.

1) 계약철회권이 항상 배제되는 경우(Art. 20 2 CESL)

이러한 경우는 다시 내용에 의하여 계약철회권의 취지에 부합하지 않는 경우와 투

36) Art. 3 (4) Dir 2011/83/EU

37) Schulze, Commenatry p. 223 Rn.28

기적 상황에서 계약철회권의 남용이 있는 경우, 사용자의 이익이 과도하게 침해되는 경우로 나누어 볼 수 있다.

(1) 계약철회권의 취지에 부합하지 않는 경우

계약철회권은 소비자를 보호할 필요성이 있는 전형적인 상황이 전제되지 않는 경우이다. 유럽공통매매법은 그러한 경우로 자동판매기나 무인영업시설을 통하여 체결된 계약(Art. 40 (2) (a) CESL), 공개경매를 통하여 체결된 계약(Art. 40 (2) (h) CESL)을 규정하고 있다. 이 중에 공개경매를 통하여 체결된 계약이란 "경매인이 운영하는 투명한 경쟁입찰절차를 통해 직접 경매에 참여하거나 참여할 가능성이 부여된 소비자에게 사업자가 물품 또는 디지털콘텐츠를 제공하고, 낙찰자가 그 물품이나 디지털콘텐츠를 구입할 의무를 지는 매매방식"을 말한다(Art. 2 (u), RegCESL). 이러한 의미에서 계약철회권이 배제되는 공개경매에는 공경매뿐만 아니라 사경매도 해당하지만 당사자의 대면을 전제로 하는 전통적인 공개경매(classical auctions)만을 의미한다는 점에서 개인들이 원거리통신수단을 통하여 경매로 물건을 구입하는 경우, 대표적으로 eBay와 같은 경우에는 적용되지 않는다. 따라서 eBay 등과 같은 인터넷사이트를 통하여 사업자로부터 경매로 물건을 구입한 경우에는 계약철회권이 인정된다.[38]

(2) 소비자가 투기적 상황에서 계약철회권을 남용할 가능성이 있는 경우

물건의 특성상 소비자가 투기적 상황에서 손실을 막을 안전망으로서 계약철회권을 행사하는 것은 허용되지 않는다.[39] 유럽공통매매법은 '매매계약을 체결할 당시에 물품의 대금이 결정되지만 계약을 체결한 후 30일이 지난 후에나 인도가 가능하며, 사업자가 통제할 수 없는 시장의 변동에 의하여 실제 가치가 결정되는 알코올음료의 공급에 관한 계약'을 들고 있다(Art. 40 (2) (f) CESL). 여기에는 특히 와인공급의 경우가 해당한다.[40] 사업자가 통제할 수 없는 금융시장의 변동이 가격에 영향을 미치고, 철회기간 내에 그러한 변동이 발생할 수 있는 물품 혹은 관련 서비스의 공급에 관한 계약의

38) 유럽공통매매법이 따르고 있는 소비자권리지침은 eBay와 같은 온라인플랫폼을 이용한 경매를 명시적으로 제외하고 있다(Dir 2011/83/EU recital 24)

39) Schulze, Commenatry p. 220 Rn.23.

40) Dir 2011/83/EU recital 49

경우(Art. 40 (2) (c) CESL)도 마찬가지의 경우로 이해된다.

(3) 사용자의 이익이 과도하게 침해될 위험이 있는 경우

계약철회권이 행사되는 경우 물건의 변질이나 기한의 경과 등으로 사업자의 재매매가 제한되거나 수익기회가 상실되는 경우를 들 수 있다. 음식물이나 음료수 기타 가정에서 일반적으로 소비되는 물품으로 소비자의 가정이나 주소지 혹은 사업장에 정기적이며 계속적으로 사업자의 직접적인 배달에 의하여 공급되는 물품의 공급에 관한 계약(Art. 40 (2) (b) CESL), 소비자에 의하여 특정된 사양이나 명백히 개인의 필요에 맞추어 제작된 물품 또는 디지털콘텐츠의 공급에 관한 계약(Art. 40 (2) (d) CESL), 단기간에 변질되거나 기한이 만료되는 물품의 공급에 관한 계약(Art. 40 (2) (e) CESL), 출판물을 정기구독하는 계약이 아닌 신문이나 정간지 혹은 잡지를 구입하는 계약(Art. 40 (2) (g) CESL), 특정의 날짜나 행사를 위한 여가활동관련서비스제공계약이나 음식물공급계약(Art. 40 (2) (i) CESL)이 여기에 해당한다.

2) 계약철회권이 경우에 따라 배제될 수 있는 경우

유럽공통매매법 제40조 제3항은 소비자를 보호할 필요성이 있는 전형적인 상황이지만 그럼에도 그 반환을 어렵게 하는 추가적인 상황이 발생하여 계약철회권이 배제되는 경우를 규정하고 있다. 이러한 경우로 밀봉되어 공급된 물품을 소비자가 개봉함으로써 건강이나 위생상의 이유로 반품하기에 적합하지 않게 된 경우(Art. 40 (3) (a) CESL, 칫솔의 포장지를 개봉하는 경우 등), 공급된 물품이 인도 후 다른 물건과 섞여 그 특성상 분리할 수 없는 경우(Art. 40 (3) (b) CESL, 연료를 자동차에 주입한 경우 등), 밀봉된 상태로 공급된 녹음물, 녹화물 혹은 컴퓨터 소프트웨어가 인도된 후 개봉된 경우(Art. 40 (3) (c) CESL), 소비자의 공급에 대한 명시적인 사전 동의가 있었고 소비자가 그로 인하여 철회권을 상실한다는 것을 승인한 상황에서 디지털콘텐츠가 유형의 매체에 담기지 않은 채로 공급되기 시작한 경우(Art. 40 (3) (d) CESL, 다운로드의 개시), 긴급한 수리나 유지를 위하여 소비자가 사업자에게 방문을 특별히 요청한 경우(Art. 40 (3) (e) CESL)가 해당된다. 마지막 사안에서 소비자의 요청에 의하여 방문이 있는 경우, 유지나 수리를 위하여 필요한 부품의 교체를 하는 외에 소비자의 특별히 요청에 의하여 추가적인 관련 서비스나 물품이 제공되었다면, 그러한 추가적 서비스 및 물품의 공급에 대하여는 소비자보호의 전형적인 상황, 즉 영업소 외에서의 계약체결이 있기 때문에 계약철회권이 인정된다(Art. 40 (3) (e) CESL).

4. 청약의 철회

청약자는 상대방이 승낙을 발송하기 이전에는 원칙적으로 청약을 철회할 수 있다(Art. 32 (1) CESL). 하지만 (a) 청약에 청약이 철회될 수 없음이 표시된 경우, (b) 청약에 승낙을 위한 확정기한이 표시된 경우, (c) 청약이 철회될 수 없음을 믿는 것이 청약의 상대방에게 합리적이며 또한 그가 청약을 신뢰하여 행위를 한 경우에는 청약자는 청약을 철회할 수 없다(Art. 32 (1) CESL). 하지만 소비자는 청약을 철회(revocation)할 수 없는 경우에라도 계약철회권(withdrawal)을 행사할 수 있다(Art. 40 (3) (e) CESL). 청약의 구속성을 격지자 간의 계약이나 영업소 외에서의 계약에서도 관철할 경우 소비자로서의 청약자는 승낙이 있기까지 청약을 철회할 수 없다가 승낙이 있은 후에야 자신의 계약의 철회할 수 있게 되는데, 소비자가 청약을 한 후에 자신의 행위를 후회하고 계약을 철회하겠다고 마음을 먹은 경우에는 굳이 계약이 체결될 때까지 기다릴 필요가 없을 것이므로 철회할 수 없는 청약이더라도 계약철회권이 발생할 요건이 충족된 경우라면 청약을 철회하도록 한 것이다. 이에 따라 격지자간의 계약이나 50유로가 초과하는 금액의 영업소 이외의 계약을 체결하기 위하여 청약한 소비자는 계약이 체결되기 이전에라도 언제든지 청약을 철회할 수 있다.

IV. 계약철회권의 행사

1. 철회권의 행사자

계약철회권의 행사자는 소비자로 제한되며, 사업자에게는 계약철회권이 인정되지 않는다. 매매계약이 소비자나 사업자의 대리인에 의하여 체결되었는가는 문제되지 않는다. 그러한 경우에도 당사자의 일방이 소비자인 경우에는 당연히 계약철회권을 행사할 수 있다. 다만유럽공통매매법이 대리에 관한 규정을 두고 있지 않아 유효한 대리

에 의하여 계약이 체결되었는지의 여부는 국내법에 따라 결정된다.[41]

제3자를 위한 계약의 경우(Art. 78 CESL) 계약철회권을 행사할 수 있는 자는 계약당사자로서의 소비자이다. 유럽공통매매법상 계약철회권에 의하여 보호를 받을 필요가 있는 자는 당연히 소비자이어야 하며 동시에 대금지급의무를 지는 채무자이어야 하기 때문이다.

2. 철회권 행사의 방법

1) 철회의사의 통지

철회권의 행사는 사업자에 대한 통지(notice)를 요하며(Art. 41 (2) CESL), 이러한 통지가 효력을 갖기 위하여는 상대방에게 도달하여야 한다(Art. 10 (3) CESL). 유럽공통매매법은 철회의 통지가 철회권 행사기간의 만료이전에 발송된 경우 그 통지는 효력을 갖는 것으로 정하고 있다(Art. 41 (4) CESL).[42] 물건을 수령한 후 14일이 되는 날에 계약철회권의 통지를 발송한 경우 철회권 행사기간 후에 그 통지가 사업자에게 도달하더라도 효력을 갖는다. 그러나 이 규정은 철회권의 행사가 철회권의 행사기간 내에 행사되었다는 것을 의미할 뿐 효력의 발생여부나 그 시기의 문제와는 관련을 갖지 않는다. 즉 계약철회권의 행사가 유효하기 위하여는 통지가 상대방에게 도달하여야 하고 도달한 때에 비로소 계약철회권은 효력을 발생한다. 결국 철회권 통지의 부도달의 위험은 소비자가 부담한다(Art. 10 (3) CESL).

2) 방식의 자유

소비자는 철회권의 행사를 위해 유럽공통매매법 제2부속서에 담긴 모범철회서식(model withdrawal form)[43]을 이용할 수 있다. 하지만 이 서식을 이용할 의무는 없으며 기타 다른 방법으로 철회의 의사를 표시하면 된다. 따라서 우편뿐만 아니라 이메

41) RegCESL, recital 27

42) Art. 11 (2) Dir 2011/83/EU; Art. 5:103(2) ACQP; II-5:103(4) DCFR

43) Dir 2011/83/EU Annex I B의 모범철회서식을 그대로 가져온 것으로 철회의 명백한 의사표시를 담보한다.

일, 전화 혹은 구두에 의하여서도 철회의 의사를 표시할 수 있다. 다만 유럽공통매매법은 소비자에게 계약철회권 행사의 사실에 대한 입증책임을 지우고 있어서((Art. 41 (5) CESL) 단순한 우편이나 전화 혹은 구두에 의한 철회의사의 통지는 소비자에게 불이익을 야기할 수 있다. 하지만 이러한 서식의 자유는 현재 몇몇 국내법상의 규정과 배치되는 것으로 예를 들어 독일민법 제355조 제1항은 소비자계약에서의 철회권행사를 서면에 의하여 하도록 하고 있다. 다만 이러한 서면의 자유는 내년 6월 13일 부터 시행되는 소비자권리지침[44]에도 포함된 내용이므로 유럽공통매매법이 통과되어 효력을 갖게 될 즈음에는 이러한 국내법과 유럽공통매매법상의 내용상 차이는 발생하지 않을 것이다.

소비자가 모범철회서식을 이용하지 않고 다른 통지방법에 의하여 계약철회권을 행사하는 경우 소비자는 철회의 의사를 명백히 표현(unequivocal statement)하여야 한다. 이와 관련하여 우편 등을 통해 아무런 의사표현 없이 물건을 돌려보낸 경우 이를 철회권의 행사로 보아야 하는지에 관해 논의가 있다. Acquis 원칙(Art. 5:102)이나 DCFR(II.-5:102 (2))은 이러한 경우 다른 사정이 없으면 철회의 통지로 보고 있다. 유럽공통매매법이 계약철회권의 행사에 행사의 이유에 대한 설명을 할 필요가 없도록 하는 점((Art. 40 (1) CESL), 물건의 반환으로부터 통상 소비자의 계약거절의사를 추정할 수 있다는 점 등을 볼때 특별한 사정이 없는 한 계약철회권의 행사로 볼 것이다.[45]

3) 웹사이트를 통한 철회

사업자가 철회권의 행사를 전자적인 방법에 의하여 사업자의 영업 웹사이트에서도 할 수 있도록 하였고, 소비자도 그러한 방법으로 철회권을 행사한 경우, 사업자는 내구성 있는 기록 매체(durable medium)를 통하여 철회의 의사표시를 수령하였음을 인정하는 통지를 지체없이(without delay) 발송하여야 한다. 내구성 있는 기록매체(durable medium)란 "당사자 일방에게 개인적으로 제공된 정보가 정보의 목적에 비추어 그 당사자가 일정기간 동안 장래에 참조할 수 있도록 저장될 수 있고 그 저장된

44) Art. 11 (1) Dir 2011/83/EU.

45) Schulze, Commentary, p. 226 Rn. 10.

정보가 변형없이 재생산될 수 있도록 하는 일체의 매체"[46]를 의미한다. 사업자가 이 의무를 이행하지 않아 소비자에게 손실이 발생한 경우에는 이를 배상하여야 한다(Art. 41 (3) CESL). 철회의 통지가 철회권 행사기간의 만료이전에 발송된 경우에도 그 통지는 효력을 갖는다(Art. 41 (4) CESL).

3. 계약철회권 행사기간

1) 일반

계약철회권은 물건에 대한 확인과 재고(cooling off)의 시간을 전제로 하는데 이 시간이 바로 계약철회권의 행사기간이다. 유럽공통매매법 제42조는 원칙적으로 이러한 계약철회권의 행사기간을 물품을 수령한 후 14일 이내로 정하고 있다.(Art. 42 (1) (a) CESL). 다수의 물품을 한 번에 주문하되 개별적으로 인도되는 매매계약의 경우에 14일의 기산점은 소비자가 마지막 물품을 인도받은 날이 되며(Art. 42 (1) (b) CESL), 목적물이 다수의 품목이나 부품으로 구성된 경우에는 소비자가 마지막 부품이나 물품을 인도받은 날이다(Art. 42 (1) (c) CESL). 물건에 대한 전체적이며 완전한 확인이 전제되어야 하기 때문이다. 이에 반해 일정한 기간 동안 동일한 물품을 정기적으로 공급받는 계약의 경우에는 소비자가 첫 물품을 인도받은 날로부터 기산한다(Art. 42 (1) (d) CESL). 잡지의 구독과 같은 경우는 첫 물품을 수령함으로써 그 확인이 가능하기 때문이다. 물품이 인도된 후에 관련서비스에 관한 계약이 체결된 경우에는 관련서비스에 관한 계약이 체결된 날로부터 기산한다(Art. 42 (1) (e) CESL). 물품과 관련서비스가 일체로서 계약의 내용을 이루는 경우가 많은 것을 감안한 것이다. 디지털콘텐츠가 유형의 매체에 담겨 공급되는 디지털콘텐츠 공급에 관한 계약의 경우 물품의 인도의 경우와 동일하게 소비자가 유형의 매체를 인도받은 날로부터 기산한다(Art. 42 (1) (f) CESL). 디지털콘텐츠가 유형의 매체에 담겨서 공급되지 않는 경우에는 계약이 체결된 날로부터 기산한다(Art. 42 (1) (g) CESL).

46) Art. 2 (t) RegCESL.

2) 사업자의 정보제공의무 위반과 계약철회권행사기간의 연장

사업자는 유럽공통매매법 제13조 제1항 및 제17조 제1항에 의하여 계약체결 전에 소비자에게 계약철회권에 대한 정보를 제공하여야 할 의무를 부담한다. 만약 사업자가 이 정보제공의무를 이행하지 않은 경우에 계약철회권은 본래의 행사기간이 경과한 후 1년이 지나야 소멸한다(Art. 42 (2) (a) CESL).[47] 만약 이러한 1년 이내에 사업자가 뒤늦게라도 정보제공의무를 이행한 경우, 즉 지체된 정보제공의 경우 계약철회권은 소비자가 정보를 제공받은 날로부터 14일이 지나면 소멸한다(Art. 42 (2) (b) CESL).

사업자가 정보제공의무를 이행하지 않은 상황에서 계약철회권에 대한 본래의 행사기간이 지난 후 1년이 경과하기까지 14일 이하의 기간이 남은 경우 사업자가 정보제공의무를 이행하면 다시 14일이 부여되느냐의 문제가 – 예를 들어 1년이 경과하려면 3일밖에 남지 않은 상황에서 사업자가 정보제공의무를 이행한 경우 다시 14일의 철회권행사기간이 주어지느냐 – 제기될 수 있겠지만 사업자가 그러한 상황에서 굳이 정보를 제공할 이유가 없을 것이므로 실제로는 논의의 가치가 적어 보인다. 사견으로는 그 경우에도 1년이 경과하면 계약철회권이 소멸하는 것으로 보아야 절대적 행사기간의 본래의 취지에 부합할 것이다.[48]

V. 철회의 효과

유럽공통매매법은 제43조에서 계약철회권의 직접적인 효력인 권리의무의 소멸을 규정하고 이미 이행이 이루어진 경우에 대하여는 제44조에서 사업자의 반환의무를, 제45조에서는 소비자의 반환의무를 별도로 규정한다. 이러한 규정방식은 소비자권리지침(Art. 12 – Art. 14 Dir 2011/83/EU)의 규정방식을 따른 것이다. 방문판매지침(85/577/EEC) 제7조는 효과에 관하여 국내법으로 정하도록 하였고, 격지자간의계약지침(97/7/EC) 제6조는 제2항에서 공급자의 대금반환 및 소비자의 물품반환과 반환

---

47) 이러한 1년의 절대적 소멸기간은 Acquis 원칙(5:103 ACQP)과 유럽공통매매지침(II-5:103 DCFR)을 참조하여 소비자권리지침(Art. 9 Dir 2011/83/EU)에는 없던 것을 새로 추가한 것이다.

48) 반대견해, Schulze, Commentary, p.232 Rn. 12.

의 직접적인 비용부담의무만을 규정하였었다. 그런데 소비자권리지침은 이를 보다 세밀하게 규정하려 하였고, 유럽공통매매법이 이를 수용한 것이다. 다만 소비자의 의무에 관한 소비자권리지침 제14조 제1항에 있던 사업자의 수거의무를 유럽공통매매법은 사업자의 의무를 정한 제43조 제4항에서 규정하고 있다는 점에서 차이를 보인다. Acquis 원칙(Art. 5:105 ACQP)과 유럽공통기준초안(Art. II–5:105)은 철회의 효과를 나누어 규정하지 않고 하나의 조항에서 통합적으로 규정하고 있다.

1. 직접적인 효과(Art. 43 CESL)

1) 채무의 소멸

계약철회권이 유효하게 행사되면 당사자의 채무가 소멸한다(terminate). 아직 이행이 이루어지지 않은 경우에는 당사자는 더 이상 이행할 필요가 없게 된다(Art. 43 (a) CESL). 승낙의 의사표시가 없는 상태에서 청약이 철회된 경우에 그 청약은 효력을 잃게 되어(Art. 43 (b) CESL) 승낙이 있더라도 계약의 체결에 이루지 못하게 된다. 승낙의 의사표시가 없는 상황에서 청약이 철회된 경우는 청약이 거절된 경우(Art. 33 CESL)와 동일하게 다루어도 무방할 것이다.

이 규정과 관련하여 두 가지의 의문이 생길 수 있다.

먼저는 계약철회권이 행사되지 전까지의 계약의 효력에 관한 물음이다. 물품이나 관련 서비스에 관하여 계약이 체결된 경우 이 계약은 당사자 사이에서 유효하게 채무를 발생시킨다. 따라서 상대방에 대하여 이행을 청구할 수 있다. 하지만 계약철회권의 행사로 그러한 채무가 소멸하게 되기 때문에 계약철회권이 행사된 경우나 행사기간의 경과로 계약철회권이 소멸할 때까지는 유동적 유효(pending validity)의 상태라고 보아야 할 것이다.

두번째는 계약철회권의 행사로 인한 소급효의 문제이다. 그러나 철회의 일반적인 효과와 관련하여 유럽공통매매법은 기본적으로 소급효를 부정하는 것처럼 보인다. 이는 동법 제43조가 소급효를 의미하는 제54조 제1항의 취소(avoidance) 혹은 무효(invalid)나 제거(eliminate) 등의 표현을 하지 않으며 오히려 제43조는 유럽공통매매법이 계약철회권을 규정하면서 기본적으로 장래적 효력을 부여하는 제114조(해제의 효력)의 소멸(terminate)이라는 표현을 사용하기 때문이다.[49] 이러한 측면에서 종래의 법률관계가 소멸하는 것이 아니라 종래의 법률관계가 기본적으로 존속하면서 권리의무와 관련하여서만, 즉 이행과 관련한 권리의무가 원상회복(restoration)과 관련한 권리의무로 변형되는(modified) 것으로 보는 것이 유럽공통매매법상 계약철회권 규정에 대한 올바른 이해라고 생각한다. 이러한 이해는 DCFR 제2권 5:105가 "철회는 계약관계와 계약에 기한 당사자 사이의 채무를 소멸시킨다"고 규정하여 종래의 '계약관계'가 종료됨을 명시하는 반면 유럽공통매매법은 '계약관계의 종료'(termination of the contractual relationship)라는 표현을 사용하지 않고 Acquis 원칙(Art. 5:105 (1) ACQP)과 소비자권리지침(Art. 12 Dir 2011/83/EU)의 경우와 같이 계약관계가 아니라 '채무'만 소멸하는 것으로 규정한다는 점에서도 타당해 보인다.

2) 문제점

철회의 효과와 관련하여 제43조의 규정태도는 문제가 있어 보인다. 제43조 (B)는 "소비자가 청약을 한 경우에도 계약을 철회하였다면 당사자의 계약을 체결할 의무가 소멸한다"고 규정되어 있으나 원칙적으로 사업자가 계약을 체결할 의무는 처음부터 존재하지 않는다. 이 조항은 마치 사업자가 청약을 하면 계약을 체결할 의무가 존재하는 것으로 전제하고 있으나 문제의 소지가 있다고 보인다. 계약의 철회된 경우에는 동법 제33조의 청약의 거절과 같이 "소비자에 의해 이루어진 청약이 소멸한다(lapse)"고 하는 것이 더 정확할 것이다.[50]

2. 사업자의 원상회복의무

1) 사업자의 대금 및 운송비용반환의무

계약의 이행이 있은 후에 계약철회권이 행사되었다면 사업자는 소비자의 철회의 통지받은 때로부터 14일 이내에 소비자로부터 받은 모든 대금과 – 필요한 경우에는 – 배송비용을 지체없이 반환하여야 한다. 사업자는 이 금액을 늦어도 14일 이내에 반환하

49) Schulze, Commentary, p.234 Rn. 5.
50) Schulze, Commentary, p.236 Rn. 11.

여야 하는데, 14일의 제한을 둔 것은 '부당한 지체없이'(without undue delay)[51]의 해석에 제한을 두기 위한 취지라고 한다.[52] 사정에 따라 '부당한 지체없이'의 표현이 14일 이상의 장기로 해석될 여지가 있기 때문에 이를 허용할 수 없다는 결단이라는 것이다.

반환의 방법과 관련하여 사업자는, 소비자에게 어떠한 비용도 발생하지 아니하는 다른 반환방법이 있고 이에 대하여 소비자가 명시적으로 동의를 한 경우 외에는, 소비자가 해당 거래에서 대금지급을 위하여 사용하였던 방법과 동일한 방식으로 대금의 반환을 하여야 한다(Art. 44 (1)). 현금으로 지급한 경우에는 현금의 결제수단을 사용하여야 하고 신용카드로 결제한 경우에는 결제를 취소하는 형식으로 대금반환이 이루어져야 한다. 따라서 현금으로 주었는데 이를 상품권이나 바우처 등으로 반환하는 것은 매수인의 명시적인 동의가 한 허용되지 않는다.[53]

유럽공통매매법은 대금의 반환 이외에 소비자에게 발생한 배송비용도 사업자가 반환하도록 요구하고 있다. 예를 들어 소비자가 물품에 대한 운송비를 착불로 지불한 상황에서 계약철회권이 행사된 경우에는 그 운송비용도 대금과 함께 반환하여야 한다. 사업자에 의하여 추천된 가장 저렴한 일반적 배송방법이 아닌 다른 방식을 소비자가 명시적으로 선택한 경우, 사업자는 그로 인하여 추가된 비용을 부담하지 않는다(Art. 44 (2) CESL).

2) 동시이행의 항변권

물품매매에 있어서 사업자는 물품을 반환받았거나 소비자가 물건을 반송하였다는 증거를 제시하는 때 중에서 앞선 시기에 이르기까지 대금의 반환을 거절할 수 있다. 이는 채무간의 견련성을 인정한 것이지만 실제에 있어서는 소비자로 하여금 물품반환의 선이행의무를 지우는 규정이다. 이 규정은 관련 서비스제공 등의 경우에는 적용되지 않고 오직 물품에 대한 매매의 경우에만 적용된다. 사업자가 직접 물품을 수거하기로 정한 경우에도 이 규정은 적용되지 않는다(Art. 44 (3) CESL). 이 경우 물품을 수거하지 않았다고 하더라도 사업자는 '부당한 지체없이' 대금을 반환하여야 한다.

---

51) 유럽공통매매법에는 '부당한 지체'에 관한 설명은 존재하지 않는다. 다만 다른 규정, 예를 들어 Art. 19(5), 36(2) 38 (4) 등에서는 'reasonable time', Art. 77(1), 109 (5) 등에서는 'reasonable period'를 사용하고 있는데 이러한 용어보다는 의미상 'without undue delay'가 보다 엄격한 것으로 이해된다.

52) Schulze, Commentary, p.237 Rn. 4.

53) Schulze, Commentary, p.238 Rn. 5.

3) 영업소 외에서의 계약에서 사업자의 물품수거의무

계약철회권이 행사된 경우에 당사자 사이에 특별한 약정이 없는 한 사업자는 물품을 직접 수거할 의무를 부담하지 않는다. 하지만 유럽공통매매법은 영업소 외에서의 계약이 가정에서 체결되고 동시에 그 곳에서 물건이 인도된 때에는 그 물품이 성질상 우편에 의하여 반송될 수 없는 것이라면 사업자는 자신의 비용으로 그 물품을 수거하여야 한다(Art. 44 (4) CESL). 이 규정은 전형적인 방문판매를 염두에 둔 것으로 사업자가 물품을 가지고 소비자의 가정에 찾아가서 계약을 체결하는 경우를 규율한다. 따라서 소비자의 집에서 계약을 했더라도 차후에 물품이 배송되는 경우나 소비자의 사업장 내지 길거리에서 계약을 체결한 경우, 서비스계약의 경우에는 적용되지 않는다. 또한 사업자가 소비자의 가정에 방문하여 계약을 체결하고 물건을 인도하였다고 하더라도 그 물품이 일반적인 성질상 우편에 의하여 반송될 수 있는 경우에는 사업자가 수거의무를 지지 않는다. 하지만 성질상 일반적으로 우편에 의하여 반송될 수 없는 물품은 매우 추상적인 개념으로 소비자의 계약철회권을 실질적으로 제한할 가능성이 있어서 재고의 여지가 있다고 본다. 현대와 같이 배송체계가 잘 발달되어 있는 상황에서 우편에 의하여 반송될 수 없는 경우는 드문 경우에 속할 것이기 때문이다. 오히려 반송의 번거로움이나 반환의 비용을 고려하여 이러한 경우에도 원칙적으로 사업자에게 수거의무를 지우는 것이 타당하다.

4) 문제점

먼저 사업자의 반환의무에 대한 절대적 기간을 14일로 제한한 것은 구체적인 상황에서 경우에 따라 부당한 결과를 초래할 수 있다. 사업자의 가장 빠른 일처리에도 불구하고 14일이라는 기간이 초과할 수 있어서 법률이 사업자에게 불가능한 것을 요구하는 결과를 초래할 수 있는 것이다.[54] 14일 이후의 반환이 부득이한 경우에는 사업자가 소비자에게 이러한 사정을 고지하도록 하되 그 책임을 면해주는 것이 타당할 것이다.

유럽공통매매법 제44조의 사업자의 반환의무와 관련하여 제기되는 가장 큰 문제는 그와 관련하여 발생할 여러 가지 상황에 대한 규정의 전반적인 불비이다. 즉 사업자의 대금반환의 장소도 명확하지 않으며 사업자가 대금 등의 반환의무를 위반하였을 경우

54) Schulze, Commentary, p.237 Rn. 4.

에 어떠한 법적 효과가 발생하는지 불문명하다. 또한 제45조의 소비자의 물품반환의무와의 관계가 구체적으로 어떻게 되느냐도 문제이다. 예를 들어 소비자가 물품을 일부반환한 경우나 물품이 당사자의 귀책사유없이 멸실한 경우 그 위험부담을 누가 질 것이냐의 문제도 발생한다. 하지만 이에 관하여 아무런 규정도 두고 있지 않다. 이에 대하여 매매계약 본래의 계약이행의무와 마찬가지로 다룰 것이라는 주장도 가능할 것이지만 본래의 계약이행의무는 매매나 소비자관련계약으로 물건의 소유권이전 혹은 용역의 완성과 관련되는 반면 계약철회권의 효과의 문제는 주로 손해배상이나 부당이득 등의 문제이므로 부적절하다고 할 것이다. 따라서 학자들은 대체로 계약의 해제나 취소 등의 규정에 맞추어 해석하여야 한다는 입장이다. 하지만 유럽공통매매법은 준용규정을 포함하여 이에 관하여 아무런 규정을 두고 있지 않고 있다.

3. 소비자의 원상회복의무

1) 소비자의 물품반환의무

소비자는, 사업자가 직접 물품을 수거하겠다고 하지 않는 한, 철회의 의사가 사업자에게 도달한 날로부터 지체없이, 여하한 경우에도 14일 이내에 사업자나 사업자에 의하여 수령권한이 있는 자에게 물품을 반송 혹은 인도하여야 한다. 이 기한은 소비자가 14일이 경과하기 전에 물건을 반송함으로써 충족된다(Art. 45 (1) CESL). 14일의 기한의 취지와 관련하여 물건의 반환을 지체없이, 여하한 경우라도 14일 내에 하도록 한 것은 소비자를 간접적으로 보호하려는 것이라고 한다. 멸실 등의 위험이 소비자에게 인도된 때부터 이전하게 되므로(Art. 142 (1) CESL) 소비자가 물품을 반환하기 전에 발생하는 위험으로부터 소비자를 보호하려는 취지라는 설명이다.[55] 하지만 이러한 설명은 설득력이 떨어진다. 그러한 사정은 소비자가 스스로 판단하여야 할 문제이며 법률이 그를 보호하기 위하여 의무를 부담하도록 한다는 점은 이해가 되지 않는다. 더욱이 귀책사유 없는 소비자도 물품을 반환하기 전에 발생하는 위험에 대하여 책임을 져야 한다는 생각은 추가적 책임을 금지하는 유럽공통매매법 제45조 제7항의 내용에 비추어서도 부당해 보인다.[56] 오히려 본 규정은 계약철회권의 행사로 인한 당사자 사이

---

55) Schulze, Commentary, p.243 Rn. 6.

56) Vgl. Eidenmüller/Jansen/Kieninger/Wagner/Zimmermann, Der Vorschlag für eine Verordnung

의 법률관계를 조속하게 마무리하려는 취지로 사업자의 이익를 배려한 규정이라고 보아야 할 것이다.

2) 물품반환비용의 부담

물품을 반환하는데 드는 비용은 사업자가 부담하기로 하는 특별한 사유가 없는 한 원칙적으로 소비자가 부담한다(Art. 45 (2) CESL). 그러나 계약체결시에 사업자가 물품반환의 비용을 소비자가 부담해야 한다는 내용의 정보제공을 하지 않은 경우에는(Art. 17 (2) CESL) 그 비용을 스스로 부담하여야 한다.

3) 계약철회기간동안의 물품에 발생한 가치상실 및 사용이익

격지자간의 계약과 영업소 외에서의 계약에서 소비자는 계약철회기간동안에 물품에 대한 정보를 얻고 계약의 확정적 체결을 제고할 수 있는 기회를 갖는 반면 사업자는 소비자가 물품을 확인하는 과정에서 경우에 따라서는 큰 피해를 입을 수 있게 된다. 여기서 소비자가 계약의 체결여부를 확정하기 위하여 어느 정도까지 물품을 확인하고 검사하도록 하는 것이 타당할지 결정하여야 한다.

유럽공통매매법은 우선 물품의 본질이나 특성 내지 기능을 확인하는데 필수적인 과정에서 물품에 가치상실이 발생한 경우 그에 대하여 소비자는 아무런 책임을 지지 않는 것으로 하였다(Art. 45 (3) CESL). 따라서 그 정도를 넘어서, 예를 들어 물건을 사용하여 가치상실에 이른 경우에는 비록 계약철회권 행사기간이라고 하더라도 그에 대하여 책임을 지게 된다. 여기서 물품의 본질이나 특성 내지 기능을 확인하는 필수적인 정도의 판단이 문제되나 모범이 된 소비자권리지침(2011/83/EU)은 상점에서 이를 위하여 통상 이루어지는 정도라고 설시한다. 예를 들어 옷을 구매하여 그 치수 등을 확인하기 위하여 옷을 입어보는 것은 허용되지만 이를 입고 다니는 것은 필수적인 정도를 넘어선 것이라고 할 것이다.[57] 하지만 유럽공통매매법 제45조 제4항은 동조 제3항을 침해하지 않는 한도 내에서 계약철회기간동안의 물품의 사용에 대하여 아무런 책임을 지지 않는다고 규정한다. 즉 가치상실이 발생하지만 않는다면 물품을 이용하어도 그

über ein Gemeinsames Europäisches Kaufrecht, 269(278).

57) Recital 47 Dir 2011/83/EU.

사용이익에 대하여 아무런 반환의무를 지지 않는다.[58)]

4) 이행된 관련서비스의 대가

물품의 매매나 콘텐츠의 공급과 함께 관련 서비스가 제공된 경우 소비자의 청구에 의하여 제공된 '서비스'를 원상회복시키는 것이 원칙적으로 불가능하므로 소비자는 계약의 철회에도 불구하고 서비스에 대한 대가를 지불하여야 한다. 이 경우 유럽공통매매법은 소비자로 하여금 철회권을 행사하기 이전에 제공된 것을 전체 계약내용에 대한 비율에 따라 지급하도록 하고 있다(Art. 45 (5) CESL). 소비자가 지급할 비율적 금액은 계약에서 합의된 총대금에 기초하여 계산한다. 총대금이 과다한 경우 비율적 대금은 공급되는 시장의 가치를 기초하여 계산한다. 여기서 총대금이란 관련서비스에 대한 대가만을 전제로 한 금액이다.

유럽공통매매법은 관련서비스가 계약철회권의 행사이전에 전부 혹은 일부 이행된 경우라도 그 대가를 지불할 필요가 없는 경우를 규정하고 있다(Art. 45 (6) CESL). 먼저 계약철회권에 관한 일반적인 정보제공의무(Art. 17 (1) CESL)를 위반하거나 계약철회에도 불구하고 당사자의 청구에 의하여 이미 이행된 관련서비스의 경우에는 대가를 지불해야 한다는 내용의 정보를 제공할 의무(Art. 17 (1) CESL)를 위반한 경우, 격지자간의 계약((Art. 19 (6) CESL)이나 영업소 외에서의 계약((Art. 18 (2) CESL)에서 소비자가 관련서비스의 시작을 명시적으로 요청하지 않았음에도 관련서비스가 실행된 경우이다.

5) 유형의 매체에 담기지 않은 디지털콘텐츠에 대한 소비자의 책임

유럽공통매매법 제40조 제3항 (d)에 따라 소비자의 명시적인 사전 동의와 철회권 상실에 대한 승인이 있는 상황에서 디지털콘텐츠가 유형의 매체에 담기지 않은 채로 공급되기 시작한 경우에는 소비자는 계약철회권을 행사할 수 없다. 이에 대한 반대해석으로 사전의 명시적인 동의가 없거나 동의를 하였더라도 소비자가 철회권의 상실을 승인하지 않았다면 소비자는 여전히 계약철회권을 행사할 수 있다. 소비자가 이러한 상황에서 계약철회권을 행사하였다면 비록 그가 이미 다운로드 받은 상황이더라도 아

58) Brigitta Zöchling-Jud, Acquis Revision, Common European Sales Law und Verbraucherrechterichtlinie, AcP 212(2012), 550(567)

무런 책임을 부담하지 않는다(Art. 45 (6) (b) CESL). 하지만 통상 철회권상실을 승인하지 않으면 다운로드가 시작되지 않을 것이다.

6) 추가적 부담의 금지

소비자가 계약철회권을 행사한 경우 부담하게 되는 채무 및 책임은 유럽공통매매법 제45조의 경우로 제한된다(Art. 45 (7) CESL). 따라서 사업자와 계약철회권에 따른 추가적 부담을 소비자 지우더라도 아무런 효력이 없다. 이 조항을 엄격하게 해석할 경우 물품의 인도 이후에 당사자의 과실없이 발생한 멸실에 대하여 사업자가 책임을 지게 된다. 하지만 이러한 태도는 제7장 제172조 이하의 원상회복의무(restitution)와 평가상 모순(Wertungswiderspruch)을 갖게 된다. 예를 들어 매도인의 기망으로 물건을 매수한 매수인이 매매계약을 취소하는 경우 제172조 제1항이 적용되어 물건가치의 상실에 대하여 매수인은 위험을 스스로 부담하여야 하나 소비자철회권의 행사의 경우에는 제45조 제7항에 의하여 추가적 부담이 생기지 않는 것으로 해석하여야 할 것이다.[59] 민법상의 기본법리가 소비자보호의 법리와 충돌하여 발생하는 부조화의 대표적인 경우라고 여겨진다.

7) 문제점

계약철회권을 행사하는 경우에 물건의 사용으로 발생한 이익을 반환할 필요가 없다는 규정(Art. 45 (4) CESL)은 다소 의문스러운 조항이다. 예를 들어 휴가기간 동안 주문한 비디오카메라를 사용하고 그 후에 계약철회권을 행사한 경우에도 소비자가 아무런 부담도 지지 않게 된다면 그러한 결론이 정말 합당한 것인지 의심스럽다. 이러한 이득은 부당하지 않은 것일까? 이러한 경우에 소비자가 사용이익을 반환하도록 하는 것이 더 타당해 보인다. 다만 물건을 사용한 경우에는 계약철회권을 상실하는 것으로 규정하자는 견해[60]가 존재하나 이는 계약철회권의 본래의 취지를 몰각시킬 가능성이 커서 과도한 조치라고 본다.

---

59) Eidenmüller/Jansen/Kieninger/Wagner/Zimmermann, Der Vorschlag für eine Verordnung über ein Gemeinsames Europäisches Kaufrecht, 269(278)

60) Brigitta Zöchling-Jud, Acquis Revision, Common European Sales Law und Verbraucherrechterichtlinie, AcP 212(2012), 550(566f.)

4. 부가적 계약(ancillary contracts)

소비자가 계약철회권을 행사하는 경우 유럽공통매매법은 격지자간의 계약이나 영업소와 관련되는 부가적 계약의 효력도 당연히 소멸하는 것으로 정하고 있다(Art. 46 CESL). 그러면서 동 조항은 부가적 계약을 "격지자간의 계약 또는 영업소 외에서의 계약과 연계되어, 사업자 혹은 사업자와의 합의에 기초한 제3자에 의하여 제공되는 물품, 디지털콘텐츠 혹은 관련 서비스를 소비자로 하여금 취득하게 하는 계약"이라고 정의하고 있다. 이에 따를 경우 부가적 계약은 세 가지 요건을 갖추어야 한다. 첫째는 부가적 계약에 의하여 소비자는 물품이나 디지털콘텐츠, 관련 서비스가 취득(acquision)되어야 한다. 다만 운송(transport), 훈련(training) 내지 원격통신지원서비스(telecommunication support service), 신용서비스(financial services) 등은 비록 매매계약과 밀접한 관련을 갖는다고 하더라도 부가적 계약에 해당하지 않게 된다. 유럽공통매매법은 관련 서비스(related service)의 범위에서 이러한 서비스계약을 제외하고 있기 때문이다(Art. 2 (m) RegCESL). 따라서 유럽공통매매법상의 부가적 계약의 적용범위는 매우 좁아진다. 특히 신용계약(financial service)의 범위가 명확하지 않으나 이를 여신계약(credit contract)를 포함하는 것으로 해석할 경우 Acquis 원칙(5:106 (3) ACQP)이나 유럽공통기준초안(II.–5:106 (2) DCFR)에서 관련계약으로 매우 중요하게 다루고 있는 여신계약이 유럽공통매매법에서는 부당하게 누락될 위험이 있다.

다음으로 이러한 급부가 격지자간의 계약이나 영업소 외에서의 계약과 관련되어야 한다. 이러한 관련성에 대한 구체적인 설명규정을 없지만 사실적, 경제적으로 밀접하며 직접적으로 관계되는 경우라고 해석할 수 있다.[61]

마지막으로 부가적 계약의 급부주체가 소비자와 격지자 간의 계약 혹은 영업소 외에서의 계약을 맺은 사업자이거나 사업자와의 합의에 기초하여 행동하는 제3자이어야 한다.

---

61) Schulze, Commentary, p. 249 Rn.5.

VI. 편면적 강행규정

당사자는 유럽공통매매법이 정하는 계약철회권의 내용을 배제하거나 약화 혹은 변경하여 소비자에게 불이익을 주지 못한다(Art. 47 CESL). 예를 들어 소비자가 계약을 철회할 경우 일정한 양식을 갖추지 않거나 유럽공통매매법상의 모범철회서식을 이용하지 않을 경우 효력이 없는 것으로 정할 수 없다. 그러한 합의는 유럽공통매매법 제41조 제2항과 연계된 본 조항에 의하여 효력을 갖지 못한다. 하지만 '50유로 이하의 물품을 영업소 외에서의 계약을 통하여 체결하는 경우에도 소비자에게 철회권을 부여한다'는 합의와 같이 소비자에게 유리한 변경은 구속력을 갖는다. 이러한 측면에서 계약철회권의 규정은 편면적 강행규정(unilateral mandatory provision)이다.

VII. 결론

지금까지 2011년에 제안된 유럽공통매매법안의 계약철회권에 관한 내용을 개괄적으로 살펴보았다. 계약철회권에 관한 유럽공통매매법의 가장 큰 특징이라면 종래에 다양하게 흩어져 있던 철회권의 규정에 대한 통합을 시도하고 있다는 점을 들 수 있다. 소비자보호의 측면에서 시간적 간격을 두며 사안에 따라 개별적으로 제정되었던 EU 지침들이 계약철회권의 내용이나 그 용어에 있어서 다소간의 차이를 보임에 따라 이를 수용하는 각국의 입장으로서는 어려움을 겪을 수 밖에 없었을 것이다. 이전의 지침에 따라 제정된 법률과 다소 차이를 보이는 새로운 지침을 수용해야 하는 경우 통일적 법질서를 고려하여야 하는 입법자의 입장에서는 입법과정에서 이전의 법률과의 조화를 고려하여야 하기 때문이다. 이러한 측면에서 유럽공통매매법이 비록 문제된 모든 소비자계약유형에 대한 계약철회권의 통합을 시도한 것은 아니지만, 최소한 그러한 시도를 처음으로 하였다는 점에서 긍정적으로 받아들여 질 수 있다.

반면 계약철회권의 효과와 관련하여 전술한 유럽공통매매법의 미흡한 태도는 유럽공통매매법이 발효된 이후에 매우 큰 논란거리가 될 것으로 생각된다. 그럼에도 불구하고 유럽공통매매법이 계약철회권에 대하여 이렇게 미흡하고 불충분한 태도를 취할 수밖에 없는 상황을 이해할 필요성도 있다. 계약철회권은 전통적인 계약법질서의 발전과 더불어 긴 시간에 걸쳐 형성된 법제도가 아니다. 이 제도는 20세기 후반에 있었던 소비자보호운동과 관련하여 법정책적인 측면에서 법률에 도입된 제도이다. 그런데 계약철회권이라는 것이 일방 당사자의 일방적인 의사표시에 의하여 계약의 구속력을 배제할 수 있도록 하는 권리이기 때문에 필연적으로 종래의 전통적 계약이론인 계약구속의 원칙(pacta sunt servanda)과 충돌할 수 밖에 없게 된다. 이러한 경우에도 계약철회권제도에 대한 탄탄하고 확고한 법리가 인정되어 계약구속의 원칙과 조화를 이루거나 최소한 병행할 수 있게 되었다면 일반법에의 본 제도의 도입은 아무런 문제도 야기하지 않았을 것이다. 그렇지만 현재의 법률적 여건은 그렇지 못하다. 계약철회권제도는 아직 전통적 계약법이론과의 조화의 단계에 이르지 못하였고 그 본질에 대한 규명도 불확실한 상황이다. 그렇다고 유럽공통매매법을 만들면서 계약철회권제도를 배제하기도 어려운 상황이다. 국내법적으로 이미 계약철회권을 행사해 온 소비자들이 계약철회권이 배제된 유럽공통매매법을 대하게 된다면 매우 불충분하고 불완전한 퇴보적 법률로 보게 될 것이기 때문이다. 상황이 이러하니 유럽공통매매법의 입법자의 입장에서는 다소 부족한 내용으로라도 그 내용을 넣을 수밖에 없는 상황이며, 다만 유럽공통매매법이 발효된 후에 있을 실무에서의 경험과 앞으로의 이론적 발전을 기대할 수밖에 없었을 것이다. 현재 우리나라에서 민법에 소비자보호관련규정을 도입하자는 주장들이 제기되고 있는데, 유럽공통매매법의 성공여부는 이러한 우리 민법의 상황에도 많은 시사점을 주게 될 것이다. 유럽공통매매법안의 처리 및 그 이후의 추이에 우리가 많은 관심을 가져야 할 필요를 보여 주는 대목이다.

참고문헌

고형석, 소비자계약에 있어서 청약철회권의 적정화에 관한 연구, 소비자문제연구 제38호(2010.10), 71-97.

김미혜, 소비자계약에 있어서 청약철회권의 통합에 관한 연구, 박사학위논문(아주대학교 법학과), 2013.

박영복, EU 집행위원회에 의해 제안된 "유럽공통매매법에 관한 규칙", 외법논집 제37권 제3호(2013.8.), 37-62.

박영복(편집대표), EU사법 (I), 2009.

박영복(편집대표), EU사법(II). 2010.

백경일, 유럽공통매매법안(CESL)에서의 계약체결규정에 관한 비교법적 검토, 비교사법 제20권 2호(2012), 433-476.

석광현, 국제물품매매계약의 법리, 2010.

이병준, 독일민법상 소비자계약에서의 철회권과 반환권, 외법논집 제[18집(2005.2), 217-248.

Brigitta Zöchling-Jud, Acquis Revision, Common European Sales Law und Verbraucherrechterichtlinie, AcP 212(2012), 550.

Christian v. Bar/Eric Clive, Principles, Definitions and Model Rules of European Private Law – Draft Common Frame of References, Full Edition(2009)('V. Bar, DCFR(2009)'로 인용).

Christian v. Bar/안태용역, 유럽민사법의 공통기준안, 2012.

Eidenmüller, Die Rechtfertigung von Widerrufsrechten, AcP 210(2010), 67-104.

Eidenmüller/Jansen/Kieninger/Wagner/Zimmermann, Der Vorschlag für eine Verordnung über ein Gemeinsames Europäisches Kaufrecht, 269-289.

Reiner Schulze(ed.), Common European Sales Law(CESL) - Commentary, 2012('Schulze, Commentary'로 인용).

Research Group on thc Existing EC Private Law, Principles of the Existing EC Contract Law – Contract I, 2007('Acquis Group, Acquis Principles(2007)로 인용).

제3절 착오 규정의 검토

박현정 교수(동아대학교 법학전문대학원)

I. 서언

1. 규정

유럽共通賣買法(Common European Sales Law, 즉 CESL) 제2편 구속력있는 계약의 체결(Making a binding contract)편에서 제5장 합의의 하자(Defects in consent)[1]가 있는 경우 중 첫 번째로 제48조 착오(Mistake)를 규정하고 있다.

1. A party may avoid a contract for mistake of fact or law existing when the contract was concluded if: (a) the party, but for the mistake, would not have concluded the contract or would have done so only on fundamentally different contract terms and the other party knew or could be expected to have known this; and(Amendment)	1. 당사자는 계약이 체결된 때 존재하던 사실이나 법에 대한 착오를 이유로 다음과 같은 경우라면 계약을 취소할 수 있다: (a) 그 당사자가 착오가 없었다면 계약을 체결하지 않았을 것 혹은 근본적으로 다른 내용으로 계약을 체결하였을 것이면서 상대방이 이를 알았거나 알았었을 것이고;

1) 합의의 하자에 대한 비교 연구는 M. Fabre-Magnan, “Defects of Consent in Contract Law”, pp. 219-222 in A. Hartkamp, M. Hesselink et al.(ed.), Towards a European Civil Code, 2nd ed., Kluwer Law International, 1998.

(b) the other party: (i) caused the mistake; or (ii) caused the contract to be concluded in mistake by failing to comply with any pre-contractual information duty under Chapter 2, Sections 1 to 4; or (iii) knew or could be expected to have known of the mistake and caused the contract to be concluded in mistake by not pointing out the relevant information, provided that good faith and fair dealing would have required a party aware of the mistake to point it out; or (iv) made the same mistake (Amendment).	(b) 상대방이: (i) 착오를 유발하였거나; (ii) 제2장 제1절 내지 제4절에서 규정한 계약 체결전 정보제공 의무를 위반하여 착오로 계약이 체결되도록 하였거나; (iii) 착오를 알았거나 알았었을 것이면서 신의성실과 공정거래의 원칙에 기하여 착오를 인식한 당사자가(상대방이) 관련 정보를 지적하도록 요구됨에도 이를 지적하지 않음으로써 착오로 계약이 체결되도록 하였거나; (iv) 공통의 착오를 한 경우.
2. A party may not avoid a contract for mistake if the risk of the mistake was assumed, or in the circumstances should be borne, by that party.	2. 당사자는 착오의 위험이 인수되었거나 당해 상황에서 인수되어야 하는 경우라면 착오를 이유로 계약을 취소할 수 없다.
3. An inaccuracy in the expression or transmission of a statement is treated as a mistake of the person who made or sent the statement.	3. 언명의 표시나 전달상의 부정확은 그 언명을 표시하거나 전달한 자의 착오로 다룬다.

2. 체계

CESL은 의사표시에 관한 명시적 규정이 없고 의사표시에 관한 규정은 계약의 해석에 관련된다. 현재까지는 해석 규정이 착오에 우선한다고 한다. 이 점은 특히 공통의 착오에 그러할 것이다. 그리하여 2013년 6월 3일 집행부에 제출된 것을 수정한 안에서는 (집행부안으로 의회에 제출이 될 것이다) 공통의 착오가 삭제되었다. 이는 공통의 착오의 경우 취소의 문제는 합의의 하자 내지는 흠결 이외의 요소로 인한 문제로 보이므로 이러한 경우의 문제 해결은 계약의 해석 방법에 의하여 찾아야 할 것이다. 한편 CESL상의 일방적 언명에도 적용된다는 점도 제48조 앞에 수정되어 추가된 합의의 하자의 적용 범위에서 정하고 있다.[2)]

제48조는 관련있는 착오가 있을 경우 취소권을 허용하고 있다. 또한 계약 체결상 정보제공 의무규정과 관련하여 착오가 적용되도록 하고 있다. 그러나 대부분의 경우 독립된 제2장에서 정보제공의무를 다루고 있다. 제48조는 취소권의 성립만을 다루고 있으며 취소권의 행사, 내용 및 효과는 여타 조항(특히 제52조 취소의 통지,[3)] 제53조 추인 및 제54조 취소의 효과[4)])에서 다루어진다.

---

2) Scope (적용 범위)
1. This Chapter shall apply to the avoidance of a contract for defects in consent and similar defects.
2. The rules in this Chapter shall apply with appropriate adaptations to the avoidance of an offer, acceptance or other unilateral statement indicating intention, or equivalent conduct.
1. 이 장은 합의의 하자와 유사한 하자를 이유로 한 계약의 취소의 경우에 적용될 것이다.
2. 이 장의 규정들은 청약, 승낙, 혹은 기타 의도를 표시하는 일방적인 언명이나 상응하는 행태를 취소하는 경우에 적절하게 준하여 적용될 것이다.

3) 1. Avoidance is effected by notice to the other party.
2. A notice of avoidance is effective only if it is given within the following period after the avoiding party becomes aware of the relevant circumstances or becomes capable of acting freely:
(a) six months in case of mistake; and
(b) one year in case of fraud, threats and unfair exploitation.
1. 취소는 상대방에 대한 통지로써 효과가 발생한다.
2. 취소의 통지는 취소 당사자가 관련 정황을 안 후 혹은 자유로이 행위할 수 있게 된 후 아래 기간 안에 행해져야만 효력이 있다.
(a) 착오의 경우 6개월;
(b) 사기, 강박이나 불공정 이용행위의 경우 1년.

4) 1. A contract which may be avoided is valid until avoided but, once avoided, is retrospectively invalid from the beginning.
2. Where a ground of avoidance affects only certain contract terms, the effect of avoidance is limited to those terms unless it is unreasonable to uphold the remainder of the contract.
3. The question whether either party has a right to the return of whatever has been transferred or supplied under a contract which has been avoided, or to a monetary equivalent, is regulated by the rules on restitution in Chapter 17.
1. 취소될 수 있는 계약은 취소 될 때까지 유효하지만, 일단 취소되면 소급하여 처음부터 무효이다.
2. 취소의 사유가 오직 계약의 특정 조항에만 영향을 미치는 경우 계약의 나머지 부분을 유지하는 것이 불합리하지 않은 한 취소의 효력은 그 조항에 제한된다.
3. 취소된 계약 하에서 인도되거나 제공된 것의 원물반환 또는 상응하는 가액에 대한 권리가 당사자에게 있느냐에 관한 점은 제17장 원상회복 규정에 의해 정해진다.

취소권의 성립요건으로는 착오(제1항), 착오와 계약의 체결 또는 내용간의 인과관계 연결의 존재(제1항(a)전문), 그리고 상대방의 특정한 기여 내지는 공동 책임 (제1항(a)후문은 수정으로 삭제, (b)를 들 수 있다. 나아가 만약 당사자가 착오의 위험을 인수하는 경우에는 착오를 근거로 취소권이 성립되지 않는다(제2항). 그러나, 원래의 규칙 제안에 빠져 있었던 문제인 제3자에 의하여 유발된 착오라 하더라도 일정한 경우 구제수단이 인정됨을 수정안 제50a조에서 추가하고 있다.[5]

또한 취소권(일부 취소 포함)을 규정하면서 손해배상이 가능하다는 점을 제55조[6]가 규정하고 있다. 제56조 제2항[7]에서는 착오로 인한 구제를 소비자에게 불리하게 배제하거나 제한할 수 없다고 하고 제57조[8]에서는 불이행으로 인한 구제수단과 선택적으로 행사될 수 있음을 정하고 있다.

---

5) 1. Where a third party for whose acts a person is responsible or who, with that person's assent, is involved in the making of a contract:
   (a) causes a mistake, or knows of, or could be expected to know of, a mistake, or
   (b) is guilty of fraud or threats or unfair exploitation, remedies under this Chapter shall be available as if the behaviour or knowledge had been that of the person with responsibility or giving assent.

   1. 제3자의 행위에 대하여 당사자가 책임이 있거나 혹은 그 당사자의 동의로 제3자가 계약의 체결에 관련되어
   (a) 제3자가 착오를 유발하였다든지 혹은 제3자가 착오를 알거나 알 수 있었을 경우이거나
   (b) 제3자가 사기, 강박이나 불공정 이용행위에 책임이 있는 경우 제3자의 행위나 인식을 그 책임이 있거나 동의를 준 당사자의 행위나 인식으로 보아 이 장의 구제수단을 인정한다.

6) A party who has the right to avoid a contract under this Chapter or who had such a right before it was lost by the effect of time limits or confirmation is entitled, whether or not the contract is avoided, to damages under Chapter 16 from the other party for loss suffered as a result of the mistake, fraud, threats or unfair exploitation, provided that the other party knew or could be expected to have known of the relevant circumstances.
   본 장에 따라 계약을 취소할 권리가 있거나 기간 제한이나 추인의 효과로 그것을 상실하기 전에 그러한 권리를 가졌던 당사자는 취소 여부에 관계없이 상대방에게 그가 관련 정황을 알았거나 알았었을 것이면 착오, 사기 강박 또는 불공정 이용행위로 입은 손해배상을 제16장 하에서 청구할 수 있다.

7) 2. In relations between a trader and a consumer the parties may not, to the detriment of the consumer, directly or indirectly exclude or restrict remedies for mistake.
   2. 사업자와 소비자 사이 관계에서 당사자는 소비자에게 불리하게 착오로 인한 구제를 직접적 혹은 간접적으로 배제하거나 제한할 수 없다.

8) A party who is entitled to a remedy under this Chapter in circumstances which afford that party a remedy for non-performance may pursue either of those remedies.
   본 장에 따라 구제를 받을 수 있는 당사자는 불이행으로 인한 구제가 가능한 경우 어느 구제 수단이라도 선택할 수 있다.

3. 연원

착오 규정은 형평법에 근거한 것은 아니지만, 비교법적으로 그리고 각국 사법 내에서 출발하였다. 유럽契約法原則(Principles of European Contract Law, 즉 PECL) 제4:103조에서 비롯된 유럽私法의 공통참조틀草案 (Draft Common Frame of Reference, 즉 DCFR) II-7:201에서 왔다고 볼 수 있는데, DCFR과 달리 면책될 수 없는(inexcusable) 착오의 경우 취소가 배제된다는 점은 CESL 제48조에 없다. 법무부 민법총서(안태용 역)에서 해석한 DCFR의 경우 착오자에게 중대한 과실이 있는 경우 취소할 수 없도록 하는 규정이 없다는 점은 잘못되었던 해석이다.[9] 연혁적으로 '면책될 수 없는(inexcusable)' 착오는 '과실(fault)이 있는' 착오이다.[10]

---

9) 법무부 비교민법총서(안태용 역), 민속원, 2012.12, 당사자 일방은 계약을 체결할 당시에 존재하였던 사실 또는 법률의 착오를 이유로 계약을 취소할 수 있다(II-7:201). 이때 취소할 수 있는 착오는 중대한 착오로서 당사자가 착오가 아니었더라면 계약을 체결하지 않았거나 또는 본질적으로 상이한 조건으로 체결하였을 정도의 착오를 말한다(II-7:201). PECL은 이를 표현하기 위하여 특히 "근본적 착오(fundamental mistake)"라는 용어를 쓴다. 또한 착오를 이유로 취소할 수 있기 위하여는 상대방에게 일정한 귀책사유가 있어야 하는데, 먼저 상대방이 착오의 중대성을 알았거나 알 수 있었어야 하고, 덧붙여 다음과 같은 사정 중의 하나에 해당하여야 한다: 즉, 상대방이 착오를 야기하였거나, 착오가 초래되었음을 알고도 상대방이 이를 알려주지 않은 채 그대로 두었거나, 상대방이 계약체결 전 정보제공 의무나 입력상 오류 수정 수단의 제공 의무에 위반하였거나, 또는 상대방 자신도 동일한 착오 상태에 있었어야 한다(II-7:201). 진술의 표현 또는 전달에 있어서의 부정확은 그 진술을 하거나 전달하는 자의 착오로 취급될 수 있다(II-7:202). 즉, 표시상의 착오도 착오로 취급한다. 그러나 착오가 당해 사정에서 용인될 수 없는 것이거나(inexcusable), 또는 착오 상태에 있는 자가 착오가 있을 수 있는 위험을 이미 인수하고 계약을 체결하였거나 어차피 그 당사자가 부담하여야 할 위험인 경우에는 착오를 이유로 취소할 수 없다(II-7:201). PICC 제3.2.2조는 착오를 일으킨 것이 중대한 과실에 의한 것인 때에는 착오를 이유로 취소할 수 없도록 하고 있으나, DCFR에서는 이에 상응하는 규정을 두고 있지 않다.

10) 比較法的으로 보면, 錯誤가 주로 錯誤者의 과실로 인한 경우는 일반적으로 錯誤로 인한 구제는 부정된다. 프랑스 民法에서는 錯誤가 면책될 수 없는(inexcusable) 경우 구제가 인정되지 않는다. 錯誤가 계약을 취소하려는 자의 과실(faute)의 결과인 경우 그 錯誤는 면책될 수 없다. 프랑스 판례에서는 과실(faute)에 의한 것이거나 면책될 수 없는(inexcusable) 것이거나 구별하지 않고 쓰고 있다. 따라서, 면책될 수 없는 錯誤는 과실에 의한 錯誤와 다르지 않다. 반면, 錯誤가 상대방의 신의에 반하는 행위에 의하여 유발된 경우는 면책될 수 있는 것으로 다루고 있다. 잉글랜드에서도 보통법상으로든 형평법상으로든 錯誤가 錯誤者의 과실에 의한 때는 구제가 인정되지 않는다. 이러한 점은 보통법상으로는 일반적이고 형평법상으로는 명시적이다. 스코틀랜드법도 또한 유도되지 않은 오해(uninduced error)이론에 근거하여 과실이 있는 당사자에게 구제를 부정한다. 그리스 民法은 錯誤에 기한 취소가 신의성실과 조화된다면 허락된다. 네덜란드는 民法 제6:228조(2)항에서는 구제를 구하는 당사자에게 주로 과실이 있는 錯誤는 그가 책임이 있으므로 구제가 부정된다고 규정한다. 노르웨이 契約法은 錯誤者의 과실이 구제를 인정할 것인지 아닌지를 결정하는 법원에 의하여 고려되어져야 하는 요소이다, O. Lando/H. Beale(ed.), Principles of European Contract Law

한편 國際商事契約原則(UNIDROIT PICC) 제3.2.2조와 매우 유사하지만 착오에 대한 정의 규정을 포함하지 않고 있고 가장 유의미한 차이점은 역시 과실(fault)이 있는 당사자의 착오에 기한 취소권을 배제하고 있지 않는 것이다. 그 반면, UNIDROIT PICC의 '실질적인(material)' 차이와는 달리 CESL 제48조는 실제 계약과 가정적 의사 사이에서 '근본적 내지는 본질적(fundamental)' 차이를 요건으로 하는 협의의 기준을 정하고 있다.

II. 유럽공통매매법(CESL)상 착오의 검토

1. 법적 기능과 한계

1) 목적

계약자유의 원칙은 당사자가 의도하지 않은 계약의 내용에 구속되지 않는 것이다. 한편 거래안전의 요구로부터 상대방은 일반적으로 계약의 존재에 관하여 신뢰할 수 있다. 그리고 계약을 체결할 때 각 당사자는 위험을 부담하지만 부담할 수 없는 위험이 있다. 즉, 신의성실과 공정거래에 반하는 위험이나 부주의하고 비합리적인 행동의 위험이다. 결국, 錯誤로 인한 계약의 취소는 이러한 위험을 피하기 위하여 인정되는 救濟手段 중 하나이다.

계약의 구속력의 근거는 당사자의 의사이지만 법적 확실성과 명확성 측면에서는 당사자의 언명(statements)이나 행태를 고려하여 판단한다. 이러한 언명은 다소 의사의 흠결을 용인한다. 그러나 중요한 흠결은 당사자 자치를 보장하기 위한 계약의 구속력을 제한할 것이다. 제48조의 목적은 당사자의 언명에서의 착오를 이유로 계약을 무효로 할 수 있는 그러한 흠결을 정의하기 위한 것이다. 제48조는 한편으로는 당사자의 실질적 의사와 다른 한편으로는 다양한 언명 사이에서 균형을 맞추고 있다. 착오 규정은 사적 자치의 원칙을 보장하기 위하여 필수적이지만 이는 적절한 시장의 거래 기능

Parts I and II, Combined and Revised, Kluwer Law International, 2000, p. 241, note, inexcusable error.

과도 관련이 있다. 착오로 인한 계약의 취소를 너무 용이하지 않도록 하여 당사자에게 구속력이 있는 계약적 언명을 할 때에 신중하도록 할 동기를 부여하고 그 당사자의 착오로 된 언명을 신뢰한 상대방을 보호하기 위한 데에 시장의 이해관계가 있다.[11]

2) 비판

유럽 共通賣買法(CESL)에 대한 비판은 CESL이 사적 자치의 원칙을 지나치게 제한한다거나, 소비자 보호의 문제를 소용없이 만들어 놓았다거나, CESL이 비효율적인 결과를 가져온다거나 전혀 공정성을 진전시키지 못하고 있다는 점 등이다.

예를 들면, CESL 규칙의 내용은 가격적 측면을 퇴보시킨다. 특히 강행규정과 같은 조항들은 이러한 세련된 조항의 이익을 향유하는 소비자로 하여금 비용을 지불하게 한다. 그래서 모순되게도 약자인 소비자를 보호한다거나 이들의 시장에의 접근에 대한 안전성을 보장하려는 사회적 정의를 오히려 저해한다고 한다.[12]

이러한 점은 2013년 10월 서울대 법대에서 유럽의 통일매매법 프로젝트(Das Projekt eines Einheitlichen Europäischen Kaufrechts)를 발표하신 Stephan Lorenz 교수(뮌헨대학교)도 지적하면서 소비자보호는 공짜로 오는 것이 아니고 보호할수록 기업의 비용가격이 증가한다고 하고 특히, '착오의 경우 소비자에 대한 책임의 배제불가 조항'을 예로 들면서 소비자입장에서 하자의 위험을 감수하고자 하는 저소득층의 제품선택 가능성(고장나도 되는 저렴한 자동차를 구입하려는 대학생 등)이 없어지는 점을 지적하였다.

11) Reiner Schulze, Common European Sales Law(CESL): Commentary, Hart Pub., 2012, p. 255.

12) Daniela Caruso, "The baby and the Bath Water : The American Critique of European Contract Law", The American Journal of Comparative Law, 2013, Vol LXI No. 3, pp. 482-491,

2. 적극적 요건 - 제48조 제1항

1) 착오의 개념 - 제48조 제1항 본문

(1) 사실이나 법에 대한 계약 締結時 착오

유럽共通賣買法은 錯誤의 槪念의 定義에 관하여 독립된 조문을 두고 있지는 않지만 錯誤의 要件 規定에 해당하는 제48조의 事實이나 法의 錯誤(mistake of fact or law)[13]는 사실이나 법에 대한 錯誤(mistake as to fact or law)나 계약과 관련된 사실이나 계약에 영향을 주는 법에 관련된 錯誤(mistake about the facts surrounding the contract or the law affecting it)로 해석할 수 있다. 이는 유럽契約法原則 제4:103조 錯誤의 要件 規定에서 비롯된 DCFR과 마찬가지 해석이다. 이러한 해석은 UNIDROIT PICC 제3.4조 錯誤의 정의인 –錯誤는 계약이 체결될 당시에 존재하였던 사실 또는 법에 관한 잘못된 想定(an erroneous assumption relating to facts or to law existing when the contract was concluded)–과 같은 태도이다.[14]

이처럼 착오란 사실이나 법과 관련된 잘못된 가정을 의미한다. 즉, 심적 상태가 현실과 괴리된 것을 의미하는데, 이러한 정의는 CESL에 명시적으로 포함되지는 않았으나 일반적으로 수용되는 정의로 볼 수 있다. 이 때 사실이나 현실이란 개인의 능력, 자격 또는 계획과 같은 주관적인 측면들을 포함한다.

또한 착오는 계약이 체결되는 시점에 존재하여야 한다. 즉, 미래에 발생하는 오류는 포함하지 않는데, 단 이 미래에 발생하는 오류에서 현재의 관련 요인에 의해 야기되는 경우는 예외적으로 제외한다. 원칙적으로 미래에 발생하는 오류는 Hardship(契約均衡에 重大한 変更을 초래하는 事由, 履行困難)의 경우로 한정되어야 하는데, 이에 대해서는 UNIDROIT PICC와 달리 CESL에 구체적인 내용이 존재하지 않는다.[15]

---

13) 사실 관계의 착오와 법적 착오의 동등한 취급에 관해서는 Armbrüster, (2007) JURA 325; Huber, Irrtumsanfechtung, p 152; Kramer, (1999) ZEuP 217; Wolf, 'Willensmängel', in Basedow (ed), Europäische Vertragsrechtsvereinheitlichung, p. 97; cf also art 3.2.1 UNIDROIT PICC.

14) 윤진수, "民法上 錯誤規定의 -法論的 考察-民法改正委員會에서의 소수의견-", 이십일세기 한국민사법학의 과제와 전망, 심당 송상현교수 화갑기념논문집, 2002.1, 14-15면.

15) UNIDROIT PICC의 Hardship制度는 그 목적이 계약의 구속력에 관한 일반원칙(동 원칙 제1.3조)의 귀결로서, 이행이 가능한 한 그러한 이행이 이행당사자에게 어떠한 부담이 된다 하여도 이행해야한다는 것을 명확히 하는데 있다. 바꿔 말하면, 당사자의 일방이 기대하고 있던 이익 대신에 손실을 입는 일이 있다 할지라도 또는 이행하는 것이 당사자로서는 무의미하게 되었다 하더라도 계

(2) 동기의 착오의 포함하는 광의의 개념

유럽共通賣買法에 있어서의 錯誤의 槪念에는 원칙적으로 動機의 錯誤를 錯誤의 개념에 포함시킨다. 계약과 관련된 사실이나 계약에 영향을 주는 법에 관한 動機의 錯誤도 보통의 錯誤와 마찬가지로 원칙적으로 구제를 인정한다.

이처럼 착오는 광범위한 개념으로서 모든 계약상 또는 이에 수반되는 정황과 관련될 수 있다. 이에는 계약의 내용이나 해석, 매매된 목적물의 존재,[16] 개인의 능력, 기술, 자격이나 계획 등과 같은 주관적 측면, 합의된 상품이나 서비스의 특성 또는 성질, 그리고 계약이나 계약조건에 동의하게 된 동기나 원인이 되었을 수 있는 여하의 정황이 포함된다.

일부 유럽 국내법과 달리, 제48조는 언명과 관련된 착오와 당사자의 동기나 계산과 관련된 착오를 명시적으로 구분하지 않는다. 따라서 이러한 착오의 개념은 일부 법체계에서 논의되고 있는 유효한 언명(statements) 또는 의사표시의 유무의 문제에 적용될 수 있다. 예를 들어, 어떤 이가 부지 중에 경매장에 들어가 오른손을 들어 친구에게 인사한다고 할 때, 해당 정황에서 이는 경매의 청약이 성립하는 것이다. CESL하에서는 당사자가 본인의 언명을 모르는 경우 해당 청약이 유효하지 않다는 원칙이 존재하지 않는다. 착오의 원칙이 적용되며 표시나 전달의 부정확은 제3항에서 착오로 간주된다.

의사(intention)와 언명(statements)의 차이는 착오 이외의 원인이나 결함에 의해 발생할 수 있다. 심리적 유보(mental reservation)는 잘못된 가정이 아니므로 착오가 아

약내용은 존중되어야 한다는 것이다. 이에 제6.2.1조는「계약의 이행이 당사자의 일방으로서 보다 부담이 크다 하여도 Hardship에 관한 이하의 규정에 속박되는 외에, 그 당사자는 자기의 채무를 이행하여야 한다」고 규정하여, 事情의 變更은 履行義務에 영향을 주지 않는 것이 원칙이다는 것을 선언하고 있다. 물론 계약의 구속력의 원칙은 절대적인 것은 아니지만, 후발적인 사정에 의하여「契約의 均衡에 重大한 變更(fundamentally alters the equilibrium of the contract)」이 야기된 경우에는 Hardship이라고 하는 예외적인 상황이 발생한다.

Hardship현상은 많은 법체계가「계약목적의 좌절(frustration of purpose)」,「행위기초의 상실(Wegfall der Geschäftsgrundlage),「不可豫見理論(imprévision)」,「후발적 과잉부담(excessiva onerosità sopravvenuta)」등의 다양한 개념으로 인정되어 온 것이다. 오늘날 많은 국제계약에서 이른바「Hardship조항」을 포함하는 경우가 많아지고 있다(UNIDROIT Principles, Art.6.2.1, Comments 2.), 高翔龍, "韓·中·日間의 統一賣買法試案", 2005, 33면.

16) 물건의 부존재 또는 불가능성에 착오의 원칙 적용을 제한하는 규칙은 없다, cf O. Lando/H. Beale(ed.), pp. 232 et seq; Huber, in Vogenauer/Kleinheisterkamp (eds), Commentary on UNIDROIT PICC, art 3.5 no 12.

니다. 허위거래(sham transaction)는 통상적으로 유효하지 않다(제30조 제1항(b). 만약 당사자들이 다른 거래를 위장하기 위한 수단으로서 해당 허위거래를 사용할 의사가 있는 경우에는, 해당 당사자들의 진정한 의사를 내용으로 하는 그러한 다른 거래가 유효할 수 있다(제58조 제2항). 농담 성격의 언명은 통상적으로 계약을 발생시키지 않는데, 단 해당 농담이 정황상 이해될 수 있는 경우에 그러하다. 만약 농담자의 기대와 달리 해당 농담이 정황상 이해되지 못한다면 이로써 착오가 성립된다. 여타 요건들이 충족될 경우에는 해당 계약은 취소될 수 있다.

이어지는 제49조와 제50조는 사기와 강박의 문제를 다루지만, 수면이나 의식불명 상태, 강요되거나 단순한 반사에 의해 이루어진 '언명'에 대해서는 다루고 있지 않다. 이러한 경우는 비록 (착오한) 당사자에 의해 통제되는 행위에 의해 야기된 결함이 아니더라도 착오의 효과가 주어지는 언명의 착오와 구분된다. 통제는 착오자가 취소의 책임을 부담하는 근거가 되며, 수면 등의 경우와 착오의 차이는 통제의 부족이다. 이에 제48조는 적용되지 않는다. 이러한 통제의 부족의 경우에서는 '언명'의 결함이 더 중요하기 때문에 통제 불가능한 여하의 행위는, 유효한 의사표시, 특히 유효한 청약 또는 승낙의 근거로서 불충분하다고 보는 것이 적절하다(또는 제50조 강박의 적용). 통제된 행위가 부재할 경우에는 유효한 청약이나 승낙 또는 기타 의사표시가 인정되지 않는 것이다.

(3) 구체적 착오의 유형

錯誤에 대한 각국의 立法例는 다양하므로 錯誤의 類型에 대한 규율 방법도 각국마다 다르지만, 유럽共通賣買法에서는 錯誤의 範圍를 제한하지 않고 모든 錯誤의 類型을 포섭할 수 있는 방법을 채택하였다. 이처럼, 모든 錯誤의 類型을 포섭할 수 있는 방법을 채택한 것은 유럽共通賣買法은 國際契約을 전제로 하고 있기 때문이다. 따라서, 개념필연적으로 錯誤의 類型에 따라 錯誤規定의 適用이 결정되는 것이 아니라 모든 錯誤의 類型을 고려하므로 錯誤의 類型은 결국 錯誤의 要件의 문제가 된다.

그리하여 첫째, 사실에 관한 錯誤 및 법에 관한 錯誤가 동일하게 적용된다. 둘째, 錯誤가 계약 목적물의 價値에만 관련되어 있는 경우 구제를 거부하는 명시적인 규정이 없으므로 價値의 錯誤를 반드시 배제하는 것은 아니다. 셋째, 상대방의 同一性에 관한 錯誤에도 당연히 적용된다. 넷째, 錯誤의 概念에서 앞서 본대로 動機의 錯誤에 대하여 보통의 錯誤와 마찬가지로 원칙적으로 구제를 인정한다.

가. 계약의 내용이나 해석 또는 법적 효력에 관련되는 착오

제59조 제3항에 따르면 계약의 해석은 객관적인 '합리적인 인간' 기준을 따르는데, 이를 기준으로 하여 당사자의 개인적 이해가 괴리될 수 있다. 계약의 해석과 관련된 정황에 대해 당사자의 잘못된 지식, 이해 또는 해석으로 착오의 현상이 발생할 수 있다.

계약의 효력에 관한 착오도 법에 관한 잘못된 또는 부족한 이해에 기인할 수 있다. 법에 관한 착오는 제48조의 일반 원칙에 의해 다루어진다. 충분히 중대할(sufficiently serious) 경우에는 취소권이 성립될 수 있지만 계약의 효과가 법에 의해 인정되는 한에서는 모든 이가 수용해야 하는 계약의 구속력으로 간주된다. 이러한 관점에서 보았을 때 법에 관한 착오는 대부분의 경우 계약의 위험으로서 각 당사자가 부담해야 하는 것이다. 그러나 만약 착오가 상당하여(significant) 계약의 유형에 관한 착오에 달하는 경우에는 달리 적용될 수 있다.

나. 상품이나 서비스의 특성 또는 성질에 관련되는 착오

상품과 서비스의 성질에 관한 착오도 발생할 수 있다. 제57조(구제수단의 선택)에서 명시적으로 언급된 바, 이 경우에 구매자(buyer)는 불이행에 대한 구제로만 국한되지 않으며, 모든 여타 요건들을 충족할 경우에는 제48조의 취소권을 사용할 수도 있다. 이러한 착오로는 치수, 소재, 제조방법, 원산지, 기타 제3자 권리의 존재 유무, 또는 매매의 가능성(merchantability)이나 사용에 관한 특정 법적 요건의 준수에 관한 착오가 있을 수 있다. DCFR II-7:201의 주석서에는 제품의 가격에 관한 착오는 통상적으로 근본적인(fundamental) 착오가 아니라고 명시되어 있다.[17] 물건의 단순 가치에 관한 착오가 통상적으로 취소권을 발생시켜서는 안 된다는 점에는 쉽게 동의할 수 있지만, 엄청난(exorbitant) 오해의 경우에는 근본적 관련성 부족이라는 논점의 설득력이 부족할 수 있다. 그러나 대부분의 경우에는 취소권이 인정되지 않는데, 그 이유는 이러한 시장 가치에 관한 착오가 주로 착오자의 위험에 속하기 때문이다.

다. 사람의 동일성, 기술 및 자격에 관련되는 착오

이 유형의 착오는 서비스의 제조자, 생산자, 또는 공급자의 (기술이나 평판에 관련된) 동일성도 문제될 수 있으나 그보다 더 중요하게는 사업자 또는 생산이나 공급과 관련된 기타 관계자의 기술이나 자격에 관련된다. 이에는 해당 관계자의 계획도 포함

---

17) Von Bar/Clive (eds), DCFR, Full Edition, p 462; also O. Lando/H. Beale(ed.), p. 233.

된다. 특히 사업자가 폐업을 계획하는 경우, 이는 취소의 사유가 될 수 있다. 특히 구매자가 사업자의 지속적인 서비스에 의존하는 경우는 더욱 그러하다. 나아가 본인의 기술이나 자격에 관한 오류로 인한 계약 취소의 가능성도 완전히 배제할 수는 없으나 대부분의 경우 그러한 위험은 당사자 본인이 부담해야 하므로 그러한 경우는 배제될 것이다.

라. 그 밖의 착오

그 밖의 착오는 당사자의 동기나 계산과 관련될 수 있다. 그러나 계약의 정확성은 계산자의 위험에 속하는 경우가 많기 때문에 대부분의 경우에는 취소권이 발생되지 않는다.

(4) 표시 또는 전달상 부정확

당사자가 사용하는 모든 단어, 숫자, 또는 기타 의사소통의 신호 중 사용 의사가 없었던 것은 표시의 잘못에 해당된다. 여기서 수신자의 이해의 잘못이 다루어지지는 않지만 수신자는 착오에 관한 일반 원칙을 가능한 최대한 적용할 수 있을 것이다. 전달의 부정확도 동일한 방식으로 다루어진다.

2) 착오와 계약의 체결 또는 내용간의 인과관계 - 제48조 제1항 (a)

(1) 인과관계의 연결의 존재 - 근본적 착오[18]

착오자가 애초에 계약을 체결했거나 실제로 합의를 준 것과 근본적으로 다른 내용으로 계약을 체결한 이유가 바로 해당 착오여야 한다. 제48조 제1항(a)는 '다음과 같은 경우라면' 기준을 통해 인과관계의 기준을 제시하고 있다. 당사자가 착오없이 계약을 체결하였는가의 문제는 가설이 내포된 가정적 주관적 기준을 의미하기 때문에 답을 구하기가 다소 어려울 수 있다. 명확하고 결정적인 여타 사실관계가 제시되지 않는 경우에는, 이와 동일한 상황에 처한 합리적인 사람을 상정한 이해분석을 실시하여 이를

---

18) 계약의 根本的 내지는 本質的 차이를 가져오는 것을 영어는 fundamental, sufficiently serious, very serious, important, essential, significant, substantial, majorly/ basically/ mainly/ completely different 로 불어는 déterminant, essentiel로 표현된다. 즉, 우리 민법적 개념으로는 錯誤의 重要性으로 볼 수 있다. 그러나 불분명하지만 '근본적'과 '중요성'은 구별된다고 보는 주장도 있을 수 있다.

토대로 답을 구해야 한다.

관련된 착오를 성립시키기 위한 최소한의 기준은 해당 착오가 '근본적으로 다른(fundamentally different)' 내용으로 귀결된다는 것이다. '근본적(fundamental)'이라는 용어는 계약의 구속력을 보호하기 위한 것이다. 착오로 인해 계약내용에 중대한(serious) 영향이 가해지는 경우에는 해당 계약이 취소될 수 있다. 착오의 관련성을 성립하기 위해서는 착오가 '실질적으로 다른(materially different)' 내용을 초래하는 것으로는 충분하지 않다. DCFR II-7:201의 주석서에는 청약과 승낙간의 실질적인 차이는 계약의 성립을 방지할 수는 있으나 착오의 성립을 위해서는 충분하지 않다고 제시되어 있다. 또한 DCFR II-4:208의 변경된 승낙 기준을 인용하기도 하는데, 이는 CISG 제19조의 기준과 동일하다. CISG 제19조 제3항은 실질적이라는 용어를 설명하면서 '청약의 내용을 실질적으로(materially) 변경한다고 볼 수 있는 것으로는 상품의 가격, 지급, 품질과 수량, 인도 장소와 시간, 상대방에 대한 법적 책임의 정도 또는 분쟁의 해결을 들 수 있다'고 예를 들고 있다. 따라서 이러한 실질적인 내용의 변경을 모두 근본적이라고 볼 수 없다는 점을 명확하게 하기 위해 보다 엄격한 기준인 '근본적(fundamental)'이라는 용어가 사용된 것이다.[19)]

CESL에 있어서는 제48조에서 그 당사자가 착오가 없었다면 계약을 체결하지 않았을 것 혹은 근본적으로 다른 내용으로 계약을 체결하였을 것으로 하고 있다. 최소한의 기준으로 근본적으로 다른 계약 내용을 체결하였을 것이라는 것은 '실질적인(material)' 기준보다 엄격한 요건이다.

이러한 근본적 내지는 중요한 착오는 이처럼 '실질적(material)'착오와 구별된다. '실질적(material)'착오란, 일방 당사자의 입장에서 선 합리적인 사람이 알았었을 것으로서 상대방이 계약을 체결할 것인지 여부 혹은 어떠한(어느) 내용으로 계약을 체결할

19) 영미법전통은 錯誤로 계약이 무효로 되는 상황이 매우 제한적이다. 잉글랜드과 아일랜드에서는 共通의 錯誤 중에서 오직 계약의 목적물의 존재나 귀속에 관한 錯誤이거나 '예정된 목적물과는 본질적으로 다른 목적물로 되는 성질의 존재'에 관한 錯誤인 경우에만 구제가 인정된다. 한편 일방 당사자만이 錯誤한 경우는 '不實表示(misrepresentation)'의 원칙에 근거하여 상대방이 不實表示로 錯誤를 유발한 경우에만 구제가 인정된다. 不實表示가'실질적(material)'이면 계약을 취소할 수 있다. 특별히 중요하거나 주된 이유일 필요는 없고, 계약을 체결하게 된 최소한 하나의 원인이었을 때 합리적인 평균인이 영향을 받을 정도인 경우 그러하다. 그러나, 1967년 不實表示法(Misrepresentation Act)의 통과후 법원은 계약이 존재함을 선고하고 취소대신 손해배상을 명할 권리를 가진다. 그리하여, 不實表示가 상대적으로 중요하지 않다는 사실은 취소를 인정하지 않는 이유가 된다, J. Chitty, Chitty on Contracts, Vol. I, General Principles, 27th ed., Sweet & Maxwell, 1994, pp. 348-349.

것인지를 결정하는 데 영향을 미치는 것을 말한다. 예를 들어, 착오에 빠진 당사자가 지불하기로 합의한 가격에 영향을 끼쳤을 수도 있는 문제라면 그것은 근본적이지는 않지만 '실질적(material)' 문제일 것이다. 청약과 승낙의 '실질적(material)' 불일치는 계약의 성립의 방해할 수 있다. 그러나 '실질적(material)' 착오이긴 하나 그것이 근본적인 것이 아니라면 제48조에 의한 취소권은 발생하지 않는다.

(2) 관련성에 대한 인식(수정으로 삭제)

계약에 대해 근본적인 영향을 미치더라도 관련성이 성립되기 위해서는 상대방이 '이를' 알았거나 알았을 것으로 기대할 수 있었어야 한다. 이 문구 "the other party knew or could be expected to have known this(수정으로 삭제된 제1항(a)후문)"으로 보면 상대방이 해당 착오의 근본적인 관련성을 알았었을 것이다. 논리적으로 보았을 때, 상대방이 해당 착오에 대해 알지 못한다면 그 착오의 근본적인 관련성에 대해 아는 것은 불가능하다. 그러나 제48조는 상대방이 해당 착오에 대해 알 것을 명시적으로 요구하지 않는다. 실제로 상대방이 해당 착오에 대해 아는 것이 사실상 불가능한 경우가 존재하는데, 특히 제3항에 명시된 바, 부정확한 전달의 경우는 대부분 이에 해당된다. 따라서 위의 요건은 상대방이 해당 착오에 대해 안다는 것을 가정하고 있다고 보는 것이 보다 합리적인 해석일 것이다.

이러한 해석을 토대로 한다면 위 요건은 다음과 같다. 상대방이 해당 착오에 대해 알았다면, 해당 착오의 근본적인 관련성에 대해서도 알았을 것인가 혹은 알 것으로 기대할 수 있었을 것인가?

이러한 '알았었을 것(must have known)' 기준은 책임성을 규정한다. 즉, 동일한 상황에 있는 합리적인 인간이 통상적인 주의를 기울임으로써, 그리고 이를 인식하지 않을 정당한 사유가 없을 경우, 해당 관련성이 객관적으로 인식될 수 있을 것이라는 가능성을 요구한다.[20] 그러나, 당사자들의 의도와 계약을 완전히 분리시키는 착오도 있는데, 특히 활자상 오류나 여타 표시의 착오가 그렇다. 원래의 제48조에 따르면 당사자는 상대방의 공동책임이 있는 경우에만 그러한 계약을 취소할 수 있는데, 이러한 경우가 실제로 존재할 확률은 낮다. 수정의 기회 없이 중대한 결과를 초래할 수 있는

20) 즉, 알았었을 것이라는 점은, 알았음이 틀림없는 것으로써, 알 수 있었던 경우 중에서 정당한 사유가 없다면 알지 못했다고 하더라도 알았던 것과 마찬가지의 평가는 두는 것으로 인식가능성(즉, 알 수 있었던 것) 보다는 강한 추측으로 더 좁은 의미로 해석해야 한다.

(10,000을 100,000으로 표기) 활자상 오류에 당사자를 구속하는 것은 적절하지 않다.

따라서 '알았었을 것(ought to have known)' 기준은 객관적인 준수자에 대한 직접적 기준으로 대체되는 것이 바람직할 것이다. 그리하여 수정된 집행부안에서 이 요건을 삭제하였다.[21]

3) 상대방의 공동 책임 - 제48조 제1항 (b)

제1항(b)에 명기된 바, 계약의 취소는 상대방이 해당 착오에 대해 특정한 책임을 공유하는 경우에만 허용된다. 이에는 인과관계의 특정한 측면과 계약 체결전 정보제공 의무와 관련되는 경우와 상대방이 동일한 착오를 범하는 경우가 포함된다.

(1) 착오의 유발

사기의 문제는 제49조에서 다루어지며,[22] 제48조에서는 착오의 단순한 인과관계(유발)만으로 충분하다. 단순한 인과관계와 가장 유관한 경우는 상대방이 착오자에게

---

21) 전통적인 로마법체계에서는 일방 당사자가 중대한 錯誤를 했고 상대방은 錯誤가 있었던 부분이 결정적이라는 것을 알았었을 것이지만, 상대방이 錯誤가 있었다는 것을 알았다거나 錯誤에 기여했다는 것 중 어느 것도 요구하지는 않는다. 그리하여, 그리스 民法은 상대방이 錯誤가 있었다는 것을 알았다는 것은 중요하지 않다. 그리스와 마찬가지로 독일 民法의 경우 학설 중에는 오직 상대방에 의해 錯誤가 유발되었거나 최소한 상대방이 錯誤를 알았었을 경우에만 구제가 인정되어야 한다고 주장도 있지만, 판례는 상대방이 錯誤를 알았었을 필요는 없다고 한다. 이와 같이 그리스와 독일에서는 상대방에게 일정 사유가 있어야 한다는 요건이 없으므로 錯誤의 요건이 완화되어 있는 것 같아 보이지만, 그리스 民法 및 독일 民法에서 錯誤者는 상대방에게 발생한 錯誤로 인한 손해를 배상하여야 할 것을 요구한다. 그리고, 상대방이 錯誤를 알았거나 알았었을 것이면 손해를 배상할 책임이 없다는 점을 규정하고 있다. 또한, 프랑스, 벨기에 및 룩셈부르크에서는 錯誤者는 상대방이 錯誤를 몰랐다 하더라도 그리고 상대방이 錯誤를 유발하지 않았다 하더라도 錯誤에 대한 구제를 인정해 준다. 그리고, 錯誤者가 계약체결상 과실이 있고 이것이 사실상 알려지지 않고 있다면 錯誤者는 손해를 배상할 책임이 있다, O. Lando/H. Beale(ed.), pp. 237-238.; R. Rodière, Les vices du consentement dans le contrat, A. Pedone, 1977, p. 49; H. L. J. Mazeaud et Fr. Chabas, Leçons de droit civil, Obligations, 8e édition, 1991, p. 146.

22) 2. Misrepresentation is fraudulent if it is made with knowledge or belief that the representation is false, or recklessly as to whether it is true or false, and is intended to induce the recipient to make a mistake. Non-disclosure is fraudulent if it is intended to induce the person from whom the information is withheld to make a mistake.

2. 부실표시는 그것이 허위임을 알거나 그렇게 믿고 이루어지거나 혹은 진실이냐 허위이냐 관하여 부주의하게 이루어지고 상대방이 착오를 일으키게 유도하도록 의도되었다면 기망적이다. 정보의 비공개는 정보로부터 제외된 자가 착오를 일으키게 유도하도록 의도되었다면 기망적이다.

부정확한 정보를 제공하는 것인데 이에는 상대방의 단순한 부주의 또는 전혀 과실이 없는 행위에 의해 착오가 발생하는 경우도 포함된다. 따라서 해당 당사자가 정보의 부정확성을 인지했거나 인지할 수 있었을 필요는 없다. 그러나 정보의 제공 또는 무제공으로 인한 착오는 아래 제48조 제1항(b) (ii)와 (iii)에서 다루어지므로 인과관계에 기반한 공동책임은 의사소통 이외의 어떠한 행태에 의한 착오에 적용되는 것으로 간주된다.[23)]

(2) 계약전 정보제공의무의 미준수

제48조 제1항(b) (ii)는 제2장에 명시되는 계약전 정보제공 의무만을 다룬다. 이에는 전자적인 수단으로 제공되는 정보의 부정확성에 대해 안전장치를 제공할 의무가 포함된다. 제29조에는 계약전 정보제공의 의무위반에 대해 구매자(buyer)가 갖는 구체적인 구제수단들이 명시되는데, 이러한 구제수단들의 요건은 제48조 내용과는 상이하다. 즉, 제29조는 해당 착오가 계약에 대해 근본적이지는 않은 영향을 가하는 경우에 적용된다.[24)] 결과적으로 제48조의 취소권이 제29조 제3항에 따르는 여타 구제수단의 존재에 의해 영향을 받지 않는다. 계약전 정보제공 의무의 미준수로 인해 제48조에 제시된 근본적인 관련성을 갖는 착오가 유발되는 경우는 드물다.[25)]

---

23) 비판적 견해로는 Martens, 'Einigunsmängel', in Schmidt-Kessel (ed), Ein einheitliches europäisches Kaufrecht?, p 184; Jansen, 'Irrtumsanfechtung im Vorschlag für ein Gemeinsames Europäisches Kaufrecht', Schmidt-Kessel (ed), Ein einheitliches europäisches Kaufrecht?, pp 191 et seq.

24) Article 29 Remedies for breach of information duties
   1. A party which has failed to comply with any duty imposed by this Chapter is liable for any loss caused to the other party by such failure.
   2. Where the trader has not complied with the information requirements relating to additional charges or other costs as referred to in Article 14 or on the costs of returning the goods as referred to in Article 17(2) the consumer is not liable to pay the additional charges and other costs.
   3. The remedies provided under this Article are without prejudice to any remedy which may be available under Article 42 (2), Article 48 or Article 49.

25) 보다 비판적 견해로는, Jansen, 'Irrtumsanfechtung im Vorschlag für ein Gemeinsames Europäisches Kaufrecht', Schmidt-Kessel (ed), Eineinheitliches europäisches Kaufrecht?, pp 186 et seq.

(3) 상대방을 착오상태에 두는 경우

제48조 제1항(b) (iii)은 정보제공의 실패와 관련된다는 점에서 제48조 제1항(b) (ii)와 밀접하게 연관된다. (ii)는 여타 조항에 명시된 정보제공의무를 가리키는 반면 (iii)은 관련 기준 그 자체를 명시하고 있다. 여기서 요건은 상대방이 해당 착오를 확실히 알고 있거나 이에 대해 알 것으로 기대될 수 있어야 하며, 나아가 착오자를 착오상태에 두고 이로써 계약체결을 하는 것이 신의성실에 어긋나는 것이어야 한다.

상대방이 착오를 인식할 수 있다고 기대되기 위해서는 그와 동일한 상황에 처한 합리적인 인간이 통상적인 주의를 기울임으로써 객관적으로 인식할 수 있는 착오여야 하며, 또한 이를 인식하지 못할 유효한 면책사유(valid excuse)가 없는 경우여야 한다. 신의성실에 관한 내용은 신의성실로 행동해야 하는 일반적인 의무가 명기된 제2조 제1항의 특별한 경우이다. 신의성실은 당사자가 착오상태에 있지 않았다면 해당 계약을 체결하지 않을 것 또는 근본적으로 다른 내용으로만 계약을 체결할 것이라는 점이 정황상 명확할 경우, 상대방의 착오를 지적하지 말아야 할 적법한 이해관계가 있지 않는 한, 상대방이 착오상태에 있음을 지적하도록 하는 요건이다. DCFR II-7:201의 주석서에는 당사자가 우월한 지식을 획득하기 위해 높은 비용이 수반되는 조사를 하는 경우를 언급한다. 경험적으로 볼 때, 우월한 지식 획득의 목적은 타자에게 손실을 유발하기 위함이 아니라 본인의 수익을 창출하기 위한 것이라고 할 수 있다. 더구나 상대방의 착오에 대해 확실히 아는 경우와 알 것으로 기대되기만 하는 경우 간에는 차이가 존재한다.

상대방이 제2장에 명시된 정보제공을 하지 않은 그 사실에 대해 당사자가 착오하는 경우에는 (ii)와 (iii)간에 중복 영역이 존재한다. 계약전 정보제공 의무조항을 적용하는 것이 착오자에게 더 유리할 수 있는데, 이는 추가적으로 신의성실 기준에 의한 평가에 의존하지 않기 때문이다. 나아가 정보의 기만적인 미공개의 경우에는 제49조와 중복된다. 또한 제49조와 달리 신의성실 기준의 기만적 위반 요건을 가지고 있지 않은 제48조의 해석에서 제49조 제3항[26]에 명시된 신의성실 원칙이 적용될 수 있다.

---

26) 3. In determining whether good faith and fair dealing require a party to disclose particular information, regard should is to be had to all the circumstances, including:
(a) whether the party had special expertise;
(b) the cost to the party of acquiring the relevant information;
(c) the ease with which the other party could have acquired the information by other means;
(d) the nature of the information;

(4) 공통의 착오(수정으로 삭제)

대부분의 법체계는 양 당사자가 共通의 본질적 錯誤로 계약을 체결하게 된 경우 어느 일방 당사자에 의한 취소를 인정해 주고 있다. 그리고 일반적으로 共通의 錯誤의 경우 손해배상에 관한 권리는 없다. PECL 제4:103조와 DCFR II-2:701와 UNIDROIT PICC 제3.2.2조도 마찬가지이다. 양 당사자가 사실에 관한 중대한 오해하에서 계약을 체결했을 때는 먼저, 그 계약이 오해로 인한 손실의 위험을 배분하고 있는지를 조사해야 한다. 양 당사자가 계약이 성질상 투기적이라는 것을 안다면 계약은 양 당사자가 생각했던 것과 진실사이에 차이가 있는데도 불구하고 적용될 것이 예정되었다고 말할 수 있을 것이다. 그러나, 보통은 진실과 다르다는 것이 밝혀진 사실에 대한 위험은 계약에 의해서 배분되어 있지 않다. 오해의 결과가 일방 당사자에게 계약을 본질적으로 다르게 만드는 경우 그 당사자는 계약을 취소할 권리가 있다고 해야 할 것이다. 왜냐하면 취소와 같이 예정된 방식으로 손실을 분배해야 하기 때문이다. 그러나 2013년 6월 3일 집행부에 제출된 것을 수정한 안에서는 공통의 착오가 삭제되었다. 이는 공통의 착오의 경우 문제 해결은 먼저 계약의 해석 방법에 의하여 찾아야 한다는 것이다.

(e) the apparent likely importance of the information to the other party; and
(f) in contracts between traders good commercial practice in the situation concerned.

3. 신의성실과 공정거래의 원칙에 의해 당사자가 특정의 정보를 공개하도록 요구되는지를 판단하기 위하여 다음을 포함하여 모든 정황이 고려되야 한다:
(a) 그 당사자가 특별한 전문지식을 가졌는지 여부;
(b) 그 당사자가 관련 정보를 취득하는데 소요되는 비용;
(c) 상대방이 다른 방법에 의해 그 정보를 취득할 수 있었는지 용이성;
(d) 정보의 성질;
(e) 상대방에게 나타난 정보의 중요성;
(f) 당해 상황에서 사업자간 계약 등

3. 소극적 요건 - 제48조 제2항

1) 위험을 인수한 당사자의 착오[27)]

유럽共通賣買法은 錯誤의 위험을 인수하였거나 인수하여야 하는 경우는 계약을 취소할 수 없다고 명시적으로 규정한다. 특정한 착오가 발생할 수 있다는 위험을 인수한 당사자는 착오를 이유로 계약을 취소할 수 없다. 이는 당사자가 특히 이러한 언명을 계약에 포함시킴으로써 특정 위험을 인수하기 때문이다. 또한 계약상 특정 책임을 수용함으로써 위험을 묵시적으로 인수할 수도 있고 계약 외의 언명이나 행위를 통해서도 위험을 인수할 수 있다. 여하튼 해석의 원칙이 적용되므로, 당사자가 계약 조항에서 주장했을 수 있었다는 것 자체로 특정 위험을 해당 당사자에게 귀속하는 것은 충분치 않다. 이는 당사자들에게 기대되는 해석과 정황의 문제라고 할 수 있다.

특정 유형의 계약은 당사자가 위험을 의도적으로 인수하거나 인수하도록 취급되어져야 하는 그런 계약이다. 그런 경우에 錯誤를 이유로 계약을 취소할 수는 없다. 계약이 본질적으로 위험을 내포하고 있고 투기적이라면 어느 누구도 錯誤를 주장할 수는 없는 것이다.

정황상 특정 위험이 착오자의 영역 내에 존재함을 알 수 있기도 한데, 의식적 무지(즉, 읽지 않은 문서)가 그 전형적인 예이다. 나아가 특히 상품의 기대가치나 재판매 가격에 관한 개인적인 동기나 계산은 통상적으로 각 당사자 고유의 위험에 속한다. 단, 상대방의 부정확 정보에 의해 착오가 야기된 경우에는 당사자 고유의 위험으로 보지 않을 수 있는데, 만약 상대방이 해당 정보의 신뢰성 부족을 미리 지적한 경우는 예외가 될 것이다.

일방 당사자가 완전한 지식을 갖지 않고 자신의 정보가 제한되어 있는 상태에서 계약을 체결하고 있다는 것은 스스로 알고 있는 경우라면, 일방 당사자의 무지를 타방 당사자가 이용할 수 있도록 허락되야 한다. 즉, 일방 당사자가 가지지 않은 정보를 타방 당사자는 상당한 노력을 기울여 획득했으므로 그 자신이 어렵게 얻은 정보를 사용하는 것이 허락되지 않는다면 그것을 획득하기 위한 투자를 할 動機가 없을 것이고 사회·경제적 면에서 두 당사자에게 모두 불리한 상태로 남아 있을 것이기 때문이다.

법과 관련한 착오에 있어서는 계약전 정보제공 의무 등과 같은 세부 원칙들을 제외

27) 계약당사자간 정보리스크의 분배라는 관점에서 錯誤의 限界를 밝히는 측면은 이러한 위험의 문제를 錯誤의 전 개념에 걸쳐 논의할 수 있겠지만, 여기서 위험을 인수한 경우는 특정한 계약의 경우 예외적으로 錯誤가 적용되지 않는 소극적 요건으로 규정하고 있는 것이다.

하고는, 각 당사자가 자신의 법률 영역에 대해 책임을 지는 것이 일반적인 원칙이다. 그러나 특히 국제거래에서는 당사자가 예상치 않았던 법원칙이 있을 수 있다. 이러한 경우에는 관련된 착오가 고려될 수 있다. 또한 법과 관련된 착오는 계약 자체에 관한 착오가 성립되는 경우에도 적용될 수 있는데, 이를테면 구매자가 상품만을 구매하고자 했으나 포괄적인 서비스에 동의한 경우를 예로 들 수 있다.

2) 면책될 수 없는 착오(소극적 요건 아님)

연혁면에서 검토한 바 DCFR과 달리 면책될 수 없는(inexcusable) 착오의 경우 취소가 배제된다는 점은 CESL 제48조에 없다. UNIDROIT PICC 제3.2.2조와 차이점도 과실(fault)이 있는 당사자의 착오에 기한 취소권을 배제하고 있지 않는 것이다.

유럽 소수의 법체계는 '意思主義'의 관철로 錯誤에 대한 구제는 錯誤者의 과실과 무관하다고 본다. 그러한 예로 독일 民法과 오스트리아 民法이 있다.[28]

4. 입증 책임

일반적으로 積極的 要件인 제1항(및 제3항)의 취소권을 인정받기 위한 모든 요건에 대해 입증의 책임은 착오자에게 있다. 반면 착오자가 아닌 상대방(대체로 판매자)은 消極的 要件인 특정 위험의 구매자 배분의 사실적 근거 등과 같은 제2항의 예외적 사항에 대해 입증의 책임을 진다.

---

28) 사비니는 사적 자치의 개념에 따라 합의흠결만이 유일한 판단기준으로 과책의 문제가 錯誤 考慮의 요건으로 될 수 없다고 보았다. 사비니 이후 의사주의자들도 錯誤 考慮의 문제에서 과책유무를 논하지 않았다, 사비니의 착오론을 중심으로 한 독일의 錯誤의 연혁적 고찰은 김형석, "독일錯誤論의 역사적 전개", 저스티스 72호, 2003.4, 한국법학원 참조.

5. 구제 수단

1) 계약의 취소

먼저, 錯誤의 契約에 대한 效力을 보면, 無效나 取消의 效果에 대한 유럽 各國의 理論도 다양하다. 계약이 존재하지 않았던 것처럼 당연히 재산이 복귀하는가? 원상회복이 불가능하여도 취소할 수 있는가? 일부의 취소가 인정되는가? 등이 문제된다. 유럽共通賣買法상으로 錯誤의 일반적 효과는 根本的 錯誤가 있으면 錯誤者가 계약의 전부나 일부를 취소할 수 있는 것이다. 그러나, 계약을 취소할 수 있는 (당사자가 관련 정황을 안 후 혹은 자유로이 행위할 수 있게 된 후) 명시적 또는 묵시적으로 계약을 추인한 경우 그 당사자는 더 이상 이를 취소할 수 없다.

취소의 효과는 CESL 제54조에 규정되어 있다. 먼저, 취소될 수 있는 계약은 취소될 때까지 유효하지만, 일단 취소되면 소급하여 처음부터 무효이다. 그리하여 취소가 행하여지면 각 당사자는 동시이행으로 원상회복을 청구할 수 있다. 취소의 사유가 오직 계약의 특정 조항에만 영향을 미치는 경우 취소의 효력은 그 조항에만 제한된다. 단, 구체적 사정을 모두 고려하여 계약의 나머지 부분을 유지하는 것이 불합리하지 않은 한 그러하다. 취소된 계약 하에서 인도되거나 제공된 것의 원물반환 또는 상응하는 가액에 대한 권리가 당사자에게 있느냐에 관한 점은 제17장 원상회복 규정에 의해 정해진다. 원물반환이 불가능하면 합리적 평가액을 반환해야 한다.

그러나, 이러한 소급적 무효나 원상회복의 문제는 취소되는 계약으로 이행된 물건의 소유권의 이전의 문제에 영향을 주지 않는다. 비록 그 계약으로 자동적인 소유권 이전의 효력이 발생했다고 하더라도 마찬가지이다. 제54조 제3항과 제17장은 오로지 무엇을 얼마나 원상회복해야 하느냐의 문제를 정하고 있다. 원상회복의무의 이행으로 소유권이 어떻게 이전하느냐의 문제는 관련 국내법이 적용될 문제이다.

2) 손해배상

CESL 제55조는 취소의 상대방이 일정 요건 하에 손해배상에 대하여 책임이 있는 경우를 규정하고 있다. 계약을 취소할 권리가 있거나 (기간 제한이나 추인의 효과로 그것을 상실하기 전에) 그러한 권리를 가졌던 당사자는 착오로 입은 손해배상을 (취소 여부에 관계없이) 관련 정황을 알았거나 알았었을 상대방에게 대하여 제16장(수정되어 추가됨) 손해배상 규정 하에서 청구할 수 있다. 책임의 요건으로는 그가 관련 정황을 알았거나 알았을 것으로 기대될 수 있었던 것이다. 인식 또는 기대되는 인식이 과실의 요소를 구성한다. 그렇다면 CESL 제55조는 일정한 계약 체결전 의무를 규정하는 것으로 이러한 의무는 궁극적으로는 신의성실의 원칙으로부터 나온다. 이러한 계약 체결전 의무라는 것은 사기 등의 방법으로 계약을 체결하도록 해서는 않된다는 것이다.

이 손해배상의 전제로는 착오로 인한 계약의 취소권이 성립되는 경우이다. 그러나 이러한 취소권과는 별도로 독립적으로 이러한 손해배상을 인정한다. 그리고 제16장은 채무불이행으로 인한 손해배상이고 반면 제55조는 신의성실원칙에 따른 계약 체결전 의무의 위반으로 인한 손해배상이다. 그리하여 제16장이 직접 적용되는 것이 아니라 손해의 성질에 맞게 유추되어 적용된다. 또한 계약전 정보제공의무의 위반으로 인한 손해배상과도 동시에 조화적으로 해석되어야 한다.

계약을 취소하는 착오자는 상대방이 착오를 알았거나 알았었을 경우, 계약이 체결되지 아니한 것과 같은 지위에 가능한 한 근접하게 하는 (소극적) 손해의 배상을 청구할 수 있다. 예를 들면, 협상을 위한 비용 등이다. 계약을 취소할 권리를 가지지만 그 권리를 행사하지 않거나 그 권리를 상실한 착오자는 착오에 의하여 야기된 사실과 가정 사이의 차이로 인하여 발생한, 착오로 인한 손실을 초과하지 않는 손해를 청구할 수 있다. 그렇지만 이러한 손해는 이해하기가 쉽지 않고 더구나 이를 정의하기는 더욱 어려울 것이다.

3) 구제수단의 배제 또는 제한

CESL 제56조 제2항에서 사업자와 소비자의 관계(B2C)에서만 당사자는 소비자에게 불리하게 착오로 인한 구제를 직접적 혹은 간접적으로 배제하거나 제한할 수 없다고 정하고 있다. 이는 소비자에게 편면적으로 배제나 제한이 강행규정성을 갖는다는 의미로 해석된다.[29]

여기서 제한이라면 제5장을 일정 경우에만 인정하도록 하는 적용 범위를 제한하는 경우 및 그 법적 효과를 제한하는 방법이 있다. 후자는 예를 들면 취소의 소급효를 제한한다든지 손해배상의 액을 제한한다든지 하는 방법이 있을 것이다. 또한 직접적 배제는 취소권이나 손해배상권에 직접 영향을 주는 경우이고 간접적 배제나 제한의 중요한 예는 취소권의 요건을 엄격하게 하는 경우이다.

---

29) PECL 제4:118조항에 의하면 착오에 대한 구제는 신의성실 및 공정거래의 원칙에 반하지 아니하는 한, 배제되거나 제한될 수 있다고 규정하고 DCFR II-7:215도 동일한 규정이다.

그리하여 소비자가 일정한 위험을 부담한다는 조항은 유효하지 않다. 예를 들면 더 이상 생산되지 않는 부품에 대한 위험을 구매자가 부담하는 골동차(antique car)의 거래조항 등이다. 이 조항의 주된 기능은 위험의 분배를 당사자의 이해관계에 따르지 않도록 하는 것이다.

4) 구제수단의 선택

CESL 제57조는 제5장에 의하여 구제가 인정된 당사자는 선택적으로 채무불이행에 대한 구제를 청구할 수 있다는 점을 규정하고 있다. 채무불이행에 기한 구제와 착오에 기한 구제도 모두 인정되는 경우에는 당사자는 이 두 구제수단 중 어느 구제수단도 선택할 수 있다. 예를 들면, 일방 당사자가 이행한 채무가 중등 품질이 아니어서 타방 당사자에게 채무불이행에 대한 구제가 인정되는 경우, 타방 당사자가 착오와 같은 다른 구제수단을 선택하는 것을 금지할 합리적인 이유는 없다. 즉, CESL 제57조의 의미는 매도된 물건이 특정한 성질을 결하거나 하자로 인하여 불이행된 경우에도 제5장이 적용될 수 있다는 데 있다. 그러나 객관적 해석에 의하여 매도인의 이행이 불이행이 되지 않는 경우에는 제5장만이 적용될 것이다. 일반적으로는 채무불이행의 구제수단이 충분한 구제 조치가 되지만 불이행 당한 당사자가 착오를 근거로 계약을 취소하는 권리를 갖는 것이 훨씬 간명할 수도 있다. 물론, 불이행 당한 당사자는 구제수단을 선택하는 것이므로 착오를 이유로 계약을 취소하면서 동시에 채무불이행의 구제수단으로써 (적극적) 손해배상을 청구할 수 있는 것은 아니다.

III. 결어

이상에서 유럽共通賣買法(CESL)上 錯誤의 특징적인 점을 보면, 먼저 動機의 錯誤를 包含하지만,[30] 契約 締結 當時의 錯誤에 한하는 概念이다.[31]

그리고 錯誤가 錯誤者에게 重要하다는 것을 相對方도 알았거나 알았었을 필요는 없지만, 추가적으로 相對方에 대한 事由로서 錯誤의 誘發, 契約前 情報提供義務의 未遵守, 錯誤에 대한 認識(可能性)이 있으면서 信義則에 反하여 錯誤狀態에 두는 境遇로 相對方의 同一한 錯誤는 제외된다. 그 외 詐欺가 되는 錯誤 類型과 제3자에 의하여 유발된 착오도 규정하고 있다.

그러나 錯誤者에게 (중)과실이 있는 경우에도 취소를 부정하지 않고, 取消權을 규정하면서 동시에 錯誤者의 相對方에 대한 損害賠償의 請求도 가능하다는 점이다. 이러한 救濟手段의 排除나 制限은 片面的 强行規定(최초의 규정 형태)이다. 또한 이러한 救濟手段은 債務不履行에 대한 救濟와의 關係에서 選擇할 수 있다는 점이다.

제48조는 '상당한(substantial)' 착오를 정의하려는 것으로 이는 '근본적이거나 본질적(fundamental)' 보다는 '실질적인(material)'이 더 적절하다는 비판이 있지만,[32] 특히 국제거래에서 거래 안전의 원칙은 착오가 중요하지 않는 한, 오해가 있다는 이유로 당사자들이 계약으로부터 벗어날 수는 없도록 하는 것을 요구한다. 중요하지 않은 착오는 착오자가 감수해야 하고 오직 중요한 착오를 한 경우에만 구제가 인정되어야 할 것이다.

---

30) 우리 민법 개정2004년안과는 달리 2009년안에서는 동기의 착오에 대하여 내용의 착오와 동일하게 정하고 있다. 그 후에 보고된 안에서도 착오를 내용의 착오에 한정짓지 않음으로써 같은 맥락이다, 지원림, "계약 및 법률행위법 개정의 방향과 내용", 고려법학 제64호, 2012.3, 10면이하 참조.

31) 이 점에서는 우리 실무상으로는 착오의 개념이 혼란스럽다, 전원열, "의사흠결과 채무불이행 사유의 관계-착오 개념의 정립을 중심으로-", 채무불이행과 부당이득의 최근 동향, 박영사, 2013.

32) Reiner Schulze, p. 264.

Chapter 5 Defects in consent (제5장 합의의 하자)

Amendment 93 Proposal for a regulation

Annex I - Article -48 (new) Text proposed by the Commission Amendment

Scope 1. This Chapter shall apply to the avoidance of a contract for defects in consent and similar defects. 2. The rules in this Chapter shall apply with appropriate adaptations to the avoidance of an offer, acceptance or other unilateral statement indicating intention, or equivalent conduct.	적용 범위 1. 이 장은 합의의 하자와 유사한 하자를 이유로 한 계약의 취소의 경우에 적용될 것이다. 2. 이 장의 규정들은 청약, 승낙, 혹은 기타 의도를 표시하는 일방적인 언명이나 상응하는 행태를 취소하는 경우에 적절하게 준하여 적용될 것이다.
제48조 착오(Mistake)	
1. A party may avoid a contract for mistake of fact or law existing when the contract was concluded if: (a) the party, but for the mistake, would not have concluded the contract or would have done so only on fundamentally different contract terms ~~and the other party knew or could be expected to have known this; and~~(Amendment)[33] (b) the other party: (i) caused the mistake; *or*	1. 당사자는 계약이 체결된 때 존재하던 사실이나 법에 대한 착오를 이유로 다음과 같은 경우라면 계약을 취소할 수 있다: (a) 그 당사자가 착오가 없었다면 계약을 체결하지 않았을 것 혹은 근본적으로 다른 내용으로 계약을 체결하였을 것~~이면서 상대방이 이를 알았거나 알았었을 것이고~~; (b) 상대방이: (i) 착오를 유발하였거나;

33) Justification
It is not appropriate to bind a party to its mistakes, e.g. typographical errors, by requiring coresponsibility of the other party.

(ii) caused the contract to be concluded in mistake by failing to comply with any pre-contractual information duty under Chapter 2, Sections 1 to 4; *or*	(ii) 제2장 제1절 내지 제4절에서 규정한 계약 체결전 정보제공 의무를 위반하여 착오로 계약이 체결되도록 하였거나;
(iii) knew or could be expected to have known of the mistake and caused the contract to be concluded in mistake by not pointing out the relevant information, provided that good faith and fair dealing would have required a party aware of the mistake to point it out; or	(iii) 착오를 알았거나 알았었을 것이면서 신의성실과 공정거래의 원칙에 기하여 착오를 인식한 당사자가 관련 정보를 지적하도록 요구됨에도 이를 지적하지 않음으로써 착오로 계약이 체결되도록 하였거나;
~~(iv) made the same mistake~~ (Amendment).[34]	~~(iv) 공통의 착오를 한 경우~~.
2. A party may not avoid a contract for mistake if the risk of the mistake was assumed, or in the circumstances should be borne, by that party.	2. 당사자는 착오의 위험이 인수되었거나 당해 상황에서 인수되어야 하는 경우라면 착오를 이유로 계약을 취소할 수 없다.
3. An inaccuracy in the expression or transmission of a statement is treated as a mistake of the person who made or sent the statement.	3. 언명의 표시나 전달상의 부정확은 그 언명을 표시하거나 전달한 자의 착오로 다룬다.

34) Justification
Avoidance for common mistake appears to be an alien element in this chapter. A solution of these cases can be found by way of interpretation, or change of circumstances.

제49조 사기(Fraud)	
1. A party may avoid a contract if the other party has induced the conclusion of the contract by fraudulent misrepresentation, whether by words or conduct, or fraudulent non-disclosure of any information which good faith and fair dealing, or any precontractual information duty, required that party to disclose.	1. 당사자는 상대방이 언어나 행태에 의한 기망적 허위표시를 함으로써 혹은 신의성실과 공정거래의 원칙이나 계약체결 전 정보제공 의무에 의해 당사자가 공개하도록 요구되는 정보를 기망적으로 공개하지 않음으로써 계약의 체결을 유도하였다면 계약을 취소할 수 있다.
2. Misrepresentation is fraudulent if it is made with knowledge or belief that the representation is false, or recklessly as to whether it is true or false, and is intended to induce the recipient to make a mistake. Non-disclosure is fraudulent if it is intended to induce the person from whom the information is withheld to make a mistake.	2. 부실표시는 그것이 허위임을 알거나 그렇게 믿고 이루어지거나 혹은 진실이냐 허위이냐 관하여 부주의하게 이루어지고 상대방이 착오를 일으키게 유도하도록 의도되었다면 기망적이다. 정보의 비공개는 정보로부터 제외된 자가 착오를 일으키게 유도하도록 의도되었다면 기망적이다.
3. In determining whether good faith and fair dealing require a party to disclose particular information, regard ~~should~~ *is to* be had to all the circumstances, including:	3. 신의성실과 공정거래의 원칙에 의해 당사자가 특정의 정보를 공개하도록 요구되는지를 판단하기 위하여 다음을 포함하여 모든 정황이 고려되어야 한다:
(a) whether the party had special expertise;	(a) 그 당사자가 특별한 전문지식을 가졌는지 여부;
(b) the cost to the party of acquiring the relevant information;	(b) 그 당사자가 관련 정보를 취득하는데 소요되는 비용;
(c) the ease with which the other party could have acquired the information by other means;	(c) 상대방이 다른 방법에 의해 그 정보를 취득할 수 있었는지 용이성;
(d) the nature of the information;	(d) 정보의 성질;
(e) the ~~apparent~~ *likely* importance of the information to the other party; and	(e) 상대방에게 나타난 정보의 중요성;
(f) in contracts between traders good commercial practice in the situation concerned.	(f) 당해 상황에서 사업자간 계약 등.

제50조 강박(Threats)	
A party may avoid a contract if the other party has induced the conclusion of the contract by the threat of wrongful, imminent and serious harm, or of a wrongful act.	당사자는 상대방이 위법하거나 급박하거나 중대한 위해나 혹은 위법한 행위의 협박으로써 계약의 체결을 유도하였다면 계약을 취소할 수 있다.

Amendment 100 Proposal for a regulation Annex I - Article 50 a (new)

Text proposed by the Commission Amendment [35]

Article 50a Third parties1[35]	Article 50a 제3자
1. Where a third party for whose acts a person is responsible or who, with that person's assent, is involved in the making of a contract: (a) causes a mistake, or knows of, or could be expected to know of, a mistake, or (b) is guilty of fraud or threats or unfair exploitation, remedies under this Chapter shall be available as if the behaviour or knowledge had been that of the person with responsibility or giving assent. 2. Where a third party for whose acts a person is not responsible and who does not have the person's assent to be involved in the making of a contract is guilty of fraud or threats, remedies under this Chapter shall be available if that person knew or could reasonably be expected to have known of the relevant facts, or at the time of avoidance did not act in reliance on the contract.	1. 제3자의 행위에 대하여 당사자가 책임이 있거나 혹은 그 당사자의 동의로 제3자가 계약의 체결에 관련되어 (a) 제3자가 착오를 유발하였다든지 혹은 제3자가 착오를 알거나 알 수 있었을 경우이거나 (b) 제3자가 사기, 강박이나 불공정 이용 행위에 책임이 있는 경우 제3자의 행위나 인식을 그 책임이 있거나 동의를 준 당사자의 행위나 인식으로 보아 이 장의 구제수단을 인정한다. 2. 제3자의 행위에 대하여 당사자가 책임이 없거나 혹은 그 당사자의 동의 없이 제3자가 계약의 체결에 관련되어 사기나 강박에 대하여 책임이 있는 경우, 그 당사자가 관련 사실을 알았거나 당연히 알았었을 때나 혹은 취소할 때 계약을 신뢰하지 않았다면 이 장의 구제수단을 인정한다.

35) Justification
Avoidance for common mistake appears to be an alien element in this chapter. A solution of these cases can be found by way of interpretation, or change of circumstances.

제51조 불공정 이용행위(Unfair exploitation)	
A party may avoid a contract if, at the time of the conclusion of the contract: (a) that party was dependent on, or had a relationship of trust with, the other party, was in economic distress or had urgent needs, was improvident, ignorant, orinexperienced; and (b) the other party knew or could be expected to have known this and, in the light of the circumstances and purpose of the contract, exploited the first party''s situation by taking an excessive benefit or unfair advantage.	당사자는 계약이 체결되던 당시 다음과 같은 경우라면 계약을 취소할 수 있다: (a) 상대방에게 의존하였거나, 그와 신뢰관계에 있었거나 경제적 궁박상태였거나 긴급한 필요가 있었거나 경솔, 무지나 무경험이었고; (b) 상대방이 이를 알았거나 알았었을 것이고 계약의 정황과 목적의 관점에서 과도한 이익이나 불공정한 이득을 취함으로써 당사자의 상황을 이용한 경우
제52조 취소의 통지(Notice of avoidance)	
1. Avoidance is effected by notice to the other party. 2. A notice of avoidance is effective only if it is given within the following period after the avoiding party becomes aware of the relevant circumstances or becomes capable of acting freely: (a) six months in case of mistake; and (b) one year in case of fraud, threats and unfair exploitation.	1. 취소는 상대방에 대한 통지로써 효과가 발생한다. 2. 취소의 통지는 취소 당사자가 관련 정황을 안 후 혹은 자유로이 행위할 수 있게 된 후 아래 기간 안에 행해져야만 효력이 있다: (a) 착오의 경우 6개월; (b) 사기, 강박이나 불공정 이용행위의 경우 1년.
제53조 추인(Confirmation)	
Where the party who has the right to avoid a contract under this Chapter confirms it, expressly or impliedly, after becoming aware of the relevant circumstances, or becoming capable of acting freely, that party may no longer avoid the contract.	본 장에 따라 계약을 취소할 수 있는 당사자가 관련 정황을 안 후 혹은 자유로이 행위할 수 있게 된 후 명시적 또는 묵시적으로 계약을 추인한 경우 그 당사자는 더 이상 이를 취소할 수 없다.

제54조 취소의 효과(Effects of avoidance)	
1. A contract which may be avoided is valid until avoided but, once avoided, is retrospectively invalid from the beginning. 2. Where a ground of avoidance affects only certain contract terms, the effect of avoidance is limited to those terms unless it is unreasonable to uphold the remainder of the contract. 3. The question whether either party has a right to the return of whatever has been transferred or supplied under a contract which has been avoided, or to a monetary equivalent, is regulated by the rules on restitution in Chapter 17.	1. 취소될 수 있는 계약은 취소될 때까지 유효하지만, 일단 취소되면 소급하여 처음부터 무효이다. 2. 취소의 사유가 오직 계약의 특정 조항에만 영향을 미치는 경우 계약의 나머지 부분을 유지하는 것이 불합리하지 않은 한 취소의 효력은 그 조항에 제한된다. 3. 취소된 계약 하에서 인도되거나 제공된 것의 원물반환 또는 상응하는 가액에 대한 권리가 당사자에게 있느냐에 관한 점은 제17장 원상회복 규정에 의해 정해진다.
제55조 손해배상(Damages for loss)	
A party who has the right to avoid a contract under this Chapter or who had such a right before it was lost by the effect of time limits or confirmation is entitled, whether or not the contract is avoided, to damages under Chapter 16 from the other party for loss suffered as a result of the mistake, fraud, threats or unfair exploitation, provided that the other party knew or could be expected to have known of the relevant circumstances.	본 장에 따라 계약을 취소할 권리가 있거나 기간 제한이나 추인의 효과로 그것을 상실하기 전에 그러한 권리를 가졌던 당사자는 취소 여부에 관계없이 상대방에게 그가 관련 정황을 알았거나 알았었을 것이면 착오, 사기, 강박, 또는 불공정 이용행위로 입은 손해배상을 제16장 하에서 청구할 수 있다.

제56조 구제수단의 배제 또는 제한(Exclusion or restriction of remedies)	
1. Remedies for fraud, threats and unfair exploitation cannot be directly or indirectly excluded or restricted. 2. In relations between a trader and a consumer the parties may not, to the detriment of the consumer, directly or indirectly exclude or restrict remedies for mistake.	1. 사기, 강박, 또는 불공정 이용행위로 인한 구제는 직접적 혹은 간접적으로 배제되거나 제한될 수 없다. 2. 사업자와 소비자 사이 관계에서 당사자는 소비자에게 불리하게 착오로 인한 구제를 직접적 혹은 간접적으로 배제하거나 제한할 수 없다.
제57조 구제수단의 선택(Choice of remedy)	
A party who is entitled to a remedy under this Chapter in circumstances which afford that party a remedy for non-performance may pursue either of those remedies.	본 장에 따라 구제를 받을 수 있는 당사자는 불이행으로 인한 구제가 가능한 경우 어느 구제 수단이라도 선택할 수 있다.

제4절 불공정한 이용

성준호 박사(성균관대학교 법학연구소)

I. 서설

사적자치의 이념과 그 구체적인 실현인 계약자유의 원칙에 따르면 계약의 당사자들은 스스로의 의사에 기초하여 자신이 부담하여야 할 채무를 자유롭게 합의할 수 있으며, 국가와 법질서는 이러한 당사자간의 합의를 법적구속력 있는 것으로 승인하고 보장해야 할 의무를 가진다.[1] 그러나 이때 합의는 당사자의 자유로운 의사에 기한 것이어야 하며, 합의과정에 흠결이 없어야 한다. 따라서 의사형성과정에서 발생한 흠결에 기초하여 체결된 계약은 계약당사자간의 진정한 합의가 있었다고 할 수 없으며, 당사자가 그러한 합의결과에 구속되지 않아야 한다. 그렇기 때문에 대다수의 법률에서는 계약의 성립에 있어 의사 또는 합의에 흠결이 있는 경우 당해 법률행위의 효력을 소멸시키거나 부정할 수 있는 규정을 두고 있다.

'유럽공통매매법에 관한 2011년 10월 유럽의회와 위원회의 법규안(이하 : 유럽공통매매법(안))'[2][3] 역시 계약의 성립에 있어 합의에 흠결이 있는 경우 당해 계약의 효

* 본 논문은 2016년 발간된 외법논집 제66호에 게재된 논문을 수정·보완한 것임.

1) Ludwig Raiser, Die Aufgabe des Privatrechts -Aufsätze zum Privat- und Wirtschaftsrecht aus drei Jahrzehnten-, Athenäum Verlag, 1977, S. 39; Karl Larenz, Lehrbuch des Schuldrechts, Allgemeiner Teil, Bd. I. 14. Auflage, 1987, S. 41.

2) Proposal for a Regulation of the Eurpoean Parliament and of the Council of 11 October 2011 on a Common European Sales Law, COM(2011) 635 final.(이하 : CESL (P))

3) 유럽연합위원회는 2014년 12월 유럽공통매매법(안)에 대한 공식적인 철회를 발표하였다. 그러나 곧이어 이를 뒷받침할 수정제안이 뒤따를 계획이며, 이는 디지털단일시장에서 전자상거래의 잠재력을 최대한 확장하기 위한 방향으로 계획하고 있다. 하지만 유럽공통매매법(안)에서 규정하고 있는 내용은 종래의 사법적 통합을 위한 연구성과의 하나로, 이후의 입법에도 영향을 미칠 수 있

력을 부정할 수 있는 '불공정한 이용(Unfair exploitation)'[4]을 합의에서의 흠결 부분(Defects in consent)에 두고 있다.[5] 즉, 일방당사자가 자신의 의사를 관철시키기에 불완전한 상대방당사자의 상황을 이용하여 결과적으로 과도한 이득이나 불공정한 이익을 얻게 되는 계약을 체결한 경우 당해계약의 효력을 부정할 수 있도록 한 것이다. 그러나 '불공정한 이용'을 합의의 흠결 문제로 포섭하는 것은 로마법에 기반을 둔 유럽의 대륙법 체계가 계약합의의 흠결과 관련하여 전통적으로 착오(Irrtum), 사기(Täuschung) 그리고 강박(Drohung)의 종류만을 예정하는 종래의 체계와는 다른 형식의 구성이다.[6] 하지만 이는 종래의 '유럽계약법원칙'[7] 이나 '유럽사법의 원칙, 개념 그리고 모범에 관한 공통참조초안'(이하 : 공통참조초안)'[8]으로 부터 영향을 받아 온 것이며, 본 논문에서의 '불공정한 이용'에서 부각되어진 것이라고 할 수 있다. 따라서 유럽공통매매법(안)에서 '불공정한 이용'의 체계적 지위, 성립요건등에 대하여 모범이 된 선존하는 유럽사법규범들의 내용들과 아울러 검토해보고 민법 제104조의 불공정한 법률행위와 관련하여 살펴보기로 한다.

을 것이다.

4) CESL (P) 제51조 불공정한 이용(Unfair exploitation)
당사자는 이하의 계약내용을 포함하는 경우 당해 계약을 취소할 수 있다:
(a) 당사자가 상대방에 의존적이거나 상대방과 신뢰 관계에 있고, 경제적 곤궁(economic distress) 또는 긴급한 필요(urgent needs)가 있거나, 경솔(improvident), 무지(ignorant) 혹은 무경험(inexperienced)했던 경우; 그리고
(b) 상대방이 전호의 사실을 알았거나 알 수 있었던 경우, 그 상황 및 계약의 목적에 비추어 과도한 이득(excessive benefit)이나 불공정한 이익(unfair advantage)을 얻기 위해 당사자의 상황을 이용한 경우.

5) 합의에서의 흠결은 착오, 사기, 강박에 의한 흠결을 비롯하여 본 논문에서 다루고 있는 '불공정한 이용'을 포함한다. 그 내용에 있어서는 우리법상 의사표시의 흠결에 해당되는 내용에 가깝다. 그러나 유럽공통매매법(안)은 법률행위의 개념을 알지 못하는 보통법계와 법리적으로 융합물이라고 할 수 있으므로, 이를 대륙법체계에 따른 하자있는 의사표시라고 하는 손쉬운 표현을 자제하고, 그 본래의 의미를 살려 전달코자 하였다. 따라서 합의의 흠결은 계약의 성립에 필요한 합의가 되었으나, 그 과정에서 착오, 사기, 강박, 그리고 불공정항 이용이 있었던 경우, 그 흠결로 인해 당해 합의에 대한 취소권을 부여하는 것으로 구성하고 있는 것이다.

6) Martin Schmidt-Kessel, Der Entwurf für ein GEK Kommentar, sellier, 2014, S. 323.

7) The Principles Of European Contract Law 2002 (Parts I, II, and III) (PECL)

8) Principles, Definitions and Model Rules of European Private Law, Draft Common Frame of Reference (DCFR)

II. 불공정한 이용의 체계적 지위

'불공정한 이용'은 유럽공통매매법(안) 제51조에 규정되어 있다. 이하에서는 '불공정한 이용'의 규정형식 및 조문위치 그리고 모범이 된 모델규범과의 관계를 살펴봄으로써, 유럽공통매매법(안)내에서 '불공정한 이용'의 체계적 지위에 관해 살펴보도록 한다.

1. 유럽공통매매법(안)에서 불공정한 이용

1) 유럽공통매매법(안)내에서 조문의 위치와 성격

유럽공통매매법(안) '불공정한 이용'은 유럽공통매매법(안) 제2편(Part II) 구속력 있는 계약의 체결(Making a binding contract)중 제5장(Chapter 5) 합의에서의 흠결(Defects in consent)부분에서, 제48조 착오, 제49조 사기, 제50조 강박과 더불어 제51조에 규정되고 있다. 이러한 조문의 배열에 비추어 볼 때 유럽공통매매법(안)은 '불공정한 이용'을 계약의 합의과정에서 발생한 흠결의 문제로 다루고자 하는 것이다. 이러한 규정방식은 일반적으로 폭리의 문제를 공서양속위반의 한 유형으로 당사자간의 합의의 효력을 부정하는 방법[9]과는 상이한 문제해결방법이라고 할 수 있다.

2) 불공정한 이용과 불공정조항의 통제의 관계

유럽공통매매법(안)은 '불공정'을 표제로 하는 몇몇의 규정을 두고 있다. 특히 제51조

9) 세부적인 성립요건에 차이가 있기는 하지만 거래상대방과의 관계에서 일방이 현저한 이득을 취하는 문제와 관련한 문제를 규정하고 있다. 다만 그 법적성격에 관하여 이설이 있기는 하지만 대다수의 국가가 공서양속위반의 한 유형으로 규정하고 있다. 가령 독일의 경우 BGB 제138조에서 양속위반의 법률행위(Sittenwidriges Rechtsgeschäft)에 관해 규정하면서, 제2항에 폭리(Wucher)에 관해 규정하고 있다. 또한 일본의 경우는 민법 제90조에 공서양속(公序良俗)에 관해 규정하고 있으며, 학설과 판례는 당해 규정이 폭리금지를 포섭하는 것으로 이해하는데 이설이 없다. 그러나 우리나라의 경우는 민법 제103조에 공서양속위반과 분리하여 제104조에 불공정한 법률행위를 규정하고 있다. 이러한 관계로 인해 이로 인해 제104조를 제103조의 예시규정으로 이해하기도 하고 별개의 독립성을 가진다고 설명하기도 한다.(이에 관한 상세는 성준호, 「정의이념의 사법적 실현」, 소통과공감, 2014 참조)

'불공정한 이용'과 제8장 이하에서 규정하고 있는 '불공정한 계약조항'이 그것이다. '불공정한 계약조항'은 사업자와 소비자간에 거래나 사업자간의 거래에서 개별적으로 교섭되지 않은 계약조항의 불공정성의 문제에 관하여 규정하고 있다. 즉 일방에 의해 작성·제공되어 이를 제공받는 상대방당사자는 그에 동의하는 방식으로 체결되는 계약의 내용통제를 통해 공정성을 보장하는 것이다. 이하에서는 제51조 '불공정한 이용'과 제8장에서 의미하는 불공정성 통제간의 통제 대상과 범위 그리고 방법에 관하여 살펴보기로 한다.

(1) 적용대상

제8장은 불공정한 계약조항(unfair contract terms)에 관한 사항을 규정하고 있지만, 제51조의 불공정한 이용에서의 적용대상인 계약과는 차이가 있다.[10] 원칙적으로 제51조 불공정한 이용은 유럽공통매매법(안)의 모든 형태의 계약을 그 적용대상으로 하는 규정임에 반해, 제8장의 불공정한 계약조항은 그 적용대상을 당사자 일방이 준비하고 상대방이 그 내용에 영향을 줄 수 없었던 '개별교섭되지 않은 계약조항'(Not individually negotiated contract terms)으로 제한하고 있다.

(2) 통제방법

제51조 불공정한 이용은 의존(dependency), 경제적 곤궁(economic distress), 긴급한 필요(urgent needs), 경솔(improvidence), 무지 또는 경험의 부족(ignorance or lack of experience)과 같이 이용된 당사자(the exploited party)의 거래상 지위와 이를 이용하여 발생하는 과도한 이득(excessive benefit) 또는 불공정한 이익(unfair advantage)과 관련된 문제를 규정하고 있다. 이 기준들은 전체로서의 계약에 있어서, 당사자들의 각각의 주된급부의 가치를 고려하여, 일반적으로 적용되어야 할 것이다. 하지만, 이와 달리 제8장[11]에서의 통제범위에 주된급부에 관한 사항은 포함되지 않는다.[12][13] 단지

---

10) Manfred Wolf, Willensmängel und sonstige beeinträchtigungen der Entscheidungsfreiheit im europäischen Vertragsrecht', in Basedow, Jürgen(ed), Europäische Vertragsrechtsvereinheitlichung und deutsches Recht.Sonderveröffentlichungen des Archivs Für die civilistische Praxis und Rabels Zeitschrift für ausändisches und internationales Privatrecht, Mohr Siebeck: Tübingen, 2000, S. 109.

11) CESL(P) 제8장 제2절 이하에는 '사업자와 소비자간의 계약에 있어 불공정한 계약 조항'(Section 2 Unfair contract terms in contracts between a trader and a consumer)을 규정하고 있다.

12) CESL (P) 제80조 불공정성심사의 예외(Exclusions from unfairness test)
2. 사업자가 제82조에 따라 명확성에 의무를 준수한 경우 계약의 주된내용의 의미나 지불가격의

당사자 일방이 준비하고 상대방이 그 내용에 영향을 줄 수 없었던 '개별교섭되지 않은 계약조항'에 의한 계약에서의 공정성에 관한 문제를 규율하고 있다.[14] 가령 제82조는 개별적으로 교섭되지 않은 계약조항에서 명확성의무를 위반하는 경우 불공정한 것으로 구속력이 없으며, 특히 제83조는 사업자와 소비자간의 계약에서 '불공정'의 의미에 관해 규정하고 있다. 나아가 제84조는 일정한 유형의 계약조건은 그 자체만으로 항상 불공정한 것으로 간주(제85조) 또는 추정(제86조)한다. 하지만 급부간의 균형성에 관한 문제는 평가의 대상으로 하지 않는다.[15]

(3) 기능·역할

기능적인 측면에서 제51조와 제8장 이하의 규정 그 기능적인 측면에서 상이한 역할을 한다고 할 수 있다. 제8장의 불공정한 계약조항은, 사업자간 또는 사업자와 소비자간의 계약에 있어서, 일방에 의해 작성되고 개별적으로 교섭되지 않은 계약조항을 통한 계약에서 절차적 공정성통제를 그 목적으로 한다. 그러나 제51조는 유럽공통매매법(안)에서의 모든 계약을 그 대상으로 하고 있으며, 일방당사자가 상대방당사자의 불완전한 상황을 이용하여 계약내용에 있어서 과도한 이득이나 전반적으로 불공정한 이익의 취득을 문제 삼는 것이다.

타당성 여부에 대해서는 제2절을 적용하지 않는다.

13) 성준호, "유럽공통매매법의 불공정한 계약조항", 민사법학 제66호, 2014, 411-413면 참조.

14) CESL(P) 제7조 개별교섭되지 않은 계약조항(Not individually negotiated contract terms)

1. 당사자 일방이 준비하고 상대방이 그 내용에 영향을 줄 수 없었던 계약조항은 개별적으로 교섭되지 않은 계약조항이다.
2. 당사자 일방이 상대방에 대하여 계약조항의 선택하도록 경우, 상대방이 그 선택조항을 선택했다는 이유만으로 당해 계약조항을 개별협상이 있었던 것으로 간주할 수 없다.
3. 표준계약조항의 일부로 준비된 계약조항이 그 이후 개별협상 있었다고 주장하는 당사자는 당해 계약 조항이 개별협상에 의한 것임을 증명할 책임을 진다.
4. 사업자와 소비자사이의 계약에서는 사업자가 사업자자신이 준비한 계약조항이 개별협상에 의해 이루어진 것임을 증명할 책임을 진다.
5. 사업자와 소비자 사이의 계약에 있어서는 제3자에 의해 작성된 계약조항은 사업자에 의해 준비한 것으로 간주한다. 그러나 소비자가 이 계약조항을 계약내용에 포함시키기로 하는 경우에는 그러하지 아니하다.

15) 성준호, 전게"불공정한 계약조항", 416면 이하 참조.

(4) 상호관계

앞서 본 바와 같이 양자는 명백한 차이를 가지고 있으면서도, 일부의 역할과 기능에서는 중첩되는 부분을 가지고 있다. 가령 제51조 불공정이용이 적용대상인 계약의 범위를 CESL(P)내의 모든 계약이며, 제8장의 불공정한 계약조항의 적용대상은 당사자 일방이 준비하고 상대방이 그 내용에 영향을 줄 수 없었던 '개별교섭되지 않은 계약조항'에 의한 계약절차의 측면에서의 공정성에 관한 문제를 규율하고 있다. 따라서 개별교섭되지 않은 계약에 의한 계약체결의 부분에서 그 적용대상이 중첩되고 있다.

그러나 제51조 불공정이용이 불공정성심사의 대상이 주된급부관계를 중심으로 양당사자와의 관계에서 일방이 상대방당사자의 불완전한 상황을 이용한 과도한 이익 내지 이득에 관한 문제임에 반해 제8장 이하의 불공정한 계약조항은 이러한 문제는 불공성성심사의 범위에 포함시키고 있지 않다. 이러한 측면에서 양자는 상호 간섭하지 않는다. 소비자간 계약의 경우는 제8장 이하의 불공정조항계약의 규정은 적용될 여지가 없겠지만, 개별교섭되지 않는 계약조항에 의한 사업자간 또는 소비자와 사업자간 의계약의 경우는 제51조의 불공정이용과 제8장 이하 불공정조항계약 모두의 심사대상이 된다. 뿐만 아니라 제51조 또는 제8장 이하의 어느 하나에 의한 불공정 여부가 다른 규정의 심사를 제한하지 않는다. 가령 계약조항의 제공자가 제79조를 위반하여 당해 조항의 구속력이 배제되는 경우라 하더라도, 제51조의 적용이 배제되지 않기 때문에 당해 계약이 불공정한 이용에 해당되는지 여부에 대한 판단할 수 있다.[16]

2. 국제적 모델규범과의 규정방식 비교

유럽공통매매법(안) 제51조는 유럽계약법원칙 제4:109조[17]에서 파생되는 공통참

---

16) Schulze, op.cit, PP. 277-278.

17) PECL 제4:109조 과도한 이득 또는 불공정한 이익(Excessive Benefit or Unfair Advantage)
(1) 당사자는 계약의 체결시에 다음과 같은 사정이 있는 경우에 계약을 취소할 수 있다.
(a) 당사자가 상대방에게 의존하였거나 그와 신뢰관계가 있었던 경우, 경제적으로 궁박하거나 긴급한 필요가 있었던 경우, 또는 무지, 무경험이었거나 교섭기술이 부족했던 경우, 그리고
(b) 상대방이 이러한 사정을 알았거나 알았어야 하고, 제반 사정이나 계약목적에 비추어 당사자의 처지를 매우 불공정한 방법으로 이용하거나 과도한 이득을 얻은 경우.
(2) 취소권이 있는 당사자의 청구에 의하여, 법원은 그것이 적절한 경우에 신의성실과 공정거래의 요건이 충족되었다면 합의되었을 바에 부합하도록 하기 위하여 계약을 수정할 수 있다.

조초안 II.-7:207의 불공정한 이용을 모델로 한다. 그러나 세부적으로는 규정형식에 있어서 다소간의 차이점을 가지고 있다. 공통참조초안 II.-7:207는 불공정한 이용의 경우 그에 대한 구제방법과 효과를 해당조문에서 구체적으로 명시적으로 규정하고 있음에 반해, 제51조는 단지 취소할 수 있다고만 규정하고 있을 뿐이며, 취소의 방식이나 효과에 관해서는 여타 합의의 흠결과 더불어 규정하고 있다. 다만, 제51조에 따른 취소의 효력이 제54조에 따라 계약의 일부에만 미치도록 할 수 있다.[18] 이하에서는 여타 모델규범의 규정방식과 함께 살펴보고 그 이동을 알아본다.

1) 국제상사계약원칙

유럽공통매매법(안) 제51조는 '사법적통합을 위한 국제연구소의 국제상사계약원칙'(이하 : 국제상사계약원칙) 제3.2.7조[19]와도 유사한 측면을 가지고 있고, 또한 중요한 두 가지 차이점을 가지고 있다. 첫째로, '국제상사계약원칙' 제3.2.7조는 '이용(exploitation)'이 아닌 '현저한 불균형(gross disparity)'에 관한 규칙으로 표현하고 있다. 이때 '현저한 불균형'은 급부간의 양적 불균형을 의미하는 것으로, 전통적인 폭리의 문제에 해당된다. 그렇기 때문에 상대방 당사자의 주관적 요소인 궁박, 경솔, 무경험 등을 현저한 불균형의 성립 요건으로 하지 않고, 당해 계약의 결과가 제1항에 따

---

(3) 과도한 이득 또는 불공정한 이익을 이유로 취소의 통지를 받은 당사자가, 그 통지를 받은 후 바로, 또한 통지를 한 당사자가 그 통지를 신뢰하여 행위를 하기 전에, 그에게 고지한 경우에, 법원은 통지를 받은 당사자의 청구에 의하여 위와 유사하게 계약을 수정할 수 있다.

18) Schulze, op.cit., p. 279.

19) Unidroit Principles of International Commercial contracts 2010
제3.2.7조 현저한 불균형(Gross disparity)
(1) 계약 체결시 계약 또는 개별조항이 상대방당사자에게 부당하게 과도한 이득이 주는 때에는, 당해 계약 또는 개별조항을 취소할 수 있다. 이하의 다른 요소들을 고려하여야 한다.
(a) 상대방당사자가 의존적인 당사자, 경제적 궁박 또는 긴급 필요 또는 그의 경솔, 무지, 무경험 또는 협상기술의 부족에 의해 불공정한 이득이 있었다는 사실, 그리고
(b) 계약의 성격과 목적.
(2) 취소권 있는 당사자의 요청이 있는 경우, 법원은 공정거래와 선량한 거래질서에 부합하게 하도록 계약이나 조항을 적용할 수 있다.
(3) 또한 법원은 당사자 취소의 통지를 받은 당사자의 요청에 따라 계약 또는 조항을 적용할 수 있다. 당사자가 그 통지를 받은 후 요청받은 즉시 그의 상대방당사자에게 정보를 제공하고 상대방당사자는 그에 기해 의존하여 합리적인 행동을 하는 것을 제안한다. 제3.2.10(2)조 에 준용한다. 취소의 통지를 받은 당사자가 취소의 통지를 받은 후 신속하게 또한 상대방이 취소 통지를 신뢰하고 합리적으로 행동하기 전에 당해 상대방에게 자기의 개정 요청에 대해 알린 경우 법원은 당사자의 요청에 따라 계약 또는 약관을 개정 할 수 있다. 제3.2.10(2)조 에 준용한다.

른 부당하게 과도한 이득이 주는 경우에 해당되는지를 판단함에 있어 고려사항의 하나로 규정하고 있을 뿐이다. 그러나 유럽공통매매법(안)에서는 상대방 당사자의 주관적 요소가 불공정한 이용의 성립에 중요한 요소가 된다. 뿐만 아니라 양적인 측면에서의 '현저한 불균형'의 문제는 부도덕의 문제로 분류하고 국내법에 유보하고 있다(RegCESL [P] recital 27). 그리고 둘째로, '국제상사계약원칙' 제3.2.7조는 더 개방적인 언어적 표현으로 규정하고 있는 것이다. 과도한 이득이 정당하지 않은 경우에 취소할 수 있다고 하는 추상적인 표현을 사용하고 있으며, 그 부당하게 과도함을 판단하기 위해 고려해야할 그 밖의 요소들을 참조하도록 하고 있다. 그러나 '국제상사계약원칙' 제3.2.7조의 고려요소에 불과한 상대방당사자의 주관적 요소들이 유럽공통매매법(안) 제51조의 불공정한 이용의 구성요건을 이루고 있다는 점이다.[20]

2) 유럽계약법원칙

유럽계약법원칙에서 역시 제4장 유효성(Validity)하에 제4:109조 '과도한 이득 또는 불공정한 이익(Excessive Benefit or Unfair Advantage)'이란 표제를 두고 계약체결시 상대방의 처지를 불공정한 방법으로 이용하거나 과도한 이득을 취한계약을 취소할 수 있도록 하고 있다. 이때 주관적 요건으로서 경제적으로 궁박하거나 긴급한 필요, 또는 무지, 무경험으로 인한 교섭기술의 부족 등의 '불공정한 이용', 그리고 객관적 요건인 계약내용에 있어서의 '과도한 이득'에 관한 문제를 함께 규정하고 이들 중 어느 하나의 요건이 충족되는 경우 계약을 취소할 수 있다. 즉 객관적인 과도한 이득이 있는 경우 이거나 상대방의 주관적 상황을 현저하게 불공정한 방법으로 이용하는 경우 각각 동조의 요건을 충족하게 되고 취소할 수 있게 되는 것이다. 그렇지만 여기서 말하는 상대방에 대한 불공정한 이용이나 과도한 이득의 범위에 부적법(illegality), 부도덕(immorality) 또는 능력부족(lack of capacity)으로 인한 무효의 문제는 포함되지 않는다.[21]

---

20) Schulze, op.cit., p. 279.

21) PECL 제4:101조: 적용제외(Matters not Covered)
이 장에서는 부적법(illegality), 부도덕(immorality) 또는 능력부족(lack of capacity)으로 인한 무효에 관해서는 다루지 않는다.

3) 공통참조초안

공통참조초안은 제2절 합의 또는 의사표시의 흠결(Vitiated consent or intention) 이라는 표제 하에 의사의 흠결에 관한 제도의 하나로서 II-7:707 불공정한 이용에 관한 규정을 두었다. 이 규정은 II.-7:201 착오(Mistake), II-7:205 사기(Fraud)와 II-7:206 강박(Coercion or threats)의 다음에 위치하고 있다. '불공정한 이용'의 성립요건으로 객관적으로 과도한 이득 또는 현저히 불공정한 이익이 있어야 한다. 그러나 이러한 결과는 '상대방당사자'의 경제적 곤궁(economic distress) 또는 긴급한 필요(urgent needs)가 있거나, 경솔(improvident), 무지(ignorant) 혹은 무경험(inexperienced) 뿐만 아니라 교섭기술의 결여(lacking in bargaining skill)와 이러한 사정을 알았거나 알 수 있었을 때에 이를 '이용'하고자 하는 '일방당사자'의 주관적 요건이 있어야 성립한다.[22] 불공정한 이용에 해당되는 경우 당해계약을 취소할 수 있다. 이 규정의 내용은 유럽계약법원칙 제4:109조의 규정과 상당부분 유사하다. 그러나 공통참조초안은 상대방의 상황을 이용(exploit)하여 '과도한 이득(excessive benefit)' 또는 '현저히 불공정한 이익(grossly unfair advantage)'을 얻은 경우에 계약을 취소할 수 있다. 다만, 상대방의 주관적 상황을 이용하였더라도 과도한 이익을 얻지 않았거나 현저히 불공정한 이익을 취하지 않았다면, 계약을 취소할 수 없다.[23] 이러한 점에서 공통참조초안의 규정은 유럽공통매매법(안) 제51조의 불공정한 이용과 더욱 유사하다고 할 것이다. 다만 유럽공통매매법(안) 제51조 불공정이용에서는 '교섭기술의 결여'라는 요건은 포함되지 않았다.

---

22) Principles, Definitions and Model Rules of European Private Law, Draft Common Frame of Reference(DCFR)

DCFR II. − 7:207: 불공정한 이용(Unfair exploitation)

(1) 당사자는 계약의 체결 당시에 다음과 같은 사정이 있는 경우, 그 계약을 취소할 수 있다.

(a) 그 당사자가 상대방에게 의존하거나 그와 신뢰관계에 있었거나 경제적 궁박 상태에 있었거나 긴급한 필요가 있었거나, 경솔, 무지, 무경험, 또는 교섭기술의 결여, 그리고

(b) 상대방이 이러한 사정을 알았거나 알았을 것을 합리적으로 기대할 수 있으며, 그 계약의 상황과 계약의 목적을 고려하였을 때 상대방의 상황을 이용하여 그 당사자가 과도한 이득 또는 현저히 불공정한 이익을 취한 경우

(2) 취소할 수 있는 당사자의 요구가 있으면, 법원은 적절한 경우 계약이 신의성실을 지켜졌더라면 합의되었을 바에 부합하도록 계약을 변경할 수 있다.

(3) 마찬가지로, 법원은 불공정한 착취로 인한 취소의 통지를 받은 당사자의 요구가 있으면 그 계약을 변경할 수 있다. 다만, 그 당사자는 그 통지를 한 당사자에게 통지를 수령한 후에 그리고 그 당사자가 통지에 기하여 행위 전에 지체 없이 알려야 한다.

23) 서희석 외, 소비자법의 민법전 편입에 관한 연구, 법무부 연구용역 과제 보고서, 2009, 172면.

3. 개별국가의 법률의 적용에 관한 문제

유럽공통매매법(안)은 부적법(illegality)이나 부도덕(immorality)에 관해서는 규율하지 않으며(RegCESL (p) recital 27), 따라서 이에 관한 문제는 개별국가의 법률에 따른다. 그러나 유럽공통매매법(안) 제51조의 범위에 해당되는 경우에는 개별국가의 법률은 적용되지 않는다. 따라서 관련문제가 유럽공통매매법(안) 제51조의 '불공정한 이용'에 해당되는 것인지 또는 그것이 개별국가 법률에 유보한 부도덕 또는 부적법한 것 중 하나에 해당되는지 여부를 우선적으로 결정하여야 한다. 이하에서는 유럽공통매매법(안)의 불공정한 이용에 해당되는 사안과 개별국가에서 규정하고 있는 부도덕 내지 부적법한 것으로 다루어지는 사안에 대해 구별해 본다.

1) 부도덕과의 구별

제51조 '불공정한 이용'의 요건으로 규정하고 있는 '불공정한 이익'이나 '과도한 이득'은 부도덕과 중첩되는 것처럼 보인다. 그러나 3가지 측면에서 중요한 차이가 있다. 첫째로, '불공정한 이용'은 항상 일방당사자가 다른 당사자를 '이용'하는 주관적인 불균형(subjective imbalance)이 요구된다. 이와 달리, 부도덕은 일방의 부도덕한 행위뿐만 아니라 쌍방모두의 부도덕한 행위도 포함된다는 점에서 차이가 있다. 두 번째로, '불공정한 이용'은 이용된 당사자의 거래에 있어 불균형적 지위를 요구한다. 이때 거래에 있어 불균형적 지위는 자신의 이익을 옹호하기에 충분하지 못할 정도의 불균형적인 지위를 의미하는 것으로, 당해 계약을 부도덕하다고 치부할 수도 있을 것이다. 하지만 계약에 있어 부도덕이란 내용의 부도덕성을 문제 삼는 것으로 '불공정한 이용'에서의 거래에 있어 불균형적 지위의 문제와는 차이가 있다. 세 번째로, '불공정한 이용'은 항상 과도한 이득 또는 그밖에 이익의 경우로 나타나는데, 이때의 이득 또는 이익을 그 자체로 부도덕하다고 볼 수도 있다. 가령 '막대한 손해'(laesio enormis)[24]의 경우 부도덕한 계약으로 분류되며, 이러한 것은 개별국가 법률에 유보하여야 한다. 이때의 부도덕의 문제는 단순히 계약당사자 일방의 이익 보호에 관한 문제라기보다는 당사자를

---

24) '막대한 손해'(laesio enormis)란 로마법상의 폭리금지규정으로 고전기이후 확립된 개념으로, 지나치게 낮은 가격으로 매도한 곤궁한 매도인을 보호하기 위하여 정상가격의 1/2에 못 미치는 가격으로 토지를 매도한 자는 매매의 취소 또는 차액상환의 방식으로 손해가 구제되었다.(이에 관한 자세한 내용은 성준호, 전게 「정의이념의 사법적 실현」, 22면 이하 참조)

비롯한 제삼자나 공공의 이익을 함께 고려하는 것이다.

2) 부적법과의 구별

부적법의 문제에 관하여는 제51조 또는 해당국가 법률의 적용여부를 결정하는 기준은 그리 복잡하지 않다. 부적법은 국가권력이 당사자 일방이나 모두에게 형벌 또는 행정적 제재를 부과할 수 있는 개별국가 법률에 위배되는 것으로, 그것이 포함하는 조건이나 내용에 의해 무효 또는 취소로 되는 계약으로 되는 비계약적 규정을 모두 포함한다. 이에 관해 대다수의 법률 체계는 부적법에 관한 특별한 사항이 규정된 법률을 두고 있다. 따라서 이에 관한 구별은 비교적 용이하다고 할 수 있다.

그에 따라 부적법한 것으로 당해국가의 법률이 적용 가능한 것으로는 오스트리아 민법 제879조(단 동조 제2항 제4호는 제외),[25] 독일 제138조 제1항,[26] 프랑스 제1133조, 이탈리아민법 제1343조와 같은 「공서양속에 반하는 법률행위」;[27] 오스트리아 제945조,[28] 독일민법 제134조와 같은 「부적법금지규정」;[29] 프랑스 민법 제1131조, 이탈리아민법 제1344조 및 제1345조[30]와 같은 「원인이 없거나 불법원인에 의한 계약」; 오

---

25) AGBGB § 879. (1) 법률상의 금지와 선량한 풍속을 위반한 계약은 무효이다.
(2) 특히 이하의 계약들은 무효이다:
1. 결혼계약의 교섭에 관하여 조건을 붙이는 경우,
1a. 의학적 도움이 필요한 출산의 조력에 조건을 붙이는 경우;
2. 변호사가 자신에게 위임된 법률분쟁을 전부 또는 부분적으로 취소하거나 당사자가 승인한 전체의 특정부분만을 변론하기로 하는 경우;
3. 제삼자의 의사에 의해 상속 또는 유언이 생전에 처분되는 경우;
(3) 일반거래약관 또는 양당사자간에 주된급부가 규정하지 않은 계약내용이 규정된 계약서식에서, 일방에 현저한 불이익이 있는 모든 상황이 있는 경우 당해계약은 무효이다.

26) BGB §138 공서양속위반; 폭리(Sittenwidriges Rechtsgeschäft; Wucher)
(1) 선량한 풍속에 위반하는 법률행위는 무효이다.

27) CODICE CIVILE Art. 1343 부법적 원인(Causa illecita)
원인(cause)은 강행규정, 공공질서, 또는 미풍양속에 반하는 때에는 불법적이다.

28) AGBGB § 945. 제공받는 자에게 상황을 은폐하고 이상한 상황에 고의를 가지고 있었던 자는 불이익한 결과에 대하여 책임이 있다.

29) BGB §134 법률상 금지(Gesetzliches Verbot)
법률상 금지를 위반하는 법률행위는 그 법률로부터 달리 해석되지 아니하는 한 무효이다.

30) CODICE CIVILE Art. 1344 법을 기망한 계약(Contratto in frode alla legge)
계약이 강행규정의 적용을 배제하기 위한 수단을 구성하는 때에도, 원인은 불법적인 것으로 본다.
CODICE CIVILE Art. 1345 불법적 동기(Motivo illecito)
계약은 당사자가 쌍방에게 공통적인 불법적 동기(motivo illecito)에 의하여서만 체결하게 된 때에는 불법적이다.

스트리아 민법 제934조,[31] 프랑스 민법 제1674조, 제1675조와 같은 「막대한 손해」 등이 그것이다.

그리고 유럽공통매매법(안) 제51조에 의해 배제되는 국가의 법률로는 오스트리아 민법 제879조 제2항 제4호,[32] 독일민법 제138조 제2항,[33] 네덜란드 민법 제3:44조 제4항과 같이 궁박, 경솔, 무경험 등을 상대방당사자의 주관적인 사정을 이용하여 현저히 불균형한 급부를 제공하거나 보장하는 계약이 그것이다.[34]

4. 검토

1) 유럽공통매매법(안) 제51조의 '불공정한 이용'은 논리적인 측면에서 본다면 자신의 곤란한 처지로 인하여 자신의 이익을 충분히 반영하지 못하는 일방당사자와, 이러한 불리한 상황을 이용하여 과도한 이들이나 불공정한 이익을 얻는 상대방당사자 간의 합의는 계약당사자간의 진정한 합의가 있었다고 할 수 없다고 하는 취지로 이해할 수 있다.[35][35] 그러나 구조적으로 대다수의 국가가 공서양속문제로 다

31) AGBGB § 934. 양당사자를 구속하는 법률행위에 있어서 일방이 통상의 가치에 비추어 상대방당사자에게 주는 부분의 절반에 미치지 못하게 받는 다면, 침해받은 당사자는 법에 따라 당해계약을 취소하고 원상회복을 청구할 수 있다. 그러나 상대방당사자는 법률행위가 그에 의해 취소되기 전까지 통상의 가치에 이르는 보충을 하고 그 법률행위를 유지할 수 있다. 가치의 불균형은 법률행위의 체결시 까지 확정된다.

32) AGBGB § 879 (2) 특히 이하의 계약들은 무효이다:
4. 타인의 경솔, 궁박, 부주위, 무경험 또는 흥분을 이용하여 자신이나 제삼자의 급부에 대한 반대급부의 약속 내지 보장하게 하여, 급부에 대한 재산적 가치가 현저히 불균형하게 되는 경우.

33) BGB §138 공서양속위반; 폭리(Sittenwidriges Rechtsgeschäft; Wucher)
(2) 특히 타인의 궁박, 무경험, 판단능력의 결여 또는 현저한 의지박약을 이용하여 어떠한 급부의 대가로 자신에게 또는 제3자에게 그 급부와 현저히 불균형한 재산적 이익을 약속하게 하거나 공여하게 하는 법률행위는 무효이다.

34) Cf. Schulze, op.cit., p. 283.

35) Dutch Civil Law (DCL)
제3:44조 법률행위 실행에 있어 흠결있는 의사(Defective will for performing a juridical act)
- 1. 강박, 사기 또는 상황의 남용(abuse of circumstances)의 영향을 받아 행해진 법률행위는 취소할 수 있다.
- 4. 상대방당사자가 특별한 상황(particular circumstances), 급박한 상황(like a state of emergency), 의존성(dependency), 무사려(thoughtlessness), 중독(an addiction), 비정상적인 정신상태(abnormal mental condition) 또는 경험부족(inexperience)하에서 법률행위가 행해진다는 것을 일방당사자가 알았거나 알 수 있었고 그렇게 하는 것을 자제하였어야 함에도 그러한 법률행위를 하도록 야기하였다면, 그러한 상황의 남용(abuse of circumstances)은 부적법하다.

루고 있는 전통적인 '폭리'에 관한 논의의 범주를 벗어나지 못한다. 실제로 유럽공통매매법(안) 제51조는 현저한 급부간의 불균형과 당사자의 주관적 의사를 모두 요건으로 하는 폭리적인 법률행위의 한 형태라고 할 수 있다. 이러한 형태의 규정은 이미 각국의 법률규정을 통해서도 존재해 왔고 국제상사계약원칙, 유럽계약법원칙, 공통참조초안 등과 같은 여타 국제적인 모델법규범에서도 규정되어 왔다. 하지만 공서양속위반의 법률행위로 분류되는 폭리문제에 대한 직접적인 규율은 개별국가의 공서양속에 대한 간섭처럼 비쳐질 수 있다. 실제로 공서양속은 각국의 사회규범과 법질서에 따라 달라질 수 있는 문제이므로, 이러한 문제는 해당국가의 법체계에 따라 각기 규율되어야할 문제로 유럽공통매매법(안)에서 일괄적으로 규율할 것은 아니라고 할 수 있다. 그렇기 때문에 유럽공통매매법(안)은 부적법 또는 부도덕의 문제를 명시적으로 개별국가의 법률에 유보하고 있다.[37] 그럼에도 불구하고 급부간의 불균형에 관한 문제에 대한 규율을 외면할 수 없었던 유럽연합위원회는 의도적으로 '불공정한 이용'을 종래의 폭리의 문제와는 별개로 계약체결과정에서 '합의의 흠결'의 문제로 다루고자 하는 것으로 생각된다. 그러나 이러한 의도에도 불구하고 여전히 이들 간의 개념적 구분에 있어서는 논란이 있다.[38]

---

36) Vgl. Sebastian Martens, "Undue influence", in: Basedow/Hopt/Zimmermann (Hrsg.), Handwörterbuch des europäischen Privatrechts, Bd. II, 2009, S.1534ff.

37) RegCESL [P] recital 27
유럽공통매매법(안)에 규율되어 있지 않은 모든 계약적 또는 비계약적성질의 문제는 유럽공통매매법(안) 외에 Regulations (EC) No 593/2008과 (EC) No 864/2007 또는 그밖에 그와 관련된 충돌규정에 따라 국가법의 선존하는 규정에 의해 통제된다. 이러한 문제는 법인격(legal personality), 행위능력의 흠결로 인한 계약의 무효(the invalidity of a contract arising from lack of capacity), 부적법 또는 부도덕(illegality or immorality), 계약서의 언어의 결정(the determination of the language of the contract), 비차별의 문제(matters of non-discrimination), 대리(representation), 수인의 채권자와 채무자(plurality of debtors and creditors), 양도를 포함한 당사자의 변경(change of parties including assignment), 상계 및 혼동(set-off and merger), 소유권 이전을 포함한 재산법(property law including the transfer of ownership), 지적재산권법 및 불법행위법(intellectual property law and the law of torts)을 포함한다. 더욱이, 경합하는 계약적 책임에 기인하는 청구권을 비계약적인 책임과 함께 청구할 수 있는지에 관한 문제는 유럽공통매매법(안)의 범위에 포함되지 않는다.

38) 실제로 이와 관련하여 독일 내에서의 논의를 보건데 본 규정의 문제를 독일민법 제138조 2항의 폭리규정에 해당되는 공서양속위반에 관한 것으로 보고, 각국의 법 영역 내에 이러한 규정이 존재하는 점 등을 볼 때 불공정 이용을 합의의 흠결로 보는 것에 그리 호의적인 것 같아 보이지 않는다(Bundesrat, Drucks. 274/1/12, 13f.). 그런데 오히려 독일민법 제138조2항을 공서양속의 문제가 아닌 의사 내지 합의의 흠결로 분류하여 유럽공통매매법(안) 제51조에 의해 적용이 배제되는 규정으로 분류하고 있다.(Schulze, op.cit., p. 283)

2) 제51조의 불공정한 이용에서는 유럽계약법원칙이나 공통참조초안에서의 규정에서 두고 있었던 성립요건의 일부가 유럽공통매매법(안)에 이르러서는 빠져있는 경우가 있다. 특히 유럽계약법원칙 제4:109조: 과도한 이득 또는 불공정한 이익과 공통참조초안 II. – 7:207에 명시되었던, '교섭기술의 결여'에 관한 요건을 제외하였다. 이는 '불공정한 이용'이 계약의 실질적 자유를 보장하는 것을 주된 목적으로 하고 있다는 전제에서 보더라도, 개인이 가지고 있는 교섭기술의 문제까지 합의의 하자로 보게 된다면, 합의하자의 범위가 지나치게 확대될 우려가 있는 것으로 보인다.[39] 이러한 취지에서 유럽공통매매법(안) 제51조에서는 각자의 교섭기술의 부족의 문제는 합의 흠결이나 그에 대한 침해의 문제로 다루어지지 않는 것으로 본 것은 아닌가 생각된다.

III. 불공정한 이용의 성립요건

제51조에서는 불공정한 이용의 성립요건으로 3가지를 들고 있다. 첫 번째로, '이용된 당사자(exploited party)'의 주관적 요건으로 '손상된 거래상의 지위(the vitiated bargaining position)'이다. 가령 '의존적인 상황(a state of dependency)', '긴급(urgency)', '무능력(incompetence)'과 같은 경우가 그것이다. 두 번째로, '이용하는 당사자(exploiting party)'의 주관적인 요건으로, 이용된 당사자의 거래에 있어 불균형적 지위에 대한 '인식(knowledge)' 또는 '인식가능성(expected knowledge)'이 있었고 그

이에 관해 급부간의 현저한 불균형(과도한 이득)의 문제를 공서양속위반으로 다루는 경우, 객관적 요소가 중요하게 되고 있으며, 가치와 반대가치의 불균형의 문제에 집중되는 점에 비추어 보면, 제51조의 내용은 공서양속위반의 문제와 전통적인 의사의 흠결(착오, 사기, 강박)의 중간쯤에 위치한 것으로 비추어진다. 나아가 본 규정은 주관적 그보다는 주관적 요소를 중시하여, 의사의 흠결 쪽에 가까운 것으로 생각된다. No taking of undue advantage에서 "이 규정은 또한 이용된 피해자가 진정한 계약의 자유가 없는 상태에서 체결된 계약에서 벗어날 수 있음을 보장하는 기능을 갖는 측면도 있다고 한다."(Cf. von Bar/Clive, DCFR Full Edition [Volume 1], p. 55 principle 43.).

39) 이와 관련하여 DCFR II. - 7:207: Unfair exploitation에 규정된 '교섭기술의 결여'(lacking in bargaining skill) 관한 종래의 문헌에서 이에 관한 언급이 없는 점에 비추어 볼 때, 교섭기술의 결여가 '불공정한 이용'의 구성요건에 포함되는 것이 타당한지에 관한 확신이 없었던 것으로 보인다.(von Bar/Clive, DCFR Full Edition [Volume 1], p. 508. 참조).

러한 상황을 '이용(exploitation)'하였어야 한다. 그리고 세 번째로, 이용하는 당사자의 과도한 이득 또는 불공정한 이익에 대한 평가에 의해 '계약내용의 결과적 불균형(the unbalanced content of the resulting contract)' 등이 그것이다.

제1요소와 제2요소는 주관적이고 개인적인 기준이며, 제3요소는 객관적인 기준에 해당된다. 그러나 계약자유의 원칙에 따라 당사자들은 계약의 조건을 정의하고 그들의 개별적인 상황에 적응시키는 폭넓은 재량이 있기 때문에, '불공정한 이용'의 요건에 기한 불공정성의 평가는 계약의 자유의 원리에 따라 합의된 계약에 대한 사법심사에 해당하므로 신중하게 운용되어야 한다.[40]

1. 이용된 당사자의 손상된 거래상의 지위

'손상(vitiation)'은 이용된 당사자가 자신의 이익에 대한 중요한 의미가 있는 어떠한 권리주장(representation)을 할 수 없게 되는 심각한 상황을 의미한다. 제51조는 손상된 거래상의 지위에 관해 2가지유형으로 구분한다. 첫 번째 '이용된 당사자의 사정'에 관한 것으로 경제적 곤궁(economic distress) 이나 긴급한 필요(urgent needs)등을 예시하고 있다. 두 번째 '이용된 당사자의 능력'에 관한 것으로 경솔(improvident), 무지(ignorant), 무경험(inexperienced)등이 그것 이다. 이하에서는 제51조가 규정하고 있는 이용된 당사자의 주관적 요건인 흠결있는 합의에 관한 내용을 유형별로 살펴보도록 한다.

1) 당사자의 사정

(1) 경제적 곤궁

이용된 당사자가 파산신청을 해야 하거나 머지않은 장래에 그 채무를 근본적으로 이행할 수 없게 될 임박한 위험이 있는 경우라면, 그 당사자는 경제적 곤궁으로 인해 거래상 지위의 손상이 있다고 할 수 있다.

일반적으로, 경제적 곤궁은 과도한 금리의 단기적인 신용거래에서 주로 발생한다.

---

40) Schulze, op.cit., p. 279.

그러나 물품 및 컨텐츠의 매매에 있어 소비자보호를 목적으로 하는 유럽공통매매법(안)은 이와 같이 금융서비스를 포함한 계약에 대해서는 유럽공통매매법(안) 제51조를 적용하지 않는다.[41] 다만 그것은 매도인에게 불리한 상황임을 알고 있음에도 불구하고 그러한 불리한 조건하에 교환하거나 또는 부당한 가격으로 판매하는 경우에 한해 적용할 수 있을 뿐이다.

(2) 긴급한 필요

이용된 당사자의 조건이 비상상황이거나 거의 그에 가까운 절박한 긴급의 상황이라고 할 수 있을 정도로 '긴급하게 필요'하여야 한다. 긴급(급박)은 당사자가 이용된 계약에 대하여 동의하는 것 이외에 다른 선택을 할 수 없는 경우를 말하며, '필요'는 '사막에서 한 병의 물이나 긴급히 필요한 약'과 같이 개인적인 사정이거나 절박한 결과일 수 있다.[42] 하지만 이용한 당사자에 대한 유리한 조건이 특정물건의 부족과 같은 단순한 시장상황인 경우까지 제51조에서의 '필요성'에 포함된다고 할 수는 없다.[43]

2) 당사자의 능력

(1) 의존 또는 신뢰관계

'의존성' 또는 '신뢰관계'란 이용된 당사자가 계약의 체결에 관하여 자신이 독립적으

---

41) RegCESL[P] recital 26
유럽공통매매법의 규정들은 특히 온라인상에서 체결된 물적, 인적 계약유형의 존속기간 동안 실질적인 연관성을 가지는 계약법의 문제들을 규율한다. 따라서 유럽공통매매법은 당사자들의 권리와 의무와 불이행에 대한 구제수단과 별도로 계약전의 정보안내의무(pre-contractual information duties), 형식적 요건을 포함한 계약의 체결(the conclusion of a contract including formal requirements), 철회권과 그 효과(the right of withdrawal and its consequences), 착오(mistake), 사기(fraud), 강박(threats) 또는 불공정한 이용(unfair exploitation)으로 인한 취소의 효과, 해석, 계약의 내용과 효과(the contents and effects of a contract), 계약조항의 불공정성에 대한 평가와 효과(the assessment and consequences of unfairness of contract terms), 취소와 해제로 인한 원상회복(restitution after avoidance and termination)과 소멸시효(prescription)와 권리의 배제(preclusion of rights)를 규율하여야 한다. 유럽공통매매법은 그 적용범위 내에서 발생하는 모든 의무들의 침해의 경우에 적용되는 제재를 확정하여야 한다.

42) Schulze, op.cit., p. 280.

43) Huber, in Vogenauer/Kleinheisterkamp (eds), Commentary on UNIDROIT PICC, art 3.10 no 11.

로 판단하지 않고 이용한 당사자의 조언에 의존하는 경우를 말하며, 이때 이용된 당사자는 이용한 당사자와 신뢰관계를 가진다고 할 수 있다.[44]

(2) 경솔

사람은 그것이 일반적인 주의를 기울이지 않게 되는 경우 '경솔'하다고 평가한다. 이때의 '경솔'여부를 평가함에 있어서, 당해계약의 체결에 관한 경우만을 두고 이용된 당사자의 경솔여부를 평가하여야 하는 것인지 또는 일반적 성향을 두고 경솔여부를 평가하여야 하는가에 대하여 제51조의 표현으로부터는 명확히 알기 어렵다.

(3) 무지 또는 무경험

그밖에 손상으로 '무지'(ignorance) 또는 '무경험'(inexperience)이 있다. 이때의 무지는 계약이나 그 대상의 이해나 지식의 부족을 의미한다. 즉 무지는 계약 또는 그것의 법률적, 경제적 또는 다른 결과나 전반적인 모든 측면에서의 본질적인 부분의 중대한 이해가 없는 것이다. 따라서 무지의 기준은 계약을 체결하거나 특정 가격에 합의하는 경우, 무엇 때문에 그렇게 했는지를 당사자가 실제로 이해하는가를 두고 판단한다. 가령 특별한 약품과 같은 특정물건에 대한 평균적인 가격이 있음을 알지 못했던 당사자가 지나치게 높은 가격을 받아들이게 되는 경우가 이에 해당된다.[45] 하지만, 당사자가 합리적인 일반인의 이해를 가지고 있었다면, 법률가들의 언어로 표현된 법기술적 내용이나 물품 또는 서비스의 일부기술적인 측면에서의 이해의 단순한 부족여부는 본질적인 부분에 대한 중대한 이해가 없다고 할 수 없다. 이러한 원리는 무경험 조건에 준용한다. 따라서 여기서 말하는 무경험이란 사람이 특정한 업무에 관해 경험부족만을 의미하는 것이 아니며, 거래 전반에 관한 모든 측면에서의 경험부족을 의미한다.

2. 이용한 당사자에 대한 주관적 요건

이용하는 당사자는 이용된 당사자의 손상된 거래상의 지위를 적극적으로 '알았거

44) von Bar/Clive, DCFR Full Edition [Volume 1], p. 508.
45) Cf. von Bar/Clive, DCFR Full Edition [Volume 1], p 508(illustration 3).

나 그러한 사실을 알 수 있었어야 한다'고 규정하고 있다. 이때 '알았거나 알 수 있었어야 한다'고 하는 부분은 증명책임의 문제와 관련하여 의미가 있다. 즉 다른 사정이 없는 한, 당사자가 손상된다는 것을 알고 있었음에 틀림없다고 추정할 수 있다. 그러나 그러한 경솔, 무경험 또는 무지의 개인적인 기준과 관련하여 상대방 당사자에 대한 기준이 각각 다르게 인식될 수 있기 때문에, 예견가능성에 관한 문제는 '상당한 주의'(appropriate caution)의 문제로 다루어져야 한다.[46]

한편 결과적인 측면에서 판단하더라도 당사자가 이러한 상황을 의식적으로 이용하지 않고서는, 그와 같은 과도한 이득 또는 불공정한 이익을 제공하는 계약을 달성할 수 없는 경우라면, 이 당사자는 그 상황을 이용한 것이라고 판단할 수 있을 것이다.[47]

3. 계약의 내용

1) 과도한 이득 또는 불공정한 이익의 개념

제51조 불공정한 이용은 일방당사자의 '과도한 이득' 또는 '불공정한 이익'이 있어야 한다. 이때의 일방당사자가 취한 과도한 이득은 통상적인 동종의 계약에 비추어 급부와 반대급부가 현저히 불균형한 경우를 의미하고, 불공정한 이익은 급부와 반대급부간의 금전적인 불균형이 아닌 여타의 방식으로 일방당사자가 이익을 취하는 경우를 말한다.[48] 가령 '과도한 이득 조항'은 특히 계약결과에 있어서 이용하는 당사자의 경제적 이익에 관한 것이고, '불공정하게 유리한 조항'은 계약결과 이외의 다른 측면에서의 부수적인 내용(collateral clauses)을 포섭한다.

과도한 이득이나 불공정한 이익이라고 하는 기준은 추가적인 결합이 필요한 개방적 기준이다. 그러한 추가적인 결합은 제51조에 규정된 요건들을 부가적으로 충족함으로써 달성되어야 한다.[49] 제51조의 적용을 위해서는 앞서 살펴본 주관적 요건의 충족

---

46) Vgl. Wolf, a.a.O., S. 110, 이와 관련하여 Wolf는 중과실을 요구하고 있다; Vgl. Martens, ' Einigungsmängel, in Schmidt-Kessel(ed), Einheitliches europäisches Kaufrecht?, S. 192, 그러한 사실을 알지 못한데 과실이 있는 정도를 요구한다; Cf. Schulze, op.cit., p. 281.

47) Ernst A. Kramer. Die Gültigkeit der Verträge nach den UNIDROIT Principles, ZEuP 1999, 209. 223ff.

48) von Bar/Clive, DCFR Full Edition [Volume 1], Art. II.-7:207 comments D, E.

49) Schulze, op.cit., p. 282.

과 더불어 전체로서 계약의 '전반적인 상황'을 고려해야 할 것이다.[50] 이러한 점이 제51조에서 규정하고 있는 과도한 이득이 '정당한 가격(iustium pretium)'에서 유래하는 객관적 기준인 '단순한 가격' 차이만을 의미하는 것이 아니라는 것을 설명할 수 있는 부분이다. 나아가 과도하거나 또는 명백하게 불공정한 가격이 있는 경우에도 본 규정이 개입할 수 있는 근거가 있게 된다.

2) 과도한 이득 또는 불공정한 이익의 한계

과도한 이득이 일방 당사자가 상대방당사자의 고려의 객관적인 시장가격보다 두 배 이상 많이 약속하였다면, '막대한 손해'의 문제로 볼 수 있다.[51] 이때 과도한 이득의 여부는 일반적인 시장상황과 관련하여 판단되어야 한다. 따라서 급부간의 현저한 불균형이 특정물의 일시적인 부족에 따른 현저한 가격상승에 의한 것 이였다면, 이는 전형적인 시장상황으로 볼 수 있으며 합의에 흠결이 있다고 할 수는 없다.[52] 본 규정은 실제로는 타방당사자의 과도한 이득 또는 불공정한 이익 그 자체로부터의 보호보다는 오히려 일방 당사자의 위태로운 어려움을 무모(recklessness)하게 무시(disregard)하는 것에 대한 보호에 초점이 맞춰져 있다. 따라서 단순한 양적불균형의 문제로서 과도한 이득은 비도덕의 하나로 개별국가의 법률에 맡겨진다.[53]

4. 검토

1) 앞선 요건의 설명에서도 언급된 내용이지만, 불공정한 이용이 성립하기 위해서는 제51조 요건은 계약이 가지고 있는 개별적인 성질에 대한 고려가 이루어 져야 한다. 즉 요건에 대한 단순한 평가만으로는 계약의 성질을 정확히 파악할 수 없기 때문이다. 특히 계약의 내용과 사전교섭에 대한 고려가 있어야 한다. 왜냐하면 일면으로는 부당하다고 보이는 계약이라고 판단될 지라도 다른 한편으로는 완벽하게 적합한 것일 수 있기 때문이다. 가령, 당사자들 고도의 위험을 받아들이기 위

50) Schulze, op.cit., p. 277.
51) Kramer. a.a.O., S. 209. 223ff.
52) von Bar/Clive, DCFR Full Edition [Volume 1], p. 509.
53) Schulze, op.cit., p. 282.

한 '대가(quid-pro-quo)'로써 높은 가격이나, 특정한 예방조치에 관한 동의에 의해 계약의 특별한 위험에 대하여 사항으로서의 계약의 공정성판단은 그러한 특수성을 함께 고려하여 판단하여야 할 것이다.

2) 이용된 당사자나 그에 관한 상황들은 세부적인 차이가 있기 때문에, 그에 관련된 기준은 흑백 논리로 구분할 수 없다. 따라서 제51조가 요구하는 '이용'이란 계약의 전반적인 분석에 기한 것이어야 한다.[54]

3) 유럽공통매매법(안)은 공통참조초안과 마찬가지로 '경솔'이라고 하는 개념은 주관적이고 의미를 확정하기에도 불분명한 개념을 성립요건으로 두고 있다. 이러한 '경솔'의 개념은 명확하게 획정하기 곤란한 상황에서 이를 취소권발생의 성립요건의 하나로 두는 것이 과연 타당한가 하는 의문을 제기할 수 있다.[55] 이러한 사정에 비추어 보건데, 제51조에서 두고 있는 불공정한 이용의 요건으로 '경솔'은 그 자체로서 보다는 무경험과 결합하여 의미를 가지는 것으로 생각된다.

4) 계약의 내용에 관한 문제로서 유럽공통매매법(안) 제51조에서 '정당한 가격'에 관한 내용은 포함되고 있지 않다. 따라서 과도한 이득 내지 불공정한 이익에 있어서 과도한지 여부 그리고 불공정한지 여부에 관한 기준은 정확히 규정되고 있지 않다. 그렇기 때문에 결국 이러한 급부간의 현저성에 관한 문제는 시장가치와 관련하여 결정하게 될 수밖에 없다. 그러나 불균형의 문제가 그 자체로 '막대한 손해'에 해당되는 경우에는 제51조는 적용될 여지가 없게 된다.

---

54) Schulze, op.cit., p. 279.

55) 이와 유사하게 우리민법 제104조 '경솔'의 의미에 대하여 제한적으로 해석하고 그 적용에 대하여 엄격하다. 또한 '경솔'은 그 자체가 제51조의 독립적인 요건이라기보다는 '경솔'이 이용되어야만 불공정한 법률행위의 성립에 기여한다고 하고 있다. 아울러 대법원도 제104조의 성립을 판단함에 있어서 경솔을 그 원인을 판단한 경우는 매우 제한적이라는 것을 알 수 있다. 그리하여 경솔을 이유로 불공정한 법률행위의 성립을 인정한 사례는 그리 많지 않으며, 경솔과 무경험을 함께 고려하고 있는 경우를 보더라도 그러하다.

IV. 민법 제104조 불공정한 법률행위에의 투영

앞서 살펴본 바와 같이 유럽계약법원칙 제4:109조를 계수한 공통참조초안 II.-7:207의 불공정이용을 참조한 유럽공통매매법(안) 제51조의 불공정한 이용은 독일민법 제138조 제2항, 스위스채무법 제21조 및 민법 제104조의 불공정한 법률행위와 비견된다.[56] 이하에서는 유럽공통매매법(안) 제51조의 불공정한 이용의 쟁점사안을 민법 제104조의 불공정한 법률행위와 비추어 검토해보기로 한다.

1. 민법 제104조의 정체성

민법은 제104조에 불공정한 법률행위라는 표제 하에 "당사자의 궁박, 경솔 또는 무경험으로 인하여 현저하게 공정을 잃은 법률행위는 무효로 한다."라고 하는 명문의 규정을 두고 있다. 본 조의 규정과 성격에 관하여 종래부터 논의가 있어왔으며, 이와 관련된 문제는 본 논문의 서두에서 언급한 바와 유사한 문제이기도 하다.[57] 즉 제104조의 법적성격을 제103조 공서양속위반의 법률행위의 한 유형으로 볼 것인가 그렇지 않으면 독자적인 성격의 규정으로 볼 것인가 하는 것이 그것이다.[58]

민법 제104조는 독일민법(BGB) 제138조 제2항(Wucher)과 스위스채무법(Obligationenrecht) 제21조 폭리(Übervorteilung)의 입법례를 모범으로 하여 제정된 규정이므로,[59] 입법당시부터 양속위반의 한 유형으로 보는 견해가 전통적인 시각이었다.[60] 그러나 앞서 본 바와 같이 민법 제104조의 모범으로 하고 있는 독일민법 제138

56) 김진우, "공통참조기준초안(DCFR)에 따른 계약의 내용통제, 법학논고 제38집, 경북대학교 법학연구원, 2012, 224면.

57) 성준호, 전게 「정의이념의 사법적 실현」, 182-186면 참조.

58) 부적법 내지 부도덕의 문제로 분류되어 해당국가의 관련규정에 해당하는 경우 개별국가의 법률에 유보하도록 하고 이와 달리 합의의 흠결에 관한 문제로 분류되는 경우 불공정한 이용의 문제를 취소할 수 있도록 하고 있는 유럽공통매매법(안)의 체계에 비추어, 민법 제104조는 부적법내지 부도덕에 관한 규정으로 분류되고 관련 문제는 개별국가의 법률에 따라야 하는지 그렇지 않으면 유럽공통매매법(안) 제51조에 의해 적용이 배제될지에 관해서도 생각해 볼 수 있다.

59) 民法案審意錄(上), 민의원, 법제사법위원회, 민법안심의소위원회, 1957, 70-71面 참조.

60) 民法案意見書, 一潮閣, 1957, 49面.[案 第九十條는 법률행위의 당사자가 궁박한 환경에 있었던가, 경솔하였든가 또는 경험이 없는 것으로 인하여 행한 법률행위의 효과가 현저하게 공정치 못하게 된 경우에 그 법률행위를 무효로 하게 한 것이다. 이것은 주로 상대방의 궁박·경솔·무경험을 이용

조 제2항의 폭리(Wucher)는 유럽공통매매법(안)에 의해 적용이 배제되는 합의의 흠결에 해당되는 규정으로 분류하고 있다.[61] 또한 효력의 측면에서 제103조와 제104조를 달리하고 있는 것도 양자의 성격을 동일한 것으로 취급할 수 없기 때문이다.

2. 민법 제104조의 성립요건 구조

당사자간의 '현저한 급부간의 불균형'[62]에 당사자의 주관적인 상황이나 능력이 원인이 된 경우 법률효과를 부정하고 있다. 민법 제104조가 급부간의 '현저한 불균형'에 의한 단순한 양적 폭리를 규정하고 있는 것이 아니며, 당사자들의 주관적인 사정이 '현저한 불균형'에 영향을 미치는 때에 당해 행위를 불공정한 것으로 판단하는 것이다. 이때의 주관적 상황으로 피폭리자의 궁박, 경솔·무경험으로 인한 것이어야 한다. 이와 같이 일방당사자가 법률행위를 함에 있어서 의사형성과정에서 자신의 이해득실을 명확하게 판단할 수 있는 기초가 상실된 상황 하에서 발생한 급부불균형만이 '불공정한 법률행위'에 해당된다는 것이다.

나아가 민법 제104조에 규정되지 않은 상대방당사자의 주관적 요건으로서 일방당사자의 궁박·경솔 또는 무경험한 사실을 '이용 의도 내지는 인식'하여야 하는가에 관한에 대해 학설[63]이 일치하고 있지는 않지만, 판례는 '불공정한 법률행위가 성립하기 위

하여 폭리 기타 자기에게 유리한 법률행위를 하였음을 경우에 그 결과가 사회관념상 현저하게 공정을 잃었을 때에 이로 인하여 손해 기타 불리한 결과를 얻은 당사자를 구제하여 주기 위한 제도로서 그 입법취지에 찬성하는 것이다. 그러나 이 규정의 취지는 초안이 창설한 것은 아니다. 이 규정이 없는 민법 하에서도 공서양속위반으로 구제되어 있는 것과 같이(昭五.一一.七 高法判決, 昭九.五.一 日大審判決)구제될 수 있는 것이나 특히 이것을 독립한 규정으로서 성문화시키는 것은 일반국민을 경계시키는 정책상의 의의에 더 치중한 점을 찬성한다.]

61) 스위스의 경우는 유럽연합의 회원국이 아닌 관계로 앞선 회원국의 법률규정의 구분에 포함되고 있지는 않지만, 현저한 불균형의 원인이 상대방의 궁박, 경솔, 무경험을 이용에 기인한 경우 당해 계약을 취소할 수 있도록 하는 채무법 제21조의 규정은 유럽공통매매법(안) 제51조의 '불공정한 이용'과 유사한 것으로, 만약 스위스가 유럽연합의 회원국 이었다면, 당해 규정은 유럽공통매매법(안) 제51조에 의해 배제되는 규정이 되었을 가능성이 높다.

62) 李英俊, 「民法總則」[改訂增補版], 博英社, 2007, 271面; 金玟中, "高齡·文盲인 者와 체결한 暴利的 賣買契約의 有效與否", 司法行政 第33卷 第9號, 1992.9, 66面.

63) 민법 제104조 명문의 규정에 따라 상대방당사자의 주관적 의사는 '불공정한 법률행위' 성립에 영향을 미치지 않는다고 하는 견해(金曾漢/金學東, 前揭書, 322面; 韓雄吉, "契約成立時에 있어서 給付의 均衡", 東亞法學 第6號, 1988, 472面; 裵相徹, "弱者의 관점에서 본 민법 제104조의 運用上 문제점": 특히 不公正한 法律行爲의 성립요건인 「暴利者의 利用」을 중심으로, 比較私法 第7卷 第2號 (通卷 第13號), 2000, 384-385面; 金基善, 「韓國民法總則」[第3全訂版], 法文社, 1991, 239面.)

해서는 상대방당사자가 일방당사자의 주관적 상황을 인식 하거나 그와 같은 불안전 상태를 이용하려는 의사가 있어야 한다'고 하여 일방당사자의 주관적 의사를 '불공정한 법률행위' 성립요소의 하나로 인정하고 있는 것으로 볼 수 있다.[64] 실제로 상대방당사자의 이용의사는 불공정한 법률행위의 성부에 가장 결정적인 영향을 미치는 요소라고 할 수 있으며, 이는 단순한 양적폭리에 의한 공서양속위반과의 차이점이기도 한다.

3. 검토

제104조의 해석에 있어서 학설과 판례는 폭리자가 피폭리자의 궁박·경솔·무경험한 상황을 이용 내지 인식에 관한 문제에 집중되어 있다. 이에 관해 다수설과 판례는 표현에 있어서 차이가 있기는 하지만 불공정한 법률행위의 성립을 위해 폭리자의 '이용의사'라고 하는 주관적 요건을 인정하고 있으며, 이러한 태도는 '불공정한 법률행위'의 법리적 원인에 비추어 타당하다고 생각된다.[65] 또한 급부간의 현저한 불균형의 문제로 공서양속위반에 해당되는 '막대한 손해'와는 구분된다. 따라서 민법 제104조에서의 불공정한 법률행위는 공서양속위반 법률행위의 예시규정이라고 단언할 수는 없을 것이다. 그렇다면 구분에 있어 모호한 측면이 있기는 하지만 제104조에서의 불공정한 법률행위는 흠결있는 합의의 문제로 다루어질 수 도 있을 것이다.

와 일방당사자의 궁박·경솔 또는 무경험으로 인한 정황을 틈타 이익을 얻고자 하는 상대방당사자의 주관적 의사가 필요하다고 하는 견해(權龍雨, 前揭書, 396面; 宋德洙, 「民法講義(上)」, 博英社, 2004, 146面; 대법원 1956.2.16.선고 4288민상401 판결; 金曾漢·安二濬, 「新民法總則」, 法文社, 1963, 292面; 高翔龍, "不公正한 法律行爲의 成立要件", 考試研究 第16卷 第5號 (通卷 第182號), 考試研究社, 1989.4, 146-147面 에서는 민법 제104조의 문리해석으로는 그러한 요건을 찾기 어렵다고 하면서도 동조의 모델인 독일 민법 제138조 2항에서 그 근거를 찾고 있다; 裵相徹, 前揭論文, 384面) 오랜 다툼의 대상이 되어왔다.

64) 대법원 1988.9.13.선고 86다카563 판결.

65) "이에 대하여 상대방당사자의 주관적 요건을 제104조의 성립요건으로 하게 되면, 약자보호의 취지가 무색해진다는 견해가 있다. 하지만 그로 인해 발생하게 될 불공정한 법률행위성립의 곤란과 일방당사자 구제에 관한 사항은 주관적 요건의 추정과 증명책임의 문제로 해결할 수 있을 것으로 보인다."성준호, "민법 제104조 불공정한 법률행위에 관한 연구 - 주관적 요건론을 중심으로 -", 민사법학 제55호, 2011, 35-37면 참조.

V. 결론에 갈음하여

유럽공통매매법(안) 제51조가 규정하고 있는 '불공정한 이용'의 문제는 일방당사자의 손상된 지위가 존재하고 이를 이용한 타방당사자가 과도한 이득을 얻거나 불공정한 이익을 누리는 것에 대한 문제로 그 법률효과를 부정할 수 있도록 하고 있는 것이다. 이러한 문제와 관련하여 이상의 논문에서 분류 및 검토를 하였다.

1) '불공정한 이용'의 체계적 지위에 관한 문제가 그것이다. 제51조에서 규정하고 있는 불공정한 이용의 문제는 통상의 전통적인 관념에 따라 공서양속 내지 부적법 문제로 인식될 수 있는 문제이고 또한 실제로 그와 같은 규정이 다수 존재하고 있다. 그러나 '불공정한 이용'는 이를 합의의 하자의 문제로 접근하려고 한다는 점에서, 종래의 추상적인 개념에만 맡겨두었던 부분에 관한 적극적인 개입으로 평가할 수 있을 것이다. 그럼에도 그 요건에서 볼 수 있는 것과 같이 부도덕이나 부적법의 문제와 중첩되거나 그 경계가 모호한 부분이 적지 않게 발생할 여지가 있다고 할 것이다. 실제로 이와 관련하여 일부회원국에서는 '불공정한 이용'의 내용에 관해 호의적이지 않은 태도를 보이고 있으며, '불공정한 이용'의 내용이 회원국의 강행법규나 공서양속에 관한 법규범과 중첩되는 것으로 보는 견해가 적지 않다.[66]

이러한 논란에도 불구하고 제51조를 '합의의 흠결'의 하나로 자리 잡아야 할 까닭은 무엇인가? 이는 '공서양속에 관한 부분의 문제를 개별국가의 법률에 따른다'고 명시한 유럽공통매매법(안) 제안서 제27항으로부터 기인한 다고 할 수 있다. 실제로 공서양속은 각국의 사회규범과 법질서에 따라 달라질 수 있는 문제이므로, 이러한 문제는 해당국가의 법체계에 따라 규율되어야 하는 것이다. 그렇기 때문에 유럽공통매매법(안)은 부적법 또는 부도덕의 문제를 명시적으로 개별국가의 법률에 유보하고 있다. 그럼에도 불구하고 급부간의 불균형에 관한 문제에 대한 규율을 외면할 수 없었던 유럽연합위원회는 의도적으로 '불공정한 이용'을 종래의 폭리의 문제와는 별개로 계약체결과정에서 '합의의 흠결'의 부분에 위치시키게 된 것으로 생각된다.

---

66) Bundesrat, Drucks. 274/1/12, 13f.

그럼에도 이러한 변화는 단순한 법정책적인 측면에서의 문제는 아니며, 객관적 요소보다 주관적 요소를 중시하여, 의사의 흠결쪽에 가까운 것으로 이용된 피해자가 진정한 계약의 자유가 없는 상태에서 체결된 계약에서 벗어날 수 있도록 보장하기 위한 규정으로서의 성격을 추구하고 있는 것으로 충분히 의미가 있는 것으로 생각된다.[67]

2) 유럽공통매매법(안) 제51조는 일방당사자의 주관적 의사로서 경제적 곤궁 또는 긴급한 필요가 있거나, 경솔, 무지 혹은 무경험을 규정하고 있다. 여기서 특히 눈에 띄는 것은 경솔이라고 하는 요건이다. 경솔이라고 하는 개념은 주관적이고 의미를 확정하기에도 불분명한 것으로, 이와 관련하여 경솔한 행위는 무경험에서 비롯된다고 하는 우리 법원의 태도에 비추어 보더라도 이를 개별요건의 하나로 하는 것이 과연 타당한가 하는 의문을 제기할 수 있다.

3) 우리민법 제104조는 궁박, 경솔 또는 무경험으로 인하여 발생한 불공정한 결과를 무효로 다루고 있다. 이때 '불공정한 법률행위'의 내용과 관련하여 특히 명문의 표현이 존재하지 않고 있는 '이용' 의사에 관한 논의가 오랫동안 되어 왔다. 이는 '불공정한 법률행위'를 제103조의 예시규정이라는 전제하에 이러한 '이용'의사에 관한 논의는 상대방당사자의 주관적 요건을 포함하게 되는 경우 '불공정한 법률행위'의 성립이 어려워 질 것이라는 염려에 기인한 것일 뿐이다. 실제로 다수설과 판례는 '상대방당사자의 주관적 의사'를 민법 제104조 불공정한 법률행위 성립에 중요한 고려요소로 삼고 있다. 따라서 제104조는 급부간의 불균형뿐만 아니라 일방당사자와 상대방당사자의 주관적인 의사까지도 함께 요구되어야 하는 것이 타당하다고 할 것이다.[68] 이때의 주관적 의사의 존부에 관한 문제는 결국 증명책임의 문제로 남겨지게 될 것이지만, 예측가능성을 추정하고 있는 유럽공통매매법(안)의 규정을 통해 힌트를 얻을 수 있을 것으로 생각된다. 이렇게 본다면, 공서양속위

---

67) 이러한 움직임은 민법 제104를 포함한 20세기 초 이래 최근까지의 입법례(각주 28 : 네덜란드 민법 제3:44조 참조)에서 폭리의 유형은 이를 양속위반과 분리시켜 요건과 효과를 인정하는 것으로 이해할 수 있다. 민법 제104조는 제103조에서 반사회질서의 법률행위와 분리하여 규정하고 있는데, 이는 일본민법이 제90조의 공서양속위반의 범주에 폭리를 포함하고 있는 것과는 다른 형태의 입법이라고 할 수 있다; Cf. von Bar/Clive, DCFR Full Edition [Volume 1], p. 55 principle 43.

68) 불공정한 법률행위의 성립에 있어 상대방당사자의 이용의사에 관한 상세한 논의는 성준호, 전게 "민법 제104조 불공정한 법률행위에 관한 연구", 484면 이하 참조.

반의 한 유형이라고 할 수 있는 법률행위에서 발생할 수 있는 양적 불균형인 '막대한 손해'에 해당되는 것과 달리, 민법 제104조의 불공정한 법률행위는 급부간의 불균형에 기한 공서양속위반인 '막대한 손해'의 문제와 전통적인 의사의 흠결(착오, 사기, 강박)의 중간쯤에 위치한 것이라고 할 수 있다.[69]

69) 大村敦志 교수가 로마법상의 레지오에노르미스(laesio enormis)를 기준으로 분류한 폭리의 유형의 구분에 따르면, 제1의 유형은 laesio enormis 포괄적으로 인정하고 있는 로마법의 계수법을 들고 있으며, 제2의 유형은 laesio enormis를 제한적으로 인정하고 있는 Pruisen 일반 란트법, 프랑스 민법전이나 오스트리아 민법전과 같은 18세기부터 19세기 초의 법전을 들고 있으며, 제3의 유형은 laesio enormis를 부정하는 19세기중 후반의 법전으로 일본민법전을 포함시키고 있다. 또한 제4의 유형은 폭리 행위를 양속 위반으로서 무효로 해서 19세기말에서 20세기 초의 법전으로 그 대표적인 예로서 BGB를 들고 있으며, 일본의 학설에 의하면 일본법도 여기에 속한다고 할 수 있다. 마지막에 제5의 유형은 폭리 행위를 양속 위반과는 따로 분리시켜 유연한 요건·효과를 인정하는 것으로서 20세기 초 이래 최근까지의 입법례에서 나타나며 우리나라의 민법 제104조도 여기에 속한다고 생각된다(大村敦志, 契約成立における「給付の均衡」, 法學協會雜誌 第104卷 第4號, 1987, 636頁이하 참조).

참고문헌

高翔龍, "不公正한 法律行爲의 成立要件", 考試硏究 第16卷 第5號 (通卷 第182號), 考試硏究社, 1989.

高翔龍, 「民法總則」[第3版], 法文社, 2003.

郭潤直, 「民法總則」(民法講義I)[第7版], 博英社, 2007.

權龍雨, 「民法總則」[第3全訂版], 法文社, 1994.

金天秀, "暴利行爲의 無效要件" -스위스債務法 제21조의 解釋論과 비교하면서-, 二十一世紀 韓國民事法學의 課題와 展望 心堂宋相現敎授華甲紀念論文集, 心堂宋相現敎授華甲紀念論文集 刊行委員會, 2002.

金玟中, "高齡·文盲인 者와 체결한 暴利的 賣買契約의 有效與否", 司法行政 第33卷 第9號, 1992.

金玟中, 「民法總則講義」, 로앤피플, 2008.

김상용, 「민법총칙」, 화산미디어, 2009.

金容漢, 「民法總則論」[重版], 博英社, 1993.

김재형, 「유럽계약법원칙」(제1.2부), 박영사, 2013.

金疇洙, 「民法總則」(民法講義 I)[第5版], 三英社, 2001.

김진우, "공통참조기준초안(DCFR)에 따른 계약의 내용통제, 법학논고 제38집, 경북대학교 법학연구원, 2012.

金顯泰, 「民法總則」[重版], 一潮閣, 1975.

民法案審意錄(上), 민의원, 법제사법위원회, 민법안심의소위원회, 1957

民法案意見書, 一潮閣, 1957.

박영복, "유럽 공통의 매매법"-유럽공통매매법에 관한 EU 규칙 을 위한 유럽의회 수정안을 중심으로-, 외법논집 제39권 제1호, 2015.

박희호, "유럽공통매매법(CESL)의 계약합치성에 관한 연구" - CISG 및 DCFR과의 비교를 중심으로 -, 동북아법연구 제9권 제2호, 2015.

裵相徹, "弱者의 관점에서 본 민법 제104조의 運用上 문제점": 특히 不公正한 法律行爲의 성립요건인 「暴利者의 利用」을 중심으로, 比較私法 第7卷 第2號 (通卷 第13號), 2000.

백경일, "보통유럽매매법(CESL)에서의 의사표시 하자규정에 관한 비교법적 검토", 비교사법 제21권 제1호, 2014.

白泰昇,「民法總則」[第3版], 法文社, 2008.
서희석 외, 소비자법의 민법전 편입에 관한 연구, 법무부연구용역과제보고서, 2009.
성준호, "민법 제104조 불공정한 법률행위에 관한 연구" - 주관적 요건론을 중심으로 -, 민사법학 제55호, 2011.
성준호, "유럽공통매매법의 불공정한 계약조항", 민사법학 제66호, 2014.
성준호,「정의이념의 사법적 실현」, 소통과공감, 2014.
李起勇, "민법 제104조의「궁박, 경솔 또는 무경험」", 比較私法 第8卷 第1號, 韓國比較私法學會, 2001.
李英俊,「民法總則」[改訂增補版], 博英社, 2007.
李銀榮,「民法總則」[第5版], 博英社, 2009.
張庚鶴,「民法總則」, 法文社, 1990.
趙武濟, "주식회사의 궁박, 무경험 또는 경솔", 判例研究 第2輯, 釜山地方辯護士會, 1992.
池元林,「民法講義」[제12판], 弘文社, 2014.
韓雄吉, "契約成立時에 있어서 給付의 均衡", 東亞法學 第6號, 1988.
홍성재,「민법총칙」[전정판], 대영문화사, 2009.

大村敦志, 契約成立における「給付の均衡」, 法學協會雜誌 第104卷 第4號, 1987.
von Bar, Christian/Clive, Eric, Principles, Definitions and Model Rules of European Private Law : Draft Common Frame of Reference (DCFR). Full Edition[Volume 1], 2009.
Kötz, Hein, Europäisches Vertragsrecht, 2., aktualisierte und vervollst. Aufl, Mohr Siebeck, 2015.
Kramer, Ernst A., Die Gültigkeit der Verträge nach den UNIDROIT Principles, ZEuP 1999.
Schmidt-Kessel, Martin, Der Entwurf für ein GEK Kommentar, sellier european law publischers, 2014.
Schulze, Reiner, Common European Sales Law(CESL) Commentary, Verlag C.H. Beck und Hart, 2012.
Spark, Gareth, Vitiation of Contracts: International Contractual Principles and English Law, Cambridge University Press, 2013.
Wolf, Manfred, Willensmängel und sonstige beeinträchtigungen der Entscheidungsfreiheit im europäischen Vertragsrecht', in Basedow, Jürgen(ed),

Europäische Vertragsrechtsvereinheitlichung und deutsches Recht. Sonderveröffentlichungen des Archivs Für die civilistische Praxis und Rabels Zeitschrift für ausändisches und internationales Privatrecht, Mohr Siebeck: Tübingen, 2000.

제3장 계약의 확정

제1절 유럽공통매매법 제안 (CESL(p))과 우리 민법

제2절 불공정한 계약조항

제1절 유럽공통매매법 제안 (CESL(p))과 우리 민법

- 계약해석기준조항과 관련하여 -

장병일 교수(동아대학교 법학전문대학원)

I. 서론

1. 유럽에서의 동향

유럽연합 내에서 국경을 넘어 물품거래를 하는 경우에, 각 국가의 법률에 따른 의사해석방법, 관습과 언어의 차이 등으로 인하여 자유로운 물품거래를 하기에는 많은 제한요소들이 존재하였다. 이러한 제한요소들의 극복을 위하여 유럽 내의 물품거래 시에 적용할 수 있는 공통규율이 필요하였고, 이러한 이유로 인하여 2011년 10월 11일에 유럽위원회(European Commission)는 공통매매법에 관한 규칙을 위한 제안[1]이 공표되기에 이르렀다.

하지만 유럽연합 내의 이러한 상황들은 일찍이 국제사회의 각 국가들 간의 거래에 있어서도 발생하였기에 이미 '국제물품 매매계약에 관한 국제연합협약(United Nations Conventionon Contracts for the International Sale of Goods, 이하 CISG)'이 성립되었었고, 우리나라도 2004년 2월 17일 이 국제협약에 가입서를 제출하고 이어서 2005년 3월 1일자로 우리나라에서 발효[2]되기에 이르렀다. 이 협약은 미국, 중국, 독일,

---

* 본 논문은 「법학연구」(한국법학회), 제54호 (2014.6)에 게재된 논문임.

1) Proposal for a Regulation of the European Parliament and of the Council ond Commen European Sales Law, October 11. 2011, COM(2011) 635 final.(이하 「유럽공통매매법」).

2) 유엔국제상거래법위원회는 1966년 UN이 국제거래법의 점진적인 조화에 관심을 가지기로 결의함에 따라 1968년 1월 1일부터 활동하기 시작한 국제적 기구(the UN Commission on

프랑스, 캐나다 등 전 세계 80여 개국이 가입하였고, 명실 공히 국제물품매매에 관한 국제통일법으로 작용하고 있다. 이를 토대로 유럽위원회에서는 사법의 통일화를 위한 일환으로서 먼저 「유럽계약법원칙(Principles of European Contract Law, PECL)」을 마련하였고 이를 보완하는 차원에서 「유럽민사법 공통기준안(Draft Common Frame of Reference, DCFR)」을 마련하여 유럽 연합 내에서 공통적으로 적용하여 동일한 법률효과를 가지는 통일된 매매거래에 관한 법률을 제정하고자 하였다. 그러나 각각의 제안들에 있어서 합의를 이루지 못하였던 상황에서, 최근 유럽위원회는 지금까지보다 더 발전되고, 확대된 통일유럽공통매매법(Common European Sales Law)을 제안하기에 이르렀다. 이 역시 아직까지는 유럽각국의 합의를 얻지 못하고 있는 상황이다. 하지만, 이러한 사법의 통일화를 위한 제안들 속에는 그 내용은 약간씩 다르지만, 계약해석기준을 정하는 규정을 가지고 있다. 그 이유는 각국의 특유한 계약해석 방법의 상이성과 특히 각 회원국의 상이한 언어습관에 따른 분쟁을 해결하기 위한 기본적인 요건이기 때문이었다.

2. 유럽사법의 통일화와 민법의 세계화

현재 우리나라에서는 이른바 '해외직구[3]'가 유행처럼 번지고 있다. 이와 같이 개인이 해외의 매장에서 자신이 필요한 물건들을 인터넷을 통하여 직접구입 하는 경우에 있어서 법적 분쟁 시 그 적용 법률은 「국제사법」에 의하여 준거법이 정해질 것이다.[4] 그러나 「국제사법」은 법률행위의 해석기준이나 해석방법에 관한 직접적 규정은 없으며,[5] 단지 준거법지정에 의하여 그 기준은 「민법」에 의하게 된다. 그렇지만 「민법」 역시 '법률행위의 해석기준에 관한 명시규정을 가지고 있지 않다.

이에 비하여'국제물품매매계약에 관한 국제연합협약(CISG)' 그리고 유럽연합에 의한 PEC L, DCFR 및 이들 주요규정내용을 승계한 CESL 제안'은 국내법으로서의 효력

International Trade Law: UNICITRAL)이다. 이 UNICITRAL에 의하여 오랜 시간 연구 끝에 1980년 4월 11일 62개국 대표가 참석한 비엔나에서 『국제물품매매계약에 관한 유엔협약(United Nations Convention on Contracts for the International Sale of Goods; CISG)』채택되었다.

3) 인터넷상에서 사용하는 용어로서 일반 소비자가 국내의 대리점을 통하지 않고, 해외 소재의 제조업체 또는 판매처를 통하여 직접 구입하는 소비형태를 일컫는 말이다.

4) 사법상의 물건거래에 있어서 당사자가 외국국적을 가지고 있는 경우에는 「국제사법」에 의하여 준거법을 정하게 되어있다.

5) 단지 '법률행위의 방식(국제사법 제17조)'과 '임의대리(동법 제18조)'에 관한 규정만 있을 뿐이다.

을 갖게 하려는 이유에서 각 회원국의 합의를 이끌 수 있는 규정 마련에 노력들을 기울이고 있다. 특히 예를 들면 서로 다른 언어와 관습에서 발생할 수 있는 문제들을 법률행위의 해석기준을 법을 통하여 설정함으로서 해결하는 것이라든지, 영미법과 대륙법간 체계상의 차이에서 발생하는 문제들도 이들 법률행위 해석규정을 통하여 해결하려는 점은 우리민법의 세계화에 미치는 영향이 적지 않을 것이다.

이와 관련해서는 우밀 민법상 법률행위 해석기준을 위한 규정과 관련하여 2004년 민법 개정안 중 제106조의 '사실인 관습'규정을 '법률행위 해석'으로 변경하자는 의견이 있었다. 이러한 견해들과 유럽위원회에 의한 지금까지의 일련의 해석기준규정들을 살피는 것은 민법의 세계화를 위한 필연적 과제라 할 것이다. 따라서 본 연구에서는 PECL, DCFR, 그리고 가장 최근의 CESL의 규정 중 계약해석규정의 발전과정을 먼저 고찰하고, 우리민법이 나아갈 방향을 제시하고자 한다.

II. 유럽공통매매법(CESL(p))의 등장과 CISG 그리고 DCFR

1. DCFR과 CESL(p)의 관계

DCFR과 같은 규정들은 CESL(p)의 많은 규정들과 동일한 내용을 가지고 있다. 그리고 DCFR의 많은 규정들은 PECL에서 비롯되었다. 즉, PECL은 계약의 성립, 효력, 해석 등 계약에 관한 규정 및 수인의 당사자, 채권양도, 상계 및 시효 등 채권전반에 관한 규정을 포함하고 있고, 이러한 PECL의 규정들을 대부분 그대로 유지하면서, 새로이 각종 계약과 일반규정들을 더 구체적으로 포함하고 있어서 그 내용은 PECL 보다 발전된 형태라 판단할 수 있다. 그리고 DCFR의 대부분 규정들은 PECL과 아주 유사하다. 그 이유는 DCFR이 유럽계약법위원회와 그와 같이 하기로 합의하였고, DCFR의 초안 그룹의 하나인 스터디그룹은 유럽계약법 위원회를 계승하였기 때문이다. 그런데 DCFR의 규정들은 기존 PECL에 없었던 소비자보호문제, 그리고 계약과 계약관계를 구분하는 중에 그 범위가 더 넓어졌다고 볼 수 있다.[6]

---

6) 법무부, 「비교민법총서1 – DCFR (총칙, 계약편) –」, 2012.12, 24면; DCFR은 위와 같은 계약이나 일반규정과 PECL이 다루고 있지 않는 부당이득, 불법행위 및 사무관리와 같은 규정들을 포함하고 있으며,

그리고 DCFR은 PECL에 없던 적용제외 대상부분을 추가하여 제1장 101:1(일반조항) 제2항을 규정하고 있으며, 그 내용으로는 'DCFR 규정들은 수정 또는 보완이 없이는 공법적 성격의 권리와 의무에 관련하여 또는 달리 규정되지 않는 한 다음 사항에 관하여 적용될 것으로 의도되지 않으며 또한 적용되지 않는다는 것이다; (1) 자연인의 지위와 법적 능력, (b) 유언 및 승계, (c) 혼인 및 이와 유사한 관계를 포함하는 가족관계, (d) 고용관계, (e) 부동산의 소유권 또는 이에 대한 담보권, (g) 회사 및 법인이거나 또는 법인이 아닌 기타 조직의 창설, 능력, 내부조직, 규율 및 해산, (h) 일차적으로 절차 또는 집행에 관련한 사항'과 같이 적용제외 대상을 명확히 규정[7]하여 그 범위가 더 구체화되었음을 확인할 수 있다. 또한 CESL(p)은 그 연구의 과정을 본다면 이들 협정 또는 원칙들로부터 점진적으로 발전되어온 형태를 취하기 때문에 이들 협약 또는 기준안에 그 원천을 두고 있다고 해도 과언은 아니다. 그렇지만, 동일한 단어조차도 다른 문맥에서는 다른 의미를 가질 수도 있다. 그러나 DCFR에서의 확실한 해석이 그에 상응하는 CESL(p) 규정해석을 위한 시작점의 역할을 한다. 따라서 DCFR의 해석내용에 근거하여, 그 다음 단계로 CESL(p) 기본원칙과 목적이 같은 용어를 사용하는 다른 이해상황에 필요한 지 여부를 살펴봐야 할 것이다.[8]

2. CISG와 CESL(p)과의 관계

1) 일반 관계

CISG는 사업자를 수취인으로 하는 현재 70여 개국이 가맹하는 세계적인 규모의 1980년 국제 물품 매매 계약에 관한 UN 협약이며,[9] CESL(p)[10]은 형식적으로는 CESL에 관

동산법에 관한 일부 문제들, 즉 소유권의 득실, 포괄담보 및 신탁법을 다루고 있다(제8, 9, 10권 참조).

7) 법무부, 위의 책, 159면 번역 참조(이하에서 표현되는 DCFR조문의 번역은 특별히 문제가 없는 한 법무부 발간의 위의 책을 참조로 함).

8) Schulze(ed.), 「Common European Sales Law(CESL) -Commentary-」, C.H.Beck, Hart, Nomos, 2012, p. 96.

9) UN은 1966년 국제상거래법의 점진적인 조화에 관심을 가지기로 하고, 1968년 1월 1일부터 활동하기 시작한 국제적 기구인 유엔국제상거래법위원회(the UN Commission on International Trade Law; UNCITRAl)을 발족한 이래, 수많은 논의와 합의를 거쳐 1980년 3월부터 4월까지 비엔나(Vienna)에서 외교관회의를 개최하였고, 이 회의에 62개국 대표가 참서하여 초안에 다시 한번 약간의 수정을 가하여 동년 4월 11일 국제물품매매계약에 관한 유엔협약(CISG)이 채택되었다; 오세창, 박성호, 무역계약의 기초, 두남, 2009, 49면.

10) EU 위원회 공표한 공통 유럽 매매법 제안(Proposal for a Common European Sales Law).

한 유럽 의회와 이사회의 규정 제안부록(Annex)이다. CESL(p)은 유럽위원회에서 임명한 전문가 그룹이 만든 Feasibility Study (CESL 예비조사; 2011.5 월) 및 이해관계단체의 의견·공청회를 거쳐 제시한 것이다.[11] DCFR은 유럽위원회가 유럽계약법의 조화를 목표로 연구를 위탁한 스터디그룹과 아퀴그룹의 공동성과로 불리는 기준안이다.

2) 목적

CISG의 목적은 개인적인 국제 무역 거래에 관한 실질적 법의 세계적인 통일 (모든 무역 거래를 포함하지만, 개인 소비자 간의 매매는 제외)이다. 그 정당화 근거는 국내법 수준의 매매법과는 크게 달라서, 이 차이가 국제 상거래를 저해하고 있다는 인식에서 국제 상거래 촉진을 위한 것으로 알려졌다. 따라서 해결 방법으로 가능한 한도에서 그러한 국내법에 대체할 법을 입법하게 되었다. 한편 CESL(p)도 통일 계약 규칙을 사용 가능하게 함으로써 역내 시장을 확립·기능시키기 위한 조건을 개선하는 것을 목적으로 하는 점은 CISG와 본질적으로 같고,[12] EU에서 이 목표를 달성하기 위한 것이다.

차이점은 CESL(p)은 다른 국내법을 대체하는 것은 아니라는 점이다. EU 매매법을 통일하여 국제 거래의 촉진은 의도하지 않고, 그 대신 국내법간의 차이점을 피하기 위한 선택이라 할 수 있고, 새로운 제2의 계약제도를 제공하는 것이다. 즉 본 법에 내재된 이 점에 의하여, 당사자의 선택을 유인하는 것을 의도하는 것이다. 주목적은 소비자와 중소기업을 위해 특별한 포괄적인 보호적인 매매제도를 제공하는 것이다. 이 점이 CISG와 가장 큰 차이점이다. 즉, 기업과 소비자(B2C), 중소기업(small or mediumsized enterprise; SME)과 기업 간의 계약 (B2B)을 적용 대상으로 하기 때문에 본래 CESL(p)의 적용 범위는 제한되어 대기업 간의 국제거래는 회원국의 명시적인 동의하에 제외된다. 따라서 CESL(p)의 주요 목적은 EU 내에서 소비자와 소기업을 위한 국제무역촉진이며, 국내법의 차이점은 그대로 두면서, 또 다른 거래 질서에 대한 단순한 선택의 제공이다. 한편, CISG의 주목적은 전체 기업 중 세계 규모의 국제 거래의 촉진(소비자 판매 제외)을 위하여 협약의 내용을 국내법으로 대체함에 따라, 물품매매법의 세계적 통일을 위한 노력이라 할 수 있다. 관련 당사자로서 중소기업(SMEs)에 관해서는 겹치지만, CESL(p)은 대기업 사이의 매매는 규율대상으로 하지 않고, CISG는 소비자 판매를 규율대상으로 하지 않는다.

---

11) http://ec.europa.eu/justice/contract/index_de.htm.

12) 국내법의 차이에 의한 장애를 국제 거래를 위한 제거라는 두 방법을 기초로 하는 사고방식.

III. 유럽사법(私法)의 통일화

1. 서론

유럽은 1991년 Maastricht 조약에 의한 정치적 공동체로 발전되었고, 1994년 이래로 유럽단일의 경제시장이 이루어짐으로써 경제적 통합이 이루어졌다. 이에 따라 공동체 내에서의 거래 및 관계를 증진시키기 위해서는 각국이 자국의 사법체계를 고수하는 시대를 벗어나 통일을 위한 노력을 강구하였고, 이에 부응하여 유럽 내 국가들의 공동작업에 의하여 새로운 유럽법문화를 창출하고 있다. 이러한 바탕에서 유럽계약법 영역에서도 그에 적용할 수 있는 법리정리 작업을 수행해 오고 있음은 주지하는 바이다.

유럽 사법상의 일반원칙을 법전의 형식으로 정형화하려는 노력은 1995년 PECL[13]로 나타났었다. 여기서의 법리는 유럽 내 사법의 수정작업에 중심적인 위치를 점하였고, 유럽연합(EU)에서의 계약법의 통일화에 중요한영향을 주었다. 이 원칙이 추구했던 주요목적은 ① EU 내에서의 계약법을 일치시키기 위하여 일반적인 개념과 체계의 기초를 부여하며, ② 영미법(Common Law)와 대륙법(Civil Law)의 체계상의 조정을 꾀하고, ③ 현대 유럽의 기본거래법을 현실화 내지 구체화시키고, ④ 각국 계약법의 발전적인 형성을 위하여 각국의 법원 및 입법자에게 영향을 주는 근거를 부여하고, ⑤ 유럽 내 계약법의 통일화를 위한 기반조성과 나아가 유럽계약법의 성문화과정을 위한 일보를 내딛는 것을 목표로 하고 있다.[14]

1. 유럽계약법 원칙(PECL)의 계약해석규정의 내용

그리고 'PECL' 조문 중 제5장(해석)[15]에서 ① Article 5:101(해석의 일반원칙),[16]

13) 1980년과 1981년 브뤼셀의 심포지움에서 덴마크의 Lando를 위원장으로 하는 '유럽계약법 위원회'가 구성되어, 이 위원회에 의하여 '유럽계약법원칙'이라는 결과가 나왔다.

14) 박영복, "유럽의 통일계약법", 「법조」, 48권 1호, 1999, 240-241면 참조.

15) http://www.jus.uio.no/lm/eu.contract.principles.parts.1.to.3.2002/; THE PRINCIPLES OF EUROPEAN CONTRACT LAW - Parts I and II revised 1998 (Parts I and II revised 1998, Part III 2002)

16) Article 5:101 (Ex art. 7.101/ 101A) (해석의 일반원칙: General Rules of Interpretation)
(1) 계약이 단어의 문언적 의미와 다르더라도, 양 당사자의 공통된 의사에 따라 해석되어야 한다.

② Article 5:102(고려해야 할 사정),[17] ③ Article 5:103('작성자에게 불리하지 않게' 원칙(Contra Proferentem Rule),[18] ④ Article 5:104(협상된 조항의 우선),[19] ⑤ Article 5:105(전체계약과의 관계),[20] ⑥ Article 5:106(유효인 계약조항),[21] ⑦ Article 5;107(언어간의 불일치)[22]이라는 7개의 조문을 제시하고 있다.

2. 유럽민사법 공통기준안(DCFR) 계약해석기준

DCFR은 우선 계약해석에 관하여 제1권 제1장의 일반조항에서 (1) 그 목적과 그에 기반이 되는 원칙에 따라 해석되고 자율적으로 발전되어야 하고, (2) 인권과 기본적 자유를 보장하는 여하한 적용 가능한 법률문서 및 여하한 적용가능한 헌법적 규정에 비추어 해석되어야 하며, 특히 이 규정들의 해석 및 발전에 있어서 (i) 일관적인 적용, (ii) 신의성실의 원칙, (iii) 법적 확실성의 고취를 고려해야 한다고 규정하고 있다. 이와 더불어DCFR 규정들에 의하여 분명하게 해결되지 아니한 문제에 대하여는 가능한 그

---

(2) 당사자 일방이 계약에 특별한 의미를 부여할 의사를 가지고 있었고, 타방 당사자가 계약체결 당시 앞 당사자의 의도를 알지 못하였다면, 앞의 당사자 의사에 따라 해석되어야한다.

(3) 1 항 또는 2 항에 따라 의사를 증명할 수없는 때에는 계약은 양 당사자와 동종의 합리적인 자라면 동일한 상황 하에서 부여 하였을 의미에 따라 해석되어야한다

17) 5:102조 (관련 사정) 계약을 해석하려면, 특히 다음의 각호에 해당하는 사정을 고려해야 한다.

(a) 계약이 체결되었을 때의 사정. 계약 준비 단계에서의 교섭을 포함한다.

(b) 당사자의 행위. 계약 체결 후의 행위도 포함한다.

(c) 계약의 성질 및 목적.

(d) 두 당사자가 유사한 조항에 대해서 이전 내렸던 해석 및 양 당사자 간에 확립된 관행.

(e) 해당 활동 분야에서 조항 및 표현에 대하여 주어진 공통된 의미 및 유사한 조항에 대해 이미 얻은 해석.

(f) 관습.

(g)신의 성실 및 공정거래

18) 개별적으로 협상되지 않은 계약 조항의 의미에 대해 의심스러울 때에는 그 조항을 제시한 당사자에게 불리하게 된다는 해석이 우선되어야 한다.

19) 5:104조 (협상된 조항의 우선) ;개별적으로 협상된 조항은 개별적으로 협상되지 않은 조항에 대해 우선한다.

20) 5:105조 (계약 전체와의 관련) ; 용어는, 그것이 나타나 있는 있는 계약의 전체에 비추어 해석되어야 한다.

21) 5:106조 (유효인 계약조항) ; 계약 조항을 적법 또는 유효로 하는 해석은, 그렇지 않은 것보다 우선되어야 한다.

22) 5:107조 (언어간의 불일치) ; 계약에 다른 언어로 작성된 복수의 본이 있고, 그 중 어느 것에도 정본인 취지가 표시되어 있지 않은 경우, 그것들 사이에 불일치가 있을 때는, 해당 계약을 원작성본에 따른 해석이 우선한다.

규정들의 기반이 되는 원칙들에 따라서 해결될 수 있음을 규정하고 있다(I-1:102).

또한 제2권의 제8장에서 구제적인 해석기준을 규율하고 있다. 즉, 1:102조와 제8장의 제1절(계약의 해석)의 8:101(일반규정),[23] 8:102(관련사항),[24] 8:103(계약조항의 작성자 또는 우월적 당사자의 불이익으로 해석)[25], 8:104(협상된 조항의 우선)[26], 8:105(전체로서의 계약에 대한 고려)[27], 8:106(계약조항을 유효하게 하는 해석의 우

---

23) II.-8:101(일반규정);
(1) 계약이 단어의 문자적 의미와 다르더라도 당사자의 공통된 의사에 따라 해석되어야 한다.
(2) 당사자 일방이 계약이나 계약에 사용된 용어나 표현이 특정한 의미를 갖도록 의도하고 계약의 체결시에 상대방이 그 당사자의 의도를 알았거나 알았을 것으로 합리적으로 기대할 수 있었을 때에는, 그 계약은 그 당사자 일방에 의하여 의도된 바에 따라 해석되어야 한다.
(3) 그러나 다음의 경우에는 계약은 합리적인 제3자가 계약에 부여하였을 의미에 따라 해석되어야 한다:
(a) 전항에 따라 의도를 확정할 수 없는 경우, 또는
(b) 당해 문제가 계약의 당사자가 아닌 자, 또는 법률에 의하여 그러한 당사자보다 우월한 권리를 가지지 않는 자가 아닌 자로서 계약의 외관상의 의미를 합리적으로 또한 신의성실에 따라 신뢰한 자와 사이에서 발생한 경우.

24) II-8:102(관련사항);
(1) 계약을 해석함에 있어서 특히 다음의 사항을 고려할 수 있다.
(a) 예비적 협상을 포함하여 계약이 체결된 정황
(b) 당사자의 행위(계약 체결 후의 행위도 포함)
(c) 그 계약에서 사용된 용어나 표현과 같거나 유사한 용어나 표현에 대하여 당사자가 이미 부여한 해석 및 당사자들 간에 확립된 관행
(d) 관련된 활동 영역에서 그러한 용어나 표현에 통상적으로 부여되는 의미 및 그러한 용어나 표현에 대하여 이미 이루어진 해석
(e) 계약의 성격과 목적.
(f) 관습, 및
(g) 신의성실
(2) 계약의 당사자가 아닌 자 또는 양수인과 같이 법률에 의하여 그러한 당사자보다 우월한 권리를 가지지 않는 자가 아닌 자로서 계약의 외관상의 의미를 합리적으로 또한 신의성실에 따라 신뢰한 자와 발생한 문제에 있어서 위 제(a)호 내지 제(c)호에 언급된 정황이 그 자에게 알려졌거나 또는 알려졌을 것으로 합리적으로 기대될 수 있었을 한도에서만 고려될 수 있다.

25) II.-8:103 (계약조항의 작성자 또는 우월적 당사자의 불이익으로 해석);
(1) 개별적으로 협상되지 아니한 어느 조항의 의미에 관하여 의문이 있는 경우, 그 조항을 작성한 당사자의 불이익으로 그 조항을 해석하는 것이 선호되어야 한다.
(2) 여하한 다른 조항의 의미에 관하여 의문이 있는 경우, 그리고 그 조항이 어느 당사자의 우월한 영향 하에서 작성된 경우, 그러한 당사자의 불이익으로 그 조항을 해석하는 것이 선호되어야 한다.

26) II.-8:104(협상된 조항의 우선); 개별적으로 협상된 조항이 그러하지 아니한 조항에 우선한다.

27) II.-8:105(전체로서의 계약에 대한 고려); 용어와 표현은 그것이 나타나 있는 계약의 전체에 비추어 해석되어야 한다.

선)[28], 8:107(언어적 불일치)[29]와 같은 규정들이 있다.

3. 공통매매법(CESL(p))의 계약해석규정[30]

1) CESL(p))의 해석규정

(1) 제1절의 일반원칙

본 절은 CISG(Art.7), PECL(Art. 1:106), DCFR(Art.I-1:102)처럼 그들 계약의 해석기준임을 나타내고 있다. CESL 예비조사(FS) 판에서는 계약해석기준이 제1조에 위치했던 것과는 달리 위원회 제안으로서의 CESL(p)에서는 제4조에 위치하고 있다.[31]

CESL(p) 제1장, 1절에서는 일반원칙이라는 표제 하에 제1조는 '계약자유의 원칙(Freedom of contract)', 제2조는 '신의성실과 공정거래(Good faith and fair dealing), 제3조는 '협조(Co-operation)' 그리고 이어서 제2절의 제4조에서 '해석'이라는 표제로 계약해석의 일반원칙을 규정하고 있다. 그 내용으로서는 첫째, CESL(p)은 자율적으로 그리고 그 목적 및 기본 원리에 따라 해석되어야 하며, 둘째, CESL(p)의 범위 내이지만 그것에 의해 명시적으로 해결하지 않은 문제는 CESL(p) 또는 다른 법률 사용에 대한 합의의 결여 시에 그 적용에 대한 국내법에 의존함이 없이, 그 목적 및 기본원리 그리고 그것에 의해 주어진 모든 것에 의해 해결되어야 한다. 그리고 셋째, 일반규칙의 범위 내에 특별한 상황에 적용되는 일반규칙과 특별규칙이 있고, 그 충돌의 경우에는 특별규칙이 우선함을 규정(Art.4)[32]하여, 자율적 해석, 흠결보충해석 그리고 특별법우

---

28) II-8:106(계약조항을 유효하게 하는 해석의 우선); 계약의 조항들을 합법적 또는 유효하게 하는 해석이 그러하지 아니하는 해석에 비하여 우선되어야 한다.

29) II-8:107(언어적 불일치); 동일한 계약 문서가 2개 이상의 언어로 작성된 경우로서 그 중 어떤 문서가 공식적인 문서인지 표시되어 있지 않은 경우, 그러한 문서들 간의 불일치가 있는 때에는 그 계약의 원래 작성본에 따른 해석을 선호한다

30) 2013년 6월 3일자 CESL(p) 수정안 반영 - DRAFT REPORT on the proposal for a regulation of the European Parliament and of the Council on a Common European Sales Law, (COM(2011)0635 - C7-0329/2011 - 2011/0284(COD)), Committee on Legal Affairs에 의한 수정안을 반영하였음.

31) Schulze(ed.), op.cit., p. 95.

32) Article 4(Interpretation)
   1. The Common European Sale Law is to be interpreted autonomously and in accordance with its objectives and the principles underlying it.(CESL은 자율적으로 그리고 그 목적 및 기본 원리에

선(lex specialis derogat generali)의 원칙을 일반원칙으로 규정하고 있다.[33]

(2) 계약해석을 위한 구체적 규정 (제3부 제6장 제58조-제65조)

CESL(p) 제3부는 '계약에서의 평가(Assessing What is in contract)'라는 제목으로 제6장에서 '해석'이라는 표제로 모두 7개의 조문을 가지고 있다. 그런데 제7장에서 '내용과 효과(Contents and effects)'를 규정함으로서 계약해석을 통한 효력을 규정하고 있는 체계를 갖추고 있다.

가. 계약해석에 있어서 일반규칙(제58조)

> 제58조
> 1. 계약은 계약 에서 사용되는 표현의 일반적인 의미와 다를 경우에도 당사자의 공통된 의사에 따라 해석한다.
> 2. 일방 당사자가 특정 의미를 갖게 하기 위하여 계약 또는 해당 행위(equivalant conduct)에서 어떤 표현을 이용한 경우, 상대방이 계약체결 시에 당사자의 의도를 인식하였거나 또는 인식할 수 있었던 경우, 해당 표현 또는 해당 행위(equivalant conduct)는 앞의 당사자가 의도한 대로 해석되어야 한다.
> 3. 제1항 및 제2항에서 달리 규정하고 있지 않으면, 계약은 합리적인 사람이 그 계약에 부여하는 의미에 따라 해석한다.[34] [35]
>
> **3a. 계약에 사용 되는 표현은 전체계약에 비추어 해석 되어야 한다.**[36]
>
> **3b. 이 장의 규칙은 청약, 승낙 또는 의사를 표시하는 다른 일방적인 진술 또는 적절히 변경된 당해 행위의 해석에 적용 된다.**

따라 해석되어야 한다.)

2. Issues within the scope of the Common European Sale Law but not expressly settled by it are to be settled in accordance with objectives and the priciples underlying it and all its provisions, without recourse to the national law that would be applicable in the absence of an agreement to use the Common European Sale Law or to any other Law(CESL(p)의 범위 내이지만 그것에 의해 명시적으로 해결하지 않은 문제는, CESL(p) 또는 기타 다른 법률 사용에 대한 합의의 결여시에 그 적용에 대한 국내법에 의존함이 없이, 그 목적 및 기본원리 그리고 그것에 의해 주어진 모든 것에 의해 해결되어야 한다).
3. Where there is an general rule and a special rule applying to a particular situation within the scope of the general rule, the special rule prevails in any case of conflict (일반규칙의 범위 내에 특별한 상황에 적용되는 일반규칙과 특별규칙이 있는 경우에, 그 충돌의 경우에는 특별규칙이 우선한다).

33) Schulze(ed.), op.cit., p. 95.

① 본 조는 계약의 해석에 관한 6장의 입문 규칙이고, 계약이라는 것은 계약 당사자 사이에서 효력을 가지는 법원이므로 다른 법원들과 마찬가지로, 그것들이 진정 무엇을 의미하는지 알고자 하는 이해관계인을 위해 해석되어야 함을 나타낸다. 왜냐하면 이것은 분쟁에 직면한 재판뿐만 아니라, 우선적으로 계약당사자 스스로를 위한 것이기 때문이다. 제6장은 우선적으로 계약조항의 주된 근원으로서 당사자 사이 합의의 해석에 관한 것이다.[34]

② 그리고 제1항에 의하여 계약은, 최우선적으로 당사자들의 '공통된 의사'에 따라 해석되어야 한다. 이것은 공통된 의사가 계약에서 일반적으로 사용하는 표현의 의미와 다르더라도 그렇다. 이것은 대륙법에도 영향을 미쳤던 'falsa demonstratio non nocet'라는 격언에 상응하는 부분이다.[35]

③ 제2항의 규정은 계약의 일방 당사자가 계약에서 특별한 의미를 가지는 어떤 표현을 사용하려고 하는 경우, 그리고 계약체결 당시에 타방이 알았거나, 또는 알 수 있었다면 그 의도는 그 표현을 사용했던 당사자의 의도대로 해석되어야 한다. 이는 제1항과 신의성실과 공정거래원칙과 조화를 이루어야 한다. 그리고 '당해 행위(equivalent conduct)'라는 문구가 추가되었다.[36] 이로써 단지 '표현'만을 언급하고 있다가 '행동'까지 추가시킴으로 인하여 계약해석의 권원을 더 확대시키는 효과를 가져오게 되었다.

④ 1항과 2항에 따라서 보다 주관적인 방법이 결과로 이끌어나가지 못한 경우에, 해석은 객관적인 기준의 도움으로 이루어져야 함을 3항에서 설명하고 있다. 즉 계약은 합리적인 사람이 이해하는 방향으로 이해되어져야 함을 규정하고 있으며, 그 표현은 후반부에 언급된 '당사자와 같은 부류의' 사람이고, 그러한 사람이 '동일한 상황'에서의 계약을 해석하는 한 옳은 해석이라는 의미이다. 이 조항은 PECL에서의 표현[37]과 약간 차이가 있다.

⑤ 그리고 최근에 3a항과 3b항이 추가되었는데, 3a항은 DCFR II-8;105의 (전체로서의 계약에 대한 고려)가 참고로 된 듯하지만, 그에 비해 3b항은 계약해석의 권원

---

34) 또 다른 계약조항의 근원으로서 제7장의 제66조(계약조항), 제67조(사업자 사이의 계약에서 관례와 관행), 그리고 제68조(묵시적 계약조항)도 있다.

35) Schulze(ed.), op.cit., p. 305.

36) Draft Report on the proposal for a regulation of the European Parliament and of the Council on a Common European Sales Law(COM(2011)0635 - C7-0329/2011 - 2011/0284(COD)), Amendment 102, 103 and 104; Proposal for a regulation, Annex I - Article 58 - paragraph 2, 3a(new) and 3b(new). (이하 CESL 위원회 문서개정번호 만 표기함).

37) PECL 5:102조 (관련 사정) ; (b) 당사자의 행위. 계약 체결 후의 행위도 포함한다.

을 '행위'태양에까지 확대함으로써 발생한 규정으로 보인다.

나. 관련 사항들 (제59조):

> 제59조 : 관련 사항들
> 계약을 해석함에 있어서는 특히 다음에 규정한 사항을 고려해야 한다.
> (a) 계약이 체결되었던 정황;
> (b) 계약체결 **전, 과정 그리**고 후의 당사자의 행동;
> (c) 당사자에 의하여 **전에** 계약에서 사용되었던 동일한 또는 비슷한 표현에 부여된 해석;
> (d) 동일한 상황에서 당사자에 의해 일반적으로 적용되는 것으로 간주되는 관례;
> (e) 당사자간에 확립된 관행;
> (f) 당해 거래 분야에서의 표현에 일반적으로 부여된 의미;
> (g) 계약의 성격과 목적; 그리고
> (h) 신의성실과 공정 거래 원칙.[41]

제58조는 해석방법으로 무엇이 확인되어야 하는가하는 해석의 목표인 반면, 제59는 해석의 의미, 즉 계약의 목표 달성을 하기 위해 무엇이 고려되어야 하는가하는 사안들의 내용이다. 여기서는 계약 해석시 고려해야 할 요소들의 목록들을 열거하고 있다. 그리고

(a)항: 여기서는 계약체결 당시의 상황이 계약해석을 위한 요소가 됨을 나타내는데, 수정 전에는 '사전교섭(Preliminary negotiations.)'도 포함된 계약체결 상황을 의미하였지만, 이 '사전교섭'의 해석에 관하여 가장 논란이 많았지만,[39] 수정이 이루어져서 그 부분이 삭제되어 '계약이 체결되었던 정황'이라고 단순화되

---

38) Art.59 CESL(p); (Relevant matters); In interpreting a contract, regard may be had, in particular, to :
(a) the circumstances in which it was concluded,
(b) the conduct of the parties, *prior, during and* subsequent to the conclusion of the contract;
(c) the interpretation which has *previously* been given by the parties to expressions which are identical to or similar to those used in the contract;
(d) usages which would be considered generally applicable by parties in the same situation;
(e) practices which the parties have established between themselves;
(f) the meaning commonly given to expressions in the branch of activity concerned;
(g) the nature and purpose of the contract; and
(h) good faith and fair dealing.

39) Schulz (ed.), op.cit., p. 308.

었다.[40]

(b)항: 계약해석 요소로서 하나의 중요한 새로운 면을 추가하는데, 주로 계약 체결 이후의 행동에 주안점을 두고 있었다. 그 이유는 당사자들은 종종 그들이 합의한 것과 계약 체결 바로 뒤 기간 동안에 이어지는 행동들에 대하여 잘 알고 있다는 것이다. 그래서 나중에서야, 분쟁이 발생했을 때, 실제로 동의한 것은 예상에서 벗어나는 경향이 있음을 알게 된다. 따라서 당사자의 행위는 계약이 정말로 무엇에 관한 것인지 아는 것에 중요한 요소이다. 이 항목도 수정이 되어 계약체결을 중심으로 사전, 사후의 행동까지도 해석요소로 보게 되었다.[41]

(c)항: 계약해석을 위한 또 다른 매우 강력한 요소로서 해석의 당사자가 이전에[42] 동일하거나, 유사한 계약에서 사용했던 용어이다.[43]

(d)항: 만약 통상적인 것 또는 공통적인 것에 대하여 간단히 말할 수 있다면, 즉 같은 상황에서 당사자는 보통 무엇을 하는가 또는 그들이 그들 스스로 어떻게 표현하는가를 간단히 할 수 있다면 그 요소는 따로 설명할 필요 없을 것이다. 그러한 것이 관례(Usage)이다. 그런데 '관례'라는 용어가 제66조 또는 제67조에서 언급되면서 더욱 기술적인 의미로 소개되면 계약조항 본래의 의미가 불분명해진다. 제7장에서는 주로 상인간의 협상을 다루기 때문일 것이다.

(e)항: 당사자들 사이에 확립된 관행을 언급하고 있다. 이것과 (c)항의 당사자가 사전에 동일한 표현에 주었던 해석 사이에 분명한 선을 긋는다는 것은 어렵다. 그러나 두 요소들은 중첩적으로 적용 가능하지만, 그 둘의 첨예한 구별은 그 본질이 아니다. 여기서 의미하는 관행은 두 당사자 사이의 사실상의 습관을 의미한다.[44]

(f)항: 상인 또는 동업자들 사이에서 특정한 활동분야를 전제로 하여 그 분야에서 일반적으로 통용되는 사항을 계약해석의 요소로 정하고 있다.

(g)항: 계약해석의 중요한 요소는 계약의 성질 또는 목적이다. 예컨대 매수인이 특정

40) 변경 전; (a) 계약체결 전의 교섭과정을 포함하여 계약이 체결되었던 정황.; Amendment 105 Proposal for a regulation. Annex I - Article 59 - point a.

41) 변경 전; (b) 계약체결 후의 당사자의 행동)Amendment 106 Proposal for a regulation. Annex I -Article 59 - point b.

42) Amendment 107 Proposal for a regulation. Annex I - Article 59 - point c.: 수정 전에 규정에는 '이전(Prior)' 대신 '이미(already)'라는 용어를 사용하였다.

43) Schulze(ed.), op.cit., p. 310; 변경 전; (c) 당사자에 의하여 이미 계약에서 사용되었던 동일한 또는 비슷한 표현에 부여된 해석.

44) Schulze(ed.), op.cit., p. 311.

한 목적을 위하여 물건을 필요로 하는 경우, 그리고 당사자가 그러한 목적을 의논하는 경우에, 그 목적에 의거한 조건들에 합의하였다고 확실한 추정할 수 있으며, 이 계약을 매매계약이라고 볼 수있을 것이다.

(h)항: Art 2(b) RegCESL(p)에 따르면, 신의성실과 공정거래원칙이란 거래 또는 관계에 관한 의심이 들면, 상대방의 이익을 위하여 진실, 개방성과 배려에 의하여 특성화될 수 있는 행동의 표준이라고 정의하고 있다.[45] 분명히, art 59(h)는 당사자가 선의의 및 공정 거래에 따라 행동할 의무가 있다는 가정에 의존하며, 또한 계약체결과 계약 조항의 협상에 적용되고, 따라서 계약의 해석도 이 표준을 기반으로 해야 한다.[46]

다. 제61조 (언어 불일치):

제61조(언어의 불일치); 계약서가 2 개 이상의 언어로 되어 있고, 어느 것이 구속적이라는 표기가 없고, 그 언어들 사이에 불일치가 있는 경우, 먼저 작성 되었던 언어본을 구속력 있는 것으로 다룬다.[50]

이 해석기준은 언어버전 사이에 확실한 불일치가 포함된 하나 이상의 언어로 쓰인 계약이 작성될 때 역할이 주어진다. 다른 국가에서의 이루어지는 국제계약은 여러 언어로 작성되는 일이 대부분이고, 그렇게 다른 언어로 작성되면, 그 사이에 차이가 존재할 수도 있다. 이 때 당사자는 어느 1개의 판이 정본이라고 정함으로써 문제를 해결할 수 있을 것이다. 그러한 때에는 그렇게 정한 언어본을 우선할 수 있을 것이다. 그런데 아무것도 정해져 있지 않고, 다른 방법(예를 들어 어떤 1개의 언어본의 명백한 오역을 수정하는 것)에 의해서 차이를 없앨 수 없는 경우에 대해서는 위의 조문이 해석의 원칙을 제공하게 된다. 따라서 먼저 작성되었던 언어로 된 계약서 내용이 구속력이 있음을 말하고 있다. 여기서의 내용은 이미 5:107 PECL and Art II.- 8:107 DCFR에 규정되어 있는 것과 동일하다.

---

45) Schulze(ed.), op.cit., p. 17.

46) Schulze(ed.), op.cit., p.311.

47) Art.61. (Language discrepancies) : Where a contract document is in two or more language versions none of which is stated to be authoritative and where there is a discrepancy between the versions, the version in which the contract was originally drawn up is to be treated as the authoritative one.

라. 계약조항에 효과가 부여된 해석의 우선(61a조)[48]

제61a조 (계약조항에 효과가 부여된 해석의 우선): '계약조항에 효과를 부여한 해석은 그렇지 않은 것에 우선한다.

이 조문은 기존 제60조[49]의 '전체로서의 계약의 우선(Reference to contract as a whole)'에 관한 조문이 삭제되고 새로 제61a조로 되어, '계약조항에 효과를 부여한 해석은 그렇지 않은 것에 우선한다'로 수정되었다.[50]

마. 소비자에 유리한 해석 (제61b조)[51]

사업자와 소비자 사이 계약에 있어서 계약조항의 의미에 관한 의문이 있는 경우에는, 그 조건이 소비자에 의하여 제시되지 않는 한, 소비자에게 가장 유리한 해석이 우선한다. 당사자는 소비자를 해하기 위하여 이 조항의 적용을 제외시키거나 무시 또는 그 효과를 변화시켜서는 안 된다.

이 조문은 기존 제64조(소비자에게 유리한 해석)의 위치 이동이라고 할 수 있다. 수정전의 내용으로는 '1. 사업자와 소비자 사이의 계약의 계약 조항의 의미에 대해 의문이 생기는 경우에는 소비자가 해당 조건을 제시한 때를 제외하고 소비자에게 가장 유리한 해석이 우선한다. 2. 당사자는 소비자를 해치기 위하여 이 조항의 적용을 배제하거나 그 효과의 변경 또는, 무시해서는 안된다.'였다. 즉 두 개의 조항이 하나로 통합되었다.

---

48) Art.61a (Preference for interpretation which gives contract terms effecs): An interpretation which gives effect to contract terms shall prevail over one which does not

49) Article 60 (Reference to contract as a whole); Expressions used in a contract are to be interpreted in the light of the contract as a whole.(계약에 사용 된 표현은 계약 전체에 비추어 해석한다.)

50) Amendment 109, Proposal for a regulation, Annex I - Article 61 a (new).

51) Amendment 110, Proposal for a regulation, Annex I - Article 61 b (new)
Art.61b (Iterpretation in favour of consummers);
1. Where there is dobt about the meaning of a contract term in a contract between a trader and an consumer, the interpretation most favourable to the consumer shall prevail unless the term was supplied by the consumer.
2. The parties may not, to the detriment of the consumer, exclude the application of this Article or derogate from, or vary its effects.

바. 제62조:개별적으로 협상이 이루어지지 않은 계약조항[52)]

제62조 : 다음 두 조약조항에 불일치가 있으면, 개별적으로 타협이 이루어진 계약 조항은 제7조[56)]의 의미 내에서개별타협이 이루어지지 않은 계약에 우선한다.[57)] 1a. 제61a조에서 해결될 수 없었던 상황에서, 제7조의 의미에서 개별적으로 협상되지 아니한 계약조건의 의미에 관하여 의심이 있는 경우에는, 그것을 제공한 당사자에 반하는 해석이 우선된다.[58)]

이 규정은 PECL 5:104조의 규정[56)]과 동일한 내용이다. 예컨대 표준조항에 관한 수기 또는 타자기에 의해 씌어진 계약수정 또는 당사자 중 1인에 의해 주어진 다른 조항의 경우를 위한 해석기준이다. 원래의 형식에서 제시된 조항은 계약의 조건이 되지 않고, 협상에 의해 만들어진 조항이 우선한다는 것이다. 이러한 수정은 협상에 따른 것이라고 추정할 수 있다. 단, 이것은, 반증을 허용하는 추정이다.[57)] 그리고 더 중요한 것은

52) Amendment 111, Proposal for a regulation, Annex I - Article 62 - title.
53) Art.7 (개별적으로 협상되지 아니한 조항)
   1. 당사자 일방에 의하여 제공된 조항은 특히 그것이 약관의 일부이든 아니든 미리 작성되어 있었기 때문에 상대방이 그 내용에 영향을 줄 수 없었던 경우에는 개별적으로 협상되지 아니한 것으로 본다.
   2. 당사 일방이 상대방에게 선택할 수 있는 조항들을 제공한 경우, 상대방이 그 중 어느 조항을 선택하는 것으로는 그 조항이 개별적으로 협상된 것으로 보지 않는다.
   3. 당사자 일방에 의하여 약관의 일부로서 제공된 조항이 그 이후 개별적으로 협상되었다가 다투어지는 경우, 그것을 제공한 당사자가 그 조항이 개별적으로 협상되었음을 입증할 책임을 부담한다.
   4. 사업자와 소비자 간의 계약에서 사업자는 그 사업자에 의하여 제공된 조항이 개별적으로 협상되었음을 입증할 책임을 부담한다.
   5. 사업자와 소비자 간의 계약에서 제3자에 의하여 작성된 조항들은 소비자가 그 조항들을 계약에 도입하지 않았다면 사업자에 의하여 제공된 것으로 고려한다.
54) Art.62. (Preference for individually negotiated contract terms) To the extent that there is an inconsistency, contract terms which have been individually negotiated prevail over those which have not been individually negotiated within the meaning of Article 7
55) Amendment 112 Proposal for a regulation, Annex I - Article 62 - paragraph 1 a (new); 1a, Where, in a situation which could not be resolved under Article 61g, there is doubt about the meaning of a contract term which has not been individually negotiated within the meaning of Article 7, an interpretation of the term against the party who supplied it shall prevail.
56) PECL 5;104 개별적으로 협상된 조항은 개별적으로 협상되지 않은 조항에 대해 우선한다.((Preference to Negotiated Terms) Terms which have been individually negotiated take preference over those which are not).
57) 朝見佳男 中田邦博 松岡久和 監譯, 「ユーロツパ 契約法原則 I·II,(Principles of European

표준조항의 구두수정의 경우에 같은 효력을 가진다는 사실이다.[58] 그러나 완결조항(merger clause)이 있는 경우에 CESL(p) 제72조(완결조항[59])에 의해 이와 반대의 결과가 나올 것이다. 여기서는 영미법과의 차이가 나타난다, 영미법에서는 '계약서 외의 사정을 고려하여 서면에 반하는 해석을 배제하는 원칙(구두증거배제의 원칙[60])과 다르다. 그러나 제72조 3항에서는 소비자계약에서는 적용이 없다는 점을 감안한다면 형상되지 않은 계약조항의 구두수정은 이 조항에 의하여 협상되지 않은 계약에 우선되어야 할 것이다.[61] 그리고 새로 추가된 제62조 1a 항은 의심제공의 원인이 계약조항에 있으므로 그 원인 제공자에게 불리한 해석이 되어야 할 것임을 규정하고 있다.

2) 소결

유럽계약법의 통일화를 위하여 유럽연합 위원회는 여러 차례 많은 계약해석기준을 제시하였다. 이 조문들은 특히 국제물품매매계약에 관한 비엔나협정(CISG)의 해석조항이 모범이 되었음을 확인할 수 있다. 본 협정 제8조에서는 당사자 진술, 그리고 그 밖의 행위는 상대방이 그 당사자의 의도를 알았거나 알 수 있었을 경우에는 그 의도에 따라 해석되어야 한다고 규정함으로써 일차적으로는 자연적 해석에 의할 것을 규정하고 있고, 그에 의할 수 없을 경우에는 당사자의 진술 그 밖의 행위는 상대방과 동일한 부류의 합리적인 사람이 동일한 상황에서 이해하였을 바에 따라 해석되어야 한다고 함으로써 규범적 해석에 의할 것을 규정하고 있다. 그리고 협약 본조 제3항에서는 자연적 및 규범적 해석의 기준으로서 협상, 당사자 간에 확립된 관례, 관행 및 당사자의 후속행위를 포함하여 관련된 모든 사항들을 제시하고 있다.

Contract Law, Parts I and II)」, 法律文化社, 2006, 286頁.

58) Schulze(ed.), op.cit., p. 316.

59) Art.72 1. Where contract in writing includes a term that the document contains all contract terms (a merger clause), any prior statements, undertakings or agreements which ar not contained in the document do not form part of the contract. ((문서에서 모든 계약조항을 포함한다는 조항을 포함한 계약이 작성된 경우에는, 문서에 포함되지 않은 이전의 진술, 조건은 계약부분이 될 수 없다.)

60) 구두증거배제의 원칙(parol evidence rule); 이는 계약당사자가 그들의 합의의 종국적이고 완전한 표현으로서 서면으로 계약을 체결한 경우, 계약의 조건은 그것으로 완결되고, 그 체결에 앞선 협상과정에서 또는 그와 동시에 행해진 구두이든 서면이든 고려될 수 없다는 원칙을 말한다.; 석광현, 국제물품매매계약의 법리, 박영사, 2010, 70면.

61) 이러한 결론은 Lando, O/Beale, H (eds), 「Principles of European Contract Law, Parts I and II」, combined and revised (2000), p.597에서도 받아들여지고 있다 : Schulze(ed.), op.cit., p. 316.

이렇게 볼 때 위에서 언급하였던 영미법상의 '구두증거배제의 원칙'이 여기서는 배제되었음을 알 수 있다.[62] 대륙법계에서는 이 원칙이 적용되지 않고 당사자의 합의를 항상 존중하고 있으므로 따로 CESL(p) 제72조에서 '통합조항(merger clause)'를 두어 구두증거배제의 원칙을 당사자의 합의내용으로써 명시하는 방법을 사용하고 있다. 이렇게 볼 때, 유럽계약법 통일을 위한 계약의 해석방법도 국제협약에서 직면하는 문제들과 공통점을 가지고 있음을 간접적으로 인식할 수 있다.

IV. 민법의 법률행위 해석과 유럽공통매매법상 계약 해석의 관계

1. 법률행위 해석기준의 필요성

현재 우리나라 민법상법률행위의 해석기준에 관한 명시적인 규정을 발견할 수 없는데, 그 이유는 아마 내심적 요소에 대한 외부적 판단을 법률로써 정하기는 어렵다는 것이 주원인일 것이다. 이에 따라 법률행위 해석과 관련해서는 전통적으로 많은 해석방법론들이 등장하였다. 이들 견해들의 주 내용을 살펴보자면 다음과 같다. 즉, 법률행위 해석방법론은 전통적으로 자연적 해석과 규범적 해석 그리고 보충적 해석으로 크게 분류하고 있다. 이에 대하여 '계약의 해석방법론에 관한 종래 우리나라의 논의는 지나치게 이론적인 면에 치우쳐서 실제로 계약의 해석이 어떻게 이루어지는가에 대한 설명이 부족하다'[63]고 하며, 이에 따라 새로운 계약해석의 방법에 관한 새로운 서술체계를 모색하는 방안이 제시[64]되고 있다. 이들 견해들을 살펴볼 때 계약이란 것이 당사자 의사를 실현하는 수단이므로 어떤 공식에 의하여 기계적으로 도출되는 것은 아님은 확실하다.

법률행위의 내용을 절차적으로 살펴볼 때, 법률행위해석의 1차적인 대상은 당사자들의 실제적인 의사 내지 현실적 의사에 따른다. 당사자들 사이에 의사가 일치한다면 그 표현에 관계없이 이러한 일치된 당사자의 의사에 따라야 하는 것은 당연할 것이다.

---

62) 석광현, 「국제물품매매계약의 법리」, 박영사, 2010, 70면.
63) 윤진수, "계약해석의 방법에 관한 국제적 동향과 한국법", 「비교사법」, 12권 4호(2005), 86면
64) 윤진수, 위의 논문, 48면.

그러나 계약에 있어서 당사자의 실제 의사를 구체적으로 확인할 수 있는 경우가 많지 않은 것이 항상 문제로 되며, 설사 그 당시 당사자가 계약체결 당시 어떠한 의사를 가졌다하더라도 그것을 증명할 수 있는 증거의 확보가 어렵다. 이러한 경우에 당사자의 의사를 확정하는 것이 법률행위 해석의 주된 관심이 될 것이며, 이러한 법률행위해석의 결과로 당사자의 의사가 확정된다고 할 때, 그 의사의 확정기준이 해석기준이라 할 수 있을 것이다.

이처럼 법률행위의 내용을 확정하는 법률행위의 해석이 실제 분쟁에서 가장 중요한 문제임에도 불구하고 이에 관한 직접적인 규정은 없다. 이러한 계약해석의 서술체계 내에서 작용할 수 있는 법률행위 해석의 기준으로서 일반규정이 필요하게 된다. 우리 민법의 경우, 법률행위의 해석에 관해서 법률행위에 관한 총칙을 규정하고 있는 章(제5장)에서 법률행위 해석과 관련하는 조항인 민법 제105조(임의규정)와 제106조(사실인 관습)에 대한 2개의 규정만을 두고 있는데, 이로써 법률행위의 해석기준이 될 수 없다.

2. 민법 제106조의 지위

1) 2004년의 민법 제106조에 관한 개정논의

민법 제106조 '법령 중의 선량한 풍속 기타 사회질서에 관계없는 규정과 다른 관습이 있는 경우에 당사자의 의사가 명확하지 아니한 때에는 그 관습에 의한다'라는 기존의 법조문을 제106조(법률행위의 해석) ① 법률행위의 해석에 있어서는 표현된 문언에 구애받지 아니하고 당사자의 진정한 의사를 밝혀야 한다. ② 법률행위는 당사자가 의도한 목적, 거래관행 그밖의 사정을 고려하여 신의성실의 원칙에 따라 해석하여야 한다'로 개정하여야 한다는 의견이었다. 그 근거로서 '본 조는 일본민법 제92조를 따른 것으로서 현행규정에 의하면 관습의 법적 효력을 인정하면서도 관습이 의사표시의 보충규범으로 적용되는지 또는 의사표시의 해석규범으로서 적용되는지 분명하지 않으며 본 조를 의사표시의 보충규범으로 적용할 경우에는 제1조에 규정된 관습법의 의미가 상실되고, 제106조의 규정의 위치가 법률행위 부분에 있으므로 의사표시의 해석규범으로 자리매김할 필요가 있다. 따라서 제106조의 표제를 '거래관행'으로 하고 제1조와의 관계를 명확히 해야 할 필요성이 있다는 의견[65]과 그 외 제105조와 제106조는 무의미한 규정이므로 삭제하자는 의견[66]이 있었다. 두 번째 견해는 다음 사견에 밝히고 있는 의미에서 부당하다고 생각한다.

2) 사견

위의 두 견해들은 결국 사실인 관습과 관습법의 구별을 인정하지 않은 입장에서 비롯되는 의견이라고 본다. 생각건대 제106조의 사실인 관습과 제1조의 관습법의 관계는 서로 성질이 다른 별개의 문제로서 그 각각의 목적과 작용이 있어서 그 존속을 인정해야 하는 것이 옳다. 그 이유는 자연적, 규범적 해석을 통해서 당사자가 법률효과를 의욕하는 바가 밝혀졌음에도 불구하고 그 내용이 불충분한 경우에, 그 틈을 메우기 위해 보충적 해석방법으로서 임의법규를 적용하게 되는데, 그 임의법규를 적용하기 전에 그 분야에 통용되는 관행이 있다면 그것이 당사자들 사이의 이해관계를 보다 적절하게 규율할 수 있고, 그러한 역할을 하는 것이 민법 제106조이라고 볼 경우에, 제106조는 법률행위의 내용을 확정하는 작용을 수행하고 있음은 알 수 있다.[67] 따라서 2004년 개정의견에서 ① 제106조의 표제를 '거래관행'으로 하고 제1조와의 관계를 명확히 해야 할 필요성이 있다는 의견과 ② 제105조와 제106조는 무의한 규정이므로 삭제하자는 의견 중 두 번째의 삭제의견은 옳지 않다.

그리고 첫째의 견해는 개정목적설정방향과 내용을 다시 생각해 봐야 할 것이다. 즉 우선 전통적인 법률행위 해석방법론에 의하면, 어떤 법률행위 성립을 위한 의사표시에서 당사자의 의도가 사실상 일치하여 이해하여 그 의미대로 성립된다면 법률효력이 발생하지만, 그렇지 않은 경우, 즉 당사자의 의사가 사실상 일치하지 않아서 의도한 법률효과 발생을 인정할 수 없는 경우에는 당사자의 의사 또는 행동에 대한 판단이 필요할 것이다. 이러한 판단의 제1표준은 표시행위에 따르는 모든 사정, 즉 계약을 상의하면서 표시한 것들, 법률행위의 목적, 표시행위의 장소, 시간 등이 그러한 것들이다.[68]

---

65) 법무부, 「2004년 법무부 민법개정안 (총칙편)」, 민법 제106조 개정의견 중 서민, 소재선 위원의견, 2004년 법무부 민법개정안, 총칙·물권편, 2012년, 166면.

66) 법무부, 위의 책, 민법 제106조 개정의견 중 양창수 위원 의견, 2004년 법무부 민법개정안, 총칙·물권편, 2012년, 166면.

67) 同旨, 지원림, 「민법강의」(제11판), 2013, 14면.

68) 송덕수, 「신민법강의」 제4판, 2011, 105면; 윤진수 교수의 해석방법론 5단계 중 두 번째 단계인 객관적 해석방법론에 해당한다. 윤진수, 앞의 논문, 53~69면.

이러한 여러 사정의 고려함에도 불구하고 법률행위의 내용을 확정할 수 없을 때에는 관습 내지 거래관행을 고려하여 해석하는 단계로 넘어가게 된다. 이 때 민법 제106조에서 관습이 법률행위해석의 표준이 되지만, 현대 사회변화에 있어서 제106조의 내용만으로는 이러한 법률행위내용을 확정하기에는 그 범위가 협소하다고 볼 수 있다. 따라서 그 범위를 확대시키기 위한 기준을 유럽공통매매법의 계약해석기준에서 그에 상응하는 내용들을 참고할 수 있을 것이다.

3. 「유럽공통매매법 제안」의 해석기준내용에 따른 민법 제106조의 확대.

CESL(p) 제58조는 계약의 해석기준에 관한 일반 준칙을 규정하고 있는데, 즉 ① 계약은 계약에서 사용되는 표현의 일반적인 의미와 다를 경우에도 당사자의 공통된 의사에 따라 해석한다고 규정함으로써 1차적 법률행위해석기준을 정하고 있고, 이어서 ② 당사자가 특정 의미를 갖게 할 목적으로 계약에서 표현을 이용한 경우, 상대방이 계약체결시에 당사자의 이 의도를 알고, 또는 아는 것을 기대 할 수 있는 경우 해당 표현은 해당 당사자가 의도 한대로 해석한다고 하여 계약자유의 원칙을 기본으로 하고 있다.

두 번째로 CESL(p) 제59조에서는 여러 사정의 고려 하에 계약내용을 확정할 수 없을 경우에는 몇 가지 사항들을 고려하여 해석할 수 있다고 하여 자연적 해석방법에 이은 보충적 해석기준을 제시하고 있는데, 그 내용은,(i)계약이 체결 된 상황, (ii) 계약체결 전, 후 그리고 그 과정에서의 행위. (iii) 계약에서 사용되는 표현과 동일 또는 유사한 표현에 전에 당사자가 사이에 이루어졌던해석, (iv) 동일한 상황에서 당사자에 일반적으로 적용되는 것으로 보이는 관례, (v) 당사자간에 확립 된 관행, (vi) 당해 거래 분야에서 표현에 일반적으로 부여 된 의미, (vii) 계약의 성격과 목적, (viii) 신의 성실과 공정 거래라는 행태적 정황을 계약해석기준으로 제시하고 있다.

그리고 세 번째로는 국가 간의 물품거래에서의 특성상 나타나는 문제들에 대한 해석기준을 보이고 있다, 그 내용은 (i) 계약에 사용된 표현은 계약 전체에 비추어 해석한다.(제58조 3a조), (ii) 특히 유럽연합은 언어가 서로 다른 국가들의 단체이므로 적용언어도 아주 중요한 요소가 된다. 이에 따라 계약서에 2개 이상의 언어 버전이 있고 그 중에 구속력 있는 언어본이라는 표기가 없는 경우, 그 사이에 상충하는 경우 먼저 만들어진 언어본을 정본으로 보며(제61조), (iii) 개별 협상이 이루어진 계약 조항과 개별 협상이 이루어지지 않은 조항에 해당하는 조항이 상충하는 경우, 개별 협상이 이루어진 계약 조항이 우선함을 규정하고 있다. 이러한 기준에 의거하여 위에서 언급했던 '해외직구'의 경우, 법률행위해석기준을 민법 제106조에 위임할 수 있도록 해야 할 것이다.

V. 결론

유럽사법의 통일을 위한 노력으로서 유럽의회 차원에서 PECL, DCFR 그리고 CESL(p) 등이 제시되었고, 이들 제안들 내용으로서 당사자의 의사가 불분명하여 합의를 이끌어내지 못할 경우, 계약을 어떻게, 무엇을 기준으로 하여 법률행위내용을 확정하는가에 관하여 명확한 계약해석의 기준규정들을 공통적으로 가지고 있다. 이와는 대조적으로 특정한 계약해석기준조항을 갖추지 못한 우리 민법은, 법률행위 해석과 관련한 법조문으로서 민법 제1조, 제105조 그리고 제106조를 가지고 있고, 이 중 특히 제106조는 법률행위의 내용을 최종적으로 확정시키는 작용을 하고 있다. 문제는 민법 제106조의 내용을 법률행위의 내용을 확정하기 위한 기준이라고 판단하기에는 위의 유럽공통매매법(CESL(p))에서 규율하고 있는 해석기준의 범위보다 훨씬 좁다는 사실이다.

또한 민법 제106의 내용확정(개정)이 국제화의 방향과 합치되는가하는 의문이 발생할 수 있는데, 여기에 대해서는 일반적으로 사법상의 물건거래에 있어서 당사자가 외국국적을 가지고 있는 경우에는 「국제사법」에 의하여 준거법을 정하게 되어 있으며, 그러한 「국제사법」에서는 법률행위에 관하여 제3장에서 단지 두 개의 조문만 가지고 있을 뿐, ('법률행위의 방식(민법 제17조)'과 '임의대리'(민법 제18조) '법률행위의 해석'과 관련해서는 민법상의 해석론에 맡기고 있는 상황이다. 이에 응하여 민법상의 법률행위해석 조항(민법 제106조 확대의견)이 해외직구의 경우 발행하는 법률행위 해석을 위한 판단의 근거를 제공할 수 있게 된다. 그래서 지난 2004년 개정안에 개정논의가 있었지만 그 취지나 내용면에서는 본 사안과 초점이 맞지 않았다고 생각한다. 그래서 그 당시와는 다른 측면에서 그 표제를 '법률행위 해석의 기준'이라고 하고, 그 내용은 CESL(p) 에서의 보충적 해석기준으로 제시하고 있는 것들 중에서 (i) 계약이 체결된 정황, (ii) 계약체결 전, 후 그리고 그 과정에서의 행위. (iii) 계약에서 사용되는 표현과 동일 또는 유사한 표현에서 이전에 당사자 사이에서 이루어졌던해석, (iv) 동일한 상황에서 당사자들에게 일반적으로 적용되는 것으로 보이는 관례, (v) 당사자 간에 확립 된 관행, (vi) 당해 거래 분야에서의 표현 등에 일반적으로 부여된 의미를 포섭할 수 있는 내용의 개정안이 마련되어야 할 것이며, 또한 현대의 물품거래가 통신기술의 발달로 인하여 범세계적인 범위로 확대되는 현상과 유럽공통매매법(CESL(p))이 비록 유럽의 역내이지만, 소비자보호, 즉 대사인((對私人)적 거래(B2C)에도 적용된다는 점에서도 우리민법 차원에서의 해석기준을 마련할 필요성이 있다고 생각한다.

이에 따른 개정안으로서, 제106조 (법률행위 해석의 기준). '① 당사자의 의욕에 따른 법률효과를 부여하기에 불충분한 상황에서는, 법률행위가 이루어지는 정황 및 관습 그리고 사용된 표현들을 모두 고려하여야 한다.② 전항의 당사자의 의욕에 따른 법률효과는 신의성실의 원칙에 합치하여야 한다'는 내용을 생각해 볼 수 있을 것이다. 이는 대법원의 판례에서도 '계약당사자 사이에 어떠한 계약 내용을 처분문서인 서면으로 작성한 경우에 문언의 객관적인 의미가 명확하다면 특별한 사정이 없는 한 문언대로의 의사표시의 존재와 내용을 인정하여야 하고, 그 문언의 객관적인 의미가 명확하게 드러나지 않는 경우에는 그 문언의 내용과 계약이 이루어지게 된 동기 및 경위, 당사자가 계약에 의하여 달성하려고 하는 목적과 진정한 의사, 거래의 관행 등을 종합적으로 고찰하여 사회정의와 형평의 이념에 맞도록 논리와 경험의 법칙, 그리고 사회일반의 상식과 거래의 통념에 따라 계약 내용을 합리적으로 해석하여야 한다'[69]고 하였다. 위의 개정안은 이러한 대법원판례의 취지와도 합치된다고 생각한다.

69) 대법원 2002. 5. 24. 선고 2000다72572 판결 등 참조.

참고문헌

박영복, 유럽의 통일계약법, 법조, 48권 1호, 1999.

법무부, 2004년 법무부 민법개정안, 총칙·물권편, 2012.

법무부, 비교민법총서1 -유럽민사법 공통기준안(DCFR), (총칙, 계약편)-, 2012.

석광현, 국제물품매매계약의 법리, 박영사, 2010.

송덕수, 신민법강의 제4판, 2011.

윤진수, 계약해석의 방법에 관한 국제적 동향과 한국법, 비교사법, 12권 4호(2005).

지원림, 민법강의(제11판), 2013.

Lando, O/Beale, H (eds), Principles of European Contract Law, Parts I and II, combined and revised (2000).

Schulze(ed.), Common European Sales Law(CESL) -Commentary-, C.H.Beck, Hart, Nomos, 2012.

朝見佳男 中田邦博 松岡久和 監譯, ユーロツパ 契約法原則 I·II(Principles of European Contract Law, Parts I and II,),法律文化社, 2006.

제2절 불공정한 계약조항

성준호 박사(성균관대학교 법학연구소)

I. 서설

회원국간의 경제적 통합을 이룬 유럽연합은 회원국간의 법적 부조화가 거래비용을 증가시키고, 이러한 상황이 유럽연합의 역내시장에서의 거래활성화를 방해하는 장애물이라고 인식하였다. 이를 극복할 수 있는 방법으로 유럽시장 내의 법질서통합을 생각해 냈으며, 이를 통해 규범의 다원화로 인한 법적 불안정성을 방지 내지 제거할 수 있고, 역내시장에서의 거래비용을 줄일 수 있을 것으로 생각하였다.[1] 이러한 생각과 노력에 기초하여 연구성과들이 나타나고 있다. 유럽공통매매법(안)[2] 역시 이와 같은 결과중의 하나라 할 수 있다.[3]

이러한 유럽공통매매법(안)의 특징 중의 하나로 계약당사자중 약자적 지위에 있는 자에 대한 보호를 들 수 있다. 그 대표적 내용으로는 제8장 이하에 제79조 내지 제86조에 규정하고 있는 불공정조항(Unfair Contract Terms)에 관한 규정이 그것이다. 이들 규정은 사업자와 소비자간에 계약뿐만 아니라 사업자간의 계약에도 적용된다. 따라서 개별적으로 교섭 되지 않은 계약조항의 불공정성에 관한 문제는 소비자만이 아니라 사업자와 거래관계에 있는 열위의 다른 사업자 역시도 주장할 수 있게 된다.

---

* 본 논문은 2014년 발간된 민사법학 제66호에 게재된 논문을 수정·보완한 것임.

1) 유럽계약법의 발전과 변화 동향에 대한 자세한 내용은 김진우, "최근 유럽민사법의 발전동향 -공통참조기준초안과 소비자권리지침초안을 계기로 하여-", 부산대학교 법학연구 제50권 제2호, 부산대학교 법학연구소, 2009 참조.

2) European Commission, Proposal for a Regulation of the European Parliament and of the Council on a Common European Sales Law, 11. 10. 2011(이하 '유럽공통매매법(안)'으로 한다.)

3) 유럽공통매매법(안)의 제안과 성립배경에 관한 자세한 설명은 박영복, "EU집행위원회에 의해 제안된「유럽공통매매법(안)에 관한 규칙」", 외법논집 제37권 3호, 2013. 참조.

이 글에서 다루고자 하는 계약조항에 관한 공정성통제의 근거로 가장 전통적인 시각은 소비자가 사업자나 제공자에 비해 협상력과 정보력에 있어 열위에 있다는 관념을 전제로 한다. 이에 기초하면 일방에 의해 작성된 조항의 경우 제공받는 자는 그 조항의 내용에 영향을 미칠 수 없으며, 단지 제공받은 조항에 동의함으로서 계약이 체결되기 때문이다.[4] 따라서 불공정한 조항에 대한 통제는 대등하지 않은 당사자간의 힘의 균형을 유지하고, 열위에 있는 일방계약당사자를 보호하는 것이다. 이러한 견해는 계약이 자유로운 합의에 따른 결과가 아니라, 법적 지위이든 경제적 지위이든 당사자의 일방이 우월적(dominant)이며 상대방은 그에 비해 더 약하고 의존적인(dependant)이라는 전제와 이로 인해 발생하는 당사자간의 현저한 계약상 불균형(significant contractual imbalances)에 대하여 보호가 필요하다는 것이다.[5] 실제로 대등하지 못한 계약당사자가 가지는 법적·형식적 자유는 실질적으로 우월적지위에 있는 자에게는 계약형성의 자유를 줄 수 있지만, 열세에 있는 자에게는 단지 형성된 계약에 종속할 자유만을 가질 수 있기 때문이다.[6] 이러한 사고를 바탕으로 한 불공정조항에 대한 통제가 유럽공통매매법(안)에도 규정된 것이다.

이하에서는 유럽공통매매법(안)에서 규정하고 있는 '불공정한 계약조항'에 관한 제8장을 우선 제1절 일반규정에서 불공정한 계약조항에 일반적으로 적용되는 법규정의 내용, 제2절에 규정된 사업자와 소비자간의 불공정한 계약조항에 관하여 조항을 제공하는 사업자의 명확성의무, 불공정성의 의미 그리고 불공정한 것으로 간주되거나 추정되는 목록 그리고 제3절에서는 사업자간의 계약의 불공정한 계약조항에 대하여 살펴보도록 한다.

---

4) Joined Cases C-240/98 to C-244/98 Oéano Grupo Editorial SA v Roció Murciano Quintero; Salvat Editores SA v José M. Sánchez Alcón Prades, José Luis Copano Badillo, Mohmmed Berroane and Emilio Viñas Feliú[2000] ECR I-4941, para 25.

5) Martijn W. Hesselink, 'Unfair Terms in Contracts Between Businesses', in Schulze/Stuyck(eds), Towards a European Contract Law, sellier, 2011, p. 123. 참조; Deins Mazeaud, 'Unfairness and Non-negotiated Terms', in Schulze/Stuyck(eds), Towards a European Contract Law, sellier, 2011, p. 126; 金旭坤, "契約의 拘束力의 根據에 관한 一考察", 成均館法學 創刊號, 1987, 177面.

6) Christian Heinrich, Formale Freiheit und materiale Gerechtigkeit, Mohr Siebeck, 2000, S. 1.

II. 일반규정

유럽공통매매법(안) 제8장의 제1절은 제79조 불공정한 조항의 효력, 제80조 불공정성심사의 예외 그리고 제81조 강행성에 관한 규정을 일반규정으로 구성하고 있다. 모든 규정에 영향을 미치는 일반조항의 성질에 비추어 본다면, 본장의 구성은 일반적인 방식과는 다소 차이가 있다. 특히 '불공정한 계약조항의 효력(Effects of unfair contract terms)'의 규정이 불공정한 계약조항에 관한 제8장의 첫 번째 조문으로 위치하는 점이 그러하다. 가령 조항의 불공정성에 관한 일반적구성이라면, '불공정성'의 개념정의가 우선할 것이지만, 본 장에서는 불공정한 계약조항의 효력에 관한 내용을 '불공정성'에 관한 정의규정보다 앞에 두고 있기 때문이다. 그러나 그 내용을 들여다보면 제79조의 불공정한 계약조항의 효력은 단지 불공정한 계약조항에 대한 법적효력만이 아니라, 그 적용범위까지 규정하고 있기 때문에 이를 일반규정으로 분류하여 제1절의 앞부분에 배치한 것으로 보인다. 즉, 제79조 제1항은 사업자와 소비자간(business-to-consumer; 이하 B2C)의 계약과 사업자간(business-to-business; 이하 B2B)의 계약에서 불공정의 의미와 관련하여 제83조와 제86조에 모두 적용된다. 그러므로 제83조나 제86조에 따라 불공정한 경우에 제79조 규정에 따라 이를 제공받은 상대방에 대해 구속력이 배제된다. 그리고 불공정성의 개념이 효력규정보다 뒤에 위치하는 이유는 B2B 거래와 B2C 거래에 각각 적용되는 다른 기준으로 인한 것이다.

이하에서는 제1절을 구성하고 있는 불공정한 계약조항의 효력, 불공정성심사의 예외 그리고 강행성에 관한 유럽공통매매법(안)의 규정을 소개하고 간략한 검토를 한다.

1. 불공정한 계약조항의 효력

유럽공통매매법(안) 제79조는 불공정조항으로 인해 불이익을 받을 상대방을 특정하지 않는다. 따라서 불공정한 계약조항에 의해 불이익을 받을 상대방이 소비자인지 사업자인지에 관계없이 불공정한 계약조항에 관한 유럽공통매매법(안)에 따른 제재나 구제를 받을 수 있게 된다. 이는 불공정조항의 제공자에게 불공정조항을 제공하지 않는 상대방당사자에 대한 구속력을 배제하는 일률적인 방식을 규정하고 있는 본조의 내용과 위치를 통해서도 알 수 있다.

1) 구속력배제

제79조 제1항 따르면 불공정한 계약조항은 이를 제공하지 않은 당사자에 대하여 구속력을 가지지 못한다. 이와 같은 불공정한 계약 조항에 대한 '구속력배제(non-binding effect)'는 불공정한 계약조항의 상대방에 대한 구속력배제를 규정한 「소비자계약에서 불공정조항에 관한 지침」(이하 : 「불공정조항지침」) 제6조[7]로부터 기인한다. 또한 본 규정의 구속력배제의 효력은 B2C뿐만 아니라 B2B거래에 까지 일률적으로 적용된다.[8]

2) 계약유지

제83조나 제86조에 따른 불공정한 조항은 제79조 제1항에 따라 상대방당사자를 구속하지 못한다. 그러나 제2항에 따라 당해 조항이 없더라도 나머지 계약에 영향을 미치지 않는다면, 나머지조항은 상대방당사자에 대해 여전히 구속력을 가진다. 즉, 불공정한 계약 조항으로 무효가 되는 항목으로 인해 반드시 계약전체를 무효로 할 필요는 없으며, 불공정한 조항의 무효에도 불구하고 계약의 그밖에 조항은 구속력이 유지된다. 결국 제79조 제1항에 따라 불공정한 조항으로 되고 당사자에 대하여 구속력을 가지지 못하는 조항의 해당 항목(clause)이 계약에 영향을 미치는 본질적인 부분이 아니라면, 당해 항목은 계약에서 단지 삭제된다. 이때 불공정한 조항의 당해 항목을 제거하는 것이 일반적인 계약에 영향을 미치고 전체계약이 유지될 수 없는 계약의 본질적인 면에 해당되는지 여부는 법원이 최종적으로 판단한다. 그 불공정한 항목 없이도 계약이 유지될 수 있다면, 다른 계약조항은 구속력이 있다고 하는 이러한 내용은 ACQP[9]

---

7) Council Directive 93/13/EEC of 5 April 1993 on unfair terms in consumer contracts [1993] OJ L 95/29(이하 : DIRECTIVE 93/13/EEC) Article 6
   (1) 자국의 법에 따라, 판매자(seller)나 제공자(supplier)에 의해 소비자와의 계약체결에 이용되는 불공정조항을 규정하는 회원국은. 소비자에 대하여 구속력이 없고 계약이 불공정한 조항이 없더라도 유지가 가능하다면 나머지조항들은 당사자를 계속 구속력이 있다는 것을 규정하여야 한다.
   (2) 회원국은 소비자가 회원국의 영토와 가까이 있는 비회원국의 법을 선택으로 본 지침에 의해 부여된 보호를 상실하지 않도록 보장하기 위하여 필요한 조치를 취하여여 한다.

8) Reiner Schulze, Common European Sales Law(CESL) Commentary, Verlag C.H. Beck und Hart, 2012, p. 376.

9) Acquis Principles에 대한 상세한 설명은 박영복, "「現存EC私法유럽연구단」의 Acquis 원칙", 외법논집 제29집, 법학연구소, 2008; Research Group on Existing EC Private Law(Acquis Group), Principles of the Existing EC Contract Law(Acquis Principles), Contract I: Pre-Contractual

제6:306[10]에서 처음 규정되었고, DCFR II.- 9:408조[11]에 의해 지지받고 유럽공통매매법(안)에서도 역시 사용되었던 방식이다.[12]

2. 불공정성심사의 예외

제80조는 불공정성심사의 예외(Exclusions from unfairness test)를 통해 불공정성 판단의 범위를 제한하고 있다. 이를 통해 제83조와 제86조에서 규정하고 있는 B2C와 B2B계약의 계약조항 모두에 대한 불공정성 심사의 범위를 제한하는 것이다. 그 방법으로 불공정성 심사의 대상에서 제외되는 두 가지의 예외를 규정하고 있는데, 그 첫 번째가 당사자들에 의해 당해 사안에 대하여 합의되지 않을 경우 계약내용으로 되는 유럽공통매매법(안)의 임의규정(non-mandatory rules)을 반영한 조항이며, 두 번째가 계약의 주된 내용에 대한 정의규정과 지불가격의 적절성에 관한 조항이다.[13]

1) 계약조항에 갈음하는 임의규정

제80조의 제1항에 따르면 계약내용이 계약조항으로 규정되지 않음으로 해서 유럽공통매매법(안)상의 임의규정에 따르는 경우 당해규정에 대하여는 그 공정성여부를 심사하지 않는다. 이는 유럽공통매매법(안)의 임의규정은 이미 초안 단계에서 그 공정성에 대하여 유럽공통매매법(안) 초안자의 면밀한 검토가 있었기 때문에, 이에 따

Obligations. Conclusion of Contract. Unfair Terms, Sellier, 2007; Research Group on the existing EC Private Law(Acquis Group), Principles of the Existing EC Contract Law (after the Lisbon Treaty 'EU Contract Law'), Contract II - General Provisions, Delivery of Goods, Package Travel and Payment Service (Contract II), Sellier, 2009. 참조.

10) ACQP Article 6:306: 불공정조항의 효력(Effects of unfair terms)
(1) 불공정 조항은 이를 제공하지 않은 당사자에 대해 구속력이 없다.
(2) 불공정조항이 없더라도 계약이 유지될 수 있다면, 그것은 당사자들에 대하여 구속력이 있다.

11) Principles, Definitions and Model Rules of European Private Law, Draft Common Frame of Reference (이하 : DCFR)
DCFR II. - 9:408 : 불공정조항의 효력(Effects of unfair terms)
(1) 이 절에 기하여 불공정한 조항은 이를 제공하지 않았던 당사자에게는 구속력이 없다.
(2) 계약이 불공정조항 없이 타당하게 유지될 수 있다면, 다른 조항은 계약 당사자들에게 계속하여 구속력이 있다.

12) Schulze, op.cit., p. 377.

13) Schulze, op.cit., p. 378.

른 조항에 대해서 그 공정성 여부를 재차 심사할 필요 없다는 관념에 기인한다.

이러한 내용은 적용 가능한 법률의 규정은 처음부터 입법자들에 의해 공정하게 규정된 것으로 보고, 이를 반영한 계약상 조항은 불공정한 계약조항에 관한 지침의 규정에 종속되지 않도록 하는「불공정조항지침」제1조 제2항[14]의 영향을 받았다고 할 수 있다.

2) 사업자와 소비자간의 거래에 적용되는 예외

제80조 제2항에 따르면 B2C 거래에 있어 명확성의무를 준수한 계약조항에 대해서는 그 계약의 주된 내용의 의미와 지불가격의 적절성에 관한 계약조항은 불공정성여부를 심사하지 않는다.[15]

이러한 내용은 계약조항이 평이하고 이해할 수 있는 언어로 작성되었다면, '계약조항이 계약의 주된 내용(main subject matter of the contract)'에 대한 정의와 교환 제공된 서비스 또는 물품에 대한 가격과 대가의 적절성에 관련하여 불공정성심사를 배제하고 있는「불공정조항지침」제4조 제2항[16]가 반영된 것이다.

조항의 공정성심사와 관련하여 유사한 예외는 PECL 4:110[17], ACQP 6:303[18] 및

---

14) DIRECTIVE 93/13/EEC Article 1(2) : 강행법규나(mandatory statutory) 단속규정(regulatory provisions) 그리고 특히 거래영역에서 회원국가나 공동체가 당사자인 국제적관습(international conventions)의 원칙이나 규정을 반영한 계약적 조항은 본 지침규정의 대상(subject)이 되지 않는다.

15) 이에 대한 비판적 견해로는 Hesselink, op. cit., p. 133. 참조.

16) DIRECTIVE 93/13/EEC Article 4 (2) : 조항이 평이하고 이해할 수 있는 언어(plain intelligible language)로 작성되었고, 서비스나 물품을 제공하는 교환계약인 경우, 계약의 주된 내용의 정의나 가격 그리고 보수의 적절성에 관해서 조항의 불공정성 평가를 하지 않는다.

17) PECL 제4:110조: 개별적으로 교섭되지 않은 불공정한 조항(Unfair Terms not Individually Negotiated)
(1) 의무의 내용인 이행의 성질, 계약의 모든 다른 조항 및 계약의 체결시의 제반사정을 고려할 때, 개별적으로 합의되지 아니한 계약조항이 신의성실 및 공정거래의 요구에 반하여 그 계약으로부터 발생하는 당사자들의 권리와 의무에 있어서 당사자 일방의 불이익으로 상당한 불균형(significant imbalance)을 초래하는 경우에는, 그 당사자는 그 조항을 취소할 수 있다.
(2) 이 조는 다음에는 적용되지 아니한다:
(a) 계약의 주된 내용(main subject matter)이 평범하고 이해될 수 있는 용어로 서술된 경우 그 주된 내용; 또는
(b) 일방 당사자의 의무의 가치와 타방 당사자의 의무의 가치의 적정성(adequacy)을 비교하는 것.

18) ACQP Article 6:303: 불공정성 심사의 범위(Scope of the unfairness test)
(1) 당사자들 모두가 회원국이거나 또는 당사자중 일방이 EU인 법률규정이나 국제협약에 근거한 계약조항은 불공정성 심사의 대상이 되지 않는다.
(2) 평이하고 이해할 수 있는 언어로 작성된 계약조항의 경우, 계약의 주요내용의 정의와 지불가

DCFR. II.- 9:406[19]에도 포함되어 있다. 하지만 유럽공통매매법(안)은 제8장에 따른 불공정한 계약조항 규정에 따라 통제되지 않는때 적용 가능한 여타 유럽공통매매법(안)상 불공정성 심사에 의한 부분수정(derogation)이 제한된다는 점에서 이들 규정과 차이점이 있다.

뿐만 아니라 불공정성 심사에서 제외하기 위한 요건으로 계약의 주된 내용과 지불가격의 적절성을 정의하는 조항이 평이하고 이해하기 쉬운 언어(plain and intelligible language)로 기술되었는가에 관한 문제는 B2C계약과 B2B계약에 각각 달리 적용된다. 이는 제8장이하의 규율대상인 불공정한 계약조항에 대한 소비자보호가 계약의 결과로 나타나는 경제적 균형성문제를 통제를 할 수 없다는 것이다. 따라서 현저히 불균형한 계약의 유효성과 집행가능성에 대한 부분은 제83조 이하에 따른 심사대상이 아니다. 좀 더 정확하게, 상품의 가격과 그 가치 또는 관련서비스의 가격과 그 가치간의 불균형을 나타내는 이러한 조항들에 대해서는 본조의 기준에 따라 공정성여부를 판단 할 수 없다.

또한 유럽공통매매법(안)은 B2C와 B2B 거래의 보호수준을 구별한다. 제2항은 공정성 심사에서 사업자(조항을 제공하는자)가 제82조의 명확성 의무(duty of transparency)준수하는 경우에 한해서만 계약의 주요내용 및 가격을 제시하는 계약조항에 대한 공정성 심사로부터 제외한다(제82조 제2항 참조). 반대로 해석하면 사업자가 명확성의무를 준수하지 않았다면, 계약의 주요내용의 의미와 지불가격의 적절성에 관한 조항이라 할지라도 심사가 가능하다고 이해할 수 있다. 뿐만 아니라 제2항은 정의(definition)의 법적 효력을 다루는 조항에 적용하지 않는다. 가령 계약상 보증(contractual warranty)의 효력을 제한하는 조항 등이 이에 해당된다.[20]

3) 사업자간의 거래에 적용되는 예외

제80조 제2항의 B2C 거래의 경우와 달리, 제3항에 따르면 B2B 거래에 있어 조항을

격의 적절성에 대해서는 불공정성심사를 확장하지 않는다.

19) DCFR II. - 9:406 : 불공정성 심사의 예외(Exclusions from unfairness test)
(1) '계약조항(contract terms)'이 다음 각 호에 해당하는 경우 본 절에 따른 불공정성 심사를 받지 않는다.
(a) 관련법 조항,
(b) 회원국 당사자 또는 유럽연합 당사자인 국제조약, 또는
(c) 이러한 규정들에 기초하는 경우
(2) 평이하고 이해할 수 있는 언어로 작성된 계약조항(contract terms)의 불공정성 심사는 계약의 주요 목적물의 정의나 지불가격의 적절성까지 확대되는 것은 아니다.

20) Schulze, op.cit., p. 379.

제시하는 자의 명확성의무의 준수여부에 관계없이 그 계약의 주된 내용의 의미와 지불가격의 적절성에 관한 계약조항은 불공정성여부를 심사하지 않는다. 따라서 B2B 거래의 경우는 불공정한 조항에 의해 지불가격과 물건이나 서비스 사이의 경제적 불균형이 야기되었다 하더라도, 그 불공정한 조항으로 인한 불이익을 받은 일방사업자는 불공정한 조항의 효력의 유무에 대해 주장할 수 없게 된다. 이러한 내용에 대해 동일한 조항이 동일한 법적인 결과로 나타나지 않는다는 비판이 있을 수 있다.

3. 규정의 강행성

불공정한 계약 조항에 관한 유럽공통매매법(안)의 규정은 강행성(mandatory nature)을 가진다. 따라서, 당사자들은 본 규정들의 적용을 배제(exclude)하거나 변경(vary)할 수도 없다. 제81조는 당사자가 불공정한 계약조항을 규제하는 규정의 적용을 배제하거나 효력을 변화시킬 수 없다고 하는 DCFR II-9:401[21]상의 원칙을 반영한 것이다. 따라서 어떠한 경우에도 당사자들은 제8장 불공정한 조항규정의 배제에 합의할 수 없으며, 소비자 또는 사업자 보호의 정도를 감소시키거나 희석시킬 목적이 있거나 그러한 결과를 야기하는 조항은 효력이 없다.[22]

특히, B2C 계약에서 강행규정성을 규정하고 있는 유럽공통매매법(안)의 여타규정들과 달리, 비록 계약 조항을 제시받는 자에게 이익이 된다 하더라도, 제81조는 어떠한 배제(exclusion), 수정(derogation) 또는 변경(variation)도 허용하지 않는다(RegCESL [P][23] 제2조 no 57; 제1조 nos 7, 8 참조).

4. 검토

1) 제79조가 취하고 있는 불공정한 계약조항에 대한 구속력의 배제는 조항의 제공자는 조항을 제공하지 않은 상대방 당사자에 대해서는 일체의 법적인 주장을 할

---

21) DCFR II. — 9:401 : 강제성(Mandatory) 당사자들은 본 절의 규정을 배제하거나 규정의 효력의 효력을 훼손 또는 변경할 수 없다.

22) Schulze, op.cit., p. 380.

23) RegCESL (P) Proposal for a Regulation of the Eurpoean Parliament and of the Council of 11 October 2011 on a Common European Sales Law, COM(2011) 635 final.

수 없으나, 상대 당사자가 원하는 경우 해당 조항을 제공한 당사자에 대하여 적용할 수 있다는 뜻이다.[24] 이는 '유럽사법재판소(European Court of Justice : ECJ)'에서 판시[25]한 바와 같이 이때 조항을 제공받은 자는 자신이 가진 권리를 알지 못했거나, 조항의 불공정성에 대하여 이의를 제시하지 않았더라도 보호받아야 한다. 그러나 불공정하다고 판단된 조항이 없더라도 계약의 내용이 실행가능하다면, 계약은 불공정한 조항을 제외하고 이를 유지할 수 있다. 이는 표현에 있어 차이가 있기는 하지만 '계약유지의 원칙'을 규정하고 있는 「불공정조항지침」 제6조 제1항과[26] 일부무효의 특칙을 규정하고 있는 우리 「약관의 규제에 관한 법률」[27] 제16조의 태도와 크게 다르지 않다.[28]

2) 유럽공통매매법(안)은 B2C거래에 있어 명확성 의무가 준수된 경우로 한정하고는 있으나, 계약상의 주된 급부와 반대급부에 관한 약정은 원칙적으로 내용통제의 대상이 되지 않는다는 불공정심사의 내용은 이미 「불공정조항지침」 제4조 제2항[29]에 명시하고 있다. 이는 시장경제체제에서는 원칙적으로 계약체결의 자유와 내용형성의 자유가 지배하고 주된 급부의 종류·범위·수량·품질과 그에 대한 공정가격은 법률이 아니라 시장에서의 당사자가 정하기 때문이다.[30] 하지만 급부간의 불균형이라고 하는 결과가 명확성의무 위반과 결합하게 되면, 사정이 달라진다. 다시 말해 계약이라는 특성상 발생하는 결과적 불균형의 문제는 사적자치의

---

24) von Bar/Clive, DCFR Full Edicion[Volume 1], Art. II.-9:408 Comments B.

25) Océano Grupo Editorial SA v, Rocío Murciano Quintero, ECJ 27 June 2000, joined cases C-240/98 to C-244/98, ECR 2000, I-4941, Cofidis SA v. Jean-Louis Fredout, ECJ 21 November 2002, C-473/00, ECR 2002, I-10875 및 Elisa María Mostaza Claro v. Centro Móvil Milenium SL, ECJ 26 October 2006, C-168/05, ECR 2006, I-10421.

26) DIRECTIVE 93/13/EEC Article 6 : 회원국가들은 사업자와 소비자간에 체결되는 계약에서 불공정조항은 소비자를 구속하지 않을 것을 규정하고, 그 조건은 이에 대하여 따라 그들의 국내법규정에서 결정된다. 또한 계약이 불공정조항없이 존재할 수 있다면, 계약은 양당사자에 대하여 기본적인 구속력이 남는다.

27) 「약관의 규제에 관한 법률」 [법률 제11840호, 2013.5.28.] 이하 「약관규제법」으로 한다.

28) '계약유지의 원칙'에 관한 상세한 설명은, 李在鉉, "約款의 規制에 관한 法律 第16條에 관한 考察", 法學研究 제7집, 경상대학교 법학연구소, 1998, 128-133면 참조.

29) DIRECTIVE 93/13/EEC Article 4(2) : 계약의 주된 내용의 정의나 가격과 보수의 적절성은 관련없고, 교환에 있어서 우선 물품이나 서비스의 공급에 대하여, 다른 한편으로는 이러한 조항이 명확히 이해할 수 있는 언어인지에 관련이 있다.

30) Stoffels, a.a.O., Rn. 449; Staudinger/Coester, 2006, § 307 BGB Rn. 310 ff.; Ulmer/Brandner/Hensen/Fuchs, AGB-Recht, Kommentar, 11. Auflage, 2011, §307 BGB Rn. 14, 18; Wolf/Lindacher/Pfeiffer, a.a.O. § 307 BGB, Rn. 276.

영역일 것이지만, 그것이 사실상 정보적인 측면에서 우위에 있는 조항의 작성자인 사업자가 계약내용을 충실하게 전달하지 않음으로 인해 발생한 결과라면, 결국 그 불균형적인 결과는 상대방당사자의 부족한 정보와 이를 기초로 한 판단이라고 보기 때문이다. 이러한 사고는 B2B거래의 경우 명확성의무를 준수하지 않더라도 급부간의 불균형에 관한 문제를 심사하지 않는 것과 비교하면, 그 차이와 취지를 쉽게 이해할 수 있는 부분이기도 하다.

III. 사업자와 소비자간의 계약에 있어 불공정한 계약 조항

제8장의 제2절은 제82조 개별적으로 교섭되지 않은 계약조항에서 명확성의무, 제83조 사업자와 소비자간의 '불공정'의 의미, 제84조 항상 불공정한 조항 그리고 제85조는 불공정한 것으로 추정되는 계약조항을 통해 B2C 계약에 있어 불공정한 계약조항에 대한 공정성의 기준을 설정하고 근거를 제시하며, 불공정한 것으로 간주 또는 추정되는 구체적인 사항을 나열하고 있다. 이하에서는 B2C 계약에 있어 계약조항의 불공정에 관한 유럽공통매매법(안)의 규정을 소개하고 검토하기로 한다.

1. 개별적으로 교섭되지 않은 계약조항에서 명확성의무

제82조는 제2절의 첫 번째 규정으로 '개별교섭되지 않은 계약조항의 명확성'의무[31]를 규정하고 있다. 이는 사업자가 소비자로 하여금 조항에 주의하고 그 내용을 이해할 수 있도록 보장할 의무를 말한다. 계약에서 개별교섭되지 않은 조항을 제공하는 사업자의 명확성의무의 준수 여부는 계약조항의 불공정 평가에 있어 중요한 고려 요소이

31) 본 절에서 규정되고 있는 명확성(Transparency)이란 계약조항은 일반인이 타인의 조력을 받지 않고도 그 내용을 이해할 수 있도록, 명료하고 이해 가능한 언어로 작성되어야 한다는 의미이다. 이때 Transparency라고 하는 용어를 '투명성'(김진우, "공통참조기준초안에 따른 계약의 내용통제", 법학논고 제38집, 경북대학교 법학연구원, 2012, 227면 참조)으로 또는 '명료성'(박영복, "「現存EC私法유럽연구단」의 Acquis 원칙", 외법논집 제29집, 법학연구소, 2008, 72면 참조)으로 표현하고 있다.

다(제83조 제2항 [a] 참조). 이때 '개별적으로 교섭되지 않은 계약조항에서 명확성의무(Duty of transparency in contract terms not individually negotiated)'는 단지 B2C 계약에만 해당되는 것이다.

「불공정조항지침」 제5조[32]에 규정하고 있는 '명확성'은 이를 의무로서 명확히 기술하지 않았으나 이를 의무로 이해함에는 별다른 이견이 없다. 또한 이와 관련하여 '유럽사법재판소'는 조항이 평이하고 이해할 수 있는 언어 요청에 응하지 않는 경우에 불공정한 것으로 간주된다는 것을 확인했다.[33] 뿐만 아니라ACQP 6:302조[34]는 명시적으로 개별교섭되지 않은 조항은 평이하고 이해할 수 있는 언어로 기초되고 소통되어야 한다는 명확성의 원리를 일반화하고 확장했다. 또한 DCFR II.- 9:402[35]은 특히 B2C 계약에서, 사업자의 명확성 의무위반은 조항이 불공정한 것으로 간주하기에 충분한 부가적 요소를 포함하는 것으로 보았다.

본 규정의 법적 효력을 살펴보기 위하여 두 가지 경우를 나누어 살펴볼 필요가 있다. 먼저, 개별적으로 교섭되지 않은 조항을 제공한 사업자가 명확성의무를 준수하지 않고, 당해조항이 다툼이 된 경우이다. 이러한 경우의 당해 조항을 소비자에게 강요(enforce)할 수 없게 된다. 다음으로, 다툼이 있는 조항이 개별적으로 교섭되지 않았지만, 사업자가 명확성의 의무를 준수한 경우이다.

여기서 다시 4개의 고려하여야 할 상황이 있다: 첫째로, 조항이 제83조에 따라 불공정한 것으로 간주되지 않는 경우이다. 이는 소비자에 대해서도 효력이 있다. 두 번째로, 조항이 제84조에 목록에 해당되는 경우이다. 이 경우 당해 조항은 소비자에게 구속력을 가지지 못한다. 세 번째로 조항이 제85조의 목록에 해당되어 불공정한 것으로 추정되는 경우, 당해조항은 소비자에 대하여 구속력을 가지지 못한다. 그러나 물론 그

---

32) DIRECTIVE 93/13/EEC Article 5 : 계약에서 소비자에게 제공되는 모든 또는 특정 조항은 항상 평이하고, 이해할 수 있는 언어로 초안을 작성하여야 한다.
조항의 의미에 대하여 의심의 여지가 있을 경우, 우선적으로 소비자에게 가장 유리한 해석한다. 해석에 관한 본 규정은 제7조 제2항에 규정된 절차의 내용에는 적용되지 않는다.

33) ECJ, 10.5.2001, C-144/99 - Commission v Kingdom of the Netherlands [2001] ECR I-03541

34) ACQP Article 6:302: 조항의 명확성(Transparency of terms) 개별적으로 교섭되지 않은 조항은 평이하고, 이해할 수 있는 언어로 작성되어야 한다.

35) DCFR II. — 9:402 : 개별 교섭되지 않은 조항(terms not individually negotiated)의 명확성 의무(Duty of transparency)
(1) 개별 교섭되지 않은 조항을 제공하는 자는 평이하고 이해할 수 있는 언어로 작성하고 교부해야 할 의무가 있다.
(2) 사업자와 소비자간 계약에서 사업자가 제1항에서 규정한 명확성 의무를 위반하여 제공하는 조항은 그 자체만으로도 불공정한계약으로 간주할 수 있다.

러한 경우 결과는 명확성의무 위반이 중대한 계약상 불균형을 야기하지 않았다는 것을 증명할 수 없는 사업자에게 달려있다. 네 번째로 조항이 제84조와 제85조의 '블랙리스트'나 '그레이리스트'에 해당되지 않는 경우이다. 이때 조항을 제시받는 자가 당해 조항이 그에 대한 불이익이 중대한 불균형을 일으키는 원인이 된다는 것을 증명할 수 있는 경우가 아니라면 소비자에 대한 구속력은 그대로 유지된다.[36]

2. 사업자와 소비자간의 계약조항에서 '불공정'의 의미

제83조 제1항은 B2C 계약에 있어 불공정한 조항을 정의한다. 즉 이 규정은 B2C 계약에서 조항의 통제를 위한 공정성의 기준(standard of fairness)을 설정한다.

이와 관련된 B2C와 B2B 계약을 위한 보호의 수준(levels of protection)은 처음부터 미리 결정되었다. 따라서 B2C 또는 B2B간의 계약에서의 불공정에 관한 규정은 더 명확하고 적용하기 쉽도록 하기 위해 불공정한 계약조항의 정의와 불공정성 판단에 있어 고려요소들로 각각 나누어져 있다. 또한 본조의 개별 교섭되지 않은 계약조항의 의미를 결정함에 있어서 제7조와 신의성실과 공정거래 원칙을 정의하고 규정하고 있는 RegCESL (P) 제2조(b)[37]와 제2조[38]가 본조의 이해와 실행을 위해 중요한 의미를 가진다.[39]

1) 불공정의 의미

B2C 계약에 있어 불공정한 조항의 의미는 "개별적으로 교섭되지 않은 계약조항이 계약에 따라 발생하는 당사자간의 권리와 의무가 신의성실의 요청에 반해 현저히 불

---

36) Schulze, op.cit., pp. 381-382.

37) RegCESL (P) Article 2 : 정의(Definitions) (b) '신의성실과 공정거래'는 문제에서 거래나 관계에 대한 상대방당사자의 이익을 위하여 정직하고, 개방적이고, 사려에 의해 특징지워지는 행위의 표준을 의미한다;

38) CESL (P) Article 2 : 신의성실과 공정거래(Good faith and fair dealing)
(1) 각 당사자는 신의성실 및 공정거래에 따라 행동할 의무가 있다.
(2) 이 의무의 위반은 권리에 대한 행사나 의지, 당사자가 그렇지 않았다면 가졌을 구제나 항변, 또는 따라서 상대방에게 발생하는 손실에 대해 당사자가 책임을 질 수 있다.
(3) 당사자는 이 규정의 적용을 배제하거나 훼손 또는 변경할 수 없다.

39) Schulze, op.cit., p. 383.

균형(significant imbalance)하여 소비자에게 손해(detriment)가 되는 경우, 불공정한 것으로 간주된다."고 규정했던 「불공정조항지침」 제3조 제1항[40]에서 유래한다.[41] 그렇기 때문에 불공정성을 평가할 때 고려되어야 하는 요소들은 「불공정조항지침」 제4조 제1항[42]에 명시된 평가 기준(assessment criteria)에 따라 확장될 수 있다.

제83조에서 의미하는 불공정한 조항은 우선, B2C 계약의 일부분이어야 하며(이에 반해 제86조 규정이 B2B 계약에 있는 조항에 적용된다), 사업자에 의해 제공되어야 한다. 그리고 당해조항은, 제7조에서 의미하는 개별적으로 교섭되지 않은 조항이어야 한다. 이때 본조의 불공정성의 의미에는 결과적 급부간의 현저한 불균형의 개념은 포함되지 않는다. 따라서 제83조의 의미에 포함되지 않는 조항이 당사자중 일방에 대한 현저한 불균형이 하게 되더라도 당해 조항은 불공정하지 않다. 결과적 급부불균형 여부에 대해서는 본 절의 불공정여부가 문제되지 않는다. 그러나 이때의 급부불균형이라는 결과가 신의성실과 공정거래의 원칙을 위반하여 얻은 결과인 경우라면 불공정한 것으로 된다. 환언하면 현저한 불균형이 사업자들의 부정직하고 불공정한 거래의 결과로서가 아닌 조항에 의해 야기되었다면, 그럼에도 불구하고 소비자에 대하여 유효하게 효력을 가지게 된다는 것을 의미한다.

2) 불공정성심사의 기준

불공정 심사는 문제된 각각의 조항에 대한 추상적인 평가로부터 시작한다. 즉, 통제의 대상은 각각의 조항이다. 이러한 조항이 제83조 제2항에 열거하고 있는 요소를 충족하는지 여부를 고려하여야 한다. 이때, 각 조항에 대한 평가는 개별적으로 이루어져야 하고 전체로서 계약의 전반적인 수용은 되지 않는다.

---

40) DIRECTIVE 93/13/EEC Article 3 (1) 개별적으로 교섭되지 않은 계약조항이 계약에 따라 발생하는 당사자간의 권리와 의무가 신의성실의 요청에 반해 현저히 불균형하여 소비자에게 손해인 경우, 불공정한 것으로 간주된다.

41) 「불공정조항지침」의 '중대한 불균형(significant imbalance)'이라고 하는 표현은 불공정성을 판단함에 있어서 급부와 반대급부간의 비율(price-performance ratio)이 그 기준이 될 수 있다는 오해를 피하기 위해서 DCFR의 II. - 9:403 사업자와 소비자간의 계약에서 불공정의 의미(Meaning of "unfair" in contracts between a business and a consumer)에서는 이를 '중대한 불이익(significantly disadvantages)'으로 대체하였었다. 이러한 점에 비추어 여기서 말하는 불균형역시 급부간의 불균형을 의미한다고 볼 수는 없으며, 단지 조항에 따른 불이익을 의미한다고 볼 것이다.

42) DIRECTIVE 93/13/EEC Article 4(1) 제7조를 침해하지 않고 계약에 포함된 물품 또는 서비스의 성질을 고려하여 그리고 계약의 체결에 수반하는 모든 상황과 모든 다른 계약의 조항이나 그것에 의존하는 모든 여타의 계약을 체결시에 참조하여 계약조항의 불공정성을 평가한다.

조항의 불공정성을 판단하기 위해서 두 가지 요소를 고려하여야하는 것이다. 첫 번째, 사업자가 명확성의 의무를 준수여부이다. 둘째는, 계약에 따라 제공되는 급부의 객관적 성질이다. 즉, 불공정성은 이전, 이행 또는 포기해야할 채무가 존재하는 방식에 따라 각각 판단하게 된다.[43]

또한, 조항의 불공정 판단에는 계약이 체결된 경제적이고 법적인 상황에 대한 고려도 함께 하여야 한다. 이러한 상황은 다툼이 있는 조항의 공정성판단에 관한 재판관의 결정에 영향을 미칠 수 있게 된다.

결국, 법관이 공정성을 판단하기 위해서는 논란이 있는 조항을 포함하는 계약내에 모든 다른 동의된 조항들과 그 밖에 '주변상황들'들 까지도 모두 고려해야 한다. 또한 공정성 판단에 있어, 법원은 당해조항이 사업자에게 지나치게 과도한 권리의 허용, 확대(extension), 확장(expansion) 또는 연장(prolongation)하는지 여부 내지 상대방의 권리를 지나치게 제외(excludes), 제한(limits) 또는 축소(narrows)하는지 여부를 특히 고려할 수 있다.[44]

그리고 불공정성 심사를 위해 고려하는, 신의성실과 공정거래의 개념은 진실성(honesty), 개방성(openness) 그리고 거래에서 상대방당사자의 이익을 위한 고려 또는 사안에서의 관계에 의해 특징 지워지는 행위의 표준과 관련된다(RegCESL [P] 제2조 [b]에 신의성실과 공정거래의 원칙의 개념).[45]

3. 항상 불공정한 계약조항

제84조는 소위 '블랙리스트(black list)'라고 하는, 항상 불공정한 계약조항의 목록을 규정하고 있다. 이때 당해 항상 불공정한 조항의 목록에 해당되는 것만으로 제79조 제1항에 따라 그 항목을 제거할 수 있는 단독의 필요조건(sole necessary requirement)이 된다. 따라서 본 규정에서 열거하고 있는 목록에 해당되는 조항은 제83조에 따라 공정성 여부를 심사할 필요가 없이 항상 불공정한 것으로 된다. 본조에 규정하고 있는 블랙리스트는 「불공정조항지침」의 목록과 DCFR II.-9:410 으로부터 이전되었다. 또한 「불공

43) Schulze, op.cit., p. 384.

44) As Proposed by the Acquis Group, cf Acquis Group, Acquis Principles, Contract II, p 322; furthermore, legitimate and reasonable expectations of the parties and common usages need to be considered.

45) Hesselink, op. cit., p. 142.

정조항지침」 제3조 제3항[46] 및 부속서[47]의 불공정한 것으로 간주되는 폐쇄적이지 않은 조항의 목록(non-exhaustive list of terms)[48]의 개념은 소비자 acquis로 부터 유래한다.

소위 '블랙리스트' (항상 불공정한 조항 목록) 또는 '그레이리스트' (불공정한 것으로 추정되는 조항 목록)는 ACQP(제6:304조-제6:305조)[49]에 최초로 포함되고 DCFR(II.-

---

46) DIRECTIVE 93/13/EEC Article 3(3) 불공정한 것으로 간주되는 계약조항의 예시적이고 폐쇄적이지 않은 목록을 포함한다.

47) 올란도·휴빌 편/ 김재형역, 유럽계약법원칙(제1,2부), 박영사, 2013, 404-407면에 소개된 「불공정조항지침」 부속서의 번역 참조.

48) 김진우, "불공정조항의 내용통제에 관한 몇 가지 법적 문제점", 한국외국어대학교 법학연구소, 외법논집 제36권 제1호, 2012, 165면 참조.

49) ACQP Article 6:304: 불공정조항의 목록(List of unfair terms)
다음은 개별적으로 교섭 되지 않은 경우 사업자와 소비자간의 계약에서 불공정조항의 폐쇄적이지 않은(non-exhaustive) 목록이다 :
- 조항에서 계약에 따라 발생하는 모든 분쟁에 대한 전속관할권을 사업자가 거주하는 것의 법원으로 부여하는 것.

ACQP Article 6:305: 불공정조항의 예시적 목록(Indicative list)
(1) 다음은 개별적으로 교섭 되지 않은 경우 사업자와 소비자 사이의 계약에서 불공정한 것으로 간주하는 조항의 예시적이고 폐쇄적이지 않은(non-exhaustive) 목록이다. 이 목록은 이하의 조항으로 구성되어 있다 :
(a) 사업자의 작위 또는 부작위(act or omission)에 의해 소비자에게 사망 또는 부상에 대한 사업자의 책임을 배제 또는 제한하는 것;
(b) 사업자의 불이행에 있어 사업자나 제삼자에 대하여 소비자가 행사할 수 있는 상계권(right to set-off)을 포함한 권리구제를 부당하게 배제하거나 제한하는 것;
(c) 실현여부가 사업자의 의도에 전적으로 의존하게 되어 소비자를 구속하는 계약;
(d) 소비자가 계약을 실행하거나 종료할 것을 결정하는 경우 소비자가 지불한 대금을 사업자가 보유할 수 있도록 하고, 반대 상황에서 사업자는 그에 상응하는 보상을 소비자에게 제공하지 않도록 허용하는 것;
(e) 의무를 이행하지 못한 소비자에 대한 불균형적으로 높은 손해배상액을 지불할 것을 요구하는 것;
(f) 사업자가 철회하는 것을 허용하는것, 소비자에게 동일한 권리를 주지않고 자신의 재량에 기초하여 계약의 종료하는 것, 사업자의 철회하는 경우에 사업자가 아직제공되지 않은 용역에 대한 지불된 비용을 보유하게 하는 것을 허용하는 조항, 계약의 종료;
(g) 사업자가 현저히 곤란한 사유가 없음에도, 합리적인 통지 없이 기간의 약정이 없는 계약의 종료를 할 수 있도록 하는 것; 그에 타당한 이유가 있는 금융서비스계약조항, 제공자가 상대방 계약당사자나 당사자들에게 그것을 즉석에서 정보를 요구를 받은 조항에 영향을 미치지 않는다;
(h) 조항이 부당하게 짧은 마감기간을 제시하고, 소비자가 명시적으로 표시하지 않으면 정해진 계약기간이 자동적으로 연장되는 것;
(i) 계약에서 명시한 정당한 이유없이 사업자가 일방적으로 계약조건을 변경할 수 있도록 하는 것; 이것은 금융서비스의 제공자가 지불해야하는 이자율을 통지없이 변경하는 권리를 보유, 또는 소비자가 정당한 이유로 금융서비스를 위한 그밖에 비용변경, 제공자가 소비자에게 신속하게 알리기 위해 필요하여 제공하는 경우 그리고 소비자가 자유롭게 계약을 해제하고 즉시 그 효과가 있는 조항에는 영향을 미치지 않는다; 사업자가 반대로 기간의 정함이 없는 계약의 조건을 일방적으로 변경할 수 있는 권리를 규정하거나, 사업자가 소비자에게는 적절한

9:409-410)[50][51]에서 받아들여진 조항의 분류인데, 이와 관련하여 '유럽사법재판소'의

통지를 요구면서 소비자에 대해 자유롭게 계약을 종료를 제시하는 조항에는 영향을 미친다.

(j) 사업자가 제공되는 물품이나 서비스의 특징에 대한 합리적인 고려 없이 일방적으로 변경할 수 있도록 하는 것;

(k) 물품의 전달시 가격이 결정되도록 하거나 사업자가 인상된 가격이 계약 체결시 동의된 가격에 비해 과도하게 인상된 경우, 소비자에게 계약에 기한 철회권을 주지 않고 가격을 인상하는 것; 본 규정은 가격의 변경이 명시적인 방법으로 제공된 적법한 물가연동 조항에 영향을 미치지 않는다.

(l) 사업자에게 물품이나 서비스가 계약에 따라 제공될지 여부를 결정하는 권리를 부여하거나, 사업자가 계약조항을 해석할 수 있는 배타적인 권리를 가지는 것;

(m) 대리인에 의해 체결된 계약을 존중해야 할 사업자의 의무를 제한하거나, 그 계약내용이 특별한 형식에 의해 이행되도록 제한하는 것;

(n) 사업자가 자신의 의무이행을 이행하지 못했음에도 소비자에게 그의 의무의 전부를 이행하도록 의무지우는 것;

(o) 소비자에게 제공된 보증을 감소시킬 수 있음에도, 사업자가 소비자의 동의 없이 자신의 계약에 따른 권리와 의무를 이전하는 것을 허용하는 것;

(p) 제소 또는 그밖에 구제방법을 실행할 수 있는 소비자의 권리를 배제 또는 지연하는 것, 특히 중재절차에서 소비자가 주장하는 법률규정을 적용하지 않거나, 소비자가 사용할 수 있는 증거를 과도하게 제한하거나 또는 증명책임을 소비자에게 이전.

(2) (2) (g), (i) 와 (k)호는 이하를 적용하지 않는다.

- 양도성 유가 증권, 금융 상품 및 기타 제품 또는 가격이 증권 거래소 인용 또는 인덱스 또는 사업의 통제 할 수없는 금융 시장 금리의 변동에 연결되어 서비스 거래;
- 외국 통화, 여행자 수표 또는 외화 국제 우편환의 판매 계약;

50) DCFR II. — 9:409 : 전속관할 조항(Exclusive jurisdiction clauses)

(1) 사업자와 소비자간 계약에서 조항이 사업자에 의해 제공되는 계약으로 야기되는 모든 분쟁에 대한 전속관할을 사업자가 거주하는 곳의 법원으로 하는 경우 이절의 목적상 불공정하다.

(2) 선택된 법원이 소비자가 거주하는 곳의 관할 법원일 경우에는 제1항을 적용하지 않는다.

51) DCFR II. — 9:410 : 사업자와 소비자간 거래에서 불공정으로 추정되는 조항(Terms which are presumed to be unfair in contracts between a business and a consumer)

(1) 사업자와 소비자간 계약조항을 사업자가 제공하였고 다음에 해당하는 경우 본 절의 목적상 해당 조항은 불공정한 것으로 추정한다:

(a) 해당 업무상 작위 또는 부작위(act or omission)로 인한 소비자의 사망 또는 신체적 상해에 대하여 사업자의 책임을 배제하거나 제한하는 경우;

(b) 소비자가 사업자의 계약상 의무 불이행에 대하여 사업자나 제3자에 대해 할 수 있는 상계권(right to set-off)를 포함한 일체의 해결방식을 부당하게 배제하거나 제한하는 경우;

(c) 오로지 사업자의 의도에 따라 이행될 것을 조건으로 하는 의무로 소비자를 구속하는 경우,

(d) 소비자가 계약을 체결하거나 계약에 기한 의무를 이행하지 않기로 결정한 경우, 사업자는 소비자가 지불한 대금을 유보하도록 허용하고, 반대상황에서 소비자가 사업자로부터 동등한 금액의 보상을 받을 수 있도록 규정하지 않은 경우;

(e) 자신의 의무를 이행하지 않은 소비자에게 손해에 비해 과다하게 높은 금액을 부담하도록 규정하는 경우;

(f) 사업자는 자유재량에 의거하여 계약관계를 취소 또는 파기할 수 있도록 하지만 소비자에게는 이 같은 권리를 부여하지 않거나, 사업자가 계약 관계를 취소하거나 파기하는 경우 제공하지 않은 서비스에 대하여 지불한 금액을 그대로 보유할 수 있도록 하는 경우;

Océano판결은 일부조항이 항상 불공정한 것으로 고려될 수 있다는 EU 수준의 최초의 승인을 주었다.

제84조는 '항상 불공정한 조항의 목록'을 이러한 '유럽사법재판소'의 결정보다 현저히 확장하고 있다. 즉 본조는 기존의 블랙 또는 그레이리스트에 비추어 목록에 다수 새

(g) 불확정 기간의 계약 관계를 타당한 이유가 있는 경우를 제외하고 합당한 통고 없이 사업자가 일방적으로 종료할 수 있도록 하는 경우; 이는 해당 공급자가 즉시 이 사항을 상대 당사자에게 즉시 알리는 것을 조건으로 하는 합당한 사유가 있는 금융서비스계약 조항에는 영향을 미치지 않는다;

(h) 확정된 기간의 계약을 자동 연장하는 조항이 불합리하게 빠른 기한을 규정하는 경우 소비자가 다르게 지시하지 않으면 자동적으로 정해진 기간의 계약을 연장하는 경우;

(i) 사업자가 계약에 명시한 정당한 사유 없이 계약조항을 일방적으로 변경할 수 있는 경우. 이는 공급자는 가급적 빨리 소비자에게 해당 내용을 알려야 하고 소비자는 계약관계를 즉각 종료할 수 있다면 정당한 사유 없이 통고를 하지 않고 금융서비스에 대하여 소비자로부터 혹은 소비자에게 지불해야 하는 이율이나 기타 수수료 금액을 변경할 권리를 금융서비스 공급자가 유보한다는 근거가 되는 조항에 영향을 미치지 않으며, 마찬가지로 사업자는 소비자에게 합당한 통지를 통해 알려야 하고 소비자는 계약관계를 자유롭게 종료할 수 있다면 사업자가 불확정 기간(indeterminate duration)의 계약조건을 일반적으로 변경할 수 있는 권리를 유보한다는 근거가 되는 조항에도 영향을 미치지 않는다;

(j) 사업자가 정당한 사유 없이 제공 대상 상품이나, 기타 자산 또는 서비스의 특성을 일방적으로 변경할 수 있는 경우;

(k) 상품 또는 기타 자산의 가격이 배송 혹은 공급 시점에 결정된다고 규정하거나, 계약 체결시 합의한 가격에 비해서 인상된 가격이 과하게 높을 경우 소비자에게 계약의 철회를 할 수 있는 권리를 제공하지 않고, 사업자가 가격을 인상할 수 있는 경우: 적법한 경우 가격이 변경되는 방법을 명확하게 설명한다면 이는 물가지수연동 규정에 영향을 미치지 않는다:

(l) 공급되는 상품이나 기타 자산이 계약을 엄수할지에 대한 결정 권한을 사업자에게 주거나 모든 계약조항을 해석할 수 있는 배타적 권한을 사업자에게 부여하는 경우; (m) 대리인등이 맡은 책임에 대한 사업자의 감독의무를 제한하거나 사업자의 책임이 특별한 절차를 거치도록 하는 경우;

(n) 사업자가 스스로 의무를 다하지 못하고도 소비자에게 의무의 이행을 강요하는 경우;

(o) 소비자의 동의없이 사업자가 계약상의 권리와 의무를 변경할 수 있도록 한 경우, 그리고 이것이 소비자의 이용 가능한 담보를 축소시키는 경우;

(p) 특히 소비자를 법 규정으로는 보호되지 않는 중재절차에 회부하거나, 소비자가 이용할 수 있는 증거를 부당하게 제한하거나, 혹은 증명에 대한 부담을 소비자에게 전가하는 등의 방법으로, 법적 조치를 취하거나 이외의 해결책을 강구하는 소비자의 권리를 배제하거나 제한하는 경우;

(q) 이용할 수 없게 된것을 주문받은 사업자가, 소비자가 계약 철회 권리를 행사할 경우, 계약에 의거하여 소비자가 수령한 것을 반환하는 비용은 사업자가 부담한다는 사실과 가능성을 소비자에게 확실하게 알리지 않고 등가물을 제공할 수 있도록 할 경우

(2) (g),(i) 및 (k)을 적용하지 않는다.

(a) 가격이 사업자의 통제를 벗어나는 주식시장 상장이나, 지수 또는 금융 시장 이율 변동과 관련되는 양도성 담보, 금융상품 및 기타 상품이나 서비스 거래;

(b) 외환, 여행자수표, 또는 외환으로 표시되는 국제 우편환의 매매계약등의 경우

로운 내용(items)을 목록에 포함하고 있다. 가령 계약의 종료에 대한 소비자의 권리에 관한 조항(제84조 [h]과 [i]); 소비자에게 실제로 인도되지 않은 물건, 공급되지 않은 전자적 재화 또는 제공되지 않은 관련 역무에 대한 지불을 요구하는 조항(제84조 [j]); 개별적으로 교섭되지 않은 계약조항을 우선하거나 확정하도록 하는 조항(제84조 [k]) 또한 고의 또는 중대한 과실을 원인으로 하는 손실 또는 손해에 대한 사업자의 책임을 배제 또는 제한하는 조항 등이 그것이다(제84조 [b]).

이하에서는 블랙리스트로 규정된 조항의 성격에 관하여 불이행에 관한 조항, 계약상의 분쟁에 관한 조항 그리고 계약의 효력에 영향을 미치는 조항 등으로 구분하여 살펴본다.

1) 계약의 효력에 관한 조항

직·간접적으로 소비자의 법적 권리를 박탈하는 계약조항은 블랙리스트에 포함된다. 가령 권한 있는 대리인에 의해 체결된 약정에 의해 구속되는 사업자의 의무를 제한하는 조항이 이에 해당된다(제84조[c]). 사업자는 이러한 조항을 통해 자신의 의무를 제삼자에게 실행토록 이전함으로써 자신의 계약적 의무를 회피할 수 있다.[52] 유사하게 계약의 효력발생 여부가 사업자에 의해 결정되고 이행이 특정한 조건에 종속되도록 할 목적이 있거나 그러한 결과를 야기하는 조항도 역시 이에 포함된다. 이와 동일하게 소비자는 계약에 의해 구속되지만 사업자는 그렇지 않는 것을 내용으로 하는 조항도 이에 해당된다(제84조 [g]). 계약의 성질상 소비자에게 불리한 조건이 있을 수 있지만, 계약으로부터 사업자를 벗어나게 하는 조항은 금지된다. 실제로 어느 정도까지 소비자에게 불리한 일방적인 계약은 쌍무적 B2C계약의 변형으로 볼 수 있으나, 본조에 해당되는 내용은 계약이 가지는 장점에 의해 얻는 소비자의 권리를 박탈하는 것이다.

또한 조항이 소비자가 실제로 아직 전달·제공 또는 이전되지 않은 물품(goods), 전자적 재화(digital content) 또는 관련서비스(related services)에 대해 지불할 의무를 지우는 것을 목적이 있거나 그러한 결과를 야기하는 것이다(제84조 [j]). 결국, 이런 조항은 사업자가 그의 계약적 의무를 이행하지 않았음에도 불구하고 소비자로 하여금 구입가격을 지불하도록 한다.

개별적으로 교섭되지 않은 조항을 제7조의 의미로 개별적으로 교섭된 계약조항에

52) Schulze, op.cit., p. 387.

우선하도록 확정하는 조항도 역시 불공정한 것으로 된다(제84조 [k]).

이는 공급된 상품(goods), 전자적 재화(digital content) 또는 관련 서비스(related services)가 적합한지 여부를 결정하는 배타적 권리를 사업자에게 주기 위한 목적이 있거나 그러한 결과를 야기하는 항목에 적용한다(제84조 [f]). 이러한 조항은 불완전한 이행의 경우에 사업자가 자신의 책임을 간접적으로 배제하고, 결국 사업자에게 전적으로 유리하도록 이행이 담보되지 않게 되기 때문이다. 동일한 이유로, 목록은 사업자에게 어떠한 계약조항을 해석할 배타적 권리를 부여할 목적이 있거나 그러한 결과를 야기하는 조항을 포함한다(제84조 [f]).

이와 같은 조항들은 계약의 효력에 있어 상당부분을 사업자의 재량에 지배를 받게 된다. 예를 들어 사업자가 자신에게 가장 유리하게 계약조항의 전부를 불분명하고(unclear), 부정확(imprecise)하고 모호하게(ambiguous) 만들어낼 수 있게 된다.

2) 불이행에 관한 조항

제84조 (h)와 (i)는 상대방에 대한 배려의 부족으로 인해 사업자에게 현저히 불균형(significant imbalance)하게 유리한 조항에 대한 문제이다. 따라서 계약의 체결시와 달리 계약의 종료방식에 있어서 소비자에게 보다 엄격한 형식(more formal)을 요구하는 계약조항을 항상 불공정한 것으로 본다.

이러한 조항은 동일한 상황에 대하여 소비자에 의한 계약의 종료를 사업자가 종료할 때보다 어렵게 한다. 예를 들어 계약을 종료하기 위해 소비자에게 요구되는 통지기간에 비해 사업자에게 더 짧은 통지기간(shorter notice period)을 허락할 목적이 있거나 그러한 결과를 야기하는 조항이 그러하다. 마찬가지로 소비자에 비해 사업자에게 긴 종료기간(longer termination period)을 허용하는 경우에 현저한 불균형이 발생하게 된다.[53]

3) 불이행에 대한 책임

항상 불공정한 계약조항의 목록은 불이행이나 불완전한 이행에 대한 책임에 관한 조항을 포함한다. 가령 소비자의 신체적 상해(personal injury)에 대한 배상받지 못하

53) Schulze, op.cit., p. 388.

도록 하거나 사망의 경우 소비자의 승계인이 배상을 받지 못하도록 하는 내용을 포함하는 조항은 불공정하다. 뿐만 아니라, 사업자 또는 그의 이익을 위해 행위하는 자(someone acting on his behalf)의 책임 있는 사유에도 불구하고 소비자의 신체적 상해에 대한 배상을 부인하는 모든 조항은 불공정하다(제84조 [a]). 이러한 형태의 조항은 사업자가 자신의 책임을 배제하거나 제한하는 것으로 항상 불공정하다. 뿐만 아니라, 사업자가 자신의 고의(deliberately) 또는 중대한 과실(gross negligence)로 인해 발생한 소비자의 어떠한 손실이나 손해에 대한 자신의 책임을 배제하거나 제한할 수 있는 조항은 항상 불공정하다(제84조 [b]). 또한 B2C계약에서 사업자 자신의 책임과 관련된 조항이 좀처럼 드러나지 않도록 하는 형태의 조항도 역시 항상 불공정하다.

4) 법적 분쟁에 관한 조항

계약조항이 소송이나 그밖에 다른 법적 구제 수단을 행사할 수 있는 소비자의 권리를 배제 또는 방해할 목적이 있거나 그러한 결과를 야기하는 조항은 모두 불공정하다. 가령 소비자의 요구에 의한 분쟁에서 B2C 계약에 적용되는 법률규정에 일반적으로 예견되지 않는 중재의 방법에 전적으로 의하도록 하는 모든 조항은 불공정하다(제84조 [d]). 법원에 대한 접근과 국가 재판에 대한 권리는 계약 조항에 의해 배제하거나 제한할 수 없는 기본적인 자유이다. 따라서 이러한 자유와 권리를 제한 또는 배제하는 것은 불공정하다.

또한, 계약조항이 소비자 거주지역(domiciled)의 법원이 아니라 사업자 거주지법원에서 모든 소를 제기하도록 하는 독점적인 관할을 정할 목적이나 효력을 가지고 있다면, 당해 조항은 항상 불공정하다(제84조 [e]).[54] 관할은 소비자가 그의 상거소(habitual residence)에 가장 가까운 법원으로부터 재판을 구할 가능성을 가져야 하기 때문에 사업자의 재량에 맡겨둘 수 없다.[55] 이 규정은 국제적 관할권 그리고 지역 관할권을 지정하는 조항을 구분하지 않는다.

54) ECJ 4.6. 2009, Case C-243/08 Pannon [2009] ECR I-4713 참조.

55) Schulze, op.cit., p. 389.

4. 불공정한 것으로 추정되는 계약조항

제85조는 B2C계약에서 사업자에 의해 제공된 계약조항이 일반적으로 소비자에 대한 현저한 불이익(serious disadvantage)을 구성하고, 그로 인해 불공정한 것으로 추정되는 소위 '그레이리스트'라고 하는 조항의 목록을 포함한다. 이때 불공정성의 추정이란, 당해 조항이 계약에 포함되는 경우에, 사업자는 조항이 무효로 되는 것을 피하기 위해서 당해조항이 불공정하지 않다는 것을 증명하여야 함을 의미한다.

제85조의 불공정한 것으로 추정되는 계약조항의 목록은 「불공정조항지침」제3조 제3항과 부속서[56]에서 유래 하지만 목록의 일반적인 특성은 그와 차이가 있다. 즉, 「불공정조항지침」부속서에 있는 목록은 단지 간접적인 분류였지만, 본조는 불공정한 것으로 추정되는 조항으로 규정한다.

제85조는 여전히 「불공정조항지침」 부속서에 포함된 다수의 조항을 포함하고 있으며 ACQP 제6:305조와 DCFR. II.-9:410에 있는 내용들도 포함하고 있다. 뿐만 아니라, 제85조는 (o)-(w)에서 불공정한 것으로 추정되는 조항의 새로운 유형을 소개한다. 이러한 불공정한 계약조항으로 추정되는 유형으로는 계약의 이행, 지불기간과 조건, 권리의 구제, 계약기간에 관한 조건과 제삼자의 관계 등 당사자간의 권리와 의무의 결정에 관한 내용이다.

이 목록에서 포함된 조항은 계약의 체결, 계약의 효력, 계약의 불이행, 계약관계의 해소 그리고 계약과 관련된 분쟁 등과 같이 계약관계를 구분한다. 이하에서는 본 조에서 규정하고 있는 목록을 이러한 구분에 따라 살펴본다.

1) 계약의 체결에 관한 조항

계약의 체결과 관련하여 불공정한 것으로 추정되는 조항으로 제85조 (d)의 계약이행에 있어 부당한 부담의 전가, (k)의 철회권 행사의 제한 및 배제, (o)의 거래의 성부에 관해 사업자에게 부당하게 유리한 기간설정 등이 그것이다. 계약의 체결에 영향을 미치는 명백한 배타적권한(exclusive power)이 사업자에게 있는 조항의 경우 불공정성이 추정된다. 이러한 목록에 해당되는 목적이나 그러한 결과를 야기하는 조항은 불공정을 추정하게 한다.

---

56) DIRECTIVE 93/13/EEC

2) 계약의 효력에 관한 조항

계약의 효력에 관련하여 불공정한 것으로 추정되는 조항으로 제85조 (c)의 사업자에 대한 소비자의 권리제한 및 배제, (i)의 계약내용의 일방적 변경, (j)의 급부내용의 일방적 변경, (M)의 계약상 권리·의무의 일방적인 제3자 이전, (n)의 소비자의 이행거절에 기한 반환물을 임의로 대체, (p)의 소비자의 구제방법 내지 항변권을 부당하게 제한 또는 배제, (r)의 소비자의 이행을 비합리적인 특정방식으로 요구, (s)의 과도한 선급금이나 과도한 이행보증요구, (t)의 소비자의 제3자와의 거래방해 및 (u)의 자신의 제3자와의 계약에 소비자를 끌어들이는 경우 등이 있다. 이러한 목록에 해당되는 조항의 목적이나 그러한 결과는 불공정을 추정하게 한다. 불공정성의 추정은 사업자가 소비자와의 계약의 효력에 재량권(discretion)을 가지고 있으며, 사업자의 재량권의 행사에 따라 효과가 달라질 수 있는 조항에 각각에 대해 발생한다.

3) 불이행에 관한 조항

불이행에 관련하여 불공정한 것으로 추정되는 계약조항으로는 제85조 (b)의 자신의 의무불이행에 기한 소비자의 권리구제를 부당하게 제한 또는 배제, (e)의 소비자의 불이행에 대한 과도한 배상, (f)의 철회 또는 계약의 종료에 관한 부적절한 제한 또는 불이익 부여 및 (1)의 계약상의 의무에 있어 불균형적인 이행 강요 등이 있다. 이러한 목록에 해당되는 목적이나 그러한 결과를 야기하는 조항은 불공정을 추정하게 한다. 이때의 사업자 자신의 불이행에 관한 책임을 배제하거나 소비자의 불이행으로 인해 사업자가 불균형적 이익을 받게 되는 것을 내용으로 하는 조항이 계약에 포함된 것만으로 당해 조항은 불공정한 것으로 추정된다.

4) 계약의 종료와 연장에 관한 조항

계약의 종료(discharge)와 연장(extension)에 관련하여 불공정한 것으로 추정되는 계약조항으로 제85조 (g)의 적절한 통지기간 없는 계약의 종료, (h)의 계약의 연장에 관한 부적절한 기간설정, (v)의 기간 없는 계약종료에 있어 소비자에 과도한 부담 및 (w)의 계약기간 및 갱신기간을 부당하게 장기로 하는 경우 등이 있다. 이러한 목록에 해당되는 목적이나 그러한 결과를 발생시키는 조항은 불공정성의 추정을 야기한다. 그러한 조항들은 가령 계약관계에 있어 중요한 기간을 사업자가 결정하게 하거나, 반대로 계약을 해소할 수 있는 소비자의 권리를 과도하게 제한하는 성질 때문에 불공정하게 추정된다.

5) 법적 분쟁에 관한 조항

법적 다툼에 관련하여 불공정한 것으로 추정되는 계약조항으로 제85조 (a)의 소비자의 증거제한 및 증명책임의 전가와 (q)의 소비자의 권리구제 및 주장의 청구 및 항변의 부당한 배제 또는 제한 등이 있다. 이러한 목록에 해당되는 목적이나 그러한 결과를 야기하는 조항은 불공정의 추정을 초래한다. 법적분쟁에 있어 자신의 주장을 관철하는 소비자에 대해 불균형적 어려움을 만들 수 있는 조항은 불공정한 것으로 추정한다.

5. 검토

1) 제82조는 B2C 계약에 있어 사업자의 명확성의무를 규정하고 있다. 이러한 명확성의무는 조항을 제공하는 사업자에 비해 정보력이 약한 소비자를 특히 보호하기 위한 내용이라고 볼 수 있다. 그러나 명확성의무와 관련하여 의무의 위반에 대한 적절한 제제를 규정하고 있지 않다는 지적이 있다.[57] 물론 명확성의무를 준수하지 않은 DCFR의 태도에 비하면, 이러한 지적도 가능하다고 할 수 있다. 그러나 유럽공통매매법(안)에서 역시 명확성의무는 불공정성판단에 있어 중요한 요소가 되며, 나아가 B2C계약에서 명확성의무의 준수 여부는 계약에 있어 급부와 반대급부의 균형관계에 대한 통제여부가 판단될 수 있게 되므로 적절하지 못하다고는 말하기 어렵다 할 것이다. 실제로 명확성의무를 준수하지 않은 조항은 그 자체로 상대방당사자에 대한 강제력을 가지지 못하게 되며, 이를 준수한 경우에야 제83조의 공정성여부에 대한 심사를 하게 된다. 그러므로 B2C계약에 있어서 명확성의무의 준수여부는 유럽공통매매법(안)에 있어서도 조항의 공정성판단의 전제라고 할 수 있게 된다.

57) Vgl. Schulze, op.cit., p. 381.

2) 제83조의 B2C 계약의 불공정의 의미와 관련하여 이중개념을 두고, 본조가 규정하고 있는 불공정성, 즉 계약상 사업자에게 유리한 현저한 불균형을 야기하는 조항은 신의성실과 공정거래의 이상과 절대로 양립할 수 없다고 한다. 신의성실에 따라 행동하였음에도 발생한 불균형의 문제에 대하여 불공정하다고 할 수 있는지에 대한 문제를 제기하기도 한다.[58] 하지만 조항의 불공정성에 대한 이중개념(two-tier concept)은 현저한 계약상 불균형이라고 하는 객관적인 요소와 사업자의 신의성실과 공정한 거래를 위반하는 행동이라고 하는 주관적인 요소가 있기 때문에 이를 유지하여야 한다고 할 수도 있다.

3) 제84조와 제85조에서 규정하고 있는 불공정조항목록과 관련하여 이렇게 긴 목록의 필요성에 대한 비판 그리고 몇몇 항목은 과다하다는 비판이 있을 수 있다. 또한 '그레이리스트'와 '블랙리스트'의 구별기준에 대하여도 의문이 제기될 수 있다. 예를 들어 증명책임을 이전하거나 증거의 채택의 효과에 관한 조항이 그러하다.[59] 게다가, '그레이리스트' 와 '블랙리스트'는 유럽공통매매법(안)에 의한 규율범위를 벗어나는, 법률표현의 문제, 불법행위법과 소송법 등의 내용이 들어있는 조항을 포함한다. 가령 사망이나 신체적 상해에 대한 책임을 제한하는 조항(제84조[a]), 증거를 제한하는 조항(제85조[a])등이 그것이다.[60]

IV. 사업자간의 계약에 있어서 불공정한 계약조항

유럽공통매매법(안)은 B2C와 B2B 거래에서의 계약조항의 불공정성에 관한 통제를 각각의 절에서 달리 규율하고 있다. B2B 계약과 관련하여 제86조에서 불공정조항

58) Schulze, op.cit., p. 385에서는 신의성실과 계약의 현저한 불균형과 관련된 이중개념의 불필요성과 관련하여 프랑스법의 예를 소개하고 있다. "신의성실이 추정되는 경우에는, 계약적 균형을 현저하게 자신의 이익으로 이전시키기 위해서 사업자가 소비자에게 조항을 부과하면서 신의성실과 공정한 거래를 위반(contrary to good faith and fair dealing)하여 행동하였다는 것을 소비자가 증명하여야 한다고 한다."

59) Mazeaud, op.cit., pp. 123-124, 128.

60) Wendehorst, 'Regelungen über den Vertragsinhalt', in Wendehorst/Zöchling-Jud (eds), Am Vorabend eines GEK, p. 103.

의 개념을 정의하고, 그 계약에 있는 조항의 불공정 통제를 위한 표준을 규정한다.[61] 이하에서의 B2B간의 거래에 적용되는 공정성통제의 근거와 기준은 B2C와는 다소의 차이를 보이고 있다. 이러한 상이한 통제근거와 기준에 대하여 살펴보기로 한다.

1. 사업자간의 계약에서 불공정성의 의미

제86조 제1항은 사업자간의 계약에 있어 개별적으로 교섭되지 않은 계약조항이 신의성실과 공정거래를 위반하여 건전한 거래관행에 반하는 경우 불공정한 것으로 규정하고 있다. 이러한 공정성의 정의는 이에 상응하는 B2C 계약에서의 불공정한 조항의 정의와 차이가 있다. 가령 B2C계약에서는 당사자의 권리와 의무가 신의성실에 반해 현저한 불균형을 야기하는 경우 그 조항을 불공정한 것으로 보지만, B2B계약에서는 신의성실과 공정거래를 위반하여 건전한 거래관행을 현저히 벗어나는 경우 그 조항을 불공정한 것으로 한다(제86조 제1항 [b]).

이때 신의성실과 공정거래를 위반하여 건전한 거래관행(good commercial practice contrary to good faith and fair dealing)으로부터 현저히 벗어나는 경우 그 조항은 불공정한 것으로 간주된다고 하는 기준은 「상거래에서의 대금체불방지 지침」으로부터 유래한다(이하 : 「체불방지지침」).[62] 또한 '건전한 거래관행'의 개념은 「국제시장에서 소비자거래의 불공정거래지침」(이하 : 「불공정소비자거래지침」)[63]을 참조하

61) Schulze, op.cit., pp. 393, 384.

62) DIRECTIVE 2011/7/EU OF THE EUROPEAN PARLIAMENT AND OF THE COUNCIL of 16 February 2011 on combating late payment in commercial transactions : Late Payment Directive(이하 : DIRECTIVE 2011/7/EU)
Article 7 : 불공정한 계약조항과 불공정한 계약관행(Unfair contractual terms and practices)
(1) 회원국은 계약조항이나 지급을 위한 날짜 또는 기간에 관한 관행, 체불을 위한 이율과 이자 또는 비용보완을 위한 보상은 강제할 수 없거나 채권자에게 현저히 불공정한 경우 손해를 위한 주장이 발생하는 계약조항을 제공하여야 한다. 계약조항이나 관행이 채권자에 대해 현저하게 불공정한지여부를 판단함에 있어, 각호의 의미에서, 사안의 모든 상황이 고려되어야 한다:
(a) 선량한 거래질서, 신의성실과 공정거래에 현저한 위반;
(b) 물품이나 서비스의 성질; 그리고
(c) 채무자는 체불을 위한 법정 이자율, 제3조 제5항, 제4조 제3항의 (a), 제4조 제4항 와 제4조 제6항에서 언급한 지불기간 또는 제6조 제1항에서 언급한 정액의 위반이 어떠한 객관적 의미를 가지는지 여부.

63) DIRECTIVE 2005/29/EC OF THE EUROPEAN PARLIAMENT AND OF THE COUNCIL of 11 May 2005 concerning unfair business-to-consumer commercial practices in the internal market

여 따른 것이다. 이 지침은 조항은 개별 국가의 법률에 따라 '건전한 거래관행(good commercial practice)'의 특징을 결정하고 그 위반에 대한 제재를 허용한다(「불공정소비자거래지침」제5조와 제13조).[64]

B2C거래에서와 다른 B2B거래의 또 하나의 특징은 불공정한 계약조항의 심사에 대금지급과 관련된 내용을 제외한다는 것이다. 따라서 B2B계약에 있어 일방사업자에 의해 제공되는 조항은 명확성의무의 준수여부에 관계없이 가격의 적절성에 관해 불공정성여부를 심사하지 않는다.[65]

2. 사업자간의 거래관계에서의 계약조항의 불공정기준

B2B 계약조항의 불공정성을 평가하기 위해서는 B2C 계약에서와 동일하게 제2항에서 규정하고 있는 요소에 대한 검토가 있어야 한다. 또한 제86조 제2항은 DCFR II-

---

and amending Council Directive 84/450/EEC, Directives 97/7/EC, 98/27/EC and 2002/65/EC of the European Parliament and of the Council and Regulation (EC) No 2006/2004 of the European Parliament and of the Council(이하 : DIRECTIVE 2005/29/EC)

64) DIRECTIVE 2005/29/EC Article 5 : 불공정한 상거래관행의 금지(Prohibition of unfair commercial practices)
(1) 불공정한 상거래관행은 금지된다.
(2) 이하의 거래관행은 불공정하다:
(a) 직업적노력의 요청을 위반한 경우, 그리고
(b) 상업적 거래가 평균의 소비자의 제품에 대해 그것이 전달되었거나 또는 주소지에 도달하거나 또는 소비자의 특정 집단관한 것인 때에 집단의 평균적인 구성원이 제품에 관해 고려하여 경제적인행동을 실질적으로 왜곡할 가능성이 있거나 또는 실질적으로 왜곡하는 것
(3) 그들의 정신적 또는 신체적 질환, 연령이나 맹신으로 인해 경험이나 기본물품에 대하여 실질적으로 취약한 명확히 식별할 수 있는 소비자집단의 경제적 행동만을 왜곡할 가능성이 있는 상거래관행은 사업자가 합리적으로 예측할 것이라고 예견할 수 있는 방법으로 해당 집단의 평균 회원의 관점에서 평가되어야한다. 이것이 과장되거나 반드시 의미를 그대로 해석할 수 없는 문장에 의해 만들어진 일반적이고 합법적인 광고관행을 침해하지 않는다.
(4) 특히, 이하에 상거래관행은 불공정하다:
(a) 제6조와 제7조에 명시된 오해의 소지가 있는 것, 또는
(b) 제8조와 제9조에 명시된 적대적인 것.
(5) 부속서 I은 모든 상황에서 불공정 한 것으로 간주되는 상업적 관행의 목록이 포함한다. 동일한 하나의 목록은 모든 회원국에 적용되고 이 지침의 개정에 의해서만 변경될 수 있다.
Article 13 : 제재(Penalties) 회원국은이 지침의 적용에 채택하고 그것이 강제를 보장하기 위한 모든 필요한 조치를 취하여 국가법률의 위반을 위한 제재를 규정해야 한다. 이러한 처벌은 효과적, 비례적 그리고 억제적 이어야 한다.

65) 앞의 'II. 2. (2) 사업자와 소비자간의 거래에 적용되는 예외' 참조.

9:407에 규정하고 있는 계약조항의 불공정 심사의 고려요소와 유사한 요인을 포함한다.[66]

B2B 계약에서는 사업자가 명확성의 의무에 지배를 받지 않는 것이 단지 다른 점이다. 따라서 그런 의무의 위반은 고려되지 않을 수 있다.[67]

표준조항의 일부를 형성하는 조항의 불공정성 심사 범위를 제한하는 것을 제외하면, DCFR은 일반적으로 존재하는 조문으로서 B2B 거래에 있는 불공정한 조항의 유사한 의미를 규정한다(DCFR II−9:405).[68]

3. 검토

일반적으로 계약 조항의 불공정성 통제가 B2B 관계까지 포함하여야 하는가 여부는 논란이 있는 정책적 쟁점이다. 그러나 실제로 계약의 현실은 대등하지 않은 교섭 능력이 B2C 관계뿐만 아니라 또한 B2B 거래에서 발생하게 되며, 이러한 교섭능력의 차이는 우월적 지위에 있는 일방사업자가 상대방 사업자의 계약적 자유를 제한할 수 있게 된다. 이것이 B2B거래에 대해서까지 불공정성을 통제하는 정당화근거가 될 것이다.[69]

이와 관련하여 「불공정조항지침」은 B2C 계약에 한해서만 적용되고 B2B 계약에 대해서는 이를 적용하지 않고 있기 때문에, 그 입장에 있어 차이가 있는 것으로 오해할 수

---

66) DCFR II. − 9:407 : 불공정성 심사에 고려해야 할 요소(Factors to be taken into account in assessing unfairness)
(1) 본 절의 목적상 계약조항의 불공정성을 심사할 때에는, II. − 9:402(개별 교섭되지 않은 조항의 명확성 의무)에 기하여 명확성 의무와, 계약에서 제시되어야 할 것에 대한 본질, 계약 체결 중 우세한 상황과, 계약의 다른 조항 및 계약이 의존하는 기타 모든 계약의 조항들을 고려해야 한다.
(2) II. - 9:403(사업자와 소비자간 계약에서 '불공정'의 의미)의 목적상 계약 체결시의 우세한 상황으로는 계약을 체결하기 전 소비자가 조항에 대해서 알 수 있는 실질적 기회가 소비자에게 어느 정도까지 주어졌느냐를 포함한다.

67) Schulze, op.cit., p. 394.

68) DCFR II. − 9:405 : 사업자간의 계약에 있어 '불공정'의 의미(Meaning of "unfair" in contracts between businesses)
사업자간 계약에 있어 일방당사자에 의해 제공되었고 약관조항(standard terms)의 일부를 구성하는 조항이 이를 적용함이 건전한 거래관행(good commercial practice)에서 현저히 벗어나, 신의성실과 공정거래에 반하는 성질을 갖는 경우 이 절의 목적상 불공정하다.

69) Acquis Group, Acquis Principles, Contract II: Research Group on the Existing EC Private Law(Acquis Group), Principles of the Existing EC Contract Law(Acquis Principles), Contract II: General Provisions, Delivery of Goods, Package Travel and Payment Serviec, Sellier: Munich, 2009, p. 320.

있을 것이다. 그러나 「불공정조항지침」의 이러한 태도는 '소비자보호정책'과 '역내시장의 통합'이라는 목표를 달성하기 위한 과정에서 B2C 계약에 초점을 맞춘 것이기 때문이며, B2B계약을 그 본질상 공정성 통제의 대상에서 배제한 것은 아니라고 한다.[70)]

또한 조항의 공정성통제에 방법에 있어서 B2C와 B2B를 구분하는 것을 두고, 동일한 원인은 동일한 효과를 야기하고 이러한 문제는 동일한 방법에 의해 치유되어야 함에도 불구하고, B2C와 B2B 거래를 구분하여 이들을 달리 보호하여야 할 이유가 적절한가에 대한 비판이 있는 것이 사실이며, 이들은 B2C와 B2B거래 양자에 대한 획일적 처리를 언급하기도 한다.[71)]

B2B거래에 있어서 신의성실과 공정거래를 위반하여 건전한 거래관행(good commercial practice contrary to good faith and fair dealing)을 벗어나는 경우 불공정한 것으로 간주되었다. 그러나 지난 2013년 3월 발표된 보고서[72)]에 따라 신의성실과 공정거래를 위반하여 건전한 거래관행(good commercial practice contrary to good faith and fair dealing)을 벗어나는 경우가 신의성실과 공정거래를 위반하여 통상의 거래관행(customary commercial practice, contrary to good faith and fair dealing) 현저히 벗어나는 것으로 수정되었다.[73)] 이러한 문구의 변경을 두고 논란이 있기는 하다. 그러나 원안이나 수정안 모두에서 신의성실과 공정거래의 위반을 요건으로 하고 있다.[74)]

---

70) Nils Jansen, Klauselkontrolle im europäischen Privatrecht - Ein Beitrag zur Revision des Verbraucheracquis, Zeitschrift für europäisches Privatrecht, 2010, 70f(김진우, 전게 "불공정조항의 내용통제", 156면에서 재인용).

71) Mazeaud, op.cit., p. 126; Schulze, op.cit., p. 395.

72) 6.3.2013 Draft Report on the proposal for a regulation of the European Parliament and of the Council on a Common European Sales Law(COM(2011)0635 - C7-0329/2011 - 2011/0284(COD)).의 Amendment 131에 따라 Proposal for a regulation Annex I - Article86 - paragraph 1 - point b의 규정이 수정되었다.
(b) it is of such a nature that its use grossly deviates from good commercial practice, contrary to good faith and fair dealing.=> (b) it is of such a nature that its use grossly deviates from customary commercial practice, contrary to good faith and fair dealing.

73) DRAFT REPORT on the proposal for a regulation of the European Parliament and of the Council on a Common European Sales Law (COM(2011)0635 — C7-0329/2011 — 2011/0284(COD))

74) 이러한 수정안에 대하여 비판적인 견해로는 Friedrich Graf, DRAT REPORT 2011/0284 (COD) of the Committee on Legal Affairs on the Proposed Common European Sales Law (CESL), p. 5-6(http://www.europarl.europa.eu/document/activities/cont/201303/20130322ATT63748/20130322ATT63748EN.pdf)

V. 결론에 갈음하여

이상에서는 유럽공통매매법(안)상의 구성에 따라 불공정한 계약조항에 대한 유럽공통매매법(안)의 내용을 살펴보고 간략히 검토하였다. 이하에서는 앞에서 기술한 내용의 검토에 대한 정리와 보충적 기술로써 결론에 갈음하고자 한다.

1) 유럽공통매매법(안)의 불공정조항에 대한 통제와 관련한 몇 가지 특징으로, 그 통제 범위를 B2B거래와 사업자와 B2C거래 계약을 모두를 포함하고 있다.[75] 그러나 그들 간에 적용되는 통제기준이 모두 동일한 것은 아니며, B2C거래인지 또는 B2B인지 여부에 따라 적용되는 공정성 통제의 기준을 달리한다. DCFR은 C2C 간의 계약까지 포함하고 있었으나, 유럽공통매매법(안)은 C2C계약을 제외하고 B2B와 B2C거래만을 규율하고 있을 뿐 C2C거래는 제외하고 있다.

   조항의 공정성의 통제는 계약의 주요내용의 정의(definition of the main subjec) 및 지불될 가격의 적합성(appropriateness of the price)에 관한 문제에 대해서는 관여하지 않는다. 그렇다고 하더라도 불공정한 조항에 관한 본 규정의 당사자들의 불균형적 교섭지위(unequal bargaining positions) 그리고 당사자의 능력에 기인하는 모든 문제를 치유하는 것은 아니며, 단지 불공정요소를 해소(resolve), 예방(prevent) 그리고 감경(mitigate)할 뿐이다. 이를 위해 유럽공통매매법(안)에는 계약전 정보제공 의무(pre-contractual information duties)에 관한 규정 (제13조-제29조), 철회권(withdrawal) (제40조-제47조) 및 계약의 무효(제48조-제57조) 등등과 같이 있는 다양한 다른 법률 규정이 존재한다.[76]

2) 제79조가 규정하고 있는 구속력의 배제와 계약유지에 의한 통제방법은 표현에 있어 차이가 있기는 하지만 일부무효의 특칙을 규정하고 있는 「약관규제법」 제16조의 태도와 크게 다르지 않다. 즉 「약관규제법」이 정하는 바에 따라 당해 조항을 계약내용으로 주장할 수 없거나 무효로 되는 경우 계약은 당해조항을 제외한

75) 조항의 불공정성 통제와 관련하여 유럽공통매매법(안)은 DCFR이 B2C, B2B 그리고 C2C간의 조항까지 통제의 범위에 포함시켰던 것에 비해 C2C거래는 제외하였다.

76) De Cristofaro, '"Invalidity" of Contracts and Contract Terms in the Feasibility Study on a Future Instrument for European Contract Law', in Schulze/Stuyck(eds), Towards a European Contract Law, sellier, 2011, p. 97.

나머지 부분만으로 유효하게 존속한다. 다만 유효한 부분만으로는 계약의 목적 달성이 불가능하거나 일방 당사자에게 부당하게 불리한 때에는 당해 계약은 무효로 한다." 고 규정하여 원칙적으로 무효인 약관조항에 대하여만 그 효력을 부정하고, 예외적으로 약관전체에 대한 무효를 규정하고 있다. 이 경우 예외적으로 전부무효를 주장하는 자는 당해 조항이 계약목적달성의 불가능이나 부당한 불이익한지에 대하여 증명해야 한다.[77)]

3) 물론 그 계약이 B2C인지 B2B인지에 따라 명확성의무의 준수여부가 전제가 되기는 하지만, 계약상의 주된 내용에 대한 정의와 지불가격의 타당성에 관한 조항은 내용통제의 대상이 되지 않는다고 하는 내용은 이미 내용통제에 있어서 한계로서의 역할을 하고 있다. 이는 시장경제체제에서는 원칙적으로 계약체결의 자유와 내용형성의 자유가 지배하고 주된 급부의 종류·범위·수량·품질과 그에 대한 공정가격은 법률이 아니라 시장에서의 당사자가 정하기 때문이다. 따라서 이러한 문제에 대해 '불공정한이용'에 해당되는지에 과한 문제는 별론으로 하고, 본 장에서의 계약조항에 대한 공정성판단의 문제는 아니라고 할 것이다. 그러나 이와 같은 내용을 규정하고 있지 않은 「약관규제법」의 경우, 급부의 주된 내용에 대하여 공정성심사의 대상으로 할 수 있다고 볼 수 있는가? 「약관규제법」이 명문으로 이러한 내용을 규정하고 있지는 않다 하더라도 전술한 바와 같이 '급부간의 불균형에 관한 문제'는 적용범위에 포함되지 않는다고 할 것이다.

4) 명확성의무를 B2C 거래에만 의무로서 규정하고 있다. 이는 B2C 계약에 있어 약관을 작성하는 사업자의 전문성에 비해 현저히 떨어지는 정보력과 전문성을 갖춘 소비자를 보호하기 위한 본 조의 성격에 비추어 상대방 당사자가 사업자인 경우 그 전문성 내지 정보력의 격차가 그리 크지 않다고 보기 때문일 것이다. 이와 관련하여 「약관규제법」에서 규정하고 있는 명확성의무는 사업자로 하여금 "일반적으로 예상되는 방법으로 명시"하도록 하고 있으며,(제3조 제2항) 특히 명시에 있어서 "한글로 작성하고, 표준화·체계화된 용어를 사용"할 것을 명기하여 상대방이 쉽게 파악하고 이해할 수 있도록 구체적인 내용에 이르기까지 기술하고 있다(제3조 제1항). 이는 '평이하고 이해할 수 있는 언어'로 작성될 것을 명기한

77) 張敬煥, "約款의 內容統制의 方式과 體系", 慶熙法學 第30卷 第1號, 경희대학교 법학연구소, 1995, 147面.

제82조의 규정과 표현에 있어 차이는 있지만, 목적하는 바에 있어서 큰 차이가 없다고 할 것이다. 오히려 유럽공통매매법(안)에서는 규정되지 않은 명확성의무 위반과 관련하여 「약관규제법」은 이러한 의무를 위반한 경우 그 자체만으로 "해당 약관을 계약의 내용으로 주장할 수 없다."(제3조 제4항)고 함으로써, 의무를 위반한 약관의 제공자는 상대방 당사자에 대하여 약관의 내용에 따른 의무를 요구할 수 없게 된다. 하지만 상대방당사자가 당해약관을 계약내용으로 주장하는 것은 가능하다고 보아야 할 것이다.

5) 유럽공통매매법(안)은 불공정한 것으로 간주 또는 추정되는 일련의 목록을 나열하고 있다. 이러한 성격은 항상 불공정한 것으로 되는 '블랙리스트'와 불공정한 것으로 추정되는 '그레이리스트'로 구분하고 있다. 그러나 어떠한 경우가 블랙리스트에 해당되며 어떠한 경우가 그레이리스트에 해당되는 정도의 사안인지에 대하여 논란이 있는 것도 사실이다.

이와 관련하여 「약관규제법」은 제6조 내지 제14조에서 불공정성약관을 규율하고 있으나, 앞에서 언급한 '블랙리스트'나 '그레이리스트'를 구별하지 않는다. 다만 제6조는 일반규정으로서 신의성실에 반하는 조항의 무효를 규정하고 있으며, 제7조 내지 제14조는 개별적 금지규정위반으로 무효인 사항을 규정하고 있을 뿐이다. 그럼에도 이를 앞에서 설명한 내용과 비교해 본다면, 제7조 제1호, 제9조 제1호, 제13조는 법관의 가치평가 가능성이 없는 '블랙리스트'라고 할 수 있고, 그밖에 규정들은 '그레이리스트'로 이해할 수 있을 것이다.[78]

78) 李銀榮, 前揭書, 209면; 김진우, 전게 "불공정조항의 내용통제", 165면 참조.

참고문헌

金旭坤, "契約의 拘束力의 根據에 관한 一考察", 成均館法學 創刊號, 1987.

김진우, "최근 유럽민사법의 발전동향 -공통참조기준초안과 소비자권리지침초안을 계기로 하여-", 부산대학교 법학연구 제50권 제2호, 부산대학교 법학연구소, 2009.

김진우, "불공정조항의 내용통제에 관한 몇 가지 법적 문제점", 외법논집 제36권 제1호, 한국외국어대학교 법학연구소, 2012.

올란도·휴빌 편/ 김재형역, 유럽계약법원칙(제1,2부), 박영사, 2013.

李在鉉, "約款의 規制에 관한 法律 第16條에 관한 考察", 法學硏究 제7집, 경상대학교 법학연구소, 1998.

박영복, "EU집행위원회에 의해 제안된「유럽공통매매법에 관한 규칙」", 외법논집 제37권 3호, 한국외국어대학교 법학연구소, 2013.

박영복, "「現存EC私法유럽연구단」의 Acquis 원칙", 외법논집 제29집, 한국외국어대학교 법학연구소, 2008.

성준호, "DCFR의 불공정조항규정에 관한 고찰", 외법논집 제36권 제3호, 한국외국어대학교 법학연구소, 2012.

張敬煥, "約款의 內容統制의 方式과 體系", 慶熙法學 第30卷 第1號, 경희대학교 법학연구소, 1995.

Christian Heinrich, Formale Freiheit und materiale Gerechtigkeit, Mohr Siebeck, 2000Martijn W. Hesselink, 'Unfair Terms in Contracts Between Businesses', in Schulze/Stuyck(eds), Towards a European Contract Law, sellier, 2011.

Reiner Schulze, Common European Sales Law(CESL) Commentary, Verlag C.H. Beck und Hart, 2012.

Deins Mazeaud, 'Unfairness and Non-negotiated Terms', in Schulze/Stuyck(eds), Towards a European Contract Law, sellier, 2011.

Martijn W. Hesselink, 'Unfair Terms in Contracts Between Businesses', in Schulze/Stuyck(eds), Towards a European Contract Law, sellier, 2011.

De Cristofaro, '"Invalidity" of Contracts and Contract Terms in the Feasibility Study on a Future Instrument for European Contract Law', in Schulze/Stuyck(eds), Towards a European Contract Law, sellier, 2011.

DRAFT REPORT on the proposal for a regulation of the European Parliament and of the Council on a Common European Sales Law (COM(2011)0635 - C7-0329/2011 - 2011/0284(COD))

Friedrich Graf, DRAT REPORT 2011/0284 (COD) of the Committee on Legal Affairs on the Proposed Common European Sales Law (CESL), p. 5-6(http://www.europarl.europa.eu/document/activities/cont/201303/20130322ATT63748/20130322ATT63748EN.pdf)

Council Directive 93/13/EEC of 5 April 1993 on unfair terms in consumer contracts [1993] OJ L 95/29.

DIRECTIVE 2011/7/EU OF THE EUROPEAN PARLIAMENT AND OF THE COUNCIL of 16 February 2011 on combating late payment in commercial transactions

DIRECTIVE 2005/29/EC OF THE EUROPEAN PARLIAMENT AND OF THE COUNCIL of 11 May 2005 concerning unfair business-to-consumer commercial practices in the internal market and amending Council Directive 84/450/EEC, Directives 97/7/EC, 98/27/EC and 2002/65/EC of the European Parliament and of the Council and Regulation (EC) No 2006/2004 of the European Parliament and of the Council

제4장
계약 당사자의 의무와 구제수단

제1절 계약합치성에 관한 연구
제2절 유럽공통매매법상의 매수인의 구제수단
제3절 CESL에서 물품의 검사 및 계약부적합의 통지의무
제4절 유럽공통매매법에서 매수인의 의무
제5절 유럽공통매매법에서 위험의 이전

제1절 계약합치성에 관한 연구

- CISG 및 DCFR과의 비교를 중심으로 -

박희호 교수(한국외국어대학교 법학전문대학원)

I. 서언

2011년 10월 11일 유럽연합의 집행위원회(European Commission)는 유럽연합의 역내에서 적용될 통일매매법을 위한 규칙을 제안하였다.[1] 이 제안은 역내의 국가들이 개별적인 매매법을 갖고 있는 관계로 발생하는 여러 가지 거래상의 장애를 제거하여 사업자에게는 시장을 개방하고, 소비자에게는 보다 많은 선택과 높은 수준의 보호를 제공할 목적에서 이루어진 것이다. 유럽의회는 제출된 법안을 상임위원회 중 하나인 법사위원회(Committee on Legal Affairs)에 배속하였고, 유럽의회의 역내시장 및 소비자 보호위원회(Committee on the Internal Market and Consumer Protection)와 경제통화위원회(Committee on Economic and Monetary Affairs)의 자문을 거쳐 완성된 수정안[2]은 2014년 2월 26일 유럽의회 본회의에서 채택되었다.[3]

---

* 이 글은 "유럽공통매매법(CESL)의 계약합치성에 관한 연구"라는 제목으로 동북아법연구 제9권 제2호(2015.9.)에 게재된 논문입니다.

1) Proposal for a Regulation of the European Parliament and of the Council on a Common European Sales Law, October 11. 2011. Com(2011) 635 final. 위원회의 제안은 공통매매법에 관한 규칙(Regulation)과 두 개의 부속서(Annex I, II)로 이루어 졌는데, 이하에서는 전문(chapeau)에 해당하는 규칙부분을 유럽공통매매법규칙 혹은 RegCESL로, 실제적인 규율내용부분에 해당하는 부속서 I은 유럽공통매매법 혹은 CESL로 약칭한다. 유럽공통매매법안 대한 개관 및 내용 번역으로는 하경효 외, 유럽보통매매법, 2014 참조.

2) Report on the proposal for a regulation of the European Parliament and of the Council on a Common European Sales Law, 24.9.2013. 위원회 안과 달리 의회에서 채택된 수정안은 위원회 안의 규칙(Regulation)부분과 부속서(Annex) I을 통합하여 규정하고 있다. 이하에서는 통합된 이 부분을 의회안이라고 한다.

3) 유럽공통매매법의 제안 및 수정안 채택의 과정 및 그에 대한 개관적인 내용은 박영복, "유럽 공통

본 논문은 이렇게 완성된 유럽공통매매법 집행위원회안과 그 수정안인 의회안의 내용 중에서 우리 민법상 하자담보책임의 부분에 해당하는 물품과 디지털콘텐츠의 계약합치성[4]에 관한 내용을 유엔통일매매법(CISG) 및 유럽공통기준초안(DCFR)과 비교하여 다룬다. 다만 디지털콘텐츠의 공급과 관련하여서는 유엔통일매매법이나 유럽공통기준초안이 명시적으로 다루고 있지 않고 유럽공통매매법에서만 다룬다는 점에서 비교법적 의미가 크지 않고 또 디지털콘텐츠 공급계약의 성질과 유럽공통매매법에서의 포섭가능성에 대하여 아직까지 의견이 분분한 관계로[5] 디지털콘텐츠의 계약합치성에 관하여는 다른 지면을 통하여 별도로 다룰 것이므로 여기서는 '물품'의 계약합치성에 한정하여 다루는 것을 원칙으로 한다. 나아가 권리의 하자의 경우도 디지털콘텐츠와의 관련성이 깊은 관계로 그와 함께 다루는 것이 합당하다고 여겨 이곳에서는 논의의 범주에 넣지 않는다.

또한 이 논문은 유럽공통매매법의 계약합치성에 관한 규정들을 망라하여 연구하지는 않는다. 이 논문의 목표는 계약합치성과 관련하여 유엔통일매매법과 유럽공통기준초안 그리고 유럽공통매매법의 법리적, 내용적 차이에 초점을 맞춘다. 즉 계약합치성과 관련된 세 규범을 연구의 대상으로 하되 법리적으로나 내용적으로 세 규범이 큰 차이가 없는 것은 논의에서 제외하고 내용이나 법리가 달리 인정되는 것을 중심으로 비교법적 측면에서 검토하고 비판하는 것을 목적으로 한다. 이러한 비교법적 연구는 학계에서 논의가 시작되고 있는 미래의 동북아시아 혹은 아시아 통일매매법 제정의 구상[6]에 도움이 되리라고 기대한다.

의 매매법" 외법논집 제39권 제1호(2015.2.), 207면 이하 참조.

4) 유럽공통매매법상의 'conformity'라는 용어를 적합성이라고 해석하는 문헌이 있다(예를 들어, 하경효, 유럽보통매매법 269면). 하지만 'conformity'의 의미가 계약의 내용과 물품의 상태가 일치하는 상태를 의미하는 것이므로 '적합성'이라는 표현보다는 '합치성'이라는 말이 보다 타당해 보인다. 더욱이 합치성을 판단하는 중요한 기준으로 물품의 목적 등에의 '적합성(fitness)'을 요구한다는 점에서 이와 구별의 필요성도 고려되어야 할 것이다. Christian von Bar 외 10인 편저/안태용, 유럽민사법의 공통기준안-DCFR 제1권-제4권, 2012, 413면도 계약과의 합치 혹은 계약합치성이라고 번역하고 있다. 본고에서는 '계약의 합치성'이라는 용어를 사용하기로 한다.

5) Loos/Helberger/Guibault/Mak, "The Regulation of Digital Contracts in the Optional Instrument of Contract Law", ERPL 19(2011) 729-757; Zahn, Die Anwendbarkeit des Gemeinsamen Europäischen Kaufrechts auf Verträge über digitale Inhalte, ZEuP, 77-96 등 참고.

6) 이영준, "'동북아시아 매매법의 통일' 좌담회", 인권과 정의 통권324호(2003. 8), 6면 이하; 지원림, "아시아계약법 통일의 가능성과 방법", 법학연구(부산대학교 법학연구소) 제52권 제2호(2011. 5), 231면 이하 등 참고.

II. 유럽공통매매법에서의 계약합치성에 관한 규정 및 그 법리구성

1. 계약합치성에 관한 유엔통일매매법(CISG)과 유럽공통기준초안(DCFR)

1) 구조적 측면

계약합치성의 규정이 규범 전체의 구조에서 차지하는 위치에 있어서 유엔통일매매법과 공통기준초안의 규정은 큰 차이를 보이지 않는다.

먼저 유엔통일매매법은 제3편 물품의 매매에서 제2장 매도인의 의무, 제3장 매수인의 의무, 제4장 위험의 이전의 순서로 규정을 두고 있다. 물품의 합치성에 관한 내용은 이 중 제2장 제2절에서 규정하고 있는데 제1절 물품의 인도와 서류의 교부의무에 이어 제2절에서 물품의 합치성과 제3자의 권리주장(conformity of the goods and third party claims)이라는 표제 아래의 규정들에서 정하고 있다. 이러한 점에서 유엔통일매매법은 물품의 합치성을 물품의 인도와 서류의 교부의무에 이은 매도인의 중요한 의무로 보고 있다고 할 것이다.

유럽공통기준초안의 매매편도 매도인의 의무에 관한 제2장에서 제2절 '물품의 인도' 다음의 제3절에서 물품의 계약합치성을 규정하고 있다. 다만 유엔통일매매법에서는 계약위반에 대한 구제수단을 제2장 매도인의 의무, 제3장 매수인의 의무 내에서 규율하고 있는 반면 유럽공통기준초안은 별도의 제4장을 추가하여 규정하고 있다는 점에서 약간의 차이를 보인다.

2) 법리적 측면

하지만 그 규정들의 위치를 자세히 검토해 보면 유엔통일매매법은 일반채무불이행과 계약불합치를 아우르는 매매계약위반에 대한 매도인의 모든 구제수단을 제45조 이하에서 통합하여 규정하고 있지만 유럽공통기준초안의 매매편 제4장은 물품의 계약불합치로 인한 구제수단만을 정하고 있다는 점을 알 수 있다. 따라서 우리가 전통적으로 채무불이행이라고 하는 이행지체나 이행불능 등이 발생한 경우에는 유럽공통기준초안에 따를 경우 계약불합치에 관한 구제수단이 적용되는 것이 아니라 유럽공통기준초안 제3권의 채무불이행에 관한 일반 규정이 적용되어야 한다. 일응 이러한 배치가 유럽공통기준초안의 경우에는 채권법을 포함하는 민법전의 전체를 규정하고 있는 반면 유엔통일매매법은 매매법만을 규정하고 있으므로 당연한 것이라고 이해될 수 있다. 하지만 필자에게 있어서 이러한 규정태도는 나아가 계약불합치를 채무불이행과 전혀 별개의 것으로 취급하려는 의도도 반영된 것으로 이해된다. 그리고 이러한 추측은 그 구체적인 규정 내용에서 보면 보다 설득력이 있다.

유럽공통기준초안 매매편은 그 형식에 있어서 유엔통일매매법과 다른 한 가지 차이가 발견되는데 매도인의 의무에 관한 장에서 유엔통일매매법에 존재하지 않는 개관(overview)이라는 표제의 제1절을 두고 IV. A.-2:101 매도인의 의무 개관(overview of obligations of the seller)에서 매도인이 (a) 물품의 소유권의 이전 (b) 물품의 인도 (c) 물품을 표창하거나 이에 관련된 계약상 요구되는 문서의 이전 및 (d) 물품이 계약에 합치하도록 보증할 것을 매도인의 의무로 명시하고 있다. 유엔통일매매법에서는 별도의 절을 두지 않고 매도인의 의무에 관한 장의 첫 조항인 제30조에서 단순히 "매도인은 계약과 이 협약에 따라 물품을 인도하고, 관련 서류를 교부하여 물품의 소유권을 이전하여야 한다"라고만 규정한다.

우선 유엔통일매매법은 유럽공통기준초안과 달리 매도인의 의무로 명시적으로는 물품이 계약에 합치할 것을 정하고 있지 않다는 점에서 차이를 보인다. 여기서 유엔통일매매법은 매도인의 의무로 물품의 소유권을 이전하고 인도하면 되고 그 물품이 계약에 합치할 것을 요구하지는 않는 것인가라는 질문에 답하여야 할 것이다. 또 한 가지의 차이는 유럽공통기준초안이 채무자가 계약에 합치하는 물품을 인도할 의무를 부담한다고 규정하는 것이 아니라 물품의 계약합치성에 대한 보증의무(obligation to ensure)를 부담시키고 있다는 점이다. 물품이 계약에 합치하도록 '보증한다'(ensure that the goods conform to the contract)는 것이 무엇을 의미하는지 알 필요가 있다.

먼저 유엔통일매매법 제30조는 단순히 "매도인은 계약과 이 협약에 따라 물품을 인도하고, 관련 서류를 교부하여 물품의 소유권을 이전하여야 한다"고 규정하여 물건의 계약합치성에 대한 매도인의 의무가 없는 것으로 이해될 여지가 있다. 하지만 이 규정은 매도인의 의무를 완결하여 규정하는 것은 아닌 것으로 해석된다. 즉 유엔통일매매법의 해석상 물건의 계약합치성도 계약과 협약에 따라 매도인의 의무로 인정받는다.[7] 이러한 측면에서 유엔통일매매법은 매도인의 의무라는 표제의 제2장의 제2절(제35조 이하)에서 계약합치성에 관하여 규정하면서 계약에 불합치한 물품의 제공으로 계약

7) Honsell/Ernst/Lauko, UN-Kaufrecht, Art. 30 Rn. 3; Münch-Komm/Gruber, BGB, CISG, Art 30 Rn. 1.

위반에 관한 통합 조항에 의하여 책임을 지게 된다.[8]

그런데 유럽공통기준초안은 이러한 계약합치성을 매도인의 의무로 한 것이 아니라 계약의 합치성을 보증할 의무를 지우고 있다는 점에서 유엔통일매매법과 차이를 보인다. 그러면서 이 보증의무에 대하여 유럽공통기준초안 주석서[9]는 매매법에서 가장 중요한 의무 중의 하나라고 설명한다. 나아가 이 의무가 물품을 인도하여야 할 매도인의 의무와 별개라는 점을 강조한다. 특히 이행지체나 이행불능과 같은 매도인의 불이행 책임은 유럽공통기준초안 제3권의 일반적인 책임 및 구제수단이 적용되지만 계약불합치에 대한 불이행의 경우에는 매매법이 속한 제4권 제4장에서 일반적인 구제수단과 별도로 정하는 계약불합치에 특유한 책임 및 구제수단이 적용된다고 설명한다.[10] 또한 주석서는 이러한 보증의무와 관련하여 전혀 인도를 하지 않음에도 보증을 하여야 하는 경우가 있다고 지적한다. 예를 들어 A가 TV를 B로부터 렌트하면서 A가 이 TV를 완전히 살 수도 있다고 합의한 상황에서 실제로 나중에 A가 이 권리를 행사하였다면 B는 TV를 물리적으로 이전하여 줄 필요가 없지만 여전히 계약합치성에 대한 보증을 하여야 한다고 설명한다.[11] 그런데 이러한 설명은 필자가 보기에 지극히 독일법적인 사고[12]가 개입된 것으로 바로 특정물에 대한 매매의 경우에 그 물건의 성질이 기본적으로 계약의 내용이 되지 않는다는 특정물 도그마에 기초한 것으로 보인다. 즉 유럽공통기준초안이 매매계약에서는 특정물이 어떤 상황인가와 상관없이 해당 물건의 소유권을 현상 그대로 넘겨주면 매도인은 의무의 이행을 기본적으로 다하는 것이고 물건의 원시적 하자에 대하여는 원칙적으로 책임을 지지 않다는 사고를 기저에 가지고 있다는 것이다. 따라서 물건의 원시적 하자에 대하여 책임을 묻기 위하여는 매도인의 다른 '추가적인 무엇'이 있어야 하는데 물품의 성질에 대한 보증이 그것인 것이다. 따라서 물건의 하자에 대하여는 기본적으로 일반적인 채무불이행책임을 물을 수 없고 보증을 강제한 후에 그 보증에 대한 책임, 즉 하자담보책임 내지는 계약불합치 책임을 물어야 한다는 사고에서 출발하고 있는 것이다.

물론 유엔통일매매법도 일반 채무불이행과 계약에 불합치한 물품의 공급을 전혀 동

---

8) Honsell/Magnus, UN-Kaufrecht, Art. 35 Rn. 1; Soergel/Lüderitz/Schüßler-Langeheine, Art. 35 Rn. 1.
9) Von Bar/Clive, DCFR(full edition) Vol. 2, p. 1273.
10) Ibid.
11) Ibid.
12) 2002년 개정 이전의 민법 제459조에서의 "Zusicherung", 개정 민법에서는 제443조의 "Garantie"가 바로 이러한 사고에서 비롯된 규율방식이다.

일한 것으로 이해하고 있지는 않다. 오히려 유엔통일매매법은 두 책임을 엄격하게 분리하여 규정하고 있는 것으로 이해된다.[13] 그럼에도 유엔통일매매법은 매도인의 보증의무를 별도로 규정하고 있지 않다. 오히려 당사자의 명시적, 묵시적인 합의 혹은 협약으로부터 직접 이러한 의무가 나오는 것으로 이해한다.[14]

위의 사항을 정리하여 보면 유엔통일매매법과 유럽공통기준초안은 일반채무불이행과 계약불합치를 엄격하게 분리하고 있다는 점에서 일치한다. 하지만 유엔통일매매법은 물품의 계약합치성의 의무가 계약이나 협약으로부터 직접 발생하는 것으로 이해하는 반면 유럽공통기준초안은 매도인의 보증의무로부터 발생하도록 하는 법리를 취한다는 점이다.

2. 유럽공통매매법(CESL)에서의 계약합치성의 구조적 위치 및 법리구성

유엔통일매매법(CISG)과 유럽공통기준초안(DCFR)의 이러한 차이에 유념하여 유럽공통매매법(CESL)을 보면 유럽공통매매법은 그 구조 및 책임근거의 법리에 있어서 유엔통일매매법과 유럽공통기준초안의 절충적인 모습을 보인다.

1) 계약합치성 규정의 구조적 위치

유럽공통매매법은 유럽공통기준초안과 마찬가지로 제10장 매도인의 의무에 별도의 일반규정(General Provisions)을 제1절에 두어 매도인의 주된 의무를 개관하고 있다(동법 제91조). 여기에 인도의무와 소유권이전의무 이외에 물품이나 디지털콘텐츠가 계약에 합치함을 보증할 의무(ensure that the goods or the digital content are in conformity with the contract) 및 매수인이 계약에 따라 디지털콘텐츠를 사용할 권리를 갖도록 보증할 의무를 부가하고 있다. 이러한 규정은 유럽공통기준초안에 보다 가까운 모습을 보인다. 하지만 매수인의 구제수단과 관련하여 계약불합치성을 이행지체 및 이행불능과 구별함이 없이 제11장 제106조 이하에서 함께 규정하고 있다는 점은 유엔통일매매법의 체계와 유사하다(유엔통일매매법 제45조 이하).

---

13) Honsell/Ernst/Lauko, UN-Kaufrecht, Art. 30 Rn. 9; Münch-Komm/Gruber, BGB, CISG, Art 30 Rn. 3; Soergel/Lüderitz/Schüßler-Langeheine, Art. 31 Rn. 10.

14) Honsell/Magnus, UN-Kaufrecht, Art. 35 Rn. 1ff.

그 구조에 있어서 유럽공통기준초안 및 유엔통일매매법과 다른 유럽공통매매법만의 특유한 규정도 발견된다. 바로 제9장 일반규정의 첫 조항인 제87조의 규정으로 불이행에 대한 개관조항을 두고 있는 점이다. 동조의 취지는 제91조의 매도인의 주된 의무에 대응하여 채무불이행이 물품이나 디지털콘텐츠를 전혀 이행하지 않거나 지체하여 이행한 경우 뿐만 아니라 계약에 적합하지 않은 물품이나 디지털콘텐츠가 제공된 경우에도 채무불이행이라는 점을 명확히 한다는 데에 있다.[15]

2) 계약불합치책임의 법리적 근거 및 비판

계약불합치책임의 법리적 근거와 관련하여서 유럽공통매매법은 독일법적 사고에 입각한 유럽공통기준초안의 법리를 따르고 있다. 유럽공통매매법 제91조는 유럽공통기준초안 IV. A.-2:101조항과 동일하게 매도인의 주된 의무로 물품이나 디지털콘텐츠가 계약에 합치함을 보증할 의무를 들고 있기 때문이다.

하지만 이러한 규정태도는 조항의 적용을 불필요하게 복잡하게 만든다. 먼저 이러한 규정태도의 모델이라고 할 수 있는 2002년 개정전 독일민법 제459조는 물건의 하자에 대한 하자담보책임과 관련하여 제1항에서는 "물건의 매도인은 가치나 통상적인 사용 혹은 계약에 의하여 전제된 사용을 제거하거나 감소시키는 하자가 위험이 매수인에게 이전할 당시에 존재하지 않는다는 점에 대하여 책임을 진다"고 규정하면서 제2항에서는 "보증한 성질을 물건이 위험이전시에 가졌다는 점에 대하여 매도인은 책임을 진다"고 규정하였다. 그리고 그 책임의 내용에 대하여 개정전 독일민법 제462조는 "제459조 및 제460조에 의하여 매도인이 책임을 져야 하는 하자로 인하여 매수인은 매매를 해제하거나 매매대금을 감액할 수 있다"고 규정하였다. 즉 물건의 매수인은 위험이전시의 하자에 대하여 원칙적으로 해제권이나 대금감액권만을 행사할 수 있었다. 반면 개정전 독일민법 제463조는 "매매목적물이 계약체결시에 보증한 성질(zugesicherte Eigenschaft)을 가지고 있지 않은 경우 매수인은 계약해제나 대금감액 대신에 불이행으로 인한 손해배상을 청구할 수 있다. 매도인이 하자를 악의로 묵비한 경우에도 동일하다"고 규정하였다. 즉 매수인의 하자로 인한 손해배상청구권은 매매계약 자체로부터 직접적으로 발생하는 구제수단이 아니라 바로 매도인의 추가적인 "보증(Zusicherung)"에 기하여 발생한 것이다.[16] 매매계약 목적물의 하자로 인하여 법

---

15) Schulze/Zoll, CESL, Art. 87 Rn. 4.
16) Jauernig/Vollkommer, § 459 Rn 28ff., §463 Rn. 1.

률이 구제수단으로 매수인에게 부여하는 것은 계약해제권과 감액청구권에 한하므로 하자담보책임의 원칙적인 모습에는 손해배상청구권이 포함되지 않았던 것이다.

2002년에 개정된 독일민법은 이러한 점을 개선하여 일반 채무불이행책임과 하자담보책임의 일원화를 시도한다. 그러나 그 구체적인 내용에 있어서는 개정전 민법과 크게 다르지 않다. 2002년 개정독일민법은 기본적으로 채무불이행책임에 하자담보책임을 포섭시키고 있다. 독일 민법 제433조는 물건의 매도인에 대한 의무를 규정하면서 매도인은 물건을 인도하고 그 소유권을 이전할 의무뿐만 아니라 "물건과 권리의 하자가 없는 물건을 제공할 의무"(die Pflicht, die Sache frei von Sach- und Rechtsmängeln zu verschaffen)를 부담하는 것으로 명시하고 있다. 그리고 일반 채무불이행을 규정한 독일 민법 제281조 제1항 및 제323조 제1항은 "채무에 좇은 실행이 아닌"("nicht wie geschuldet" or "nicht vertragsgemäß") 경우도 채무불이행에 해당하는 것으로 본다.[17] 즉 계약불합치의 경우도 일반 채무불이행에 해당하게 된 것이다. 그리고 물건의 하자를 규정한 독일민법 제437조에서 일반 채무불이행책임의 채권자의 권리(제280조 이하)를 준용하도록 하여 두 책임의 일원화를 이룬다.

하지만 이러한 일원화에도 불구하고 독일민법은 그 구제수단과 관련하여 유엔통일매매법과는 다소 다른 내용을 갖는다. 손해배상책임이 인정되기 위하여는 매도인의 귀책사유가 여전히 요구되기 때문이다. 즉 해제 및 대금감액의 경우와 달리 손해배상책임의 발생에 대하여는 여전히 채무자, 즉 매도인의 귀책사유를 요구함으로써[18] 무과실책임을 원칙으로 하는 하자담보책임의 기본적 내용은 2002년 개정전 독일민법과 크게 다르지 않다. 오히려 2002년 개정 민법은 개정전 민법의 보증(Zusicherung, sog. unselbständige Garantie)을 포함하는 소비재매매지침(Verbrauchsgüterkauf Richtlinie) 제6조의 Garantie에 관한 내용을 제443조에 도입하여 그로 인한 책임을 인정하고 있고, 개정 민법 제276조도 보증의 인수(Übernahme einer Garantie)로 인한 책임을 인정하고 있다. 따라서 개정전 민법과 동일하게 계약불합치의 경우에 귀책사유가 없더라도 해제와 대금감액이 인정되지만 원칙적으로 손해배상책임을 물을 수는 없다. 그럼에도 손해배상책임을 묻기 위하여는 매도인의 보증(Zusicherung) 혹은 Garantie가 여전히 있어야 한다.[19] 결국 독일민법상으로는 2002년의 개정 전이나 개

---

17) Münch-Komm/Westermann, BGB § 433 Rn. 2.

18) 독일민법 제437조는 손해배상과 관련하여 제280조 및 제281조 등을 준용하고 있는데, 제280조는 손해배상책임이 발생하기 위하여는 의무위반 이외에 의무위반에 대한 귀책사유를 요구한다. (Münch-Komm/Westermann, BGB § 434 Rn. 1.)

19) Münch-Komm/Westermann, BGB § 443 Rn. 1ff.

정 후나 물건의 하자로 인한 무과실책임으로 계약해제권이나 대금감액권이 인정될 뿐 원칙적으로 손해배상청구권은 부정되며 다만 보증이 있는 경우에 한하여 손해배상책임을 인정하는 입장을 취하고 있다.[20]

유엔통일매매법에 없는 유럽공통매매법 제91조의 보증의무는 이러한 배경에서 규정된 것으로 보인다. 하지만 이러한 시도가 타당한지는 의문이다. 이로 인하여 매도인은 계약에 합치하는 물건을 인도할 의무 이외에 별도로 보증의무를 부담하게 되는데, 이러한 별도의 의무를 지우는 것은 거래실정에 반할 뿐 아니라 계약자유의 원칙에도 반한다.[21] 또 보증의무를 이행하지 않는 경우에는 이를 재판을 통하여 강제하고 다시 이를 근거로 계약불합치 책임을 지워야 하는지도 의문이다. 사견으로는 유엔통일매매법에 따라 보증없이 당연히 책임을 지도록 하는 것이 타당해 보인다. 유럽공통매매법이 국제적인 거래를 전제로 한다면 영미법계 국가에서는 이러한 규정태도를 이해하지 못할 것이기 때문이다.[22]

III. 유럽공통매매법에서의 계약합치성의 내용

1. 유엔통일매매법 및 유럽공통기준초안에서의 계약합치성의 내용

유엔통일매매법과 유럽공통기준초안에서의 계약합치성에 관한 내용도 여전히 기본적 법리의 차이에 기초하여 서로 다르게 규정되어 있다.

먼저 유엔통일매매법은 제35조 제2항에서 (a) 동종물품의 통상의 사용목적에 맞지 아니한 경우 (b) 계약체결시 매도인에게 명시적 또는 묵시적으로 알려진 특별한 목적

20) 우리 민법 제580조의 손해배상을 대금감액으로 해석하는 한 이러한 태도는 우리 민법의 경우에도 마찬가지이다(김대정, "채무불이행책임설에 의한 하자담보책임설의 재구성", 민사법학 제9, 10호(1993.7), 266면; 박희호, "우리나라 하자담보책임의 본질에 관한 재론", 민사법학 제34호(2006.12), 121면 이하 참조).

21) 이러한 규정태도에 대하여 의문을 제기하는 견해로 Schmidt-Kessel/Remien, GEK, Art. 91 Rn. 7.

22) 유럽공통매매법의 이러한 태도는 계약이 당사자의 합의에 근거하는 것으로 매도인이 자신의 목적을 명시적으로나 묵시적으로 표명하였다고 하여도 그것만으로는 계약의 내용에 포섭될 수 없다는 사고에 기초를 둔다. 하지만 이러한 태도는 포기되어야 할 것이다(이에 관하여는 박희호, 전게논문, 117면 이하 참조).

에 맞지 아니한 경우 (c) 매도인이 견본 또는 모형으로 매수인에게 제시한 물품의 품질을 가지고 있지 아니한 경우 (d) 그러한 물품에 대하여 통상의 방법으로, 통상의 방법이 없는 경우에는 그 물품을 보존하고 보호하는데 적절한 방법으로 용기에 담겨지거나 포장되어 있지 않는 경우를 계약에 합치하지 않는 것으로 보고 있다. 매우 단순하면서도 담백한 규정이다.

이에 반하여 유럽공통기준초안은 계약합치성을 두 개의 기준으로 구별하여 규정한다. 유럽공통기준초안은 먼저 IV. A.-2:301에서 계약합치성에 관하여 일반적인 규정을 두고 있다. 즉 물품이 (a) 계약에서 요구하는 수량, 품질 및 성상을 갖지 못한 경우, (b) 계약에서 요구하는 방법으로 담겨지거나 포장되지 않은 경우, (c) 계약에서 요구하는 부속품, 설치 설명서, 기타 다른 설명서가 함께 제공되지 않은 경우 (d) 이 절의 나머지 조항에 부합하지 않는 경우에 계약불합치가 있는 것으로 보고 있다. 그리고 이어서 IV. A.-2:301은 '목적, 품질, 포장의 적합성'이라는 표제 하에 물품이 (a) 계약체결시에 매도인에게 알려진 특정한 목적에 적합하여야 하며 (b) 동일한 종류의 물품이 통상적으로 사용되는 목적에 적합하여야 하고 (c) 매도인이 매수인에게 견본 또는 모형으로 제시한 물품의 성상을 보유하여야 한다고 하고 있다. 나아가 물품이 (d) 그러한 물품이 통상적으로 담기거나 포장되는 방식에 의하여, 그러한 방식이 없는 경우에는 물품을 보호하고 보존하는데 적절한 방법으로 담기거나 포장되어야 하며 (e) 매수인이 합리적으로 수령을 기대할 수 있는 부속품이나 설치성명서, 기타 다른 설명서와 함께 제공되어야 하며 (f) 매수인이 합리적으로 기대할 수 있는 품질과 성능을 보유하여야 한다고 규정한다. 또한 IV. A.-2:303은 영업사슬(business chain)의 앞쪽에 위치한 자, 생산자 혹은 생산자의 대리인에 의하여 이루어진 것으로 II.-9:102(계약의 내용으로 간주되는 계약체결전 언급)에 의하여 계약의 내용을 이루는 물품에 대한 언급에 나타난 품질 및 성능을 물품이 보유하여야 한다고 규정한다.

여기서 계약불합치에 관한 유럽공통기준초안의 규정태도를 보면 물품이 계약에서 정한내용과 다른 경우인 IV. A.-2:301의 규정과 매수인이 합리적으로 기대할 수 있는 품질과 성능을 보유하여야 한다고 정하는 IV. A.-2:302 및 IV. A.-2:303의 크게 두 유형으로 나누어 규정한다는 점을 알 수 있다. 즉 후자인 IV. A.-2:302와 IV. A.-2:303에 규정된 개별 내용들은 매수인이 합리적으로 기대할 수 있는 품질과 성능을 예시적으로 정한 것(IV. A.-2:302 (f))으로 볼 수 있다.[23]

23) Von Bar/Clive, DCFR(full edition), p. 1283, 1296.

그런데 이러한 규정태도는 유엔통일매매법이 목적이라는 개념을 중심으로 매우 단순하게 규정하고 있는 것과 대조적으로 이 또한 독일 민법적인 사고가 강하게 모습을 드러내는 경우라고 여겨진다. 즉 독일 민법학에서는 계약 상대방에게 목적이 알려졌다는 사정만으로 그러한 목적 내지는 그에 적합한 성상이 계약의 내용이 될 수 없다는 입장에서 출발한다. 계약당사자가 물품에 특정한 성질이 있어야 하는 것으로 합의하지 않는 한에는 계약의 내용이 될 수 없는 것이다. 따라서 유엔통일매매법과 동일하게 목적에 합당하지 않는 물품을 계약불합치로 보기 위하여는, 합의에 의하여 '계약의 내용'으로 된 성상을 물품이 실제로 갖추지 않은 경우뿐만 아니라 계약을 체결할 때에 - 계약의 내용으로 될 수는 없지만 - 매도인에게 알려진 매수인의 목적과 그 목적에 적합한 성질도 계약합치성의 범주에 넣는 규정이 필요한 것이다. 이에 반하여 유엔통일매매법은 매도인에게 매수인이 물품을 사는 목적이 알려진 경우에는 당연히 이는 계약의 내용으로 된다고 보기 때문에 굳이 두 경우를 나누어 설명하지 않고 하나의 규정에 의하여 이를 해결할 수 있는 것이다.

2. 유럽공통매매법(CESL)에서의 계약불합치의 내용

유럽공통매매법은 계약불합치의 내용과 관련하여서도 유럽공통기준초안의 규정태도를 따르고 있다. 즉 제99조에서 계약에 합치하기 위하여서는 물품이나 디지털콘텐츠가 (a) 계약에서 요구하는 수량, 품질 그리고 종류이어야 하고 (b) 계약에서 요구하는 방법에 따라 용기에 담기거나 포장되어야 하며 (c) 계약에서 요구하는 부속물이나 설치요령서 혹은 다른 설명서를 함께 제공하여야 한다고 규정한다. 즉 계약의 내용과 다른 경우를 먼저 규정하고 있다. 그리고 이어서 매수인의 목적과 관련하여 제100조는 "물품과 디지털콘텐츠가 (a) 계약체결시에 매도인에게 알려진 특정의 목적에 적합하여야 한다. (b) 동일한 종류의 물품이나 디지털콘텐츠가 사용되는 통상적인 목적에 적합하여야 한다. (c) 매도인이 견본이나 샘플로 제시한 물품 혹은 디지털콘텐츠의 품질을 보유하여야 한다. (d) 동일한 종류의 물품에서 사용되는 일반적인 방법으로, 그러한 방법이 없는 경우에는 해당 물품을 보관하거나 보호하기에 적합한 방법으로 용기에 담기거나 포장되어야 한다. (e) 매수인이 받을 것이라고 기대하는 부속물, 설치요령서와 그 밖의 설명서가 함께 제공되어야 한다. (f) 제69조에 따라 계약내용의 일부분을 형성하게 되는 계약체결전의 언급을 통해 표시된 품질과 성능을 갖추어야 한다. (g) 매수인이 기대할 수 있는 품질과 성능을 보유하여야 한다"고 규정하고 있다. 즉 계약의 내용이 되지는 않았지만 계약체결 과정에서 매도인에게 알려진 목적과 관련하여 매수인이 통상 기대할 수 있는 품질과 성능을 갖추어야 계약에 합치한다는 별도의 규정을 두고 있는 것이다.

여기서 어떠한 태도가 보다 타당한 것인가? 우선 계약의 내용이 되지 않는 것에 대하여 책임을 묻는 것이 타당한 것인지 검토해 볼 필요성이 있다. 사견으로는 계약의 내용이 되지 않음에도 그에 대한 계약상 책임을 묻는 것은 옳지 않아 보인다. 따라서 계약의 내용에 합치하지 않는 경우 이외에 계약의 내용이 아니라고 봄에도 불구하고 별도로 매수인이 알게 된 매수인의 매수목적을 근거로 계약불합치를 말하는 유럽공통기준초안이나 유럽공통매매법의 태도는 타당해 보이지 않는다.[24] 즉 계약의 내용이 되지 않은 것을 상대방에게 요구한다는 것은 계약의 내용을 전제로 하는 계약준수(pacta sunt servanda)의 원칙의 측면에서 보더라도 상대방에게 불합리하게 책임을 묻는 것이 된다. 그런데 문제는 계약의 내용이 반드시 당사자가 합의한 경우에만 될 수 있느냐는 것이다. 즉 당사자가 합의를 하지 않았지만 매도인이 알게 된 매수인의 매수 목적이 전혀 계약의 내용으로 편입될 수 없느냐 문제이다. 이 문제는 의사표시의 문제 중 효과의사와 관련하여 사비니시대부터 논의가 되어 온 것으로 사비니의 전통을 따르는 독일 민법에서는 그 편입을 기본적으로 이를 부인한다.[25] 하지만 이러한 경우 계약의 내용은 너무 협소하게 되어 일반인들이 생각하는 많은 경우들이 계약의 내용이 되지 못하게 되어 과장광고나 기타 악의의 매도인을 지나치게 보호하고 오히려 매수인의 보

---

24) 이러한 점에서 독일의 학자들은 대체로 계약의 내용이 아닌 당사자의 목적에 의하여 계약불합치성을 판단하는 것에 비판적인 입장을 취한다.(대표적으로 Lorenz, “Kaufrecht und Dienstverträge im CESL” AcP 212(2012), S. 725(702); Wendehorst/Zöchling-Jud/Schopper, Am Vorabend eines GEK, S. 121; Schmidt-Kessel/Zöchling-Jud, GEK, Art. 100 Rn. 2.)

25) 이 문제는 특히 독일에서의 원인론이라고 할 수 있는 Windscheid와 Lenel의 전제론(Lehre der Voraussetzungen)과 깊은 관련이 있다. 즉 Windscheid는 자신의 전제론에서 당사자의 목적 혹은 전제가 계약의 효력에 영향을 미칠 수 있음을 역설한다(Windscheid, Die Lehre der römischen Rechts von der Voraussetzung, 1850). 하지만 이러한 Windscheid의 전제론을 법적 안정성을 해치는 것으로 그 수용을 거부하는 Lenel의 이론(Lenel, “Die Lehre von der Voraussetzung”, AcP 74(1889), S. 213 이하)이 입법자에 의하여 받아들여지면서 결국 당사자의 의사표시의 목적은 계약의 내용으로 인정되지 못하게 된다. 의사표시의 목적을 계약의 내용에서 제외하는 태도는 계약의 내용에 합치하지 않는 경우 계약불합치라는 유럽공통매매법 제99조 이외에 동법이 제100조에서 매도인에게 알려진 매수인의 목적에 부응하지 않는 경우도 계약불합치라는 점을 비판하는 독일학자들의 태도(Lorenz, “Kaufrecht und Dienstverträge im CESL” AcP 212(2012), S. 725(702); Wendehorst/Zöchling-Jud/Schopper, Am Vorabend eines GEK, S. 121; Schmidt-Kessel/Zöchling-Jud, GEK, Art. 100 Rn. 2)에서도 명확히 나타난다. 다만 목적과 계약의 내용과의 관계에 관하여는 보다 깊이 있는 연구가 필요한 관계로 이에 대하여 자세한 사항은 다른 지면에서 별도로 다루는 것이 옳을 것이다.

호가 소홀해질 위험이 크다. 그리고 법리적으로도 동기와 달리 목적은 그 계약을 체결하게 된 직접적인 원인으로 이를 도외시하고는 계약에 대한 해석은 거의 불가능하다는 점을 지적하고 싶다. 사견으로는 당사자의 계약체결의 목적도 계약의 내용으로 보아 보다 적극적으로 목적물의 계약합치성을 고려하는 것이 타당하다고 생각한다.[26]

IV. 계약불합치의 효과

1. 유엔통일매매법과 유럽공통기준초안의 계약불합치의 효과

1) 계약불합치의 효과 개설

유엔통일매매법(CISG)과 유럽공통기준초안(DCFR)에서 계약불합치의 효과에 관한 규정도 약간의 차이를 보인다. 먼저 두 규범 모두 계약불합치가 있는 경우 이행청구권의 변형인 추완청구권(보수나 대체물인도)을 인정한다(유엔통일매매법 제46조, 유럽공통기준초안 III.-3:302[27]). 다만 유엔통일매매법에서는 보수(補修)가 아닌 대체물의 인도를 구할 경우에는 계약불합치가 본질적 계약위반을 구성하고 그 청구가 물품의 계약부적합통지와 동시에 또는 그 후 합리적인 기간 내에 이루어진 경우에만 가능한 것으로 규정한다(제46조 제2항). 이에 반하여 유럽공통기준초안에서는 대체물 인도를 위하여 본질적 계약위반일 것을 요구하지 않고, 그 이행이 불법 혹은 불가능하거나 불합리한 비용이 소요되는 경우에 이를 부정할 뿐이다(III.–3:302 (3)). 계약불합치가 본질적 계약위반의 경우에 한하여 계약해제권을 부여하는 점도 동일하며(유엔통일매매법 제49조, 유럽공통기준초안 III.–3:502 (1)), 계약합치의 물건이 가지고 있을 가액에서 인도시 물품이 실제로 가지고 있는 가액의 비율로 대금을 감액할 권리를 매수인에게 부여하는 것도 동일하다(유엔통일매매법 제50조, 유럽공통기준초안 III.–3:601).

26) 이와 관련하여 박희호, "목적부도달로 인한 부당이득반환", 비교사법 제67호(2014.11.) 1537면 이하 참조.

27) Von Bar/Clive, DCFR(full edition), p. 830.

2) 면책사유

유엔통일매매법은 매도인의 계약위반에 대한 매수인의 구제수단, 특히 손해배상청구권을 부여하는 요건으로 매도인의 귀책사유를 요구하지 않는다는 특징을 갖는다.[28] 이는 독일민법이나 우리나라의 경우가 과실책임주의를 취하는 것과 구별된다. 따라서 유엔통일매매법상의 매수인의 구제수단인 이행청구권, 계약해제권은 물론이고 손해배상청구권을 행사하는 경우에도 매수인의 귀책사유는 그 요건에 해당하지 않는다. 다만 제79조에서 정하는 인식불가능하고 회피불가능하며 통제불가능의 예외적인 장애(impediment)의 경우에는 손해배상책임이 면제된다.[29] 그렇다고 이러한 면책사유로 인하여 손해배상이외의 구제수단인 이행청구권이나 계약해제권, 대금감액청구권이 배제되는 것으로 해석되지는 않는다. 따라서 장애로 인하여 물품의 인도가 지체된 경우라도 매수인은 물품의 인도가 가능한 한은 여전히 이행청구권을 갖고 이행지체 중에 면책사유로 이행이 불가능하게 되어 본질적 계약위반이 된다면 계약해제권도 행사할 수 있다. 마찬가지로 면책사유로 인하여 계약불합치의 물품이 인도된 경우에 그 부적합의 치유와 대체물인도청구, 대금감액권을 매수인은 행사할 수 있다.

유럽공통기준초안의 경우 계약불합치에 대한 구제수단은 유엔통일매매법과 크게 다르지 않다. 원칙적으로 무과실책임주의를 취한다는 점에서도 유엔통일매매법과 동일하며 면책사유가 있는 경우 손해배상청구권을 행사할 수 없다는 점도 동일하다 (III.-3:101 (2)) 하지만 면책의 범위와 관련하여서는 유엔통일매매법은 유럽공통기준초안은 구별된다. 면책사유가 있는 경우 매수인은 손해배상청구권만을 행사할 수 없을 뿐 기타의 권리를 모두 행사할 수 있으나 유럽공통기준초안에서는 손해배상청구권뿐만 아니라 이행청구권도 행사할 수 없는 것으로 규정하고 있다(III.-3:101 (2) DCFR).[30]

3) 매도인의 추완권과 매수인의 구제수단

계약불합치로 인한 매수인의 구제수단과 관련하여 유엔통일매매법과 유럽공통기준초안이 특히 차이를 보이는 것은 매도인의 추완권과 매수인의 구제수단과의 우열의

28) 석광현, 국제물품매매계약의 법리, 177면
29) 이에 관한 구체적인 내용에 대하여는 석광현, 전게서, 297면 이하 및 316면 참조.
30) 또한 von Bar/Clive, DCFR(full edition) p. 772.

문제이다. 특히 매도인의 추완권이 매수인의 계약해제권에 우선할 것인가에서 두 규범은 차이를 보인다.

먼저 유엔통일매매법은 제48조에서 "제49조의 제한 하에, 매도인은 인도기일 후에도 불합리하게 지체하지 아니하고 매수인에게 불합리한 불편 또는 매수인의 선급 비용을 매도인으로부터 상환받는데 대한 불안을 초래하지 아니하는 경우에는, 자신의 비용으로 의무의 불이행을 치유할 수 있다"고 하여 매도인의 추완권을 인정한다. 여기서 '제49조의 제한 하에'라는 문언과 관련하여 기본적으로 매수인의 계약해제권이 우선적으로 적용된다는 견해와 채무불이행이 본질적 계약위반이 아닌 한 추완권이 우선할 수 있다는 견해가 대립하나 입법자의 의사는 매수인의 계약해제권이 우선하도록 하려는 의도였던 것으로 이해된다.[31]

유럽공통기준초안 III.-3:202 제2항은 "채무자가 채무의 내용에 합치하는 새로운 이행의 제공을 이행기 내에 할 수는 없으나 불합치의 통지를 받은 이후에 즉시로, 합리적인 기간 내에 채무자의 비용으로 추완할 것을 제의한 때에는, 채권자는 채무자에게 불합치의 추완을 시도할 합리적인 기간을 채무자에게 허여하기 이전에는 이행을 보류하는 것 이외에 채무불이행으로 인한 어떠한 구제수단도 행사할 수 없다"고 규정한다. 즉 채무자인 매도인의 추완권을 기타 매수인의 구제수단보다 우선하여 인정하되 매수인의 보호를 위하여 기간상의 제한을 두는 태도를 보인다.

4) 매수인의 악의

유엔통일매매법은 매수인이 계약체결 시에 물품의 계약불합치를 알았거나 또는 모를 수 없었던 경우에 매도인의 책임을 부정한다(제35조 제3항). 이에 반하여 유럽공통기준초안은 매수인이 계약체결 시에 불합치를 알았거나 알았을 것으로 합리적으로 가정할 수 있는 경우에 IV. A.-2:302(목적, 품질, 포장의 적합성)에 대한 책임이 없다고 규정한다. 즉 계약의 내용에 반하는 계약불합치의 경우(IV. A.-2:301)의 경우에는 매수인이 계약체결시에 그 불합치를 알았다고 하더라도 책임을 지게 된다는 것이다. 계약의 내용에 당사자의 목적도 포함되는 것으로 이해하는 필자의 입장에서는 두 경우를 구분하여 책임을 구별하는 태도는 매우 의문이 가는 대목이다. 유엔통일매매법과 같이 일률적으로 책임을 부정하는 것이 일반인의 법감정에 부합한다.

---

31) 석광현, 전게서, 193면 이하.

2. 유럽공통매매법에서의 계약불합치의 효과

1) 면책사유와 이행청구권

계약불합치의 효과와 관련하여 유럽공통매매법은 대부분 유럽공통기준초안의 입장을 따른다. 먼저 계약불합치의 경우에 매수인에게 대체물청구권을 인정하되 유엔통일매매법과 달리 본질적 계약위반을 요건으로 하지 않고 유럽공통기준초안과 동일하게 그 이행이 불법 혹은 불가능하거나 불합리한 비용이 소요되는 경우에 이를 부정할 뿐이다(제110조). 또한 면책사유와 관련하여서도 유럽공통기준초안과 같이 "매도인의 불이행이 면책되는 경우에도 매수인은 이행청구와 손해배상을 제외한 동조 제1항의 모든 구제수단을 활용할 수 있다"(유럽공통매매법 제106조는 제4항)고 규정한다. 즉 유엔통일매매법과 달리 면책이 되는 경우에는 손해배상뿐만 아니라 추완이나 대체물청구권과 같은 이행청구권도 행사할 수 없다.

하지만 이러한 입법태도에 대하여는 의문의 여지가 있다. 예를 들어 천재지변에 의하여 이행기에 이행을 할 수 없어서 이행지체에 대한 책임이 면책된 경우 천재지변이 끝난 후에도 이행청구권을 부정할 것이냐의 문제가 제기되는 것이다. 이 문제에 대하여는 학설은 대체로 부정적인 입장이다.[32] 이러한 학설의 태도는 계약불합치의 경우에 이행청구권과 동일하게 여겨지는 대체물청구권이나 추완청구권이 문제될 경우, 나아가 B2C에서 소비자보호의 측면에서 보아도 타당하다고 할 것이다. 소비자에게는 비록 천재지변에 의하여 채무불이행이 발생하였다고 하더라도 그 치유나 대체물청구가 가능한 경우에는 이행청구권 행사를 인정하는 것이 소비자보호의 측면에서 보아 타당할 것이기 때문이다. 문제는 이러한 해석을 이끌어 낼 이론적 구성인데, 학설은 유럽공통매매법 제88조 제2항을 그 근거규정으로 든다. 즉 제88조 제2항은 "장애가 단지 일시적인 경우에는 장애가 존재하는 동안에만 면책이 된다"고 규정하고 있다. 따라서 장애(impediment)가 발생하여 일시적으로 면책이 된다고 하더라도 그 후에 다시 이행이 가능하다면 매수인은 이행청구권을 행사할 수 있다고 볼 수 있는 것이다. 그리고 그러한 장애로 인한 지체책임이나 불합치로 인한 책임은 다시 이행을 할 수 있을 때까지 면제가 되어 매수인의 구제수단은 일정 기간 제한을 받게 된다.[33] 예를 들어 가구를 판매하는 매도인이 계약을 체결하고 위험이 이전하지 않은 상황에서 운송 중에 태

32) Schmidt-Kessel/Zöchling-Jud, GEK, Art. 106 Rn. 12.
33) Schmidt-Kessel/Zöchling-Jud, GEK, Art. 106 Rn. 13.

풍을 만나 물건의 일부가 물에 젖어 사용하지 못하게 된 경우, 그가 그 물건을 이탈리아로부터 다시 수입하여 2주 후에 발송할 수 있다고 한다면 매수인은 매도인의 이행이 가능한 2주 후에나 채무불이행으로 인한 손해배상 등의 계약위반책임을 물을 수 있는 것이다.

2) 매도인의 추완권과 소비자의 해제권

매도인의 추완권과 매수인의 구제수단과 관련하여서 유럽공통매매법은 유엔통일매매법과 유럽공통기준초안의 중간적 위치에서 B2B와 B2C의 경우를 나누어 정한다. 유럽공통매매법은 매수인이 사업자인 경우에는 유럽공통기준초안에 따라 매도인의 추완권이 이행보류를 제외하고는 본장 제2절에 규정된 매도인의 추완에 의하여 제한된다는 입장이고(제106조 제2항), 매수인이 소비자인 경우 매수인의 해제권은 매도인의 추완은 물론 검사나 통지의무로부터도 제한을 받지 않는다는 입장이다(제106조 제3항).

이에 대하여 일부 학설은 소비자인 매수인의 권리를 우선시키는 경우에 대하여 비판적인 입장을 취한다. 특히 유럽공통매매법이 제조물공급계약도 함께 규정하고 있는 점(유럽공통매매법규칙 제2조 (k)), 소멸시효기간이 10년까지 지속될 수도 있다는 점 그리고 아무리 소비자라고 하더라도 사업자에게 아무런 기회도 주지 않고 계약을 해제하도록 하는 것이 부당할 수 있다는 점 등을 그 근거로 들고 있다.[34] 유럽공통매매법은 매도인에 의한 추완이 인정되기 위하여 소비자를 포함한 매수인이 거절하지 않아야 하는 것으로 규정하고 매수인은 "(a) 추완이 즉시로 그리고 매수인에게 중대한 불편을 야기하지 않는 경우와 (b) 매수인이 매도인의 장래의 이행을 신뢰할 수 없다고 믿을 만한 이유가 있는 경우 및 (c) 이행지체가 본질적인 불이행으로 되는 경우"에는 추완을 거절할 수 있다고 하고 있다(제109조 제4항). 이러한 거절권이 인정된다는 점을 감안하면 소비자의 경우라도 매도인의 간단한 추완을 받음이 없이 계약을 해제하거나 손해배상을 청구하도록 하는 것은 부당하다고 여겨진다. B2B이건 B2C이건 매도인의 추완권을 우선적으로 고려하는 태도가 보다 타당해 보인다.

34) Schmidt-Kessel/Zöchling-Jud, GEK, Art. 106 Rn. 8.

3) 소비자의 악의

계약체결시에 매수인이 계약불합치를 알았거나 모를 수 없었을 경우 유럽공통매매법은 사업자간의 거래에 한하여 매도인의 책임을 부정한다(제104조). 이 경우 유럽공통기준초안과 달리 계약내용에 반하는 경우에도 매도인의 책임이 부정된다. 하지만 소비자의 경우에는 계약체결시에 계약불합치를 알았다고 하더라도 매도인의 책임이 부정되지는 않는다(e contrario). 매우 의문이 가는 대목이다. 이 경우까지 소비자를 특별히 보호할 이유는 보이지 않기 때문이다.[35] 유엔통일매매법 의회안은 이러한 점을 인정하여 "계약의 체결시에 매수인이 합치성의 결여에 대하여 알고 있었다면 물품합치성의 어떠한 결여에 대하여도 매도인은 책임을 지지 않는다. 전문의 규정은 사업자 사이의 계약에서 매수인이 합치성의 결여에 대하여 모를 수 없었을 경우에도 적용한다"[36]는 수정의견을 내놓았다. 이에 따를 경우 소비자가 계약의 불합치를 알았을 경우에도 사업자의 경우와 마찬가지로 매도인의 계약불합치로 인한 책임은 부정된다.

---

35) Lorenz, "Kaufrecht und Dienstverträge im CESL" AcP 212(2012), S. 739(702); Wendehorst/Zöchling-Jud/Schopper, Am Vorabend eines GEK, S. 124f.

36) Amendment 188 "The seller is not liable for any lack of conformity of the goods if, at the time of the conclusion of the contract, the buyer knew of that lack of conformity. In a contract between traders, that also applies if the buyer could not have been unaware of the lack of conformity"

V. 결론

계약불합치와 관련하여 유럽공통매매법(CESL)의 태도를 종합하여 보면 유럽공통매매법(CESL)은 유엔통일매매법(CISG) 보다는 유럽공통기준초안(DCFR)의 입장을 더 많이 수용한 것으로 보인다. 특히 계약불합치의 법리 구성과 관련하여서 보면 독일법적인 사고를 많이 받아들인 것으로 보인다. 계약의 합치성을 매도인에게 보증하도록 할 의무를 부과하는 점이라던지 계약의 내용에 합치하지 않는 경우와 별도로 매도인에게 알려진 매수인의 목적에 부합하지 않는 경우에도 계약의 불합치로 보는 경우 등은 독일 민법상의 특정물 도그마를 그 기저에 두고 있기 때문이다. 하지만 이러한 입법태도가 국제간의 거래를 전제로 합당한 규범을 찾는 이들에게 얼마나 잘 이해가 되고 또 활용될 것인가는 의문이다. 법학은 논리학이기 이전에 실용학문으로 가장 큰 목적은 실용적이면서도 정당한 재산권의 거래를 확보해 주는 것이 우선이기 때문이다. 따라서 계약의 불합치와 관련하여서 보면 그 법리의 단순성이나 활용성의 측면에서 유엔통일매매법의 태도가 더 타당해 보인다.

그 외에 유럽공통매매법은 매도인의 추완권보다 소비자의 구제수단을 우선시키고 있으나 사업자 사이의 거래에서와 마찬가지로 매도인의 추완권을 일정한 한도에서 우선 시킨다고 하여 소비자의 이익이 부당하게 침해된다고 보기 어렵다. 오히려 소비자의 구제수단을 항상 우선시함으로써 매도인의 권익이 부당하게 제한을 받을 소지가 있다.

마지막으로 유럽공통매매법은 소비자 보호를 위하여 소비자가 계약체결시에 계약불합치를 알았다고 하더라도 계약불합치로 인한 구제수단을 행사할 수 있도록 하고 있으나 이 또한 부당하다고 할 것이다. 이를 감안하여 의회안은 소비자가 그 사실을 계약체결시에 알았을 경우에도 매도인의 책임을 부정하는 입장을 취하고 있다. 타당한 개정이라고 생각한다.

참고문헌

김대정, "채무불이행책임설에 의한 하자담보책임설의 재구성", 민사법학(한국민사법학회) 제9,10호(1993.7), 242-293.

박영복, "유럽 공통의 매매법", 외법논집(한국외국어대학교 법학연구소) 제39권 제1호(2015.2.), 207-236.

박희호, "우리나라 하자담보책임의 본질에 관한 재론", 민사법학(한국민사법학회) 제34호(2006.12), 93-130.

박희호, "목적부도달로 인한 부당이득반환", 비교사법(한국비교사법학회) 제67호(2014.11.), 1537-1560.

석광현, 국제물품매매계약의 법리, 박영사, 2010.

이영준, "'동북아시아 매매법의 통일' 좌담회", 인권과 정의 통권324호 (2003. 8) 6-29.

지원림, "아시아계약법 통일의 가능성과 방법", 법학연구(부산대학교 법학연구소) 제52권 제2호(2011. 5), 231-251.

하경효 외, 유럽보통매매법, 세창출판사, 2014('하경효, 유럽보통매매법'으로 인용).

Christian von Bar외 10인 편저/안태용 역, 유럽민사법의 공통기준안-DCFR 제1권-제4권, 법무부, 2012('안태용 역, 유럽공통기준안'으로 인용).

Von Bar/Clive(Ed.), Principles, Definitions and Model Rules of European Private Law - Draft Common Frame of Reference(DCFR) Full Edition Vol. 2 (von Bar/Clive, DCFR(full edition)로 인용).

Honsell(Hrsg.) Kommentar zum UN-Kaufrecht, 2. Aufl.(2010)(Honsell/Autor, UN-Kaufrecht로 인용).

Jauernig(Hrsg.), Bürgerliches Gesetzbuch, 8. Aufl.(1997)(Jauernig/Autor, BGB로 인용)

Lenel, "Die Lehre von der Voraussetzung", AcP 74(1889), 213-239.

Loos/Helberger/Guibault/Mak, "The Regulation of Digital Contracts in the Optional Instrument of Contract Law", ERPL 19(2011) 729-757.

Lorenz, "Das Kaufrecht und die damit verbundene Dienstverträge im Common European Sales Law", AcP 212(2012), 702-847("Lorenz, "Kaufrecht und Dienstverträge im CESL" AcP 212(2012)"로 인용).

Münchener Kommentar zum BGB, 6. Aufl.(2012)(Münch-Komm/Autor, BGB로 인용).

Schmidt-Kessel(hrsg.), Der Entwurf für ein Gemeinsames Europäisches Kaufrecht, 2014(Schmidt-Kessel/Autor, GEK로 인용).

Schulze(ed.), Common European Sales Law(CESL), 2012(Schulze/Autor, CESL로 인용).

Soergel Kommentar zum BGB, 13. Aufl.(2000)(Soergel/Autor, CISG로 인용).

Wendehorst/Zöchling-Jud(Hrsg.), Am Vorabend eines Gemeinsamen Europäischen Kaufrechts: Zum Verordnungsentwurf der Europäischen Kommission vom 11. 10. 2011. 2012("Wendehorst/Zöchling-Jud/Autor, Am Vorabend eines GEK"로 인용).

Windscheid, Die Lehre der römischen Rechts von der Voraussetzung, 1850.

Zahn, Die Anwendbarkeit des Gemeinsamen Europäischen Kaufrechts auf Verträgeüber digitale Inhalte, ZEuP, 77-96.

제2절 유럽공통매매법상의 매수인의 구제수단

김영두 교수(충남대학교 법학전문대학원)

I. 서론

유럽연합집행위원회(European Commission)는 2011년 10월 유럽의회(European Parliament)와 이사회(Council)에 유럽공통매매법(European Common Sales Law(이하 "CESL")에 관한 규칙(regulation)의 제정을 위한 제안을 한다.[1] 이 제안은 유럽의회에서 수정되었고[2] 이사회에 보내졌지만, 이사회 논의 중에 집행위원회는 이 제안을 수정하였다.[3] 집행위원회는 유럽공통매매법과 같이 매매법 전반에 적용되는 규칙이 아닌 특정한 분야에 적용될 수 있는 지침으로 제안의 내용을 수정하였다. 이러한 수정의 내용은 "디지털콘텐츠 공급을 위한 계약"에 관련된 지침을 제안하는 통신문(Communication)[4]과 "온라인과 원격 물품매매계약"에 관한 지침을 제안하는 통신문[5]에 의해서 구체화되었다. 결과적으로 집행위원회의 유럽공통매매법에 관한 규칙을

1) Proposal for a Regulation of the European Parliament and of the Council on a Common European Sales Law, October 11, 2011, COM(2011) 635 final.
2) European Parliament legislative resolution of 26 February 2014 on the proposal for a regulation of the European Parliament and of the Council on a Common European Sales Law.
3) COMMUNICATION FROM THE COMMISSION TO THE EUROPEAN PARLIAMENT, THE COUNCIL, THE EUROPEAN ECONOMIC AND SOCIAL COMMITTEE AND THE COMMITTEE OF THE REGIONS, Commission Work Programme 2015, A New Start, Strasbourg, 16.12.2014, COM(2014) 910 final, Annex II.
4) Proposal for a DIRECTIVE OF THE EUROPEAN PARLIAMENT AND OF THE COUNCIL on certain aspects concerning contracts for the supply of digital content, Brussels, 9.12.2015, COM(2015) 634 final.
5) Proposal for a DIRECTIVE OF THE EUROPEAN PARLIAMENT AND OF THE COUNCIL

위한 2011년의 제안은 두 개의 지침에 대한 2015년의 제안으로 수정되었다. 그러나 집행위원회가 제안한 디지털콘텐츠 공급을 위한 계약과 온라인 원격 물품매매계약에 관한 두 개의 지침은 유럽공통매매법에 관한 논의에 바탕을 둔 것이다. 따라서 사실상 철회된 유럽공통매매법의 내용을 살펴보는 것은 앞으로 입법될 수 있는 온라인 물품매매나 디지털콘텐츠 공급계약에 관한 지침의 내용을 이해함에 있어서 중요한 자료가 될 수 있다.

본 논문에서는 유럽공통매매법의 규정 중에서 매수인의 구제수단에 대한 제11장(Chapter 11)의 내용을 살펴본다. 집행위원회가 제안한 내용을 기초로 유럽공통매매법의 규정을 검토하였고, 유럽의회수정안의 내용은 해당 조문에 간략하게 소개하였다. CESL 제11장은 매수인의 구제수단을 규정하고 있지만, 매수인의 구제수단의 전체적인 내용을 파악하기 위해서는 제9장의 일반규정, 제16장의 손해배상과 이자, 제17장 원상회복의 규정도 함께 살펴볼 필요가 있다.

II. 매도인의 의무위반과 매수인의 구제수단

1. 매수인의 구제수단 일반

매수인의 구제수단에 대해서는 제11장(Chapter 11)에서 규정하고 있다. 제11장은 '제1절 일반규정(General provisions)', '제2절 매도인에 의한 추완', '제3절 이행의 청구', '제4절 매수인의 의무의 이행거절', '제5절 해제', '제6절 대금감액', '제7절 상인간의 거래에 있어서 통지와 검사의 요건'으로 구성되어 있다.

CESL의 구제수단은 국제물품매매계약에관한국제연합협약(The United Nations Conventions on Contracts for the International Sale of Goods: 이하 "CISG"), 국제상사계약원칙(UNIDROIT Principles of International Commercial Contract: 이하 "PICC"), 「Common Frame of Reference 초안」(Draft of a Common Frame of Reference; 이하 "DCFR"), 유럽계약법원칙(Principles of European Contract Law: 이

---

on certain aspects concerning contracts for the online and other distance sales of goods, Brussels, 9.12.2015, COM(2015) 635 final.

하 "PECL")와 같은 계열에 속하지만, 다른 점도 있다. 가장 중요한 차이점은 매수인의 구제수단에 있어서 사업자와 사업자(이하 "B2B") 매매계약과 사업자와 소비자(이하 "B2C") 매매계약을 구분하고 있다는 점이다.[6] 매도인의 구제수단에 있어서는 CESL도 B2B와 B2C를 구분하고 있지 않다. CESL이 매수인이 구제수단에 있어서 B2B와 B2C 매매계약을 구분하는 이유는 계약구속력을 달리 규정하기 위한 것이다. 계약의 구속력은 CISG의 중요한 원칙이며, 이러한 원칙은 PECL이나 PICC에서도 그대로 반복된다. 그러나 CESL에서는 B2B 계약의 경우에만 이러한 원칙이 유지되고 있다.[7]

예를 들어 CESL에 있어서 B2B 계약의 경우에만 매수인은 매도인의 추완을 조건으로 적합성 결여에 대한 구제수단을 행사할 수 있으며, 매수인에게는 매매목적물에 대한 검사와 통지의무가 부과된다(제106조 제2항, 제3항). 그리고 매수인이 상인인 경우에는 계약해제권이 발생한 시점 또는 불이행을 알았거나 알 수 있었던 시점으로부터 합리적인 기간 내에 계약을 해제해야 한다(제119조 제1항). 그 기간이 경과하면 해제권을 행사할 수 없다. 그런데 B2C 거래에서는 이러한 제한이 없다. 소비자가 계약을 해제하기 위해서는 매도인에게 추완의 기회를 줄 필요가 없다(제106조 제3항(a)). 소비자는 물품이나 디지털콘텐츠를 검사할 의무도 없으며, 적합성의 결여를 매도인에게 통지해야 할 의무도 없다(제106조 제3항(b)와 제121조 제1항). 그리고 소비자의 경우에는 해제권의 행사기간에 대한 제한이 없다(제119조 제2항(a)). 소비자의 해제권에 대해서는 소멸시효의 제한이 있을 뿐이다(제185조 제1항). 이러한 규정들은 B2C 거래에 있어서 더 이상 계약관계의 안정성에 대한 보호(protection of the stability of the contractual relationship)가 중요하지 않다는 것을 의미한다.[8] B2C 거래에 있어서 계약준수의 원칙(pacta sunt servanda)은 사실상 거의 의미가 없게 되었다.[9]

매수인의 구제수단에 관한 제11장의 제1절에서는 매수인의 구제수단을 개관하고 있다. 매도인의 의무의 불이행(non-performance)이 있는 경우에 매수인은 이행을 청구할 수도 있고, 자신의 의무의 이행을 거절할 수도 있고, 계약을 해제하고 제17장에 따라 매매대금을 반환받을 수도 있고, 매매대금을 감액할 수도 있고, 제16장의 규정에 따라 손해배상을 청구할 수도 있다(제106조 제1항).

매도인의 불이행이 면책되는 경우에는 매수인은 이행청구와 손해배상의 구제수단

---

6) Schulze(ed.), —Common European Sales Law(CESL)— -Commentary-, C.H.Beck, Hart, Nomos, 2012, p. 491(Art. 106, Comment, p. 491)(이하 "Schulze(ed.), 조문, 면수"의 순서로 인용함).
7) Schulze(ed.), Art. 106, p. 491.
8) Schulze(ed.), Art. 106, p. 492.
9) Schulze(ed.), Art. 106, p. 492.

을 행사할 수 없다(제106조 제4항).

그리고 매도인의 불이행이 매수인에 의해서 야기된 경우에는 그 범위 내에서 매수인은 제1항에서 언급된 구제수단을 행사할 수 없다(제107조 제6항).

매도인의 불이행으로 인해서 매수인이 구제수단을 행사하는 경우에 매수인은 양립할 수 있는 구제수단을 중첩적으로 행사할 수 있다. 예를 들어 계약을 해제하면서 손해배상을 청구할 수 있고(제164조와 제165조), 대금감액을 하면서 그로 인해서 전보되지 못하는 손해의 배상을 청구할 수도 있다(제120조 제3항). 그러나 계약을 해제하면서 이행을 청구할 수는 없다. 그리고 대금감액과 계약해제도 서로 양립할 수 없는 구제수단이다.

제106조 제2항에서는 매수인이 상인인 경우, 제3항에서는 매수인이 소비자인 경우에 관한 특칙을 두고 있다. 매수인이 상인인 경우(제106조 제3항)에는 구제수단을 행사하기 위해서 제2절에 따른 매도인의 추완이 우선되어야 한다. 그러나 매도인의 추완과 상관없이 매수인은 자신의 채무의 이행을 거절할 수 있다. 적합성의 결여(lack of conformity)의 경우에는 제7절에 따라 매매목적물에 대한 검사(examination)와 통지(notification)를 조건으로 구제수단을 행사할 수 있다. 제7절은 상인간의 거래에 대해서 적용되는 규정이다. 매수인이 소비자인 경우(제106조 제3항)에는 매도인의 추완과 상관없이 매수인은 구제수단을 행사할 수 있다. 그리고 소비자는 적합성이 결여된 경우에 검사와 통지를 하지 않더라도 구제수단을 행사할 수 있다. 유럽의회의 106조 제3항(a) 수정안에서는 소비자의 개인적인 용도나 지시에 의해서 물품이나 디지털콘텐츠가 생산되거나, 수정되었다면 소비자는 매도인의 추완을 조건으로 구제수단을 행사하도록 규정하고 있다.

2. 무상으로 제공된 디지털콘텐츠에 대한 구제수단

CESL의 규정은 모든 형태의 디지털콘텐츠 공급계약(contract for the supply of the digital content)에 적용된다. 그러나 매수인에게 대금지급의무가 인정되지 않는 경우에는 제공자의 책임을 완화할 필요성이 있다. 이러한 책임완화에 대해서는 제107조가 규정하고 있다. 매수인이 대금을 지급해야 하는 디지털콘텐츠 공급계약에 대해서는 책임완화가 필요없기 때문에 제107조가 적용되지 않는다.

매수인의 반대급부의무가 금전은 아니지만, 매수인이 공급자에게 개인정보를 제공해야 하거나, 공급자가 자신들의 신제품을 시험해 보기 위해서 무료로 디지털콘텐츠를 공급하는 경우도 있다. 그리고 자신들의 사업전략에 따라 디지털콘텐츠를 무료로 제공하기도 한다. 따라서 매수인이 단지 금전을 지급하지 않는다는 이유로 제107조의 적용범위가 확대되는 것은 바람직하지 않다. 제107조는 비록 매수인이 공급자에게 대금을 지급하지 않더라도 공급자와 매수인의 의무가 쌍무적인 경우에는 적용되지 않도록 엄격하게 해석되어야 한다.[10] 이 점을 고려하여 유럽의회 수정안에서는 제107조 제1항 이전에 하나의 항을 추가하여 비록 금전이 지급되지는 않지만 소비자가 반대급부를 하는 경우에는 대금감액을 제외한 다른 구제수단을 행사할 수 있도록 규정하였다.

공급자 책임을 제한하는 제107조가 적용되지 않도록 하기 위해서는 매수인이 디지털콘텐츠의 공급이 무료가 아니라는 점을 입증해야 한다.[11]

제107조는 무상으로 제공된 디지털콘텐츠에 대한 구제수단에 대해서 규정하고 있다. 대금을 지급하지 않고 디지털콘텐츠를 제공한 경우에 매수인은 제106조 제1항의 (a)에서 (d)의 구제수단을 행사할 수 없다. 따라서 매수인은 이행청구, 이행거절, 계약해제, 대금감액의 구제수단을 행사할 수 없다. 다만 디지털콘텐츠의 적합성 결여로 인해서 매수인의 하드웨어, 소프트웨어, 데이터 등의 재산에 손해가 발생하였다면 매수인은 매도인에게 그로 인한 손해의 배상을 청구할 수 있다. 매수인이 적합성의 결여로 인해서 얻지 못한 일실이익에 대한 손해배상은 청구할 수 없다. 제107조는 적합성 결여의 경우에만 적용되기 때문에[12] 그 밖의 불이행에 대해서 소비자는 모든 구제수단을 행사할 수 있다.

3. 강행규정성

소비자와 상인간의 거래에 있어서 당사자들은 소비자가 적합성의 결여를 알지 못한 상태에서 소비자에게 불이익하게 제11장에 규정된 매수인의 권리를 배제하거나 이 장(Chapter)의 효력을 약화시키거나 변경시킬 수 없다(제108조). 이 규정은 제10장 제3절(Chapter 10, Section 3)에서 말하는 적합성 결여의 경우에만 적용되며, 다른 유형의 불이행의 경우에는 적용되지 않는다.[13] CESL은 B2C 거래에 있어서 적합성 결여의

---

10) Schulze(ed.), Art. 107, p. 493.
11) Schulze(ed.), Art. 107, p. 493.
12) Schulze(ed.), Art. 107, p. 494.
13) Schulze(ed.), Art. 108, p. 495.

책임은 강행적이어야 하며, 불공정 계약에 관한 제8장으로 충분하지 않다는 소비자매매지침(Consumer Sales Directive)의 접근방식을 따르고 있다.[14] 이 규정은 개별적인 소비자보호라는 의미도 있지만, 소비자들의 집단적 이익을 보호하기 위한 규정이기도 하다.[15] 당사자들은 소비자에게 더 유리하게 계약내용을 정할 수는 있다. 소비자가 적합성 결여에 대해서 알게 된 후에는 책임을 완화하거나 배제하는 합의를 할 수 있다.[16] 하지만 그러한 합의를 하는 경우에도 상인이 자신의 지위를 남용하여 책임을 배제하는지 여부에 대한 검토가 필요하다. 제51조의 불공정한 착취(unfair exploitation)가 그런 경우에 해당할 것이다.[17] PECL은 계약 당사자가 구제수단을 배제할 수 있는지 여부에 대해서 규정하고 있지 않다.[18] 하지만 DCFR III.-제3:105조(1)에서는 고의나 중과실에 의해서 발생한 인신손해의 배상을 제한하거나 배제하는 약정은 무효라고 규정하고 있다.

4. 상인간 매매계약에 있어서 검사와 통지

1) 매도인의 검사와 통지의무의 의의

제121조와 제122조는 상인간의 계약에 있어서 적합성 결여로 인한 매수인의 권리를 제한하는 규정이다. 상인간의 거래에만 적용되기 때문에 소비자에게는 검사와 통지의무가 없다. DCFR의 경우에도 III.-제3:107조(1)에서는 매수인의 통지의무를 규정하고 있는데, 이 규정은 소비자매매의 경우에는 적용되지 않는다(DCFR III.-제3:107조(4)).

---

14) Schulze(ed.), Art. 108, p. 495.
15) Schulze(ed.), Art. 108, p. 495.
16) Schulze(ed.), Art. 108, p. 495.
17) Schulze(ed.), Art. 108, p. 495.
18) PECL 제8:109조에 따르면 신의성실의 원칙이나 공정거래의 원칙에 반하지 않는다면 구제수단의 배제나 제한에 관한 합의를 원용할 수 있다. 고의의 불이행의 경우에 채무자가 구제수단의 배제에 관한 규정을 주장하는 것은 신의성실의 원칙이나 공정거래의 원칙에 반한다고 볼 수 있다(Principles of European Contract Law, Part I and Part II, prepared by the Commission on European Contract Law, edited by Ole Lando and Hugh Beale(이하 "Lando/Beale, 해당 조문, 코멘트, 면수"로 인용), (Netherland: Kluwer Law International, 2000), Art. 8:109, Comment C, p. 386~387).

2) 물품에 대한 검사의무

상인간의 매매계약에 있어서 매수인은 물품의 인도, 디지털콘텐츠의 인도 또는 관련된 서비스의 제공시점으로부터 14일을 초과하지 않는 합리적인 기간 내에 물품을 검사하거나 검사가 이루어지도록 해야 한다(제121조 제1항).

매매계약에 물품의 운송(carriage)에 관한 내용이 포함되어 있다면 물품이 목적지에 도달할 때까지 검사를 미룰 수 있다(제121조 제2항). 즉 물품이 목적지에 도달한 시점부터 제1항의 기간이 진행된다.

매수인이 물품을 검사할 합리적인 기회를 갖기 전에 물품이 매수인에 의해서 운송도중에 다른 곳으로 다시 발송되거나 재발송되는 경우에 계약체결 당시에 매도인이 그러한 가능성을 알았거나 알 수 있었다면 물품이 새로운 도착지에 도달할 때까지 검사는 연기될 수 있다(제121조 제3항).

3) 적합성 결여에 대한 통지

합리적인 기간 내에 매수인이 적합성 결여의 성질(nature)을 특정하여 매수인에게 통지하지 않으면 매수인은 물품이 계약에 적합하지 않다는 주장을 할 수 없다. 물품이 매수인에게 제공되었거나(supplied) 적합성 결여를 매수인이 알았거나 알 수 있었던 시점으로부터 기간이 진행된다(제122조 제1항). 제122조 제1항에 대한 유럽의회 수정안에서는 매수인이 통지를 하지 못한 것에 대해서 합리적인 사유가 있는 경우에는 대금감액을 할 수 있고 일실이익(loss of profit)을 제외한 손해배상을 청구할 수 있다는 내용을 추가하였다.

계약의 내용에 따라 물품이 매수인에게 실제로 인도된 시점으로부터 2년 이내에 매수인이 적합성 결여에 대해서 매도인에게 통지를 하지 않으면 매수인은 적합성 결여를 주장할 수 없다(제122조 제2항).

만약 매도인이 특정한 기간 동안 물품이 통상적인 목적이나 특정한 목적에 적합한 상태에 있다는 점에 대해서 합의한 경우에 제2항에 따른 통지를 해야 하는 기간은 그 합의한 기간 내에는 종료하지 않는다(제122조 제3항).

제102조는 물품이나 디지털콘텐츠에 대해서 제3자의 권리주장이 있는 경우에 관해서 규정하고 있는데, 이와 관련하여 제122조 제2항은 적용되지 않는다(제122조 제4항).

매매계약에서 정한 물품이 부족하게 인도된 경우에 나머지 매수인은 이 사실을 매도인에게 통지해야 한다. 그러나 나머지 물품이 인도될 것이라고 믿을 만한 이유가 있다면 매수인은 모든 물품이 인도된 것이 아니라는 통지를 할 필요는 없다(제122조 제5항).

만약 매도인이 물품 적합성의 결여를 알고 있었거나 알 수 있었던 경우 또는 적합성의 결여가 매도인이 매수인에게 밝히지 않은 사실과 관련이 있다면 매도인은 통지가 없었다는 점에 대한 주장을 할 수 없다(제122조 제6항).

III. 매도인에 의한 추완

1. 매도인의 추완권의 의의

이 규정은 계약의 지속성(sustainability of contract)을 보호하기 위한 가장 중요한 규정이다.[19] 이 규정에 의해서 매도인은 두 번째 이행할 기회를 갖게 되며, 계약해제나 대금감액이라는 구제수단에 의해서 입게 될 손실을 회피할 수 있다.[20] 매도인에 의한 추완에 관한 규정은 적합성 결여의 경우에 적용된다. 그 밖의 불이행의 경우에 계약의 지속성의 보호는 이행지체의 경우에 추가기간의 설정의 방법 등을 통해서 달성된다.[21] 그리고 매도인의 추완에 관한 제109조는 B2B 계약의 경우에만 적용된다. 소비자의 경우에는 매도인의 추완권에 구속되지 않는다(제106조 제3항(a)).[22] B2C 계약의 경우에 매도인의 추완권이 배제된다는 점은 CESL의 적용을 받는 계약은 국경을 넘는 계약이라는 점에 의해서 정당화된다. 소비자인 매수인이 다른 나라의 매도인과 매매계약을 체결한 경우에 매수인은 복잡한 국가간의 관계에 관여되지 않을 정당한 이익이 있다.[23]

---

19) Schulze(ed.), Art. 109, p. 496.
20) Schulze(ed.), Art. 109, p. 496.
21) Schulze(ed.), Art. 109, p. 497.
22) 다만 소비자의 경우에도 용역계약의 경우에는 예외가 인정된다(Art. 155[2]). 용역계약의 경우에는 용역제공자(service provider)가 소비자에게 추완을 수령할 것을 청구할 수 있다.
23) Schulze(ed.), Art. 109, p. 497.

2. 매도인의 추완권의 종류

매도인에 의한 추완(cure)에 대해서는 제2절 제109조에서 규정하고 있다. 매도인의 추완은 이행기 전의 추완과 이행기 이후의 추완으로 구분해 볼 수 있다. 만약 이행기 전에 이행이 이루어졌는데, 그 이행이 계약에 적합하지 않다는 통지를 받았다면 매도인은 이행기 내에 적합한 이행을 할 수 있다(제109조 제1항). 매도인이 이행기 전에 인도할 수 있다고 하더라도 결론은 달라지지 않는다(제130조 제1항). 그리고 매수인이 이행기 전에 이행되었다는 점을 문제삼지 않고 수령하였더라도 마찬가지이다.[24] 제1항이 적용되지 않는 경우에, 즉 이행기 또는 이행기 이후에 이행제공을 한 경우에 매도인은 부적합성에 대한 통지를 받은 후에 부당하게 지체하지 않고 자신의 비용으로 이행의 추완을 제안할 수 있다(제109조 제2항). 제2항의 경우에만 매도인의 비용으로 추완을 할 수 있다고 규정되어 있지만, 제1항의 경우에도 당연히 매도인은 추완을 위한 비용을 부담해야 한다.[25] 제1항의 경우에는 이행기 전까지 추완을 해야 하지만, 제2항의 경우에는 부당한 지체(undue delay)없이 추완을 하면 된다.

3. 매도인의 추완과 해제권의 제한

매도인의 추완에 대한 권리는 매수인의 해제의 통지에 의해서 배제되지 않는다. 따라서 매도인의 추완이 가능한 경우에는 매수인의 계약해제의 권리가 제한된다(제109조 제3항). 그렇다고 매수인의 해제통지가 효력이 없는 것은 아니다. 만약 매도인이 추완을 하지 못하여 추완권을 상실한다면 별도의 해제 통지가 없더라도 계약해제는 효력을 발생하게 된다.[26] 문제가 되는 것은 불이행이 본질적이지 않았지만, 추완권이 소멸한 후에 불이행이 본질적이 된 경우이다. 이 경우에 매수인은 다시 해제의 통지를 해야 한다.[27] 제109조 제3항은 해제에 대해서만 언급하고 있지만, 매도인의 추완권이 인정되는 동안에는 제120조 제1항에 따른 매수인의 대금감액권의 행사도 제한되어야 한다.[28] 대금감액이 계약의 일부해제의 성격을 갖는다는 점을 고려한다면 당연한 결

24) Schulze(ed.), Art. 109, p. 498.
25) Schulze(ed.), Art. 109, p. 498.
26) Schulze(ed.), Art. 109, p. 499.
27) Schulze(ed.), Art. 109, p. 499.
28) Schulze(ed.), Art. 109, p. 499.

론이다. 물론 제6항에서는 매도인의 추완권과 양립할 수 있는 구제수단은 행사할 수 없다고 규정하고 있다. 하지만 대금감액을 일부해제와 동일하게 생각한다면 매도인이 추완하기 전에 대금감액을 한 경우에 추완권이 소멸하면 별도의 대금감액 통지를 할 필요가 없다.[29]

4. 매수인의 추완제안에 대한 거절권

다음의 경우에 매수인은 매도인의 추완제안을 거절할 수 있다. 첫째, 추완이 매수인에게 상당한 불편(significant inconvenience)을 야기하거나 즉각(promptly) 추완할 수 없다면 매수인은 추완을 거절할 수 있다. 즉각 추완할 수 없다는 점은 제5항의 합리적인 기간 내에 추완을 실행할 수 있다는 규정과 함께 고려되어야 한다. 상당한 불편은 사안별로 판단해야 한다. 예를 들면 쉽게 교체할 수 있지만 추완을 하기 위해서 매수인이 협력을 해야 하는 경우가 이러한 경우에 해당할 것이다. 둘째, 매도인이 장래의 이행을 신뢰할 수 없다고 믿을 만한 정당한 이유가 있는 경우이다. 예를 들어 매도인이 품질에 관한 정보를 제공하지 않았거나, 매수인을 속였거나, 매도인이 전문적인 경험이 있는 경우가 그러하다.[30] 셋째, 이행의 지체가 본질적 불이행에 해당하는 경우에 매수인은 추완을 거절할 수 있다(제109조 제4항). 단순히 불이행이 본질적이라고 해서 매도인의 추완권이 배제되는 것은 아니다.[31] 추완기간을 포함하여 지체가 본질적인 경우에 매도인의 추완을 거절할 수 있다. 매수인이 추완제안(offer to cure)을 거절할 수 있다면 매수인은 모든 구제수단을 행사할 수 있다.

5. 추완을 실행하기 위한 합리적인 기간

매도인은 합리적인 기간 내에 추완을 실행할 수 있으며(제109조 제5항), 매수인은 추완이 있을 때까지 이행을 거절할 수 있지만, 추완과 양립할 수 없는 구제수단은 추완을 위한 합리적인 기간 내에는 행사할 수 없다(제109조 제6항). 매도인의 추완권이 있

29) Schulze(ed.), Art. 109, p. 499.
30) Schulze(ed.), Art. 109, p. 501.
31) Schulze(ed.), Art. 109, p. 501.

는 동안에도 매수인은 이행거절을 할 수 있으며, 계약해제와 대금감액은 제3항에 의해서 제한된다면 결국 매도인의 추완권에 의해서 제한되는 구제수단은 적합성 결여로 인한 손해배상뿐이다.[32] 유럽의회 수정안에서는 제109조 제5항에 제2문을 추가하여 매수인이 소비자인 경우에는 합리적인 기간은 30일을 넘지 못한다고 규정하고 있다.

6. 매도인의 추완과 불이행으로 인한 손해배상

추완이 이루어지더라도 추완에 의해서 야기되었거나, 추완에 의해서 회피하지 못한 손해 또는 이행의 지체로 인한 손해에 대해서 매수인은 손해배상을 청구할 수 있다(제109조 제7항). 제7항에서는 손해배상만을 언급하고 대금감액은 언급하지 않고 있다. 그러나 추완에 의해서 목적물이 계약에서 정한 목적물의 가치를 보유하지 못하게 되는 경우도 있다. 따라서 이러한 경우에는 대금감액의 구제수단도 허용되어야 한다.[33]

IV. 이행청구권

1. 구제수단으로서 이행청구권

제110조는 매수인이 매도인의 이행을 청구할 수 있다는 점을 규정하고 있다(제110조 제1항). CESL은 CISG, DCFR, PECL과 마찬가지로 이행청구(requiring performance) 또는 특정이행(specific performance)을 채권의 효력으로 바라보지 않고 구제수단의 한 내용으로 바라보고 있다.[34]

이행청구권을 구제수단의 하나로 보고 있기 때문에 이행을 청구할 수 있다는 것은 이행의 보완(the remedying of a performance), 즉 수리나 교환을 무료로 청구할 수 있다는 것도 의미한다(제110조 제2항). 적합성 결여에 대한 추완(cure)도 이행청구의 범

32) Schulze(ed.), Art. 109, p. 502.
33) Schulze(ed.), Art. 109, p. 503.
34) Schulze(ed.), Art. 106, p. 491.

위에 포함된다. 그러나 B2B 계약의 경우에는 매도인은 적절한 추완의 방법을 결정할 수 있다.[35] 유럽의회 수정안에서는 제1항과 제2항을 결합하여 표현하고 있다.

2. 이행청구권의 배제

매수인의 이행청구권은 두 가지 경우에 배제된다. 첫째, 이행이 불능이거나 불법인 경우(제110조 제3항(a))이다. 여기서 말하는 불능은 원시적 불능이나 후발적 불능, 주관적 불능이나 객관적 불능을 모두 포함한다.[36] 계약을 체결한 이후에 이행이 불법인 경우에도 이행청구권이 배제된다. 계약체결 전에 이행이 불법인 경우에는 계약의 효력이 문제되며, 이 문제는 CESL이 다루지 않는다.[37] 둘째, 이행을 위한 비용이나 부담이 매수인이 얻게 될 이익과 균형을 이루지 못하는 경우(제110조 제3항(b))이다. 면책되는 불이행의 경우에는 제106조 제4항과 제88조에 의해서 이행청구권이 배제된다.[38]

3. 소비자매매와 교환과 수리

1) 교환 또는 수리에 대한 선택권의 의의

B2B 계약의 경우에는 매수인이 매도인에게 추완이행을 청구한다면 매도인은 추완이행의 방법을 결정할 수 있다.[39] 매도인이 가장 효율적인 추완의 방법을 잘 알고 있기 때문이다. 그런데 이렇게 되면 추완의 방법이 매도인에게 유리하게 정해질 수 있다. 따라서 제111조는 소비자매매의 경우에 소비자매매지침(Consumer Sales Directive)에 따라서 제111조 제1항 (a)~(c)의 요건에 해당하지 않는다면 소비자가 이행의 교환이나 수리와 같은 추완방법을 선택할 수 있도록 규정하고 있다. 이는 DCFR의 입장과 다르다. DCFR에서는 추완이행청구권이 배제되는 경우가 아니라면 매수인이 교환이

35) Schulze(ed.), Art. 110, p. 505.
36) Schulze(ed.), Art. 110, pp. 505~506.
37) Schulze(ed.), Art. 110, p. 506.
38) 이 규정은 DCFR III. -제3:302조(3)(b)에 상응하는 규정이다.
39) Schulze(ed.), Art. 111, p. 508.

나 수리를 선택할 수 없다. 따라서 CESL 제111조는 소비자보호를 위한 규정에 해당한다.[40] 소비자는 반드시 교환이나 수리를 선택할 필요는 없고 매도인에게 이를 맡겨둘 수도 있다. 이 경우에는 제110조가 적용된다.[41]

2) 구제수단으로서 수리 또는 교환의 선택

만약 소비자가 적합성 결여에 대해서 이행의 보완을 청구한 경우에, 소비자는 수리 또는 교환을 청구할 수 있다. 소비자가 수리라는 구제수단을 선택할 수 있지만, 그 경우에 구체적인 수리의 방법은 매수인이 정하게 된다. 매수인이 구제수단의 선택에 관한 통지를 한 경우에 다시 선택을 변경할 수 있는지 여부가 문제되는데, 매수인이 수리나 교환에 착수하지 않았다면 선택을 변경할 수 있지만 수리나 교환에 착수한 때부터는 선택을 변경할 수 없다고 보아야 한다.[42]

매수인의 선택이 언제나 허용되는 것은 아니고 일정한 제한을 받는다. 첫째, 적합성 결여를 보완하기 위한 수리 또는 교환이 위법하지 않아야 한다. 둘째, 수리 또는 교환이 불가능하지 않아야 한다. 여기서 말하는 불능은 좁은 의미의 불능을 말하며, 경제적 불능(economic impossibility)은 불균형(disproportionality)의 개념에 포함된다.[43] 셋째, 수리 또는 교환으로 인해서 매도인이 부담해야 하는 비용이 다른 구제수단과 균형에 맞지 않아야 한다. 이 규정은 상대적 불균형(relative disproportionality)만을 다루고 있다. 상대적 불균형이란 추완의 비용이 다른 구제수단을 위한 비용을 상당히(materially) 초과하는 것을 말한다.[44] 구체적으로 제111조 제1항 (a)~(c)는 불균형을 판단하기 위해서 고려해야 하는 요소를 규정하고 있다. 적합성 결여가 없는 경우에 물건이 갖는 가치, 적합성 결여의 중대성, 다른 구제수단에 대한 소비자의 불편함(inconvenience)이 세 가지 고려해야 할 사항이다. 물건의 가치는 절대적 불균형(absolute disproportionality)을 판단할 때에는 도움이 되지만 상대적 불균형을 판단할 때에는 그리 도움이 되지 않는다.[45] 적합성 결여가 중대하지 않다면 교환보다는 수리가 더 적합한 구제수단이 된다. CISG는 교환을 계약의 해제와 같이 취급하고 있는

---

40) Schulze(ed.), Art. 111, p. 508.
41) Schulze(ed.), Art. 111, p. 508.
42) Schulze(ed.), Art. 111, p. 509.
43) Schulze(ed.), Art. 111, p. 509.
44) Schulze(ed.), Art. 111, p. 510.
45) Schulze(ed.), Art. 111, p. 510.

데, CESL은 교환에 대해서 그와 같은 엄격한 입장을 취하지 않고 있다. B2C 계약의 경우에는 적합성 결여가 중대하지 않더라도 계약을 해제할 수 있기 때문이다(제114조 제2항). 하지만 적합성 결여가 사소한 경우라면 매수인이 부담해야 하는 비용이 불균형하다고 판단될 수 있다.

3) 다른 구제수단의 유예

소비자가 제111조 제1항에 따라 수리 또는 교환을 통하여 적합성의 결여에 대한 보완을 청구한 경우에 소비자는 30일을 초과하지 않는 범위 내에서 합리적인 기간 내에 상인(trader)이 수리 또는 교환을 이행하지 않는 경우에만 손해배상이나 해제, 대금감액의 구제수단을 행사할 수 있다(제111조 제2항). 그러나 그 기간 내에도 이행거절의 구제수단은 행사할 수 있다. 유럽의회 수정안은 제111조 제2항의 표현을 좀 더 체계적으로 표현하고 있으며, 동일한 결함이 발생한 경우에도 다른 구제수단을 행사할 수 있도록 규정하였다.

4) 교체된 물품의 반환

만약 매도인이 적합성을 결여한 목적물을 교환해 준 경우에 소비자는 매도인의 비용으로 기존의 목적물(item)을 반환할 수 있는 권리와 의무가 있다(제112조 제1항). 이 경우에 소비자는 교환 이전의 기간 동안 대체된 목적물의 사용에 대한 대가를 지급할 의무가 없다(제112조 제2항).

V. 매수인 의무의 이행거절

제113조는 매수인의 이행거절권에 대해서 규정하고 있다. 매도인의 이행거절에 대해서는 제133조가 규정하고 있다. 제113조의 규정은 상대방이 자신의 의무를 이행하지 않을 위험을 인수하지 않도록 당사자를 보호한다는 의미를 갖고 있다.[46] 이행을 거

46) Schulze(ed.), Art. 113, p. 514.

절할 수 있는 권리는 쌍무계약(reciprocal obligations)에 한정되지 않는다. 계약의 내용과 상관없이 성질상 서로 동시에 이행되어야 하는 경우에도 이행거절권이 인정될 수 있다. 계약 당자사가 부담하는 원상회복 의무에 대해서도 이행거절권이 인정된다. 그리고 적합성 결여로 인한 목적물의 교체와 매수인의 하자가 있는 물건의 반환도 동시이행의 관계에 해당한다.[47]

매도인의 이행 또는 이행제공과 동시에 또는 그 후에 매수인이 대금을 지급해야 하는 경우에 매수인은 매도인이 이행을 하거나 이행제공을 할 때까지 자신의 이행을 거절할 수 있다(제113조 제1항). 그런데 제126조에서는 물건의 인도와 동시에 대금지급 의무의 이행기가 도달한다고 규정하고 있다. 그 결과 매도인이 물건을 인도하지 않으면 이행기가 도래하지 않기 때문에 매수인은 이행거절권과 상관없이 대금을 지급하지 않아도 된다. 따라서 이행거절권이 의미가 있는 경우는 매도인의 인도의무 여부와 상관없이 매수인의 대금지급 시기가 인도시기와 동시에 정해진 경우이다.[48]

매수인이 선이행의무를 부담하는 경우에 만약 매도인의 의무의 이행기에 매도인이 의무를 이행하지 않을 것이라는 합리적인 믿음이 있다면 그 합리적인 믿음이 계속되는 동안에 매수인은 이행을 거절할 수 있다(제113조 제2항). 매수인의 합리적인 믿음은 매도인의 경제적 상황이나 매수인이 이행하지 않겠다는 의사를 표시함에서 기인할 수 있다. 객관적인 시장 상황 때문에 매도인이 이행하지 못할 것이라는 믿음을 갖게 될 수도 있다.[49] 매수인은 자신의 믿음이 합리적이라는 점을 입증해야 한다.

제113조 제1항은 우리 민법의 동시이행의 항변권에 상응하는 규정이며, 제2항은 불안의 항변권에 상응하는 규정이다.

매수인은 불이행에 의해서 정당화될 수 있는 범위 내에서 자신의 이행의 전부 또는 일부를 거절할 수 있다. 매도인의 의무가 분할이 가능하거나 분할하여 이행되어야 하는 경우에 매수인은 원칙적으로 이행되지 않은 부분에 대해서만 이행을 거절할 수 있다. 그러나 매수인이 전체적으로 자신의 의무의 이행을 거절하는 것이 정당화되는 경우에는 전체 의무의 이행을 거절할 수 있다(제113조 제3항). 그런데 제130조 제2항에 따르면 일부이행의 경우에 매수인은 정당한 이익이 인정된다면 일부의 수령을 거절할 수 있으며, 이 경우에는 전체 대금의 지급을 거절할 수 있다. 그러나 매수인이 일부를 수령했다면 매수인은 그 부분에 대해서는 대금을 지급해야 한다.

---

47) Schulze(ed.), Art. 113, p. 515.
48) Schulze(ed.), Art. 113, p. 515.
49) Schulze(ed.), Art. 113, p. 515.

매수인이 이행을 거절한다고 해서 매도인의 이행지체 책임이 사라지는 것은 아니다. 그리고 매수인은 자신의 의무의 이행을 거절하는 경우에 지체에 대한 책임을 지지 않는다.

유럽의회 수정안에서는 제113조에 제3a항을 추가하여 매수인이 소비자인 경우에는 이행거절이 적합성 결여의 중대성과 불균형을 이루지 않는다면 원칙적으로 전체 이행을 거절할 수 있는 것으로 규정하고 있다.

VI. 계약의 해제

1. 계약해제의 요건

1) 본질적 불이행(fundamental non-performance)

제114조 제1항에 따르면 매도인의 불이행이 본질적(fundamental)인 경우에 매수인은 계약을 해제할 수 있다. 본질적인 불이행에 대해서는 제9장의 제87조 제2항에서 규정하고 있다. 계약해제의 의미에 대해서는 제8조에서 규정하고 있다. B2C 계약에 대해서는 제114조 제2항에서 규정하고 있으므로 제1항은 B2B 계약의 경우에는 적용된다. B2B 계약의 경우에는 매도인의 추완에 의해서 해제권 행사가 제한되기 때문에(제109조 제6항) 본질적 불이행과 매도인의 추완이라는 두 가지 기준에 의해서 매수인의 해제권 행사가 제한된다.

B2C의 매매계약이나 소비자와 상인의 디지털콘텐츠 공급계약에서 적합성 결여의 불이행이 발생한 경우에 그 불이행이 본질적이지 않더라도 사소한 경우가 아니라면 계약을 해제할 수 있다(제114조 제2항). 적합성 결여가 사소하다는 점은 매도인이 입증해야 한다.[50] B2C 계약에 있어서 해제권 행사요건의 완화는 적합성 결여의 경우에만 한정된다. 그 밖의 불이행의 경우에는 여전히 불이행이 본질적인 경우에만 해제권을 행사할 수 있다.[51] 적합성 결여의 의미에 대해서는 제99조에서 105조가 규정하고

50) Schulze(ed.), Art. 114, p. 517.
51) Schulze(ed.), Art. 114, p. 517.

있다. 결국 B2C 계약의 경우에는 적합성 결여가 본질적 불이행이 아니더라도 소비자는 계약을 해제할 수 있고, 소비자는 매도인의 추완과 상관없이 계약을 해제할 수 있다. 결과적으로 B2C 계약의 경우에 pacta sunt servanda의 원칙이 상당부분 완화되었다.[52)]

2) 이행지체와 계약의 해제

매도인이 인도를 지체하는 경우에 그 이행지체가 본질적 불이행에 해당하지 않더라도 매수인은 이행을 위한 합리적인 추가기간(additional period)을 정하는 통지를 하고 매도인이 그 기간 내에 이행을 하지 못하면 매수인은 계약을 해제할 수 있다(제115조 제1항). 추가기간은 매도인에게 다시 한 번 이행할 기회를 부여함으로써 계약의 안정성을 보호하는 규정이다.[53)] 추가기간이 경과한다고 해서 이행지체가 자동적으로 본질적 불이행으로 되는 것은 아니다. 그러나 추가기간 동안 매도인이 이행하지 않으면 매수인은 이행지체를 이유로 계약을 해제할 수 있다. 그리고 이행지체가 면책되는지 여부와 상관없이 추가기간의 지정을 통하여 매수인은 계약을 해제할 수 있다.[54)]

매수인이 정한 추가기간은 합리적인 기간이어야 한다. 합리성여부는 통상적인 영업관행, 계약의 목적, 매수인의 합리적인 이익 등을 고려해서 결정되어야 한다. 추가기간은 통지서에 반드시 포함되어야 한다. 만약 추가기간이 합리적이 아니라면 그러한 통지는 해제요건을 충족시키지 못한 것이다. 따라서 매수인은 계약을 해제할 수 없다.[55)] 그러나 추가기간에 대해서 매도인이 지체없이 이의를 제기하지 않으면 그 기간은 합리적인 것으로 본다(제115조 제2항). 따라서 추가기간이 합리적이지 않다고 판단하였다면 매도인은 매수인에게 지체없이 이의를 제기해야 하며, 이의를 제기하지 않았다면 매도인은 매수인이 정한 추가기간 내에 이행을 해야 하며, 그렇지 않으면 매수인은 계약을 해제할 수 있다. 추가기간이 합리적이 아니더라도 합리적이라고 생각될 수 있는 기간이 경과하였다면 매수인은 계약을 해제할 수 있는지 여부가 문제될 수 있지만 CESL은 이 점을 명백히 하고 있지는 않다.[56)] 우리나라의 경우에는 비록 추가기간을

52) Schulze(ed.), Art. 114, p. 517.
53) Schulze(ed.), Art. 115, p. 518.
54) Schulze(ed.), Art. 115, p. 519, no. 4.
55) Schulze(ed.), Art. 115, p. 519, no. 7.
56) 추가기간이 합리적이지 않다면 합리적인 기간이 경과하였다는 이유만으로 해제권이 발생하지는 않는다고 한다(Schulze(ed.), Art. 115, p. 519, no. 8).

명시하여 이행을 최고하지 않더라도 그 최고는 유효하다고 한다.[57] 따라서 추가기간이 합리적이지 않더라도 상당한 기간 내에 계약 당사자가 자신의 의무를 이행하지 않으면 이행의 최고가 해제권 행사의 요건으로 유효하다고 볼 수 있다는 점에서 CESL과 차이가 있다.

3) 장래의 불이행과 계약의 해제

장래에 불이행이 있을 것이 분명하거나 매도인이 계약을 이행하지 않겠다고 밝힌 경우에 그 불이행이 계약의 해제를 정당화할 정도라면 이행기 이전이더라도 매수인은 계약을 해제할 수 있다(제116조). 계약의 해제를 정당화할 정도의 불이행이란 본질적 불이행을 의미한다. 그러나 B2C 계약의 경우에는 적합성 결여가 본질적 불이행에 이를 정도가 아니더라도 장래의 적합성 결여를 이유로 계약을 해제할 수 있다.[58]

2. 계약해제의 범위

만약 매도인의 의무가 분할되어 이행되어야 하거나, 분할할 수 있는 경우에는 그 계약의 일부에 대해서 해제의 요건이 갖추어졌고 그 부분에 대해서 대금을 할당할 수 있다면 매수인은 그 부분에 대해서만 계약을 해제할 수 있다(제117조 제1항).

만약 불이행된 부분 이외의 나머지 부분에 대해서도 매수인의 수령할 것을 기대할 수 없거나, 불이행이 계약의 전체적인 해제를 정당화할 수 있는 경우에는 매수인은 전체계약을 해제할 수 있다(제117조 제2항). 그리고 매도인의 의무가 분할할 수 없거나 불이행한 부분에 대해서 대금을 할당할 수 없는 경우에는 매수인은 계약을 전체적으로 해제하는 것이 정당화되는 경우에만 계약을 해제할 수 있다(제117조 제3항).

3. 해제권의 행사방법

계약의 해제는 매도인에게 대한 통지에 의해서 행사된다(제118조). 그러나 매수인은 추가기간에 대한 통지를 하면서 그 기간 내에 이행을 하지 않으면 계약이 자동해제된다는 통지를 할 수 있으며, 이 경우에는 별도로 해제의 통지가 없더라도 추가기간 내

---

57) 대법원 1979. 9. 25. 선고 79다1135, 1136 판결

58) Schulze(ed.), Art. 115, p. 521.

에 매도인이 이행을 하지 않으면 추가기간의 경과에 의해서 계약해제의 효과가 발생한다(제115조 제3항).

4. 해제권의 소멸

매수인에게 해제권이 발생한 시점 또는 매수인이 불이행을 알았거나 알 수 있었던 시점으로부터 합리적인 기간 내에 매수인이 해제권을 행사하지 않으면 매수인은 해제권을 상실한다(제119조 제1항). 합리적인 기간을 판단할 때 매도인이 추완을 하는 기간은 해제를 할 수 없으므로 고려되지 않는다.[59]

해제권 상실에 관한 제119조 제1항은 매수인이 소비자인 경우에는 적용되지 않는다(제119조 제2항). 그러나 소비자의 해제권 행사가 지나치게 시간이 경과된 후에 행사되었다면 제2조 제2항에 의해서 해제권의 행사가 제한될 수는 있다.[60] 매도인이 전혀 이행제공을 하지 않은 경우에도 해제권 행사를 제한할 이유가 없으므로 제1항은 적용되지 않는다. 일부이행이 있는 경우 또는 수량부족의 경우에도 제119조 제1항의 적용이 배제되지 않는다.[61]

유럽의회 수정안에서는 소비자의 해제권 행사의 경우에도 기간제한이 적용되도록 하였다. 그리고 합리적인 기간을 2개월로 명확히 하였다. 그러나 소비자가 매수인인 경우에는 불이행을 알게 된 시점으로부터 2개월의 지나면 해제권을 행사할 수 없지만, 상인이 매수인인 경우에는 불이행을 알았던 경우뿐만 아니라 알 수 있었던 시점으로부터 2개월이 경과한 경우에도 해제권을 행사할 수 없다고 규정하고 있다. 결과적으로 의회수정안 제119조 제2항에서는 매수인이 소비자의 경우에는 해제권 행사기간 제한이 적용되지 않는다는 (a)가 삭제되었다.

---

59) Schulze(ed.), Art. 119, p. 525.

60) Schulze(ed.), Art. 119, p. 524.

61) Schulze(ed.), Art. 119, P. 525.

VII. 대금감액

대금감액은 적합성 결여의 경우에 대륙법상의 전형적인 구제수단이다.[62] 대금감액권은 손해배상의 역할을 할 수도 있고 일부해제의 역할을 할 수도 있다. 따라서 손해배상이나 해제에 관한 규정이 유추적용될 수도 있다.[63]

매도인의 이행이 계약에 적합하지 않은 경우에 매수인은 대금을 감액할 수 있다. 감액되는 금액은 계약에 적합한 이행에 의해서 매수인이 받을 수 있었던 가치와 이행이 이루어진 시점에서 매수인이 수령한 이행의 가치의 하락분의 비율에 의해서 정해진다(제120조 제1항). 일단 대금감액의 구제수단을 행사하였다면 통지에 의해서 효과가 발생하며, 그 이후에 매수인은 적합성 결여를 이유로 계약을 해제하거나 다른 구제수단을 행사할 수 없다.[64]

제120조 제1항에 따라 매수인이 대금감액을 하였다면 매수인은 감액된 대금 이상을 지급한 경우에 그 초과분의 반환을 청구할 수 있다(제120조 제2항). 이 경우에 금전지급에 대해서는 CESL 제12장 제90조가 적용된다.

매수인이 대금감액이라는 구제수단을 행사하였다면 그로 인해서 전보되는 손해의 배상을 청구할 수는 없지만, 그 밖의 손해에 대한 배상은 청구할 수 있다(제120조 제2항).

VIII. 손해배상

'계약당사자의 의무와 구제수단'은 제11장에서 규정하고 있는데, '손해배상과 이자'라는 매수인의 구제수단에 대해서는 제16장에서 규정하고 있다. 계약해제에 따른 원상회복은 제17장에서 규정하고 있다. 제7편의 원상회복은 계약이 해제된(terminated) 된 경우뿐만 아니라 계약이 취소된(avoided) 취소의 경우에도 적용된다(제172조).

---

62) Schulze(ed.), Art. 120, p. 526.
63) Schulze(ed.), Art. 120, p. 526.
64) Schulze(ed.), Art. 120, p. 527.

IX. 결론

이상에서 매수인의 구제수단에 관한 CESL 제11장의 규정을 살펴보았다. 매수인의 구제수단에 관한 규정들은 CISG, PICC, DCFR, PICC와 같은 통일계약법의 내용들을 상당부분 계수하였지만 매수인이 소비자인 경우와 상인인 경우를 구분하여 규정하고 있다는 점은 CESL만의 특징이라고 볼 수 있다. CESL은 역내시장에서 국경을 넘는 거래에 대해서만 적용된다. 그리고 물품이나 디지털콘텐츠의 거래에 대해서만 적용된다. 그러나 유럽보통매매법이라는 명칭으로 인해서 유럽공동체에서 이루어지는 매매계약에 직접적으로 적용되는 규칙(regulation)이라는 오해를 주었고 영국이나 독일과 같은 주요회원국들의 반대에 부딪혀 결국 좌절되었다. 그에 따라 집행위원회는 디지털콘텐츠매매와 원격지/온라인매매라는 좀 더 한정된 적용범위를 갖는 지침으로 CESL에 대한 제안을 수정하였다. 하지만 CESL의 논의내용은 결과적으로 이후에 집행위원회가 제안한 두 개의 지침으로 반영되었다. 이 두 개의 지침은 유럽의회와 이사회를 통과할 가능성이 높으며, 두 지침을 이해하고 해석함에 있어서 CESL의 내용은 많은 참고자료를 제공해 줄 수 있을 것이다.

참고문헌

하경효(공역), 보통유럽매매법, 세창출판사, 2013.

안태용(역), 유럽민사법의 공통기준안, 법무부, 2012.

Ole Lando and Hugh Beale(ed.), Principles of European Contract Law, Part I and Part II, prepared by the Commission on European Contract Law, Kluwer Law International, 2000.

Schulze(ed.), 「Common European Sales Law(CESL)」 -Commentary-, C.H.Beck, Hart, Nomos, 2012.

Study Group on a European Civil Code/Research Group on EC Private Law (Acquis Group) (ed.), Principles, Definitions and Model Rules of European Private Law: Draft Common Frame of Reference(Full Edition), Sellier European Law Publishers, 2010.

참고자료

Proposal for a Regulation of the European Parliament and of the Council on a Common European Sales Law, October 11, 2011, COM(2011) 635 final

European Parliament legislative resolution of 26 February 2014 on the proposal for a regulation of the European Parliament and of the Council on a Common European Sales Law

COMMUNICATION FROM THE COMMISSION TO THE EUROPEAN PARLIAMENT, THE COUNCIL, THE EUROPEAN ECONOMIC AND SOCIAL COMMITTEE AND THE COMMITTEE OF THE REGIONS, Commission Work Programme 2015, A New Start, Strasbourg, 16.12.2014, COM(2014) 910 final, Annex II.

Proposal for a DIRECTIVE OF THE EUROPEAN PARLIAMENT AND OF THE COUNCIL on certain aspects concerning contracts for the supply of digital content, Brussels, 9.12.2015, COM(2015) 634 final.

Proposal for a DIRECTIVE OF THE EUROPEAN PARLIAMENT AND OF THE COUNCIL on certain aspects concerning contracts for the online and other distance sales of goods, Brussels, 9.12.2015, COM(2015) 635 final

제3절 CESL에서 물품의 검사 및 계약부적합의 통지의무

- 우리상법 제69조에 따른 매수인의 목적물의 검사 및 하자 통지의무에 대한 비판적 고찰을 겸하여 -

김화 교수(전남대학교 법학전문대학원)

I. 서설

유럽공통매매법(Common European Sales Law: CESL)[1]에서 물품의 계약부적합에 대한 매수인의 검사 및 통지의무에 관해서는 CESL 제121조 이하에서 규정하고 있다. CESL은 그 규정대상을 소비자와 사업자간의 매매계약 또는 사업자간의 매매계약으로 한정하고 있는데 위 규정은 사업자 사이의 매매계약만을 그 대상으로 하고 있다.

사업자의 매매계약에 있어서 물품의 계약부적합에 대한 검사 및 통지의무를 매수인에게 부과하는 것은 물품의 계약부적합의 존재여부를 최대한 빨리 확인할 수 있도록 하기 위한 것으로, 이를 통지하여서 매도인은 계약부적합으로 인한 분쟁에 대비할 수

---

* 이 논문은 같은 제목으로 「민사법학」, 제74호(2016.3), 113쪽 이하에 개재된 논문입니다.

1) 이하 CESL이라 한다. CESL의 성립배경 및 대체적인 내용에 대해서는 하경효 외 공역, 보통유럽매매법, 2014, 1쪽 이하 참조. 그러나 유럽연합에서 통일매매법을 이루기 위한 규칙(Verordnung)의 초안으로 제안되었던 CESL은 결실을 맺지 못하고 2014년에 공식으로 철회되었다. 그러나 2015년 12월에 유럽연합 위원회는 CESL를 기초로 그 적용범위는 온라인 거래 및 원격 거래에 한정시킨 지침(Richtlinie) 초안을 공표하였다(http://eur-lex.europa.eu/procedure/EN/2015_288? 참조). 비록 CESL는 유럽위원회에서 공식적으로 철회되었지만 이는 비교법적 연구를 통하여서 포괄적이며 합리적인 매매법 규정을 구체적으로 제시하려한 결과물이므로 그 자체로 학문적 의미가 작다고 할 수 없다. 이러한 의미에서 CESL 규정들의 구체적인 내용과 논의들을 살펴보는 것은 여전히 의미가 있다고 생각된다.

있다.[2] 이러한 매수인의 의무는 계약부적합의 빠른 발견과 이를 매도인에 대하여 통지하여 주는 것을 말하기 때문에 일견 CESL에서 부차적인 규정으로 느껴질 수 있다. 그러나 이는 그 의무이행 자체가 아니라 매수인이 이러한 계약부적합 여부의 검사 및 통지의무를 게을리 한 경우에는 계약부적합을 원인으로 하는 모든 구제수단을 상실하게 된다는 점에서 중요성을 갖는다. 즉 매수인에게는 물품의 신속한 검사 및 계약부적합의 적시의 통지가 자신의 구제수단을 행사할 수 있는 기초적인 전제가 된다.

이러한 규정은 매수인의 계약부적합에 대한 통지가 없은 채로 일정한 시간이 흐르면 매도인은 자신이 공급한 물건에 하자가 없다는 점을 신뢰하게 되고, 이렇게 형성된 매도인의 신뢰는 통지기간 이후 계약부적합의 발견이 있다고 하더라도 보호되어야 한다는 점에서 또한 의미를 갖는다. 즉 일정한 시간의 경과 후에는 실제 물품의 계약부적합 존재여부와 관계없이 법적으로는 어떠한 계약부적합도 존재하지 않는 것으로 법률관계가 고정되는 것이다. 이를 통해서 매매계약의 이행과 관련된 법적안정성이 담보된다.

매수인으로서는 물품의 검사 및 계약부적합의 통지를 적시에 하지 못하면 계약부적합을 통한 자신의 모든 구제수단을 상실하기 때문에 검사 및 통지를 어느 정도의 기간 내에 어떠한 방식과 정도로 해야 하는지가 중요한 의미를 갖는다. 그러나 이 외에도 검사 및 통지의무는 매수인의 손해배상청구와 관련하여서도 중요한 의미를 갖는다. 만약 물품에 대한 검사 및 통지의무를 해태하였음에도 계약부적합으로 인한 구제수단을 행사하는 것이 예외적으로 허용되는 경우 물품의 검사 및 계약부적합의 적시 통지가 있었다면 발생한 손해를 감경시킬 수 있었을 것이라는 점이 인정될 수도 있다. 이러한 경우 매수인의 손해배상청구에 대해 매도인은 손해배상의 경감을 주장할 수 있다는 점에서 중요한 의미를 갖는다.[3]

이하에서는 이러한 CESL에서의 하자의 검사 및 통지의무의 구체적인 내용 및 구조에 대하여서 살펴보고, 이를 기초로 우리상법 제69조에서 규정하고 있는 매수인의 목적물의 검사와 하자 통지의무 규정이 비교법적 결과물과 비교하여서 어떠한 차이점이 있는지 비판적으로 고찰해 보고자 한다.

---

2) 이러한 의미로 양석완, "상법상 매수인의 통지, 검사의무에 관한 법적 쟁점", 상사판례연구 제23집 제4권(2010), 116쪽.

3) CESL 제163조: CESL 규정의 번역에 대해서는 하경효 외 공역, 보통유럽매매법, 2014 참조.

II. CESL에서 물품의 검사의무

1. 개설

매수인의 물품 검사의무에 대해서는 CESL 제121조[4]에서 규정하고 있다. 본조 제1항은 이러한 검사의무의 시작점과 기간에 관한 일반원칙을 규정하고 있으며, 제2항과 제3항은 물품검사의 시작점에 관한 예외를 규정하고 있다. 즉, 제2항과 제3항은 운송될 것이 예정되어 있는 물품의 경우에 물품이 목적지에 도달하기 전까지 검사의 개시가 연기될 수 있음을 규정하고 있다.

이러한 물품의 검사의무규정에 대하여서 검사의무를 독자적으로 인정하고 그 시점과 기간에 대하여 따로 규정하는 것은 불필요한 입법이라는 견해도 주장된다.[5] CESL 제122조 제1항에 따르면 계약부적합 통지를 위한 상당한 기간은 물품이 공급된 시점 또는 매수인이 계약부적합을 발견하였거나 발견할 것으로 기대되었을 시점 중 나중에 도래한 시점으로부터 시작되게 되는데, 이러한 규정이 있기 때문에 제121조의 규정이 없더라도 계약부적합의 통지를 위한 기간 결정에는 문제가 없다고 본다. 그러나 제121조의 독자적인 의미를 인정하는 견해는 제121조의 물품의 검사의무가 인정되는 범위 내에서만 이러한 검사를 통하여서 물품의 계약부적합 여부가 매수인에게 발견될 수 있다는 점을 강조한다.[6]

CESL에서 매수인의 계약부적합 통지의무 해태로 인한 구제수단의 상실은 물품의 검사의무의 해태에 따른 것이 아니라 적시에 그 계약부적합이 통지되지 않았기 때문이다. 이러한 관점에서는 제121조 제1항과 같이 통지의무의 기산점 및 그 기간 설정을 위한 구체적인 기준이 존재한다면 물품검사의무에 대한 규정은 무의미하다고 해석할

---

4) CESL 제121조 [사업자 사이의 계약에서 물품의 검사] (1) 사업자(기업인) 사이의 계약에서 매수인은 물품의 인도, 디지털콘텐츠의 제공 또는 관련 서비스의 공급 시점으로부터 14일을 넘지 않으면서도 합리적으로 가장 신속한 기간 내에 물품을 검사하거나 검사를 의뢰하여야 한다.
(2) 계약내용이 물품의 운송을 포함하는 경우 물품의 검사는 물품이 정해진 목적지에 도착한 이후까지 연기될 수 있다.
(3) 매수인이 검사할 적절한 기회를 갖기 이전에 매수인에 의하여 물품이 전매되거나 다른 곳으로 발송되고, 매도인이 계약체결 시점에 전매 또는 재발송의 가능성을 알았거나 알 것으로 기대되었을 경우에 물품의 검사는 물품이 새로운 목적지에 도착한 이후까지 연기될 수 있다.

5) Schulze/Zoll, Art. 121 CESL, Rn. 1.

6) Schmidt-Kessel/Wiese, Art. 121, 122 GEK-E, FN. 6 참조.

수도 있을 것이다. 계약부적합의 통지를 위해서는 하자가 그 자체로 명백한 경우가 아닌 한, 매수인의 검사를 통해 그 존재여부가 확인될 것이기 때문에, 물품의 검사의무는 이를 위한 당연한 전제라고도 볼 수 있다.

그러나 계약부적합 통지의무의 기산점은 단순히 물품이 공급된 시점(時點)이나 매수인의 부적합을 발견한 시점과 같은 실제적 시점 뿐 아니라 매수인의 계약부적합을 발견할 것으로 기대되는 시점과 같은 이른바 가정적 시점도 기산점 산정을 위한 시적 연결점으로 규정하고 있다는 점을 주의할 필요가 있다. 이러한 가정적 시점을 확정하기 위해서는 매수인이 적정한 물품검사를 하였다면 언제 그 계약부적합을 발견했을 지에 대한 검토가 필요하다. 즉, 제121조에서 그 목적물의 검사 시점을 연기하였다면 물품의 계약부적합을 발견할 것으로 기대되는 시점도 이를 기초로 연기되어야 한다. 따라서 물품의 검사의무[7]는 검사의무인정에 따라서 계약부적합을 발견할 수 있었을 것으로 기대되는 시점이 결정될 수 있다는 점에서 독자적인 의미가 있다고 생각된다.[8]

2. 물품검사의무의 내용

1) 물품검사의 시점 및 기간

(1) 물품검사의 시작점

물품의 검사의무의 시점(始點)과 그 기간에 대해서는 제121조 제1항에서 규정하고 있다. 위 조항은 매매목적물이 어떠한 종류인가를 기준으로 그 시작점을 달리 규정하고 있다. 물품의 경우에는 인도(delivery of the goods; Lieferung der Waren), 디지털콘텐츠의 경우에는 제공(supply of digital content; Bereitstellung der digitalen Inhalte), 관련 서비스의 경우에는 공급(provision of related services; Erbringung verbundener

7) 이러한 물품 검사의무는 정확히는 일반적인 의무(Pflicht)가 아닌 책무(Obliegenheit)이다: Schulze/Zoll, Art. 121 CESL, Rn. 2.

8) 우리상법 제69조에 따른 매수인의 물품검사 및 하자의 통지의무와 관련하여서도 이와 유사하게 성질상 검사하더라도 6개월 이내에 발견될 수 없는 하자에 관해서는 처음부터 검사의무가 발생하지 않고 따라서 검사의무가 발생하지 않는 하자에 대해서는 하자통지의무 해태로 인한 효과를 물을 수 없다는 견해가 주장된다: 이철송, 『상법총칙·상행위』, 제12판(2013), 392쪽.

Dienstleistung) 시점에 검사 또는 검사의뢰를 하도록 규정하고 있다. 그러나 물품의 인도에 대해서 여기서 말하는 인도(delivery; Lieferung)가 어떠한 시점을 의미하는지에 대해서는 구체적인 규정이 마련되어 있지 않다.

입법례에 따라서는 학설상 이러한 인도의 의미를 넓게 해석하여서 지나치게 단기간으로 규정되어 있는 기간의 도과를 피하려는 경우들이 있다. 예를 들어서 오스트리아 민법(ABGB)상 하자담보책임규정에 따르면 하자담보책임의 시효기간의 기산점은 물건의 하자의 경우에는 그 "물건의 인도시(der Ablieferung der Sache)"로 보고 있는데, 여기서 말하는 "물건의 인도(Ablieferung)"는 단순한 의미의 인도(Übergabe)와는 구별하고 있다. 즉, 하자담보책임규정에서 말하는 인도는 수령자(Übernehmer)가 그 물건을 완전히 지배하여서(Sache in Hände hält) 그 하자에 대한 검사를 할 수 있는 때를 의미하는 것이며,[9] 이를 위해 단순한 인도와 구별된 용어(Ablieferung)를 선택하여 규정한 것이라고 한다.[10]

CESL의 물건의 인도라는 것도 단순한 사실적 개념이 아닌 평가적 요소를 포함한 것인지의 여부는 판단이 쉽지 않다. 하지만 물건의 인도의 개념을 CESL의 다른 규정의 내용에서 유추해 낼 수도 있을 것이다. 즉, CESL 제94조 제1항 제c호에서 물품의 제공(Bereitstellung)에 대한 영어본을 살펴보면 이는 "당해 물품을 매수인이 이용할 수 있게 해주는 것"으로 표현하고 있다.[11] 이에 따르면 CESL에서 물건의 인도의 정확한 의미는 이러한 물건이 매수인이 이용할 수 있는 상태에 놓이게 되는 것을 의미하는 것이라고 해석할 수 있다.[12]

앞서 병렬적으로 언급하고 있는 디지털콘텐츠의 제공, 관련 서비스의 공급이라는 것도 모두 그 표현은 틀리지만 당해 목적물이 실제적으로 매수인에게 제공되어서 하자를 검사할 수 있는 가능성이 부여되는 시기라는 점에서는 동일하다고 볼 수 있다. 따라서 물건의 인도라는 것도 이러한 선상에서 해석되어야 한다고 생각된다. 매수인에게 실제적으로 하자를 조사할 수 없는 상태에서 하자조사의 책무를 부여한다는 것이 논리적 모순이기 때문이다. 따라서 물건의 인도시라는 개념은 이러한 규범목적을 따라서 개별사정에 맞게 유연하게 해석되어야 한다고 본다.[13]

---

9) Schwimann/Ofner, 3. Aufl. 2006, § 933 ABGB, Rn. 9.
10) Koziol/Welser, Grundriss des bügerlichen Rechts, 13. Aufl. 2007, Bd. Ii, S. 80.
11) "making the goods [...] available to the buyer".
12) Schmidt-Kessel/Wiese, Art. 121, 122 GEK-E, Rn. 12.
13) 매수인의 물품의 검사 및 하자통지의무를 규정하고 있는 독일상법 제377조도 물품의 검사의무의 시점을 인도(Ablieferung)시로 보고 있으며, 물품인도의 의미에 대하여서 매수인이 물품을 검

(2) 기간

검사의 기간에 대해서는 검사의 시작 이후 합리적으로 가장 신속한 기간 내로 규정하고 있다. 합리성의 의미를 개별 사안에서 어떻게 해석해야 할 것인가의 문제에 대해서는 CESL 제5조 제1항이 규정하고 있다. 이에 따르면 "합리성(reasonabless)이란 계약의 성질과 목적, 개별사례의 정황 그리고 거래 또는 직업의 관습이나 관행을 고려하여서 객관적으로 확정된다"라고 규정하고 있다. 이러한 합리성을 기초로 한 검사기간의 결정은 개별 사안에 있어서 다양한 사정을 충분히 고려하고, 또한 그 검사당사자인 매수인의 주관적 관점이 아닌 거래의 일반적 관념에 따라 객관적으로 결정되는 것을 의미한다. 이는 개별 사안에 따라 융통성 있게 결정될 수 있는 종합적인 판단을 의미한다고 볼 수 있다. 그러나 CESL은 이에 부가해서 이러한 기간은 검사의무의 시점(始點)으로부터 14일을 넘을 수 없다고 규정하고 있다.

이러한 14일의 기간을 명시적으로 규정한 것이 바람직한 것인가에 대하여서 의문을 제기하는 견해가 있다.[14] 이와 유사한 규정을 갖은 유엔통일매매법(CISG)[15]의 실무례에 있어서도 그 검사과정에 많은 노력이 필요한 경우 14일을 넘는 검사기간을 인정하고 있다.[16] 이와 더불어 그 검사가 매우 까다로운 경우에는 어떠한 방법으로 물건의 하자를 검사할 것인가를 생각하기 위한 고려기간(Überlegungsfrist)이 검사개시에 앞서 부여되어야 한다는 점도 명시적인 기간을 한계로 잡는 것에 대한 반대논거로 주장되고 있다.[17]

이른바 합리성을 통한 기간판단의 경우에는 예측가능성이 떨어지기 때문에, 일정한 기간의 한계를 명시적으로 규정하는 것은 계속되는 분쟁의 가능성을 차단한다는 점에서는 일견 합리성이 있다고 볼 수 있다. 그러나 검사기간을 합리성의 원칙에 따라 판단

사할 수 있는 지배영역(Machtbereich) 내로 들어오는 것을 의미한다고 해석한다(MüKoHGB/Grunewald, 3. Aufl. 2013, § 377 HGB, Rn. 18). 이에 반하여 우리상법 제69조는 매도인을 기준으로 한 인도라는 개념이 아닌 매수인을 중심으로 한 "수령"이라는 개념을 사용하고 있다. 그러나 매수인의 목적물의 수령은 목적물을 검사할 수 있는 상태에서의 수령을 의미하므로 그 의미는 유사하다고 생각된다. 이러한 의미로 정찬형, 『상법강의(상)』, 제17판(2014), 231쪽.

14) Schmidt-Kessel/Wiese, Art. 121, 122 GEK-E, Rn. 20.

15) CISG 제38조 (1) 매수인은 그 상황에서 실행가능한 단기간 내에 물품을 검사하거나 검사하게 하여야 한다.
(2) [...]
(3) [...]

16) Schmidt-Kessel/Wiese, Art. 121, 122 GEK-E, Rn. 20.

17) Schmidt-Kessel/Wiese, Art. 121, 122 GEK-E, Rn. 20.

하는 것과 일정한 기간의 한계를 설정하는 것은 극단적인 경우에는 상호 모순될 수 있다. 예를 들어 당해 하자의 특성과 제반사정을 고려하여 볼 때, 14일의 기간 내에 매수인이 검사를 개시하는 것이 일반적으로 기대할 수 없는 경우라면 이는 합리성을 통한 기간결정의 원칙에 그 자체로 반할 수 있는 것이다. 만약 이러한 기간 내에 검사를 시작할 수 없는 사정이 매도인에게 이미 알려진 경우에는 더욱 그러할 것이다.[18]

사견으로는 더욱 효과적인 입법방식은 14일은 일응 합리적으로 가장 신속하게 검사를 개시할 수 있는 최대기간으로 보고, 이러한 기간을 넘어서 검사가 개시되었다면 이를 정당화할 특별한 사정이 있었다는 점을 매수인이 입증해야 하는 것으로 구성하는 것이라고 생각된다. 그러나 현 규정체계 내에서는 14일이라는 기간은 합리성에 따른 유연한 해결방식이 넘을 수 없는 한계로 규정되어 있다. 따라서 이를 극복할 수 있는 방법은 14일이라는 기간 내에 검사가 개시되는 것이 매수인에게 기대될 수 없고, 이러한 사정에 대해서 매도인도 알았거나 알 수 있는 경우라면 매도인이 제121조 제1항 상의 14일의 검사개시기간의 한계를 주장하는 것이 CESL 제2조상의 신의성실의 원칙에 반한다고 볼 수밖에는 없을 것이다.

앞서 설명한 바와 같이 검사개시기간을 어떠한 범위 내로 인정하는가에 따라서 매수인이 이러한 검사를 통하여서 계약부적합을 발견할 것으로 기대되는 시점의 평가가 달라질 수 있고, 결국 이를 통하여서 매수인은 계약부적합으로 인한 모든 구제수단을 상실할 수 있기 때문에 신중하게 판단되어야 할 것으로 생각된다.

2) 검사개시시점의 예외

CESL 제121조 제2항과 제3항은 본조 제1항 상의 검사개시시점에 대한 예외를 인정하고 있다. 운송될 것이 예정된 물품의 경우에는 물품의 검사는 물품이 최종 목적지에 도착한 후에 개시될 것으로 볼 수 있다. 최종목적지의 도착 전에는 매수인으로서는 이를 검사하기가 힘들고, 이를 검사할 수 있다고 하더라도 불필요하게 많은 노력이 필요하기 때문이다.[19] 그러나 이는 물품검사의 시점을 연기하였을 뿐이므로 제121조 제2항과 제3항에 따른 시점 이후 14일 이내에는 제1항에 따른 검사가 개시되어야 한다.[20]

차례로 살펴보면 CESL 제121조 제2항은 매매계약의 내용이 물품의 운송을 포함하

---

18) 이러한 문제점의 지적에 대해서는 Schmidt-Kessel/Wiese, Art. 121, 122 GEK-E, Rn. 21 참조.
19) 이러한 의미로 Schmidt-Kessel/Wiese, Art. 121, 122 GEK-E, Rn. 15.
20) Schulze/Zoll, Art. 121 CESL, Rn. 4.

는 경우를 대상으로 하고 있다. 이는 계약내용에 포함되어 있기 때문에 당연히 매도인에게는 알려진 사실이 되며 운송이 완료되어서 목적지에 도착할 때까지는 매도인으로서는 그 계약부적합 여부를 검사하기가 어렵다는 사정을 고려한 것이다.[21]

본조 제3항은 제2항과 달리 계약내용에 물품의 운송이 포함되지는 않았으나 매수인은 이를 전매하거나 다른 곳으로 발송할 것을 계획한 경우이다. 이 경우에도 물품의 검사는 새로운 목적지에 도착할 때까지 연기될 수 있다. 이를 위해서는 2가지 요건이 추가로 충족되어야 한다. 첫째, 매수인은 이러한 물품의 전매나 새로운 목적지로의 발송 이전에 물품을 검사할 적절한 기회를 갖지 못하는 경우여야 하며, 둘째, 매도인 보호를 위하여서 이러한 물품의 전매나 재발송의 가능성을 매도인이 알았거나 또는 알 것으로 기대되는 경우여야 한다.

이러한 규정을 통하여서 매수인으로서는 물품을 운송 중에 검사하거나, 또는 자신이 단지 중개상일 뿐이어서, 물품이 도착하더라도 다른 검사의 기회를 가질 여유가 없이 즉시로 다른 제3자에게 발송되는 경우에 부득이하게 물품을 검사해야 하는 불편함을 피할 수 있다.[22] 이러한 전매 또는 재발송을 이유로 검사의 개시시점이 연기될 수 있다는 사실을 알지 못하는 매도인을 보호하기 위하여서, 위 규정은 이러한 사실에 대하여서 매도인이 역시 인지하였거나 인지하지는 못하였더라도 일반적으로 인지할 수 있었을 경우에만 적용된다.

그러나 제121조 제3항의 규정형식과 관련하여서는 문제점을 발견할 수 있다. 이러한 전매 또는 재발송의 사실이 매도인에게 알려진 경우 뿐 아니라 이러한 "가능성"이 매도인에게 알려진 경우까지를 포섭하고 있다는 것이다. 매도인이 이러한 사실을 인지한 경우 뿐 아니라 이를 알 수 있었던 경우로 위 규정의 포섭범위를 넓혀 두었는데, 다시 한 번 그 인식의 대상을 전매나 재발송의 사실이 아닌 "가능성(possibility of such redirection or redispatch; Möglichkeit einer solchen Umleitung oder Weiterversendung)"으로까지 확대시킬 필요가 있었는가에 대해서는 의문이다.

제121조의 검사의무와 관련하여서는 그 검사의 범위에 대해서는 따로 규정하고 있지 않아 문제가 될 수 있다. 왜냐하면 지역적인 사업자들간에는 물품의 검사에 관한 관습이나 관행이 서로 다른데 과연 CESL에서 요구되는 물품검사의 정도는 어느 정도를 의미하는지 그 기준을 정해두지 않았기 때문이다.[23]

---

21) Schmidt-Kessel/Wiese, Art. 121, 122 GEK-E, Rn. 15.
22) Schmidt-Kessel/Wiese, Art. 121, 122 GEK-E, Rn. 17.
23) 이러한 지적으로 Schmidt-Kessel/Wiese, Art. 121, 122 GEK-E, Rn. 19.

이는 계약부적합통지와 관련하여서 매수인이 물품의 계약부적합을 발견할 것으로 기대되는 시점을 결정하는 것과 이러한 물품의 검사의무의 확정이 연결될 수 있다는 점에서 논의의 실익이 있다. 즉, 당해 계약부적합이 매수인의 물품검사의무의 범위 내라고 본다면 검사가 개시되는 시점으로부터 합리적인 기간 내가 매수인이 하자를 발견할 수 있었을 시점이 될 것이다. 그러나 이러한 계약부적합이 매수인의 물품검사의무의 범위 밖이라고 한다면 물품검사를 하였다면 매수인은 이러한 물품의 계약부적합 여부를 발견할 수 있었을 것이라는 전제 자체가 성립될 수 없기 때문이다.

III. CESL에서 물품의 계약부적합 통지의무

1. 개설

물품의 계약부적합 통지의무 규정은 매수인의 이익과 직접적으로 관련되어 있다. 이러한 통지의무의 해태를 통하여서 매수인으로서는 하자로 인한 모든 구제수단의 행사가 차단되기 때문이다.[24]

매수인의 계약부적합의 통지의무에 관해서는 CESL 제122조[25]에서 규정하고 있다.

---

24) 그러나 CESL에 대한 유럽의회의 수정제안에 따르면 CESL 제122조 제1항은 그 효력범위를 좀더 제한하고 있다. 즉 원칙적으로 계약부적합통지의무를 해태한 매수인은 계약위반에 대하여 이를 주장할 수 없으나, 그럼에도 불구하고 매수인이 이러한 통지의무해태에 대하여 정당한 이유가 있다면, 매수인의 대금감액권과 일실이익을 제외한 손해배상청구권은 상실하지 않는다. 이는 CISG 제44조의 규정내용을 추가한 것으로 볼 수 있다. 그 내용에 관해서는 http://www.europarl.europa.eu/sides/getDoc.do?pubRef=-//EP//TEXT+TA+P7-TA-2014-0159+0+DOC+XML+V0//EN 참조.

25) CESL 제122조 [사업자 사이의 매매계약에서 계약부적합의 통지의무]
(1) 사업자(기업인) 사이의 계약에서 매수인은 매도인에게 계약부적합의 성질을 특정할 수 있는 통지를 상당한 기간 내에 하지 않는 한 계약위반을 주장할 수 없다. 이 기간은 물품이 공급된 시점 또는 매수인이 계약부적합을 발견하였거나 발견할 것으로 기대되었을 시점 중 나중에 도래한 시점부터 진행한다.
(2) 매수인은 물품이 계약에 따라 매수인에게 사실상 인도되었던 시점부터 2년 이내에 매도인에 대하여 부적합을 통지하지 않은 경우 계약위반을 주장할 수 있는 권리를 상실한다.
(3) 양 당사자가 정해진 기간 동안 물품이 특정한 또는 통상의 목적에 적합한 상태를 유지하여야 한다고 합의한 경우 제2항에 따라 통지해야 할 기간은 합의한 기간의 만료 이전에는 종료하지 않는다.

본조 제1항은 이러한 통지의무기간 기산에 관한 개시시점과 그 기간, 그리고 이러한 통지의무해태의 효과로서 계약위반 주장의 금지에 관해서 규정하고 있다. 이러한 제1항과 달리 제2항은 고정적인 기간을 통지의무의 기간으로 규정하고 있다. 이러한 고정적인 통지의무기간과 더불어 중요한 것이 그 기간의 기산점이다. 기산점에 대하여 제2항은 매수인의 주관적 사정에 따른 유동적인 시점이 아니라 객관적 사실에 따른 고정적 시점(時點)으로 규정하고 있다. 종합하면 제2항의 기간은 일정한 사실의 발생 이후에 특정된 시간의 경과 동안 매수인의 통지가 없다면, 매수인의 계약부적합으로 인한 권리는 상실되며 이를 통하여서 법률관계가 고정된다는 것을 의미한다.

제122조 제1항, 제2항에서 규정한 매수인의 통지의무의 예외를 규정한 것이 본조 제3항 내지 제6항의 규정이다. 제3항과 제4항은 제1항에 대한 예외가 아닌 제2항에 대한 예외로서 객관적인 시점 이후 일정 기간의 경과 이후에도 매수인의 구제수단 상실이 정당화 될 수 없는 경우를 말한다. 이는 제3항에 따른 당사자간의 다른 합의가 있는 경우와 제4항에 따라 이른바 권리의 하자가 있는 경우이다. 제5항은 매도인의 과소공급(Minderlieferung)의 경우에 일정한 요건 하에서 매수인의 통지의무를 면제하고 있으며, 제6항은 매수인의 물품의 검사와 계약부적합의 발견 및 통지의무와 대립되는 매도인의 행위를 근거로 매수인의 통지의무를 면제시키고 있다.

2. 제122조 제1항 및 제2항에 따른 매수인의 계약부적합 통지의무

1) 계약부적합 통지의 내용

CESL 제121조에 따른 검사의무와 달리 제122조상의 통지의무에 대해서는 본조 제1항에서 통지의 대상에 대하여서 규정하고 있다. 이에 따르면 매도인에게 통지해야 할 내용은 계약부적합(lack of conformity)이며, 이러한 통지는 당해 계약부적합의 성질을 특정할 수 있을 정도를 요한다.[26]

---

(4) 제2항은 제102조에 따른 제3자의 주장이나 권리에 대해서는 적용되지 않는다.

(5) 매수인은 아직 제공되지 않은 물품이 공급되리라고 믿을 만한 이유가 있는 경우에는 매도인에 대하여 물품 전부가 공급되지 않았다는 사정을 통지하지 않아도 된다.

(6) 매도인은 계약부적합이 자신이 알았거나 알 것으로 기대되었으면서도 매수인에게 알리지 않았던 사정과 관련되는 경우에 본조를 원용할 수 없다.

26) "[...] notice [...] specifying the nature fo the lack of conformity." 그러나 이에 대한 독일어본은

그러나 이러한 계약부적합통지의 구체화 요청(Anforderungen an die Spezifizierung der Vertragswidrigkeit)이 매수인에게 지나친 불이익으로 작용해서는 안 될 것이다.[27] 이러한 구체화의 요청을 지나치게 요구하게 되면 매도인에 비하여서 상대적으로 전문지식이 부족한 매수인에게 단순히 계약부적합의 존재여부에 대한 조사 정도가 아니라 전문적인 조사의무를 부과하는 것이 되기 때문이다. 이는 제121조의 검사의무의 본질과 맞지 않는다. 또한 이러한 물품의 계약부적합은 매수인에게서 발생된 것이 아니라 매도인에게서 발생되었기 때문에 기본적으로 이로 인한 위험은 매도인이 부담해야 할 것이다.

계약부적합 통지의 특정성과 관련하여서 잘 드러나지 있지는 않지만, 매수인의 통지가 있었어도 그 내용이 충분히 구체적이지 않다는 이유로 기간 내의 적합한 통지가 없었다고 매도인이 주장할 수 있다는 점에 그 위험성이 있다. 통지의무의 해태로 인하여서 계약부적합을 원인으로 한 모든 구제수단을 상실할 수 있는 매수인에게는 일응의 통지를 하였음에도 충분히 구체적이지 안다는 이유로 자신의 모든 구제수단이 상실되게 된다면 이는 지나치게 가혹한 결과가 될 것이다. 따라서 이러한 구체화의 요청은 하자의 원인이나 하자가 제99조 이하의 어떠한 항목에 해당되는가를 특정할 것을 요구해서는 안 되며,[28] 단지 매도인이 당해 하자의 증상(Symptom)이 어떠한 것인가를 알 수 있을 정도의 정보를 제공하면 족하다고 보아야 한다.[29]

2) 제122조 제1항에 따른 계약부적합 통지의 기간 및 기산점

(1) 계약부적합 통지를 위한 상당한 기간

CESL 제122조 제1항에 따른 계약부적합 통지기간에 대해서는 이를 "상당한 기간 내(within a reasonable time)"로 정하고 있다. 이러한 하자통지의 기간 계상을 위해서는 상당한 기간의 구체화와 이러한 상당한 기간이 언제부터 기산되는지가 결정되어야

"[...] inwiefern die Leistung nicht vertragsgemäß erbracht wurde."로 표현하고 있다. 이를 직역하면 "당해 급부가 어느 정도나 계약부적법하게 이행되었는지를 통지해야 하는 것"이 되므로, 그 뉘앙스에서 다소 차이가 있다고 보여진다.

27) 같은 견해로 Schmidt-Kessel/Wiese, Art. 121, 122 GEK-E, Rn. 24.

28) Schmidt-Kessel/Wiese, Art. 121, 122 GEK-E, Rn. 24.

29) 독일상법 제377조에 따르면 하자의 통지는 어떠한 하자에 대한 것인지를 매도인이 알 수 있을 정도가 되어야 한다고 보고 있다. 따라서 포괄적인 내용의 통지, 즉 당해 물품이 계약에 맞지 않는다던가, 사용할 수 없다는 정도로는 하자의 통지로는 충분하지 않다고 본다(MüKoHGB/

한다.

상당한 기간 내라는 규정내용에 대하여는 제121조 제1항에서 언급하고 있는 14일의 기간과 같이 특정한 기간이 아니라 개별적 상황에 따라 계약부적합통지가 가능하였거나 또는 가능하다라고 일반적으로 인정될 수 있는 기간의 의미로 새겨야 할 것이다. 이러한 유동적인 기간을 설정함으로써 당해 계약의 개별사정에 대한 고려없이 통지기간이 도과하는 것을 피할 수 있게 하여 준다. 이와 유사한 규정으로는 CISG 제39조 제1항을 들 수 있는데, 여기서도 하자통지를 위한 기간은 "합리적인 기간 내"로 설정하고 있다. 합리적인 기간이 구체적으로 어느 정도의 기간을 의미하는가에 대하여서 CISG의 판례는 통일되어 있지 않지만 일반적으로 1달 내의 기간을 합리적인 기간으로 보고 있다.[30] 그러나 CISG 제13조를 살펴보면 서면에는 전보와 텔렉스를 포함하는 것으로 규정하고 있으며, 현대 계약관계에서 일반적인 이메일 등의 방법은 언급되어 있지 않다. 이러한 점에서 CISG는 현대적 커뮤티케이션 수단을 충분히 고려하여서 만들어진 규정은 아니라고 할 것이다. 따라서 CISG에서 합리적인 기간이라고 일반적으로 인정되는 1달의 기간도 현재의 거래현실에서는 너무 긴 것이 아닌가라는 의문을 갖게 된다. 따라서 본 조의 상당한 기간이란 이 보다는 훨씬 짧은 기간을 의미한다고 보아야 할 것이다.[31]

(2) 기산점

이러한 설명에도 불구하고 사견으로는 이러한 합리적인 기간의 구체적 확정보다 당사자들에게 더욱 중요한 것은 이러한 기간계산의 기산점이 어디인가이다. 왜냐하면 기간 자체가 합리성을 갖고 있다고 하더라도 계약부적합 통지의 시점(始點)이 지나치게 앞쪽에 위치한다면 매수인으로서는 그 기간 내에 적절한 통지를 한다는 것이 사실상 어려워지기 때문이다.

기산점에 관해서는 제122조 제1항 제2문에서 규정하고 있는데, 기본적으로 기준이

Grunewald, 3. Aufl. 2013, § 377 HGB, Rn. 66). 우리상법 제69조와 관련하여서도 매도인이 해결책을 강구할 수 있도록 하자의 유형과 상황 등을 알려야 한다고 보고 있다(이철송, 『상법총칙·상행위』, 제12판(2013), 392쪽).

30) Schmidt-Kessel/Wiese, Art. 121, 122 GEK-E, Rn. 29.

31) 이러한 의미로 Schmidt-Kessel/Wiese, Art. 121, 122 GEK-E, Rn. 29. 더 나아가 하자의 통지가 "거의 즉시로(almost immediately)" 이루어져야 한다고 보는 견해로는 Schulze/Zoll, Art. 122 CESL, Rn. 3.

될 수 있는 3가지 시점(時點)을 제시하고, 그 중 나중에 도래한 시점을 기산점으로 보고 있다. 기준이 되는 시점은 첫째, 물품이 공급된 시점, 둘째, 매수인이 계약부적합을 실제 발견한 시점, 셋째, 매수인이 계약부적합을 발견하지는 못했으나 발견할 것으로 기대되었을 시점이다. 이를 조문에서는 물품이 공급된 시점과 매수인의 계약부적합을 발견했거나 발견할 것으로 기대되었을 시점으로 크게 2개로 대별하고 있으며 문헌들에서도 이러한 구조를 따라 설명하고 있다.[32]

그러나 사견으로는 오히려 이는 물품이 공급된 시점 및 매수인이 계약부적합을 발견했던 시점과 이에 대비하여서 매수인이 계약부적합을 발견할 것으로 기대되는 시점으로 나누어 보아야 한다고 생각된다. 전자의 시점은 이른바 사실상의 시점으로서 일정한 사실로써 이미 확정된 시점이라면 후자의 시점은 가정적 시점으로서 물품의 공급이나 매수인의 계약부적합의 발견이라는 사실(Tatsache)과는 관련 없이 법적으로 평가되어 인정되는 시점이다. 후자의 시점을 통하여서 시점결정을 위한 객관적인 사실이 없더라도 계약전반을 "평가"하여서 일정한 시점을 기산점으로 결정할 수 있게 되고, 이는 시점결정에 있어서 합리성을 담보해 줄 수 있게 된다.

기산점 결정의 시적기준으로 첫번째 언급되는 것은 물품이 공급된 시점이다. 일단 물품이 공급되면 매수인으로서는 이를 지배하여서 검사하고 통지를 할 수 있는 일반적인 가능성이 부여되기 때문이다. 이를 일반적 가능성이라고 말할 수 있는 것은 물건의 공급이 있다고 하더라도 매수인에게는 추상적인 인식의 가능성이 부여된 것일 뿐 매수인이 언제나 구체적으로 이를 인식할 수 있는 것은 아니기 때문이다.

예를 들어 계약부적합의 특성상 매수인으로서는 이를 발견하기 극히 어려운 경우, 이른바 일반적인 즉시의 검사를 통하여도 발견되지 않는 숨은 하자가 있는 경우이다.

계약부적합 통지의 논리적 기초는 검사를 통하여서 물품의 계약부적합 여부를 발견 내지 인식하는 것이다. 따라서 매수인이 계약부적합을 발견했을 시점을 계약부적합통지의 기산점으로 삼는 것은 당연하다고 볼 수 있다. 중요한 것은 실제적으로 이러한 계약부적합을 인식하지 못한 경우에도 계약부적합을 발견할 수 있었던 시점이 통지의무의 기산점이 될 수 있느냐는 것이다. CESL은 이를 인정하고 있으며 이는 매수인이 계약부적합을 발견할 것으로 기대되었을 시점을 기산점 결정의 시적기준으로 규정하는 점에서 읽을 수 있다. 이러한 규정의 정당화 근거는 매수인이 계약부적합을 발견하였을 것으로 기대되는 시점에 매수인이 사실상 계약부적합을 발견하지 못했다면, 그 불

32) 예를 들어 Schmidt-Kessel/Wiese, Art. 121, 122 GEK-E, Rn. 26.

이익은 매수인에게 돌아가야 한다는 것이다. 또한 기산점 결정의 시적기준이 매수인의 인식이라는 지극히 주관적 사정에 따라 결정되어서는 안되기 때문이다. 따라서 이러한 객관적 시적기준을 추가함으로써 매도인측에서 계약부적합 통지를 기다려야 하는 기간과 관련된 정당한 신뢰가 보호될 수 있다.

CESL은 계약부적합 통지의무의 기산점 결정과 관련하여서 독특한 구조를 보여주고 있다. 이는 일정한 시적연결점을 결정하고, 이러한 시적연결점 중 나중에 도래한 것을 하자통지의무기간의 기산점으로 삼고 있다는 점이다. 이러한 시적연결점은 실제 사실에 따른 시점(時點)과 가상적인 시점으로 구별되며, 이러한 시점 중 나중에 도래하는 시점으로부터 상당한 기간 내에 통지를 해야 한다.

이러한 시적연결점은 모두 계약부적합 통지의무의 기산점이 될 수 있으므로 이러한 시적연결점 중 먼저 도래한 것을 기준으로 하자통지의무의 기간을 결정해야 하는 것이 아닌가라는 의문이 들 수 있다.[33] 예를 들어 물품의 공급이 되기 전에 매수인이 계약부적합을 발견한 경우라면 물품의 공급을 기다릴 것 없이 계약부적합의 통지의무기간이 진행해야 되는 것이 아닌가라는 의문이 제기될 수 있다.[34]

그러나 이러한 비판은 계약부적합의 특성이 개개 사안에 따라서 다를 수 있다는 것을 간과한 것이라고 생각된다. 만약 당해 계약의 부적합이 드러난 하자(offener Mangel)인 경우라면 물품의 공급시점과 매수인이 계약부적합을 발견한 시점이 거의 동일할 것이고, 매수인의 부주의로 계약부적합을 사실상 발견하지 못하였다고 하더라도 물품이 공급되었을 때 계약부적합을 발견할 것이 기대될 것이다. 따라서 이러한 경우에는 어느 시점을 시적연결점으로 잡는다고 해도 그 차이가 별로 없다.

문제가 되는 것은 계약부적합이 숨은 하자(verdeckter Mangel)여서 매수인이 통상적인 검사를 통해서는 이를 발견할 수 없고, 상당 기간 물건의 사용이 있어야 그 하자를 발견할 수 있는 경우이다. 이러한 경우에는 물품이 공급되었다고 하더라도 매수인이 인식할 수 없고, 인식할 것이 기대되지도 않음에도 불구하고 물품의 공급이라는 객관적 사실을 통하여서 계약부적합 통지의무의 기간이 진행된다는 것은 매수인에게 매우 불리하다. 오히려 매수인이 물품의 공급 후 통상적인 정도를 뛰어넘는 검사를 통하여서 실제로 계약부적합을 발견한 시점이나 또는 일정한 시간의 경과를 통하여서 일반적으로 계약부적합을 발견할 것으로 기대되는 시점이 통지의무기간의 기산점이 되어야 할 것이다. 이러한 의미에서 제122조 제1항 제2문에서 열거하고 있는 3가지 시적

---

33) 이러한 의문의 제기로서 Schmidt-Kessel/Wiese, Art. 121, 122 GEK-E, Rn. 26 ff.

34) 이러한 예에 대한 설명으로서 Schmidt-Kessel/Wiese, Art. 121, 122 GEK-E, Rn. 27.

연결점 중 나중에 도래한 시점이 하자통지의무의 기산점이 되는 것은 나름의 합리성을 갖고 있다고 생각된다.

물론 앞의 예에서와 같이 물품이 공급된 시점 전에 매수인이 그 계약부적합을 발견한 경우에는 그 통지의무의 기산점을 앞으로 당기는 것이 합리적으로 보일 수 있다. 그러나 사견으로는 이와 같은 경우 매수인에게 물품의 공급 이전에 계약부적합 여부를 발견하였다고 하여서 이를 구제수단상실과 같은 중대한 불이익과 연결될 수 있는 통지의무의 기산점과 연결시킬 수는 없다고 생각된다. 다만 매수인은 물품의 공급 전이라도 자신이 발견한 계약부적합을 매도인에게 자유로이 통지할 수 있고, 이러한 통지가 있었다면 물품의 공급이 있은 후에 새로운 계약부적합이 발견되지 않는 한 동일한 계약부적합 통지를 다시 할 필요는 없는 것으로 새기는 것으로 충분하리라고 생각된다.

제122조 제1항 제2문에서 언급하고 있는 시적연결점 중 매수인이 계약부적합을 발견할 것으로 기대되는 시점은 이른바 모든 제반사정을 고려하여 객관적으로 평가되는 가정적 시점이라고 할 수 있다. 이러한 시점은 그 객관성을 통하여서 매수인과 매도인의 이익을 합리적으로 조정해주는 균형추의 역할을 한다.

이러한 시점은 가정적 시점이므로 모든 구체적인 사정을 고려하여서 판단하게 되는데 여기서 제121조에서 규정하는 매수인의 물품검사의 의무가 중요한 판단요소로서 등장한다. 특히 제121조 제1항은 구체적으로 14일이라는 기간을 규정하면서 매수인은 물품의 인도 등에 있어서 최장 14일을 넘지 않는 기간 내에 물품을 검사 또는 검사의뢰해야 한다고 보고 있다. 문제는 제121조 제1항에서 물품의 검사가 모든 사정을 고려하여 합리적으로 가장 신속한 기간 내에 이루어지기만 하면 되는 것이 아니라 구체적인 사정과 무관하게 14일 이내에는 이루어져야 한다는 점이다.

14일의 기간은 일반적인 합리성을 갖고 있으므로 대체적으로 합리적으로 가장 신속한 물품검사개시의 시점은 14일 이내가 될 것이나 그렇지 않은 경우에 이는 계약부적합을 발견할 것으로 기대되었을 시점에 어떠한 영향을 미치게 되는가가 문제가 될 수 있다.

이러한 계약부적합을 발견할 것으로 기대되었을 시점은 일반적인 경우에는 제121조의 물품의 검사를 통하여서 그 하자가 발견되었을 시점으로 이해할 수 있다.[35] 예를 들어 이러한 관점에서 물품의 인도 후 14일 이내에 물품을 검사하기 어려운 정당한 사정이 있어, 물품의 인도 후 합리적으로 가장 신속한 기간인 30일 이후에 계약부적합

35) 물론 제121조에 따른 물품검사를 통하여서도 발견되기 어려운 숨은 하자의 경우는 그 예외로 볼 수 있을 것이다.

여부를 검사한 경우라면 어떻게 될 것인가? 만약 30일 이후에 물품을 검사하여서 계약부적합을 발견하였다면 제122조 제1항 제2문에서 계약부적합을 발견한 시점과 발견할 것으로 기대되었을 시점 중 나중에 도래한 시점을 기산점으로 삼고 있으므로, 실제로 계약부적합을 발견한 시점이 기산점이 될 것이고 이러한 결론은 매수인에게 부당하게 불리하지 않다. 그러나 만약 30일 이후에 한 검사가 제대로 된 검사가 아니어서 결국 하자를 발견하지 못했다면 문제가 발생한다. 계약부적합을 발견할 것으로 기대되는 시점은 물건의 인도 후 최장 14일이 경과하기 직전에 물품을 검사하였다면 그 계약부적합을 발견하였을 시점인가 아니면 개별 사정에 따라서 30일 경과 후 물품을 검사하였고, 제대로 된 검사였다면 계약부적합 여부를 발견하였을 시점인가? 만약 후자의 경우라면 매수인이 지나친 불이익은 받지 않게 되지만, 이러한 해석에 따르면 제121조 제1항에서 명시적으로 규정하고 있는 14일의 최장기간은 그 의미를 잃게 될 수 있다.

사견으로는 14일의 명시적인 기간을 정해두는 것은 매도인의 예측가능성이라는 관점에서는 어느 정도 합리성이 있을 수 있지만 개별 사정의 경우가 다 다르므로 이를 일률적으로 정할 수는 없다고 생각한다. 또한 이는 검사의무에서만의 문제가 아니라 제122조 제1항에 따른 계약부적합통지의무의 기산점과 관련하여서 중대한 문제를 발생시킨다. 따라서 제122조 제1항의 매수인이 계약부적합을 발견할 것으로 기대되는 시점은 제반사정을 모두 고려한 합리적인 시점으로 새김으로써 14일이라는 일률적인 기간을 정한 제121조의 문제를 극복할 수 있다고 본다.

3) 제122조 제2항의 제척기간

(1) 제122조 제2항에 따른 제척기간의 기산점과 기간

CESL 제122조 제1항에 따른 하자통지는 제1항 제2문에 따라 결정되는 기산점으로부터 제1문에서 말하는 상당한 기간 내에 하도록 되어 있다. 이러한 기간 내에 하자의 통지가 있지 않으면 매수인은 물품의 계약부적합이 있다는 사실을 주장하지 못한다. 이러한 탄력적인 기간을 규정한 계약부적합통지기간 외에 제122조 제2항에서는 2년이라는 특정 기간을 정하여서 이 기간 내에 부적합의 통지가 없을 경우 다른 사정을 고려하지 않고 물품의 계약부적합사실을 매수인이 주장할 수 없도록 하고 있다.

이는 이른바 제척기간(Präklusivfrist)의 규정이라고 볼 수 있다.[36] 이러한 제척기간의 계상을 위해서도 그 기산점과 기간의 확정이 필요하다. 위 기간은 2년으로 확정되어 있으며, 그 기산점은 물품이 계약에 따라 매수인에게 사실상 인도되었을 시점으로 규정하고 있다.

기산점으로 규정되어 있는 "물품이 매수인에게 사실상 인도되었을 시점(the time at which the goods were actually handed over to the buyer)"은 그 의미상 단순한 물품의 인도시점(delivery)과 다를 수 있다.[37] 즉 이러한 제척기간의 기산점은 물품의 인도가 있었어도 그 이후에 시작될 수 있는 것이다. 왜냐하면 이는 매수인이 당해 물품에 대하여서 직접적인 지배(direct control)를 획득한 시기로 보기 때문이다.[38]

이는 2가지 의미를 가질 수 있는데 첫째는 이러한 의미의 인도, 즉 사실상 물품에 대한 직접적인 지배가 가능해야 만이 당해 물건에 대해서 하자를 검사하고, 이를 통해서 하자를 발견할 수 있는 실제적인 가능성이 주어지는 것으로 볼 수 있다는 점이다.[39] 이러한 시점부터 그 제척기간을 계상하여야만 특정기간을 제척기간으로 정하는 규정을 정당화시킬 수 있다. 둘째는 이러한 기산점은 어느 정도 법적인 판단을 내포하고 있고, 따라서 구체적인 사정에 따라서 그 기산점도 조정이 가능하다는 것이다. 앞서 설명한 바와 같이 매수인이 물품에 대한 직접적인 지배가 이러한 제척기간을 통한 구제수단 상실의 정당화 요건이라면 과연 제척기간을 정당화할 수 있을 정도의 물품에 대한 직접적인 지배가 인정되는 시점은 언제부터인가에 대한 법적 평가는 개별사안에 따라서 달라질 수 있다. 이는 사실적 요건이 아닌 평가적 요건을 기산점 산정에 개입시킴으로써 개별적인 경우 불합리하게 매수인의 구제수단이 상실되는 것을 막을 수 있다는 것을 의미한다.

제척기간은 물품이 매수인에게 사실상 인도되었던 시점으로부터 2년이다. 이러한 기간설정을 통하여서 시간의 경과를 통하여서 형성된 물품의 계약적합성에 대한 매도인의 신뢰가 보호받을 수 있게 되고, 법적인 안정성이 유지될 수 있다.[40] 이러한 법적 안정성은 특히 당해 계약부적합의 내용이 숨은 하자여서 일반적인 물품검사를 통하여서도 들어나지 않는 것일 때 중요한 의미를 갖는다.[41] 만약 제122조 제2항의 제척기간

36) Schmidt-Kessel/Wiese, Art. 121, 122 GEK-E, Rn. 30.
37) 이러한 의미로 Schulze/Zoll, Art. 122 CESL, Rn. 6.
38) Schulze/Zoll, Art. 122 CESL, Rn. 6.
39) 이러한 의미로 MüKoHGB/Grunewald, 3. Aufl. 2013, § 377 HGB, Rn. 18.
40) Schmidt-Kessel/Wiese, Art. 121, 122 GEK-E, Rn. 31.
41) Schmidt-Kessel/Wiese, Art. 121, 122 GEK-E, Rn. 31.

없이 본조 제1항의 규정만 있다면 이러한 경우 물품이 공급시점보다 매수인이 계약부적합을 발견했거나 발견할 것으로 기대되는 시점이 더 나중에 도래할 것이고, 또한 매수인이 계약부적합을 발견하지 못하였을 경우에는 하자를 발견할 것으로 기대되는 시점은 숨은 하자의 특성상 물품의 인도 후 2년이 경과한 시점이 될 수도 있기 때문이다. 만약 그렇다면 물품의 인도를 마친 매도인으로서는 계속적으로 매수인의 구제수단의 행사에 대비하고 있어야 한다는 불이익을 겪게 된다. 그러나 법적안정성의 요청이라도 어떠한 경우에나 관철되어야 하는 것은 아니고 특수한 경우 일정한 예외도 설정할 수 있으리라고 본다.

(2) 제122조 제2항 적용의 예외

가. 당사자의 다른 약정이 있는 경우

CESL 제122조 제2항에 따른 제척기간 적용의 예외는 본조 제3항과 제4항이 규정하고 있다. 본조 제3항은 이러한 제척기간의 규정과 다른 당사자의 약정이 있는 경우이다. 이는 제122조 제2항이 강행규정이 아닌 임의규정이라는 것을 보여준다.[42] 당사자의 제122조 제2항과 다른 약정이란, 양 당사자가 정해진 기간 동안 물품이 특정한 또는 통상의 목적에 적합한 상태를 유지하여야 한다는 약정이며, 이 약정에서 정하고 있는 기간이 제122조 제2항에서 규정하고 있는 통지해야 할 기간을 넘는 경우이다. 위 조항에서 중요한 것은 물품의 특정한 목적 또는 통상의 목적에 적합한 상태를 유지해야 한다는 내용이 아니라 이러한 상태가 일정한 기간 동안 유지된다는 것에 양 당사자가 합의했다는 것이다. 따라서 이는 당사자가 합의한 최소한의 품질보증기간(Garantiefrist)이라고 볼 수 있다.[43] 이러한 당사자의 품질보증약정기간이 도과하기 전에는 본조 제2항에 따른 기간이 도과하지 않는다.

주의할 것은 제122조 제3항에 따라 배제되는 매수인의 통지의무기간은 본조 제1항에 따른 기간이 아닌 제2항에 따른 제척기간이라는 점이다. 따라서 본조 제2항의 2년의 제척기간을 넘는 품질보증약정을 당사자가 한 경우라도 제1항에 따른 통지의무기간이 도과한다면 매수인은 물품의 계약부적합을 주장하지 못하는 것으로 해석된다. 일견 본조 제3항에 따른 당사자의 품질보증기간의 합의에 따라 제2항의 제척기간 뿐 아니라 제1항의 통지의무기간의 규정도 배제되어야 할 것으로 보이지만 이러한 규정

42) Schulze/Zoll, Art. 122 CESL, Rn. 5.

43) 이러한 의미로 Schmidt-Kessel/Wiese, Art. 121, 122 GEK-E, Rn. 30.

에는 상당한 근거가 있다고 생각된다. 본조 제2항에 따른 제척기간은 매수인의 물품의 지배에 따른 추상적인 하자발견의 가능성은 인정되지만 개별 하자의 특성 등에 따른 구체적인 하자발견의 가능성까지 담보되는 것은 아니기 때문이다.

분설하면 매수인은 제122조 제1항에 따른 계약부적합 통지의무기간과 제2항에 따른 계약부적합 통지의무기간의 제한을 받고 있다. 그러나 제1항과 제2항은 그 기산점에서 차이가 난다. 제1항은 물품이 공급된 시점, 또는 매수인이 실제로 계약부적합을 발견한 시점, 또는 매수인이 이러한 계약부적합을 발견할 것으로 기대되는 시점 중 나중에 도래한 시점이다. 위 시점 중 나중에 도래한 시점을 기산점으로 잡고 있기 때문에 이는 구체적인 사정에 따라 매수인의 계약부적합의 발견 가능성이 전제가 된다. 예를 들어 물품이 공급된 시점을 기산점으로 본다면 이는 매수인의 추상적인 계약부적합의 발견가능성만이 전제가 되는 것으로 보이지만, 위 시점이 본조 제1항에 따른 계약부적합통지의무의 기산점이 되었다는 것은 매수인의 실제적인 계약부적합 발견시점 또는 적어도 계약부적합을 발견할 것으로 기대되는 시점은 물품의 공급시점보다 앞선 시점이라는 것을 의미한다.[44] 따라서 어떠한 경우에도 매수인에게는 계약부적합 발견에 대한 구체적인 가능성이 부여된 후 그 통지기간이 기산된다.

그러나 제2항에 따른 계약부적합 통지의무의 기간은 이와 달리 물품이 계약에 따라 매수인에게 사실상 인도되었던 시점을 기산점으로 삼고 있다. 따라서 매수인에게는 계약부적합 발견에 대한 추상적인 가능성은 부여되지만 개별사정에 따른 구체적인 가능성까지 부여되는 것은 아니다. 대표적인 예가 숨은 하자의 경우라고 할 수 있다. 숨은 하자의 경우 물품의 사실상의 인도 후 2년이 경과하여도 하자의 특성상 매수인에게 그 발견을 기대할 수 없는 경우가 존재할 수 있다. 본조 제2항은 매도인의 정당한 기대에 따른 법적 안정성을 이유로 이러한 경우에도 매수인의 물품의 계약부적합 주장을 배제하고 있다. 그러나 이미 매도인과 매수인 사이에 품질보증에 대한 최소한의 기간약정이 있다면 이 기간 내에는 매도인은 계약부적합이 존재하면 이에 따른 책임을 지겠다는 것을 미리 감수하였다고 볼 수 있으므로 본조 제2항에 따라 매도인을 위하여서 매수인의 계약부적합 주장을 배제할 근거가 없다고 할 것이다.

---

44) 그러나 실제로 이러한 경우는 많지 않을 것이다. 물품의 공급을 통해 매수인의 계약부적합의 발견에 대한 추상적인 가능성이 부여되고, 그 이후 매수인이 실제적으로 계약부적합 여부를 발견할 것으로 기대된 시점이라는 구체적인 계약부적합 발견가능성의 시점이 인정되는 경우가 대부분일 것이기 때문이다.

나. 권리의 하자의 경우

CESL 제122조 제4항은 본조 제2항이 적용되지 않는 경우로서 제102조에 따른 제3자의 주장이나 권리가 있는 경우를 규정하고 있다. 이는 이른바 물건의 하자가 아닌 권리의 하자의 경우에는 본조 제2항이 적용되지 않는다는 것을 의미한다.

위 조항에 대해서는 문헌들에서 자세한 분석이나 언급을 하고 있지 않다. 그러나 권리의 하자에 대하여서 제122조 제2항 상의 계약부적합의 통지의무기간 규정을 적용시키기 않는 것은 계약부적합의 특성에 따라서는 제2항의 통지기간 동안 실질적인 계약부적합의 발견 내지 인식의 가능성이 주어지지 않는 경우가 존재하고, 이러한 계약부적합의 발견가능성이 주어지지 않은 경우에도 매수인으로 하여금 어떠한 구제수단도 행사할 수 없게 하는 것을 지나치게 불이익하다는 평가를 기반으로 하고 있는 것으로 보인다.[45]

권리의 하자는 물건의 하자와는 달리 물품의 사실상의 인도가 있다고 하여서 바로 실제적인 발견 가능성이 인정되지 않는다. 이는 숨은 하자의 경우와 동일한 상황이라고 볼 수 있다. 권리의 하자의 경우 제3자의 권리주장이 있어야만 그러한 권리의 하자가 존재한다는 것을 매수인은 인식할 수 있고, 이러한 인식에 따라 그 하자를 매도인에게 통지할 수 있다. 만약 물품의 사실상의 인도가 있고 2년이 경과한 시점에서 제3자의 권리주장이 있다면 매수인으로서는 하자를 발견할 수 있는 가능성조차 부여되지 않았음에도 불구하고 권리의 하자로 인한 자신의 모든 구제수단을 상실하게 된다. 하자의 인식이 하자통지의 논리적 전제가 된다는 점에서 이러한 규정의 의미를 이해할 수 있다.

권리의 하자의 특성에 주목하여서 그 제척기간 내지 소멸시효기간을 물건의 하자와 달리 취급하는 예는 오스트리아민법상의 하자담보책임규정에서 살펴볼 수 있다. 오스트리아민법 제933조에 따르면 물건의 하자에서는 그 인도(Ablieferung) 시를 기산점으로 하였으나, 권리의 하자에 대하여는 이러한 하자가 수령자에게 알려진(bekannt) 날을 그 기산점으로 하여서 유상계약의 하자담보책임의 소멸시효기간을 규정하고 있다. 이러한 입법형식은 CESL 제122조 제4항에서 권리하자에 대해서는 본조 제2항에

45) 이러한 관념에 따라서 물품의 검사 및 하자의 통지의무를 규정한 독일상법 제377조에서도 법문상으로는 권리의 하자를 명시적으로 배제하고 있지 않음에도 권리하자에 대해서는 독일상법 제377조가 적용되지 않는 것으로 해석하고 있다(MüKoHGB/Grunewald, 3. Aufl. 2013, § 377 HGB, Rn. 53). 우리상법 제69조와 관련해서도 권리의 하자를 그 적용범위에서 배제하는 것으로 해석하는 것이 일반적이다(주석상법[총칙·상행위(1)], 제3판(2003), 502쪽(정동윤 집필); 정찬형, 『상법강의(상)』, 제17판(2014), 232쪽).

따른 제척기간의 적용을 배제하면서 본조 제1항에 따른 통지기간의 제한은 긍정하는 CESL의 계약부적합통지의무의 규정과 유사하다.

오스트리아민법 제933조의 규정은 하자담보책임에 따른 권리행사의 소멸시효에 관한 규정이나 물건의 하자에 있어서 인도시를 기산점으로 하여서, 일정한 기간 동안에 하자담보책임에 따른 권리행사가 없으면 소멸시효가 완성되어서 더이상 하자를 이유로는 담보책임을 물을 수 없도록 하는 것이 권리의 하자의 경우에는 그대로 적용되기 어렵다는 기본적 인식을 같이한다. 하자담보책임에 따른 권리를 행사하기 위해서는 권리자가 하자를 인식 내지 발견이 그 전제가 되어야 하는데 권리의 하자의 경우에는 물건의 인도 자체가 중요한 것이 아니라, 제3자의 권리주장이 있어야만 이러한 권리하자에 대한 인식가능성(Erkennbarkeit)이 인정될 수 있기 때문이다. 따라서 그 기산점을 물건의 인도가 아니라 당해 하자가 수령자에게 알려진 시기를 기산점으로 하고 있다.

다. 물건의 하자 중 숨은 하자인 경우 매수인의 하자인식가능성과 제122조 제2항에 따른 제척기간적용의 문제

물건의 사실상의 인도만으로는 하자에 대한 인식가능성이 인정되지 않을 수 있다는 점은 권리의 하자 뿐 아니라 물건의 하자 중 숨은 하자의 경우에도 동일하다. 앞서 설명한 바와 같이 CESL은 제122조 제1항 제2문의 규정에서 물건의 공급된 시점 또는 하자를 인식하였거나 인식할 것으로 기대되었을 시점 들 중 먼저 도래한 시점이 아닌 나중에 도래한 시점을 그 기산점으로 삼고 있기 때문에 적어도 하자의 인식가능성이 부여된 이후에만 본조 제1항에 따른 계약부적합 통지의무의 기간의 진행이 인정될 수 있다.

그러나 본조 제2항의 통지의무의 기간은 물품이 매수인에게 사실상 인도되었을 시점을 기준으로 하여서 일정한 기간을 계상하므로, 물품이 매수인에게 사실상 인도되었고 본조 제4항에 따라 이러한 제척기간의 적용이 배제되는 권리의 하자도 아니어서, 물건의 하자이나 매수인에게는 하자의 검사 등을 통하여서도 2년 내에 그 하자를 발견하기 어려운 숨은 하자인 경우에도 본조 제2항에 따른 제척기간의 적용을 긍정해야 하는가라는 의문이 생긴다. 이러한 경우는 매수인에게 하자인식의 가능성이 부여되지 않은 상태에서 하자로 인한 구제수단의 행사를 차단하는 것이며, 또한 그러한 하자는 매수인에게서 발생한 것이 아니라 매도인측에서 온 것이기 때문이다.

본조 제3항을 통해서도 알 수 있듯이 본조 제2항의 제척기간의 규정은 강행규정이 아닌 임의규정이다. 그렇다면 이러한 숨은 하자의 경우에는 본조 제2항의 제척기간의

적용을 배제하기로 하는 당사자간의 묵시적 합의가 존재한다고 해석할 수도 있을 것이다. 이렇게 해석하는 경우 권리의 하자의 경우와 유사하게 본조 제2항에 따른 제한은 적용되지 않고, 본조 제1항에 따른 제한만이 적용되므로 하자의 인식가능성이 부여된 때로부터 상당한 기간 내에 하자의 통지를 해야 하는 것으로 보는 것이 가능하다.

중요한 것은 그러면 어떠한 때에 본조 제2항의 적용을 배제하기로 하는 당사자간의 묵시적 약정이 있었다고 볼 수 있겠는가 하는 것이다. 이는 양당사자들이 합의한 물품의 특정한 속성이 물건의 사실상의 인도 후 상당한 기간의 경과 후에야 이를 확인할 수 있다는 점에 대하여 양당사자 모두 인정할 수 있는 경우라고 보아야 할 것이다.[46] 이러한 묵시적 합의의 인정이 그 의미를 갖는 경우는 물건의 하자가 물품이 매수인에게 사실상 인도되고 2년 내의 기간 내에 이를 발견하기 어려운 경우일 것이나 실제 사례에서 2년의 기간은 충분한 장기의 기간이므로 이러한 적용상의 예외가 인정되어야 하는 경우는 극히 이례적일 것이다.

이러한 묵시적 약정의 인정을 통한 본조 제2항의 적용배제에 대해서는 본조 제3항을 넓게 해석하여서 같은 결론에 도달할 수는 없는지에 관해서 의문이 제기될 수 있다. 본조 제3항도 당사자의 약정이 명시적 약정인 경우 뿐 아니라 묵시적 약정인 경우도 포함할 수 있기 때문이다. 그러나 숨은 하자에 대해서 제122조 제2항의 적용을 배제하는 묵시적 합의의 인정은 본조 제3항에서 말하는 "정해진 기간(during a fixed period of time; über einen festgelegten Zeitraum)동안" 일정한 물품의 상태가 유지되는 것과 관련되는 것이 아니라 제척기간의 기산점이 본조 제2항에서 말하는 물품이 매수인에게 사실상 인도되는 때가 아니라 매수인이 이러한 하자를 발견할 수 있을 것으로 기대되는 때로 변경하는 것과 관련 있는 것이다. 또한 본조 제3항에 따른 약정은 명시적 약정일 필요는 없지만 적어도 법문상 특정한 기간에 대한 합의를 인정할 수 있어야 하나 숨은 하자에 대해서 제2항의 제척기간을 배제하는 약정의 내용이 일정한 기간 동안 물품의 일정한 상태의 유지를 내용으로 한다고 보기는 어렵다. 따라서 본조 제3항의 확대적용 또는 유추적용을 통한 해결은 상정하기 어렵다고 생각된다.

---

46) 이러한 묵시적 특약 인정의 이론적 기초에 대해서는 오스트리아민법 제933조에 있어서 물건의 숨은 하자에 대한 시효기간의 기산점 산정에 관한 학설상의 다툼을 참고할 수 있다. 이에 관해서는 Koziol/Welser, Grundriss des bügerlichen Rechts, 13. Aufl. 2007, Bd. Ii, S. 80; Schwimann/Ofner, 3. Aufl. 2006, § 933 ABGB, Rn. 10 참조.

3. 계약부적합 통지의무의 면제

1) 개설

CESL 제122조 제5항 및 제6항은 본조 제3항 및 제4항과 달리 본조 제2항에 의한 제척기간의 제한을 배제하는 규정이 아니라, 제122조 제1항 내지 제2항에 따른 계약부적합 통지의무 자체를 면제하는 규정이다. 따라서 만약 본조 제5항 내지 제6항의 규정에 해당되는 경우에는 매수인은 계약부적합 통지를 할 필요가 없고 통지기간의 제한 없이 언제든지 하자의 존재를 이유로 한 구제수단의 행사를 할 수 있다.

본조 제5항은 과소이행(Minderlieferung)이 있는 경우에 매수인이 남은 물품이 공급되리라 믿을 만한 이유가 존재하는 경우를 대상으로 하고 있으며, 본조 제6항은 매도인이 계약부적합을 알았음에도 매수인에게 알리지 않은 경우이거나, 매도인이 계약부적합을 알 것으로 기대되었음에도 불구하고 이를 알지 못하여서 매수인에게 알리지 못한 경우에 통지의무를 면제시키고 있다.

2) 제122조 제5항에 따른 계약부적합 통지의무의 면제

CESL 제122조 제5항은 과소이행을 그 대상으로 삼고 있다. 과소이행에 대하여서 계약부적합 통지의무의 예외를 인정하는 이유는 2가지로 설명된다. 첫째로 이미 전(全) 물품에 대하여서 매매대금을 지급한 매수인은 공급되지 않은 나머지 물품이 공급되리라고 믿을 수 있는 상황이라면 보호되어야 한다는 것이다. 둘째로 이미 일부이행을 한 매도인은 일반적으로 그 자신이 나머지 물품을 인도해야 한다는 것을 알고 있어야 하며, 따라서 과소이행에 대하여 매수인이 통지할 것을 기대할 필요가 없다는 것이다.[47]

사견으로는 이러한 제5항의 규정태도는 과소이행만으로 그 계약부적합 통지의무가 면제되는 것이 아니라 매수인이 나머지 물품이 공급되리라고 믿을 만한 이유가 있어야 한다는 요건에서 그 의미를 찾을 수 있다고 본다.

이는 법문상으로는 매수인측의 나머지 이행이 있을 것이라는 것을 믿을 수 있는 사유로 보이지만 매도인 보호를 위하여서 매도인의 인식을 함께 고려하여서 해석되어야

47) Schmidt-Kessel/Wiese, Art. 121, 122 GEK-E, Rn. 33.

할 것으로 생각된다. 즉 매수인이 나머지 이행이 있을 것이라고 믿을 만한 이유가 있는 경우란 매도인으로서는 자신의 일부이행이 완전한 이행이라고 볼만한 근거가 없고 또한 나머지 물품을 이행하려 한다는 것을 신뢰해도 좋은 사정이 있는 경우라고 보아야 할 것이다.[48]

만약 매도인이 일부이행을 자신의 완전한 이행이라고 믿을만한 사정이 있거나, 일부이행을 자신의 완전한 이행이라고 주장하고 있는 경우라면 매수인으로서는 부분이행에 대해서 제5항을 원용할 수 없고, 상당한 기간 내에 매도인이 한 일부의 이행은 계약부적합의 이행임을 통지하여야 할 것이다. 이러한 경우 매수인의 계약부적합 통지가 필요하다는 것은 본조 제6항과 관련해서 더 분명하게 나타난다. 매도인이 자신의 일부이행이 계약부적합한 이행임을 알면서도, 이행시에 매수인에게 과소이행이 계약상 적합한 이행임을 주장한 경우에는 제6항에서 매도인은 계약부적합을 자신이 알았으나 이를 매수인에게 알리지 않았던 경우가 아니므로 매수인으로서는 제6항을 원용하기도 어렵다고 보여지기 때문이다.

3) 제122조 제6항에 따른 계약부적합 통지의무의 면제

CESL 제122조 제6항은 계약부적합을 이미 알았거나 알 것으로 기대되는 매도인이 이러한 사실을 매수인에게 알리지 않은 경우에는 계약부적합 통지의무를 통하여서 매도인을 보호할 필요성이 별로 없다는 관념에 기초하고 있다.

우리 상법상 규정[49] 뿐 아니라 독일상법상 하자통지의무에 관한 규정[50]에서 살펴보면 매수인이 악의인 경우에 하자통지의무를 면제시키는 것을 알 수 있지만, CESL 제122조 제6항과 같이 매도인의 하자불인식에 대하여 단순 과실이 있는 경우[51]까지는 포섭하고 있지 않다.

CESL 제122조 제6항에서 계약부적합 통지의무면제의 범위를 확장시키고 있는 것에 대하여서 이는 모든 매수인은 매도인이 직접 생산자가 아닌 경우라도 당해 물품에 대해서 최소한의 전문지식을 갖고 있다는 점을 기대할 수 있고, 또한 매도인은 일반적으로 다른 고객들의 하자통지들을 통해서 물품의 하자에 대하여 이를 더 잘 관견할 수

---

48) 이러한 의미로 Schulze/Zoll, Art. 122 CESL, Rn. 8.
49) 우리상법 제69조 제2항 참조.
50) 독일상법 제377조 제5항 참조.
51) Schmidt-Kessel/Wiese, Art. 121, 122 GEK-E, Rn. 40 참조.

있다는 것을 근거로 한다. 이러한 매도인의 고의가 아닌 과실에 의한 하자불인식의 경우에도 매수인의 계약부적합 통지의무를 면제시켜주는 것이 매도인이 자신이 매도한 물품의 하자발생가능성에 대하여서 더 주의를 기울이고 필요하다면 물품의 계약부적합 여부를 조사하게 하는 유인책이 될 수 있다고도 해석한다.[52]

본조 제6항은 계약부적합의 존재를 알면서 이를 매수인에게 밝히지 않는 경우, 또는 자신의 과실로 계약부적합을 발견하지 못한 경우를 그 대상으로 하고 있는데 그렇다면 매수인에게 계약부적합 여부를 알린 경우에도 매수인은 다시 계약부적합 통지의무를 지는가라는 의문이 제기된다. 이미 매도인이 스스로 밝힌 계약부적합에 대하여서 다시 매수인에게 이에 대한 통지를 받을 필요가 있는가에 대하여서 일견 그 필요성이 부정되어야 할 것 같으나, 매도인으로서는 매수인에게 이미 계약부적합의 존재를 밝혔다고 하더라도 매수인에게 당해 계약부적합이 별로 중요한 것이 아니어서 이를 문제 삼지 않으려 하는 경우가 있을 수 있고, 이미 고지한 계약부적합에 대하여서 매수인에게 다른 통지가 없다면 매도인으로서는 매수인이 계약부적합의 물품을 그대로 수용하고자 한다는 정당한 기대를 가질 수 있으므로 이러한 경우에도 자신의 구제수단을 행사하고자 하는 매수인으로서는 계약부적합 통지의무를 진다고 해석하여야 할 것이다.[53]

본조 제6항은 명문으로 계약부적합의 통지의무만을 면제하고 있고, 제121조에 따른 물품검사의무는 면제하고 있지 않다. 물품검사의무는 계약부적합의 통지를 위한 전제이므로 계약부적합통지의무의 면제만을 규정하는 본조 제6항의 규정은 큰 문제가 없다고 생각할 수도 있다. 그러나 이는 매수인의 계약부적합을 근거로 한 손해배상청구의 범위와 관련해서는 문제가 될 수 있다. 매수인이 계약부적합으로 인한 손해배상을 청구하는 경우 물품검사를 하지 않은 매수인에게는 물품의 검사가 있었다면 손해가 경감될 수 있다는 점을 근거로 매도인이 손해배상의 경감을 주장할 수 있기 때문이다.[54] 그러나 계약부적합 통지의무의 면제가, 본조 제6항에 해당하는 매도인에게는 매수인의 계약부적합 통지를 통한 보호의 필요성이 없다고 판단하였기 때문이라고 한다면 계약부적합 통지의무에 따른 보호를 받을 수 없는 매도인이 매수인의 물품검사의무의 불이행을 통하여서 손해배상의 경감을 주장할 수 있다고 하는 것은 신의칙에 맞지 않는다고 보인다. 따라서 본조 제6항의 규정은 제122조 상의 계약부적합통지의

52) Schmidt-Kessel/Wiese, Art. 121, 122 GEK-E, Rn. 40.
53) Schmidt-Kessel/Wiese, Art. 121, 122 GEK-E, Rn. 42.
54) CESL 제163조 참조.

무 뿐 아니라 제121조 상의 물품검사의무도 면제하는 입법형식을 취했어야 하리라고 생각된다.[55]

IV. 우리상법 제69조에 따른 매수인의 목적물의 검사와 하자 통지의무에 대한 비판적 검토

1. 지나치게 단기의 하자검사 및 통지기간에 대한 검토

CESL은 다양한 비교법적 연구의 결과물이므로 CESL에서 매수인의 물품검사 및 계약부적합통지 의무에 대한 CESL 제122조, 제123조의 규정체계와 그 내용은 우리상법 제69조상의 매수인의 목적물의 검사와 하자통지의무의 해석과 개정방향과 관련하여서 중요한 시사점을 줄 수 있을 것이다.

우리상법 제69조는 독일상법 제377조 및 일본상법 제526조[56]의 규정에 그 근거를 두고 있으며,[57] 이에 따라 상사매매에 있어서 매수인에게는 목적물에 대한 검사와 하자의 통지의무를 규정하고 있다. 매수인은 목적물의 수령한 때에는 지체없이 목적물을 검사하고 하자나 수량부족을 발견한 경우에는 즉시 매도인에게 통지를 발송하여야 하며 이러한 의무를 해태한 경우에는 하자나 수량부족으로 인한 계약해제, 대금감액 또는 손해배상을 청구하지 못하는 것으로 규정하고 있다. 특히 본조 제1항 제2문은 매매의 목적물에 즉시 발견할 수 없는 하자, 즉 숨은 하자가 있는 경우에 대하여서도 규

55) 이러한 견해로 Schmidt-Kessel/Wiese, Art. 121, 122 GEK-E, Rn. 44.

56) 일본상법 제526조(매수인에 의한 목적물의 검사 및 통지) (1) 상인 간의 매매에서 매수인은 그 매매의 목적물을 수령한 때에는 지체 없이 그 물건을 검사하여야 한다.

(2) 제1항에 규정하는 경우에 매수인은 동항의 규정에 따른 검사에 의하여 매매의 목적물에 하자가 있는 것 또는 그 수량에 부족이 있는 것을 발견한 때에는 즉시 매도인에 대하여 그 취지의 통지를 발송하지 아니하면 그 하자 또는 수량부족을 이유로 계약의 해제 또는 대금감액 또는 손해배상의 청구를 할 수 없다. 매매의 목적물에 즉시 발견할 수 없는 하자가 있는 경우에 매수인이 6월 이내에 그 하자를 발견한 때에도 같다.

(3) 제2항의 규정은 매도인이 그 하자 또는 수량부족에 대하여 악의인 경우에는 적용하지 아니한다.

57) 김동석, "매수인의 목적물검사 및 하자통지의무", 현대 상사법의 제문제: 설성이윤성선생정년기념논문집, 1988, 39쪽; 진상범, "상법 제69조 제1항이 불완전이행으로 인한 손해배상청구에 적용되는지 여부", 대법원판례해설 제103호 상(2015), 96쪽.

정하고 있는데 이러한 하자가 있는 경우에 매수인이 6개월 내에 이를 발견한 때에도 그 하자를 통지해야 하는 것으로 규정하고 있다. 이러한 본조 제1항 제2문의 규정의 의미에 대해서 다수설과 판례는 이러한 6개월의 기간 내에 하자를 발견하지 못하여서 하자 통지를 하지 못하는 경우에도 우리상법 제69조에 따른 불이익은 매수인이 부담하게 되며[58] 이는 하자의 발견하고 이를 지체없이 통지하지 못한 것에 매수인의 과실이 없는 경우에도 그러하다고 해석하고 있다.[59] 그러나 법문의 구체적인 제한은 없으나 여기서 말하는 하자에는 권리의 하자는 포함하지 않는 것에 학설은 대부분 동의하고 있으며,[60] 이는 권리하자를 조사하는 데에는 장기간이 필요하므로 신속한 통지의무를 부과하는데 부적합하기 때문이라고 해석하고 있다.[61]

우리상법 제69조 법문에 따르면 목적물의 하자 및 수량부족에 검사 후 이를 통지하여야 한다고 규정하고 있을 뿐, 그 하자를 물건의 하자로 제한한다는 규정이 존재하지 않는다. 그러나 학설은 권리의 하자의 특성이 하자의 검사 및 통지의무와 맞지 않다는 이유로 우리상법 제69조의 적용범위를 제한하고 있다.

이는 독일상법 제377조[62]의 해석론과 동일하다고 할 수 있다. 독일상법 제377조의 해석과 관련하여서도 이러한 매수인의 하자검사 및 통지의무의 대상이 되는 하자가 물건의 하자에만 국한된다는 단서규정이 없음에도 해석상 이는 권리의 하자에는 적용되지 않는 것으로 보고 있다.[63] 이에 대하여서 독일상법 제377조상의 검사를 통해서는 권리하자의 존재가 일반적으로 잘 드러나지 않고, 권리의 하자만을 대상으로 하는 목

---

58) 주석상법[총칙·상행위(1)], 제3판(2003), 503쪽(정동윤 집필); 정찬형, 『상법강의(상)』, 제17판(2014), 233쪽; 송옥열, 『상법강의』, 제4판(2014), 123쪽.

59) 대법원 1999. 1. 29. 선고 98다1584 판결.

60) 정찬형, 『상법강의(상)』, 제17판(2014), 232쪽; 이철송, 『상법총칙·상행위』, 제12판(2013), 391쪽; 송옥열, 『상법강의』, 제4판(2014), 121쪽.

61) 주석상법[총칙·상행위(1)], 제3판(2003), 502쪽(정동윤 집필).

62) 독일상법 제377조(검사 및 하자통지의무) (1) 매매가 당사자 쌍방을 위하여 상행위인 때에는 매수인은 통상의 영업활동상 할 수 있는 한 매도인으로부터 인도를 받은 후 지체없이 그 상품을 검사하여야 하며 하자가 드러난 때에는 지체없이 매도인에게 통지하여야 한다.
(2) 매수인이 전항의 통지를 해태한 때에는 그 상품을 승인한 것으로 본다. 다만 검사 시에 알 수 없었던 하자에 관하여는 그러하지 아니하다.
(3) 사후적으로 하자가 들어난 때에는 발견 후 지체없이 통지하여야 한다. 통지를 해태한 때에는 이 하자에 대해서도 그 상품을 승인한 것으로 본다.
(4) [...]
(5) [...]

63) MüKoHGB/Grunewald, 3. Aufl. 2013, § 377 HGB, Rn. 53; Koller/Kindler/Roth/Morck/Roth, 8. Aufl. 2015, § 377 HGB, Rn. 5.

적물의 검사는 일반적이지 않으며 또한 단기간에 이루어질 수 없다는 점을 그 이유로 들고 있다.[64] 이는 독일 채권법개정을 통하여서 더이상 권리의 하자와 물건의 하자가 그 구제수단의 행사와 관련해서는 구별되지 않고, 채권법 개정으로 양자는 소멸시효와 관련하여서도 동일함에도 그러하다.[65] 이는 독일상법 제377조에 대하여서 일종의 목적론적 축소해석을 한 것이라고 볼 수 있다.

그러나 이러한 양 당사자의 이익상황은 숨은 하자의 경우에도 동일하게 발생한다. 그렇다면 숨은 하자의 경우에도 목적론적 축소해석을 통하여서 독일상법 제377조의 적용범위에서 배제해야 하는 것이 아닌가라는 의문이 제기될 수 있다. 그러나 독일상법은 제377조 제2항 단서조항과 제3항을 통하여서 검사 시에 알 수 없었던(nicht erkennbar) 하자에 대해서는 사후적으로 하자가 들어난 경우에 그 발견 후 지체 없이 하자통지를 할 수 있도록 함으로써 이러한 문제를 입법적으로 해결하고 있다.

그러나 우리상법 제69조과 관련하여서 다수설은 해석으로서 권리의 하자의 경우에는 우리상법 제69조의 적용범위에서 제외하면서 같은 이익구조를 갖고 있는 숨은 하자의 경우에는 이는 물건의 하자로서 일반적으로 본조의 적용범위에 포섭되는 것으로 보고 있으며, 인도 후 6개월의 하자검사를 하여 즉시통지를 해야 하는 기간과 관련하여서 성질상 6개월 내에 존재여부가 드러날 수 없는 숨은 하자의 경우에도 이러한 하자검사 및 통지기간의 제한이 적용되는 것으로 해석한다.[66]

권리의 하자가 아닌 물건의 하자라 할지라도 숨은 하자의 경우에는 매수인이 목적물을 수령한 후 6개월 내에 그 하자를 발견할 수 없고 따라서 그 기간 내에 즉시 하자의 통지를 할 수 없는 경우가 많을 수 있다는 점은 쉽게 상정 가능하다. 상사매매에 있어서 신속한 권리확정의 필요성이 매우 높다고 하더라도 물건의 하자의 특성과 관련 없이 6개월의 단기의 제척기간을 규정하는 것은 매수인에게 지나치게 불이익한 결과

---

64) MüKoHGB/Grunewald, 3. Aufl. 2013, § 377 HGB, Rn. 53. 이 외에도 권리의 하자의 존재여부에 대해서는 매수인보다 매도인이 더 잘 알 수 있다는 점도 함께 그 근거로 들고 있다.

65) 이러한 이유로 독일상법 제377조가 권리의 하자의 경우에도 적용되어야 한다는 견해로써 Oetker/Koch, 4. Aufl. 2015, § 377 HGB, Rn. 22 f.; Baumbach/Hopt/Hopt, 36. Aufl. 2014, § 377 HGB, Rn. 12.

66) 이에 대하여서 즉시 검사를 하여도 알 수 없으며 6개월 내에 하자가 드러나 않은 하자에 대해서는 매수인의 검사의무가 발생하지 않고 따라서 이러한 하자에 대해서는 검사의무를 게을리하였다고 하여 매수인의 권리가 소멸되는 것은 아니라는 소수설이 주장되고 있다(이철송, 『상법총칙·상행위』, 제12판(2013), 393, 394쪽). 그러나 권리의 하자에 대한 목적론적 축소해석을 인정한다면 6개월 내에 발견될 수 없는 숨은 하자에 대하여 동일한 축소해석을 하는 것이 논리적으로 일관된 입장이라고 생각된다.

를 가져오게 된다.

CESL에서도 계약부적합통지의무를 규정하면서 그 기산점을 물품이 사실상 인도되는 시점이라는 객관적인 시점으로 잡았기에 2년이라는 기간을 인정하고 있다. 만약 권리관계의 빠른 확정의 필요성이 극히 높아서 객관적인 시점을 기준으로 명확하게 정해진 기간을 그 하자통지의 기간으로 정해둔다고 하더라도 그 기간은 일반적으로는 그 기간 내에 하자를 발견하여 통지하는 것이 가능하다는 점이 전제가 되어야 한다. 우리상법 제69조와 같이 매수인의 하자인식가능성과 무관한 객관적인 시점을 기산점으로 삼으며 6개월이라는 극히 짧은 기간을 하자검사 및 통지의무의 기간을 규정하는 것은 매수인의 이익의 관점에서 지나치게 가혹한 규정이라고 생각된다.[67]

이러한 매수인의 지나친 불이익과 법적안정성을 위하여 희생되는 개별 사안에 따른 정합적 해결을 위하여서 6개월 내에 그 존재를 발견하기 어려운 하자의 경우에는 비록 하자가 즉시 발견할 수 없는 하자임에도 불구하고 그 기산점을 유연하게 새길 필요가 있다고 생각된다. 즉 우리상법 제69조는 강행규정이 아닌 임의규정으로 보고 있으므로[68] 당해 목적물의 성질에 관한 당사자의 합의가 있고 이에 대한 하자는 매수인이 수령 후 6개월 내에 발견하기 극히 어렵고 오히려 상당한 기간 목적물을 사용하는 과정에서만 하자에 대한 인식가능성 주어진다는 사실에 대하여서 양 당사자 모두가 수긍할 수밖에 없는 사정이 있다면 목적물의 수령이 아니라 이러한 상당한 기간이 경과한 후의 시점을 기산점으로 삼아 그 기간 이후에 즉시의 하자통지의무를 인정하는 당사자들의 묵시적 합의가 있다고 새길 수 있을 것이다.[69]

입법론적으로는 적어도 하자의 검사 및 통지의무는 CESL과 같이 매수인이 하자를

---

67) 하자담보책임의 제척기간에 관한 논의이나 제척기간의 기산점을 객관적인 시점과 연결시킨다면 이에 대한 보완으로서 비교적 긴 제척기간이 필요하며, 단기의 제척기간을 마련하였다면 그 기산점을 권리행사자의 하자의 인식가능시점과 같은 유연한 시점으로 결정해야만이 양 당사자의 이익의 균형을 유지할 수 있다고 보고 있다: Staudinger/Peters, Neubearb. 2000, Vorb. §§ 631 ff. BGB a.F., Rn. 168.

68) 대법원 2008. 5. 15. 선고 2008다3671 판결.

69) 매도인의 담보책임과 관련된 단기소멸시효에 관한 논의이기는 하나 권리의 하자에 대한 소멸시효의 기산점을 권리하자의 특성을 고려하여서 그 하자가 채권자에게 알려진 때로부터 계상하도록 입법되었다면 이는 이른바 목적물의 인도로 즉시 그 하자를 발견할 수 없는 숨은 물건의 하자의 경우에도 마찬가지로 고려되어야 하고, 이를 위해서 인도 시에는 하자의 존재를 확인 할 수 없었던 특별한 속성에 관해 당사자의 확약(Zusage)이 있었던 경우에는 하자담보책임의 기간은 그러한 하자를 확실히 인식할 수 있었던 시점(Zeitpunkt der sicheren Erkennbarkeit des Mangels)으로부터 기산되어야 하고, 이에 대한 당사자들의 묵시적 약정이 있다고 해석하는 견해가 오스트리아민법상 하자담보책임과 관련하여서 주장되고 있다(Schwimann/Ofner, 3. Aufl. 2006, § 933 ABGB, Rn. 10).

인식할 수 있는 가능성이 부여되는 시점 내지 하자의 발견이 기대되는 시점으로 부터 합리적으로 가장 신속한 기간 내로 인정하며, 이를 보완하기 위해서 물품의 인도와 같은 객관적인 시점을 기준으로 상거래 관념상 일반적으로 하자의 발견이 가능하다고 인정되는 특정의 기간을 정하여서 그 기간 동안 하자의 통지가 없다면 하자로 인한 권리행사를 하지 못하는 것으로 하는 이중적 규정 형식이 더 합리적일 것으로 생각된다.

2. 하자통지의무해태의 효과로서 특정한 구제수단을 차단하는 입법형식에 대한 검토

우리상법 제69조는 CESL 제122조나 독일상법 제377조[70]와 같이 이러한 하자의 검사 및 통지의무의 해태가 있으면 이러한 물품의 하자주장을 할 수 없는 것으로 보는 것이 아니라 구제수단을 열거하면서 당해 구제수단을 행사하지 못하는 것으로 규정하고 있다. 이는 우리상법 제69조에서 열거하고 있는 계약해제, 대금감액 또는 손해배상청구의 배제가 매매법상의 하자담보책임을 대상으로 한 것인지 아니면 하자의 존재를 일종의 매도인의 채무불이행으로 보아서 채무불이행에 따른 구제수단의 행사도 배제하고자 하는 것인지가 명확하지 않다.

우리판례는 대법원 2015. 6. 24. 선고 2013다522 판결을 통해서 우리상법 제69조를 통하여서 배제되는 것은 하자담보책임에 기한 구제수단이며 불완전이행에 의한 구제수단까지 배제되는 것은 아니라고 판시함으로써 우리상법 제69조의 의미를 하자담보책임의 범위 내로 축소하고 있다. 이는 우리상법 제69조에서 열거하는 있는 구제수단 중에 대금감액은 하자담보책임상의 구제수단이지 불완전이행을 이유로 한 구제수단으로서는 대금감액이 인정되지 않는다는 것에서 그 근거를 찾을 수 있다. 그러나 우리상법 제69조의 적용범위를 축소하는 더 중요한 이유는 우리 판례가 하자의 특성에 따라서 예외적으로 당사자간의 묵시적 합의를 적극적으로 인정하여서 우리상법 제69조가 정하고 있는 6개월의 지나치게 짧은 제척기간의 제한을 벗어날 수 있는 가능성을 인정하고 있지 않은 것과 관계가 있다고 생각된다. 매수인이 목적물을 수령한 후 6개월의 기간이 도과하면 매수인의 당해 하자의 발견가능성과는 무관하게 하자로 인한 권리가 배제되기 때문에, 적어도 불완전이행을 근거로 한 구제수단은 우리상법 제69

70) 독일상법 제377조 제2항에 따르면 하자통지의무를 해태한 경우 하자있는 당해 물품을 매수인이 승인(genehmigt)한 것으로 본다.

조에도 불구하고 인정함으로써 매수인의 지나친 불이익을 완화하기 위한 정책적 관점도 작용하였다고 보여진다.[71]

그러나 우리상법 제69조는 배제되는 매수인의 구제수단에 우리민법 제581조 제2항상의 완전물급부청구권이 포함되어 있지 않기 때문에 이를 어떻게 해석해야 할지에 대해서 의문이 제기될 수 있다. 우리민법상 매수인의 완전물급부청구권이 매도인의 하자담보책임으로 규정되어 있음에도 우리상법 제69조로 차단되는 매수인의 구제수단에서 빠져 있게 된 것은 우리상법 제69조가 일본상법 제526조를 그대로 받아들이며 일본민법에서 종류물의 하자담보책임을 두고 있지 않은 점을 간과한 것이 기인한 것으로 보인다.[72] 그러나 완전물급부청구권도 계약해제권이나 손해배상청구권을 대신하여 행사되는 권리이기 때문에 우리상법 제69조에 따라 차단되는 구제수단에 포함된다고 해석해야 할 것이다.[73]

대법원 2015. 6. 24. 선고 2013다522 판결에서는 매도인의 채무불이행책임에 기한 손해배상청구권만을 그 판단대상으로 삼았지만 매수인이 매도인의 채무불이행책임을 근거로 완전물급부를 청구하는 경우에는 어떻게 될 것인가에 대해서 의문이 제기될 수 있다. 왜냐하면 채무불이행의 효과로서 매수인은 매도인에게 완전물급부가 가능한 경우 이를 청구할 수 있다는 것이 일반적으로 인정되기 때문이다.[74] 만약 우리민법 제581조 제2항에 따른 완전물급부청구권에 대해서는 우리상법 제69조를 이유로 이를 부정하면서 채무불이행을 이유로 한 완전물급부청구권은 매도인의 하자담보책임이 아니라는 이유로 이를 긍정할 수 있을 것인가에 대해서 의문이다. 하자담보책임상의 제척기간을 제외하고 양자는 이론적 차이 외에는 그 내용이나 당사자들에 대한 이익 상황이 완전히 동일하기 때문이다.[75]

이러한 불필요한 혼란을 막기 위해서 입법론적으로는 이러한 특정 구제수단을 배

---

71) 진상범, "상법 제69조 제1항이 불완전이행으로 인한 손해배상청구에 적용되는지 여부", 대법원판례해설 제103호 상(2015), 102쪽

72) 진상범, "상법 제69조 제1항이 불완전이행으로 인한 손해배상청구에 적용되는지 여부", 대법원판례해설 제103호 상(2015), 주 42.

73) 이철송, 『상법총칙·상행위』, 제12판(2013), 394쪽.

74) 민법주해[IX], 2006, 310쪽 이하(양창수 집필); 주석민법[채권총칙(1)], 제4판(2013), 737쪽(김상중 집필).

75) 이에 대한 일본 최고재판소는 일본상법 제526조의 검사 및 통지의무를 다하지 않아 계약해제와 손해배상을 청구할 수 없게 되었다면 여전히 완전한 급부가 가능하더라도 매수인은 완전한 급부를 청구할 수 없다고 판시함으로써 완전이행청구권을 채무불이행책임의 하나로 이해하면서도 일본상법 제526조의 적용을 긍정하였다: 진상범, "상법 제69조 제1항이 불완전이행으로 인한 손해배상청구에 적용되는지 여부", 대법원판례해설 제103호 상(2015), 99쪽 참조.

제하는 형식이 아니라 하자통지의무를 해태한 경우에는 매수인은 당해 하자의 존재를 주장할 수 없다고 하거나 또는 매도인이 하자없는 물건을 인도한 것으로 본다라는 형식으로 변경할 필요가 있다고 보여진다. 또한 우리 대법원의 판례와 같이 동일한 하자임에도 불구하고 매수인이 하자담보책임을 주장하였는지 아니면 채무불이행책임을 주장하였는지에 따라 우리상법 제69조의 적용여부가 달라지지 않도록 하자담보책임뿐 아니라 하자와 관련된 한 채무불이행책임도 차단되도록 하는 것이 바람직하다고 생각된다. 그러나 그 전제로서 6개월의 하자검사 및 통지와 관련된 제척기간은 지나치게 단기이므로 매수인의 하자인식의 가능성이 일반적으로 긍정될 수 있는 충분한 기간으로의 연장이 선행되어야 하리라고 본다.

참고문헌

곽윤직 편집대표, 민법주해[IX], 채권(2), 2006

김용담 편집대표, 주석민법, 채권총칙(1), 제4판, 2013

손주찬, 정동윤 편집대표, 주석상법, 총칙, 상행위(1), 제3판, 2003

송옥열, 상법강의, 제4판, 2014

이철송, 상법총칙·상행위, 제12판, 2013

정찬형, 상법강의(상), 제17판, 2014

하경효 외 공역, 보통유럽매매법, 2014

김동석, 매수인의 목적물검사 및 하자통지의무, 현대 상사법의 제문제: 설성이윤성선생정년기념논문집, 1988

양석완, 상법상 매수인의 통지, 검사의무에 관한 법적 쟁점, 상사판례연구 제23집 제4권, 2010

진상범, 상법 제69조 제1항이 불완전이행으로 인한 손해배상청구에 적용되는지 여부, 대법원판례해설 제103호 상, 2015

Baumbach, Adolf/Hopt, Klaus J.(Hrsg.), Handelsgesetzbuch, 36. Auflage, 2014

Koller, Ingo/Kindler, Peter/Roth, Wulf-Henning/Morck, Winfried(Hrsg.), Handelsgesetzbuch Kommentar, 8. Auflage, 2015

Koziol, Helmut/Welser, Rudolf, Grundriss des bügerlichen Rechts, Band. Ii, 13. Auflage, 2007

Münchener Kommentar zum Handelsgesetzbuch, 3. Auflage, 2013

Oetker, Hartmut(Hrsg.), Kommentar zum Handelsgesetzbuch, 4. Auflage, 2015

Schmidt-Kessel, Martin(Hrsg.), Der Entwurf für ein Gemeinsames Europäisches Kaufrecht. Kommentar, sellier, 2014

Schulze, Reiner(Ed.), Common European Sales Law(CESL). Commentary, C.H. Beck, Hart, Nomos, 2012

Schwimann, Michael(Hrsg.), ABGB-Praxiskommentar, Band 4, 5, 3. Auflage, 2006

J. von Staudingers Kommentar zum Bürgerlichen Gesetzbuch mit Einführungsgesetz und Nebengesetzen, §§ 631-651, Neubearbeitung 2000

제4절 유럽공통매매법에서 매수인의 의무

위계찬 교수(한양대학교 법학전문대학원)

I. 시작하며

오늘날 거래가 국내에서뿐만 아니라 국경을 넘는 거래가 빈번하게 발생하고 그 비중 또한 높아지고 있다. 이에 국제거래를 규율하는 규범에 대한 비교법적 연구는 매우 의미있는 일이다. 지금까지 국내에서 국제거래규범에 대한 비교법적 연구의 중심에 있는 것이 국제물품매매에 관한 국제연합 협약(United Nations Convention on Contracts for the International Sale of Goods, CISG)이다. 동 협약은 국제거래의 가장 기본적인 유형인 물품매매에 적용되는 통일규범으로서 현재 중요한 국제규범으로 평가되고 있다.[1] 우리나라는 2004년 2월 17일 이 협약에 가압하였고, 2005년 3월 1일부터 우리나라에서도 발효되었다. 국내에서 CISG에 대한 비교법적 연구가 많이 수행되었으며, 이러한 연구성과는 우리 민법이나 상법의 개정논의에서, 특히 1999년에 발족한 민법개정특별위원회가 민법개정안을 마련하는 과정에서 또는 2009년 출범한 민법개정위원회에서의 민법개정안 논의과정에서, 매우 중요한 자료가 되었다. CISG에 대한 연구가 의미가 있는 것은 CISG가 상이한 사회적, 경제적, 법적 체계를 가지고 있는 국가들이 국제거래에서 법적 장벽을 제거하기 위하여 논의하고 타협한 결과물이라는 점에서 그 논의과정과 규정내용을 통하여 각국의 입법의 현황과 국제적 흐름을 전

* 이 글은 "국제물품매매에서 매수인의 의무 – 공통유럽매매법안에서 매수인의 대금지급의무와 물품수령의무를 중심으로 –"의 제목으로 법과정책연구 제15집 제4호(2015. 12)에 게재된 것임.

1) 석광현, 국제물품매매계약의 법리, 박영사, 2010, 3-4면.

체적으로 조망할 수 있다는 점일 것이다.[2] 그런데 국제거래규범에 대한 관심과 연구는 CISG에 대해서만 국한해서 할 것은 아니다. 최근에는 CISG 이외에도 국제거래규범에 대한 다양한 논의가 이루어지고 있다. 그 중 대표적인 것이 유럽연합 내에서 매매에 대하여 공통적으로 적용될 수 있는 법안에 대한 논의과정이다.

최근 유럽연합 내에서는 그 동안 지속적으로 진행된 사법통일을 위한 연구성과물을 바탕으로 통일매매법안이 제시되었다.[3] 그런데 유럽집행위원회는 2014.12.16. 2015년 작업프로그램(Work Programme)를 발표하면서 공통유럽매매법안[4]을 철회하였다.[5] 이는 CESL을 디지털단일시장을 이루기 위한 목표에 맞게 조절하여 통일안을 내기 위함이라고 한다. 유럽집행위원회는 이후 종합적인 디지털단일시장전략을 공표하였다. 여기에는 전자상거래(e-commerce)를 보다 쉽게 하기 위한 조치도 들어 있다. 유럽집행위원회는 EU수준에서 디지털콘텐츠와 관련하여 입법적 통일성을 기하고 또한

---

2) CISG의 특징에 대하여는 예컨대 석광현, 위의 책, 18면 이하 참조.

3) 2011.10.11. 유럽집행위원회(European Commission)가 공표한 'Proposal for a Regulation of the european Parliament and of the Council'(공통유럽매매법에 관한 유럽의회 및 유럽이사회의 규칙을 위한 제안)은 전문규칙(Regulation)과 두 개의 부속서(Annex)로 구성되었는데, 규칙부분은 제안이유설명(Recital)과 16개의 조항으로 구성되었으며, 부석서는 공통유럽매매법(Common European Sales Law) 준칙을 정한 186개의 조문으로 구성된 부속서I과 소비자의 계약상 권리에 관한 것으로 표준정보안내서 및 주요소비자권리요약을 담고 있는 부석서Ii로 이루어졌다. 본 논문에서 공통유럽매매법 또는 CESL과 함께 언급되는 조문번호는 특별한 언급이 없는 한 부속서I의 규정을 말하고, 조문번호와 함께 표기된 RegCESL(P)는 전문규칙의 규정을 의미하고, 숫자와 함께 Recital로 표기된 것은 제안이유설명을 말한다. 한편 이 제안은 2014.2.26. 유럽의회 총회에서 일부 수정되어 찬성 416, 반대 159, 기권 65로 승인되었다. 유럽의회의 승인으로 바로 규칙으로서 효력을 갖는 것이 아니고, 유럽이사회(European Council)에서 통과되어야 규칙으로서 효력을 가진다. 그런데 이 법안은 유럽집행위원회에 의하여 철회되었다. 철회과정과 이유의 개요에 대하여는 아래 주 4)와 5) 참조. 이하에서 유럽집행위원회의 제안과 유럽의회에서 수정된 내용을 별도로 구별하여 설명할 필요가 있는 경우, 전자는 '원안' 또는 '유럽집행위원회 제안'으로, 그리고 후자는 '수정안' 또는 '유럽의회 수정안'으로 표시한다. 유럽공통매매법의 제안배경, 경과 및 그 내용과 전망에 관한 국내 문헌으로 박영복, EU집행위원회에 의해 제안된「유럽공통매매법에 관한 규칙」, 외법논집 제37권 제3호, 2013. 8, 37면 이하; 백경일, 유럽공통매매법안(CESL)에서의 계약체결규정에 관한 비교법적 검토, 비교사법 제20권 제2호, 2013. 5, 433면 이하; 하경효 외 공역, 보통유럽매매법, 세창출판사, 2014 등 참조.

4) 국내 문헌 중에는 Common European Sales Law에서 Common을 '보통'으로 번역하여 보통유럽매매법으로 번역하는 경우도 있으나(예컨대 하경효 외 공역, 보통유럽매매법, 세창출판사, 2014; 이준현, 보통유럽매매법(CESL)상 매수인의 의무와 그 의무의 불이행에 대한 구제 – 당사자의 의무와 불이행시 구제수단에 대한 전체적 개관을 포함하여 –, 재산법연구 제31권 제4호, 2015. 2, 247면 이하; 백경일, 보통유럽매매법(CESL)에서의 의사표시 하자규정에 관한 비교법적 검토, 비교사법 제21권 제1호, 2014. 2, 1면 이하 등), 본 논문에서는 이를 '공통'으로 번역하여 사용한다.

5) 이에 관하여는 Clive, http://www.epln.law.ed.ac.uk/2015/01/07/proposal-for-a-common-european-sales-law-withdrawn/ 참조

물품과 관련한 핵심적 규칙들을 조화시킬 수 있는 물품 및 디지털콘텐츠에 관한 온란인 거래의 계약규칙을 제시할 계획이다.[6]

비록 공통유럽매매법안이 철회되었지만 그것에 대한 논의과정과 내용이 가지는 의미는 매우 중요하다고 생각된다. 공통유럽매매법은 유럽연합 내로 제한적이기는 하지만 국경을 넘는 격지자간 거래에 적용될 예정이었다는 점[7]에서 국제거래규범으로서 의미를 가진다. 따라서 이에 대한 관심과 연구는 우리의 민법이나 상법에 대한 논의에서도 중요하게 기여할 수 있다. 또한 공통유럽매매법안은 유럽에서의 사법(私法)통일화 논의 과정에서 나온 성과물로서 향후 유사한 입법적 논의가 전개될 때 중요한 의미를 가질 것으로 보인다. 본 논문은 공통유럽매매법안에서 매수인의 의무를 대상으로 한다. 특히 매매대금의 지급의무와 물품의 수령의무를 논의대상으로 한다.

II. 매수인 의무에 관한 규정의 개관

1. 규정방식

공통유럽매매법(CESL)은 계약 당사자의 의무와 그 의무의 불이행에 따른 상대방의 구제수단을 제4편에서 규정하고 있다. 제4편은 먼저 일반규정(제87조 이하)에 이어서 매도인의 의무를 규정하고(제91조 이하), 그리고 그 불이행에 따른 매수인의 구제수단을 규정하고(제106조 이하), 이어서 매수인의 의무를 규정하고(제123조 이하) 그 다음에 바로 이어서 매수인의 의무위반에 따른 매도인의 구제수단을 규정한다(제131조 이하). 이와 같은 규정방식은 디지털콘텐츠에 관한 것이 추가된 것 이외에는 DCFR IV.A.-3:101과 같다. 하지만 PECL이나 UNIDROIT의 PICC상에는 이와 같은 유사한 규정이 없는데, 그것들은 특정 유형의 계약을 규율대상으로 하고 있지 않기 때문에, 개별 당사자들의 개별적인 의무를 정의해둘 수는 없는 것이다.[8]

---

6) 이에 관하여는 Clive, http://www.epln.law.ed.ac.uk/2015/05/11/rebirth-of-eu-contract- law-proposal/ 참조

7) The common european sales law may be used for (distance contract which are) cross-border contracts{RegCESL(P) 제4조 제1항, 괄호안은 유럽의회 수정안에서 추가된 것임}

8) Dannemann, in: Schulze(ed.), Common European Sales of Law(CESL) – Commentary –, 2012(이

이와 같이 당사자의 의무와 그 위반에 따른 구제수단의 순으로 규정하는 방식은 CISG의 그것과 같다. CISG는 제3편에서 매도인과 매수인의 의무와 관련한 규정을 두고 있다. 제2장에서 매도인의 의무와 관련한 규정을 두고 있는데(제30조 내지 제52조) 그 중 제1절은 매도인의 물품 인도와 서류 교부에 관하여 규정하고(제31조 내지 제34조), 제2절은 물품의 적합성과 제3자의 권리주장과 관련한 규정을 두고(제35조 내지 제44조), 나아가 제3절에서 매도인의 계약위반에 대한 구제에 관한 규정을 두고 있다(제45조 내지 제52조). 이어서 제3장에서 매수인의 의무와 관련하여 제1절에서는 대금의 지급에 관한 규정을(제54조 내지 59조), 제2절에서는 인도의 수령에 관한 규정을(제506조), 나아가 제3절에서는 매수인의 계약위반에 대한 구제에 관한 규정을(제61조 내지 65조) 두고 있다.[9]

공통유럽매매법의 이와 같은 규정방식은 계약 당사자의 의무와 구제수단을 전체적으로 조망하면서 체계적으로 이해할 수 있게 해준다. 그러나 동일한 내용을 가진 조문들이 반복되고 경우에 따라서는 조금씩 다르게 규정되어 혼란을 주는 경우도 있다.[10]

2. 매수인의 의무에 관한 공통유럽매매법 규정 개관

매수인의 의무에 관한 공통유럽매매법 제12장의 내용을 좀 더 개관해 보면, 총 3개의 절(Section)로 구성되어 있다. 제1절은 매수인의 의무에 관한 총칙규정(general provision)으로 매수인의 의무로서, 대금지급의무, 물품 또는 디지털콘텐츠의 수령의무 그리고 물품을 표상하거나 물품 또는 디지털콘텐츠에 관한 서류의 수령의무를 규

하 Schulze/Dannemann로 인용), Art. 123, no. 4.

9) CISG에서의 매수인의 의무와 관련한 국내 문헌으로 김태윤, 국제물품매매계약에 관한 UN협약에 있어서의 매수인의 의무, 법학논총 제22집, 단국대학교 법학연구소, 1998, 188면 이하; 심종석, CISG 하에서 매수인의 물품대금지급 의무에 관한 법적 기준과 판결례에 관한 고찰, 통상정보연구 제15권 제3호, 2013, 199면 이하; 심종석, CISG 하에서 매수인의 계약위반에 대한 매도인의 구제수단에 관한 고찰, 통상정보연구 제14권 제3호, 2012, 231면 이하; 허해관, 국제물품매매협약상 매수인의 의무, 무역학회지 제35권 제1호, 2010. 2, 361면 이하 등 참조.

10) CESL의 이와 같은 규정방식에 대한 장단점에 관한 의견으로 Remien, Verpflichtungen des Verkäufers nach EU-Kaufrecht, in: Schmidt-Kessel, Martin (Hrsg), Ein einheitliches europäisches Kaufrecht? Eine Analyse des Vorschlags der Kommission, 2012(이하 'Remien, Verpflichtungen des Verkäufers'로 인용), S. 308은 이와 같은 규정방식이 체계적이기는 하지만 충분하지 않으며 그리고 추후 다른 유형의 계약에 관한 유럽법의 발전을 위하여는 장애가 될 수 있다고 한다. CESL의 규율방식의 장단점에 관한 국내문헌으로는 이준현, 앞의 논문, 251면 참조.

정하고 있다(제123조). 공통유럽매매법은 대금지급의무, 물품 또는 디지털콘텐츠 및 그것을 표상하는 서류의 수령의무 등을 주된 의무(main obligation)로서 규정하고 있다. 하지만 주된 의무에 대한 개념정의는 없다. 공통유럽매매법이 이들 의무를 주된 의무라고 표현하고 있는 것이 이른 바 '주된 급부의무'의 의미를 가지는 것인지는 분명하지 않다.

제123조가 규정하는 의무의 위반이 있는 경우 매도인의 구제수단에 관한 제131조 이하가 적용된다.[11] 따라서 매수인이 의무를 위반한 경우 매도인은 매수인에 대하여 이행을 청구할 수 있으며(제131조 제1항 (a), 제132조), 자신의 의무이행을 거절할 수 있다(제131조 제1항 (b), 제133조). 또한 매도인은 계약을 해제할 수도 있다(제131조 제1항 (c), 제134조 이하). 그리고 매도인은 대금에 대한 이자 또는 손해배상을 청구할 수 있다(제131조 제1항 (d), 제159조 이하). 그러나 제131조 이하는 제123조 이하에서 규정하고 있는 매수인의 어떠한 의무위반이 있는 경우 매도인에게 이와 같은 구제수단이 인정되는지에 대하여는 구체적이고 분명하게 밝히고 있지 않다. 특히 수령의무가 주된 의무로서 어떠한 의미를 가지는지에 대한 검토가 필요하다. 예컨대 매도인의 의무위반에 대하여 매수인은 자신의 의무의 이행을 거절할 수 있는데(제106조 제1항 (b)), 매수인이 거절할 수 있는 의무로서 수령의무가 포함되는 것인지 의문이다.[12] 다만 본 논문에서는 국제물품매매에서 매수인이 부담하는 의무의 내용이 무엇인지를 중점적으로 논의하고, 매수인의 의무위반에 따른 구제수단을 종합적으로 고찰하지는 않는다. 주된 의무의 개념정의와 특히 수령의무의 법적 성질에 대한 검토는 추후 매수인의 의무위반에 따른 매도인의 구제수단을 종합적으로 검토할 기회에 갖기로 한다.

한편 공통유럽매매법은 당사자의 주된 의무만을 규정하고 있을 뿐 다른 의무 즉 부수의무나 보호의무 등은 전혀 규정하고 있지 않다.[13] 하지만 당사자의 의무에 관한 공통유럽매매법의 규정은 거의 임의규정으로서 당사자의 약정에 의하여 별도로 정할 수

---

11) 이러한 설명으로 Schulze/Dannemann, Art. 123, no. 7.

12) 매도인의 의무위반에 대한 구제수단으로서 매수인이 거절할 수 있는 의무로서 수령의무가 포함될 수 있는지에 관하여 아래 IV. 물품 또는 디지털콘텐츠 인도의 수령의무에서 2. (3) 기한전 인도 또는 과소인도 이외의 계약부적합 인도의 경우 부분 참조.

13) Schaub, Verpflichtungen des Käufers, Artt. 123-130 GEKR, in: Schmidet-Kessel(Hrsg.), Ein einheitliches europäisches Kaufrecht? Eine Analyse des Vorschlags der Kommission(이하 'Schaub, Verpflichtungen des Käufers'로 인용), S. 425은 공통유럽매매법안이 부수의무를 규정하지 않은 점은 의외라고 한다. Schaub, in: Schmidt-Kessel, Martin(Hrsg.), Der Entwurf für ein Gemeinsames Europäisches Kaufrecht Kommentar, 2014, München(이하 Schmidt-Kessel/Schaub로 인용), Art. 123, Rdnr 1도 참조.

있으며,[14] 계약법상의 기본원리 또는 당사자의 개별약정 등에 의하여 부수의무나 보호의무 등도 다양하게 인정될 수 있다.

공통유럽매매법은 제123조에서 매수인의 의무를 개관함에 이어서 제124조 이하에서 주된 의무들을 세부적으로 규정하고 있다. 먼저 제12장 제2절은 매수인의 대금지급의무에 대하여 규정하고 있는데, 그 내용으로는 지급방법(제124조), 지급장소(제125조), 지급시기(제126조), 제3자에 의한 지급(제127조) 그리고 충당(제128조)을 규정하고 있다. 끝으로 제3절에서는 매수인의 물품수령의무와 관련하여 제129조가 규정을 하고 있고, 제130조에서는 매도인이 물품을 이행기보다 빠른 시기에 이행하거나 또는 계약에서 정해진 수량과 차이가 나게 인도하는 경우 매수인의 물품수령에 대하여 규정하고 있다.

한편 CESL은 매매를 주된 적용대상으로 하면서도 디지털콘텐츠의 무상공급에 관하여도 규정을 두고 있다. 디지털콘텐츠의 무상공급의 경우에 매수인은 대금지급의무를 부담하지 않는다(유럽집행위원회 제안 제123조 제2항, 의회수정안 제123조 제2항 (a)호). 이 경우 매수인에게는 디지털콘텐츠 또는 디지털콘텐츠를 표상하는 문서 그에 관한 문서의 수령의무만이 인정될 뿐이다. 하지만 디지털콘텐츠가 유형의 매체에 의하여 제공되지 않는 경우에는 매수인은 그것의 수령의무도 부담하지 않는다(유럽의회 수정안 제123조 제2항 (b)호).

이외에 사업자간의 매매에서 매수인은 인도된 물품이나 디지털콘텐츠를 검사하여야 하고, 물품 등의 계약부적합이 있는 경우[15] 이를 매도인에게 통지하여야 한다(제121조 및 제122조). 매수인의 물품 등의 검사의무나 부적합통지의무는 간접의무 내지 책무적 성질을 가지는 것으로[16], 매수인이 이를 위반한 경우 물품부적합에 따른 매수인의 권리

14) 제123조가 임의규정임을 명시적으로 규정하고 있지는 않지만, 이 규정이 임의규정임은 의문이 없다. Schaub, Verpflichtungen des Käufers, S. 425; Schmidt-Kessel/Schaub, Art. 123, Rdnr 4.은 매도인의 의무에 관한 제91조의 규정의 성격에 관하여 Remien, Verpflichtungen des Verkäufers, S. 310; Schopper, Alexander, Verpflchtungen und Abhilfen der Parteien eines Kaufvertrages oder eines Vertrages über die Bereitstellung digitaler Inhalte (Teil IV CESL-Entwurf), in: Wendehorst, Christiane/ Zöchling-Jud, Brigitta (Hrsg.), Am Vorabend eines Gemeinsamen Europäischen Kaufrechts Zum Verordnungsentwurf der Europäischen Kommission vom 11.10.2011 KOM(2011) 635 endg., Wien, 2012, S. 118 등 참조.

15) 물품과 디지털콘텐츠의 계약적합성에 관하여는 CESL 제99조 이하 참조.

16) 제123조 이하에서는 매도인 또는 매수인의 의무의 표현으로서 '하여야 한다'(must) 또는 obligation의 표현을 사용하고 있지만, 제121조에서 매수인의 물품검사에 관하여는 'the buyer is expected to examine'와 같이 규정하고 있다(제1항). 그리고 제122조에서 물품부적합의 통지를 하여야 한다는 형식이 아니라 그것을 하지 않을 경우 매도인의 계약위반을 주장할 수 없다(제1항)고

가 제한되거나(제106조 제2항 (b)) 계약위반을 주장할 수 없다(제122조 제1항). 본 논문에서는 매수인의 물품 등의 검사의무와 부적합통지의무는 다루지 아니한다.

III. 매매대금지급의무

1. 개관

매수인의 대금지급의무는 가장 중요한 의무이다. 제123조는 매수인의 의무 중 대금지급의무를 가장 먼저 규정하고 있다. 그리고 대금지급과 관련하여 제124조 이하에서 상세하게 규정하는데, 대금지급방법(제124조), 시기(제125조), 장소(제126조), 제3자에 의한 지급(제127조) 그리고 충당(제128조)에 관하여 규정을 두고 있다.

2. 대금지급의 방법

1) 대금지급방법 개요

제124조는 지급방법에 관하여 규정하고 있는데, 일반원칙(제1항), 수표 등에 의한 지급(제2항), 제3자에 의한 지급약속에 의한 지급(제3항) 등을 규정한다. 또한 소비자계약에서는 직불카드(debit cards) 또는 신용카드(credit cards)에 의한 지급에서 초과수수료에 발생시 소비자를 보호하기 위한 규정을 두고 있다(제4항).

대금지급방법은 계속 다양해지고 있다. 법정통화(legal tender)에 의한 현금지급방법은 가치가 적은 물품에 관한 대면거래에서 많이 활용되고 있다. 그러나 국제거래에서는 많이 활용되지 않는다. 통상 대금지급은 은행 등 금융기관을 통한 송금이나 자동이체 등을 통하여 많이 이루어진다. 수표(cheque)나 환어음(bill of exchange)을 이용

규정한다. CISG도 제38조 이하에서 매수인에게 물품의 검사 및 부적합통지의무에 관하여 규정하고 있다. 이들 의무는 간접의무 내지 책무적 성질을 가지는 것이다. 이에 대하여 석광현, 앞의 책, 230면 참조.

할 경우 제3자(통상 은행)의 역할이 더욱 중요해진다. 신용카드를 이용하여 지급할 경우(제124조 제3항 참조)에는 그 제3자(신용카드서비스제공자)와 채권자(매도인) 사이에 계약관계가 존재하여야 한다. 대규모 거래에서 신용장이나 제3자에 의한 지급방법이 많이 활용된다. 제124조는 제4항을 제외하고는 제1항 내지 제3항의 규정은 임의규정으로 따라서 당사자가 계약에서 지급방법을 정한 것이 있다면 그것이 우선적으로 적용된다.[17]

제124조 제1항은 DCFR III.–2:108 제1항(PECL 7:107 제1항과 동일)과 유사하다. 다만 CESL에서 '계약'과 '거래의 성질'을 부가하여 규정하고 있다. DCFR이나 PECL이 '통상적인 거래과정'만을 규정하는데, 아마도 제124조 제1항은 UNIDROIT의 PICC 6.1.7.의 영향에 의하여 지급장소에서의 표현이 들어간 것으로 보인다.[18] 제124조 제2항은 DCFR III–2:108 제2항 및 PECL 7:107 제2항이 채권자와 채무자로 규정한 것을 매도인과 매수인으로 대체한 점을 제외하고는 UNIDROIT의 PICC 6.1.7. 제2항과도 매우 유사하다. 제3자로부터 지급약속을 받아들이는 것에 관한 제124조 제3항은 DCFR, PECL 또는 PICC 등에서는 없었던 것이다. 이 규정의 보다 정교한 버전은 CESL(FS)[19] 제126조 제3항에서 최초로 도입된 것이다. 사업자와 소비자 사이의 계약에서 소비자는 사업자에 의하여 지정된 지급방법의 이용과 관련하여, 그러한 방법의 이용을 위하여 사업자에게 발생하는 비용을 초과하는 수수료에 대하여 책임지지 않는다(제124조 제4항). 제4항은 유럽연합 지침 Directive No. 2011/83/EU의 제19조와 같다.

2) 지급방법의 결정

(1) 개요

대금지급의 방법은 법정통화에 의한 현금지급뿐만 아니라 은행간 이체, 수표의 교부 등 매우 다양하다. 대금지급을 위한 새로운 기술은 계속 개발될 것이며, 지급방법을 열거함으로써 새로운 지급방법을 금지해서는 안된다.[20] 수개의 대금지급방법들 사이

---

17) Schaub, Verpflichtungen des Käufers, S. 427.

18) Schulze/Dannemann, Art. 124, no. 4.

19) CESL(FS): 2011. 5. 3. 이해관계자 및 법실무가의 피드백을 위한 유럽계약법에 관한 전문가그룹에 의하여 수행된 타당성연구(Feasilbility Study).

20) von Bar/Clive(ed.), Principles, Definitions and Model Rules of European Private Law, Draft Common Frame of Reference (DCFR), Full Edition, 2010 (이하 "DCFR Full Edition"), p. 745.

에 우선순위가 있는 것은 아니며, 따라서 매수인은 선택할 수 있다.[21] 하지만 매도인은 이례적이거나 부담이 되는 지급방법으로부터 보호되어야 한다.[22]

국제거래에서 현금지급방법은 실용적인 방법이 아니다.[23] 사례에 따라서는 매도인은 현금지급을 요구할 수 없는 경우가 있으며, 또한 매수인이 현금지급방법을 주장할 수 없는 경우[24]도 있다.

계약 당사자는 계약에서 지급방법에 대하여 정할 수 있다. 매수인이 계약체결 시 또는 계약 전에 통지를 통하여 은행에 관한 정보(bank details)를 제공한 경우, 대금지급은 매수인에 의한 은행간 이체(bank transfer, push order)의 방법에 의하여 이루어지는 것으로 볼 수 있다. 반대로 매수인이 매도인의 요구에 따라 은행계좌내역(bank account)을 제공한 경우에는 매도인에 의한 자동이체(direct debit, pull order)에 의하여 대금지급이 이루어지는 것으로 볼 수 있다. 물론 이 경우 매수인이 제공한 정보가 자동이체를 위하여 충분한지에 대하여는 매수인과 은행 간에 적용되는 법에 의하여 결정된다.[25]

(2) 계약에서 정한 방법이 없는 경우 거래의 성질을 고려하여 지급지의 통상적인 거래에서 사용되는 방식의 사용(제124조 제1항)

대금지급방법에 대하여 계약상 명시적 또는 묵시적 합의가 없는 경우 거래의 성질을 고려하여 지급지에서 통상의 거래과정에서 사용되는 방법에 따른다(제124조 제1항). 이 경우 어떤 지역의 관습(local customs)이 국제거래에서 지급수단으로서 적절한 기준이 될 수 있는지가 문제될 수 있다. 그리고 특정한 지급방법이 매도인(대금수령자)에게 얼마나 부담이 될 것인지도 대금지급방법을 결정하는데 유용한 기준이 될 수 있다.[26] 따라서 수표를 교부하는 것이 대금지급의 통상 관습인 지역에서 매도인이

21) Schulze/Dannemann, Art. 124, no. 13.

22) von Bar/Clive(ed.), Principles, DCFR Full Edition, p. 745.

23) Schulze/Dannemann, Art. 124, no. 12.

24) 예컨대 영업소가 없는 경우, 즉 online을 통해서만 물품매매가 이루어지는 경우가 그러할 것이다.

25) Schulze/Dannemann, Art. 124, no. 12.

26) von Bar/Clive(ed.), Principles, DCFR Full Edition, p. 745. 5,000유로를 지급하여야 하는 매수인이 매도인에게 1센트짜리 500,000개를 제공하는 경우, 이는 통상의 거래과정에서 고액을 작은 단위로 나누어 지급하는 것은 통상의 거래과정에서 인정되는 방법이 아닐 수 있다고 한다. 이준현, 앞의 논문, 256면은 이와 같이 부담스러운 지급방법을 배제하기 위하여 제124조 제1항이 적용될 수 있다고 한다.

수표를 추가비용을 지출하지 않고 현금으로 바꿀 수 있는지 여부가 고려될 수 있다.

(3) 수표 또는 다른 지시에 의한 지급

제124조 제2항은 추정규정을 두고 있다. 즉 매도인이 수표나 다른 지급지시를 받아들인 경우에는 그것은 상환될 것을 조건으로만 받아들인 것으로 추정된다고 규정한다. 수표나 다른 지급지시에 의한 지급방법은 통상의 거래과정에서 이용되는 것으로 매도인이 이를 수용하는 경우에만 매수인이 이용할 수 있는 방법이다.[27] 지급지시 또는 지급약속이 상환되지 아니한 경우, 매도인은 원래의 지급의무의 이행을 강제할 수 있다.[28] CESL 제2조(신의성질과 공정거래)와 제3조(협력)의 규정에 비추어 제124조 제2항은 매도인의 보호를 위한 것으로 이해된다.[29]

제124조 제2항의 문언해석만으로 보면, 수표가 상환되지 않는 사실에 대하여 매도인에게 책임이 있는 경우[30]에도 매도인은 매수인에게 본래의 지급을 강제할 수 있다고 보여진다. 이 경우에는 매수인이 다른 수표를 발행하는 것도 허용되어야 할 것이다.[31]

(4) 제3자에 의한 지급약속에 의한 지급

매도인이 제3자에 의한 지급약속을 지급방법으로 받아들이기로 사전에 제3자와 합의한 경우, 제3자에 의한 지급약속을 받아들이면 매수인의 지급의무는 소멸한다. 따라서 그것이 상환될 것을 조건으로만 제3자의 지급약속이 수용되었다고 추정된다.[32]

제3자에 의한 지급약속의 방법으로는 특히 신용카드에 의한 것과 신용장에 의한 것이 있다. 신용장(Letter of Credit, L/C)에 의한 지급은 매수인이 매도인에게 대금지급을 위하여 물품이 운송중임을 보여주는 특정한 서류들과 상환으로 제3자(가령 은행)

---

27) Schulze/Dannemann, Art. 124, no. 14.

28) DCFR III–2:108 제2항 제2문도 이러한 취지를 규정하고 있는데, 다만 반대의 형식으로 규정되어 있다. CESL 제124조 제2항 제2문의 규정방식이 법적 안정성을 기하는데 더욱 기여할 수 있다고 한다. Schaub, Verpflichtungen des Käufers, S. 428; Schmidt-Kessel/Schaub, Art. 124, Rdnr. 4.

29) Schaub, Verpflichtungen des Käufers, S. 428; Schmidt-Kessel/Schaub, Art. 124, Rdnr. 4.

30) 예컨대 매도인이 지급제시를 제 때에 하지 아니한 경우가 그러하다. Schulze/Dannemann, Art. 124, no. 14; 이준현, 위의 논문, 257면.

31) Schulze/Dannemann, Art. 124, no. 14.

32) Schulze/Dannemann, Art. 124, no. 15.

의 – 통상적으로 취소불능한(irrevocable) – 약속을 매도인에게 제공하는 방식으로 이루어지는 것이다.[33]

CESL(FS) 제126조 제3항은 매수인의 의무를 소멸시킬 수 있는 경우로서 3가지를 들고 있는데, CESL은 그것들 중 1가지만을, 즉 제3자와 매도인 사이의 사전합의에 의하여 제3자가 지급약속을 한 경우만을 규정하고 있다.[34] 신용카드에 의한 지급이 그러하다.

3) 지급통화

CESL은 지급통화에 대하여 별도의 규정을 두고 있지 않다. CISG도 지급통화에 대하여 규정하지 않지만, PECL 7:108과 DCFR III.–2:109는 통화규정을 두고 있다.

CESL이 PECL이나 DCFR과 달리 지급통화에 관한 규정을 두지 아니한 것은 제안자들이 의도적으로 이를 배제한 것으로 이해될 수도 있다. 이는 PECL과 DCFR은 1930년 환어음 및 약속어음에 관한 제네바 통일법 규정과 1931년의 수표에 관한 제네바 통일법 규정들을 광범위하게 수용한 것인데, CESL에 별도의 규정을 둘 필요성이 그만큼 적었다는 점과 CESL의 규정의 수를 줄이도록 전문가그룹에 상당한 정치적 압력이 행사된 결과로 추측된다.[35]

그런데 CISG에서는 당사자 사이에 지급통화에 관하여 합의가 없는 경우 당사자가 합의한 관행 또는 당사자 사이에 확립된 관례가 지급통화를 결정하는 기준이 될 수 있다(CISG 제9조).[36] 하지만 CISG 제9조의 적용만으로 지급통화를 결정하기 어려운 경우가 있다. 이러한 경우 어떠한 기준에 의하여 지급통화를 결정할 것인가에 관하여 학설상 다툼이 있다.[37] CESL도 지급통화에 대한 규정을 두지 않고 있는 상태에서 지급통화에 대한 명시적 규정이 없는 CISG의 해석에서와 같은 논란이 생길 수 있다.[38]

---

33) Mohs, in: Schlechtriem & Schwenzer(ed.), Commentary on The UN Convention On The International Sale of Goods (CISG), 3. ed., 2010 (이하 "Commentary on CISG"), Art. 53, no. 17; Dannemann, in: Schulze(ed.), CESL, Art. 124, no. 15.

34) CESL(FS) 제126조 제3항이 들고 있는 다른 두 가지 경우로, i) 매도인이 알 수 있는 제3자가 매수인으로부터 지급을 받은 경우, 그리고 ii) 매도인이 알거나 알 수 있었을 제3자가 매도인에게 지급 여부에 상관없이 매수인의 지급에 대하여 권리를 가지는 경우이다.

35) Schulze/Dannemann, Art. 124, no. 18.

36) 석광현, 앞의 책, 216면; 최준선, 국제거래법, 제9판, 삼영사, 2014, 174면 참조.

37) 석광현, 위의 책, 216면; 허해관, 앞의 논문, 366면 이하 참조.

38) 이준현, 위의 논문, 257면.

CESL에서는 제4조 및 제124조 제1항 등이 지급통화의 결정을 위한 중요한 기준이 될 수 있겠지만 충분하지 못하다. 그리고 지급통화의 결정문제는 지급방법과도 밀접하게 관련된 문제이다.

이러한 사정에서 보면 지급통화에 대한 명시적 규정을 두는 것이 바람직하지 않을까 생각된다. 규정을 두지 아니한 상태에서는 DCFR III.–2:109의 규정이 지급통화의 결정에서 기준이 될 수 있다. DCFR에 따르면 채무자와 채권자는 특정통화만으로 지급할 것을 약정할 수 있다{III.–2:109 (1)}. 이와 같은 약정이 없는 경우 지급이 이루어져야 할 장소의 통화가 아닌 다른 통화로 표시된 금전은 이행기 당시 그 장소의 지배적인 환율에 따라서 그 장소의 통화로 지급될 수 있다{III.–2:109(2)}. 이 경우 채무자가 이행기에 지급하지 아니한 때에는 채권자는 이행기 또는 실제 지급하는 때의 지급이 이루어져야 할 장소의 지배적인 환율에 따라 그 장소의 통화로 지급할 것을 요구할 수 있다{III.–2:109(3)}. 그리고 금전채무가 특정 통화로 표시되지 않은 경우 지급되어야 할 장소의 통화로 지급되어야 한다{III.–2:109(4)}.

4) 소비자계약에서 지급비용

제124조 제4항은 소비자계약에서 사업자가 정한 지급방법이 이용되는 경우에 발생하는 비용을 소비자에게 전가시키는 것을 제한하고 있다. 그에 따르면 소비자계약에서 사업자가 정한 지급방법을 이용하는 경우 소비자는 그 지불방법을 이용하는데 발생하는 비용만을 부담하며, 그것을 초과하는 부분에 대하여는 책임을 지지 아니한다. 따라서 소비자계약에서 소비자는 상대적으로 낮은 금액을 지불함으로써 그의 의무를 이행하게 된다.

그러나 소비자가 실제로 수수료를 부담하지 않고 계약을 체결하기는 어렵다. Web을 기반으로 하는 대부분의 거래에서 소비자는 직불카드 또는 신용카드를 사용하여 대금을 선불로 지급할 것을 요구받는다. 따라서 대금지급은 계약체결 시점보다 선행한다. 지급이 이루어지지 않으면 계약이 체결되지 않으며, 따라서 소비자는 지급을 하지 않거나 제 때 지불하지 않을 경우 그에 대한 부담을 지게 된다.[39] 이 경우 소비자들은 초과지불한 수수료의 반환을 받을 수 있어야 한다. 그 방법과 근거가 무엇인지는 CESL이 침묵하고 있다.

---

39) Schulze/Dannemann, Art. 124, no. 23.

원상회복(restitution)을 규정하는 CESL 제17장은 단지 계약이 취소되거나(avoid) 또는 해제되는(terminate) 경우의 원상회복문제만을 규율한다. CESL이 초과지불한 수수료의 반환문제에 대하여 침묵하고 있음은 문제이다.[40] 따라서 제124조 제4항에 따른 초과수수료의 반환문제는 CESL의 범위를 벗어난 것이고 이는 국내법에 의하여 해결해야 할 문제라고 볼 수 있다. 그러나 CESL의 규정을 위반한 결과로 발생한 문제에 대하여는 CESL의 규정에 따라 해결할 필요가 있고, 따라서 제17장의 규정들을 유추적용하는 방법으로 해결하는 것도 가능하다고 할 수도 있다.[41]

3. 지급장소

1) 규정

제125조는 계약에서 별다른 정함이 없는 경우 계약체결 당시 매도인의 영업소가 지급장소로 정해진다(제1항)고 하고, 매도인이 복수의 영업소를 가지고 있는 경우, 지급의무와 가장 밀접하게 관련된 영업소가 지급장소가 된다(제2항)고 한다. 예컨대 계약을 체결한 지점 또는 계약목적물의 제조장소 등이 지급장소가 될 수도 있다.[42]

이 규정은 PECL 7:101(1)(a)나 DCFR III.-2:101(1)(a)의 규정과 유사하다. PECL이나 DCFR은 이들은 계약당사자의 의무의 이행에 관한 일반규정 속에서 금전지급의 장소를 규정하고 있는 점에서, 단지 금전지급의 장소에 관하여 독립한 규정을 두고 있는 CESL의 규정과 차이가 있다.

한편 CESL은 대금지급장소로서 계약체결 당시의 매도인의 영업소를 분명하게 규정하고 있고, 대금지급에 관하여 CESL은 지참채무의 원칙을 규정한다.[43] 반면에 DCFR과 CISG는 대금지급장소와 관련하여 '계약체결 당시'의 표현을 사용하지 않고 있다. CISG는 매수인은 매도인의 영업소에서 대금을 지급하여야 하며(제57조 제1항 (a)), 물품의 교부와 상환으로 대금이 지급되는 경우에는 물품의 교부장소에서 대금을

40) Schulze/Dannemann, Art. 124, no. 24은 CESL이 지급통화 문제와 초과지불비용의 반환에 대하여 침묵하고 있음을 지적하면서 그에 대한 보완의 필요성을 지적한다.

41) Schulze/Dannemann, Art. 124, no. 23; 이준현, 앞의 논문, 258면도 참조.

42) Schaub, Verpflichtungen des Käufers, S. 430.

43) 계약이 운송을 포함하지 아니한 경우 매도인이 물품을 인도하여야 할 장소는 계약체결 당시의 매도인의 영업소이다{제93조 제1항 (b) (ii)}.

지급하여야 한다(제57조 제1항 (b))고 한다.

2) 대금지급과 위험부담

매매대금의 지급과정에서 취급부주의(mishandling), 사기(fraud), 파산(insolvency) 또는 몰수(confiscation) 등과 사유가 발생한 경우, 그에 대한 위험은 누가 부담하는가? 대금지급이 매도인의 영업소에서 이루어져야 하는 경우, 금전이 매도인의 수중 또는 매도인의 계좌에 도달할 위험을 통상 매수인이 부담한다.[44] 즉 '매수인은 매도인을 찾아야 한다'.[45]

그런데 매도인의 영업소가 변경되면, 계약체결 당시의 매도인의 영업소에서 대금을 지급할 수 없게 된다. 이처럼 매도인의 영업소의 변경으로 인하여 대금지급과 관련한 위험이나 비용이 증가될 수 있다.[46] DCFR III.2:101 (3) 또는 CISG 제57조 제2항은 매도인의 영업소의 변경으로 인한 증가된 비용의 부담을 규정하고 있다. CESL에서도 이러한 원칙은 그대로 적용된다.

4. 지급시기

1) 개관

제126조는 대금지급채무의 변제기(동조 제1항)와 기한전의 변제에 대한 매도인의 거절에 관하여 규정하고 있다(동조 제2항). 동조는 CESL의 적용대상이 되는 모든 계약에 적용된다. 제126조는 대금지급시기를 물품의 인도 시로 한다. 다만 제153조 제2항에서는 물품매매에의 관련서비스의 대금지급시기에 관하여 규정하고 있는데, 이에 따르면 관련서비스가 완료되고 관련 서비스의 대상을 고객이 이용할 수 있는 상태에 있는 때에 대금지급의 변제기가 도래한다. 한편 변제기 전의 지급신청을 거절할 정당한 이익이 있는 경우, 매도인은 이를 거절할 수 있다(동조 제2항).

---

44) Schulze/Dannemann, Art. 125, no. 7.
45) von Bar/Clive, DCFR Full Edition, p. 721.
46) 예컨대 증가된 비용 등에 포함될 수 있는 것으로는 계좌이체 비용이 증가되는 경우, 추가적인 외환규제로 인하여 발생하는 비용, 예정보다 일찍 지급하여야 함으로써 생길 수 있는 이자의 손실 등이다. 석광현, 앞의 책, 218면.

제126조 제1항에 따르면 매수인의 대금지급시기는 물품의 인도시에 따라 결정된다. 이하에서 대금지급시기의 논의를 위하여 필요한 범위 내에서 물품의 인도에 관한 내용을 먼저 간단히 기술한다.

2) 물품인도와 지급시기

(1) 물품의 인도의무

물품의 인도 시에 대금지급의 변제기가 도래한다. 그런데 인도에 관하여는 제10장에서 규정하고 있는데, 특히 제94조는 인도의 방법에 관하여 규정하고 있다.

먼저 인도의 방법에 관하여 간단히 살펴보면 다음과 같다.

i) 소비자매매계약의 경우: 소비자매매계약 또는 사업자와 소비자 사이의 디지털콘텐츠 공급계약의 경우 물품 또는 디지털콘텐츠의 물리적 점유를 소비자에게 이전한 때에 사업자는 인도의무를 이행한다(제94조 제1항 (a)).

ii) 운송인에 의한 물품운송을 수반하는 계약의 경우: 계약이 운송인에 의한 물품의 운송을 수반하는 경우에는 매수인에게 송부하기 위하여 물품을 최초의 운송인에게 교부하고 그리고 매수인이 물품을 보관하고 있는 운송인으로부터 물품을 수령할 수 있도록 필요한 서류를 매수인에게 교부함으로써 인도의무를 이행한다((제94조 제1항 (b)).

iii) 위 i)과 ii) 이외의 경우: 매수인이 물품 또는 디지털콘텐츠를, 또는 매도인이 물품을 표상하는 서류만을 인도하기로 합의 한 경우에는 그 서류를, 매수인이 입수할 수 있는 상태로 둠으로써 인도의무를 이행한다(제94조 제1항 (c)).

iv) 위 i)과 iii)의 경우 소비자 또는 매수인에는 계약에 따라 소비자 또는 매수인에 의하여 지정된 운송인이 아닌 제3자도 포함된다(제94조 제2항).

다음으로 제95조는 인도시기에 관하여 규정하고 있다. i) 먼저 달리 인도시기를 결정할 수 없는 경우, 물품 또는 디지털콘텐츠는 계약체결 후 합리적인 기간 내에(within reasonable time) 인도되어야 한다(유럽 의회 수정안 제95조 제1항).[47] ii) 소비자와 사

47) 유럽집행위원회 제안에서는 '계약체결 후 부당한 지체 없이(undue delay)'라고 규정하였다. 유럽의회 수정안은 CISG 제33조 (c)를 따른 것이다. CISG 제33조에서는 물품인도시기에 관하여 세 가지 경우를 구분하여 인도시기를 정하고 있는데, i) 먼저 당사자들이 인도일자를 약정한 경우에는

업자 사이의 계약에서는 당사자 사이에 별도의 약정이 없는 한, 사업자는 계약체결일로부터 물품 또는 디지털콘텐츠를 30일 이내에 인도하여야 한다.

(2) 대금지급시기

물품의 인도 시에 대금지급의 이행기가 도래한다. 물품의 인도는 계약체결 후 합리적인 기간 내에 하여야 한다(유럽의회 수정안 제95조 제1항). 이에 따르면 매도인의 인도의무는 매수인의 대금지급의무에 대하여 선이행의무라고 할 것이다.

제126조는 PECL 제7:102조나 DCFR III.-2:102의 규정과는 달리 당사자의 약정의 우선적용가능성을 언급하지 않고 있다. 그렇더라도 제126조는 임의규정으로 이해된다. 따라서 당사자가 대금지급시기에 관하여 별도의 약정을 하는 경우 그 약정은 유효하다. 당사자의 약정이 유효하다는 점은 사업자 간의 국제거래에서 의미가 있다.[48]

대금지급시기에 관한 CESL 제126조 제1항은 '인도시에 변제기가 도래한'다는 점 이외에 다른 요건을 규정하고 있지 않다. CISG는 먼저 대금지급시기의 기본원칙으로 '매수인이 특정한 시기에 대금을 지급할 의무가 없는 경우, 매도인이 물품 또는 물품의 처분을 지배하는 서류를 매수인의 처분 하에 두는 때에 대금을 지급하여야 한다'(제58조 제1항 제1문)고 한다.[49] 매수인은 물품의 인도절차가 물품의 검사와 양립할 수 없는 경우가 아닌 한, 대금지급 전에 물품에 대한 피상적인 검사(kurze, oberflächliche Untersuchung)할 기회를 가질 수 있다(제58조 제3항). 이를 규정하고 있지 않은 CESL에서도 이와 같은 기회가 인정되어야 한다.[50]

매도인은 당해 일자에 인도하여야 하며(제33조 (a)), ii) 당사자들이 물품의 인도기간을 정한 경우에는 매도인은 그 기간 중 언제든지 인도할 수 있다(제33조 (b)), 끝으로 당사자가 인도시기에 관하여 아무런 약정을 하지 않은 경우, 즉 위 i)이나 ii) 어느 경우에도 해당되지 않는 경우에는 매도인은 계약체결 후 합리적인 기간 내에 인도하여야 한다(제33조 (c)).

48) Schaub, Verpflichtungen des Käufers, S. 431.

49) 여기에서 물품의 처분을 지배하는 서류(documents controlling their disposition)으로는 선하증권 또는 창고증권 또는 화물상환증과 같이 준거법상 서류의 교부가 물품의 교부와 동일한 의미를 가지는 인도증권 또는 처분증권이 해당된다(석광현, 앞의 책, 222면).

50) Schulze/Dannemann, Art. 126, no. 10.

(3) 기한 전의 대금지급

매수인이 이행기 전에 대금을 지급하는 경우 매도인은 이를 거절할 만한 정당한 이익(legitimate interest)이 있는 경우 수령을 거절할 수 있다. 매도인이 매수인의 이행기 전의 지급을 거절할 만한 정당한 이익 무엇이 있는가? CESL은 정당한 이익의 개념을 정의하지 않고 있다. 정당한 이익을 정의하는데 '신의성실과 공정거래(good faith and fair dealing)[51]과 합리성(reasonableness)이 기준이 될 수 있다.[52] 다만 이들 개념에 국한된 것은 아니다. 이행기 전의 지급을 거절할 만한 정당한 이익이 있다고 인정되는 경우는 거의 없을 것이다.[53]

한편 매도인이 이행기 전에 매수인의 지급을 미리 수령하는 경우, 매도인 자신의 의무의 이행기에는 어떠한 영향을 주는 지에 대하여는 CESL는 아무런 규정을 두고 있지 않다. 따라서 제95조의 기본원칙에 따라야 할 것이다. 유럽집행위원회의 제안 제95조 제1항은 달리 정할 수 없는 경우 계약체결 후 부당한 지체없이 인도하여야 한다고 한다. 그런데 유럽의회 수정안은 '계약체결 후 합리적인 기간 내'로 수정하였다(유럽의회 수정안 제95조 제1항). 그렇다면 매도인이 매수인의 대금지급을 조기에 수령하였다고 하더라도 그러한 사정이 계약에서 정해진 인도의무의 이행기 또는 제95조에 따른 이행기를 변경하지는 않는다고 할 것이다.[54] 하지만 DCFR III.–2:103 (2)[55]에서처럼 분명하게 규정하는 것이 바람직하다.

---

51) RegCESL(P) 제2조 (b). 수정안에서는 제2조 (fe) 참조.

52) Schulze/Dannemann, Art. 126, no. 16-17.

53) Schulze/Dannemann, Art. 126, no. 20; Schaub, Verpflichtungen des Käufers, S. 431.

54) Schaub, Verpflichtungen des Käufers, S. 431.

55) DCFR III.–2:103 (Early performance) (1) A creditor may reject an offer to perform before performance is due unless the early performance would not cause the creditor unreasonable prejudice. (2) A creditor's acceptance of early performance does not affect the time fixed for the performance by the creditor of any reciprocal obligation.
III.–2:103 DCFR (기한 전의 이행) (1) 채권자는 이행기가 도래하기 전에 이행에 대한 신청을 거절할 수 있다. 그러나 변제기 전의 이행이 채권자에게 불합리한 손해를 야기할 가능성이 있는 경우에는 그러하지 아니하다. (2) 채권자가 기한 전의 이행을 수령하였다는 것이 채권자의 쌍무적 채무의 이행을 위한 기간에 영향을 미치지 않는다.

5. 제3자에 의한 지급

계약에서 당사자 사이에 제3자가 대금을 지급하기로 합의한 경우 제3자에 의한 지급이 허용된다(제124조 참조). 당사자 사이에 제3자에 의한 대금지급을 합의하지 않더라도 제3자에 의하여 대금지급이 이루어질 수 있다.[56]

제127조는 제3자가 대금을 지급함으로써 매수인이 지급책임을 면하는 경우로 크게 3가지 경우를 규정하고 있다. 먼저 i) 매수인과 제3자 사이에 합의 또는 매수인의 동의가 있는 경우이다(제1항, 제2항 (a)). 그리고 ii) 매도인 또는 매수인의 동의가 없는 경우에도 제3자에 의하여 지급이 가능한 경우가 있는데, 이 경우에는 그 제3자가 정당한 이익을 가져야 한다(제2항 (b)). 끝으로 iii) 매도인과 제3자 사이에 지급에 관한 합의가 있는 경우이다(제4항).

한편 CESL은 제3자가 대금을 지급할 경우 제3자와 매수인 사이의 관계에 관하여 규정을 두고 있지 않다. 또한 CESL은 변제자대위에 대하여도 아무런 규정을 두고 있지 않다.[57]

6. 지급충당

매수인이 매도인에 대하여 수개의 대금채무를 부담하고 있음에도 매수인이 매도인에 대하여 지급한 것이 전체 채무를 충족시킬 수 없는 경우, 매수인의 지급이 어느 채무에 충당될 것인지가 문제된다. 제128조는 이를 규정하고 있다.

먼저 매수인은 지급시에 매도인에게 그 지급이 어느 채무에 충당될 것인지를 통지

56) CESL 제92조는 매도인도 제3자를 통하여 의무를 이행할 수 있다고 규정하고 있다. Article 92 (Performance by a third party) 1. A seller may entrust performance to another person, unless personal performance by the seller is required by the contract terms. 2. A seller who entrusts performance to another person remains responsible for performance. 3. In relations between a trader and a consumer the parties may not, to the detriment of the consumer, exclude the application of paragraph (2) or derogate from or vary its effects. 제92조(제3자에 의한 이행) 1. 매도인은 다른 사람에게 이행을 맡길 수 있다. 그러나 계약내용으로 매도인 본인의 이행이 요구되는 경우에는 그러하지 아니하다. 2. 이행을 타인에게 맡긴 매도인은 이행에 계속하여 책임이 있다. 3. 사업자와 소비자 간의 관계에 있어서, 당사자는 소비자를 해하려고, 제2항의 적용을 배제 또는 제한하거나 그 효력을 변경할 수 없다.

57) 변제자대위에 관한 문제에 대하여는 준거법결정기준에 따른 해결방법이 제시된다. Schulze/Dannemann, Art. 127, no. 27; Schaub, Verpflichtungen des Käufers, S. 432 참조.

할 수 있다(제1항). 매수인이 이와 같은 통지를 하지 아니한 경우에는 매도인이 상당한 기간 내에 매수인에게 충당할 채무를 통지할 수 있다(제2항). 하지만 매도인이 변제기에 도래하지 않은 채무 또는 다툼이 있는 채무에 대하여 충당하기로 매수인에게 통지한 경우 그 충당의 통지는 효력이 없다(제3항). 그러나 매수인이 변제기 전에 채무의 일부를 변제하였는데 매도인이 그 수령한다면 이는 일부변제로서 효력이 있으며(변제기 전의 지급에 관하여 제126조 제2항 참조)[58], 이 경우 매수인은 어느 채무에 충당될 것인지를 통지할 수 있다고 볼 것이다.

그런데 매도인과 매수인 어느 누구도 충당을 하지 않은 경우에는 (a) 변제기가 도래하였거나 또는 변제기가 가장 먼저 도래할 채무, (b) 매도인이 담보를 가지지 않거나 또는 가장 적은 담보를 가진 채무, (c) 매수인에게 가장 부담이 큰 채무, 그리고 (d) 가장 먼저 성립한 채무의 순으로 충당된다(제4항 제1문). 이 4가지의 기준 어느 것도 충족하지 않은 경우, 그 지급은 각 채무액에 비율적으로 안분하여 충당된다(제4항 제2문). 나아가 예외적으로 시효완성으로 강제할 수 없는 채무에 대하여도 충당이 될 수 있는데, 매도인의 통지나 제4항에 의한 충당에 의하여 충당될 수 있는 다른 채무가 없는 경우에 한하여, 그 지급은 시효완성으로 강제할 수 없는 채무가 매도인의 지정이나 제4항에 의한 충당이 이루어질 수 있다(제5항).

한편 어떠한 채무에 관하여도 매수인에 의한 지급은 비용, 이자, 그리고 원본의 순으로 충당된다. 그러나 매도인이 이와 다른 충당을 하는 경우에는 그러하지 아니하다(제6항).

58) CESL은 매도인의 일부인도 시 매수인의 수령의무에 관하여 규정하고 있지만(제130조 제2항), 매수인의 일부지급에 관하여 매도인에게 수령의무가 있는지 여부에 관하여 명시적 규정을 두고 있지는 않지만, 제128조의 충당규정을 통하여 일부지급시 문제를 규율하고 있다.

IV. 물품 또는 디지털콘텐츠 인도의 수령의무

1. 수령의무 개관

제123조 제1항 (b)와 제129조는 매수인의 두 번째 주된 의무로서 인도의 수령의무를 규정하고 있다. 물품 등의 수령의무는 매도인의 물품 등의 인도의무나 대가위험의 이전 등과 밀접한 관계가 있다. 그러나 매도인의 인도시점과 매수인의 수령시점이 일치해야 하는 것은 아니다. 예컨대 매매계약이 물품운송을 포함하는 경우에는 물품이 최초의 운송인에게 교부됨으로써 인도가 이루어지지만, 최초의 운송인이 매수인의 대리인으로서 행동하지 않는 한, 이는 매수인이 물품을 수령하는 시점보다 앞서게 된다.

매수인의 수령의무는 두 가지 요소를 충족함으로써 이행되는데, 즉 i) 매도인이 인도의무를 이행할 수 있도록 기대될 수 있는 모든 행위를 하고, 그리고 ii) 계약에서 요구되는 대로 물품을 수령하거나 물품 또는 디지털콘텐츠를 표상하는 서류를 수령함으로써 매수인의 수령의무는 이행된다(제129조). 디지털콘텐츠가 추가된 것 이외에는 DCFR IV.A-3:104와 동일하며, 또한 디지털콘텐츠와 물품이나 디지털콘텐츠를 표상하는 서류의 수령이 추가된 것 이외에는 CISG 제60조와 내용적으로 동일하다.

먼저 i)의 행위로는 예컨대 수입승인절차 또는 통관절차의 이행, 운송되어야 할 물품을 위한 용기의 준비, 정확한 배송지의 기재, 장소에 특유한 절차에 관한 정보 등인데, 이를 매수인의 협력의무라고 한다.[59] 그리고 ii)의 수령에는 물품의 경우에는 현실적인 인수(körperliche Übernahme)가 이에 해당되고, 디지털콘텐츠의 경우에는 다운로드가 해당된다.

CESL이 디지털콘텐츠의 인도의 수령을 매수인의 주된 의무에 포함시킨 것은 그 적용범위를 디지털콘텐츠를 위한 계약도 포함시킨 점에서 당연한 결과라 할 것이다. 그런데 물품의 매도인은 인도 시까지는 그것의 보관, 관리 및 유지를 위하여 비용을 지출하여야 하는 바, 물품의 인도가 매도인의 이익에 중요한 영향을 미치는 것인 반면에, 디지털콘텐츠는 매수인이 그것을 다운로드함으로써 수령이 이루어진다는 점에서 보면 디지털콘텐츠 공급자에 의한 디지털콘텐츠의 인도가 그것의 보관이나 관리 및 유지의 비용과 관련하여 디지털콘텐츠 공급자의 이해관계에 영향을 미친다고 보기는 어

59) 석광현, 앞의 책, 226면; Schaub, Verpflichtungen des Käufers, S. 435.

렵다. 이러한 점에서 대지털콘텐츠의 매수인에게 그것의 수령의무를 부과하는 것이 적절한지는 의문이 있다.[60]

한편 제123조 제1항 (c)와 비교해 볼 때 제129조의 규정은 차이가 있다. 제123조 제1항 (c)에서는 물품 또는 디지털콘텐츠의 수령에 더하여 부가적으로 '계약에서 요구되는 바에 따라 물품을 표상하는 또는 물품에 관한 서류 또는 디지털콘텐츠에 관한 서류의 수령'을 규정하고 있는데, 반면에 제129조 (b)는 '계약에서 요구되는 바에 따라 물품 또는 물품이나 디지털콘텐츠를 표상하는 서류의 수령'이라고 규정하고 있어서 물품의 수령과 서류의 수령을 택일적으로 규정하고 있다.

그렇다면 두 가지 의문이 생기는데, i) 제129조 (b)에 포섭되지 않는 물품을 표상하지 않는 서류의 수령의무는 인정되는 것인가? 그리고 ii) 물품을 표상하는 서류의 수령은 물품의 수령과 택일적인가? 먼저 i)과 관련해서는 제123조의 표제가 '매수인의 주된 의무'라는 점에서 물품을 표상하지 않은 서류의 수령의무도 매수인의 의무가 된다고 할 것이다. 그리고 ii)의 문제와 관련해서는 물품 또는 디지털콘텐츠를 표상하는 서류의 성질상 그러한 서류의 수령과 물품의 수령은 택일적이라고 이해할 것이다.[61]

2. 기한 전 인도와 잘못된 양의 인도

1) 개관

매도인이 물품 또는 디지털콘텐츠를 정해진 기간 전에 인도하거나 공급하는 경우 매수인은 그 인도를 수령하여야 한다. 다만 매수인이 이를 거절할 정당한 이익이 있는 경우에는 그러하지 아니하다(제130조 제1항). 그리고 매도인이 정해진 수량보다 적은 수량을 인도한 경우(과소인도, 일부인도), 매수인은 역시 수령하여야 하고 다만 매수인이 거절할 정당한 이익을 가지는 경우에는 거절할 수 있다(제130조 제2항).

나아가 제130조 제3항 내지 제5항에서는 정해진 수량보다 초과하여 인도한 경우(초과인도, 과다인도)에 관하여 규정하고 있는데, 먼저 매수인은 초과인도분을 보유하거나 거절할 수 있고(제3항), 만약 매수인이 그것을 보유할 경우 이는 계약에 따라 인도된 것으로 취급되어 계약상 비율에 따른 대금을 지급하여야 한다(제4항). 그런데 초과

60) Schulze/Dannemann, Art. 123, no. 14.

61) Schaub, Verpflichtungen des Käufers, S. 436; .

인도분이 주문되지 않았음을 매도인이 알면서도 고의로 그리고 착오 없이 그 초과인도를 하였다는 사실을 매수인이 합리적으로 믿은 경우에는 제130조 제4항은 적용되지 않는다(제130조 제5항).

한편 디지털콘텐츠가 대금지급의 대가로 제공되지 않는 디지털콘텐츠 공급계약에는 제130조가 적용되지 않는다(제130조 제6항).

2) 기한 전 인도

(1) 매수인은 원칙적으로 수령의무 부담

매도인이 기한 전에 물품 또는 디지털콘텐츠를 인도한 경우 매수인은 그것의 수령을 거절할 만한 정당한 이익이 없는 한 수령하여야 한다. 기한 전에 매도인이 인도한 물품 등을 매수인이 수령하였는데 인도된 물품 등이 계약에 부적합한 경우 매도인은 지체없이 자기 비용으로 추완할 수 있다(제109조 제1항 참조). 만약 매수인이 기한 전의 인도의 수령을 거절한 경우에는 매도인은 이행기 내에 인도가 가능하다면 새로이 인도할 수 있다.

CESL은 매도인이 이행기 전에 물품 등을 인도한 경우, 매수인은 원칙적으로 그 인도를 수령하여야 하며, 다만 그것의 수령을 거절할 만한 정당한 이익이 있는 경우에는 거절할 수 있다고 한다. 이는 PECL 제7:103조[62]나 DCFR IV.A.-3:105 (1)[63]의 규정의 방식과는 달리 되어 있다.

---

62) PECL Art. 7:103 Early Performance (1) A party may decline a tender of performance made before it is due except where acceptance of the tender would not unreasonably prejudice its interests.(2) A party's acceptance of early performance does not affect the time fixed for the performance of its own obligation.
PECL 제7:103 기한 전 이행 (1) 당사자는 이행기가 되기 전에 이루어진 이행제공의 수령이 그 당사자의 이익을 불합리하게 해하지 않는 경우를 제외하고, 그 이행제공의 수령을 거절할 수 있다. (2) 당사자의 이행기 전 이행의 수령은 그가 부담하는 채무에 정해진 이행기에 영향을 미치지 않는다.

63) DCFR Book IV.A.-3:105 (Early delivery and delivery of excess quantity) (1) If the seller delivers all or part of the goods before the time fixed, the buyer may take delivery or, except where acceptance of the tender would not unreasonably prejudice the buyer's interests, refuse to take delivery.
DCFR Book IV.A.-3:105 (기한 전 인도와 초과수량의 인도) (1) 매도인이 정해진 기간 전에 물품의 전부 또는 일부를 인도하는 경우, 매수인은 인도를 수령하거나, 또는 제공의 수령이 매수인의 이익을 불합리하게 침해하지 않는 경우를 제외하고 인도의 수령을 거절할 수 있다.

반면에 CISG는 매도인이 이행기 전에 물품을 인도한 경우 매수인은 이를 수령하거나 수령을 거절할 수 있다고 한다(제52조 제1항).

(2) 기한 전 대금지급과의 비교

제126조 제2항은 매수인의 이행기 전 지불에 대하여 매도인은 정당한 이익이 있는 경우 이를 거절할 수 있다고 하고 있는데, 제130조 제1항은 매도인의 이행기 전 인도에 대하여 매수인은 원칙적으로 수령하여야 한다고 규정하고 있고 다만 예외적으로 정당한 이익이 있는 경우 수령을 거절할 수 있다고 한다. 이러한 차이는 어디에 있는가? 기한 전 지급이나 기한 전 인도의 수령을 거절할 정당한 이익이 있는지 여부에 대한 증명책임은 모두 수령자에게 있다고 할 것이지만, 제130조 제1항의 규정이 제126조 제2항의 규정에 비하여 수령자인 매수인에게 보다 엄격하게 보인다. 물품 등의 조기 인도가 오히려 부가적인 비용을 발생시킬 수 있다는 점에서 보면, 이와 같은 규율의 방식이 타당한지 의문이다.[64]

(3) 정당한 이익의 의미와 증명책임

수령거절을 위한 매수인의 정당한 이유가 있다고 인정되기 위해서는 조기인도가 매수인이 부담하는 물품 등의 수령의무(제129조)의 이행을 더욱 부담스럽게 하는 것이어야 한다.[65] 예컨대 건설업자가 건설자재를 주문하였는데 매도인이 이행기 전에 건설자재를 인도하였는데 인도장소인 건설현장의 스태프들이 다른 업무를 수행하여야 하는 상황이 될 수 있다.[66] 또한 예정된 이행기에만 보관장소를 임시로 임차한 관계로 이행기 전에 물품을 인도받은 경우 보관할 수 없는 경우라 할 수 있다.[67] 정당한 이유가 될 수 있는지 여부의 판단은 사례에 따라 개별적으로 판단되어야 한다.

그리고 매수인은 수령거절을 위해서는 그에 대한 정당한 이유가 있음을 증명하여야 한다.

---

64) Schaub, Verpflichtungen des Käufers, S. 440.
65) Schulze/Dannemann, Art. 130, no. 8.
66) Schulze/Dannemann, Art. 130, no. 8; von Bar/Clive(ed.), DCFR Full Edition, p. 1332.
67) Schaub, Verpflichtungen des Käufers, S. 438.

(4) 매수인의 의무에 대하여 기한 전 인도가 미치는 영향

제130조 제1항에서는 매도인에 의한 이행기 전의 인도가 계약 상대방인 매수인이 부담하는 의무의 이행기에 어떠한 영향을 미치는지에 대하여 규정하고 있지 않다. 매도인의 물품인도시에 대금지급의 이행기가 도래한다는 제126조 제1항의 규정에 따른다면 매도인의 조기 인도는 매수인의 대금지급의무의 이행기를 앞당기는 결과가 될 수 있다. 이 경우 매수인에게 매도인의 조기 인도를 거절할 만한 정당한 이익이 있는 경우, 예컨대 지급시기가 앞당겨짐으로써 매수인에게 부가적인 금융비용이 발생한다는 점을 들어 조기 인도의 수령거절이 가능하다고 할 수도 있다. 그런데 CESL의 제안자가 제안 당시 이러한 점을 염두에 두었는지는 의문이다. 오히려 기한 전의 인도가 있는 경우에는 제126조 제1항을 적용하지 않고 본래의 대금지급시기에 영향을 주지 않는 것으로 이해하는 것이 바람직하다고 여겨진다.[68] PECL 제7:103조 제2항에서는 '당사자가 이행기 전 이행제공을 수령한 경우 그 당사자가 부담하는 채무에 정해진 이행기에 영향을 주지 않는다'고 규정하고 있다.

(5) 기한 전 인도에 따른 비용 등의 부담

기한 전의 인도에 의하여 발생할 수 있는 비용, 즉 물품의 보관이나 보존을 위한 비용을 누가 부담할 것인가? 이 문제에 대하여도 CESL은 침묵하고 있다. 매도인의 조기 인도가 매도인의 의무불이행이 아니기 때문에 제159조에 따른 손해배상청구권은 고려되지 않는다. 그런데 매수인은 통상 조기인도를 원칙적으로 수령하여야 하고 따라서 수령거절의 가능성이 강하게 제한된다는 점에서 조기인도에 따른 비용을 매수인에게 부담시키는 것은 적절하지 않아 보인다. 조기 인도에 따른 비용부담이 발생한 가능성이 있다는 점을 제130조 제1항의 '정당한 이익'의 해석을 통한 해결이 바람직해 보인다. 다만 명시적 규정을 통하여 매도인에게 그러한 비용을 부담시키는 것이 바람직하다고 할 것이다.[69]

---

68) Schaub, Verpflichtungen des Käufers, S. 438.

69) Schaub, Verpflichtungen des Käufers, S. 439.

3) 기한 전 인도 또는 과소인도 이외의 계약부적합 인도의 경우

한편 계약에 적합하지 않은 인도의 경우에도 매수인은 물품을 수령하여야 하는가이다. 제130조는 계약에 적합하지 않은 인도로서 두 가지의 사례에서도 물품의 수령의무를 부과하고 있다. 그것들은 기한 전의 인도와 적은 수량의 인도의 경우이다. 제130조의 반대해석에 의하면, 위의 두 경우를 제외한 다른 경우, 즉 기한 전의 인도와 적은 수량의 인도 이외의 계약에 적합하지 않은 인도의 경우에는 수령의무는 인정되지 않는다고 할 수 있는가? 즉 그러한 경우 매수인은 수령을 거절할 수 있는가?

매수인의 구제수단에 관한 제106조 이하의 규정을 통해서 보면 매수인에게 인도의 수령을 거절할 권리는 없다. 다만 매수인은 자신의 채무이행을 거절할 수 있다(제106조 제1항 (b), 제113조). 그런데 매수인에게 대금지급의무 이외에 물품 등의 수령의무가 있고 이들 의무에 어떤 우선 순위가 있는 것은 아니라는 점에서 매수인은 제106조 제1항 (b) 및 제113조의 이행거절권의 일환으로 수령의무의 이행을 거절할 수 있는가?

CESL의 전체취지와 매도인에 대한 압박수단으로서의 채무이행거절권의 의미 및 목적에 비추어 볼 때 매수인에게 수령거절권을 채무이행거절권의 내용으로 인정하기는 어려울 것이다.[70] 그리고 매수인에게 대금지급을 거절할 권리가 인정된다.

4) 과소 수량 인도

계약에서 정한 수량보다 적은 수량을 인도하는 경우 매수인은 그것의 수령을 거절할 만한 정당한 이익이 없는 한 수령하여야 한다. 정당한 이익에 대하여는 매수인이 증명하여야 한다. 그런데 매수인이 과소 수량을 수령하더라도 이는 매도인이 채무 전부를 이행한 것으로 되지는 않는다. 따라서 매수인은 매도인에게 나머지 수량의 인도를 청구하거나(제106조 제1항 (a), 제110조 이하), 대금의 감액을 주장할 수 있다(제106조 제1항 (d), 제120조). 또한 과소수량의 인도가 본질적 불이행이 된다면 매수인은 계약을 해제할 수 있다(제114조, 제1항, 제87조 제2항 참조).

---

70) Schaub, Verpflichtungen des Käufers, S. 437.

5) 초과 수량 인도

(1) 규정내용

계약에서 합의한 양보다 초과하여 인도한 경우 매수인은 그 초과인도분의 보유 또는 거절을 선택할 수 있다(제130조 제3항). 그런데 초과인도도 계약에 적합하지 아니한 이행이라고 볼 여지가 있다. 이행기 전에 이행한 것이 계약에 부적합한 경우 매도인은 매수인으로부터 부적합하다는 통지를 받으면 이행기 이내에 이루어질 수 있는 한 적합한 이행을 새로이 제공할 수 있고(제109조 제1항), 이행기에 이행을 제공한 경우에도 계약에 적합하지 아니한 이행을 제공한 매도인은 계약위반의 통지를 받은 후 지체없이 자신의 비용으로 추완이행을 제공할 수 있다. 초과인도를 계약부적합성의 문제로 볼 수 있다면 매수인으로부터 초과인도받았다는 통지를 받으면 바로 매도인은 부당한 지체없이 초과인도분을 회수함으로써 부적합성을 추완할 수 있다고도 할 수 있다.[71] 그러나 제130조 제3항은 초과인도분의 보유 또는 반환의 결정을 매수인에게 맡겨두고 있다. 따라서 매수인이 반환을 결정하기 전까지는 매도인은 스스로가 초과인도분을 회수할 수는 없다. 제130조 제3항은 계약에 적합하지 아니한 인도의 경우 매도인의 추완에 대한 특별규정이라고 볼 수 있다.[72]

초과인도분의 보유 또는 거절은 전적으로 매수인의 결정에 달려 있다. 그런데 제130조 제3항은 매수인이 초과 인도분을 보유할 것인지 아니면 거절할 것인지를 결정하지 않고 침묵하는 경우에 관하여는 언급이 없다.

(2) 보유(retain, Behalten)의 의미 및 효과

한편 여기에서 매수인이 보유한다는 의미가 무엇인가? 이 규정에서는 수령(take delivery, Annahme)라는 표현을 쓰지 않고 보유(retain, Behalten)라는 용어를 사용하였다. 이와 같은 보유의 효과는 제130조 제4항에 의하여 계약에 따른 인도로 취급되고, 매수인은 계약상의 비율에 따라 대금을 지급하여야 한다. 이에 따라 당초의 계약이 초과 인도분까지 확장된 것이라고 할 것이다. 한편 매수인의 보유가 인정되기 위해서

71) 매도인의 추완이 인정되는가의 문제는 인도 후 물품 등의 가격이 기대이상으로 급등한 경우에 매도인의 이익에 중요하게 영향을 미칠 수 있다.

72) 이에 대하여는 von Bar/Clive(ed.), DCFR Full Edition, p. 1332. 참조.

는 어떠한 요건이 갖추어져야 하는가? 매수인이 단순히 침묵하거나 아무 것도 하지 않는 것만으로는 제130조 제4항에 따른 효과를 부여하는 것은 무리가 아닐까? 침묵이나 아무 것도 하지 않는 것, 즉 부작위는 계약체결을 위한 승낙이 되지 못하며(제34조 제2항)[73], 또한 그것만으로 계약의 확장을 가져오지도 못한다고 할 것이다. 따라서 초과인도분에 대한 매수인의 '보유'가 인정되기 위해서는 최소한 매수인의 인식이 필요하며 그에 따른 어떤 행위가 요구된다고 할 것이다. 나아가 보유 또는 거절 여부의 선택은 합리적인 기간 내에 이루어져야 한다.[74] 또한 '보유' 개념의 해석에서는 신의칙 및 공정거래에 관한 제2조 및 매수인의 물품검사의무에 관한 제121조의 해석과 조화를 이루어야 한다.[75]

(3) 소비자매매의 경우

소비자매매계약에서 매도인이 양을 초과하여 주문한 바가 없음을 알면서, 고의로 그리고 착오없이 계약에서 정한 양을 초과하여 인도하였다고 매수인이 믿을 만한 정당한 이유가 있는 경우에는 제4항은 적용되지 않는다(제130조 제5항). 이 경우 매도인의 그러한 사정에 대한 증명책임은 매수인이 부담한다.[76] 그런데 증명하여야 할 내용이 매도인의 주관적 영역에 속하는 것으로 매수인의 증명책임으로 돌리는 것이 문제가 있는 것으로 보인다. 그러나 제130조 제5항은 소비자매매계약의 경우인 것으로 매수인이 소비자라는 점을 고려하면 증명의 정도를 매우 높게 요구할 수는 없다. 그렇지 않을 경우 소비자보호를 공허하게 하기 때문이다.[77]

초과 수량 인도에 관한 규정은 DCFR IV.A-3:105의 규정과 내용적으로 동일하다. 그러나 DCFR IV.A-3:105 (4) 제2문의 내용이 CESL 제130조 제5항에는 없다.

---

73) Silence or inactivity does not in itself constitute acceptance(유럽집행위원회 제안 제34조 제2항), Silence or inactivity does not in itself constitute acceptance. In particular, in cases of unsolicited delivery of goods, supply of digital content or provision of related services, the absence of a response from the consumer shall not constitute acceptance(유럽의회 수정안 제34조 제2항).

74) von Bar/Clive(ed.), DCFR Full Edition, p. 1332.

75) 이러한 관점에서 보면 매도인이 합리적인 기간 내에 부적합성(초과인도)의 통지를 받지 못한다면 매수인은 초과인도분을 보유할 권리를 상실할 수도 있다.

76) Schaub, Verpflichtungen des Käufers, S. 441.

77) Schaub, Verpflichtungen des Käufers, S. 441.

V. 결론에 대신하여

국제거래에 관한 국제적 입법 동향은 우리 민법 내지 상법 분야에 중요하게 영향을 미치고 있다. 특히 CISG 등 국제적 규범들에 대한 비교법적 연구는 민법 또는 상법의 개정을 위한 논의과정에서 의미있게 기여하고 있다. CISG 및 다른 국제적 규범에 대한 비교법적 연구는 여전히 의미가 크다.

본 논문에서는 공통유럽매매법안에 따른 매수인의 의무에 관하여 대금지급의무와 물품 등의 수령의무를 중심으로 살펴보았다. CESL은 2011. 10. 11. 유럽집행위원회에 의하여 제안된 이후, 2014. 2. 26. 유럽의회 총회에서 일부수정되어 승인되었다. 하지만 2014.12.16. 유럽집행위원회가 유럽의회에 작업프로그램을 제출하면서, 이 법안을 철회하였다. 그러나 CESL의 철회가 유럽연합 내에서의 사법, 특히 계약법의 통합을 위한 움직임의 종국적인 철회를 의미하는 것은 아니다. 유럽집행위원회도 CESL의 철회는 종합적인 디지털단일시장을 이루기 위한 목표에 맞게 조절하여 통일안을 내기 위함이라고 하였다. 그리고 유럽집행위원회는 종합적인 디지털 단일시장 전략을 공표하였다. 이에 여전히 CESL이 담고 있는 내용은 향후 유럽 사법의 통일화 논의에서 매우 중요하게 취급될 것으로 보인다. 따라서 비교법적 관점에서도 매우 중요한 의미를 여전히 가진다고 생각된다.

공통유럽매매법안은 계약 당사자의 의무에 관하여 상세하게 규정하고 있다. 규정의 방식은 먼저 당사자의 의무와 그 구제수단에 관한 일반규정을 규정하여 전체적으로 조망하고 있다.[78] 그리고 공통유럽매매법안은 매도인의 의무에 관하여 규정하고, 매도인의 의무불이행에 따른 매수인의 구제수단에 관한 규정을 이어서 두고 있다. 다음으로 매수인의 의무를 규정하고 그 의무위반에 따른 매도인의 구제수단을 규정하고 있다. 매수인의 의무에 관하여는 주된 의무로서 대금지급의무 이외에 수령의무를 중요하게 규정하고 있다. CESL이 규정하고 있는 매수인의 수령의무의 주요 내용으로는 물품 또는 디지털콘텐츠의 수령의무, 물품을 표상하거나 물품 또는 디지털콘텐츠에 관한 서류의 수령의무 등이다.

그리고 CESL은 대금지급의무나 수령의무의 의미와 그 내용에 관한 상세한 내용을 규정하고 있다. 먼저 매수인의 대금지급의무는 가장 중요한 의무이다. 매수인이 대금

---

78) 이준현, 앞의 논문, 251면 참조.

지급의무를 부담하고 있다는 점(제123조)이외에 대금지급방법(제124조), 시기(제125조), 장소(제126조), 제3자에 의한 지급(제127조) 그리고 충당(제128조) 등에 관하여 상세한 규정을 두고 있다. 다음으로 수령의무에 관하여도 내용적으로 상세하게 규정하고 있다. 즉 매수인은 수령의무의 이행을 위하여는 매도인이 인도의무 이행할 수 있도록 모든 행위를 다하고 물품이나 문서를 수령하여야 한다(제130조). 이외에 매도인이 계약에 적합하지 않게 인도하는 경우, 예컨대 기한전의 인도, 초과 수량 또는 과소 수량의 인도의 경우에 따라 수령의무를 상세하게 규정하고 있다.

이와 같은 공통유럽매매법안의 당사자의 의무에 관한 규정은 우리에게도 시사하는 바가 매우 크다. 인터넷 공간에서 국제거래의 비중이 커지고 있는 상황에서 CESL의 규정을 제대로 이해하는 것은 매우 중요하다고 생각된다. 특히 국제적 거래의 규모가 커짐에 따라 민법과 상법을 국제화의 흐름에 맞게 규율할 필요성이 있음에 비추어 보면, 국제거래 규범에 대한 비교법적 연구의 중요성은 한층 크다. 이에 CISG 및 다른 국제 규범에 대한 관심과 연구가 필요하다고 할 것이다. 이러한 차원에서 비록 현재는 철회된 상태이기는 하지만 CESL에 대한 연구가 지속적으로 요망된다. 아울러 향후 유럽 내에서의 법의 통합을 위한 논의에 대한 관심이 필요하다.

참고문헌

김태윤, 국제물품매매계약에 관한 UN협약에 있어서의 매수인의 의무, 법학논총 제22집, 단국대학교 법학연구소, 1998

백경일, 보통유럽매매법(CESL)에서의 의사표시 하자규정에 관한 비교법적 검토, 비교사법 제21권 제1호, 2014. 2

백경일, 유럽공통매매법안(CESL)에서의 계약체결규정에 관한 비교법적 검토, 비교사법 제20권 제2호, 2013. 5

석광현, 국제물품매매계약의 법리, 박영사, 2010

심종석, CISG 하에서 매수인의 물품대금지급 의무에 관한 법적 기준과 판결례에 관한 고찰, 통상정보연구 제15권 제3호, 2013

심종석, CISG 하에서 매수인의 계약위반에 대한 매도인의 구제수단에 관한 고찰, 통상정보연구 제14권 제3호, 2012

이준현, 보통유럽매매법(CESL)상 매수인의 의무와 그 의무의 불이행에 대한 구제 – 당사자의 의무와 그 불이행시 구제수단에 대한 전체적 개관을 포함하여 –, 재산법연구 제31권 제4호, 2015. 2

최준선, 국제거래법, 제9판, 삼영사, 2014

하경효 외 공역, 보통유럽매매법, 세창출판사, 2014

허해관, 국제물품매매협약상 매수인의 의무, 무역학회지 제35권 제1호, 2010. 2

Remien, Oliver, Verpflichtungen des Verkäufers nach EU-Kaufrecht, in: in: Schmidt-Kessel, Martin (Hrsg), Ein einheitliches europäisches Kaufrecht? Eine Analyse des Vorschlags der Kommission, 2012, S. 307 ff.

Schaub, Renate, Verpflichtungen des Käufers, Artt. 123-130 GEKR, in: Schmidt-Kessel, Martin (Hrsg), Ein einheitliches europäisches Kaufrecht? Eine Analyse des Vorschlags der Kommission, 2012, S. 425 ff.

Schlechtriem, Peter & Schwenzer, Ingeborg (ed.), Commentary on The UN Convention On The International Sale of Goods (CISG), 3. ed., 2010

Schmidt-Kessel, Martin(Hrsg.), Der Entwurf für ein Gemeinsames Europäisches Kaufrecht Kommentar, 2014, München ('Schmidt-Kessel/Bearbeiter(집필자)'로 인용)

Schopper, Alexander, Verpflchtungen und Abhilfen der Parteien eines Kaufvertrages oder eines Vertrages über die Bereitstellung digitaler Inhalte (Teil IV CESL-Entwurf), in: Wendehorst, Christiane/ Zöchling-Jud, Brigitta (Hrsg.), Am Vorabend eines Gemeinsamen Europäischen Kaufrechts Zum Verordnungsentwurf der Europäischen Kommission vom 11.10.2011 KOM(2011) 635 endg., Wien, 2012, S. 107 ff.

Schulze, Reiner(ed.), Common European Sales of Law (CESL) – Commentary –, München, 2012 ('Schulze/Bearbeiter(집필자)'로 인용)

von Bar/Clive(ed.), Principles, Definitions and Model Rules of European Private Law, Draft Common Frame of Reference (DCFR), Full Edition, 2010

Clive, Eric, Proposal for a Common European Sales Law withdrawn, posted on January 7, 2015, http://www.epln.law.ed.ac.uk

Clive, Eric, Rebirth of EU contract law proposal, Posted on May 11, 2015 http://www.epln.law.ed.ac.uk

제5절 유럽공통매매법에서 위험의 이전

위계찬 교수(한양대학교 법학전문대학원)

I. 시작하며

우리 민법은 '위험'이라는 표현을 사용하면서도 그 개념을 정확하게 정의하고 있지는 않다.[1] 어떤 계약을 체결하는 당사자가 그 계약을 통하여 추구하는 목적을 달성할 수 있을 것인지 아니면 추구하는 목적과는 다른 결과(오히려 불이익)가 발생할 것인지를 정확하게 예측하는 것은 어렵다. 계약관계에서 이와 같은 불확실한 상태를 위험[2]이라고 할 수 있으며 계약 당사자는 그것으로 인한 불이익을 피하기 위하여 계약의 무효를 주장하거나 계약을 취소 또는 해제하거나 상대방 당사자에게 손해배상책임을 부과시키는 등 여러 수단을 강구할 수 있다. 그런데 '계약은 지켜져야 한다'는 원칙 하에서는 단지 불확실성이라는 위험요소가 있다는 이유만으로 당사자가 계약관계에서 벗어나거나 상대방에게 책임을 떠넘길 수는 없는 것이다. 민법은 당사자가 계약의 무효를 주장하거나 계약을 취소 또는 해제할 수 있기 위해서는 일정한 요건을 요구한다. 또한 계약관계의 일방이 상대방에게 손해배상을 청구할 수 있기 위해서는 상대방의 채무불이행을 요구하고 있다. 따라서 계약관계에서 발생하는 위험은 각 당사자가 일정

---

* 이 글은 "공통유럽매매법안에서 위험의 이전"의 제목으로 법학논총 제32집 제4호(한양대학교 법학연구소, 2015. 12)에 게재된 것임.

1) 예컨대 민법 채권편(제3편)의 계약(제2장)에 관한 장에서 제537조는 표제를 '채무자위험부담주의'로 하고 있고, 제588조는 그 본문에서 '위험'이라는 단어를 사용하고 있다. 이외에 친족편(제4편)에서 제922조의2와 제947조의2에서 '위험'의 표현을 사용하고 있다.

2) 계약관계에서 다양한 위험의 모습에 관하여는 최수정, 급부장애와 위험부담, 소화, 2003, 19면 이하 등 참조.

한 요건 하에 분담하여 부담하여야 하는 것이며 그러한 위험부담의 기준은 당사자 중 누구에게 책임있는 사유가 있는지 아니면 그러한 계약상의 관계를 유지시키기는 것이 신의칙에 부합하지 않다는 등이 될 것이다.

이처럼 계약 당사자 중 누군가에게 책임으로 돌릴만한 사유가 있는 경우에는 그 책임있는 자에게 불이익, 즉 위험을 부담시키면 될 것이다. 그런데 민법학, 특히 계약법학에서는 위험의 개념을 제한적으로 사용하면서 정의한다. 이에 따라 위험을 정의하자면 쌍무계약관계에서 당사자 어느 쪽에게도 책임있는 사유가 없는 상태에서 일방이 이행하여야 할 계약상의 급부가 불능이 된 경우 그 불능으로 인한 불이익을 말한다.[3] 그리고 이 위험을 누가 부담할 것인지가 위험부담의 문제인 것이다.

유상쌍무계약인 매매계약을 통하여 구체적으로 보면 계약체결 후 매매목적물이 우연히 멸실 또는 훼손된 경우 매도인은 여전히 매수인에게 물건의 인도의무 및 권리이전의무를 부담하는가 반대로 매수인은 매도인에게 매매대금을 지급하여야 하는가의 문제가 생긴다. 전자의 경우를 급부위험(Risk of Performance, Leistungsgefahr), 후자의 경우를 대가위험(Risk of Payment, Preisgefahr) 내지 반대급부위험(Risk of Counter-Performance, Gegenleistungsgefahr)이라고 한다.[4] 본 논문에서 특별한 언급이 없는 한 위험이라 함은 반대급부위험 내지 대가위험을 의미한다.

민법은 위험부담에 관하여 개별계약에서 별도의 규정을 두지 않고 민법 제537조와 제538조에서 계약의 효력 일반으로서 누가 대가위험(반대급부위험)을 부담하는지에 대하여만 규정하고 있을 뿐이다. 당사자 사이에 언제 대가위험이 이전되는지에 관하여는 침묵하고 있다. 이에 매매나 도급과 같은 개별계약에서 위험이전과 위험부담의 문제는 학설에 의하여 논의되고 있다. 매매에서 누가 위험을 부담하며 언제 위험이 이전되는지의 문제도 학설상 논의가 있을 뿐인데, 학설은 계약체결시기, 물건의 인도 또는 소유권이전시기 등과 결부시켜 논의를 전개하고 있다.[5] 그런데 위험의 이전시기를 계약체결시기, 물건의 인도시기 또는 소유권이전시기 등 획일적인 기준으로 설명할

---

3) 곽윤직(편집대표), 민법주해(XIII)(최병조 집필), 42면; 양창수, "위험부담", 고시연구 1990년 12월호, 40면 이하; 최수정, 위의 책, 21면 이하.

4) Wiese, *Gefahrübergang nach Artt. 140 ff. GEKR*, in: Ein einheitliches europäisches Kaufrecht? Eine Analyse des Vorschlags der Kommission, München, 2012(이하 'Wiese, Gefahrübergang'), S. 469.

5) 위험이전시기에 관한 입법주의의 소개 문헌으로 예컨대 박찬우, "국제물품매매에서의 위험부담에 관한 서론적 고찰", 연세법학연구 제6권 제1호, 1999, 359면 이하; 석광현, 국제물품매매계약의 법리, 박영사, 2010, 239면 이하; 제철웅, "매매에서의 위험부담", 민사법학 제26호, 2004. 9, 356면 이하; 최수정, 앞의 책 127면 이하 등 참조.

수 있는지는 의문이다. 매도인과 매수인이 상호간 면전에서 물건을 매매하고 그것을 즉시 인도하는 경우에는 위험이전시기가 특별히 문제되지 않을 것이다. 하지만 매매에서 매도인의 의무이행은 목적물의 보관, 인도 또는 운송 등과 밀접하게 관련되며, 그 관련 요소에 따라서 위험이전의 시기도 달라질 수 있다. 그럼에도 인도나 소유권이전 또는 계약체결이라는 획일적인 기준에 의하여 위험이전 문제를 설명하는 것은 합리적이지 못하다.[6] 민법이 위험부담 문제를 매우 간단하게 규정하고 있고, 특히 위험의 이전시기에 관하여는 침묵하고 있는 상황에서 민법의 해석을 통하여 위험이전에 관한 기준이 불분명하다.

본 논문에서는 공통유럽매매법(CESL)[7][8]상 물품[9]매매에서 위험이전에 관한 규정

---

6) 위험부담에 관한 우리 민법상의 규정과 그에 대한 해석론에 대한 문제제기에 관하여는 제철웅, 위의 논문, 355면도 참조.

7) 유럽집행위원회(European Commission)가 2011.10.11. 공표한 공통유럽매매법에 관한 유럽의회 및 유럽이사회의 규칙을 위한 제안(Proposal for a Regulation of the European Parliament and of the Council)은 2014.2.26. 유럽의회 총회에서 일부 수정되어 찬성 416, 반대 159, 기권 65로 승인되었다. 그런데 유럽집행위원회는 2014.12.16. 2015년 작업프로그램(Work Programme)를 발표하면서 공통유럽매매법안을 철회하였다(이에 관하여는 Clive, Proposal for a Common European Sales Law withdrawn, http://www.epln.law.ed.ac.uk, 2015.01.07. 글 참조). 본 논문에서 조문번호만이 있거나 공통유럽매매법 또는 CESL과 함께 언급되는 조문번호는 특별한 언급이 없는 한 이 제안의 부속서I{공통유럽매매법(Common European Sales Law) 준칙을 정한 186개의 조문으로 구성됨}을 말한다. 그리고 RegCESL(P) 또는 전문규칙과 함께 언급되는 조문번호는 전문규칙(Regulation)의 규정을 의미한다. 한편 이하에서 유럽집행위원회의 제안과 유럽의회에서 수정된 내용을 별도로 구별하여 설명할 필요가 있는 경우, 전자는 '원안' 또는 '유럽집행위원회 제안'으로, 그리고 후자는 '수정안' 또는 '유럽의회 수정안'으로 표시한다. 유럽공통매매법의 제안배경, 경과 및 그 내용과 전망에 관한 국내 문헌으로 박영복, "EU집행위원회에 의해 제안된「유럽공통매매법에 관한 규칙」", 외법논집 제37권 제3호, 2013. 8, 37면 이하; 백경일, "유럽공통매매법안(CESL)에서의 계약체결규정에 관한 비교법적 검토", 비교사법 제20권 제2호, 2013. 5, 433면 이하; 하경효 외 공역, 보통유럽매매법, 세창출판사, 2014 등 참조.

8) 국내 문헌 중에는 Common European Sales Law에서 Common을 '보통'으로 번역하여 보통유럽매매법으로 번역하는 경우도 있으나(예컨대 하경효 외 공역, 위의 책; 이준현, "보통유럽매매법(CESL)상 매수인의 의무와 그 의무의 불이행에 대한 구제 – 당사자의 의무와 불이행시 구제수단에 대한 전체적 개관을 포함하여 –", 재산법연구 제31권 제4호, 2015. 2, 247면 이하; 백경일, "보통유럽매매법(CESL)에서의 의사표시 하자규정에 관한 비교법적 검토", 비교사법 제21권 제1호, 2014. 2, 1면 이하 등), 본 논문에서는 이를 '공통'으로 번역하여 사용한다.

9) 우리 민법상 물건이라 함은 부동산과 동산을 모두 포함하는 개념인데(제98조, 제99조 참조), 공통유럽매매법안(Proposal for Regulation of Common European Sales Law)이 대상으로 하는 물품(goods)이란 유형의 동산(tangible movable items)을 의미한다{RegCESL(P) Art. 2(h)}. 국제물품매매계약에 관한 국제연합 협약(UN Convention on The International Sale of Goods, 'CISG'라 함)상의 물품(goods)은 인도 시에 이동가능한 유형의 목적물(moveable tangible objects)을 말한다(Schwenzer/Hagen, in: Schlechtriem & Schwenzer Commentary On The UN Convention On The International Sale of Goods(CISG), 3. ed., Oxford University Press, 2010, (이하 'Schlechtriem &

을 검토하고자 한다. CESL이 국제물품매매의 다양한 모습에 따라 위험이전에 관한 상세한 규정을 두고 있다. 또한 사업자간 계약과 소비자계약을 별도로 구별하여 규율하고 있다. CESL은 그 동안 유럽연합 내에서 진행된 사법의 통일을 위한 논의과정의 결과물이다. 이러한 점에서 비록 CESL의 제안이 철회되기는 하였지만 비교법적 연구의 가치가 있다고 생각된다. 본 연구는 위험이전에 관한 민법의 해석과 개정논의를 위하여도 의의가 있다고 할 것이다.

그리고 위험이전에 관한 CESL의 규정은 CISG의 그것과 거의 비슷하다. CISG와는 달리 CESL은 사업자간 계약(B2B)과 소비자계약(B2C)을 별도로 구별하여 규정하고 있기는 하지만[10], 위험이전에 관한 규율의 방식은 양자가 거의 같다. 본 논문에서는 CESL상의 위험이전에 관한 규정을 주로 검토하면서 필요한 경우 CISG의 관련 규정을 함께 비교한다.

II. 위험이전에 관한 CESL 규율 개관

1. 위험이전에 관한 CESL 규율체계

1) CESL은 물품의 매매 및 디지털콘텐츠의 제공 및 관련 서비스에 관한 계약을 그 적용대상으로 한다{RegCESL(P) 제5조, 제6조 참조}.[11] CESL은 사업자 간의 계약과 소비자계약을 구별하여 규율한다. 여기에서 소비자란 사업, 영업, 공예 또는 전문직업 이외의 목적으로 행위하는 자연인을 의미한다{RegCESL(P) 제2조 (f)}. 그리고 소

Schwenzer, CISG'로 함), Art. 1, no. 16 ff.

10) CISG는 소비자계약의 경우에는 원칙적으로 적용되지 않는다. 다만 매도인이 계약체결 전이나 그 체결 시에 물품이 개인용(personal use), 가족용(family use) 또는 가정용(household use)으로 구입된 사실을 알지 못하였고, 알았어야 했던 것도 아닌 경우에는 그러하지 아니하다{CISG 제2조 (a)} 이처럼 CISG가 소비자계약을 원칙적으로 적용대상에서 제외한 것은 사회·경제적 약자인 소비자 보호를 위하여 개별 국가가 가지고 있는 다양한 형태의 규정의 효력을 침해하지 않기 위함이라고 한다(석광현, 앞의 책, 39면).

11) CESL은 물품매매 이외에 디지털공급계약 및 관련서비스 계약도 대상으로 하지만 본 논문에서는 물품매매에서 위험이전에 관한 규율내용을 중심으로 검토하므로 디지털콘텐츠나 관련서비스계약에 관한 내용은 주된 논의대상에서 제외한다.

비자매매계약이라 함은 매도인이 사업자이고 매수인이 소비자인 매매계약을 말한다 {RegCESL(P) 제2조 (l)}. CESL은 위험이전에 관하여 사업자간 계약과 소비자계약을 구별하여 별도로 규정하고 있다.

2) CESL은 매도인의 인도의무의 이행 또는 매수인의 수령의무의 이행 또는 불이행과 관련하여 위험이전시기를 규정한다. 이와 관련하여 CESL의 적용범위, 매도인의 인도의무 그리고 수령의무를 중심으로 간단히 말하자면 다음과 같다. CESL은 범위가 제한적이기는 하지만 CISG와 같이 국경을 넘는 매매를 대상으로 규율한다 {RegCESL(P) 제4조 제1항}. CESL의 적용대상이 되는 매매는 다양한 모습을 가진다. 매매계약이 운송을 포함하는 경우와 운송 중의 물품에 대한 매매 등이 그러하다.

그리고 물품매매에서 매도인은 주된 의무(mail obligation)로서 물품의 인도(deliver)의무와 물품을 표상하거나 물품과 관련된 문서의 인도의무를 부담한다(제91조 참조).[12] 나아가 공통유럽매매법은 인도의무의 이행과 관련한 세부적 내용으로서 물품의 인도장소(제93조), 인도방법(제94조) 그리고 인도시기(제95조) 등을 규정한다. 매도인이 주된 의무로서 부담하는 물품 등의 인도의무의 이행장소, 그 방법 또는 시기는 매매의 유형에 따라서 상이하다. 소비자계약에서 매도인은 매수인에게 물품 등의 물리적 점유 또는 지배를 이전해줌으로써 인도의무를 이행하며{제94조 제1항 (a)}, 물품의 운송을 포함하는 매매에서 매도인의 인도의무는 운송을 위하여 최초의 운송인에게 물품을 인도하면 이행된다{제94조 제1항 (b)}. 나아가 소비자매매나 운송을 포함한 매매가 아닌 경우에는 매도인이 물품을 매수인의 처분가능상태에 두면 인도의무를 다하게 되는 것이다{제94조 제1항 (c)}.

나아가 CESL은 매도인의 물품 등의 인도의무에 대응하는 것으로 매수인의 수령의무를 규정한다. 그에 따르면 매수인은 매도인이 인도의무를 이행할 수 있도록 기대될 수 있는 모든 행위를 다하고 물품 등을 수령함으로써 수령의무를 다한다(제129조 참조).

그런데 CESL은 위험이전 시기를 매도인의 인도시 또는 매수인의 수령시 등 어느 하나의 기준에 의하여 일률적으로 정하지 않는다. 따라서 CESL에서 위험의 이전시기를

12) 이들 의무 이외에도 제91조는 매도인은 '물품이나 디지털콘텐츠가 계약에 적합함을 보장하여야 하며(동조 (c)), 매수인이 계약에 따라 디지털콘텐츠의 이용권을 갖도록 보장하여야 한다(동조 (d))고 규정한다.

일률적으로 인도주의에 의하여 결정되고 있다고 말하기는 어렵다. CISG의 경우도 마찬가지이다.[13] CESL 제143조 제1항만이 물품인도의 수령시기를 위험이전시기로 하고 있을 뿐이다.[14] 그리고 유럽집행위원회 원안은 제98조에서 위험이전에 관한 인도의 효과는 위험이전에 관한 제14장(제140조 이하)의 규정에 의하여 규율된다고 규정하였지만, 유럽의회의 수정안은 제98조를 불필요한 것으로 보고 삭제하였다. 결국 CESL에서 위험이전 시기는 매매가 소비자계약인지 또는 사업자 간 계약인지 그리고 매매가 운송을 포함하는 경우와 그렇지 아니한 경우, 물품이 운송 중 매도된 경우인지와 매수인이 수령의무를 이행하였는지 또는 불이행하였는지 등에 따라서 달리 정해진다.

3) 유럽집행위원회가 제안한 CESL은 제140조 내지 제146조에서 위험이전을 다양하게 규정하였다. 그런데 유럽의회는 간소화차원에서 위 규정들을 제140조 내지 제143조로 통합하였다. 하지만 위험이전에 관한 중요한 규정들은 조문번호가 변경되었을 뿐 그 내용은 거의 동일하다.[15] 규정의 통합내용을 간단히 살펴보면 유럽집행위원회 원안 일부규정들 중 '목적물이 매수인의 처분가능한 상태에 놓인 경우'(원안 제144조), '매매계약에 목적물의 운송이 포함된 경우'(원안 제145조), 그리고 '목적물이 운송 중 매도된 경우'(원안 제146조)가 유럽의회 수정안에서는 제143조로 통합하였다.

2. 위험이전의 효과

1) 원칙

매수인에게 위험이 이전된 후에 물품 또는 디지털콘텐츠가 멸실 또는 훼손된 경우, 그 멸실 또는 훼손이 매도인의 작위 또는 부작위에 의한 경우가 아닌 한, 매수인은 대금지급의무를 면하지 못한다(제140조). 제140조는 위험이전의 효과에 관하여 규정한다. 이는 디지털콘텐츠 부분을 제외하고 물품매매에 관한 한 CISG 제66조 및 DCFR

13) 국제 통일법에서 위험이전의 기준으로 인도주의의 성립과정과 특수성에 대하여는 최수정, 앞의 책, 163면 이하 참조.

14) Zoll, in: Schulze(ed.), Common European Sales of Law(CESL) – Commentary –, Baden-Baden, München, Portland, 2012(이하 'Schulze, Commentary'로 인용), Art. 98 no. 1.

15) 원안과 수정안의 차이가 있는 부분은 물품이 운송 중 매도된 경우에 관한 원안 제146조 제1항과 수정안 제143조 제2항b이다. 이에 관하여는 아래 IV. 4. 참조.

Ⅳ.A –5:101의 규정과 일치한다. 위험이 이전된 후 우연히 물품이 멸실된 경우 매수인은 대금을 지급하여야 한다. 제140조는 반대급부위험 내지 대가위험을 매수인이 부담함을 규정한다.

제140조는 위험부담에 관한 일반규정으로서 사업자 사이에서의 물품의 매매 또는 디지털콘텐츠의 공급에 관한 계약(B2B)뿐만 아니라 사업자와 소비자 사이에서의 물품의 매매 또는 디지털콘텐츠의 공급에 관한 계약(B2C)에도 적용된다.[16] 물론 동 규정은 위험이전의 효과에 관한 것이고, 위험이 언제 이전되는지에 관한 것은 아니다.

위험이전 후에는 물품 등의 멸실(loss) 또는 손상(damage)의 위험을 매수인이 부담한다고 하는데, 여기에서 멸실 또는 손상은 무엇을 의미하는가? CESL의 전문규칙에 따르면 멸실(또는 손실, loss)을 경제적 손실(economic loss) 또는 신체적 고통과 정신적 고통 형태의 비경제적 손실(non-economic loss in form of pain and suffering)도 포함되는 것으로 정의하면서, 다만 삶의 질에 대한 장애와 즐거움의 상실 형태와 같은 비경제적 손실은 포함되지 않는다{RegCESL(P) Art. 2}.[17] 그러나 제140조에서 멸실(loss) 또는 손상(damage)은 문언 그대로의 의미로 이해하여야 한다. 따라서 여기에서 멸실 또는 손실은 물리적인 의미에서 멸실 또는 손실을 의미한다. 예컨대 도난 또는 화재에 의한 물품의 멸실뿐만 아니라 응급상황에서 화물 투하(emergency unloading) 또는 운송인의 과실에 의한 멸실도 포함된다.[18][19]

한편 국가의 고권적 행위, 즉 수출 또는 수입의 금지조치나 물품의 몰수 등에 의한 물품의 멸실의 경우에도 위험부담의 문제로 볼 수 있을지에 관하여 논란이 있다.[20] 이 논의는 이와 같은 국가의 행위도 보험에 의하여 담보될 수 있는지의 문제와도 관련된

---

16) Zoll/Watson, in: Schulze, Commentary, Art. 140, no. 1.

17) RegCESL(P) Art. 2 (c) 'loss' means economic loss and non-economic loss in the form of pain and suffering, excluding other forms of non-economic loss such as impairment of the quality of life and loss of enjoyment. 유럽의회 수정안은 제2조에서 항의 순서를 변경하여 (fg)에서 규정한다.

18) Zoll/Watson, in: Schulze, Commentary, Art. 140, no. 6; Bláquez, *Passing of Risk*, in: Javier Plaza Penadés/Luz M. Martínez Velencoso (ed.), European Perspectives on the Common European Sales Law, Cham, Heidelberg, New York, London(이하 'Bláquez, Passing of Risk'), 2015, p. 189 참조.

19) 멸실(loss) 또는 손상(damage)에 관한 CISG의 해석에 관하여는 Hager/Schmidt-Kessel, in: Schlechtriem & Schwenzer, CISG, Art. 66, no. 4. 참조.

20) 이 문제에 관하여 Wiese, Gefahrübergang, S. 470; Hager/Schmidt-Kessel, in: Schlechtriem & Schwenzer, CISG, Art. 66, no. 5; Bláquez, Passing of Risk p. 189; 국내문헌으로 최수정, 앞의 책, 41면; CISG에서 위험이전과 관련하여 석광현, 앞의 책, 243면 등 참조.

다.[21] 다수의 견해에 따르면 수출금지나 수입금지 조치 또는 물품의 몰수 등 국가의 고권적 행위에 의한 경우도 위험부담의 문제가 된다고 한다.[22]

2) 예외

(1) 제140조 단서의 의미

유상쌍무계약에서 위험부담 문제는 계약의 목적물이 우연히 멸실 또는 손상되는 경우 대가위험의 부담에 관한 것이다.[23] CESL에서 위험부담 문제도 마찬가지이다. 따라서 위험이 이전된 후에는 물품이 우연히 멸실 또는 손상된 경우에도 매수인은 대금지급의무를 면하지 못한다. 다만 물품의 멸실 또는 손상이 매도인의 작위(act) 또는 부작위(omission)에 의한 경우에는 그러하지 아니하다(제140조 단서). DCFR Ⅳ.A.–5:101이나 CISG 제66조도 제140조와 동일하게 규정한다.

여기에서 제140조 단서 규정이 의미하는 바가 무엇이며 그리고 매도인의 작위 또는 부작위의 개념은 어떻게 정의될 수 있는가? 먼저 이 단서규정의 의미에 관하여 매도인의 작위 또는 부작위에 의하여 물품이 멸실 또는 손상된 경우에는 위험이 이전되지 않는다고 이해되기도 한다.[24] 하지만 조문의 구성 상 위험이 이전된 후에도 물품의 멸실 또는 손상이 매도인의 작위 또는 부작위에 의한 경우에는 매수인은 대금지급의무를 면한다[25]고 보는 것이 정확하다고 생각된다.

---

21) 이러한 설명으로 Hager/Schmidt-Kessel, in: Schlechtriem & Schwenzer, CISG, Art. 66, no. 5. 참조. 협회적하약관(A){Institute Cargo Clause(A)}는 포획, 나포, 억지 또는 억류(해적행위 제외) 및 그러한 행위의 결과 또는 그러한 행위의 기도로 인하여 발생한 멸실, 손상 또는 비용을 담보하지 않는다고 규정하고 있다(동 약관 6.2); Wiese, Gefahrübergang, S. 470도 참조; 반면에 Schönle/Koffer, in: Honsell, Kommentar zum UN-Kaufrecht, 2. Aufl., Art. 66, Rdnr. 19는 보험에 의하여 담보할 수 없다는 사정이 문제가 되지 않는다고 한다(Wiese, Gefahrübergang, S. 470의 각주 4에서 재인용).

22) 이 문제에 대한 추가적인 문헌에 대하여는 Wiese, Gefahrübergang, S. 470 및 같은 곳 주 3; Hager/Schmidt-Kessel, in: Schlechtriem & Schwenzer, CISG, Art. 66, no. 5 및 같은 곳 주 10; MünchKomm-BGB/Huber, Art. 66 CISG, Rdnr 7 및 같은 곳 주 7 등 참조.

23) 최수정, 앞의 책, 49면; Von Bar/Clive (eds), Principles, Definitions and Model Rules of European Private Law, Draft Common Frame of Reference (DCFR), Full Edition, 2010(이하 'DCFR, Full Edition), p. 1369; Hager/Schmidt-Kessel, in: Schlechtriem & Schwenzer, CISG, Art. 66, no. 7; Wiese, Gefahrübergang, S. 471.

24) 예컨대 Hager/Schmidt-Kessel, in: Schlechtriem & Schwenzer, CISG, Art. 66, no. 7.

25) MünchKomm-BGB/Huber, Art. 66 CISG, Rdnr. 11은 위험이전의 효과가 발생하지 않는다고 한다.

(2) 매도인의 작위 또는 부작위

다음으로 제140조 단서에서 매도인의 작위 또는 부작위는 무엇을 의미하는가? CESL은 작위 또는 부작위를 정의하지 않고 있다. 문헌은 매도인의 작위 또는 부작위는 명확한 개념이 아니라고 하고[26], 이 개념을 매도인의 계약위반만으로 이해할 것인지 아니면 매도인의 다른 행태를 포함하여 이해할 것인가의 문제로 논의하면서 CISG 제66조 단서규정의 해석론에 의지하고 있다.[27] CISG 관련 문헌은 물품의 멸실 또는 손상의 원인이 되는 작위 또는 부작위는 대부분 계약위반에 해당되는 경우에 해당되므로 이에 대한 논의는 별로 의미가 없다고 한다.[28] 다만 문제가 될 만한 것으로 매도인이 조업중단의 권리(right of stoppage in transit)를 행사하거나 하자가 있다고 의심되는 물품을 검사하는 도중 물품이 멸실되는 경우, 또는 FOB 조건에서 매도인이 양륙항에서 자신의 컨테이너를 수거하는 도중 물품이 손상되는 경우 등이다.[29] 이들이 계약상의 부수의무에 관계되는 것일 수도 있고, 단지 불법행위에 관한 것일 수도 있으므로 이들은 CISG에서 당연히 계약위반으로 취급되는 것은 아니다.[30] 따라서 CISG 제66조 단서에서 작위 또는 부작위를 계약위반 이외에 매도인의 다른 행태들도 포함된다면 매수인을 보호하는 결과가 되는 것이라고 한다.[31] 그런데 매수인의 보호를 도모한다는 취지에서 작위 또는 부작위를 반드시 계약위반의 경우에만 한정하지 않고 계약위반이 아닌 경우도 포함된다고 하더라도, 위의 경우에서 매도인이 적법하게 자신의 권리를 행사하는 도중에 물품이 멸실 또는 손상되는 경우에는 위험이전의 효과를 적용하는데 문제가 없다고 하여야 하지 않을까 생각된다.[32] 위험부담의 개념을 고려

---

26) Zoll/Watson, in: Schulze, Commentary, Art. 140, no. 8.

27) 예컨대 Wiese, Gefahrübergang, S. 472; 한편 Zoll/Watson, in: Schulze, Commentary, Art. 140, no. 8에 따르면 공통유럽매매법안 초안에서는 매도인의 불이행으로 인한 멸실 또는 손상을 의미하는 취지로 하였다고 하면서, 이행과 관련없는 매도인의 작위 또는 부작위는 CESL의 범위를 벗어난 것이라고 한다.

28) Hager/Schmidt-Kessel, in: Schlechtriem & Schwenzer, CISG, Art. 66, no. 8.

29) 본문에 열거된 행태들은 대부분 계약상의 부수의무에 관련된 것들이고 주된 채무의 이행 이후에도 존속하는 것들이다(MünchKomm-BGB/Huber, Art. 66 CISG, Rdnr. 12). 경우에 따라서는 불법행위에 해당되는 것으로 그에 대하여 계약상의 구제수단이 인정되지 아니한 경우가 있다(Hager/Schmidt-Kessel, in: Schlechtriem & Schwenzer, CISG, Art. 66, no. 8)

30) Wiese, Gefahrübergang, S. 472.

31) Hager/Schmidt-Kessel, in: Schlechtriem & Schwenzer, CISG, Art. 66, no. 9.

32) Hager/Schmidt-Kessel, in: Schlechtriem & Schwenzer, CISG, Art. 66, no. 9; MünchKomm-BGB/Huber, Art. 66 CISG, Rdnr. 13도 매도인이 조업중단에 관한 권리를 행사하거나 물품에 하자가 있다고 의심되는 경우에 하자여부를 조사하는 도중에 목적물이 멸실 또는 손상되는 경우 또는 적법

하더라도 이러한 결론이 타당하다고 생각된다.

위험부담은 위험이전 시기의 전후를 기준으로 목적물이 우연히 멸실 또는 손상되는 경우에 누가 대가위험을 부담하는가의 문제라는 점이고 그에 따라 위험이전 이후에는 당사자의 계약위반 또는 불법행위가 없는 상태에서 목적물이 우연한 멸실 또는 손상되는 경우에도 매수인은 대금지급의무를 부담하게 된다. 그런데 당사자의 계약위반 또는 불법행위에 의하여 목적물이 멸실 또는 손상되는 경우에는 위험부담의 문제가 아니며 따라서 매수인의 반대급부의무에는 영향을 주지 아니하고 그 행위에 따른 상대방의 구제수단이 문제될 뿐이다. CESL은 매도인의 계약위반이 있는 경우 제106조 이하에 의하여 매수인에게 다양한 구제수단이 부여한다. 매도인의 계약위반에 해당하는 경우로 대표적인 것이 물품이 계약적합성을 갖추지 못한 경우이다. 예컨대 매도인이 물품을 매수인에게 인도하기 전에 포장을 불충분 또는 부적절하게 한 경우 또는 부적절하게 운송수단을 선택하여 운송하는 경우 등이 그러하다.[33] 이 경우 매수인의 구제수단에는 – 구제수단별로 추가적인 요건이 요구되는 경우도 있기는 하지만 – 특정이행, 수선이나 교환 등의 이행청구권 이외에 매수인 자신의 채무이행을 보류할 권리, 계약해제, 손해배상청구권 등이 인정된다. 따라서 매수인은 매도인의 계약위반에 속하는 작위 또는 부작위에 의하여 목적물이 멸실 또는 손상되는 경우 매수인은 대금지급을 보류할 수도 있고, 경우에 따라서는 계약해제를 통하여 대금지급의무에서 벗어날 수도 있다. 이와 같은 계약위반에 대한 구제수단은 위험이 이전되기 전뿐만 아니라 위험이 이전된 후의 경우에도 인정된다. 위험이 이전된 후의 계약위반뿐만 아니라 불법행위가 될 수 있는 경우에도 마찬가지이다. 위에서 기술한 바와 같이 FOB 조건에서 매도인이 양륙항에서 자신의 컨테이너를 수거하는 도중 물품이 손상되는 경우에 매도인은 매도인에게 불법행위책임을 부담한다. 에 대하여 불법행위에 기한 손해배상을 청구할 수 있다. 나아가 CISG는 제70조에서 위험이 이전되기 전에 매도인의 중대한(fundamental, wesentlich) 계약위반이 있는 경우 위험이전이 매수인의 구제수단에 아무런 영향이 없음을 분명히 하고 있다.

하게 운송경로를 우회하는 경우에는 위험이전 효과의 예외를 적용할 것은 아니라고 한다. 즉 이 경우 매수인은 대금을 지급할 의무를 부담한다고 한다.

33) Bláquez, Passing of Risk, p. 189; MünchKomm-BGB/Huber, Art. 66 CISG, Rdnr. 11 등 참조.

3. 위험의 이전시기

1) 사업자간 계약(B2B계약)과 소비자계약(B2C계약)의 구별

제140조는 B2B 및 B2C 계약에서의 위험이전의 효과를 규정하고 있을 뿐 위험의 이전시기를 정하고 있지는 않다. 공통유럽매매법은 위험이전시기에 관하여는 제142조 이하에서 B2B 계약과 B2C 구별하여 규율한다. 제142조에서는 B2C 계약에서의 위험이전에 관하여, 그리고 수정안 제143조에서는(원안의 경우 제143조 내지 제146조) B2B 계약에서의 위험의 이전에 관하여 규정하고 있다.

CISG나 CESL은 계약자유의 원칙에 따라 당사자가 규정의 적용을 배제 또는 제한하거나 효력을 변경할 수 있음이 원칙이다(CESL 제1조 제1항, CISG 제6조). 계약자유의 원칙이 적용되는 것은 위험이전의 경우에도 마찬가지이다. 하지만 CESL은 소비자계약의 경우에는 계약자유의 원칙을 제한하고 있다. 제142조 제5항은 소비자계약에서의 위험이전과 관련하여 '당사자 사이에 소비자에게 불리하게 위험이전 규정의 적용을 배제 또는 제한하거나 그 효력을 변경할 수 없다'고 규정한다.

2) 특정(Identification)의 요구

종류물매매에서 목적물이 특정되기 전까지는 아직 급부할 목적물이 정해지지 아니한 상태이므로 종류물의 일부가 멸실되더라도 이행불능이 되는 것은 아니며 매도인은 같은 종류와 수량의 다른 물품을 조달하여야 한다. 특정 전에는 매도인이 조달의무를 부담하며 급부위험을 부담한다. 물품이 특정된 이후에 급부위험은 매수인에게 이전된다.

한편 CESL은 대가위험의 이전을 위해서도 매매 목적물인 물품 또는 디지털콘텐츠가 특정될 것을 요구한다. 물품이나 디지털콘텐츠가 당사자 사이의 당초의 합의, 매수인에 대한 통지 또는 기타의 방법에 의하여 계약에 따라 제공되어야 할 물건 또는 디지털콘텐츠로서 분명하게(clearly) 특정될 때까지 위험은 매수인에게 이전하지 아니한다(제141조). CISG 제67조 제2항도 물품이 특정되기 전까지는 위험이 매수인에게 이전되지 아니한다고 한다. 또한 CISG는 물품이 매수인의 처분가능한 상태에 있는 경우의 위험이전 시기에 관하여 규정하면서(제69조), 물품이 특정되기 전에는 매수인의 처분가능한 상태에 있지 아니한 것으로 본다(제69조 제3항).

이와 같이 반대급부위험의 이전을 위하여 특정을 요구하는 제141조는 특히 운송인에게 물품이 인도된 때에 위험이 이전되는 경우에 의미가 있다. 경우에 따라서는 운송인에게 물품이 인도되었다고 하더라도 특정이 이루어지기 전에는 위험이 매수인에게 이전되지 않는다. 그런데 물품을 운송하는 경우에는 물품을 발송하는 경우에 특정이 이루어졌다고 볼 수 있겠지만 해상운송의 경우에는 선적 당시에 매수인을 수하주(consignee)로 지정하지 아니하는 경우가 있다.[34] 이러한 경우에는 언제 특정이 이루어졌는지를 결정하기가 쉽지 않다. 따라서 물품의 특정물품이 멸실 또는 손상되기 전에 특정되었는지의 여부는 종종 중요한 증명의 문제가 된다.[35]

특정의 방법은 다양하다. 제141조는 특정의 방법에 관하여 당사자 간 합의, 매수인에 대한 통지 및 기타의 방법을 규정하고 있다. 먼저 당사자 간 합의(agreement)란 바로 물품 또는 디지털콘텐츠의 매매 또는 공급에 관한 계약을 말한다. 따라서 당사자는 계약 체결 당시에 개별 목적물을 정하여 특정할 수 있다(individualise).[36] 다른 특정방법으로 매수인에 대한 통지(notice)가 있다.[37] 여기에서의 통지는 제10조가 적용된다. 당사자 간의 합의, 매수인에 대한 통지 이외에 특정의 방법에 관하여 제141조는 기타의 방법이라고만 하고 있는데, 여기에는 물품의 분류(separation), 표시(marking), 포장(packaging) 등 다양한 방법이 인정될 수 있다.[38]

3) 물품 등의 인도수령 또는 배송방법에 따른 위험이전 규정

공통유럽매매법은 물품 등의 인도수령시점이나 계약 당시 물품이 있었던 장소에 따라 위험이전을 규정하고 있다. 가령 소비자계약의 경우에는, 먼저 소비자 또는 그에 의하여 지정된 제3자(운송인이 아님)가 목적물에 대한 물리적 점유(physical possession)를 이전받으면 위험이 이전된다. 다음으로 디지털콘텐츠가 유형의 매체에 의하여 제공되지 않은 경우에는 목적물에 대한 통제를 획득한 시점을 위험의 이전시기로 보며(제142조 제2항), 또한 사업자에 의하여 운송인이 정해지지 않고, 소비자가 스스로 물품의 운송을 준비하는 경우에는 목적물이 운송인에게 인도되는 시점에 위험

---

34) Hager/Schmidt-Kessel, in: Schlechtriem & Schwenzer, CISG, Art. 67, no. 13.

35) Bláquez, Passing of Risk, p. 190.

36) Zoll/Watson, in: Schulze, Commentary,, Art. 141, no. 7.

37) 물품을 운송하는 경우에는 물품을 발송하는 경우에 특정이 이루어졌다고 볼 수 있겠지만 해상운송의 경우에는 선적 당시에 매수인을 수하주(consignee)로 지정하지 아니하는 경우가 있다. 이러한 경우에는 언제 특정이 이루어졌는지를 결정하기가 쉽지 않다.

38) Von Bar/Clive (eds), DCFR, Full Edition, p. 1374; Zoll/Watson, in: Schulze, Commentary, Art. 141, no. 9.

이 이전된다(제142조 제4항).

다음으로 사업자 간의 계약에서는 목적물인 물품을 수령하거나 디지털콘텐츠의 인도 또는 물품을 표상하는 서류의 인도를 수령함으로서 위험이 이전된다(수정안 제143조 제1항). 매수인이 물품 등을 수령한 때, 즉 물품 등에 대한 지배를 획득한 때에 매수인에게 대가위험이 이전된다. 이처럼 위험이전 시기를 물품 등의 수령시점으로 하는 것은 소유권유보부매매와 같이 물품에 대한 소유권의 취득 시기와 물품을 통제할 수 있는 시기(수령 시)를 따로 정한 경우에 특별한 의미를 가진다.[39] 한편 CESL은 목적물의 장소나 인도방법에 따라서는 위험이전시기를 별도로 규정하고 있는데, 먼저 목적물이 매수인의 처분에 맡겨진 경우(수정안 제143조 제2항), 목적물이 운송되는 경우(수정안 제143조 제2a항). 또는 목적물이 운송 중 매도된 경우(수정안 제143조 제2b항)에 따라서 각각의 위험이전에 관하여 규정하고 있다.

공통유럽매매법이 물품 등의 인도를 수령한 시점 또는 계약 당시 물품이 있었던 장소에 따라 위험이전을 규정하는 방식은 이미 CISG가 취한 모델이며, 또한 DCFR로 동일한 방식으로 위험이전을 규정하였다.[40] CISG는 제4장 제66조 내지 제70조에서 위험의 이전에 관하여 규정하고 있다. 동 협약은 위험이전에 관한 일반원칙(제66조), 송부매매에서의 위험의 이전 시기(제67조), 운송중인 물품매매에서의 위험의 이전(제68조) 그리고 기타의 경우(제69조)를 규정하고 있으며, 마지막으로 계약의 본질적 위반과 위험이전의 관계(제70조)에 관하여 규정하고 있다.

4) 물품의 계약적합성에 대한 매도인의 책임의 기준시기로서 위험이전

CESL 제140조 이하의 위험이전에 관한 규정은 물품의 계약부적합에 대한 매도인의 책임부담여부를 결정하는 중요한 기준으로서 중요한 의미를 가진다.[41] 매도인은 매수인에게 제140조 이하에 따라 위험이 이전될 당시에 존재하는 물품의 계약부적합성에 대하여 책임을 진다(제105조 제1항). 소비자계약에서 매수인에게 위험이 이전된 후 6개월 이내에 계약부적합성이 드러난 경우에는 그 부적합성은 위험이전 당시에 존재한 것으로 추정된다. 다만 물품의 성질이나 부적합의 성질과 양립할 수 없는 경우에는 그

---

39) Von Bar/Clive (eds), DCFR, Full Edition, p. 1373.

40) Bláquez, Passing of Risk, p. 184, 186은 CISG는 일괄적인(lump) 규정방식 대신에 유형적 접근(typological approach) 또는 분석적 접근(analytical approach) 방식을 채택하였다'고 하고, CESL의 제안자가 CISG의 입법태도를 따랐다고 평가한다.

41) Zoll/Watson, in: Schulze, Commentary, Art. 140, no. 3.

러하지 아니하다(제105 제2항).

CESL은 물품의 계약부적합성에 대한 매도인의 책임의 판단기준 시기를 위험이전 시기로 맞추었다. 따라서 위험이전 시기는 계약부적합성에 대한 매도인의 책임의 기준시기가 된다. 통상의 매매에서 매수인이 매도인으로부터 물품을 수령함으로써 위험이 매수인에게 이전되더라도 그 당시에 존재하는 계약부적합에 대하여는 매도인이 책임을 진다. 매도인으로부터 매수인에게 위험이 이전된다는 것은 물품이 매도인의 영향력을 벗어나서 더 이상 매도인이 물품에 대한 통제를 할 수 없다는 것을 의미하고, 따라서 위험이전 후에는 매수인이 대가위험 및 물품의 부적합성에 대한 위험을 부담한다는 것은 당연하다.[42] 그런데 매수인이 에 물품을 실제로 수령하기 전에 위험이 이전되는 경우로서 예컨대 사업자간 계약에서 물품이 운송되는 경우[43]에는 복잡한 문제가 생길 수 있다. 이 경우에는 물품이 최초의 운송인에게 인도된 때에 위험이 매수인에게 이전되는데(수정안 제143조 제2항a 참조), 물품이 운송인에게 인도되기 전에 멸실(또는 손상)되었는지 아니면 그 후에 운송도중에 멸실(또는 손상)되었는지를 판단하기가 쉽지 않다.[44] 이러한 문제는 증명의 문제로 해결되어야 할 것이다.

위험이전 당시에 물품의 계약부적합성이 있었다는 점에 대하여는 매수인이 증명하여야 한다. 하지만 소비자매매의 경우에는 위험이전 후 6개월 이내에 밝혀진 계약부적합은 위험이전 당시에 존재하였던 것으로 추정함으로써(제105조 제2항), 증명책임을 전환하고 있다.[45]

그런데 사업자간 계약에서 계약부적합이 위험이전 이후에 드러난 경우에도 매도인이 그 부적합에 대하여 책임을 부담하는가? DCFR은 위험이전 이후에 계약부적합이 판명되었다고 한 경우에도 그 부적합이 위험이전 시에 존재한 경우에는 매도인이 책임을 진다고 하였다(IV.A. 2:308). CISG도 제36조 제1항에서 DCFR과 같은 취지로 규정하고 있다. CESL은 이 점에 관하여 분명하게 규정하지 않고 있는데, 규정의 취지에 비추어보면 위험이전 당시에 물품의 계약부적합성의 원인이 존재한다는 사실이 증명되면 충분하다.[46]

---

42) Von Bar/Clive (eds), DCFR, Full Edition, p. 1311 참조.
43) 송부매매의 경우에 관한 것으로 아래 IV. 3. 참조.
44) 이와 같은 설명으로 Von Bar/Clive (eds), DCFR, Full Edition, p. 1374 참조.
45) Von Bar/Clive (eds), DCFR, Full Edition, p. 1311.
46) Zoll, in: Schulze, Commentary, Art. 105, no. 4.

III. 소비자계약에서 위험이전

1. 위험이전시기: 물리적 점유 취득시

소비자매매계약에서는 소비자 또는 소비자에 의해서 지정된 제3자[47]로서 운송인이 아닌 자가 물품 또는 디지털콘텐츠를 공급하기 위한 유형의 저장매체(tangible medium)에 대한 물리적 점유(physical posession)를 취득한 때에 위험이 이전한다(제142조 제1항). 한편 유럽집행위원회 원안은 142조 제3항에서 '격지자간 또는 영업점 밖에서 체결되는 계약 이외의 계약에서 소비자가 물품 또는 디지털콘텐츠의 수령의무를 불이행하고 그 불이행이 면책되지 아니한 경우에는, 소비자 또는 소비자에 의하여 지정된 제3자가 물품에 대한 물리적 점유를 취득하였거나 디지털콘텐츠에 대한 지배를 취득하였을 때에 이전한다'고 하였다. 그러나 CESL은 격지자간 계약, 그 중 특히 온라인 거래를 주요 적용대상으로 하기로 하면서 유럽의회 수정안은 이 조항을 삭제하였다.

CESL은 물리적 점유를 정의하고 있지는 아니하다. 물리적 점유란 물품에 대한 직접적인 지배권을 행사할 수 있는 사실상의 가능성이 있음을 의미하는 것으로 보인다.[48] DCFR도 디지털콘텐츠에 관한 규정을 제외하고는 같은 취지의 규정을 두고 있다(IV.A.–5:103). 이 규정은 예견할 수 없는 위험을 소비자에게 부담시키는 것은 피하기 위함이다. 소비자매매의 경우에는 매도인이 물품을 소비자 매수인의 처분가능상태에 두고 그가 그러한 사실을 알게 되더라도 소비자 매수인이 실제 물품을 수령하지 아니한 경우에는 위험은 이전되지 아니한다.

한편 소비자매매계약에서도 위험이전의 요건으로서 분명하게 특정될 것이 요구된다(제141조). 따라서 제142조의 해석을 위해서는 제141조도 함께 고려하여야 한다. 그런데 소비자매매에서 소비자 또는 소비자에 의하여 지정된 제3자가 물품의 물리적 점유를 획득한 때에 위험이 이전된다고 하고 있으므로, 점유의 취득 이전에 이미 제141조가 요구하는 '분명하게 특정되어야 한다'는 요건은 별다른 의미를 갖지는 않을 것으로 보인다.

---

47) 여기에서 제3자는 사업자(trader)일 수도 있다(Zoll/Watson, in: Schulze, Commentary, Art. 142, no. 3).

48) Zoll, in: Schulze, Commentary, Art. 94, no. 7; Wiese, Gefahrübergang, S. 478.

2. 소비자가 스스로 운송인을 주선한 경우

소비자가 물품 또는 유형의 저장매체에 의하여 제공되는 디지털콘텐츠의 운송을 운송인에게 의뢰하고, 사업자가 이와 같은 선택을 제공함이 없는 경우에는, 위험은 물품 또는 유형의 저장매체에 의하여 제공되는 디지털콘텐츠가 운송인에게 인도된 때에 이전한다. 이 경우 운송인에 대한 소비자의 권리에는 영향을 미치지 않는다(제142조 제4항).

제142조 제4항의 규정은 매도인이 운송인의 물품운송을 제공하지 아니한 경우에만 적용되는가? 만약 매도인이 물품 등의 운송을 제공하였음에도 매수인인 소비자가 직접 운송을 하였을 경우에는 어떠한가? 이 경우 소비자는 운송인이 그러한 가능성을 제공하지 않을 경우의 소비자보다 보호의 필요성이 덜하다고 한다.[49] 그런데 제142조 제1항의 '소비자에 의하여 지정된 제3자가 물품 등의 물리적 점유를 취득한 경우에도 위험이 이전된다'는 것과 비교해 보면, 제142조 제4항이 반드시 매도인이 물품 등의 운송을 위한 가능성을 제공하지 않을 경우에만 적용된다고 볼 것인가는 의문이다. 이 점에서 보면 매도인이 물품 등의 운송가능성을 제공했는지 여부와 상관없이 소비자가 운송인으로부터 독립하여 물품의 운송을 마련하는 경우에는 제142조 제4항이 적용될 수 있다고 보여진다.[50]

다른 한편으로 소비자가 운송인을 주선하는데, 그 운송인이 매도인과 사실상 또는 법적으로 관련되어 있을 경우에는 위험의 이전시기를 결정하는데 어려움이 있을 수 있다. 이에 관하여는 분명한 규정이 없다.

3. 소비자에게 불리한 약정 금지

당사자들은, 소비자에게 불리하게, 본조의 적용을 배제하거나 그 효과를 회피하거나 변경해서는 안된다(제142조 제5항). 소비자매매에 관한 규정의 강행규정성을 선언한 것이다.

---

49) Faust, *Das Kaufrecht im Vorschlag für ein Gemeinsames Europäisches Kaufrecht*, in: Schulte-Nölke/Zoll/Jansen/Schulze, Der Entwurf für ein optionales europäisches Kaufrecht, 2012(이하 'Faust, Das Kaufrecht im Vorschlag'), S. 273; Wiese, Gefahrübergang, S. 487.

50) Wiese, Gefahrübergang, S. 487.

한편 B2C 계약에서 매도인은 다른 정함이 없는 한, 물품 또는 디지털콘텐츠의 물리적 점유 또는 지배를 소비자에게 이전시켜주면 인도의무를 다한다(제94조 제1항 (a)). 인도방법을 규정하는 제94조는 임의규정이다. 따라서 B2C 계약에서도 당사자 사이에 인도방법에 관하여 다른 약정을 할 수 있다.[51] 그런데 그러한 개별약정은 제8장의 불공정조항(unfair contract terms)에 의하여 제한될 수 있다.[52]

IV. 사업자간 계약에서 위험이전

1. 개관

사업자간의 계약에서 위험은 매수인이 물품 또는 물품을 표상하는 서류를 수령한 때에 이전한다(제143조 제1항). 계약 당사자 사이에 특별한 약정이 없는 경우에는 물품매매에서 위험이전의 중요한 기준 시기는 매수인이 물품 또는 물품을 표상하는 서류를 수령한 때이다. 물품매매에서 매수인이 물품을 수령한 때에 매수인에게 대가위험이 이전되는 것은 인도의 수령으로 인하여 매수인이 물품의 소유권을 취득하였기 때문이 아니라, 그와 같은 점유의 이전에 의하여 매수인이 물품을 지배할 수 있게 되기 때문이다.[53] 즉 물품인도의 수령이라는 징표에 의하여 위험을 배분된다고 하기보다는 매매계약의 구체적 유형에 따라 물품의 지배가 언제 어떻게 매도인으로부터 매수인에게 이전되었는가에 따라 위험부담자가 결정된다고 보고, 이러한 점에서 인도주의라는 용어보다는 지배주의의 표현이 더 적절하다는 견해[54]도 있다.

CESL은 매수인의 수령의무에 관하여는 제123조 및 제129조가 규정하고 있다. 제129조에 따르면 매수인이 수령의무를 이행하기 위해서는, 매도인이 인도의무를 이행할 수 있도록 하기 위하여 기대할 수 있는 모든 행위를 다하고, 그리고 물품 또는 물품을 표상하는 문서를 계약이 요구하는 바에 따라서 수령하여야 한다(제129조).[55] 제

51) Zoll, in: Schulze, Commentary, Art. 94, no. 4.
52) Zoll, in: Schulze, Commentary, Art. 94, no. 4.
53) 최수정, 급부장애와 위험부담, 소화, 2003, 185면; Bláquez, Passing of Risk, p. 194도 참조.
54) 최수정, 급부장애와 위험부담, 소화, 2003, 186면.
55) CESL상의 매수인의 수령의무의 내용은 CISG의 그것과 문헌상 약간의 차이는 있지만, 매도인이

129조에서 매수인이 물품 또는 문서를 수령하거나 또는 매도인이 인도하기 위하여 필요한 정보를 매도인에게 제공하는 것이 매수인에게 부과되는 수령의무의 가장 일반적인 것이다. 당사자 간 합의에 의하여 수령의무의 구체적 내용을 정할 수 있다.[56] 매매계약이 운송을 포함하지 아니한 경우[57]에는 매도인은 계약체결 당시 자신의 영업소에서 물품을 매수인이 처분가능하도록 하면 인도의무를 다하는 것이고({제93조 제1항 (b) (ii) 및 제94조 제1항 (c)}, 매수인은 매도인의 물품을 수령하여야 한다. 계약 당사자는 물품의 인도장소로서 매도인의 영업소가 아닌 다른 장소를 정할 수도 있다.

CESL은 사업자 간의 계약에서 매수인이 수령하지 않더라도 매도인으로부터 매수인에게 위험이 이전되는 경우를 규정한다. 제143조 제2항 이하에서 매수인이 수령하기 전에도 위험이 이전되는 특수한 경우들에 대하여 규정하고 있다. 예컨대 물품이 매수인의 처분가능한 상태에 있는 경우(수정안 제143조 제2항), 송부매매의 경우(수정안 제143조 제2항a) 그리고 운송 중 물품이 매도된 경우(수정안 제143조 제2항b) 등이 그러하다.

2. 물품이 매수인의 처분가능 상태에 있는 경우

1) 매도인의 영업소에서 물품이 매수인의 처분가능한 상태에 있는 경우

물품운송이 포함되지 아니한 매매에서 매도인은 계약체결 당시 자신의 영업소(또는 당사자가 다른 장소를 인도장소로 약정한 경우에는 약정한 장소)에서 매수인이 물품 등을 처분할 수 있도록 해두면 인도의무를 다하게 된다.[58] 이에 매수인이 매도인의 영업소(또는 당사자가 약정한 다른 장소)에서 물품 등을 수령하여야 하며, 매수인이 제 때에 물품을 수령하면 매수인에게 위험이 이전된다.

그러나 매수인이 물품 등을 수령하지 아니한 경우에도 일정한 요건 하에서는 매수인에게 위험이 이전되는 경우가 있다. CESL은 물품 등이 매도인의 영업소에서 매수

인도의무를 이행할 수 있도록 매수인이 협력하여야 하는 점과 물품을 수령하여야 하는 점 두 가지를 요구하고 있는 점에서는 양자가 동일하다(CISG 제60조 참조).

56) Dannemann, in: Schulze, Commentary, Art. 129, nos. 7-11.

57) 매매계약이 물품운송을 포함하는 경우에는 물품의 인도장소는 최초 운송인의 집하지이다{제93조 제1항 (b) (I)}

58) CESL 제94조는 물품 등의 인도방법을 규정하고 있다.

인의 처분가능한 상태에 있는 경우와 매도인의 영업소 이외의 장소에서 매수인의 처분가능한 상태에 있는 경우로 나누어 위험이전을 규정한다. CISG도 두 경우를 나누어 위험이전을 규정한다.

먼저 물품이 매수인의 처분가능한 상태에 있고 매수인이 이를 알고 있는 경우에는 아직 매수인이 제 때에 수령하지 않았더라도 위험은 물품이 수령되었어야 하는 때에 매수인에게 이전한다. 다만 제113조에 따라 매수인이 인도의 수령을 보류할 수 있는 권리가 있는 경우에는 그러하지 아니하다(수정안 제143조 제2항 제1문).

CESL은 매수인이 매도인의 영업소에서 제 때에 물품을 수령하지 아니한 경우 위험의 이전시기에 관하여 세 가지 요건을 규정한다.

i) 먼저 물품 등이 매수인의 처분가능한 상태에 놓여 있어야 한다. 여기에서 매수인이 매매목적물인 물품을 처분할 수 있어야 한다는 것이 반드시 그것들에 대한 매수인의 점유를 요구하는 것은 아니다. 예컨대 매도인이 자신의 영업소에서[59] 변제를 위한 준비행위를 완료하고 매수인에게 이를 통지한 경우에는 매수인에게 처분가능한 상태에 있다고 할 수 있다. 또한 매도인이 매매목적물의 인도 이외에 그것들을 표상하는 서류를 제공함으로서 인도의무를 다하는 경우도 포함된다. 이 점은 소비자매매에 관한 경우와는 다르다.

ii) 다음으로 매수인이 매매목적물이 처분가능한 상태에 있음을 알아야 한다는 것인데, 이 요건의 충족여부를 판단하는 기준에 관하여 제143조 제2항은 침묵하고 있다. 매도인과 매수인의 약정으로부터 인식가능성을 추론하는 것은 충분하지 않으며, 또한 매도인이 매수인으로 하여금 물품을 처분할 수 있도록 하지 않는 것이 매도인의 의무불이행이 될 것이라는 점으로 인식여부를 판단하는 것도 충분하지 않다.[60] 일반적으로 매도인이 매매목적물이 매수인의 처분가능한 상태에 있음을 매수인에게 통지하였다면 '매수인이 알았다'는 요건이 충족되었다고 볼 수 있다.[61] 매수인은 매도인 이외의 다른 경로를 통하여 물품이 처분가능한 상태에 있음을 알게 될 수도 있다. 매도인은 매수인이 알았다는 것에 대한 증명책임을 부담한다.[62]

---

59) 사업자간 매매에서 물품의 인도장소는 당사자 사이에 약정이 없는 경우 계약체결 시 매도인의 영업지이다. 매매계약이 물품운송을 포함하는 경우에는 최초 운송인의 가장 가까운 집하지가 인도장소가 된다(CESL 제93조 제1항 (b) 참조).

60) Zoll/Watson, in: Schulze, Commentary, Art. 144, no. 5.

61) Zoll/Watson, in: Schulze, Commentary, Art. 144, no. 5; Bláquez, Passing of Risk, p. 193.

62) Zoll/Watson, in: Schulze, Commentary, Art. 144, no. 5; Bláquez, Passing of Risk, p. 193.

iii) 마지막으로 매수인이 물품 등을 수령했어야 한 때에 위험이 이전한다. 따라서 이 경우에는 매수인이 물품 등에 대한 점유를 취득하여 지배하고 있을 것을 요하지 아니한다. 이미 매수인이 물품 등을 수령했어야 한 때보다 이전에 수령하였다면 수령 시에 위험이 이전되었다고 보아야 할 것이다(제143조 제1항 참조). 한편 CESL은 위 세 가지 요건이 충족되었음에도 불구하고 매수인에게 위험이 이전되지 않는 예외적인 경우를 규정하고 있다. 제113조의 요건이 충족되는 경우이다. 제113조 제1항에 따르면 매도인의 채무가 매수인의 그것과 동시이행관계에 있거나 선이행의무인 경우, 매수인은 매도인이 채무이행을 제공하거나 채무를 이행할 때까지 자신의 채무이행을 거절할 수 있다. 또한 동조 제2항은 매수인에게 불안의 항변권을 인정하고 있다.

요약컨대 CESL은 매도인이 자신의 영업소에서 물품 등을 매수인의 처분가능한 상태에 둔 경우에는 매수인이 그러한 사정을 알면서도 물품 등을 수령하지 아니한 경우(수령지체에 있는 경우)에는 물품 등을 수령하였어야 하는 때에 매수인에게 대가위험이 이전된다. 매도인이 인도의무를 다하였더라도 바로 위험이 이전되는 것이 아니고 매수인이 물품 등을 지배가능성을 취득한 때에 이전된다고 할 것이다. CISG에 따라서도 매도인이 자신의 영업소에서 물품을 처분가능한 상태에 둔 경우 매수인이 물품을 수령하거나 수령하지 아니한 경우에는 그것이 계약위반, 즉 수령지체에 해당하는 경우에 매수인에게 위험이 이전된다(CISG 제69조 제1항).

2) 매도인의 영업소 외의 장소에서 물품이 매수인의 처분가능한 상태에 있는 경우

한편 물품 또는 디지털콘텐츠가 매도인의 영업소 이외의 장소에서 매수인이 처분할 수 있는 상태에 있는 경우[63]에는, 인도의 이행기가 도래하고 매수인이 그 장소에서 물품 또는 디지털콘텐츠를 처분할 수 있는 상태에 있음을 안 때에 위험은 이전한다(유럽의회 수정안 제143조 제2항 제2문). 이 경우에는 매수인이 수령지체에 있는지는 문제가 되지 아니한다.[64] CISG 제69조 제2항도 물품이 매도인의 영업소 이외의 장소에 매수인이 처분할 수 있는 상태에 있는 경우 위험이전에 관하여 CESL과 동일하게 규정하고 있다. 그런데 만약 매도인이 인도의 이행기가 도래하기 전에 물품 등을 자신의 영업소 이외의 장소에서 매수인이 처분할 수 있는 상태로 두고, 이러한 사정을 매수인이 알았다면 인도의 이행기가 도래하지 아니하였더라도 위험이 매수인에게 이전되는

63) 매도인이 아닌 제3자(수치인)의 창고에 물품이 보관되어 있는 경우가 그러하다.
64) Bláquez, Passing of Risk, p. 195.

가? 제143조 제2항 제2문이 인도의 이행기가 도래할 것을 요구하고 있는 점을 감안하면 인도의 이행기가 도래하여야 매수인에게 위험이 이전된다고 할 것이다.[65] 하지만 CESL 제130조 제1항은 매도인이 기한 전에 물품을 인도하는 경우에 매수인은 이를 거절할 정당한 이익이 없는 한 이를 수령하여야 한다고 규정한다. 이러한 경우에는 아직 인도의 이행기가 도래하기 전이라도 매수인이 안 때에 위험이 이전된다고 보는 것이 조화로운 해석이 아닐까 생각된다.

3. 매매계약이 물품의 운송을 포함하고 있는 경우

1) 매도인이 물품을 특정장소에서 인도할 의무를 부담하지 아니한 경우

CESL은 매매계약이 물품운송을 포함하고 있는 경우(송부매매) 위험이전시기에 관하여 규정하고 있다. 우선 규정체계로 보아 송부매매에서 위험이전에 관한 규정은 사업자간의 매매에서 운송인에 의하여 물품이 운송되는 경우에만 적용된다고 할 것이다.[66] 그런데 국제물품매매에는 매도인의 영업소로부터 매수인의 영업소 또는 계약에서 정한 다른 장소로의 운송이 포함되는 경우가 대부분이다. 따라서 CESL 수정안 제143조 제2항a에서 매매계약이 물품의 운송을 포함하고 있는 경우(송부매매)를 말하는 것에 대한 일정한 정의가 필요하다. 우리 민법학에서는 종류채권의 특정과 관련하여 송부채무의 개념에 관하여 학설상 논란이 있다. 학설 중에는 채권자 또는 채무자의 주소 이외의 제3지로 목적물을 송부하여야 하는 채무를 송부채무라고 하는 견해가 있다. 이에 따르면 그 제3지가 본래의 이행장소가 아님에도 채무자가 호의로 목적물을 그곳으로 송부하는 것을 송부채무라고 말한다.[67] 이에 반하여 다른 견해는 송부채무는 채무자가 목적물을 채권자의 주소지 또는 합의된 제3지로 목적물을 송부하여야 하는 채무를 한다고 한다.[68] 이 견해에 따르면 송부채무가 인정되기 위해서는 계약 당사자 사이에 물품의 송부에 관하여 합의가 있을 것을 요한다. 민법은 지참채무를 원칙으

---

65) Bláquez, Passing of Risk, p. 195는 매수인이 물품수령을 결정한 때에 매수인이 위험을 부담한다고 한다.

66) Zoll/Watson, in: Schulze, Commentary, Art. 145, no. 3.

67) 대표적으로 곽윤직, 채권총론, 제6판, 박영사, 2003, 30면 참조.

68) 대표적으로 곽윤직(편집대표), 민법주해(Ⅷ)(송덕수 집필), 155면 이하: 송덕수, 채권법총론, 제2판, 박영사, 2015, 73면 참조.

로 하고 있다. 따라서 계약 당사자 사이에 별다른 약정이 없는 상태에서 채무자인 매도인이 임의로 물품을 제3지로 보내는 것은 송부채무라기 보다는 지참채무에 해당한다고 할 것이다. 따라서 송부채무가 인정되기 위해서는 당사자 사이에 그에 관한 별도의 약정이 있어야 할 것이 필요하다고 본다.

송부매매로 인정되기 위해서는 매매계약에서 당사자의 어느 일방이 국제물품운송을 섭외하는 것으로 정할 필요가 있다. 또한 그 당사자가 운송인과 국제물품운송계약을 체결하여야 한다.[69] 공통유럽매매법은 운송인을 정의하고 있지는 않지만, 여기에서 운송인은 CISG 또는 DCFR에서와 같이 해석하여 매도인으로부터 독립한 운송인을 말한다.[70] 매도인이 특정의 장소에서 물품을 인도할 의무를 부담하지 않는 경우에는, 위험은 물품이 계약에 의하여 매수인에게 송부를 위하여 최초의 운송인에게 인도된 때에 이전한다(수정안 제143조 제2항a (a)). 물품이 운송인에게 인도된 때, 즉 운송인의 보관 하에 있는 때에, 매도인으로부터 매수인에게 위험이 이전되기 위해서는 매도인이 특정의 장소에서 운송인에게 물품을 인도하여야 하는 의무를 부담하지 않는 경우라야 한다.

물품운송이 매매계약에 포함된 경우에는 매수인이 물품에 대한 지배를 얻지 못한 상태에서 매수인에게 위험이 이전된다. 따라서 매수인은 물품이 운송인의 관리 하에 운송 중 멸실되거나 또는 손상됨으로써 물품을 수령하지 못하더라도 매도인에게 대금을 지급하여야 한다. 하지만 이와 같은 위험이전의 규정은 다음의 이유에서 타당하다:[71] I) 매도인의 입장에서 보면 매도인은 최초의 운송인에게 물품을 인도함으로써 물품의 인도의무를 다하고(제94조 제1항 (b)), 이후 물품에 대한 지배를 상실한다. ii) 물품의 운송 중의 멸실 또는 손상의 위험은 운송보험에 의하여 담보되며 매수인에 대한 운송보험에 의하여 담은 운송보험에 의하여 담보되며 매도인으로부터 매수인에게 배서양도되고, iii) 매수인이 수령한 물품을 검사하는 것이 용이하고 따라서 보험회사를 상대로 보험금을 청구하는 것이 수월하다. iv) 복합운송이 이루어지는 경우 운송위험이 분할되는 것을 방지할 수 있다. 또한 국제상거래 관행상 운송인을 매수인의 범주에 드는 것(extension of buyer)으로 본다.

---

69) Bláquez, Passing of Risk, p. 196.

70) CISG 제67조 참조. Hager/Schmidt-Kessel, in: Schlechtriem & Schwenzer, CISG Art. 67 참조. DCFR Ⅳ.A–5:202; Von Bar/Clive (eds), DCFR, Full Edition, p. 1383 이하; 최수정, 앞의 책, 182-183면 참조.

71) 물품운송이 포함된 경우의 위험이전 규정의 정당성에 대한 상세한 설명은 Von Bar/Clive (eds), DCFR, Full Edition, p. 1385; Bláquez, Passing of Risk, p. 197-198 참조.

2) 매도인이 물품을 특정장소에서 인도할 의무를 부담하는 경우

국제물품매매에서 당사자가 위험이전 시기에 관하여 약정을 할 수 있다. 운송이 포함되는 매매에서 계약 당사자는 매도인이 특정장소에서 물품을 운송인에게 인도하여야 하는 것으로 약정할 수 있다. 이러한 약정이 있는 경우에는 매도인이 특정의 장소에서 운송인에게 물품을 인도한 때에 위험이 이전된다(수정안 제143조 제2항a (b)).

이 경우에는 매도인은 특정장소까지는 자신의 위험으로 매매목적물을 운송하여야 한다. 예컨대 매도인이 항구(또는 공항)에서 물품을 운송인에게 인도하기로 약정한 경우 매도인은 물품을 자신의 영업소로부터 항구(또는 공항)까지 자신의 위험부담으로 물품을 운송하여야 한다. 따라서 매도인이 항구(또는 공항)까지의 운송을 위하여 독립한 운송인에게 물품을 인도하였더라도 그 경우에는 매수인에게 위험이 이전되지 않는다. 동 조항은 CISG 제67조 제1항 제2문 및 DCFR Ⅳ.A. –5:202와 동일하다.

3) 물품의 처분권한을 수여하는 서류의 보유와 위험이전

매도인이 물품의 처분권한을 수여하는 서류를 보유할 권한을 가졌다는 사실이 위험의 이전에 영향을 미치지 않는다(수정안 제143조 제2항a). 다시 말하면 매도인이 물품의 소유권을 여전히 보유하더라도 위험은 물품이 운송인에게 인도됨으로써 매수인에게 이전된다. 즉 위험이전을 위하여 중요한 것은 물품이 운송인에게 인도되었는지 여부이다.[72]

4. 물품이 운송 중에 매도된 경우

유럽의회 수정안 제143조 제2항b는 물품이 운송 중에 매도된 경우, 위험의 이전에 관하여 규정하고 있다. 물품이 운송 중에 매도된 경우 위험의 이전에 관한 규정은 사업자 간에 해상, 항공 또는 육로운송 중 매도된 물품에 관한 매매계약에 적용된다.[73]

동 조항은 운송 중 매도된 물품매매에서 위험이전의 기준시기에 관하여 두 가지를 규정하는데, 그 하나는 최초의 운송인에게 물품이 인도된 때이고, 다른 하나는 계약체

---

72) Zoll/Watson, in: Schulze, Commentary,, Art. 145, no. 7.

73) Zoll/Watson, in: Schulze, Commentary, Art. 146, no. 3.

결 시이다. 두 시기 중 어느 시기에 위험이 이전되는가에 관하여 이 규정은 제반 사정에 따른다(depending on the circumstances)고만 한다.[74] 최초 운송인에게 인도 시와 계약체결 시 중 어느 것을 우선으로 하고 있는지가 분명하지 않다. 이 규정대로라면 물품이 운송 중에 매도된 경우 위험이전시기에 대하여 오해의 소지가 있어 보인다. 반면에 유럽집행위원회의 원안은 최초의 운송인에게 인도된 때를 위험이전시기로 하면서, 다만 제반사정에 따라서는 계약체결 시에 위험이 이전된다고 하고 있다(원안 제146조 제2항).[75] 유럽집행위원회 원안 제146조 제2항은 위험의 이전시기를 계약체결 시보다 물품이 최초의 운송인에게 인도된 때로 소급시키고 있다. 유럽의회는 유럽집행위원회의 원안을 위와 같이 수정한 이유를 밝히고 있지는 않다. 특별한 설명이 없는 것으로 보아 유럽집행위원회 제146조 제2항의 원칙과 예외의 규칙이 그대로 인정된다고 생각된다.

한편 물품이 운송 중 매도된 경우 최초의 운송인에게 물품이 인도된 때에 위험이 이전된다고 규정한 것은 B2B 매매에서 상관습에 따른 것이다.[76] 그런데 사정에 따라서는 계약체결 시에 위험이 이전된다(수정안 제146조 제2항 단서). 여기에서의 사정은 예컨대 운송위험에 관하여 보험계약이 체결되지 않은 경우를 말한다.[77] 그런데 이처럼 위험의 이전시기를 보험계약의 체결 여부와 같은 제반사정에 좌우되는 것으로 규정하는 태도는 법적 안정성에서 문제가 있다고 하거나[78], 또한 계약해석에 관한 일반원칙과 관련하여 문제가 있다고 평가된다.[79]

이처럼 운송 중 물품매매계약에서는 원칙적으로 위험이 최초의 운송인에게 인도된 때에 매수인에게 이전되고, 예외적으로 계약체결 시에 이전되는 것으로 규정하고 있다. 그런데 CISG 제68조에서는 이러한 원칙과 예외를 반대로 규정하고 있다. 즉 CISG 제68조는 운송 중 물품매매계약에서 위험이전시기를 계약체결 시로 규정하고 있고,

---

74) 유럽의회 수정안 제143조 제2항b "Where goods are sold in transit the risk passes to the buyer as from the time when the goods were handed over to the first carrier or when the contract is concluded, depending on the circumstances."

75) 유럽집행위원회 원안 제146조 제2항 "The risk passes to the buyer as from the time the goods were handed over to the first carrier. However, if the circumstances so indicate, the risk passes to the buyer when the contract is concluded."

76) Zoll/Watson, in: Schulze, Commentary, Art. 146, no. 4; Von Bar/Clive (eds), DCFR, Full Edition, p. 1388.

77) Wiese, Gefahrübergang, S. 490; Zoll/Watson, in: Schulze, Commentary, Art. 146, no. 4; Von Bar/Clive (eds), DCFR, Full Edition, p. 1388.

78) Faust, Das Kaufrecht im Vorschlag, S. 273; Zoll/Watson, in: Schulze, Commentary, Art. 146, no. 4.

79) Wiese, Gefahrübergang, S. 490; Zoll/Watson, in: Schulze, Commentary, Art. 146, no. 4.

다만 사정이 있는 경우에는 운송계약체결의 내용을 담은 증서를 발행한 운송인에게 인도된 때에 위험이 이전되는 것으로 규정하고 있다. 공통유럽매매법이 CISG에서와 달리 원칙과 예외관계를 규정한 것은 CISG의 규정이 상관습 및 실무와 일치하지 않은 점을 고려한 결과라고 한다.[80]

한편 매도인이 계약체결 시에 물품이 멸실되었거나 또는 훼손되었음을 알았거나 알았을 것이라고 기대될 수 있고 이를 매수인에게 고지하지 않은 경우에는, 멸실 또는 훼손은 매도인의 위험으로 한다(유럽집행위원회 원안 제143조 제2항b 제2문). CISG 제68조 제3문도 이와 같은 취지로 규정하고 있다. 그런데 계약체결 당시에 이미 물품이 멸실 또는 훼손되었고, 매도인이 이를 알았거나 알 수 있었을 경우에만 매도인이 위험을 부담하는지, 아니면 계약체결 이후에 발생한 추가적인 손해 또는 계약체결 당시에 이미 물품이 멸실 또는 훼손되었으나 매도인이 이에 대하여 알지도 못하였고, 알 수도 없었을 경우에도 매도인이 위험을 부담하여야 하는지에 대하여는 논란이 있다.[81] 이러한 문제는 CISG 제68조 제3문의 해석에서도 문제되었는데, 제143조 제2항b 제2문을 통해서도 여전히 해결되지 못하고 있다.

80) Wiese, Gefahrübergang, S. 490.

81) 이러한 논의에 대하여 Hager/Schmidt-Kessel, in: Schlechtriem & Schwenzer, CISG, Art. 68, no. 8.

V. 마치며

민법은 유상쌍무계약인 매매에서 매매목적물의 우연한 멸실로 인한 대가위험의 이전에 관하여 규정하지 않고 있다. 개별계약에서는 위험이전이나 위험부담에 관하여 침묵한 채 단지 계약의 효력일반에 관한 규정부분(민법 제3편 제2장 제1절 총칙의 계약의 효력에 관한 제2관)에서 쌍무계약 일반에 적용되는 위험부담에 관하여 제537조와 제538조의 규정을 두고 있을 뿐이다. 민법 제537조와 제538조의 규정만으로는 다양한 계약에서의 위험부담 및 위험이전의 문제를 적절하게 해결할 수 없다. 따라서 위험이전에 관하여는 전적으로 당사자의 의 의사나 민법의 해석에 의하여 정하고 있다. 그러나 학설상의 논의만으로도 위험부담 및 위험이전 문제의 해결을 위해서 부족한 실정이다. 쌍무계약에서 위험이전 등에 대한 외국의 법제에 대한 비교법적 연구는 필요하며, 이러한 연구는 학설상의 논의를 보완하는 것을 넘어서 입법적 대안을 제시하는데 도움이 될 수 있다.

공통유럽매매법은 매수인이 물품 등을 수령하는 것을 위험이전의 중요한 기준으로 규정하고 있지만(제143조 제1항 참조), 물품 등의 수령만으로 위험이전시기를 결정하지는 않는다. CESL에서 위험이전을 위하여 중요한 것은 매수인이 물품에 대한 지배 내지 지배가능성을 취득하는 시기가 언제인가가 중요하다. CESL은 매매의 다양한 유형을 감안하여 그에 따라 세부적으로 위험이전시기를 결정하고 있다. CESL은 구체적으로 송부매매, 운송 중 물품이 매도된 경우 물품이 매수인의 처분에 맡겨진 경우 등 다양한 유형에 따른 위험이전을 정하고 있다.

이와 같이 다양한 유형의 매매에서의 위험이전 및 위험부담의 문제의 검토 시 공통유럽매매법의 규정은 우리에게 시사하는 바가 크다고 할 것이다. 민법 제537조나 제538조는 쌍무계약에서 채무자가 대금지급의무를 부담하는지에 대하여 규정하고 있을 뿐, 즉 쌍무계약에서 위험부담의 문제를 규정하고 있을 뿐이다. 따라서 제537조나 제538조에서 위험이전시기를 도출하는 것은 어렵다.[82] 우리 학설은 위험이전 시기에

82) 최수정, 앞의 책 194면 이하는 민법 제188조, 제537조, 제587조 등이 위험이전시기를 정하는 근거가 될 수 있는지에 대하여 검토하면서, 제188조에서 인도는 물권변동을 가져오는 것이고 그 인도에 의하여 채무의 이행을 완료되므로 더 이상 계약관계에서의 위험부담이 문제될 수는 없다고 한다. 또한 제537조는 위험부담 분제를 규정하는 것일 뿐이라고 한다. 또한 계약관계에서 과실수취권의 이전시점을 규정하고 있는 제587조는 위험이전시점에 대한 유력한 단서가 될 수는 있겠지만 그것만으로 충분하지 않다고 한다(최수정, 앞의 책, 208면-209면). 한편 제철웅, 앞의 논문, 371

관하여 소유권이전시기, 인도시기 또는 계약체결시기 등으로 학설상 단편적인 논의를 하고 있을 뿐이다. 그러나 이들 학설들은 민법의 어느 규정을 근거로 제대로 제시하지 못하고 있다. 현행 민법은 물권변동에 관하여 성립요건주의를 취하고 있고 동산물권변동은 인도가 있으면 효력이 생긴다. 따라서 매도인이 매수인에게 물품을 인도하면 그 때부터는 계약상 위험의 문제가 있는 것은 아니다. 다만 물품매매에서 소유권유보부특약이 있는 경우에는 매도인의 물품의 인도가 있더라도 매수인의 대금지급이 있을 때까지는 소유권이전의 효력이 발생하지 아니하고 여전히 계약상 위험의 문제가 있게 된다.[83] 한편 민법은 매매계약이 운송을 포함하는 경우, 즉 송부매매의 경우나 운송 중의 물품에 대한 매매에서의 위험이전에 관한 문제는 매도인에 의한 물품의 인도 또는 매수인의 수령만으로 위험이전시기를 결정할 것은 아니다. 이들 문제에 관하여는 공통유럽매매법의 규율내용이 의미가 있다.

아울러 공통유럽매매법은 사업자간의 매매와 구별하여 소비자매매를 함께 규율하고 있다. 소비자계약법을 민법에 편입하여 통일적으로 규율할 수 있는지에 대한 법정책적 검토가 여전히 중요한 연구과제가 되고 있는 상황에서 공통유럽매매법의 규율체계는 우리 민법의 규율체계를 검토하는데 중요한 참고가 될 수 있다고 본다.

유럽연합 내에서 국경을 넘는 물품 등의 매매를 적용대상으로 제안된 CESL이 철회된 상태이다. 하지만 공통유럽매매법안은 유럽연합의 회원국 내의 비교법적 연구의 중요한 산물이고, 그것이 매매일반의 중요한 원칙들을 담고 있다. 그것의 주요 내용은 향후 유럽사법의 통합과정이나 유럽연합의 회원국내에서의 중요하게 취급될 것이다. 위험이전에 관한 규칙도 마찬가지이다.

면은 민법 제587조를 "매매목적물을 인도하였음에도 불구하고, 매수인을 이행지체에 빠뜨리지 못한 경우에도 당사자 사이에 다른 합의가 없는 한, 매도인은 인도의 시점에서부터 지연이자 성격의 법정이자의 지급을 청구할 수 있도록 하는" 규정으로 이해하면서 동조는 위험배분의 근거가 될 수 없다고 한다.

83) 매수인의 물품수령시점을 위험이전시기로 하는 것이 특별히 의미를 가지는 것은 소유권유보부특약이 있는 매매계약의 경우가 그러하다는 것에 대하여는 위 II. 3. (3) 참조. 그리고 최수정, 위의 책, 210면 이하; 제철웅, 위의 논문, 374면도 참조.

참고문헌

곽윤직(편집대표), 민법주해(Ⅷ), 박영사, 1995

곽윤직(편집대표), 민법주해(XIII), 박영사, 1997

박영복, "EU집행위원회에 의해 제안된「유럽공통매매법에 관한 규칙」", 외법논집 제37권 제3호, 2013. 8

박찬우, "국제물품매매에서의 위험부담에 관한 서론적 고찰", 연세법학연구 제6권 제1호, 1999

백경일, "보통유럽매매법(CESL)에서의 의사표시 하자규정에 관한 비교법적 검토", 비교사법 제21권 제1호, 2014. 2

백경일, "유럽공통매매법안(CESL)에서의 계약체결규정에 관한 비교법적 검토", 비교사법 제20권 제2호, 2013. 5

석광현, 국제물품매매계약의 법리, 박영사, 2010

송덕수, 채권법총론, 제2판, 박영사, 2015

양창수, "위험부담", 고시연구 1990년 12월호

이준현, "보통유럽매매법(CESL)상 매수인의 의무와 그 의무의 불이행에 대한 구제 – 당사자의 의무와 불이행시 구제수단에 대한 전체적 개관을 포함하여 –", 재산법연구 제31권 제4호, 2015. 2

제철웅, "매매에서의 위험부담", 민사법학 제26호, 2004. 9

최수정, 급부장애와 위험부담, 소화, 2003

하경효 외 공역, 보통유럽매매법, 세창출판사, 2014

Bláquez, Francisco Olivia, Passing of Risk, in: Javier Plaza Penadés/Luz M. Martínez Velencoso (ed.), European Perspectives on the Common European Sales Law, Cham, Heidelberg, New York, London, 2015

Faust, Florian, Das Kaufrecht im Vorschlag für ein Gemeinsames Europäisches Kaufrecht, in: Schulte-Nölke/Zoll/Jansen/Schulze, Der Entwurf für ein optionales europäisches Kaufrecht, 2012

Münchener Kommentar zum Bürgerlichen Gesetzbuch, Band 3 Schuldrecht — Besonderer Teil I §§ 433-610, Finanzierungsleasing, Heizkosten V., Betriebskosten V., CISG, 5. Aufl., München, 2008('MünchKomm-BGB/집필자'로 인용)

Schlechtriem & Schwenzer Commentary On The UN Convention On The International Sale of Goods(CISG), 3. ed., Oxford University Press, 2010('Schlechtriem & Schwenzer, CISG'로 인용)

Schulze, Reiner(ed.), Common European Sales of Law(CESL) – Commentary –, Baden-Baden, München, Portland, 2012 ('Schulze, Commentary'로 인용)

von Bar, Christian/Clive, Eric(ed.), Principles, Definitions and Model Rules of European Private Law, Draft Common Frame of Reference (DCFR), Full Edition, 2010('DCFR, Full Edition'으로 인용)

Wiese, Volker, Gefahrübergang nach Artt. 140 ff. GEKR, in: Ein einheitliches europäisches Kaufrecht? Eine Analyse des Vorschlags der Kommission, München, 2012. http://www.epln.law.ed.ac.uk

제 5 장 손해배상과 이자

■ 유럽공통매매법(CESL)에서의 이자지급 규정

유럽공통매매법(CESL)에서의 이자지급 규정

김화 교수(전남대학교 법학전문대학원)

I. 서론

금전채무의 경우에도 그 불이행이 있는 경우 손해가 발생한다는 것을 예상할 수 있다. 그러나 많은 법제도들에서는 이러한 금전채무의 불이행의 경우에 일반적인 손해배상의 경우와 달리 특별한 규정을 마련하고 있는 경우가 많다. 이는 금전채무가 가지고 있는 특성에서 기인하는 것으로 설명된다.[1] 이러한 금전채무의 특수성은 우리민법 제387조에 찾아 볼 수 있다. 이에 따르면 금전채무불이행의 손해배상액은 구체적인 사안에 따라 실제적으로 발생하는 손해에 따르는 것이 아니라, 원칙적으로 법정이율에 따라 결정되게 된다. 즉 이는 금전채무의 손해배상에 관해서는 다른 일반적인 손해배상의 경우와 같이 구체적인 손해를 확정하는 방법에 따라서 결정하는 것이 아니라 원본에 이율을 곱하는 방식으로 산정되고, 이러한 손해가 금전채권자에게 실제로 발생하였는지에 대해서 입증을 요하지도 않는다. 또한 일반적으로 손해배상채권을 구하기 위해서는 채무자의 과실 요하는데, 실제에 있어서 이러한 과실을 입증이 쉽지 않다. 그러나 금전채권의 지연이자를 청구하는데 있어서는 채무자의 과실이 없다는 항변도 받아지지 않는다. 또한 금전채무의 불이행에 대한 이행불능도 인정되지 않는다.[2]

흔히 지연이자라고 설명되는 채무는 본래의 의미로서 일정한 금전의 사용에 대한 대가로서의 이자가 아니라 금전채무의 불이행에 따른 특별한 전보를 의미한다. 그러

* 이 논문은 같은 제목으로 「외법논집」, 제39권 제4호(2015.11), 139쪽 이하에 개재된 논문입니다.

1) 민법주해[IX] 채권(2), 2013, 625쪽(양삼승 집필) 참조.

2) 주석민법 채권총칙(2), 제3판, 2013, 33쪽(유남석 집필).

나 이러한 지연이자의 경우에는 우리민법 제397조에서 보는 바와 같이 일반적인 이자채권과 같이 원본과 이율, 그리고 이자발생의 기간을 요소로 하여서 산정되게 된다. 이러한 금전채권에 있어서 손해의 전보는 이를 보통의 손해배상과 같이 일정한 가치를 손해로 확정하고, 이를 다시 금액으로 재평가하여서 일정한 배상액을 결정하는 것이 아니라[3] 일정한 요소를 중심으로 하여서 이를 계산하여서 결정하게 된다는 특징을 갖고 있다. 이는 기본적으로 금전 자체가 중요한 것이 아니라 금전이 표상하는 일정한 가치가 중요한 것이므로, 거래에서 발생하는 일반적인 손해와 달리 금전의 경우에는 그 추상적인 가치를 중심으로 계산하여서 확정할 수 있다는 것을 보여주는 것이다.[4]

금전채무의 불이행에 의하여 발생하는 지연이자에 대하여서 금전이 갖고 있는 이러한 가치중심성, 고도의 통용성에 대하여 이를 어떻게 반영할 것인가에 대하여서는 각국마다 그 입법례가 다르다. 즉, 지연이자에 관해서는 일반적인 손해배상의 발생요건을 따르지 않는 경우를 쉽게 볼 수 있다. 앞서 언급한 바와 같이 우리민법 제397조도 지연이자에 관하여서는 금전채무의 특성을 고려하고 있다.

입법례에 따라 다르기는 하지만 일반적으로 손해배상의무를 인정하기 위해서는 손해배상의무자의 일정한 귀책가능성을 요건으로 하거나, 또는 그 반대로 이러한 손해배상의무자의 면책가능성을 인정하고 있다. 그러나 입법례에 따라서는 지연이자의 경우에 이러한 귀책가능성이나 면책가능성을 인정하지 않는 경우가 존재한다.[5] 이는 금전채무불이행의 경우에는 손해배상책임을 과하기 위한 중요한 책임요건으로서의 귀책의 여부가 문제가 되지 않을 수 있다는 것을 보여준다. 이는 금전채무의 불이행에 채무자의 고의나 과실이 없어서 그 불이익을 채무자에게 돌릴 수 없는 경우에서도 지연이자의 채무자는 이러한 불이익의 배상에 대한 책임을 져야 한다는 것을 의미한다.

더 나아가 크게 생각되지 않고 넘어갈 수 있는 문제일 수 있지만, 금전채권자에게 실제적인 손해가 발생하지 않은 경우, 또는 실제적인 손해의 발생에 대해서 구체적인 입증이 없어도 그 지연이자의 배상을 청구할 수 있도록 규정되어 있는 입법례가 다수 존재한다.[6] 이는 단순히 손해발생과 그 내용에 대한 입증책임의 전환에 그치는 것이 아

---

3) 물론 완전배상주의를 택한 손해배상법체계에서는 발생한 불이익이 손해이고 이 불이익 자체를 원상회복시키는 것이 손해의 배상이 될 것이다.

4) 이러한 금전의 가치로서의 의미에 대하여 민법주해[IX] 채권(2), 2013, 625쪽(양삼승 집필).

5) 예를 들어 스위스채무법 제104조에서는 지연이자의 경우에는 채무자가 자신의 과실 없음을 이유로 하여서 책임을 면할 수 없음을 규정하고 있다: 민법주해[IX] 채권(2), 2013, 628쪽(양삼승 집필) 참조.

6) 예를 들어 독일민법 제288조에 따르면 금전채무에 대하여는 지체 중에 지연이자를 지급하도록 규정하고 있으며, 그 이율은 기본이율에 5%를 가한 것으로 규정하고 있다: 독일민법의 번역에 관해

니라, 아무런 손해가 발생하지 않았음에도 그 손해의 배상을 인정하다는 점에서 일정한 손해발생의 의제라고 볼 수 있다.[7] 위와 같이 금전채무의 불이행이 있는 경우, 즉 금전채무가 지급시기를 넘어서 지급이 되지 않은 경우 발생하는 손해의 배상에 대해서는 일반적인 손해배상과 구별되는 특징들을 갖고 있다.

이러한 금전채무의 특성은 손해배상과 관련하여서 어떻게 고려하여 그 규정체계를 완성할 것인가의 문제는 단순히 보통의 손해배상에의 특칙으로서의 의미를 갖는 것이 아니다. 왜냐하면 채무불이행의 경우에 다양한 구제수단이 발생하게 되고, 이러한 구제수단의 경우 금전의 지급을 매개로 하여서 채권자의 이익을 회복시키는 경우가 많기 때문이다. 구제수단의 행사를 통하여서 피해자에게 일정한 금전채권이 발생할 수 있고 이러한 금전채권의 불이행이 있었을 경우에는 다시 지연이자의 문제가 등장하게 된다. 경우에 따라서는 구제수단 자체의 의미보다 이로 인하여서 발생한 금전채무의 불이행을 통한 지연이자의 문제가 당사자에게는 더 큰 의미를 갖게 되는 경우가 발생할 수 있다. 특히 지연이자의 경우에 특칙을 두어서 채무자에게 면책의 가능성을 인정하지 않거나, 채권자가 특별한 입증 없이 쉽게 지연이자를 구할 수 있는 법체계에서는 더욱 그러할 것이다.

유럽공통매매법(Common European Sales Law: CESL)[8] 그 규율대상을 매매계약으로 한정하고 있다.[9] 따라서 금전채무인 매매대금채무와 관련하여서 지연이자의 문제가 발생할 수 있다. 그러나 지연이자의 문제는 앞서 설명한 바와 같이 매매대금채무의 경우에만 발생하는 것이 아니라, 매도인 또는 매수인이 행사하게 되는 다양한 구제수단이 행사될 때, 또는 이와 부수해서 발생하게 된다. 왜냐하면 이러한 금전채무를 수단으로 하여서 매매계약 당사자에게 발생한 불이익을 복구하는 경우가 많이 발생하기 때문이다.

이러한 의미에서 CESL에 있어서 이러한 금전채무의 발생이 당사자 사이에 다양한 경우에 발생할 수 있고, 이러한 금전채무가 불이행될 때 그 지연이자가 문제가 된다는 점에서 지연이자와 관련된 논의의 중요성을 확인할 수 있다. 또한 CESL은 다양한 법체계의 비교법적인 연구결과의 산물이므로 CESL상의 지연이자에 관한 논의를 통하여서 우리민법의 지연이자와 관련된 규정이 세계적인 흐름에서 어떠한 위치에 있는지, 앞으로의 발전방향은 어떠해야 하는지에 관해서도 가늠해 볼 수 있을 것이다.

서는 양창수, 2015년판 독일민법전, 박영사, 2015 참조.

7) 민법주해[IX] 채권(2), 2013, 629쪽(양삼승 집필).

8) 이하 CESL이라 한다. CESL의 성립배경 및 대체적인 내용에 대해서는 하경효 외 공역, 『보통유럽매매법』, 세창출판사, 2014, 1쪽 이하 참조.

9) 하경효 외 공역, 『보통유럽매매법』, 세창출판사, 2014, 7쪽.

II. CESL에 있어서 지연이자 규율의 체계

CESL에 있어서 지연이자(Interest on late payment; Verzugszinsen)는 제166조 이하에서 규정되어 있고, 이는 크게는 3부분으로 나누어 볼 수 있다. 즉 CESL은 지연이자와 관련하여서 금전채무의 채무자가 누구인가, 즉 지연이자에 대한 채무자가 누구인가에 따라서 규정을 달리하여서 규율하는 체계를 취하고 있다. 따라서 지연이자의 주체가 소비자인가 아니면 사업자인가와 관계없이 적용되는 공통규정과, 지연이자의 채무자가 소비자인가, 아니면 사업자인가에 따라 각각 적용되는 특별규정으로 나누어 볼 수 있다.

제166조는 지연이자에 관한 일반규정으로서, 그 지연이자의 지급주체가 소비자인가 사업자인가에 관계없이 적용되는 규정이다. 이에 반하여서 제167조는 금전채무의 채무자가 소비자인 경우에 적용되는 특별규정이다. 제167조와 관련하여서 중요한 점은 지연이자가 어떠한 금전채무에서 발생한 것인지의 여부는 따지지 않는다는 점이다. 즉 당해 금전채무가 매매대금지급채무일 경우 뿐 아니라, 손해배상채무나 대금감액에 의한 차액의 지급채무인 경우에도 그 채무자가 소비자이기만 하면 그 지체로 인한 지연이자와 관련하여서는 제167조가 적용되게 된다.

제168조 이하는 그 금전채무의 채무자가 사업자인 경우를 규정하고 있다. 그러나 제167조가 지연이자의 채무자가 소비자이기만 하면 당해 금전채무의 내용과 관계없이 적용되는데 반하여서 제168조는 모든 금전채무를 그 적용대상으로 하고 있는 것이 아니라, 사업자의 대금지급의무의 지체만을 대상으로 하고 있다. 따라서 제168조는 그 적용대상을 제한하는데 있어서 그 주체만을 제한하는 것이 아니라, 그 금전채무의 내용 또는 발생원인까지도 제한하고 있다고 할 수 있다.

요약하면 금전채무의 채무자가 소비자인 경우에는 제167조가 특별규정으로서 최우선 적용되며, 금전채무의 채무자가 사업자이며, 그 채무의 내용이 매매대금지급채무인 경우에는 제168조가 적용되지만, 금전채무의 채무자가 사업자이나 그 채무가 매매대금지급채무가 아닌 경우에는 다시 일반규정으로 돌아가 제166조가 적용되는 다소 복잡한 구조를 갖고 있다.

또한 사업자의 지급지체와 관련하여서 특수한 내용 중 하나가 제169조에서 규정되어 있는 처리비용의 배상이다. 이에 따르면 제168조에 따른 지연이자가 발생된다는 것을 전제로 하여서 사업자에게는 지연이지와 함께 일정한 고정액수의 처리비용의 배상의무가 발생하게 된다. 또한 제169조 제2항에 따라서 그 실제처리비용이 일정한 고

정배상액을 넘는 경우에는 상당한 전보배상도 청구할 수 있다. 그러나 이러한 상당한 전보배상이 무엇을 의미하는 것인지, 이는 비용에 대한 손해배상(Damages)과는 어떻게 구별되는 것인지, 또는 그 투입된 비용이 고정비용을 넘는다는 점이 입증된다면 이는 손해배상의 요건을 충족하는 것을 전제로 하여서 배상책임을 인정할 수 있다는 것인지 등에 대하여서 그 배상의무의 성질이 분명하지 않다.

지연이자는 원본과 이자율, 그리고 기간을 통하여 구체적으로 확정되므로, 지연이자의 내용을 결정하기 위해서는 이자율과 지연이자가 발생하는 시기와 종기가 결정되어야 한다. 따라서 CESL에서 지연이자와 관련된 규정들도 구체적인 지연이자의 의무내용을 확정할 수 있도록 위와 같은 요소들에 대하여 구체적으로 규정하고 있다. 이러한 일반적인 규정내용 외에도 다른 법적인 문제들에 대하여 규정하고 있다. 이는 예를 들어 채무불이행의 면책사유가 존재하는 경우에 지연이자의 책임도 면책되는지 여부, 실제 발생한 손해가 이자율을 통하여서 계상된 지연이자를 초과하는 경우에 이러한 추가적인 손해에 대하여서 채권자는 배상을 받을 수 있는지 여부, 또한 이자를 원금에 가산하는 복리방식에 의하여서 지연이자를 계상할 수 있는지 여부 등이다. 이러한 문제들 외에도 당사자들이 지연이자에 관한 규정을 배제하거나 변경하는 약정이 가능한지, 당사자들의 지연이자와 관련된 사적자치의 가능성을 인정한다면 이는 어느 정도까지 가능한지의 문제가 발생할 수 있다. 이는 이러한 약정의 불공정성과 관련된 문제로서 이러한 지연이자에 관한 다른 약정을 통하여서 어느 일방당사자가 지나친 불이익을 받을 수도 있다는 점에서 그 허용한도에 대한 논의가 필요하다. 이하에서는 지연이자와 관련된 이러한 다양한 문제들에 대하여서 CESL이 어떠한 방식으로 처리하고 있는지를 살펴보고, 그 합리성에 대하여서 생각해 보도록 한다.

III. 제166조상의 지연이자에 관한 일반규정

1. 서설

제166조는 지연이자, 즉 금전채무의 지급지체로 인한 손해에 대한 배상에 관한 일반규정을 구성하고 있다. 앞서 언급한 바와 같이 제166조가 적용될 수 있는 경우는 채무자가 소비자가 아닌 경우에 한하며,[10] 제168조의 특별규정이 있기 때문에 채무자가 사업자인 경우라도 그 금전채무가 매매대금채무인 경우에는 적용되지 않는다. 그러므로 사업자가 채무자인 매매대금채무 이외의 금전채무에는 제166조의 일반규정이 적용된다고 할 수 있다. 제166조의 일반규정은 지연이자 확정을 위한 요소를 규정하고 있다. 원본에 대해서는 지급되어야 할 금전채무가 존재함을 전제로 함으로 따로 규정할 것이 없지만, 이자율에 대해서는 제166조 제2항에서 규정하고 있으며, 본조 제1항에서는 그 지연이자의 발생기간을 지급기한이 도래할 때부터 지급이 이루어진 때까지로 결정하고 있다. 지연이자의 발생요건에 대하여는 채무자의 귀책과 같은 다른 요건을 요하지 않으며, 채권자의 최고도 요하지 않는 것으로 규정되어 있다.

결과적으로 금전채무의 경우에는 지급기간이 도래하기만 하면, 자동적으로[11] 지급이 이루어질 때까지 지연이자가 발생하며, 채권자의 채무자에 대한 어떠한 계고(Warning)없이도 지연이자가 발생하게 된다는 것이다. 이는 금전채무의 채무자에게는 중요한 의미를 갖는다. 왜냐하면 금전채무의 지연이 있을 경우 이에 대하여 불가항력 또는 무과실이 항변이 불가능하며, 더 나아가 이러한 지연이자의 발생을 본인이 알았는지 알 수 있었는지 여부와 관계없이 발생하고 이는 실제적인 지급시까지 계속되기 때문이다. 이러한 규정체계 하에서는 금전채무의 채무자가 금전의 지급을 하고자 하였으나 그 평가를 잘못하여서 지급하지 못한 경우에도 채권자의 어떠한 추가적인 이행의 요청 없이 지연이자의 채무가 발생하기 때문이다. 이러한 경우 장기간의 금전채무의 불이행으로 상당한 지연이자가 발생할 수 있다는 점에서 금전채무의 채무자에게는 상당히 불리한 측면이 있다.

지연이자의 본질에 관하여 제166조에 따른 지연이자의 지급은 채무자의 면책여부와 관계없이 인정되기 때문에 이를 일종의 부당이득의 성질을 갖는 것으로 해석할 수

---

10) 이 경우에는 특별규정인 제167조가 우선 적용되기 때문이다.

11) Schulze/Možina, Art. 166 CESL, Rn. 1.

있는 여지가 있다.[12] 그러나 지연이자의 규정은 CESL에서 제16장인 손해배상과 이자(Damages and interest)의 장에 함께 규정되어 있고, 구체적으로는 손해배상에 대한 규정들 다음에 편제되어 있다. 또한 제166조 제3항에 따르면 채권자는 지연이자를 넘는 추가적인 손해가 있으면 이를 배상받을 수 있다는 점을 분명히 하고 있는데, 이는 추가적 손해의 증명만 있으면 이를 배상받을 수 있다는 것을 의미하는 것이 아니라, CESL상의 손해배상의 요건을 갖춘 경우에 이를 청구할 수 있다는 의미이다.[13] 이러한 의미에서 지연손해의 배상은 그 본질에 있어서는 금전채무라는 특수성에 따른 특수한 손해배상으로 보아야 할 것으로 생각된다. 이러한 관점에서 지연이자의 규정을 통하여서 결정되는 지연이자액은 금전채권자의 실질적인 손해의 정도와 관계없이 무조건 손해가 발생한 것으로 인정되는 이른바 추상적 손해(abstract damages)의 개념으로 설명할 수 있을 것이다.[14]

2. 제166조에 따른 지연손해발생의 요건

1) 금전채무

지연이자를 계산을 통하여서 확정하기 위해서는 금전채무의 특정된 범위(sum)가 필요하다. 지연이자의 일반규정으로서 제166조는 모든 금전채무를 그 대상으로 하고 있으며, 제168조와 같은 금전채무의 내용의 제한을 두고 있지 않다. 매매계약을 그 규율대상으로 하고 있는 CESL에서는 앞서 설명한 바와 같이 매매대금지급채무가 대표적인 금전채무이지만 이외에도 계약관계의 진행에 따라서 다양한 금전채무가 발생할 수 있다. 예를 들어 손해배상채무 및 합의를 통한 손해배상예정, 또는 제169조에 따른 처리비용의 배상채무 등도 모두 금전채무이기 때문에 그 지급의 지체가 있다면 제166조에 따라서 지연이자가 발생할 수 있다.[15] 그러나 이러한 금전채무이기만 하면 모두 지연이자가 발생될 수 있다는 원칙에는 예외가 있는데, 예를 들어 제174조 제3항에 따라서 원상회복의 경우에 제174조 제1항 및 제2항에 해당되는 경우가 아니면 물품의

12) 이러한 해석의 가능성에 대하여서 Schulze/Možina, Art. 166 CESL, Rn. 3.
13) Schmidt-Kessel/Remien, Art. 166 GEK-E, Rn. 8.
14) Schulze/Možina, Art. 166 CESL, Rn. 3.
15) Schulze/Možina, Art. 166 CESL, Rn. 5.

이용에 대한 대가의 지급이나 수령한 금전의 반환의 경우에도 이자를 지급할 필요가 없다.[16]

2) 지연이자의 기산점

위에서 언급한 바와 같이 특별히 예외적인 경우로 규정된 것이 아니라면 일반적으로 모든 종류의 금전채무에 대해서 지연이자가 발생할 수 있다. 지연이자의 확정을 위한 고려요소로서 지연기간의 산정이 요구된다. 이러한 기간산정을 위해서 중요한 것이 지연이자의 기산점이다. 일단 기산점이 설정되고 나면 지급시까지 지연이자를 확정하기 위한 기간을 산정할 수 있기 때문이다.

일반적으로 지연이자는 그 지급지체시부터 발생하는 것으로 예상할 수 있는데, 입법례에 따라서는 지급지체와 더불어 일정한 계고가 필요한 것으로 규정하고 있는 경우가 존재한다.[17] 이는 이른바 ius commune의 전통을 이어받은 것으로 해석된다. 이러한 계고의 목적은 채무자의 보호를 위한 것으로서 이러한 지연이자의 채무가 발생한다는 것을 분명하게 하고, 이를 통하여서 채무자의 이행을 상기시키는 것이다.[18] 물론 이러한 지연이자발생의 요건으로서 일정한 계고를 규정하고 있는 경우에도 그 지급시기가 역으로 확정되어 있거나, 채무자가 채무의 이행을 거절하는 경우에는 이러한 계고는 필요하지 않은 것으로 보고 있다.[19]

그러나 CESL에서는 이러한 계고 없이도 금전채무의 지급지체가 발생하기만 하면 바로 지연이자가 발생하는 것으로 규정하고 있다. 따라서 채권자의 계고와 같은 추가적, 명시적 행위에 의하여 그 기산점이 결정되는 것이 아니므로 언제 금전채무가 지체에 빠지는가가 중요한 의미를 갖게 되었다.

일반적으로 그 지급시기에 관해서는 당사자들의 약정으로 이를 결정할 수 있고 이러한 경우 이는 의사표시의 해석의 문제로 수렴하게 된다. 그러나 그 지급시기에 관한 당사자들의 합의가 없거나, 또는 있을 수 없는 경우를 예상할 수 있다. 예를 들어 매매대금지급의 시기를 따로 합의한 바가 없다면 CESL의 규정이 보충적으로 적용되어야 하고, 매매대금지급은 제126조 제1항에 따라서 물품의 인도시에 변제기가 도래하게

---

16) 각 CESL규정의 번역과 관련해서는 하경효 외 공역, 『보통유럽매매법』, 세창출판사, 2014 참조.
17) 예를 들어 독일민법 제286조 제1항, 스위스 채무법 제102조 제2항, 오스트리아 민법 제1134조도 일정한 계고를 요하고 있다: Schulze/Možina, Art. 167 CESL, Rn. 7.
18) Schulze/Možina, Art. 167 CESL, Rn. 7.
19) Schulze/Možina, Art. 167 CESL, Rn. 7.

된다. 또한 손해배상과 같은 경우 손해배상채무에 대해서는 그 변제기에 대하여서 일반적으로 당사자의 합의가 존재하지 않을 것이기 때문에 이는 손해가 발생한 때로부터 변제기가 도래한다고 보아야 한다.[20] 또한 계약상 위약벌(contractual penalties)의 합의가 있는 경우라면, 계약상 다른 합의가 없다면 당해 불이행(non-performance)이 발생한 시기가 위약벌로 인한 금전채무의 변제기가 되고, 따라서 그 시점 이후로 지연이자가 발생하게 될 것이다.[21]

3) 지연이자발생의 종기

앞서 언급한 지연이자발생의 기산점으로부터 지연이자는 계속적으로 발생하게 된다. 이러한 지연이자는 채무자로부터 지급이 되고, 채권자가 이를 수령함으로써 종료된다.[22] 예를 들어 금전채무의 지급이 은행을 통한 송금으로 이루어지는 경우, 당해 금액이 채권자의 계좌로 입금된 때 비로소 지연이자의 발생이 종료하게 된다.[23]

채무자의 지급완료가 있기 전에는 계속적으로 지연이자가 발생하게 되므로, 예를 들어 지연이자가 원본과 동일한 액수에 이른 경우 더이상 지연이자가 발생하지 않는다는 것과 같은 지연이자를 일정한 액수로 제한하는 규정은 존재하지 않으며, 그 액수와 상관없이 금전채무의 지급이 있을 때까지 지연이자는 계속적으로 발생하게 된다.[24]

4) 이자율

이율에 관해서는 제166조 제2항이 이를 규정하고 있다. CESL에서 이자율에 관한 특징적은 모습은 고정이율이 아니라 변동이율의 체계를 취하고 있다는 것이다. 그 이자율은 다음과 같이 결정된다. 즉 기본이율을 확정하고 여기에 2%를 가산하는 방식으로 이루어진다. 이러한 2%의 가산은 금전채무의 지급에 대하여 일정한 압력을 행사하는

20) Schulze/Možina, Art. 166 CESL, Rn. 11.
21) Schulze/Možina, Art. 166 CESL, Rn. 11.
22) Schulze/Možina, Art. 166 CESL, Rn. 16.
23) Schulze/Možina, Art. 166 CESL, Rn. 16.
24) 예를 들어 지연이자를 일정한 액수로 제한하는 것과 같은 규정은 오스트리아 민법 제1335조에서 예정하고 있다: Schulze/Možina, Art. 166 CESL, Rn. 16.

것으로 볼 수 있다.[25]

이율과 관련하여서 중요한 것은 그 기본이율의 결정을 채무자의 상거소가 아닌 채권자의 상거소와 연결시키고 있다는 것이다. 본조 제2항 제a호에 따르면 채권자의 상거소가 유로통화를 사용하는 회원국 또는 제3의 국가인 경우에는 유럽중앙은행에서 발표하는 이자율을 기본이율로 하고 있고, 제b호에 따르면 채권자의 상거소가 유로통화를 사용하지 않는 회원국인 경우 해당 회원국의 중앙은행에서 정한 이율을 기본이율로 하고 있다.

이러한 기본이율과 채권자의 상거소와의 결합은 지연이자의 성격이 채권자의 손해와 결합된 손해배상의 성격을 갖고 있다는 것을 간접적으로 보여준다. 만약 지연이자가 부당이득의 성격을 갖는 것이라면 기본이율을 확정하는데 채무자의 상거소가 활용되었어야 할 것을 생각된다.

CESL은 기본적으로 고정이율이 아닌 변동이율을 채택함으로서 실제 시장에서 이율의 변화에 좀 더 유연하게 대응할 수 있는 장점이 존재한다.[26] 물론 유럽중앙은행에서 발표하는 이자율은 1년에 두 번, 상반기와 하반기[27]에 발표됨으로서 해당 반기 동안의 이자율의 변화에 대해서는 이를 반영하지 못한다는 한계가 있기는 하지만 채무자의 예견가능성이라는 점을 함께 고려하면 그 상당성을 인정할 수 있다고 생각된다.

그 기본이율이 결정되어야 할 장소적 결합과 관련해서는 제166조 제2항이 규정하고 있지만, 그 시간적 결합과 관련하여서는 아무런 언급이 없다. 그러나 그 지체로 인한 이자율을 결정하기 위한 것이므로, 지체가 발생한 시기를 기준으로 하여서 변동하는 기본이율을 결정하여야 할 것으로 생각된다.

이러한 기본이율의 결정에 대하여 당해 금전채무의 급부에 사용되는 통화와는 어떠한 연결점도 고려되지 않고 있다는 비판이 존재한다.[28] 즉, 지급통화를 유로로 결정하였어도, 채권자의 상거소가 유로통화를 사용하지 않는 회원국인 경우에는 제166조 제2항 제b호에 따라서 당해 회원국의 중앙은행에서 정하는 이율이 적용되고, 반대로 채권자의 상거소가 제3의 국가에 있고, 그 지급통화를 유로가 아닌 채권자의 상거소의

---

25) Schulze/Možina, Art. 166 CESL, Rn. 19.

26) 물론 유럽중앙은행에서 발표하는 이자율은 1년에 두 번, 상반기와 하반기에 발표됨으로서 해당 반기 동안의 이자율의 변화에 대해서는 이를 반영하지 못한다는 한계가 있기는 하지만 채무자의 예견가능성이라는 점을 함께 고려하면 그 상당성을 인정할 수 있다고 생각된다.

27) 구체적으로는 매년 1월 1일과 7월 1일에 발표되며, 다음 번 이자율의 발표시까지 기본이율로 적용된다: Schulze/Možina, Art. 166 CESL, Rn. 18.

28) Schmidt-Kessel/Remien, Art. 166 GEK-E, Rn. 7.

통화로 결정하였어도 제166조 제2항 제a호에 따라서 유럽중앙은행에 발표하는 기본이율이 적용되게 된다.

제166조 제2항에서 기본이율의 연결점에 관하여 채권자의 상거소만을 고려하였지만, 경우에 따라서는 이러한 지급통화와의 연결점이 당사자의 의사에 더 일치할 수 있다고 보여진다. 지연이자의 손해배상으로서의 특징을 고려할 수 있다고 하더라도, 다른 특별한 사정, 즉 일정한 환율변동에 따른 기준통화를 설정하고자 하는 것과 같은 사정이 없다면, 지급통화를 유로로 하였다면 유로존에 통용되는 이율을, 지급통화를 유로 이외의 다른 통화로 하였다면 그 국가의 통용되는 이율을 적용하려는 것이 일반적이라고 보아야 할 것이기 때문이다. 이러한 점이 제67조 제2항상에 따라서 일정한 구속력을 갖게 되는 상관습이 되었는지 여부와 관계없이 지급통화를 고려하여서 제166조 규정내용과 다른 당사자들의 합의가 있었다고 인정될 수 있는 여지도 있으리라 생각된다.

5) 지급지체에 있어서 면책여부 및 동시이행의 항변권

지급지체에 있어서 그 면책여부가 지연이자의 발생에 영향을 주는가에 관하여서는, 제166조의 법문에 따라서 지급지체에 대해 제88조에 따라 면책이 되더라도 그 지급의무가 발생하는 것으로 해석되어야 한다.[29] 이러한 의미에서 지연이자는 그 면책여부, 또는 손해발생여부와 상관없이 무조건적으로 인정되는 불이익의 배상의 의미를 갖고 있다. 그러나 채무자가 당해 금전채무의 이행과 관련하여서 동시이행의 항변권은 갖고 있다면 지연이자는 발생하지 않는 것으로 보아야 한다. 이러한 결론은 신의칙 및 계약상의 견련관계에서 도출할 수 있다.[30] 또한 이러한 지연이자의 발생의 저지의 효력은 이러한 항변권이 존재하기만 하면 발생하는 존재효라고 보아야 할 것이다.

특히 매수인의 채무이행의 거절권(Right ro withhold performance)에 대해서는 제113조에 규정을 마련하고 있다. 따라서 제113조에 해당되는 경우에 매수인으로서는 자신의 대금지급의 이행을 거절할 수 있는 권리를 갖게 되고, 이에 따라 지연이자의 발생을 저지할 수 있다. 특히 이러한 이행거절권의 경우에 그 이행거절이 가능한 범위는 상대방의 채무불이행에 따라 거절이 정당화 될 수 있는 범위의 채무 전부 또는 일부로

29) Schmidt-Kessel/Remien, Art. 166 GEK-E, Rn. 4.

30) Schulze/Možina, Art. 166 CESL, Rn. 15.

규정되어 있다.[31] 이러한 이행거절권의 규정에 비추어 본다면 일반적으로 그 이행거절권 내지 동시이행의 항변권으로서 지연이자를 발생을 저지할 수 있는 범위는 상대방의 채무불이행과 견련관계에 있는 자신의 금전지급채무이며 따라서 상대방의 채무불이행에 비추어 자신의 금전지급채무의 일부에 대해서만 그 이행을 거절할 수 있다면, 나머지 부분에 대해서는 지연이자가 발생한다고 보아야 할 것이다.[32]

6) 추가적 손해에 대한 배상

제166조 제3항에서는 채권자는 지연이자 외에도 추가적 손해가 있다면 이를 배상받을 수 있다는 점을 명시적으로 인정하였다. 채권자로서는 추가적 손해가 발생하였다는 점과 이러한 손해가 예견가능하였다는 점[33]을 입증하여서 손해배상을 청구할 수 있을 것이다. 복리의 이자율에 대하여서는 제166조는 명시적으로 규정하지 않고 있다. 이는 제167조 제4항에서 채무자가 소비자인 경우의 지연이자는 복리로서 계산되어서는 안된다는 규정이 존재하는 것과는 대비된다. 현대사회에서 이자도 일정한 자산으로서 이자를 발생시킬 수 있다는 점에 비추어 보면 이를 명시적으로 배제하는 경우 외에는 당사자의 합의로 복리의 지연이자를 합의할 수 있다고 볼 것이다. 그러나 이러한 합의는 앞서 설명한 바와 같이 채무자가 소비자인 경우에는 제167조 제4항으로서 무효이기 때문에 채무자가 사업자인 경우에만 적용될 수 있을 것이고, 이는 제170조의 기준에 따라서 불공정한 계약규정이 아니어야 한다. 그러나 채무자가 소비자인 경우에는 복리에 따른 지연이자의 배상을 금지하는 규정의 입법취지에 따라서 이를 지연이자를 넘는 손해로서 배상을 요구하는 것은 어렵다고 하더라도, 적어도 채무자가 사업자인 경우에는 복리에 따른 지연이자를 손해배상을 근거로 하여서는 청구할 수 있다고 생각된다. 일반적인 경우 채무자인 사업자는 상업적 거래의 경우에 자신의 금전채무의 불이행으로 인하여서 상대방인 채권자에게 적어도 당해금액의 복리상당의 손해가 발생할 수 있었다는 것은 예견할 수 있다고 보아야 하기 때문이다.

---

31) CESL 제113조 제3항 참조.
32) 이러한 의미로 Schulze/Možina, Art. 166 CESL, Rn. 15.
33) CESL 제161조 참조.

IV. 제167조에 따른 채무자가 소비자인 경우의 지연이자

1. 서설

제167조는 제166조의 일반규정의 특칙으로서 금전채무의 채무자가 소비자인 경우에는 모두 적용된다. 위 규정을 통하여서 채무자인 소비자를 보호하기 위하여 지연이자의 발생요건, 기산점 등에서 일반규정과 차이를 두고 있다.

그 차이를 개관하면 다음과 같다. 일단 지연이자의 발생요건에 있어서 지연이자가 지급지체의 경우에는 다른 여타의 요건없이 자동적으로(automatically) 발생하는 것과는 구별되어 일정한 요건을 갖추어야 지연이자가 발생하는 것으로 규정하였다. 이는 첫째, 채무자인 소비자는 지연이자의 지급청구에 대하여 금전채무의 불이행에 대한 면책을 이유로 항변할 수 있고, 둘째, 면책이 되지 않는다고 하더라도 지급지체시에 바로 지연이자가 발생하는 것이 아니라, 채권자가 이자의 지급의무와 이자율을 명시하여 통지하여야 하고, 통지한 날로부터 30일 이후에 지연이자가 발생하게 된다.

이와 더불어 본조 제3항에서 복리에 의한 지연이자의 산정을 명시적으로 금지하고, 제5항에서 본조의 규정보다 소비자에게 불리하게 하는 당사자간의 합의는 효과가 없는 것으로 규정하였다. 따라서 위 제167조는 소비자를 위한 편면적 강행규정으로 기능한다. 특이한 점은 본조 제3항의 내용이다. 본조 제3항에서는 이자율과 지연이자의 기산점에 대하여는 본조 제5항에서 편면적 강행규정의 성격을 명시적으로 언명하였음에도 불구하고, 소비자에게 불리한 내용으로 합의할 수 있는 것으로 규정하고 있다. 즉 원칙적으로 법정이율보다 더 높은 이율을 지연이자와 관련하여 적용되어야 할 이율로서 합의하거나, 또는 그 기산점을 법정의 기산점보다 더 이른 시점으로 합의하는 것이 가능하다는 것이다. 그러나 이는 제83조에 의한 사업자와 소비자 사이의 불공정한 계약내용의 제한을 받게 된다. 즉 소비자의 경우 법정의 지연이자율이나 법정의 지연이자의 발생시점보다 더 이른 시점을 지연이자의 발생시점으로 하는 합의의 경우이는 지연이자와 관련하여서 일응 소비자에게 불리한 합의로 보고 이러한 합의는 제83조의 기준에 비추어 보아 불공정한 것으로 판단되면 그 효력을 인정하지 않지만 구체적인 경우에 제83조의 기준에 의해서도 불공정한 것으로 볼 수 없는 경우라면 이러한 합의의 효력을 인정하고 있다.

이하에서는 제166조의 일반규정과 대비하여 소비자의 지연이자의 지급의무에 관한 특징만을 설명하도록 한다.

2. 제167조에 따른 지연이자발생의 요건

1) 지연이자 발생에 대한 통지 및 추가기간의 부여

제167조는 소비자를 보호하기 위한 특별한 규정이다. 따라서 소비자가 금전채무의 채무자가 된 경우에는 그 금전채무의 내용과 상관없이 모두 제167조의 적용을 받게 된다. 제166조의 일반규정과 구별되는 2가지 큰 특징을 살펴보면, 제167조에 따른 지연이자는 채무자인 소비자의 지급지체가 면책되지 않는 경우에만 인정된다는 것이다. 다른 하나는 지연이자 발생의 기산점과 관련된다. 즉 채권자는 이자의 지급의무와 이자율을 명시하여서 소비자인 채무자에게 최고하여야 한다. 앞서 언급하였듯이 이러한 입법의 방식은 유럽의 몇몇 입법례들에서도 확인할 수 있다. 즉 명시적으로 역에 따라 그 지급일을 확정하였거나 또는 채무자가 그 금전의 지급을 거절하지 않았다면, 금전채무의 불이행책임은 그 만기가 되었다고 하여서 바로 발생하는 것이 아니라, 일정한 채권자의 통지 또는 계고를 필요로 한다는 것이다.[34] 그러나 CESL은 이것에서 더 나아가 이러한 통지를 받은 후 30일이 지나야 비로소 금전채무의 지급지체 따른 책임으로서 지연이자가 발생하는 것으로 규정하였다. 이는 앞서 설명한 역에 의한 지급시기의 합의나 채무자의 이행거절 등의 예외도 인정하지 않는다는 것을 의미한다.[35]

그러나 사견으로는 당해 규정이 이러한 예외까지 신의칙으로도 허용할 수 없는 규정인가에 대한 의문이 생긴다. 물론 본조 제5항에서 소비자에게 불리하게 본조의 적용을 배제하거나 제한 또는 변경하는 합의를 할 수 없다고 규정하고 있지만, 본조 제3항은 이자율이나 지연이자의 기산점에 관해서는 제83조의 불공정판단기준을 통과하는 한 소비자에게 일응 불리한 합의라고 하여도 그 효력을 인정하고 있다. 그렇다면 당사자들이 역으로서 그 지급시기를 합의한 경우나 채무자가 그 금전의 지급을 거절하는 경우에 일정한 통지는 필요하다고 생각할 수 있어도 이에 더하여 30일의 추가기간까지 필요하다고 보기는 어렵다고 생각된다. 이러한 경우 30일의 추가기간을 배제하고 채권자의 통지만 있으면 바로 지연이자가 발생한다고 하여서 이를 제83조에 따른 소비자에게 불공정한 계약조항이라고 보기는 어렵다고 생각된다. 만약 당사자간의 합의에 의하여 이러한 특별한 경우 30일의 추가기간의 적용을 배제할 수 있다면 당사자간의 명시적인 합의가 없더라도 제2조에 따른 신의성실이 원칙의 요청으로 30일의 추

34) Schulze/Možina, Art. 167 CESL, Rn. 7.

35) Schulze/Možina, Art. 167 CESL, Rn. 7.

가기간의 적용을 배제하거나, 또는 개별사정에 따라서 신의성실의 요청상 그 기간을 축소하는 것까지 불가능하다고 보기는 어렵다고 생각된다.

불확정적인 것은 이러한 30일의 추가기간을 어떻게 볼 것인가에 관한 것이다.[36] 만약 단순히 이를 지연이자의 발생과 관련하여서 그 기산점을 연기시키는 것으로 본다면 지연이자의 발생만이 유예될 뿐이다. 그렇다면 채무자에게는 이 기간동안 금전채무에 해당하는 자산을 이용할 수 있는 기회가 주어지는 것이고, 반대로 채권자에게는 이 기간동안 자산의 이용가능성에 해당하는 만큼의 손해가 발생한 것으로 볼 수 있다. 이러한 관점에서라면 채권자로서는 이 기간이 이용할 수 없는 자산에 관한 손해만큼을 손해배상을 통하여서 청구할 수 있게 된다.[37] 그러나 이를 소비자를 위한 지급기일의 유예 내지 연장으로 보게 되면 이를 통한 손해배상도 청구할 수 없을 것이다.

어느 쪽으로 볼 것인가의 문제는 판단하기 쉽지 않은 문제이지만 만약 이를 손해배상을 통하여서 채권자가 구제받을 수 있다고 한다면 적어도 이러한 30일의 추가기간을 부여한 취지 자체가 몰각되는 위험은 있을 수 있다고 생각된다.[38] 따라서 이러한 30일의 추가기간은 지연이자 발생의 통지 후 금전채무를 지급하기 위한 준비기간으로 해석하는 것이 합리적인 해석이라고 생각된다.[39]

이러한 해석에 의해서도 채권자가 언제나 지나치게 부당한 불이익을 받는 것을 아니라고 생각된다. 왜냐하면 제167조 제2항 제2문에 따라서 이러한 통지는 지급기간이 도래하기 전에도 할 수 있기 때문이다. 따라서 사전의 지연이자에 관한 통지를 통하여서 사업자인 채권자, 즉 소비자에 비해서 더 높은 수준의 능력을 갖춘 채권자인 사업자는 충분히 보호될 수 있다. 따라서 견해에 따라서는 이러한 통지가 제19조 제5항상의 사업자의 소비자에 대한 계약에 대한 확인의 일부분으로서 이루어 질 수 있다고도 보고 있다.[40] 즉 이에 따르면 계약 당시에도 제167조상의 통지가 가능하다는 것이다.

---

36) Schmidt-Kessel/Remien, Art. 167 GEK-E, Rn. 3.

37) 이러한 견해로 Schulze/Možina, Art. 167 CESL, Rn. 8: 이에 따르면 단지 이자의 발생만이 유예된 것으로 보게 된다.

38) 그러나 이러한 30일의 추가기간의 설정 자체에 의미에 대한 의문이 제기되기도 한다: Schmidt-Kessel/Remien, Art. 167 GEK-E, Rn. 3.

39) 물론 소비자라는 이유만으로 그 금전채무의 이행에 있어서 30일의 준비기간이 필요한가에 대해서는 의문이라고 할 수 있다. 특히 요즘과 같이 전자화된 금융거래를 통한 금전의 지급이 일반화된 경우에는 그 준비기간의 필요성은 더욱 줄어들 수 있다.

40) Schulze/Možina, Art. 167 CESL, Rn. 10.

2) 이자율과 지연이자의 기산점에 관한 당사자 합의 및 공정성 판단(fairness test)

본조 제5항에 따르면 이는 편면적 강행규정으로서 소비자에게 불이익하게 본조의 적용을 배제, 제한, 변경하는 것을 금지하고 있다. 이러한 제5항의 법문에 따르면 제167조에서 정하고 있는 이자율보다 더 높은 이자율로 합의한다던가 또는 지연이자 발생의 기산점을 제167조 제2항에서 규정하고 있는 바보다 앞으로 정하는 합의는 채무자인 소비자에게 불리한 약정으로서 무효가 되어야 할 것이다. 그러나 본조 제2항은 본조 제5항에 대한 예외로서 이자율과 지연이자의 기산점과 관련해서는 소비자에게 일응 불리해 보이는 약정이라도 가능하며 다만 이러한 약정이 제83조에 따라 불공정한 것으로 판단되는 때에는 그 구속력이 없는 것으로 보고 있다. 그러나 제83조의 불공정성의 판단은 원칙적으로 개별적으로 교섭되지 않은 사업자에 의하여 제공된 계약내용을 판단하는 규정으로서, 이자율과 지연이자의 기산점에 관하여 당사자 사이에서 개별적으로 합의된 경우에도 제83조의 규정을 적용할 수 있을 것인가에 대하여 문제가 제기될 수 있다.[41] 그러나 이는 개별적으로 합의 되었는가의 여부와 관계없이 단지 제83조에서 규정하는 공정성 판단의 기준만을 차용하여서 판단하고자 하는 것으로 해석되어야 할 것이다. 제83조의 내용이 일반적인 불공정 판단의 내용을 담고 있음에도 불구하고 개별적으로 교섭되지 않은 조항에 대한 판단기준을 적용한다는 점에서는 그 체계상 문제가 있을 수 있다고 보여진다. 오히려 이자율과 지연이자의 기산점만을 그 대상으로 하는 만큼 제167조와 관련하여서 지연이자와 관련된 합의의 불공정성 판단을 위한 독자적인 기준을 세우는 것이 바람직하였을 것으로 보인다. 이와 관련하여서는 제170조의 지연이자와 관련된 공정성 판단의 규정을 참고할 수 있다. 즉, 금전채무의 채무자가 소비자인 경우와 달리 사업자의 금전채무의 지급지체에 의한 지연이자의 발생에 관해서는 당사자 합의의 공정성 여부에 관한 독자적인 판단기준을 제170조에서 마련해 두고 있다.

41) 이러한 문제제기로 Schulze/Možina, Art. 167 CESL, Rn. 13.

V. 사업자의 금전채무의 지급지체에 따른 지연이자

1. 서설

제168조 이하에서는 제3절로서 사업자의 지급지체의 경우 지연이자에 대하여 규정하고 있다. 이는 그 적용대상과 관련하여서 크게 두 부분으로 나눌 수 있다. 제168조 이하는 사업자의 금전채무의 지급지체에 관하여 규정하고 있으므로, 그 금전채무의 채무자는 사업자여야 한다. 그러나 이는 제167조와의 관계에서 당연히 도출되는데, 제167조는 그 금전채무의 채무자가 소비자이기만 하면 모두 적용되는 규정이기 때문이다. 그러나 제167조의 경우와는 달리 제168조 이하의 규정은 금전채무의 채무자가 사업자이기만 하면 모든 금전채무의 지급지체에 관하여 적용되는 것이 아니다. 제168조는 매매대금지급채무만을 그 적용대상으로 하고 있고, 제169조는 제168조에 따른 매매대금지급채무의 지급지체에 의해 지연이자가 발생하는 경우에만 적용되기 때문이다. 따라서 제170조와 제171조만이 그 채무자가 사업자인 모든 금전채무의 경우에 적용되는 것이고, 제170조는 지연이자와 관련된 계약규정의 불공정성을, 제171조는 본 절의 규정의 강행규정성을 규정하고 있다. 따라서 채무자가 사업자인 금전채무의 경우에도 그 금전채무의 내용이 대금지급채무가 아닌 경우에는 제168조 내지 제169조가 적용되는 것이 아니라, 지연이자에 관한 일반규정인 제166조가 적용되게 된다.[42]

그렇다면 매매대금에 관해서는 이를 특별히 규정해야 할 특수성이 있는가에 대하여서는 대금지급채무의 경우 매매계약의 핵심적인 채무이고 또한 당사자들의 의사가 그 지급에 관하여 집중되어 있으며, 이는 매매목적물의 인도와 견련관계에 있다는 점에서 그 중요성을 인정할 수 있을 것으로 보인다. 또한 그 지급시기에 관하여도 다른 금전채무와는 달리 명시적인 합의가 있는 경우가 대부분이다. 그러나 이에 관하여는 하나의 동일한 계약에서 동일한 당사자들 사이에서 발생된 금전채무임에도 불구하고 서로 다른 규정이 적용되어야 하는지에 대해 의문이 제기된다.[43]

이하에서는 지연이자에 관한 일반규정 및 채무자가 소비자인 경우의 특별규정에 관

42) 물론 대금지급채무가 아닌 금전채무로 인한 지연이자에 관하여 당사자 합의가 있다면 이러한 합의의 유효성에 관해서는 예외없이 제170조의 공정성 판단을 통하여서 그 유효성이 판단되게 될 것이다.

43) 이와 같은 견해로 Schulze/Možina, Art. 168 CESL, Rn. 3.

한 차이를 중심으로 기술하도록 한다.

2. 제168조에 따른 지연이자발생의 요건

1) 대금지급채무의 불이행이 면책되는 경우의 처리

제168조은 대급지급채무의 지급지체만을 그 적용대상으로 하고 있다. 그러나 제168조에서 정하는 지연이자의 발생과 관련하여서는 그 대금지급의 지체가 면책되지 않는 경우만을 대상으로 하고 있다. 면책의 여부를 고려한다는 점에서는 제167조의 규정과의 유사성이 존재한다. 이는 다른 한편으로는 대금지급채무가 아닌 다른 금전채무에 관해서는 제166조의 일반규정에 따라서 면책여부와 관계없이 지연이자가 발생한다는 것을 의미한다.

대금지급채무가 제88조의 규정에 따라 면책되는 경우에는 이를 어떻게 처리할 것인가의 문제에 대하여 면책이 되었다면 제166조에서 정한 이율에 따라서 지연이자가 발생한다는 견해가 존재한다.[44] 그러나 제167조에 의하면 채무자가 소비자인 경우에 지연이자의 발생에 관해서는 금전채무의 지급지체가 면책되지 않을 것을 요구하는데, 사업자의 대금지급의무의 지체에 의한 지연손해의 발생에 관해서 제88조에 따른 면책이 되지 않을 것을 특별히 요구하면서도 다른 규정없이 면책이 되더라도 일반규정에 따라 지연이자가 발생한다는 것은 조문간의 균형이 맞지 않는 것으로 생각된다. 대급지급채무는 다른 일반적 금전채무와 달리 계약당사자의 합의 내용 중 핵심적인 부분이고, 다른 구제수단들에서 구제의 방법으로서 금전지급을 통한 불이익의 구제라는 점과 달리 이는 당사자의 매매계약의 합의의 핵심적인 내용에서 바로 도출되는 것이라는 특징을 고려한다면, 대금지급채무의 불이행에 관한 면책이 있는 경우에는 지연이자도 발생하지 않는다고 해석하는 것이 합리적이라고 생각된다.[45]

2) 이자율

이자율에 관해서는 본조 제5항에서 규정하고 있는데 지연이자에 관한 일반적 규정

44) Schmidt-Kessel/Remien, Art. 168 GEK-E, Rn. 2.
45) 이러한 견해로서 특별한 논거의 언급 없이 Schulze/Možina, Art. 168 CESL, Rn. 10.

과 달리 기준이자율에 8%를 가산하여 계산하고 있다. 이러한 증가된 이자율은 기본적으로 제168조의 적용대상인 대금지급채무의 지체의 경우에만 적용되는 것으로 해석되어야 한다. 즉 손해배상채무의 지체 등에는 지연이자의 일반이율이 적용되어야 한다.[46] 이에 대하여 제169조상의 처리비용의 배상에 관해서 이는 대금지급채무의 지급지체와 연관되어 있으므로 제168조 제5항의 이자율이 적용되어야 한다는 견해가 있다.[47] 이는 앞서 언급한 바와 같이 같은 당사자의 동일한 계약에서 나온 금전채무의 지급지체에 대하여서 서로 다른 지연이자율이 적용된다는 부조화를 해석상 완화시키기 위한 것으로 보이나 이러한 해석을 정당화할 수 있는 근거는 부족하다고 생각된다.[48]

3) 지연이자의 기산점

지연이자의 기산점에 관해서는 제167조와 같은 일정한 통지를 요하지 않고, 오히려 제166조의 일반원칙과 같이 지급지체가 발생하면 지연이자가 발생하는 것으로 규정하고 있다.[49] 문제가 되는 것은 지급기일의 약정이 없거나, 매매목적물에 대한 수령 및 검수절차가 필요한 경우 언제를 지연이자의 기산점으로 삼을 것인가에 관한 것이다. 당사자들 사이에 대금지급에 관한 지급기일이나 지급기한이 정해져 있지 않은 경우 동조 제2항 내지 제3항이 적용된다. 이에 따르면 채무자는 대금명세서 또는 이와 동일시할 수 있는 지급청구서를 수령한 날로부터 30일 이후로 부터 지연이자가 발생한다.[50] 이러한 30일의 유예기간은 동조 제2항 제b호에 의하여서 그 기산점이 연장될 수 있는데, 제a호에서 정한 시기가 매매목적물의 수령일 보다 이른 경우, 또는 채무자가 이러한 대금명세서나 이와 동일시 할 수 있는 지급청구서를 수령하였는지가 불분명한 경우에는, 매매목적물의 수령일이 기산점이 되어서 이로부터 30일 이후에 지연이자가 발생하게 된다. 여기서도 동일하게 이러한 30일의 유예기간이 단순히 지연이자 발생의 기산점을 유예한 것인지, 아니면 그 대금지급의 만기를 유예한 것인지에 대

46) Schulze/Možina, Art. 168 CESL, Rn. 16; Schmidt-Kessel/Remien, Art. 168 GEK-E, Rn. 3.

47) Schulze/Možina, Art. 168 CESL, Rn. 16.

48) 이에 더 나아가 제168조 제5항 상의 이자율은 대금지급채무의 지체에 관하여서 지연이자를 초과하는 손해에 대한 손해배상채무의 지체의 경우에도 적용되어야 한다는 주장이 있다(Schulze/Možina, Art. 168 CESL, Rn. 16). 그러나 이는 앞서 언급한 대금지급채무가 갖고 있는 특수성을 넘어서 이와 관련된 모든 금전지급채무에까지 확대적용하려는 것으로 동의하기 어렵다고 보인다.

49) Schmidt-Kessel/Remien, Art. 168 GEK-E, Rn. 4.

50) CESL 제168조 제2항 제a호.

한 논란이 있을 수 있다.[51] 금전채무의 채무자가 소비자인 경우와 달리 위 조항은 매매대금채무만을 그 적용대상으로 하고 있고, 매매대금채무의 변제기에 관해서는 제126조에서 규정하고 있다. 이에 따르면 매매대금의 지급은 물품의 인도 시에 변제기가 도래하게 되므로 이 원칙규정에 따라서 대금지급의무의 변제기가 결정되게 되나, 제168조 제2항은 지연이자와 관련하여서 그 기산점에 대하여 특별규정을 마련한 것으로 볼 수 있다. 따라서 동항에 따른 30일의 유예기간은 지연이자와 관련하여서만 적용되는 것이고, 대금지급채무의 변제기까지 유예하는 것은 아니므로 채권자는 유예기간 동안의 이자상당액에 관해서는 손해배상으로서 청구할 수 있다고 보아야 할 것이다.

제168조 제2항은 이를 통하여서 지급기일 또는 지급기한이 합의되어 있지 않은 경우에도 일정한 사실을 기점으로 해서 언제 지연이자가 발생하는지가 명확하게 확정될 수 있도록 하고 있다.

제168조의 적용대상인 기업간의 매매에 있어서는 그 물품의 수령 및 계약합치여부의 검사가 필요한 경우가 다수 발생한다. 따라서 본조 제2항에서 정하고 있는 30일의 기간은 물품의 수령 및 검사절차가 완료한 날로부터 기산되게 된다. 이를 통하여서 30일의 추가기간은 대금지급의 채무자가 대금지급여부를 판단하고 매매목적물에 문제가 있다면 이에 따른 구제수단의 행사에 관하여 결정할 수 있는 준비기간의 성격을 갖는다는 점을 간접적으로 파악할 수 있다.

동조 제4항은 제2항의 지급기한은 60일을 넘을 수 없다고만 규정하고 있고, 그 기산점이 어디부터인지에 대해서는 명시적인 언급이 없다. 그러나 이는 동조 제2항 제a호 및 제b호에서 말하는 대금명세서 또는 이와 동일시할 수 있는 지급청구서의 수령, 또는 매매목적물의 수령일을 의미하는 것으로 새겨야 할 것이다.[52] 즉 이러한 시점으로부터 60일을 넘는 시점을 지급기한으로 정하는 것은 그 효력이 없다고 해석해야 할 것이나, 이에 대해서는 제4항 단서의 예외가 있다. 즉 당사자가 명시적으로 합의하고, 그러한 합의의 내용이 제170조에 비추어 불공정하지 않다고 평가되는 경우에는 이와 다른 합의의 효력을 인정할 수 있다.

51) 단순히 지연이자발생의 기산점을 유예한 것에 불과하다는 견해로 Schulze/Možina, Art. 168 CESL, Rn. 6.

52) Schulze/Možina, Art. 168 CESL, Rn. 12.

3. 제169조에 따른 처리비용의 배상

1) 서설

채무자가 사업자인 경우의 지연이자에 관한 규정 중에 눈에 띄는 점은 제169조의 처리비용의 배상에 관하여 별도의 규정을 마련하였다는 것이다. 즉, 제168조의 지연이자가 발생하는 경우 채권자는 채무자에 대하여 당해 지연이자 외에 자신의 처리비용에 대한 배상으로서 최소 40유로의 고정금액을 청구할 수 있다. 이러한 처리비용이란 대금지급의 지체와 관련되어 발생하는 행정적, 내부적 비용에 대한 배상을 의미한다고 본다.[53] 이러한 고정금액으로서의 비용배상을 인정하는 이유는 이러한 비용은 이에 대한 입증이 쉽지 않아서 일반적인 손해배상으로 배상받기가 어렵기 때문이다.[54]

이러한 의미에서 이는 특별한 형태의 추상적 손해배상(abstract damages)로 볼 수 있으며, 일단 제168조상의 지연이자가 발생하게 되면 이러한 비용상 손해의 발생여부와 관계없이 인정된다는 점에서 일종의 징벌적 요소(punitive element)도 겸하여 가지고 있는 것으로 평가된다.[55]

2) 제169조에 따른 처리비용배상청구의 요건

제169조는 제168조에 따른 지연이자가 지급되는 경우에 발생하는 것으로 규정되어 있기에 제168조상의 지연이자 발생의 요건을 갖출 때 청구할 수 있다. 이러한 일정금액으로 고정된 처리비용채무는 지연이자가 발생하는 시점에서 그 배상채무도 이행기에 도래하는 것으로 해석된다.[56] 그러나 이러한 해석에 따르면 제168조에 따라서 30일의 유예기간 동안은 이를 어떻게 보아야 하는지 문제가 될 수 있다. 그러나 제169조에서는 제168조에 따른 지연이자가 지급되는 경우라고 규정하고 있으므로, 30일의 유예기간이 도과하기 전에는 제169조에 따른 처리비용도 청구할 수 없다고 보아야 할 것이다.

---

53) Schulze/Možina, Art. 169 CESL, Rn. 1.
54) Schulze/Možina, Art. 169 CESL, Rn. 1.
55) Schulze/Možina, Art. 169 CESL, Rn. 1.
56) Schulze/Možina, Art. 169 CESL, Rn. 5.

제169조에서 말하는 처리비용이 대금지급채무의 지급지체에서 발생하는 비용으로서 이는 손해배상의 대상이 되어야 하나 그 입증의 어려움 때문에 이를 추상적으로 평가하여 고정액으로 지급하는 것이라고 본다면 그 비용은 지급지체가 발생하는 순간부터 발생하게 된다. 앞서 언급한 바와 같이 30일의 부가기간은 금전채무의 지체의 여부와 관계없이 다만 지연이자의 기산점만을 연기하는 것으로 본다면 왜 금전채무의 지체 후 지연이자의 발생 전에 처리비용의 배상을 청구할 수 없는지를 설명할 수 없다는 난점이 발생하게 된다. 그러나 그 처리비용의 배상은 추상적인 손해배상으로서 고정액의 배상이라는 특수성이 있으므로 이를 지연이자의 발생시점과 같은 특별한 시점과 결합하여서 그 배상의무를 발생시키는 것과 같은 입법적 결단도 가능하다고 보아야 할 것이다.

그러나 제169조상의 처리비용의 배상은 실제 발생한 처리비용과는 관계없이 이루어 지는 것이므로 지급지체로 인한 처리비용이 거의 없는 경우에도 고정적으로 40유로의 비용배상이 이루어진다. 이러한 일률적인 처리가 합리적인 것인가에 대해서는 그 징벌적 요소를 감안하더라도 의문의 여지가 있다고 보여진다.[57]

3) 추가적 비용배상의 가능성

본조 제2항에서는 채무자의 이행지체로 발생한 비용이 제1항에서 정한 비용을 넘는 경우에는 채무자에게 상당한 전보배상을 청구할 수 있다고 규정함으로써 추가적 비용이 발생한 경우에는 이를 배상받을 수 있다는 것을 명확히 하고 있다. 이러한 점에서 본조 제1항이 정하고 있는 고정된 액수의 비용배상액은 최소한의 배상액으로서 그 배상의무를 일괄적으로 부여한 것이라고 볼 수 있다.

여기서의 배상은 일반적 손해배상으로 이해하고 있는데[58] 추가적 손해배상을 명하는 다른 규정과 달리 단순히 추가적 손해의 배상이 아닌 상당한 전보배상(reasonable compensation)을 청구할 수 있다고 명문으로 규정하고 있다. 이러한 상당한 전보배상이라는 개념이 일반적 손해배상과 다른 특별한 의미를 갖는 것인지에 대해서는 의문이 남는다.

---

57) 따라서 최소한 채권자가 채무자의 지급지체를 처리하기 위한 노력이 투입되었다는 것은 요구하는 것으로 제한해석하여야 한다는 견해가 제시된다: Schmidt-Kessel/Remien, Art. 169 GEK-E, Rn. 1.

58) Schulze/Možina, Art. 169 CESL, Rn. 7; Schmidt-Kessel/Remien, Art. 169 GEK-E, Rn. 4.

4. 지연이자와 관련된 계약규정의 불공정성의 판단

1) 제170조에 따른 불공정성 판단규정의 특징

금전채무의 채무자가 사업자인 경우 지연이자와 관련된 합의의 불공정성에 대해서는 제170조에 특별규정을 마련하고 있다. 이는 채무자가 소비자인 경우에 있어서 제167조 제3항에서 이자율, 지연이자의 기산점에 대한 당사자 합의의 불공정성을 판단함에 있어서 제83조의 기준에 따라 판단하는 것과 구별되는 것이다.

제170조는 그 판단의 대상을 지급기일 내지 기한, 즉 지연이자의 시기, 이자율, 그리고 처리비용의 배상으로 규정하고 있다.[59] 또한 이와 관련된 것이라면 그것이 어느 일방당사자에 의하여 제시된 것이든, 아니면 개별적으로 합의된 것이든 상관없이 본조에 따라서 그 불공정성 여부가 판단되게 된다.

2) 제170에 따른 불공정성 판단의 방법

제170조는 지연이자와 관련된 불공정성을 판단함에 있어서 그 합의의 내용과 관련하여서 3가지로 분류하여서 판단하고 있다. 이는 그 합의 내용이 언제나 불공정한 것, 언제나 불공정하지는 않으나 불공정한 것으로 추정되는 것, 마지막으로 불공정 여부를 일반적인 기준에 따라 판단해야 하는 것이다.

본조 제3항은 지연이자 또는 처리비용을 배제하는 계약규정에 대해서는 이는 언제나 불공정한 것으로 그 구속력이 없는 것으로 보고 있다.[60] 이는 그 불공정성이 심각하여서 이른바 불공정성의 추정이 번복될 여지가 없으므로 언제나 불공정한 합의로 평가되는 것이다.[61]

본조 제2항은 일응 불공정한 것으로 추정되나 모든 사정을 종합하여 볼 때 불공정하지 않은 것으로 판단될 여지를 인정해 두는 것이다.[62] 이는 일반적으로 불공정성이 추정되는 내용이나 이러한 추정이 경우에 따라서는 번복될 여지가 있는 경우를 의미한다. 2가지 경우에 이러한 불공정성에 대한 법적 추정이 인정되는데, 첫째 지연이자의

---

59) Schulze/Možina, Art. 170 CESL, Rn. 3.

60) 이른바 black list 조항이다: Schulze/Možina, Art. 170 CESL, Rn. 1.

61) Schulze/Možina, Art. 170 CESL, Rn. 1.

62) 이른바 grey list 조항이다: Schulze/Možina, Art. 170 CESL, Rn. 1.

지급시기 내지 이자율에 대한 합의가 제167조 또는 제168조에서 정하는 시기 또는 이자율보다 불리하거나, 둘째 처리비용의 배상액과 관련하여서 이를 제169조에 정한 금액보다 낮게 합의한 경우를 말한다. 이는 모두 채권자의 이익을 위한 추정으로 볼 수 있다.

제167조 또는 제168조, 처리비용과 관련해서는 제169조의 내용을 기준으로 불공정성의 추정을 하게 한 것은 이러한 제167조, 제168조, 제169조에서 정한 법적 모델이 채권자에게는 최소한의 보장을 의미하며 이보다 채권자에게 불리한 약정은 특별히 이를 정당화 시킬 수 있는 사정이 없는 한 불공정한 것으로 보아야 한다는 법적 판단을 반영한 것이다.[63] 또한 이는 입증책임에 있어서 채권자에게 불리한 합의내용을 특별히 정당화 시킬 수 있을만한 사정을 채무자가 입증해야 한다는 점에서 입증책임의 문제와 연결되어 있다. 일반적으로 이러한 특별한 사정을 채무자가 입증하는 것이 쉽지 않을 것이라는 점을 예상할 수 있다.

본조 제1항은 지연이자와 관련된 계약조항의 불공정성에 대한 일반적인 판단기준을 규정하고 있다. 이는 종합적인 판단으로서 사안의 모든 사정을 고려하여서 신의성실과 공정거래의 원칙을 기준으로 판단하게 된다.

이러한 공정성 판단의 체계는 획일적인 기준에 따라 당사자의 합의의 효력 유무를 판단하는 것이 아니라 각 개별적 사정을 충분히 고려하여 그 정당성 여부를 판단할 수 있다는 점에서 매우 합리적이라고 생각된다. 또한 이러한 유연한 판단방식은 일반적으로 당사자의 예측가능성을 약화시킬 수 있다는 단점이 있지만, 제170조는 일련의 추정규정등을 통하여 이러한 약점을 적절히 보완하고 있다.

3) 불공정한 계약규정으로 판단된 경우의 처리

불공정한 계약규정으로 판단된 경우 그러한 합의는 구속력을 상실하고 따라서 임의규정인 제168조 이하의 규정들이 적용되게 된다.

63) 이는 법적인 기초 진단(basic legal diagnosis)로 본다: Schulze/Možina, Art. 170 CESL, Rn. 5.

VI. 우리민법에의 시사점

CESL은 그 적용대상을 상품매매계약만을 그 대상으로 하며, 또한 상품매매계약이라고 하더라도 이는 소비자와 사업자 또는 사업자와 중, 소 사업자간의 상품매매계약만을 그 규율대상으로 한다.[64] 그 적용대상 및 인적적용범위가 매우 제한되어 있기는 하지만 상품매매에 관한 규정은 모든 유상계약의 전형이 될 수 있고, CESL의 규정은 다양한 비교법적인 연구의 결과물이라는 점에서 우리민법에 시사하는 바가 작지 않다고 할 것이다.

CESL의 지연이자에 관한 규정과 우리민법상 지연이자규정과 관련하여서 가장 큰 차이점을 보이는 것은 CESL이 고정이율이 아닌 변동이율을 채택한 것이라고 할 수 있다. 고정이율이 아닌 변동이율을 택하는 것은 특히 증감변동하는 시장상황에 대하여 법이 실질적으로 대응할 수 있으며, 이를 통하여서 지연이자가 금전채권의 채권자에게는 실질적인 불이익의 배상이라는 의미를 갖게 할 수 있다. 또한 고정이율이 지나치게 낮은 경우 이는 금전채권의 채무자에게 지급의 지연을 하게 하는 또 다른 원인이 된다는 점에서 우리민법에서도 변동이율의 도입을 긍정적으로 고려해 볼 여지가 크다고 생각된다. 이에 대하여서 당사자의 합의로 지연이자에 관련하여서 적용되는 이자율을 따로 합의할 수 있는 가능성이 언제나 열려져 있다는 반론에 대해서 이러한 합의는 당사자간의 협상력의 균형이 상실되는 경우에는 어느 일방당사자에게 불공정한 내용으로 흐를 수 있는 위험성이 크며, 특히 손해배상과 같이 금전의 지급을 통한 구제수단의 경우에는 이러한 합의의 가능성 자체가 예정되기 힘들다는 면에서 설득력을 갖기 힘들다고 생각된다. 물론 변동이율이라는 것이 수시로 변하는 금융시장상의 이율과 동일한 의미를 가질 정도로 자주 변화되고, 또한 그 등락의 폭이 크다면 이는 채무자의 예측가능성을 지나치게 침해하므로 CESL의 규정과 같이 매 6개월마다 그 기준이율을 결정하도록 한다던가, 또는 매 분기를 기준으로 기준이율을 결정하는 방법을 생각해 볼 수 있을 것이다.

우리민법과 구별되는 CESL의 다른 큰 특징은 지연이자 외에도 추가적 손해를 입증할 수 있다면 손해배상의 규정에 따라서 그 배상을 구할 수 있는 가능성을 열어두고 있다는 점이다. 이를 통하여서 CESL에서는 지연이자가 갖는 성격이 특별한 손해배상임

64) 하경효 외 공역, 『보통유럽매매법』, 세창출판사, 2014, 7쪽.

을 분명히 하고 있다. 일반적으로 지연이자가 갖는 성격이 추상적 손해배상 또는 실질적인 손해발생여부와 관계없이 인정되는 최소한의 손해배상의 성격을 갖는다면 이를 넘어서는 실질적 손해가 채권자에게 발생하였고 채권자가 그 손해를 입증할 수 있다면 이에 대한 손해배상을 가능하게 해주는 것이 그 본래의 성격에 맞을 것으로 생각된다.[65]

또한 비록 사업자의 지급지체로 인한 지연이자에 관한 규정이기는 하지만 제170조에서 지연이자에 대한 당사자 합의의 공정성 판단에 대한 독자적인 규정을 마련하고 있다는 점도 우리민법과 구별되는 중요한 특징 중의 하나로 생각된다. 특히 그 제170조의 구조는 그 시사점에 크다고 생각된다. 즉 제170조는 지연이자와 관련된 합의의 공정성 판단과 관련하여서 이를 본조 제3항에 따라서 항상 불공정한 것으로 간주하는 경우, 제2항에 따라서 불공정한 약정으로 추정하는 경우, 제1항에 따라서 각 사안의 제반사정을 모두 참작하여서 신의성실, 공정거래의 원칙과 같은 일반규정으로 판단하는 경우로 나누어 규정하고 있다. 이러한 구조는 당사자들의 예측가능성을 보호하면서도 당사자 합의의 공정성 여부에 대하여 개별사안의 특수성도 충분히 반영할 수 있도록 체계화한 것이라고 생각된다.

또한 채무자가 소비자인 경우에 한하여서 복리계산을 통한 지연이자의 산정을 금지하고, 일반적인 지연이자의 경우와 달리 채권자의 지연이자와 관련한 일정한 내용의 통지를 필요로 하는 점도 소비자 보호라는 관점에서 그 의미를 충분히 참작해 볼 수 있는 내용이라고 생각된다.

CESL에서의 지연이자의 규정체계는 그 구조상의 복잡함 때문에 그 내용을 쉽게 파악하기 어렵다는 단점이 존재하지만 앞서 설명한 우리민법과 구별되는 CESL의 특징들에 대해서는 세계적 흐름의 하나로 우리민법의 발전방향을 제시해 줄 수 있으리라 생각된다.

---

65) 우리민법상 지연이자와 관련하여서 이를 넘어서는 실질적 손해에 대해서는 손해배상의 가능성을 인정하는 견해도 살펴 볼 수 있다. 예를 들어 최수정, "금전채무불이행의 특칙에 대한 재검토", 『법조』, 통권 제648호(2010), 87쪽 이하 참조.

참고문헌

곽윤직 편집대표, 민법주해, 제IX권, 채권 (2), 박영사, 2013

박준서 편집대표, 주석민법, 채권총칙(2), 제3판, 한국사법행정학회, 2013

하경효 외 공역, 보통유럽매매법, 세창출판사, 2014

최수정, 금전채무불이행의 특칙에 대한 재검토, 법조, 통권 제648호, 2010

Schmidt-Kessel, Martin(Hrsg.), Der Entwurf für ein Gemeinsames Europäisches Kaufrecht. Kommentar, sellier, 2014 (Schmidt-Kessel/집필자 로 인용)

Schulze, Reiner(Ed.), Common European Sales Law(CESL). Commentary, C.H. Beck, Hart, Nomos, 2012 (Schuze/집필자로 인용)

제 6 장 소멸시효

■ EU계약법에서의 소멸시효규정에 대한 연구

EU계약법에서의 소멸시효규정에 대한 연구

박신욱 교수(경남대학교 법학과)

I. 들어가며

유럽에서 계약법을 통일하기 위한 시도는 오랜 기간 지속되어 왔음은 주지의 사실이며, 우리 학계는 이러한 동향에 대해 끊임없이 관찰하고 연구하고 있다. 이러한 연구의 성과들은 이미 활성화 되었다고 평가해도 무방한 세계화의 흐름과 국제거래의 빈번화의 과정에서 다양한 국내법들의 상이함으로 인해 발생하게 되는 장애를 제거하기 위한 하나의 수단으로 사용될 것임에 틀림없다. 본 논문은 유럽의 계약법을 통일하기 위한 시도 중에서 소멸시효에 대한 내용들을 소개하고 이를 비교하기 위하여 작성되었다. 이는 최근 "계약법 분야에서의 통일법규나 각국의 입법(안)에서 공통적으로 나타나는 경향"을 파악하고,[1] 향후 예상되는 우리 민법의 소멸시효에 관한 규정의 개정 및 비교연구의 기초자료로 사용될 수 있을 것이다. 이와 같은 병렬적 소개의 필요성은 시효라는 제도의 특징을 통해 더욱 더 부각될 수 있다고 판단된다. 왜냐하면 일반적으로 시효는 법률관계의 안정, 권리행사의 불가능성 또는 신의성실의 원칙이 명문화된 것으로 이해되는데, 이러한 근거들은 논리적이기 보다는 사회의 안정을 보장하기 위한 필요성에 근거하고 있다고 여겨지기 때문이다.[2] 이와 같이 시효제도를 논리적 결과라기보다

* 본 논문은 부산대학교 법학연구소가 2016년 5월 발간한 법학연구 제57권 제2호에 게재되었던 논문을 수정 및 보완한 것이다.

1) 김성수, "시효 및 제척기간에 관한 민법개정시안", 민사법학 제50호, 2010, 172면 이하; 하경효, "소멸시효의 입법동향과 규율구조", 고려법학 제74호, 2014, 77면 이하.

2) Müller, Die Verjährung im EU-Kaufrecht, in: Schmidt-Kessel (Hrsg.), Ein einheitliches europäisches Kaufrecht, Müchen, 2012, S. 529; Patti, Verjährungsrecht des DCFR, ZEuP 2010, S. 59.

는 단순한 필요성에 근거한 제도로 이해할 수 있다면, 또한 시효의 기간에 대한 국제적인 흐름이 존재한다는 주장[3]이 옳다면, 각국의 입법례들을 관찰하는 그 자체로도 의미가 있을 수 있다고 판단되기 때문이다. 이를 위하여 PECL, DCFR과 CESL[4]에서 언급되고 있는 소멸시효규정들을 연구의 대상으로 삼았다. 다만 연구의 대상에 대한 개별적인 배경 및 특징들에 대한 언급은 기존의 연구들로 대신하기로 한다.[5]

논문은 다음과 같은 구성으로 진행된다. 우선 PECL, DCFR 및 CESL의 시효와 관련된 규정들을 소개하고, 우리에게 주는 시사점을 도출하도록 할 것이다. 중복을 피하기 위해 PECL과 DCFR은 내용 소개에 그치도록 하며, CESL은 내용을 소개하면서 PECL 및 DCFR과 비교를 진행하도록 하며, 논문의 하단에서 전체적인 비교를 가능하도록 PECL, DCFR 및 CESL의 비교표를 삽입하기로 한다.

II. 유럽계약법원칙에서의 소멸시효규정

1. 유럽계약법원칙에서의 소멸시효규정의 구조

PECL에서는 소멸시효에 대해 제3편(Part) 제14장(Chapter)에서 6개의 절(Section) 및 17개의 조문(Article)으로 규정하고 있는 것으로 파악된다. 제1절은 총칙규정, 제2

3) Kleinschmidt, Einheitliche Verjährungsregeln für Europa?, AcP 2013, S. 539.

4) 2011년 10월 11일에 제안되어 2013년 9월 25일 법사위원회에서 수정된 CESL은 2014년 12월 16일 철회되었다. 이는 디지털단일시장의 형성 및 전자상거래의 접근성 강화와 밀접한 관련이 있다. 다만 향후 유럽집행위원회는 "디지털콘텐츠와 관련하여 입법적 통일성을 기하고 또한 물품과 관련한 핵심적 규칙들을 조화시킬 수 있는 물품 및 디지털콘텐츠에 관한 온라인 거래의 계약규칙을 제시할 계획"이라고 한다(위계찬, "국제물품매매에서 매수인의 의무", EU계약법연구회 발표논문, 2015, 43면). 하지만 본 논문에서는 2011년에 제안된 CESL을 연구의 대상으로 할 것인데, 2013년 9월 24일 법사위원의 보고서에는 CESL에서 규정된 소멸시효의 규정이 모두 삭제되었으며(A7-0301/2013), 이를 반영한 수정안이 2014년 2월 26일 유럽의회를 통과했었기 때문이다. 그럼에도 불구하고 이를 소개하는 것은 PECL과 DCFR을 거쳐 CESL이 제안되기 까지 일련의 변화를 파악하는 것 자체로도 그 의미를 찾을 수 있다고 판단했기 때문이다.

5) 김진우, "최근 유럽민사법의 발전동향", 법학연구 제62호, 2009, 345면 이하; 박영복, "유럽 공통의 매매법", 외법논집 제39권 제1호, 2015, 207면 이하; 박영복, "EU 법의 상황과 우리의 민법", 민사법학 제52호, 2010, 76면 이하; 하경효, 앞의 논문, 80면 이하.

절은 소멸시효의 기간과 소멸시효의 개시, 제3절은 소멸시효의 연장, 제4절은 소멸시효기간의 재시작, 제5절은 소멸시효의 효력 그리고 제6절은 합의에 의한 소멸시효의 변경에 대해 규정하고 있다.[6]

2. 유럽계약법원칙에서의 소멸시효규정의 내용

PECL의 소멸시효에 관한 규정은 이하에서 살펴보게 될 DCFR과 그 내용이 매우 유사하기 때문에 DCFR과의 차이점을 위주로 기술하도록 한다. 제1절은 총칙규정으로 14:101만으로 구성되어 있다.[7] 이에 따라 채무의 이행에 대한 권리는 소멸시효의 적용을 받는다. 이는 DCFR의 규정과 동일하다.

제2절은 소멸시효의 기간과 소멸시효의 개시에 대해 규정하고 있다. 세 개의 조문으로 구성되어 있으며, DCFR의 규정과 동일하다고 볼 수 있다. 유일한 차이점은 DCFR에서는 권리(right)라는 표현을 사용한 반면, PECL은 청구권(claim)이라는 용어를 사용했다는 점뿐이다.[8]

제3절은 소멸시효의 연장에 대해 규정하고 있다. 일곱 개의 조문으로 구성되어 있으며, 이 역시 DCFR의 규정과 매우 유사하다.[9] 하지만 DCFR과는 다음의 차이점을 보

---

6) 양창수, "｢유럽계약법원칙｣의 소멸시효규정", 법학 제44권 제4호, 2003, 114면 이하.

7) PECL 14:101 [시효에 걸리는 권리] 채무의 이행에 대한 권리("청구권")는 이 원칙의 규정에 따라 일정한 기간의 만료에 의해 소멸시효의 적용을 받는다.

8) PECL 14:201 [일반 기간] 일반적인 소멸시효기간은 3년으로 한다.
PECL 14:202 [법적 절차에 의하여 확립된 청구권에 대한 소멸시효기간] (1) 판결에 의하여 확립된 청구권의 소멸시효기간은 10년으로 한다. (2) 판결과 마찬가지로 강제할 수 있는 중재 또는 여타의 제도로 확립된 청구권에 대하여도 같다.
PECL 14:203 [소멸시효의 개시] (1) 일반적인 소멸시효기간은 채무자가 이행을 하여야 하는 때 또는 손해배상에 대한 권리의 경우에는 그 청구권을 발생시킨 행위가 있던 때로부터 진행한다. (2) 채무자가 계속적 작위 혹은 부작위 의무를 지는 경우, 일반적인 소멸시효기간은 각각의 의무위반의 시점부터 진행한다. (3) 14:202에서 규정된 소멸시효기간은, 채무자가 이행을 해야만 하는 시점 이전의 판결이 아니라면, 판결 또는 중재의 기판력을 획득한 때로부터 또는 여타의 제도가 강제집행력을 획득한 때부터 진행한다.

9) PECL 14:301 [無知의 경우의 정지] 채권자가 (a) 채무자의 인적 사항, 또는 (b) 손해배상에 대한 권리의 경우에는 손해의 형태를 포함하여 채권발생의 기초 사실을 알지 못하거나 또는 이를 알았을 것을 합리적으로 기대할 수 없는 동안에는 소멸시효기간의 진행이 정지된다.
PECL 14:302 [소송 또는 소송외의 절차로 인한 소멸시효의 정지] (1) 소멸시효는 그 청구권을 주장하는 재판절차가 개시되는 때로부터 정지한다. (2) 소멸시효의 정지는 기판력을 갖는 결정이 있는 때까지 또는 그 사건이 달리 해결된 때까지 계속된다. (3) 본 조항들은 적절히 변경하여 중재절차, 조정절

이고 있다. 첫째, 소송 또는 소송외의 절차로 인해 소멸시효의 진행이 정지되는 것은 동일하다. 하지만, DCFR에서는 이러한 절차가 소멸시효기간의 마지막 6개월 안에 본안판결 없이 끝난 경우, 소멸시효는 그 절차가 끝난 뒤 6개월이 도과하기 전에는 완성하지 아니한다는 규정이 있는 반면, PECL에서는 이러한 언급이 없다. 또한 DCFR은 조정이라는 제도에 대한 정의에 대해 언급하고 있지만 PECL은 이러한 언급이 존재하지 않는다.[10]

둘째, 채권자의 통제를 벗어난 장애의 경우의 소멸시효의 진행이 정지되는 것은 동일하다. 하지만 DCFR에서는 경우에 따라 장애가 제거된 후에도 6개월이 경과하기 전에는 소멸시효가 만료되지 않는다는 내용 및 심리장애를 소멸시효의 정지의 효과를 발생시키는 원인으로 언급하고 있으나 PECL은 이에 대한 언급이 존재하지 않는다.[11]

제4절은 소멸시효기간의 재시작에 대해,[12] 제5절은 소멸시효의 효력에 대해,[13] 제6

차 및 그 외에 재판과 마찬가지로 강제력이 있는 문서를 얻기 위해 마련된 모든 절차에 준용된다.

PECL 14:303 [채권자의 통제를 벗어난 장애의 경우의 정지] (1) 소멸시효기간의 진행은 채권자가 채권자의 통제를 벗어나고 채권자가 회피하거나 극복할 것을 합리적으로 기대할 수 없었던 장애에 의하여 청구권을 행사할 수 없게 된 동안 정지된다. (2) 제1항은 소멸시효기간의 마지막 6개월 내에 장애가 발생하거나 존속하는 경우에만 적용한다.

PECL 14:304 [교섭으로 인한 시효완성유예] 당사자가 청구권을 발생시킬 수 있는 사정에 대하여 교섭을 하는 경우, 소멸시효는 교섭과정에서 마지막 교신이 행해진 이후 1년이 경과하기 전에는 완성되지 아니한다.

PECL 14:305 [행위능력 흠결로 인한 시효완성유예] (1) 행위능력이 흠결된 자에게 대리인이 없다면, 그 자가 또는 그 자에 대해 보유하고 있는 청구권의 소멸시효는 그 자가 행위능력자가 되거나 대리인이 선임된 이후 1년이 경과하기 전에는 완성되지 아니한다. (2) 행위능력이 흠결된 자와 그 자의 대리인 사이의 청구권에 대한 소멸시효기간은 그 자가 행위능력자가 되거나 새로운 대리인이 선임된 이후 1년이 경과하기 전에는 완성되지 아니한다.

PECL 14:306 [시효완성유예; 사망한 자의 재산] 채권자 또는 채무자가 사망한 경우, 사망한 자의 재산에 속한 또는 그 재산에 대한 청구권의 소멸시효기간은 상속인 및 그의 재산관리인에 의하여 또는 대하여 청구권이 행사될 수 있는 때로부터 1년이 경과하기 전에는 완성하지 아니한다.

PECL 14:307 [기간의 최장기] 소멸시효기간은 본 원칙에 의한 진행의 정지 또는 소멸시효의 완성의 유예에도 불구하고 10년을 초과하여 연장될 수 없으며, 신체 상해에 대한 손해배상의 경우에는 30년을 초과하여 연장될 수 없다. 본 규정은 14:302에 따른 중단에는 적용되지 않는다.

10) Art. 14:302 PECL 및 Art. III.—7:302 DCFR 참조.

11) Art. 14:303 PECL 및 Art. III.—7:303 DCFR 참조.

12) PECL 14:401 [승인으로 인한 재시작] (1) 채무자가 채권자에게 일부변제, 이자의 지급, 담보의 제공, 상계 혹은 다른 방법을 통하여 채권자의 채무자에 대한 청구권을 승인하였다면 새로운 단기의 소멸시효기간이 진행된다. (2) 당해 청구권이 원래 일반적 소멸시효기간의 적용을 받는지 아니면 14:202에 따라 10년의 기간의 적용을 받는 지에 관계없이 새로운 시효기간은 일반적 시효기간으로 한다. 그러나 후자의 경우 본조에 의해 그 10년의 기간이 단축되지 않는다.

PECL 14:402 [집행시도에 의한 재시작] 14:302에 의해 규정된 10년의 소멸시효기간은 채권자에 의한 각각의 합리적인 집행시도가 있을 때마다 새로이 진행한다.

절은 합의에 의한 소멸시효의 변경에 대해 규정하고 있다.[14] 이들은 DCFR의 규정과 대동소이하다.

III. 유럽사법을 위한 공통참조기준초안에서의 소멸시효규정

1. 유럽사법을 위한 공통참조기준초안에서의 소멸시효규정의 구조

DCFR에서는 제3권(Book) 제7장(Chapter)에서 6개의 절(Section) 및 17개의 조문(Article)으로 소멸시효에 대해 규정하고 있다. 제1절은 총칙규정, 제2절은 소멸시효의 기간과 소멸시효의 개시, 제3절은 소멸시효의 연장, 제4절은 소멸시효기간의 재시작, 제5절은 소멸시효의 효력 그리고 제6절은 합의에 의한 소멸시효의 변경에 대해 규정하고 있다.[15] 이미 언급한 것처럼 DCFR의 구조는 PECL과 동일하다. 이하에서는 각각의 절의 구분에 따라 소멸시효에 관한 규정의 내용들을 살펴보도록 한다.

2. 총칙규정

총칙규정은 시효의 대상에 대한 규정으로 한 조문만으로 규성되어 있다.[16] 이에 따

---

13) PECL 14:501 [일반효과] (1) 소멸시효기간의 도과로 채무자는 이행을 거절할 수 있다. (2) 채무자가 이행을 위하여 지불한 것은 단지 소멸시효기간이 도과되었다는 이유만으로 반환되지 아니한다.
PECL 14:502 [종된 청구권에 대한 효과] 이자에 대한 권리와 다른 종된 청구권에 대한 소멸시효는 늦어도 주된 청구권의 시효와 함께 완성된다.
PECL 14:503 [상계의 효과] 소멸시효기간이 만료된 청구권은 그럼에도 불구하고 이를 가지고 상계할 수 있다. 다만, 채무자가 소멸시효를 이전에 원용하였거나 상계의 통지 후 2개월 내에 원용한 경우에는 그러하지 아니하다.

14) PECL 14:601 [소멸시효에 대한 합의] (1) 소멸시효의 요건은 당사자의 합의로, 특히 그 기간을 단축하거나 연장하는 방법으로 변경될 수 있다. (2) 그러나 합의의 기간은 14:203에 따른 기산일로부터 최대 1년으로 단축하거나 30년 이상으로 연장할 수 없다.

15) Patti, S. 61.

16) DCFR의 해석은 대체적으로 2012년도 법무부 연구용역 과제보고서에서 번역한 내용을 따른다(이영준/안태용/조은주/장은미, DCFR 총칙 및 계약편의 번역 및 해설, 법무부, 2012). DCFR III.

르면 의무의 이행에 대한 권리는 소멸시효의 적용을 받는다. 총칙의 규정과 관련하여 지적되는 점을 정리하면 다음과 같다. 첫째, DCFR은 소멸시효를 실체법상의 제도로 설정하고 있다.[17] 즉, 소멸시효기간의 도과로 채무자는 청구권의 행사에 대해 거부할 수 있는 권리를 획득하게 된다. 이는 채권자의 권리상실을 의미하지는 않는데, 다만 채무자가 이러한 권리를 행사하게 되면, 실질적으로 채권자는 청구권을 상실하게 되는 것과 같은 효과가 발생할 뿐이다.

둘째, 소멸시효의 대상에서 제외되는 권리들이 존재한다. 동시이행의 항변권과 같이 이행을 유보할 권리와 감액청구권이 소멸시효의 대상에서 제외되는 권리에 포함된다고 한다. 이는 채권간의 견련관계에 기인하는 것으로 볼 수 있다. 예를 들어 계약의 상대방이 금액을 청구한 이후에야 감액청구가 가능하기 때문에 감액청구권 그 자체만으로 소멸시효가 진행한다고 볼 수 없기 때문이다. 다만 원칙적으로 소멸시효의 대상이 아닌 감액청구권도 예외적으로 소멸시효의 대상이 될 수 있다. 예를 들어 만약 상대방이 대금감액청구권이 있음에도 약정된 금액 전부를 지급한 경우에는 감액된 부분에 대한 반환청구가 가능하며, 이러한 경우에는 단독적으로 청구가 가능하기 때문에 소멸시효의 대상으로 볼 수 있을 것이다.[18] 상계에 대한 내용은 DCFR III.—7:503에서 별도로 규정하고 있다.

3. 소멸시효의 기간과 소멸시효의 개시

1) 일반적인 소멸시효 기간

제2절에서는 소멸시효의 기간과 소멸시효의 개시에 대해 세 개의 조문을 통해 규정하고 있다. DCFR III.—7:201에서는 소멸시효의 기간을 3년으로 설정하고 있다.[19] 물론 10년으로 설정된 법적 절차에 의하여 확립된 권리에 대한 소멸시효기간도 존재한

—7:101 [시효에 걸리는 권리] 의무의 이행에 대한 권리는 본장의 규정에 따라 일정한 기간의 만료에 의해 소멸시효의 적용을 받는다.

17) Patti, S. 60; von Bar/Clive, Principles, Definitions and Model Rules of European Private Law — Draft Common Frame of Reference (DCFR) Full Edition, Vol. 2, Ocford University Press, 2010, p. 1139(이하에서 인용된 내용은 완전 간행판(Full Edition)이기 때문에 여타의 판(版)과는 내용이 대동소이하나 면수가 상이할 수 있음을 유의해야 한다).

18) von Bar/Clive, p. 1140.

19) DCFR III. —7:201 [일반 기간] 일반적인 소멸시효기간은 3년으로 한다.

다. 하지만, 판결과 같은 법적 절차에 의해 확립된 권리에 대한 소멸시효기간이 일반기간의 적용을 받는 채권을 전제로 한다는 점을 감안한다면, DCFR에서는 통일적인 시효기간만을 규정하고 있다고 보아야 한다. 이러한 규정의 태도는 다음의 내용에 기반을 둔 것으로 파악된다.[20] 첫째, 시효제도의 기능 중 하나는 법적용에 있어 비용증가 및 지연을 막는데 있다는 점이다. 만일 여러 종류의 소멸시효기간을 규정하게 된다면, 해당 채권이 어느 범주에 포섭되어야 하는지에 대한 확인의 필요성이 존재하게 된다. 만일 이와 관련한 다툼이 존재한다면 비용증가 및 소송의 지연은 피할 수 없을 것이다.

둘째, 적어도 채권이라는 전제하에 달리 규정된 시효제도를 제공해야 한다는 명확하고도 납득할만한 일반적인 기준이 제시될 수 없다는 점이다. 즉, 채권간의 경계를 설정하는 것이 사실상 불가능하다고 보는 것이다. DCFR의 규율대상을 감안한다면, 구별의 차이를 두어야 하는 경우는 계약에 따른 이행청구권과 불이행에 따른 손해배상청구권이 될 텐데, 이들 청구권 모두 동일한 계약에 근거하고 있다는 점에서 통일적인 소멸시효기간이 적절하다고 한다.

셋째, 증명의 어려움을 해소하는 방법 중 하나로 시효제도가 사용된다는 점을 감안할 때 불이행으로 인한 손해배상청구권에 장기의 소멸시효기간을 적용할 필요성은 존재하지 않는다.

넷째, 시효를 단축하려는 시도 및 통일적인 시효의 규정이 국제적인 흐름이라는 점이다.

2) 법적 절차에 의하여 확립된 권리에 대한 소멸시효

DCFR III.—7:202에서는 판결 및 중재 등을 통해 확립된 권리에 대해 10년이라는 소멸시효기간을 설정하고 있다.[21] 이와 같이 법적 절차에 의하여 확립된 권리에 대해 10년이라는 상대적으로 긴 소멸시효기간을 둔 이유는 채권자는 채권의 존재에 대해 명백하게 확인시켰으며, 이를 통해 채무자가 지급의무에 대해 확실히 인지할 수 있게 되었기 때문이다.[22] 결국 이러한 인지를 통해 법적 불확실성이 사라졌기 때문에 짧은

---

20) von Bar/Clive, p. 1145.

21) DCFR III. —7:202 [법적 절차에 의하여 확립된 권리에 대한 소멸시효기간] (1) 판결에 의하여 확립된 권리의 소멸시효기간은 10년으로 한다. (2) 판결과 마찬가지로 강제할 수 있는 중재 또는 여타의 제도로 확립된 권리에 대하여도 같다.

22) von Bar/Clive, p. 1150.

소멸시효의 기간설정이 무의미해졌다고도 볼 수 있다.[23)]

3) 소멸시효의 개시

DCFR III.—7:203에서는 소멸시효의 진행시점에 대해 규정하고 있다.[24)] 이에 따르면 일반적인 소멸시효기간은 채무자가 이행하여야 하는 때부터 진행되며, 손해배상에 대한 권리는 그 권리를 발생시킨 행위가 있었던 시점부터 시효가 개시된다. 계속적 채무관계 혹은 부작위의 채무를 부담하는 경우에는 각각의 의무위반시점부터 각기 다른 소멸시효가 진행된다. 또한 법적 절차에 의해 확립된 권리의 경우에는 기판력(res iudicata)을 획득한 때로부터 소멸시효가 개시된다. 이를 정리하면, 원칙적으로 소멸시효는 권리를 법적 절차에 의해 관철시킬 수 있는 때부터 진행된다고 해석할 수 있을 것이다. 이와 관련하여 지적되는 점을 정리하면 다음과 같다. 첫째, 손해배상에 대한 권리의 경우에는 행위시점과 결과발생시점이 다른 경우가 발생할 수 있다. 또한 손해라는 결과의 발생이 채권자의 행위에 전적으로 기인하는지 여부가 문제될 수도 있으며, 잠재적인 손해가 존재하는 경우도 배제할 수 없다. 그러하기 때문에 이러한 경우에는 손해배상청구권을 주장할 수 있는 시점, 다시 말해, 손해의 발생과 같은 요건이 모두 충족된 시점부터 시효가 진행된다고 한다.[25)] 그런데 이러한 해석을 "from the time of the act"라고 규정하고 있는 법조문으로부터 도출할 수 있는지는 의심스럽다. 또한 채무의 이행에 관한 권리가 발생되지도 않았음에도 권리를 발생시킨 행위가 있은 때로부터 진행한다고 규정한 태도는 DCFR III.—7:101에서 채무의 이행에 대한 권리만을 소멸시효의 대상으로 삼고 있다는 점에서 상호 모순적이다. 다만 이로 인해 발생할 문제들은 이후에 살펴볼 DCFR III.—7:301이하의 규정을 통해 구제될 수 있을 것이라고 판단된다.

둘째, 법적 절차에 의해 확립된 권리의 경우에는 판결시점이 아닌 판결이 기판력을 획득한 때로부터 소멸시효가 진행된다고 한다. 하지만 이에 대한 예외가 있는데 판결의 기판력 발생 이후에 채무의 이행기가 도래한 경우가 그것이다.

---

23) Patti, S. 63.

24) DCFR III.—7:203 [소멸시효의 개시] (1) 일반적인 소멸시효기간은 채무자가 이행을 하여야 하는 때 또는 손해배상에 대한 권리의 경우에는 그 권리를 발생시킨 행위가 있던 때로부터 진행한다. (2) 채무자가 계속적 작위 혹은 부작위 의무를 지는 경우, 일반적인 소멸시효기간은 각각의 의무위반의 시점부터 진행한다. (3) III.—7:202 [법적 절차에 의하여 확립된 권리에 대한 소멸시효기간]에서 규정된 소멸시효기간은, 채무자가 이행을 해야만 하는 시점 이전의 판결이 아니라면, 판결 또는 중재의 기판력을 획득한 때로부터 또는 여타의 제도가 강제집행력을 획득한 때부터 진행한다.

25) von Bar/Clive, p. 1154.

4. 소멸시효의 연장

제3절에서는 소멸시효기간의 연장에 대해 일곱 개의 조문을 통해 규정하고 있다. 다른 절에 비해 제3절은 많은 수의 조문으로 구성되어 있는데, 이는 3년이라는 단기소멸시효만을 규정하고 있는 DCFR의 태도로 볼 때 매우 적절한 구성으로 파악된다.[26] 용어와 관련하여, 소멸시효의 경우 중단(interruption)과 정지(suspension)는 매우 다른 효과를 가지고 있음은 주지의 사실이다.[27] 제3절이 소멸시효기간의 연장(Extention)이라고 명명되어 있으나, 소멸시효의 중단이 아닌 단순한 정지 및 유예 그리고 이에 따른 효과로 이해해야 한다.[28]

1) 無知의 경우에 소멸시효의 정지

DCFR III.—7:301에서는 채무자의 인적사항 또는 채권발생의 기초사실에 대해 알지 못하였거나 이를 알았을 것을 합리적으로 기대할 수 없는 동안에는 소멸시효의 진행이 정지하도록 규정하고 있다.[29] 이는 채권자에게 자신의 채권을 소구할 수 있는 기회를 주는 조항으로 이해될 수 있다.

2) 소송 또는 소송외의 절차로 인한 소멸시효의 정지

DCFR III.—7:302에서는 소송 또는 소송외의 절차로 인한 소멸시효의 정지에 대해 규정하고 있다.[30] 이는 채권자에게 유리한 규정으로 인식되는데, 만일 소송의 절차에

---

26) Patti, S. 64.

27) von Bar/Clive, p. 1160.

28) 2012년도 법무부 연구용역 과제보고서에서는 시효에 있어서 중단과 정지의 효과를 혼동한 것으로 보인다(이영준 외 3인, 앞의 보고서, 266면 이하). 시효의 중단이란 소멸시효의 진행을 막음과 동시에 그 동안 진행되었던 시효기간을 “0”으로 만드는 것이며, 정지는 시효기간을 “0”으로 만들 수는 없다는 차이가 있다(송덕수, 민법강의, 박영사, 2013, 345면 이하).

29) DCFR III.—7:301 [無知의 경우의 정지] 채권자가 (a) 채무자의 인적 사항, 또는 (b) 손해배상에 대한 권리의 경우에는 손해의 형태를 포함하여 채권발생의 기초 사실을 알지 못하거나 또는 이를 알았을 것을 합리적으로 기대할 수 없는 동안에는 소멸시효기간의 진행이 정지된다.

30) DCFR III.—7:302 [소송 또는 소송외의 절차로 인한 소멸시효의 정지] (1) 소멸시효는 그 권리를 주장하는 재판절차가 개시되는 때로부터 정지한다. (2) 소멸시효의 정지는 기판력을 갖는 결정이 있는 때까지 또는 그 사건이 달리 해결된 때까지 계속된다. 그 절차가 소멸시효기간의 마지막 6개월 안에 본안판결 없이 끝난 경우, 소멸시효는 그 절차가 끝난 뒤 6개월이 도과하기 전에는 완성하지 아니한다. (3) 본 조항들은 적절

서 승소하게 되면, 채권자는 DCFR III.—7:202에 따라 10년이라는 기간을 확보할 수 있게 되기 때문이다. 또한 여타의 경우 적어도 절차가 진행되는 동안 시효의 진행이 정지하게 된다. 뿐만 아니라 시효기간이 6개월 이내로 남겨진 경우 본안판결이 없이 절차가 종료되었더라도, 절차의 종료 후 6개월이 도과해야만 소멸시효가 완성되기 때문에 채권자는 소멸시효기간의 연장에 따른 이익을 누릴 수 있다. 하지만 오직 소멸시효기간의 연장을 위해 제기된 소는 각하(dismissed)되어야만 한다고 한다.[31]

3) 채권자의 불가항력의 경우에 소멸시효의 정지

DCFR III.—7:303는 채권자가 권리를 주장하는 것이 눈사태 및 유괴와 같은 불가항력으로 인해 방해되는 경우 소멸시효의 정지에 대해 규정하고 있다.[32] 하지만 소멸시효기간의 마지막 6개월 내에 불가항력적인 상황이 발생한 경우만 소멸시효의 진행이 정지된다. 그럼에도 불구하고, 채권자가 자신의 권리의 주장을 해태하여 며칠 남지 않은 소멸시효기간의 완성 전에 불가항력의 상황이 발생하는 경우에는 소멸시효가 정지하지 않는다고 한다.[33] 심리적 장애를 불가항력에 포섭시키는 제4항의 태도는 매우 이색적이다. 심리적 장애에는 性的학대를 비롯한 어린 시절 경험했던 학대가 포함된다고 한다.[34]

히 변경하여 중재절차, 조정절차, 양 당사자의 분쟁을 제3자의 구속력 있는 결정에 맡기는 절차 및 그 외에 권리와 관련된 결정을 구하고자 마련된 모든 절차에 준용된다. (4) 조정은 둘 이상의 분쟁 당사자가 조정인의 도움을 받아 분쟁해결을 위한 합의를 하는 것을 목적으로 행해지는 절차를 의미한다.

31) von Bar/Clive, p. 1169.

32) DCFR III.—7:303 [채권자의 통제를 벗어난 장애의 경우의 정지] (1) 소멸시효기간의 진행은 채권자가 채권자의 통제를 벗어나고 채권자가 회피하거나 극복할 것을 합리적으로 기대할 수 없었던 장애에 의하여 권리를 주장하기 위한 절차를 진행할 수 없게 된 동안 정지된다. (2) 제1항은 소멸시효기간의 마지막 6개월 내에 장애가 발생하거나 존속하는 경우에만 적용한다. (3) 장애의 지속기간 또는 성격상 채권자가 시효의 정지가 종료된 후 진행되어야 할 시효기간 내에 권리를 주장하기 위한 절차를 취할 것을 기대하는 것이 불합리한 경우, 소멸시효기간은 장애가 제거된 후 6개월이 경과하기 전에는 만료하지 아니한다. (4) 본조에서 장애에는 심리적 장애가 포함된다.

33) von Bar/Clive, p. 1175.

34) von Bar/Clive, p. 1175.

4) 여타의 근거에 따른 소멸시효완성의 유예

DCFR III.—7:304는 교섭,[35] III.—7:305는 행위능력의 흠결[36] 그리고 III.—7:306은 사망[37]과 관련한 소멸시효완성의 유예에 대해 규정하고 있다. 교섭으로 인한 소멸시효완성의 유예에 대한 규정은 CESL의 규정과 매우 유사하나, 사망과 관련한 소멸시효의 유예에 대해서 CESL은 언급하고 있지 않다. 행위능력의 흠결과 관련한 규정도 CESL의 규정과 유사하나 다음과 같은 특징을 보인다. 첫째, 행위능력이 흠결된 자를 채권자뿐만 아니라 채무자의 경우도 상정하고 있다는 점, 행위능력이 흠결된 자와 그의 대리인 간에 규정을 함께 규정하고 있다는 점은 CESL과의 명백한 차이로 보인다.

둘째, 행위능력의 흠결로 인한 소멸시효의 완성 1년 전에 행위능력에 흠결이 발생했다거나 대리인이 존재하지 않게 되었던 경우에만 DCFR III.—7:305가 적용된다고 한다.[38]

셋째, 신체의 상해가 발생한 경우, 특히 미성년자에 대한 부모의 학대의 경우 발생하게 되는 청구권과 관련해서는 지속적인 논의가 필요하다.[39] 이러한 경우에는 DCFR III.—7:305가 아니라 DCFR III.—7:303이 적용되어야 한다고 한다.[40]

5) 소멸시효기간의 최장기

소개된 DCFR에 따른 소멸시효의 정지 또는 소멸시효완성의 유예의 규정들에도 불구하고, DCFR III.—7:307에 따라 그 기간이 최대 10년을 초과할 수 없다. 다만 신체의

---

35) DCFR III.—7:304 [교섭으로 인한 시효완성유예] 당사자가 권리 혹은 이를 발생시킬 수 있는 사정에 대하여 교섭을 하는 경우, 소멸시효는 교섭과정에서 마지막 교신이 행해진 이후 1년이 경과하기 전에는 완성되지 아니한다.

36) DCFR III.—7:305 [행위능력 흠결로 인한 시효완성유예] (1) 행위능력이 흠결된 자에게 대리인이 없다면, 그 자가 또는 그 자에 대해 보유하고 있는 권리의 소멸시효는 그 자가 행위능력자가 되거나 대리인이 선임된 이후 1년이 경과하기 전에는 완성되지 아니한다. (2) 행위능력이 흠결된 자와 그 자의 대리인 사이의 권리에 대한 소멸시효기간은 그 자가 행위능력자가 되거나 새로운 대리인이 선임된 이후 1년이 경과하기 전에는 완성되지 아니한다.

37) DCFR III.—7:306 [시효완성유예; 사망한 자의 재산] 채권자 또는 채무자가 사망한 경우, 사망한 자의 재산에 속한 또는 그 재산에 대한 권리의 소멸시효기간은 상속인 및 그의 재산관리인에 의하여 또는 대하여 권리가 행사될 수 있는 때로부터 1년이 경과하기 전에는 완성하지 아니한다.

38) von Bar/Clive, p. 1181.

39) English Law Commission Report No 270 on Limitation of Actions, p. 105; § 208 BGB; Irish Statute of Limitations (Amendment) Act, 2000.

40) von Bar/Clive, p. 1181.

상해에 대한 손해배상의 경우에는 그 기간을 30년까지 정지 또는 소멸시효의 완성을 유예할 수 있다.[41] 이는 원칙적으로 단기의 소멸시효기간만을 상정하고 있는 DCFR에서 예외적으로 소멸시효의 정지 및 시효완성의 유예라는 예외적인 상황의 한계를 규정한 조문으로 이해된다.[42]

5. 소멸시효기간의 재시작

제4절에서는 두 개의 조문을 통해 소멸시효기간의 재시작에 대해 규정하고 있다. DCFR III.―7:401는 채무자가 채무를 승인한 경우 3년이라는 일반적인 소멸시효가 다시 시작되도록 규정하고 있다.[43] 이는 소멸시효중단(interruption)의 경우와 그 효과를 규정한 것이라고 이해된다.[44] 이에 따라 채무자가 일부변제, 이자의 지급, 담보의 제공, 상계 등의 방법으로 채권자의 권리를 승인한 경우 새로운 소멸시효가 진행하게 된다. 다만 법적 절차에 의하여 확립된 권리에 대한 소멸시효기간이 3년 이상 남은 경우 그 기간이 단축되지는 않는다.

DCFR III.―7:402에서는 집행의 시도에 의한 소멸시효의 재시작에 대해 규정하고 있는데,[45] 이에 따르면 집행의 시도가 있을 때마다 10년이라는 소멸시효기간이 다시 시작되게 된다.

---

41) DCFR III.―7:307 [기간의 최장기] 소멸시효기간은 본 장에 의한 진행의 정지 또는 소멸시효의 완성의 유예에도 불구하고 10년을 초과하여 연장될 수 없으며, 신체 상해에 대한 손해배상의 경우에는 30년을 초과하여 연장될 수 없다. 본 규정은 III.―7:302 [소송 또는 소송외의 절차로 인한 소멸시효의 정지]에 따른 중단에는 적용되지 않는다.

42) von Bar/Clive, p. 1186.

43) DCFR III.―7:401 [승인으로 인한 재시작] (1) 채무자가 채권자에게 일부변제, 이자의 지급, 담보의 제공, 상계 혹은 다른 방법을 통하여 채권자의 채무자에 대한 권리를 승인하였다면 새로운 단기의 소멸시효기간이 진행된다. (2) 당해 권리가 원래 일반적 소멸시효기간의 적용을 받는지 아니면 III.―7:202 [법적 절차에 의하여 확립된 권리에 대한 소멸시효기간]에 따라 10년의 기간의 적용을 받는 지에 관계없이 새로운 시효기간은 일반적 시효기간으로 한다. 그러나 후자의 경우 본조에 의해 그 10년의 기간이 단축되지 않는다.

44) von Bar/Clive, p. 1192.

45) DCFR III.―7:402 [집행시도에 의한 재시작] III.―7:202 [법적 절차에 의하여 확립된 권리에 대한 소멸시효기간]에 의해 규정된 10년의 소멸시효기간은 채권자에 의한 각각의 합리적인 집행시도가 있을 때마다 새로이 진행한다.

6. 소멸시효의 효력

제5절에서는 소멸시효의 효력에 대해 세 개의 조문을 통해 규정하고 있다. 소멸시효의 완성의 효과로 두 가지의 가능성을 상정할 수 있을 것인데, 첫 번째의 가능성은 권리 또는 청구권이 더 이상 존재하지 않는 것으로 규정하는 강력한 방식이고, 두 번째의 가능성은 채무자에게 이행의 거부권을 주는 방식이다. 후자의 방식이 일반적이며, DCFR 역시 후자의 방식을 택하고 있다.[46]

DCFR III.—7:501에 따르면, 소멸시효의 기간이 도과하면 채무자는 의무의 이행을 거절할 수 있으나, 만일 채무자가 의무의 이행을 위하여 지불한 경우에는 단지 급부가 소멸시효의 완성 후에 이행되었다는 사실만으로는 반환되지 않는다.[47] 신의성실의 원칙에 의해 소멸시효의 항변이 허용되지 않을 가능성도 존재하지만, DCFR III.—7:601에 따른 시효에 관한 합의 가능성이 존재하기 때문에 큰 의미가 있지는 않다고 한다.[48]

DCFR III.—7:502는 주된 권리에 대한 소멸시효기간이 도과한 경우 이자 및 종된 권리도 소멸시효가 완성됨을 규정하고 있다.[49]

DCFR III.—7:503은 상계의 효과에 대해 규율하고 있다.[50] 이에 따르면 소멸시효의 완성시점에 상계의 의사표시를 하지 않은 경우에도 이후 채권자는 자신이 가지는 채권을 자동채권으로 하여 상계의 의사표시를 할 수 있다고 한다. 하지만, 채무자가 소멸시효를 상계의 의사표시 전에 원용하였거나 상계의 통지 후 2개월 내에 원용한 경우에는 상계의 의사표시에 따른 법률효과는 발생하지 않게 된다.

---

46) von Bar/Clive, p. 1196.

47) DCFR III.—7:501 [일반효과] (1) 소멸시효기간의 도과로 채무자는 이행을 거절할 수 있다. (2) 채무자가 의무의 이행을 위하여 지불하였거나 양도한 것은 단지 소멸시효기간이 도과되었다는 이유만으로 반환되지 아니한다.

48) von Bar/Clive, p. 1197.

49) DCFR III.—7:502 [종된 권리에 대한 효과] 이자에 대한 권리와 다른 종된 권리에 대한 소멸시효는 늦어도 주된 권리의 시효와 함께 완성된다.

50) DCFR III.—7:503 [상계의 효과] 소멸시효기간이 만료된 권리는 그럼에도 불구하고 이를 가지고 상계할 수 있다. 다만, 채무자가 소멸시효를 이전에 원용하였거나 상계의 통지 후 2개월 내에 원용한 경우에는 그러하지 아니하다.

7. 합의에 의한 소멸시효의 변경

제6절에서는 합의에 의한 소멸시효의 변경에 대해 한 개의 조문을 통해 규정하고 있다.[51] 이에 따르면 소멸시효에 대한 합의가 가능하지만, 그 기간은 1년 미만으로 단축되거나 30년 이상으로 연장될 수 없다. 기간의 단축 및 연장 이외에도 합의는 여러 방식으로 이루어질 수 있는데, 소멸시효의 기산시점을 변경하거나 시효의 정지에 대한 요건들을 추가하거나 배제할 수도 있을 것이다.

IV. 공통유럽매매법에서의 소멸시효규정

1. 공통유럽매매법에서의 소멸시효규정의 구조

CESL에서는 제8편(Part) 제18장(Chapter)에서 6개의 절(Section) 및 9개의 조문(Article)으로 소멸시효에 대해 규정하고 있다. 제1절에서는 총칙규정, 제2절에서는 소멸시효의 기간과 소멸시효의 개시, 제3절에서는 소멸시효의 연장, 제4절에서는 소멸시효기간의 재시작, 제5절에서는 소멸시효의 효력 그리고 제6절에서는 합의에 의한 소멸시효의 변경에 대해 규정하고 있다.[52] 이하에서는 각각의 절의 구분에 따라 소멸시효에 관한 규정의 내용들을 살펴보도록 한다.

2. 총칙규정

총칙규정에는 제178조만이 규정되어 있으며, 이는 시효의 대상에 관한 규정이다.[53] 이에 따르면 의무의 이행을 강제할 수 있는 권리와 이에 종된 권리는 소멸시효의 대

---

51) DCFR III.—7:601 [소멸시효에 대한 합의] (1) 소멸시효의 요건은 당사자의 합의로, 특히 그 기간을 단축하거나 연장하는 방법으로 변경될 수 있다. (2) 그러나 합의의 기간은 III.—7:203 [소멸시효의 개시]에 따른 기산일로부터 최대 1년으로 단축하거나 30년 이상으로 연장할 수 없다.

52) Faust, Der Vorschlag für ein Gemeinsames Europäisches Kaufrecht, BRJ 02/2012, S. 128ff.

53) Zöchling-Jud, Am Vorabend eines Gemeinsamen Europäischen Kaufrechts, Wien, 2012, S. 256.

상이며, 소멸시효에 대해 규정하고 있는 제18장의 기준에 따른 기간의 경과로 소멸시효가 완성된다고 명시하고 있다.[54] 총칙의 규정과 관련하여 지적되는 점들을 정리하면 다음과 같다. 첫째, "의무의 이행(to performance)에 대한 권리"로 표현하고 있는 PECL과 DCFR의 규정과 달리 CESL에서는 "의무의 이행을 강제(to enforce)할 수 있는 권리"라는 표현을 사용하고 있다는 점이다. 이러한 표현은 우리의 경우 민사집행법과 같은 절차법상의 의미와 유사하다고 볼 수 있기 때문에, 소멸시효를 실체법에서 주로 규정하고 있는 대륙법의 전통적인 태도를 고려할 때, "의무의 이행을 청구할 수 있는 권리" 또는 "의무의 이행을 주장할 수 있는 권리"가 표현이 더 적당하다는 견해가 존재한다.[55]

둘째, 소멸시효의 규정이 종된 권리에도 적용된다. CESL 제185조 제3항의 규정을 통해 이자에 대한 권리가 종된 권리에 명백하게 포섭되는 경우도 있겠지만, 이를 제외하고 어떠한 권리가 종된 권리에 포함되는지에 대한 논의가 발견된다. 특히 하자담보와 관련하여 발생하는 권리들이 소멸시효의 규정에 포섭될 수 있는지에 대해서는 해석상의 대립이 존재하고 있다. 같은 맥락에서 매수인의 측면에서 이행의 유보, 대금감액 및 계약의 해제권, 매도인 측면에서의 이해의 유보 및 계약의 해제권에 종된 권리가 포섭되는지에 대한 다툼도 보인다.[56] 이러한 논의의 핵심은 우리 민법 제183조 규정의 태도와 유사하게 CESL 제185조 제3항에서 의무의 이행을 강제할 수 있는 주된 권리가 소멸시효로 인해 소멸하는 경우, 종된 권리도 함께 소멸하게 되도록 규정하고 있다는 점이다. 즉, 하자담보와 관련하여 발생하는 권리를 종된 권리에 포섭시킨다면 주된 권리와 함께 하자담보책임도 함께 소멸되는 결과에 이르기 때문이다. 또한 일반적으로 하자가 물건을 인도하는 때에 발견되는 경우가 아니라는 점을 고려할 때 향후에도 지속적인 논의의 대상이 될 것이다.

---

54) CESL의 해석은 대체적으로 하경효 교수 외 6인이 번역한 내용을 따른다(하경효/고세일/김규완/김상중/백경일/이병준/이진기, 보통유럽매매법, 세창출판사, 2014).
CESL 제178조 [시효가 적용되는 권리] 의무의 이행을 강제할 수 있는 권리와 이 권리에 종된 권리는 본장의 규정에 따른 기간의 만료로 시효가 완성된다.

55) Kleinschmidt, S. 551; Mansel, Der Verordnungsvorschlag für ein Gemeinsames Europäisches Kaufrecht – Teil II –, WM 2012, S. 1313; Müller, S. 530ff.

56) Kleinschmidt, S. 552; Müller, S. 531ff.

3. 소멸시효의 기간과 소멸시효의 개시

제2절에서는 소멸시효의 기간과 소멸시효의 개시에 대해 두 개의 조문을 통해 규정하고 있다.[57] 각 조문에서는 주관적 단기소멸시효와 객관적 장기소멸시효를 구분하여 그 기간을 2년과 10년으로 달리 규정하고 있으며, 인적 손해를 이유로 하는 손해배상청구권의 소멸시효기간은 30년으로 규정하고 있음을 확인할 수 있다.[58] 특징적인 내용 및 지적되는 사항들을 살펴보면 다음과 같다. 첫째, 단기소멸시효와 장기소멸시효를 구분하는 이러한 CESL의 태도는 하나의 소멸시효기간만을 두고 있는 PECL과 DCFR과는 확연히 구분된다.[59] 또한 주관적 단기소멸시효를 2년이라는 매우 짧은 기간으로 설정했다는 점은 매우 이색적이다.

둘째, PECL 및 DCFR에서는 판결, 중재 그리고 이와 유사한 절차로부터 확인된 또는 발생된 청구권에 대한 시효를 달리 규정하고 있는 반면 CESL에서는 이와 관련한 예외규정을 두고 있지 않고 단순히 시효가 정지된다고만 규정하고 있다.[60] 이를 통해 CESL은 법적용의 단순화에 가장 큰 의미를 두었다는 것을 짐작하게 한다. 하지만 이러한 예외규정의 부존재로 인해 발생하는 문제점들이 지적되고 있다. 예를 들어 법원의 판결에도 불구하고 짧게 설정된 소멸시효의 기간 내에 집행이 되지 않으면 판결이 소용없게 될 수 있다는 점이 그것이다. 이는 결과론적으로 기본권 헌장 제17조 제1항[61]을 통해 보장되고 있는 기본권의 일종인 재산권에 대한 심각한 침해가 될 수 있는 가능성을 내포하고 있다고 한다.[62]

셋째, CESL에서 소멸시효의 기간을 너무 짧게 설정하고 있으며, 3년으로 규정하고 있

57) CESL 제179조 [소멸시효의 기간] (1) 단기소멸시효기간은 2년으로 한다. (2) 장기소멸시효기간은 10년으로 하며, 인적 손해를 이유로 하는 손해배상청구권의 소멸시효기간은 30년으로 한다.
CESL 제180조 [소멸시효의 개시] (1) 단기소멸시효기간은 채권자가 그 권리를 행사할 수 있는 사정을 알았거나 알았을 것으로 기대할 수 있었던 때로부터 진행한다. (2) 장기소멸시효기간은 채무자가 이행해야 하는 때로부터 기산하며, 손해배상청구권은 그 권리를 발생시킨 행위가 행해진 때로부터 기산한다. (3) 채무자가 계속적 작위 또는 부작위의 의무를 지는 경우에는 의무불이행시마다 각각 별도의 권리가 발생한다.

58) 하경효, 앞의 논문, 84면 이하; Schulze/Møgelvang-Hansen, Art. 179 CESL, Rn. 1; Zöchling-Jud, S. 258ff.

59) Art. 14:201 PECL 및 Art. III.-7:201 DCFR 참조.

60) Art. 14:202 PECL 및 Art. III.-7:202 DCFR 참조.

61) Art. 17 Charter of Fundamental Rights of the European Union (C 364/12).

62) Müller, S. 533.

는 제조물책임에 관한 지침[63]과도 달리 규정되어 있는 특별한 이유가 제시되고 있지 않아 향후 문제의 발생이 예상된다는 비판이 존재한다.[64] 하지만, 소멸시효의 기간을 짧게 설정하는 시도 자체는 국제적인 흐름에 부합한다고 보아야 한다.[65] 또한 예외적으로 인적 손해를 이유로 하는 손해배상청구권의 소멸시효기간을 30년으로 설정함으로써 신체의 완전성이라는 법익에 특별한 가치를 인정하고 있는 입법의 태도가 눈에 뜨인다.

넷째, CESL의 규정에 따르면, 단기소멸시효의 경우에 채권자의 인식 및 인식가능성이 매우 중요한 판단의 요소라고 할 것이다. 이때의 인식이라 함은 사실상황에 대한 인식으로 충분하다고 한다. 이에 대한 입증은 채무자가 부담하게 된다.[66] 그런데 채무자의 (불완전한) 이행 전에 혹은 이행이 완료되기 전에 채권자가 인식을 한 경우에 시효의 개시시점을 어디에 두어야 하는지에 대한 비판이 있을 수밖에 없다.[67]

다섯째, 채권자가 채무자의 인적사항에 대해 정확하게 알지 못하는 경우에도 시효가 시작될 수 있는지에 대한 의문도 지적된다.[68] 이러한 지적은 CESL에서와는 달리 DCFR에서는 채무자에 대한 인적사항을 채권자가 알지 못한 경우에 시효의 진행과 관련한 특별한 규정을 두었다는 점에 근거하고 있다.[69]

4. 소멸시효기간의 연장

제3절에서는 소멸시효기간의 연장에 대해 세 개의 조문을 통해 규정하고 있다.[70] 제3절은 소멸시효기간의 연장(Extention)이라고 명명되어 있으나, 소멸시효의 정지 및 유예 그리고 이에 따른 효과로 이해해야 한다. DCFR 및 PECL에서도 이와 유사한 규정들을 찾아볼 수 있다.[71]

---

63) Art. 10 Directive 85/374/EEC.
64) Schulze/Møgelvang-Hansen, Art. 179 CESL, Rn. 6.
65) Müller, S. 532; Velencoso/O'Flynn, The Rules on Prescrption, Penades/Velencoso (eds.), European Perspectives on the CESL, Heidelberg, 2015, S. 288.
66) 만일 인식 및 인식의 가능성을 CESL의 규정의 태도와는 달리 소멸시효완성의 유예 내지 정지요건으로 보게 된다면 인식할 수 없었다는 점에 대한 입증은 채권자가 부담하게 될 것이다(하경효, 앞의 논문, 88면).
67) Schulze/Møgelvang-Hansen, Art. 180 CESL, Rn. 6ff.
68) Schulze/Møgelvang-Hansen, Art. 180 CESL, Rn. 9.
69) Art. III.–7:301 DCFR 참조.
70) Zöchling-Jud, S. 259.
71) Art. III.–7:302 DCFR 및 Art. 14:302 PECL 참조.

1) 소송 또는 소송외의 절차로 인한 소멸시효의 정지

CESL 제181조는 소송 또는 소송외의 절차로 인한 소멸시효의 정지에 대해 규정하고 있다. 이와 관련된 내용을 정리하면 다음과 같다.[72] 첫째, CESL 제181조 제1항에서는 단기와 장기소멸시효 모두 재판절차가 개시되는 때 정지됨을 규정하고 있다. 소멸시효의 정지는 청구의 소와 확인의 소를 불문한다. 이와 관련하여 몇 가지 다툼이 있다. 우선 언제 재판절차가 시작되는지 여부이다. 예를 들어 소를 제기한 시점인지 혹은 피고에게 소장이 송달된 시점인지가 논의의 대상이 될 수 있을 것이다.[73] 또한 소의 적법요건을 갖추지 않은 소 제기의 경우에 소멸시효가 정지되는지 여부에 대해서도 다툼이 보인다. 그러나 이러한 경우에도 원칙적으로 소멸시효는 정지될 수 있다고 보아야 할 것인데, 왜냐하면, CESL 제181조 제2항 제2문에서 본안판결이 없는 경우 역시 상정하고 있기 때문이다. 이러한 원칙에도 불구하고 소송물과 당사자는 적어도 확정 가능해야 하며, 이를 통해 채무자에게 누가 자신에 대해 왜 소를 제기했는지 등을 알 수 있도록 해야 할 것이다.[74]

둘째, 소멸시효의 정지의 효과로 판결이 확정되거나 다른 방식으로 사안이 해결될 때까지 시효가 정지된다. 판결은 일반적으로 국내의 절차법에 따라 형식적인 기판력이 발생한 때에 확정된 것으로 보아야 할 것이다. 소의 취하와 같이 본안의 판결 없이 절차가 종료된 경우에는 남은 시효의 기간이 진행된다.[75] 하지만 소멸시효의 정지라는 효과를 발생시켰던 절차가 소멸시효기간의 마지막 6개월 안에 본안판결 없이 끝난 경우, 소멸시효는 그 절차가 끝난 뒤 6개월이 도과하기 전에는 완성하지 아니하도록 규정하고 있다.

---

72) CESL 제181조 [재판절차 또는 다른 절차로 인한 시효정지] (1) 단기와 장기소멸시효는 그 권리를 주장하는 재판절차가 개시되는 때로부터 정지한다. (2) 시효의 정지는 판결이 확정되거나 다른 방식으로 사안이 해결될 때까지 계속된다. 그 절차가 소멸시효기간의 마지막 6개월 안에 본안판결 없이 끝난 경우, 소멸시효는 그 절차가 끝난 뒤 6개월이 도과하기 전에는 완성하지 아니한다. (3) 제1항과 제2항은 중재절차, 조정절차, 양 당사자의 분쟁을 제3자의 구속력 있는 결정에 맡기는 절차 및 그 외에 권리 또는 파산방지에 관한 결정을 구하고자 마련된 모든 절차에 준용된다. (4) 조정은 그 명칭에 구애되지 않고 둘 혹은 다수의 분쟁당사자가 조정인의 도움을 받아 자발적으로 분쟁해결을 위한 합의를 하는 것을 목적으로 행해지는 절차를 의미한다. 이 절차는 당사자의 의사, 법원의 제안이나 명령 또는 국내법의 규정에 따라 개시될 수 있다. 조정은 당사자의 합의에 의하거나 조정인 또는 일방 당사자의 종료선언에 의하여 종료된다.

73) Müller, S. 535ff.

74) Müller, S. 536.

75) Schulze/Møgelvang-Hansen, Art. 181 CESL, Rn. 7.

셋째, 법원에서 진행되는 司法절차 뿐만 아니라 私人에 의해 진행되는 조정 및 중재의 경우에도 CESL 제181조 제1항과 제2항이 적용된다. 이는 법원의 부담을 경감시키기 위한 제도로 이해되고 있다. CESL 제181조 제3항에서 언급되어 있는 중재와 조정은 우리가 일반적으로 이해하는 것과 동일하다. 양 당사자의 분쟁을 제3자의 구속력 있는 결정에 맡기는 절차는 중재와 조정의 중간적 제도로 이해될 수 있다. 예를 들어 중재감정인 또는 독일민법 제317조 이하에서 언급하고 있는 제3자[76]가 이에 해당할 수 있다고 한다.[77] 권리에 관한 결정을 구하고자 하는 절차는 큰 의미가 있는 절차라고 하기보다는 어떠한 절차가 중재와 조정의 혼합된 모습으로 나타나기 때문에 중재 또는 조정이라는 개념 하에 포섭시킬 수 없는 절차를 말한다. 대부분 중재와 조정의 보충적 기능을 하는 절차가 이에 포섭될 수 있다. 파산방지에 관한 결정을 구하고자 마련된 절차는 파산을 막기 위해 채권자와 채무의 해결을 위한 합의가 포함된다고 한다.[78]

넷째, DCFR에서와는 달리 채권자의 불가항력의 경우에 시효정지의 효과를 적시하고 있지 않다.[79] CESL이 2년이라는 매우 짧은 단기소멸시효를 규정하고 있다는 점, CESL 제183조에서 이례적으로 행위능력에 기한 소멸시효유예에 대해 언급하고 있다는 점 등은 불가항력에 따른 시효완성의 유예를 언급하지 않고 있는 CESL의 태도와 상호 모순된다는 지적이 존재한다.[80]

2) 교섭에 따른 소멸시효완성의 유예

CESL 제182조에 따르면 당사자가 권리 혹은 이를 발생시킬 수 있는 사정에 대하여 교섭을 하는 경우, 마지막 교신이 행해진 이후 또는 일방 당사자가 상대방에게 더 이상 교섭을 계속하고 싶지 않다는 뜻을 전한 이후 1년이 경과하기 전까지 소멸시효의 완

---

76) 독일민법 해석은 대체적으로 양창수 교수의 해석에 따른다(양창수, 독일민법전, 박영사, 2008). 독일민법 제319조 [지정의 무효; 보충] (1) 제3자가 급부를 공편한 재량에 좇아 지정하여야 하는 경우에, 행하여진 지정이 명백히 공평하지 아니한 때에는 이는 계약당사자에 대하여 구속력이 없다. 이 경우 지정은 판결에 의하여 행해진다. 제3자가 지정을 할 수 없거나 지정할 의사가 없는 때 또는 지정을 지연하는 때에도 또한 같다. (2) 제3자가 자유로운 의사에 좇아 지정을 해야 하는 경우, 제3자가 지정을 할 수 없거나 할 의사가 없는 때 또는 것을 지연하는 때에는 그 계약은 효력이 없다.

77) Müller, S. 539.

78) Müller, S. 539.

79) Art. III.–7:303 DCFR 참조.

80) Schulze/Møgelvang-Hansen, Art. 181 CESL, Rn. 15.

성이 유예되게 된다.[81] 이와 관련하여 몇 가지 특징적인 내용들을 정리하면 다음과 같다. 첫째, 만일 소멸시효의 기간이 1년 넘게 남은 경우에는 CESL 제182조가 적용될 수 없다.

둘째, 이러한 소멸시효의 유예는 CESL의 경우 단기와 장기소멸시효 모두에 적용된다.[82]

셋째, 교신(communication)에 특별한 형식이 요구되는 것은 아니지만, 상대방에게 의사가 도달되어야 한다.

넷째, 경우에 따라서는 CESL 제181조 제3항의 상황과 중첩되는 상황이 발생할 수 있지만, 교섭의 의미를 제3자를 배제한 교섭으로 축소 해석해야 할 것이다. 다만 이 경우에도 대리인이나 사자를 통한 교섭은 포섭된다.[83]

3) 행위능력의 흠결로 인한 소멸시효완성의 유예 등

CESL 제183조는 행위능력이 흠결된 자에게 대리인이 없는 경우, 행위능력이 흠결된 자가 행위능력자가 되거나 대리인이 선임된 이후 1년이 경과하기 전까지의 소멸시효 완성의 유예에 대해 규정하고 있다.[84] PECL과 DCFR에서도 마찬가지로 이와 유사한 규정들을 확인할 수 있다.[85] 이와 관련된 내용들을 정리하면 다음과 같다. 첫째, 행위능력의 존재여부는 유럽의 통합된 규정이 존재하지 않기 때문에 각국의 국내법에 따라 판단되어야 할 것이다.[86]

둘째, 의문이 있는 것은 CESL에서 채권자만을 행위능력이 흠결된 자로 상정했는지 여부이다. 채무자가 행위능력이 흠결된 경우에도 시효가 완성되지 않는다면 이는 행위무능력자인 채무자에게 불이익을 발생시키는 조문으로 이해될 수 있기 때문이다.[87]

---

81) CESL 제182조 [교섭으로 인한 시효완성유예] 당사자가 권리 혹은 이를 발생시킬 수 있는 사정에 대하여 교섭을 하는 경우, 단기와 장기소멸시효는 교섭과정에서 마지막 교신이 행해진 이후 또는 일방 당사자가 상대방에게 더 이상 교섭을 계속하고 싶지 않다는 뜻을 전한 이후 1년이 경과하기 전에는 완성되지 아니한다.

82) Art. 14:304 PECL 및 Art. III.-7:304 DCFR 참조.

83) Müller, S. 539ff.

84) CESL 제183조 [행위능력 흠결로 인한 시효완성유예] 행위능력이 흠결된 자에게 대리인이 없다면, 단기와 장기소멸시효는 그 자가 행위능력자가 되거나 대리인이 선임된 이후 1년이 경과하기 전에는 완성되지 아니한다.

85) Art. 14:305 PECL 및 Art. III.-7:305 DCFR 참조.

86) Müller, S. 541; Schulze/Møgelvang-Hansen, Art. 183 CESL, Rn. 3.

87) Müller, S. 541.

셋째, CESL에서는 PECL 및 DCFR과는 달리 채권자 또는 채무자의 사망에 대해 특별한 규정을 두고 있지 않다.[88]

넷째, PECL 및 DCFR과는 달리 소멸시효기간이 연장되는 경우의 최장기에 대한 여타의 언급이 없다.[89] 이러한 경우 소멸시효기간과 관련한 일반원칙이 적용될 것으로 보인다.

5. 소멸시효기간의 재시작

제4절에서는 단 한 개의 조문을 통해 소멸시효기간의 재시작에 대해 규정하고 있다.[90] 채무자가 채권자에게 일부변제, 이자의 지급, 담보의 제공, 상계 혹은 다른 방법을 통하여 채무의 존재를 승인하였다면 새로운 단기의 소멸시효기간이 진행하게 된다.[91] 승인은 명시적인 승인뿐만 아니라 묵시적인 승인도 포함된다. 따라서 서면의 형식이 요구되지 않는다고 보아야 한다. 승인과 관련하여 다음과 같은 논의가 진행되고 있는 것으로 파악된다. 첫째, 승인은 채권자에 대해 행하여져야 하며, 제3자에게 채무자가 채무를 인식하고 있다고 언급한 사실 만으로는 승인이라고 볼 수 없다고 한다.[92]

둘째, 채무의 범위에 대해서는 생각할 필요가 있다. 왜냐하면 일부변제 및 일부의 상계 등에서 채무자는 채권자가 주장하는 채권의 범위 모두를 승인했다고 해석할 수 없기 때문이다.[93] 이러한 태도는 우리 대법원의 태도와 상충되기 때문에 이에 대한 연구도 진행되어야 할 것이다.[94]

셋째, 만일 채무자가 채무의 존재를 승인할 당시에 2년이라는 단기소멸시효의 기간보다 남아있는 소멸시효의 기간이 더 긴 경우, CESL 제184조의 적용여부에 대한 논의가 있다. 이는 결국 CESL 제184조가 CESL 제180조의 특별규정으로 볼 수 있는 것인지에 대한 문제가 될 것이다. 이를 채권자 측면에서 바라본다면, 장기의 기간이 단축되

---

88) Art. III.-7:306 DCFR 참조.

89) Art. III.-7:307 DCFR 참조.

90) CESL 제184조 [승인으로 인한 재시작] 채무자가 채권자에게 일부변제, 이자의 지급, 담보의 제공, 상계 혹은 다른 방법을 통하여 채권자의 채무자에 대한 권리를 승인하였다면 새로운 단기의 소멸시효기간이 진행된다.

91) Zöchling-Jud, S. 261.

92) Müller, S. 542.

93) Müller, S. 542.

94) 대법원 2014.5.16. 선고 2012다20604판결.

는 상황이 발생할 수도 있을 것이고, 경우에 따라서는 12년에 가까운 소멸시효의 기간을 이용할 수 있는 상황도 발생할 수 있다.

하지만, 이러한 문제는 단기의 소멸시효기간만을 상정하고 있는 PECL이라든지 DCFR에서는 발생할 수 없을 것이다. 또한 PECL과 DCFR에서는 재판절차에 의해 확정된 채권에 대한 10년이라는 시효기간[95]의 진행 중의 채무자의 승인에 대해서는 명시적인 규정을 통해 해결하고 있기 때문이다.[96] 이러한 상황으로 인해 CESL 제184조는 장기소멸시효의 기간에는 적용되지 않는다는 견해[97]와 입법적 불비라는 견해의 대립이 발견된다.[98]

넷째, CESL에서는 집행시도(attempted execution) 등의 경우에 시효의 재시작에 대한 언급이 없다. 이는 판결이 있는 경우에도 특별한 시효의 진행에 대해 언급하지 않는 CESL 규정의 태도에 비추어 볼 때 이해 못할 것은 아니다. 이에 반하여 PECL과 DCFR에서는 집행을 시도하는 경우에 시효의 재시작에 대한 규정을 두고 있다.[99] PECL과 DCFR과 구분되는 이러한 CESL의 규정을 감안한다면, 채권자는 소멸시효의 만료 전에 채권의 만족을 얻기 위해 나아가 채권의 만족을 얻기 전까지 지속적으로 집행을 시도해야 할 것이다.

6. 소멸시효의 효력

제5절에서도 단 한 개의 조문을 통해 소멸시효의 효력에 대해 규정하고 있다.[100] 이러한 CESL에서의 규정은 PECL 및 DCFR의 규정과 유사하다고 볼 수 있다.[101] CESL 제185조 제1항에 따르면, 일반적인 소멸시효의 효과가 그러하듯이 채무자는 소멸시

95) Art. 14:202 PECL 및 Art. III.-7:202 DCFR 참조.
96) Art. 14:401 PECL 및 Art. III.-7:401 DCFR 참조.
97) Schulze/Møgelvang-Hansen, Art. 184 CESL, Rn. 5.
98) Müller, S. 543.
99) Art. 14:402 PECL 및 Art. III.-7:402 DCFR 참조.
100) CESL 제185조 [소멸시효의 효력] (1) 적용되는 소멸시효기간의 도과로 채무자는 해당 의무의 이행을 거절할 수 있으며, 반면에 채권자는 자신의 이행을 유보하는 것을 제외하고는 불이행으로 인한 모든 구제수단을 상실한다. (2) 채무자가 해당 의무의 이행을 위하여 지불하였거나 양도한 것은 단지 그 급부가 소멸시효의 완성 이후에 이행되었다는 이유만으로 반환되지 아니한다. (3) 이자에 대한 권리와 다른 종된 권리에 대한 소멸시효는 늦어도 주된 권리의 시효완성과 함께 완성된다.
101) Art. 14:501 et seq. PECL 및 Art. III.-7:501 et seq. DCFR 참조.

효기간의 도과로 인해 의무의 이행을 거절할 수 있으며, 채권자는 채무의 불이행으로 인한 구제수단을 상실하게 되는데, 이 경우에도 자신의 이행을 유보할 수 있게 된다.[102] 만일 채무자가 의무의 이행을 하였다면, CESL 제185조 제2항에 의해 이는 채무자가 시효의 완성을 인지하였는지의 여부와 상관없이 적절한 급부로 볼 수 있다. 따라서 채무자는 이에 대한 반환청구를 할 수 없게 된다. CESL 제185조 제3항에는 종된 권리의 소멸시효도 함께 완성되고 있음을 규정하고 있다. 이와 관련한 내용을 정리하면 다음과 같다. 첫째, 크게 단기와 장기소멸시효로 구분할 수 있는 CESL의 구조를 감안할 때, 둘 중의 하나의 기간이 경과한다면 소멸시효가 완성한다고 해석해야 할 것이다. "적용된"이라고 해석할 수 있는 "relevant"라는 표현과 단수명사로 쓰인 "period"라는 표현을 통해서도 이러한 해석이 가능할 것이라고 판단된다.[103]

둘째, 소멸시효가 완성된 경우에도 신의성실의 원칙으로 인해 채무자가 소멸시효의 완성을 원용할 수 없는 경우가 발생할 수도 있을 것이다. 예를 들어 채무자가 채권자에게 자신은 소멸시효를 원용하지 않을 것이기 때문에 채권자가 재판상 청구를 하지 못하도록 유도한 경우가 이러한 상황에 속할 수 있다고 한다. 하지만, 이러한 경우에도 채무자의 여타의 항변, 예를 들어 상계를 원용하는 것이 배제되지는 않는다고 한다.[104] 그런데 CESL 제186조에 따라 합의에 따른 소멸시효의 변경에 대한 가능성이 존재하기 때문에 신의성실의 원칙으로 인해 채무자가 소멸시효의 완성을 원용할 수 없는 경우가 존재할 가능성은 매우 낮다고 판단된다.

셋째, PECL 및 DCFR과는 달리 채권자의 상계에 대한 특별한 언급이 없다.[105] 그러나 이는 CESL에서 채권자에 의한 상계의 의사표시에 대한 효과를 명시적으로 배제시키기 위한 의도는 아니며, CESL의 범위에서 벗어난 영역이기 때문이라고 한다. 따라서 채권자의 상계 가능성 및 효과 등에 대해서는 국내법이 적용되게 된다.[106]

넷째, CESL 제185조 제2항에 규정에도 불구하고, 만일 채무자가 소멸시효의 완성 이후에 급부를 제공했더라도 이러한 급부의 제공이 채권자의 악의적인 기망에 의한 것인 때에는 반환을 청구할 수 있다고 한다. 또한 소멸시효의 완성 후 급부를 제공하면서 소멸시효가 완성되지 않았음을 유보한 경우에도 급부의 반환을 청구할 수 있다고 한다. 이러한 해석의 가능성은 "merely because"라는 표현을 통해서도 도출할 수 있

102) Schulze/Møgelvang-Hansen, Art. 185 CESL, Rn. 3ff.
103) Müller, S. 546.
104) Müller, S. 547.
105) Art. 14:503 PECL 및 Art. III.–7:503 DCFR 참조.
106) Schulze/Møgelvang-Hansen, Art. 185 CESL, Rn. 5.

다.[107]

7. 합의에 의한 소멸시효의 변경

제6절에서도 단 한 개의 조문을 통해 소멸시효에 대한 합의에 대해 규정하고 있다.[108] CESL 제186조에 따르면 소멸시효에 대한 합의가 가능하다. 이를 분설하면 단기와 장기소멸시효는 동일하게 최대 1년까지 단축이 가능하다. 연장의 경우 단기소멸시효는 10년까지 장기소멸시효는 30년까지 연장할 수 있다. PECL 및 DCFR과 마찬가지로 CESL에서의 소멸시효에 대한 규정의 임의규정임을 확인할 수 있는 조문으로 이해될 수 있다.[109] 이와 관련한 내용을 정리하면 다음과 같다. 첫째, CESL 제186조 제1항에서 "in particular"는 "특히"라고 번역될 수 있는데, 이를 통해 소멸시효의 단축과 연장뿐만 아니라 다른 합의를 도출하는 것도 가능하다고 판단된다. 따라서 단축과 연장은 단순한 예시에 불과하다고 보아야 한다. 시효정지의 사유 등을 추가한다거나 수정하는 것이 이에 해당할 수 있다.[110]

둘째, CESL 제186조에서는 사적자치의 확장과 축소를 동시에 목도할 수 있다.[111] 시효에 대한 각국의 규정이 일반적으로 강행규정임을 감안할 때 이는 더욱 두드러지는 특징으로 파악된다. 만일 CESL 제186조 제1항에 따른 시효에 대한 합의를 함에 있어, 당사자들 간의 정보 및 협상능력의 불균형을 배제시킬 수 있다면, 시효제도가 존재하지 않는다면 달성될 수 있는 실질적 정의와 시효제도를 통해 달성될 수 있는 법적 안정성 사이의 이익조정의 과정에서 당사자들 간의 이익 균형점을 찾을 수 있을 것이다. 하지만, 이와 관련된 최소의 기준을 CESL 제186조 제2항과 제3항이 정하고 있다. 이에 따르면 실질적 정의의 최소한도는 1년이며, 법정안정성의 최소한도는 10년 또는 30년

107) Müller, S. 548.

108) CESL 제186조 [소멸시효에 대한 합의] (1) 본 절의 규정은 당사자의 합의로, 특히 그 기간을 단축하거나 연장하는 방법으로 변경될 수 있다. (2) 단기소멸시효기간은 최대 1년으로 단축될 수 있으며, 최대 10년으로 연장할 수 있다. (3) 장기소멸시효기간은 최대 1년으로 단축될 수 있으며, 최대 30년으로 연장할 수 있다. (4) 당사자들은 본 조의 적용을 배제 또는 제한하거나 그 효력을 변경할 수 없다. (5) 사업자와 소비자 간의 계약에서 있어서 본 조는 소비자에게 불리하게 적용할 수 없다.

109) Art. 14:601 PECL 및 Art. III.–7:601 DCFR 참조.

110) Müller, S. 544.

111) 여기서의 언급되는 확장과 축소는 CESL 제186조 제1항과 이와 대비할 수 있는 제2항, 제3항, 제4항 및 제5항 사이의 상대적 비교일 뿐임에 유의해야 한다.

으로 설정한 것이다. 이러한 사적자치의 확장과 축소의 긴장관계에서 CESL 제186조 제4항과 제5항을 이해하여야 할 것이다.[112)]

V. 나가며 : 우리에게 주는 시사점

법무부의 소멸시효 개정안은 "시장경제의 발달로 거래의 양과 속도가 비약적으로 증가함에 따라 거래관계를 신속하게 종결시키고 국제거래의 증가에 따른 현실을 반영하여 소멸시효에 관한 외국의 입법례와 균형을 맞추는 데" 그 목표를 두고 있다고 밝히고 있다.[113)] 이러한 개정안에서 소멸시효와 관련된 주요한 내용은 다음과 같다.[114)]

- 채권의 일반소멸시효기간 10년을 5년으로 단축
- 채권자가 권리를 행사할 수 있는 사실과 채무자를 안 때부터 5년이 기산
- 채권자의 인식과 상관없이 10년이 경과하면 소멸시효가 완성
- 단기소멸시효를 폐지
- 중단과 정지로 구분할 수 있는 시효장애사유를 정지, 완성유예 및 재개시로 분화
- 불법행위로 인한 손해배상청구권의 소멸시효를 피해자나 그 법정대리인이 그 손해 및 가해자를 안 날로부터 5년, 불법행위로 인한 손해가 발생한 날부터 20년으로 연장
- 미성년자의 성적 침해를 이유로 하는 손해배상청구권은 피해자가 미성년인 동안에는 소멸시효기간이 진행하지 않고 정지

이하에서는 EU계약법에서의 소멸시효규정들을 감안할 때 우리의 소멸시효 개정안과 관련하여 드는 몇 가지 의문점을 제시하는 것으로 논문을 정리하고자 한다. 첫째, 우리의 개정안은 PECL 및 DCFR과는 달리, 하지만 CESL의 규정과 유사하게 소멸시효제도를 이중적으로 규율하고자 하였다. 어떠한 방식이 더 합리적인지 판단하는 것

---

112) Müller, S. 544ff.
113) 법무부, 조문편, 민속원, 2013, 17면 이하; 법무부, 총칙편, 민속원, 2013, 385면 이하.
114) 법무부, 조문편, 18면; 법무부, 총칙편, 389면 이하.

이 매우 어려운 문제임에도 불구하고,[115] 기존의 1년 및 3년 등으로 너무나도 세분되었던 소멸시효의 제도를 정리하고, 소멸시효제도를 주관적 단기소멸시효의 기간을 5년 및 객관적 장기소멸시효의 기간을 10년으로 정리한 민법개정위원회의 충분한 숙고의 과정과 결과는 합리적 이라고 평가할 수 있을 것이다.[116] 다만 5년이라는 상대적으로 길게 설정된 일반소멸시효기간이 과연 적절한 기간인지에 대한 의문은 떨칠 수 없다. 물론 "지나치게 급격한 변화는 국민의 법감정에 일치하지 않을 뿐만 아니라 또 다른 법적 분쟁을 초래"할 수 있다는 민법개정위원회의 언급은 충분히 이해할 수 있다.[117] 하지만 지금까지 우리 민법이 개정되어왔던 내용과 과정을 볼 때, 개정 후 또 다른 개정을 근시일내에 기대하는 것은 어렵다는 점을 감안한다면 좀 더 과감한 결정이 필요할 것으로 보인다. 또한 시효제도가 논리적이기 보다는 사회의 안정을 보장하기 위한 필요성에 의한 제도라는 점을 감안하고, 세계화의 흐름에 부합해야 한다는 당위성을 감안할 때 5년은 상당히 긴 기간임에 틀림없다.

둘째, 합의에 의한 시효기간의 변경과 관련된 문제는 다시 한 번 고려의 필요성이 존재한다고 판단된다. 개정안 제184조는 우리 민법 제184조를 단순히 국어로 순화한 것에 불과하다. PECL, DCFR 및 CESL의 태도를 보면 연장과 단축 모두에 대한 최소한의 기준을 설정하고 있음에 반해 우리는 연장 및 가중은 불가능하지만 단축 및 경감은 가능하도록 규정하고 있다. 우리 민법의 태도와 개정안이 사적자치라는 우리 私法의 대원칙을 반영한 것으로도 보이지 않으며, 계약의 약자에 대한 고려의 흔적도 보이지 않는다. 특히 CESL 제186조 제5항에서는 사업자와 소비자 간의 계약에서 있어서 본조는 소비자에게 불리하게 적용할 수 없도록 까지 규정하고 있는 태도를 볼 때 우리 민법과 개정안이 가지는 한계는 명백하다.

셋째, 개정안 제183조 제1항에서는 "소멸시효가 완성된 때에는 그 권리의 소멸로 인하여 이익을 받을 자는 그 권리의 소멸을 주장할 수 있다"고 규정하고 있다. 앞서 살펴본 바와 같이 소멸시효의 완성의 효과로 두 가지의 가능성을 상정할 수 있다. 바로 권리 또는 청구권이 더 이상 존재하지 않는 것으로 규정하는 강력한 방식과 채무자에게 이행의 거부권을 주는 상대적으로 약한 방식이다. PECL, DCFR 및 CESL 모두 후자의 방식을 택하고 있음은 확인한 바와 같다. 개정안의 문자적 의미에 집중하여 살펴보면 이는 PECL, DCFR 및 CESL과는 달리 전자의 방식을 택하고 있는 것으로 보인다. 그

115) 하경효, 앞의 논문, 89면.
116) 법무부, 총칙편, 400면 이하.
117) 법무부, 총칙편, 401면.

런데 개정이유서에는 다음과 같은 이해하기 힘든 언급이 있다.[118]

- 소멸시효가 완성된 경우에 채권이 상대적으로 소멸하는 것으로 명시(안 제183조 제1항)
- 제1항의 신설로 인하여 현행 민법 제183조의 내용은 그대로 동조 제2항으로 옮김(안 제183조 제2항)

민법개정위원회에서는 소멸시효의 효력에 대해서 절대적 소멸설, 상대적 소멸설 및 항변권설을 감안하고 논의를 진행한 것으로 파악된다.[119] 절대적 소멸설과 상대적 소멸설의 차이점은 소송에 있어 변론주의와 관련이 있다고 한다. 상대적 소멸설에 따르면 채무이행을 거절할 수 있게 되나 이는 변론주의원칙상 채무자가 주장을 해야 하는 사항이고, 이를 법원이 직권으로 판단하지 못한다고 한다. 이와 달리 절대적 소멸설에 따르면 법원이 직권으로 판단해야 한다.[120] 생각하건대, 절대적 소멸설을 선택하든지 혹은 개정안의 표현과 같이 상대적 소멸설을 택한다면, 소멸시효의 완성으로 인해 권리가 소멸되었다고 보아야 한다. 따라서 소멸시효기간의 만료 이후에 채무자가 의무의 이행을 위하여 지불한 것도 부당이득반환청구의 대상이 될 것이다. 뿐만 아니라 소멸시효를 실체법에서 규정하고 있다는 점을 감안한다면, 개정안 제183조 제1항에서 "주장할 수 있다"라는 어구와 권리의 소멸이라는 개정안의 표현은 어울리지 않는다. 오히려 이행의 거절이라는 표현이 더 적절하며, 이것이 "이미 이행된 것의 반환금지" 및 "자연채무"를 해석론으로 가능하다고 판단[121]한 민법개정위원회의 의도와 더욱 부합한다고 생각한다. 표현에 대한 재고가 필요한 시점이다.

넷째, 개정안 제183조 제2항에서의 종속된 권리의 의미에 대한 논의가 필요하다. 특히 하자담보책임을 주장할 수 있는 권리가 종속된 권리라고 볼 수 있다면, 이에 대한 우리 민법의 규정과 충돌의 양상을 피할 수 없을 것이다. 다만 하자담보책임의 법적성질에 대한 우리 학계의 통일적인 견해를 기대하는 것이 요원하다는 점을 감안한다면 이에 대한 개정과정의 논의도 순탄치 못할 것임은 자명하다.

다섯째, 우리의 소멸시효 개정안은 소멸시효의 정지 및 유예의 사유에 대해 재판상

118) 법무부, 총칙편, 423면.
119) 김성수, 앞의 논문, 201면.
120) 이에 대한 언급은 본 논문의 토론을 맡아주신 동아대학교 법학전문대학원 장병일 교수의 언급에서 발췌한 것이다.
121) 김성수, 앞의 논문, 201면.

권리행사(개정안 제168조), 보전처분(개정안 제170조), 혼인관계(개정안 제171조), 협의(개정안 제172조), 최고(개정안 제173조), 불가항력(개정안 제174조), 제한능력자(개정안 제175조 및 제766조), 상속재산(개정안 제176조) 및 민사집행(개정안 제178조)과 같이 매우 구체적이고 체계적으로 제안하고 있다. 그런데 이러한 소멸시효의 정지 및 유예가 어느 정도까지 제한될 필요성이 존재한다. 예를 들어 개정안 제174조에 규정되어 있는 불가항력이 오랜 기간 지속된다면 소멸시효가 달성하고자 하는 바를 이룰 수 없음은 명백하다. 개정안 제162조 제3항이 동조 제1항과 제2항만을 고려하고 있다는 점을 감안할 때, DCFR III.—7:307와 마찬가지로 기간의 최장기를 설정하는 방법도 고려의 대상이 되어야 할 것이다.

번역용어 정리

영어	한국어
Principles of European Contract Law (PECL)	유럽계약법원칙
Draft Common Frame of Reference (DCFR)	유럽사법을 위한 공통참조기준초안
Common European Sales Law (CESL)	공통유럽매매법
European Commission	유럽집행위원회
Committee on Legal Affairs	법사위원회
European Parliament	유럽의회

비교표

<table>
<tr><th colspan="2">구분</th><th>PECL</th><th>DCFR</th><th>CESL</th></tr>
<tr><td>총칙</td><td>-</td><td>14:101</td><td>III.-7:101</td><td>제178조</td></tr>
<tr><td rowspan="3">기간/개시</td><td>일반기간</td><td>14:201</td><td>III.-7:201</td><td rowspan="2">제179조</td></tr>
<tr><td>법적절차</td><td>14:202</td><td>III.-7:202</td></tr>
<tr><td>개시</td><td>14:203</td><td>III.-7:203</td><td>제180조</td></tr>
<tr><td rowspan="5">연장</td><td>無知</td><td>14:301</td><td>III.-7:301</td><td>-</td></tr>
<tr><td>소송</td><td>14:302</td><td>III.-7:302</td><td>제181조</td></tr>
<tr><td>통제상실</td><td>14:303</td><td>III.-7:303</td><td>-</td></tr>
<tr><td>교섭</td><td>14:304</td><td>III.-7:304</td><td>제182조</td></tr>
<tr><td>행위능력</td><td>14:305</td><td>III.-7:305</td><td>제183조</td></tr>
</table>

구분		PECL	DCFR	CESL
연장	사망	14:306	III.-7:306	-
	최장기	14:307	III.-7:307	-
재시작	승인	14:401	III.-7:401	제184조
	집행시도	14:402	III.-7:402	-
효력	일반효과	14:501	III.-7:501	제185조
	종된 청구권 / 권리	14:502	III.-7:502	
	상계	14:503	III.-7:503	-
합의	합의	14:601	III.-6:301	186조

참고문헌

법무부,「2013년 법무부 민법개정시안 -조문편-」, 민속원, 2013 (“조문편”으로 각주처리)

______,「2013년 법무부 민법개정시안 -총칙편-」, 민속원, 2013 (“총칙편”으로 각주처리)

송덕수,「민법강의」, 박영사, 2013

양창수,「독일민법전」, 박영사, 2008

이영준/안태용/조은주/장은미,「DCFR 총칙 및 계약편의 번역 및 해설」, 법무부, 2012

하경효/고세일/김규완/김상중/백경일/이병준/이진기,「보통유럽매매법」, 세창출판사, 2014

김성수, “시효 및 제척기간에 관한 민법개정시안”, 민사법학 제50호, 한국민사법학회, 2010

김진우, “최근 유럽민사법의 발전동향”, 법학연구 제62호, 부산대학교 법학연구소, 2009

박영복, “유럽 공통의 매매법”, 외법논집 제39권 제1호, 한국외국어대학교 법학연구소, 2015

______, “EU 법의 상황과 우리의 민법”, 민사법학 제52호, 한국민사법학회, 2010

양창수, “「유럽계약법원칙」의 소멸시효규정”, 서울대학교법학 제44권 제4호, 서울대학교 법학연구소, 2003

위계찬, “국제물품매매에서 매수인의 의무”,「유럽사법통합의 최근 동향에 관한 고찰」, EU 계약법연구회 발표논문, 2015

하경효, “소멸시효의 입법동향과 규율구조”, 고려법학 제74호, 고려대학교 법학연구원, 2014

Christian von Bar/Eric Clive, Principles, Definitions and Model Rules of European Private Law, Vol. 2

Florian Faust, Der Vorschlag für ein Gemeinsames Europäisches Kaufrecht, BRJ 02/2012

Heinz-Peter Mansel, Der Verordnungsvorschlag für ein Gemeinsames Europäisches Kaufrecht - Teil II -, WM 2012

Jens Kleinschmidt, Einheitliche Verjährungsregeln für Europa?, AcP 2013

Salvatore Patti, Verjährungsrecht des DCFR, ZEuP 2010

Christiane Wendehorst/Brigitta Zöchling-Jud, Am Vorabend eines Gemeinsamen Europäischen Kaufrechts, Wien, 2012 [Zitiert als: Bearbeiter in Wendehorst/Zöchling-Jud (Hrsg.), Am Vorabend eines Gemeinsamen Europäischen Kaufrechts (2012), S.]

Martin Schmidt-Kessel, Ein einheitliches europäisches Kaufrecht?, Müchen, 2012 [Zitiert als: Bearbeiter, Titel, in: Schmidt-Kessel (Hrsg.), Ein einheitliches europäisches Kaufrecht, Müchen, 2012, S.]

Plaza Penades/Luz M. Martinez Velencoso, European Perspectives on the Common European Sales Law, Heidelberg, 2015 [Zitiert als: Bearbeiter, Titel, Penades/Velencoso (eds.), European Perspectives on the CESL, Heidelberg, 2015, S.]

Reiner Schulze, Common European Sales Law (CESL), München, 2012 [Zitiert als: Schulze/Bearbeiter, Art. CESL, Rn.]

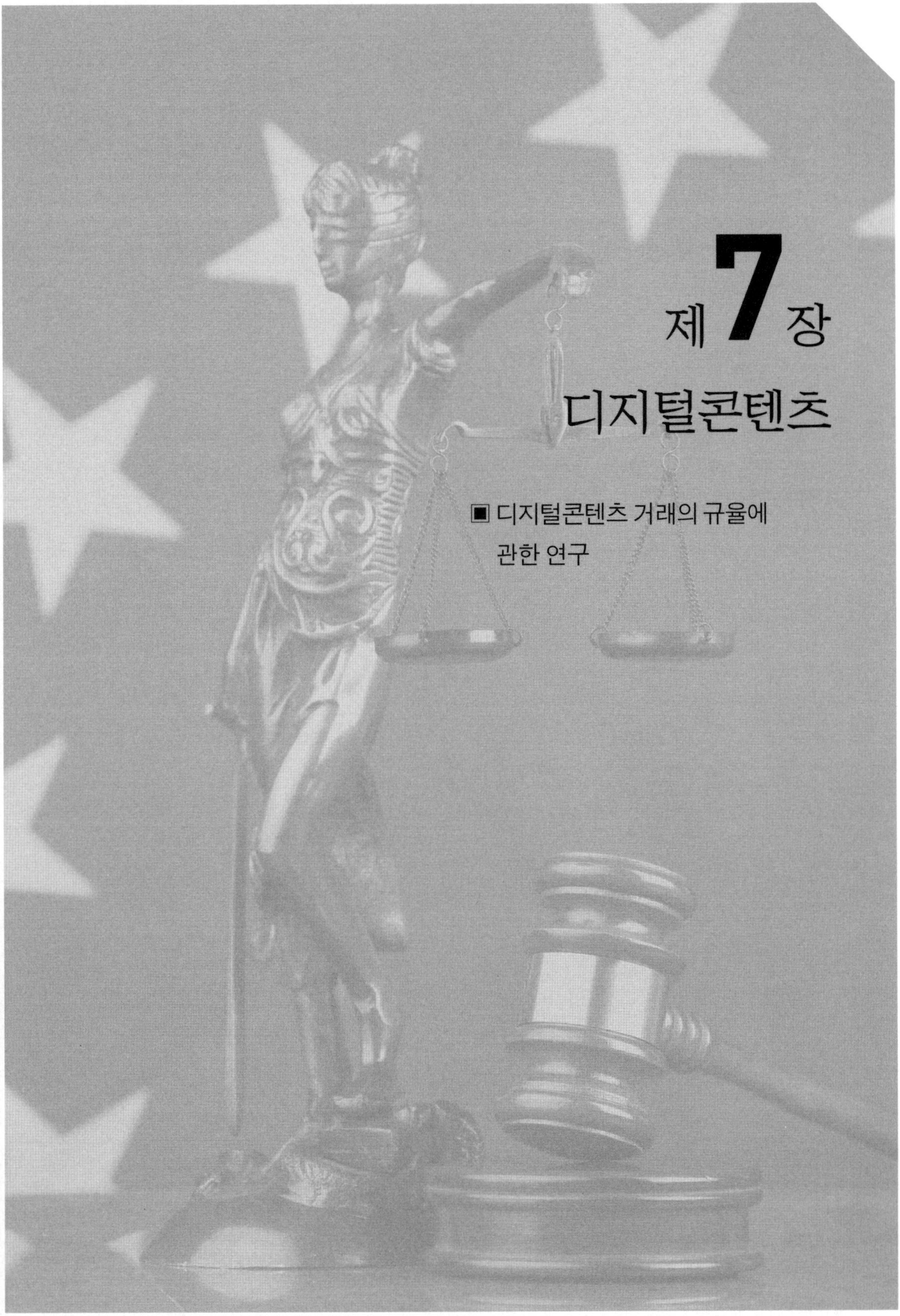

제 7 장 디지털콘텐츠

■ 디지털콘텐츠 거래의 규율에 관한 연구

디지털콘텐츠 거래의 규율에 관한 연구

박희호 교수(한국외국어대학교 법학전문대학원)

I. 들어가는 말

2010년 3월 3일 유럽위원회(European Commission)는 유럽공동체차원의 경제발전 전략을 담은 '유럽 2020 전략'(Europe 2020 strategy)[1]을 제안하였다. 이 제안은 스마트한 성장(smart growth), 지속가능한 성장(sustainable growth). 포괄적인 성장(inclusive growth)이라는 세 가지 성장을 통하여 2020년까지 5가지의 목표[2]를 달성할 것을 내용으로 하고 있다. 그 중에 특히 스마트한 성장을 위하여 유럽 2020 전략은 초고속 인터넷에 기반한 디지털 단일시장(digital single market)의 구축이라는 '유럽을 위한 디지털 아젠다'(digital agenda for Europe)를 구체적인 목표로 설정하였다.[3]

---

* 이 글은 "유럽공통매매법(CESL)을 통해서 본 디지털콘텐츠 거래의 규율방향에 관한 연구"라는 제목으로 외법논집 제39권 제4호(2015.11.), 117-138에 게재된 논문입니다.

1) Europe 2020 – A strategy for smart, sustainable and inclusive growth, Brussels 3. 3. 2010 COM(2010) 2020 final.

2) 이 전략은 5가지 주요 목표를 제시한다. 첫째는 20-64세 고용률을 현재의 69%에서 75%로 제고하고 둘째로 GDP 대비 연구·개발(R&D) 투자를 현재의 1%에서 3%로 확대하며, 셋째로 온실가스 최소 20감축, 에너지소비중 재생에너지비율 20%로 확대, 에너지효율을 20% 개선하는 20/20/20 기후,에너지목표를 달성하며 넷째로 15%에 이르는 학업중퇴율을 10%로 감소시키고 30-34세 인구의 고등교육이수비율을 현재의 31%에서 40% 이상으로 향상시킨다. 그리고 마지막으로 2천만명 이상을 빈곤과 소외의 위험으로부터 벗어나도록 한다(이 목표는 본래 회원국별 빈곤선 이하 유럽인 수를 25% 감소시킨다는 본래의 안을 수정한 것이다).(EU정책브리핑, 부록 2 - EUROPE 2020 전략발표, 외교통상부/주벨기에 대사관 겸 주유럽연합대사관, 2010년 9월 제2차 개정증보판(이하 'EU정책브리핑'), 699면 이하 참조, 'EU정책브리핑'은 주유럽연합대사관 홈페이지에서 열람이 가능하다. (http://missiontoeu.mofa.go.kr/korean/eu/missiontoeu/data/book/revision2/index.jsp)

3) EU정책브리핑, 700면 이하. 그리고 이 아젠다는 분야별전략으로 7대 디지털의제를 선정하였다. 즉 (1) 디지털단일시장원칙의 정립 (2) ICT표준 설정 및 호환성 개성 (3) 신뢰성과 보안성의 제고

디지털 단일시장의 구축이라는 목적의 설정은 단일시장과 단일통화를 통하여 유럽의 통합을 촉진한다는 유럽연합의 설립 취지의 측면에서 보면 매우 당연한 전략이라고 할 것이다. 지역과 공간을 뛰어 넘어 음악이나 영상, 게임들이 디지털화되어 온라인상에서 공급되고 활용되는 현대의 온라인디지털시장상황은 거래에 관련된 사람들의 입장에서는 공간적 이동을 전제로 하는 물품의 거래보다 훨씬 접근하기가 용이하고 또한 효율적이라는 측면에서 유럽연합의 단일시장형성에 매우 중요한 역할을 수행할 것이다. 그리고 이러한 전략은 법률적인 측면에서 보면 단일시장의 구축에 장애물로 여겨졌던 상이한 국내법규를 넘어서 통일법을 만들겠다는 유럽연합의 장기적 전략에서 함께 고려되어야 했다. 따라서 유럽위원회가 2001년 통신문을 기점으로 진행되고 있는 기존의 유럽사법의 통일화노력에 디지털단일시장의 전략이 연계되어 추진되어야 했던 것은 당연한 결과였다.

이러한 배경하에서 2011년 유럽집행위원회에서 제안된 유럽공통매매법(CESL)[4]이 디지털콘텐츠를 공급하는 계약을 통일매매법의 규율대상에 포함시키고 있다.[5] 유럽공통매매법에서 디지털콘텐츠를 규율하려는 입법의도는 입법제안설명에 잘 나타나 있다. 즉 입법제안설명 (17)은 "증가하는 디지털경제의 중요성을 반영하기 위하여 유럽공통매매법의 적용범위는 디지털콘텐츠의 공급을 위한 계약도 포함한다"고 전제하고 "음악다운로드와 같이 저장하여 실행하거나 접근하여 반복적으로 이용을 할 수 있는 디지털콘텐츠의 이용은 빠른 속도로 성장하여 왔으며, 앞으로도 엄청난 성장가능성을 가지고 있는 반면 법률적 상이함과 불확실성의 정도는 여전히 큰 것이 현실이다. 이에 따라 유럽공통매매법은 디지털콘텐츠가 유형의 매체를 통하여 공급되는지의 여부와 상관없이 그 공급을 규율하여야 한다"[6]는 입장을 취하였다. 그 후 유럽의회에 제출된 유럽공통매매법안은 법사위원회(Committee on Legal Affairs)에서 수정을 받아 2014년 2월 26일 유럽의회를 통과하게 되었는데[7] 그 적용범위와 관련하여서도

---

(4) 초고속 인터넷의 보급 확대 (5) ICT분야 첨단 연구 및 이노베이션 활성화 (6) 전유럽인의 디지털 활용역량 배양 (7) ICT의 잠재력을 사회편익에 활용한다는 것이다.

4) Proposal for a Regulation of the European Paliament and of the Council on a Common European Sales Law, October 11, 2011. COM(2011) 635 final. 유럽공통매매법안은 규칙(Regulation)의 전문규정과 유럽공통매매법안의 실질적인 내용을 담고 있는 부속서(Annex I)로 구성되어 있는데 이하에서는 전자를 RegCESL로 후자는 CESL로 표기한다.

5) 유럽위원회의 이러한 인식과 실행 과정에 대하여는 Loos/Helberger/Guibault/Mak, "The Regulation of Digital Content", ERPL 19(2011), 729(731)

6) 입법제안설명(recital) (17) RegCESL

7) European Parliament legislative resolution of 26 February 2014 on the proposal for a regulation of

내용이 다소 구체화되었다. 수정 전 유럽공통매매법안 전문 제1조 제1항 2문이 "이 규정들은 당사자들이 합의하는 경우에 물품의 매매, 디지털콘텐츠의 공급과 관련서비스를 대상으로 하는 국경을 넘는 거래에 적용될 수 있다"고 규정하였던 것을 의회안은 "이 규정들은 당사자 들이 합의하는 경우에 원격지, 특히 온라인으로 이루어지는 물품의 매매, 디지털콘텐츠의 공급과 관련 서비스를 대상으로 하는 국경을 넘는 거래에 적용될 수 있다"(Amendment 26)고 하여 '원격지, 특히 온라인으로 이루어지는' 디지털콘텐츠 거래에 활용될 것이라는 점을 구체화하였다.[8] 이러한 개정은 유럽공통매매법의 적용영역을 유럽연합 내에서의 온라인 거래에 더욱 초점을 맞추려는 것으로, 특히 의회안은 디지털콘텐츠에 대한 적용범위를 보다 명확히 하면서 동시에 이를 확장하여 클라우드 컴퓨팅을 유럽공통매매법의 명시적으로 규율대상에 포함시키려고 하였다.[9] 특히 유럽연합은 클라우드 컴퓨팅의 성장가능성에 주목하여 유럽공통매매법을 통해 그 잠재력을 촉발하고 나아가 경제성장에 활용하려는 의도를 갖고 있었다.[10]

아쉽게도 유럽공통매매법은 2014년12월에 디지털단일시장의 기치를 내건 2015년 사업프로그램(Work Programm)이 발표되면서 CESL도 이 목적에 맞게 조절되어야 한다는 이유로 철회된다.[11] 그러나 이러한 철회가 유럽공통매매법의 포기를 의미하는 것은 아니다. 오히려 유럽위원회는 디지털단일시장의 창출을 위하여 변형된 법안(pmoified proposal)을 준비하고 있다고 전해진다. 2015년 5월 11일 DCFR의 공동편집자인 Eric Clive의 전언에 따르면 유럽위원회는 디지털콘텐츠와 유체물을 아우르는

---

the European Parliament and of the Council on a Common European Sales Law. 의회에서 수정되어 채택된 유럽공통매매법안을 이하에서는 '의회안'이라고 표기한다.

8) 의회 수정안의 내용에 대한 개관으로는 박영복, "유럽 공통의 매매법" 외법논집 제39권 제1호(2005.2)208면 이하 참조.

9) 의회안 Amendment 8 에서는 "클라우드 컴퓨팅이 빠르게 발전하고 있고 여전히 거대한 성장가능성을 갖는다. 유럽공통매매법은 디지털콘텐츠와 관련 서비스의 원거리 제공, 특히 온라인을 통한 공급에 적용될 통일적인 규범들을 제공한다. 그리고 이러한 규범들은 디지털콘텐츠나 관련 서비스가 클라우드를 이용하여 공급되는 경우 특히 디지털콘텐츠가 매도인의 클라우드로부터 다운로드 되거나 공급자의 클라우드에 일시적으로 저장되는 경우에도 적용될 수 있어야 한다"는 내용의 입법제안설명 (17a)를 추가하였다.

10) Penadés/Velencoso/Rubio, European Perspectives on CESL, 2015, p. 164. 유럽위원회는 유럽연합 내에서의 클라우드 컴퓨팅의 활성화가 고용을 포함한 유럽연합 내의 경제적인 측면에 많은 도움을 줄 것을 기대하면서 안전하면서도 공정한 클라우드 컴퓨팅 계약의 조건들을 찾기 위한 노력을 경주하고 있다. 특히 집행위원회는 이를 위해 2013년 7월 18일에는 클라우드 컴퓨팅계약을 위한 전문가 그룹(expert group)을 설립하였다. (http://ec.europa.eu/justice/contract/cloud-computing/expert-group/index_en.htm)

11) http://www.epln.law.ed.ac.uk/2015/01/07/proposal-for-a-common-european-sales-law-withdrawn/

조화로운 규범을 찾는데 노력하고 있다.[12)]

필자로서는 유럽위원회가 유럽공통매매법을 위한 새로운 법안을 준비하고 있는 이러한 시점에서 2011년에 채택된 유럽공통매매법안에 대한 연구는 매우 큰 의미가 있다고 본다. 유럽위원회에서 종래의 법안을 폐기하고 새로운 법안을 만들기 위하여는 무엇보다도 종래의 법안이 가졌던 문제점을 찾아 이를 개선하는데 초점을 맞출 것이기 때문이다. 특히 유체물의 매매와 함께 디지털콘텐츠의 거래를 함께 규율하려는 시도는 이전에는 없던 전혀 새로운 시도로 유럽공통매매법안 이외에는 아직 그 선례가 없다. 따라서 유럽위원회가 종래의 다양한 통일법규들과 다르게 디지털콘텐츠거래와 물품의 매매를 아우르는 방향으로의 법안을 여전히 준비하고 있다면 그 유일한 시도였던 2011년 유럽공통매매법안을 참고하고 그 문제점을 찾아내는 것이 가장 중요한 과제가 될 것이다.

본고는 이러한 점을 감안하여 유럽공통매매법상의 디지털콘텐츠거래에 관한 문제점을 찾아보고 나름대로 그 해결책을 제시하는 것을 목적으로 한다. 그리고 이러한 작업은 아직 디지털콘텐츠거래에 관하여 통일된 규범을 가지고 있지 않은 우리나라의 입법정책에도 참고가 될 것으로 기대한다.

---

12) http://ec.europa.eu/priorities/digital-single-market/index_en.htm; "The Commission will put forward clear contractual rules for online sales of both physical goods like shoes or furniture and digital content, like e-books or apps. It will fill in the existing legislative gap at EU level regarding digital content and will harmonise a key set of rules for physical goods. This will create a level-playing field for businesses, allow them to take full advantage of the Digital Single Market and sell with confidence across borders. At the same time, it will boost consumer trust in online purchases. Consumers will have even more solid and effective rights. For example, if the e-book you just bought is defective, it will be easier for you to obtain a remedy against the trader. Europeans will be able to shop in other EU countries as easily as in their home countries and get the best products at the best price."

II. 디지털콘텐츠의 개념 및 범위

1. 유럽공통매매법에서의 디지털콘텐츠의 정의

유럽공통매매법은 디지털콘텐츠에 대하여 "'디지털콘텐츠'란 디지털의 형태로 생산되어 공급되는 자료로, 매수인의 의향에 따른 것인지를 불문하고, 비디오, 오디오, 사진, 디지털 기록물, 디지털 게임, 소프트웨어 및 기존의 하드웨어나 소프트웨어를 개인화할 수 있는 디지털콘텐츠를 포함한다"(Art. 2 (j) RegCESL)고 규정하고 있다. 이 규정은 기본적으로 소비자권리지침(Dir. No 2011/83/EU) Art. 2 (11)을 따른 것이다.[13]

2. 디지털콘텐츠의 개념

디지털콘텐츠에 대한 유럽공통매매법의 정의는 우리나라 법률의 디지털콘텐츠에 대한 접근보다도 훨씬 포괄적임을 알 수 있다. 즉 우리나라의 문화산업진흥기본법 제2조 제5호는 디지털콘텐츠에 대하여 "부호·문자·도형·색채·음성·음향·이미지 및 영상 등(이들의 복합체를 포함한다)의 자료 또는 정보로서 그 보존 및 이용의 효용을 높일 수 있도록 디지털 형태로 제작하거나 처리한 것을 말한다."이라고 하고 있다. 따라서 온라인디지털콘텐츠산업발전법에서 말하는 디지털콘텐츠는 이를 '보존'하고 재생을 통하여 '이용'할 수 있는 디지털화된 정보만을 의미한다.

이와 구별하여 컴퓨터프로그램이라는 개념이 사용되는데 이는 디지털콘텐츠를 생성, 수정, 이용, 재현하기 위한 수단적인 기능을 하는 컴퓨터의 활용을 위한 프로그램으로 유틸리티 프로그램과 컴퓨터라는 하드웨어를 일정한 목적으로 작동시키기 위한 OS 및 드라이버 프로그램을 포함한다.[14] 또한 소프트웨어라는 개념도 많이 사용되는데 이는 하드웨어에 대립되는 개념으로 일정한 작업을 컴퓨터가 할 수 있도록 하는 기계장치 이외의 시스템을 말한다. 통상 컴퓨터프로그램과 소프트웨어는 구별하여 사용

---

13) 다만 소비자권리지침(Dir No 2011/83/EU) 제2조 11호는 "'digital content' means data which are produced and supplied in digital form"라고 하여 구체적인 예를 들지 않고 매우 단순하게 정의하고 있다.

14) 박종권, "디지털콘텐츠 이용계약의 법적 성질과 권리·의무에 관한 고찰", 법학논집(이화여대 법학연구소), 제14권 1호(2009.9.) 203면; 오병철, 디지털정보계약법(2005), 48면 등.

되지는 않는다.[15] 반면 디지털콘텐츠는 컴퓨터 및 그 프로그램에 의하여 생성되어 인간에게 제공되는 정보를 의미하는 것으로 컴퓨터프로그램 또는 소프트웨어와 구별되어 사용되고 있다.

이러한 구별을 염두에 둘 경우 유럽공통매매법이 예정하는 디지털콘텐츠는 "비디오, 오디오, 사진, 디지털 기록물, 디지털 게임, 소프트웨어 및 기존의 하드웨어나 소프트웨어를 개인화할 수 있는 디지털콘텐츠를 포함한다"고 하여 좁은 의미의 디지털콘텐츠 뿐만 아니라 OS나 유틸리티 프로그램을 모두 포함하는 넓은 개념으로 이해된다. 즉 디지털화된 것이면 거의 모두가 디지털콘텐츠인 것이다. 다만 하드웨어를 구입하면서 그 작동을 위하여 부수적으로 수반되는 소프트웨어는 하드웨어의 종물로서 독립한 거래의 객체가 되지 않는 한 유럽공통매매법상의 디지털콘텐츠라고 할 것은 아니다.

디지털화되지 않고 아날로그 방식에 의하여 콘텐츠가 생산된 것은 디지털콘텐츠가 아니어서 유럽공통매매법이 말하는 디지털콘텐츠의 공급계약에 관한 규정이 적용되지 않는다. 오히려 음악테이프나 비디오테이프, LP 디스크 등을 구입하는 경우에는 유럽공통매매법상 매매계약(sales contract)을 체결한 경우에 해당한다(Art. 5 (a) RegCESL)고 보아야 한다.[16] 다만 일반인의 입장에서 아날로그방식으로 저장되는 음악테이프의 경우와 디지털방식의 음악CD의 경우를 구별하여 전혀 별개의 사안으로 생각하는 경우는 통상 없다고 할 것이다. 오히려 아날로그 콘텐츠도 디지털콘텐츠와 마찬가지로 동일한 콘텐츠의 계속적인 복사가 가능하다는 특징을 갖는다는 측면에서 디지털콘텐츠에 관한 규정, 특히 특정의 매체에 담긴 디지털콘텐츠의 규정을 적용하도록 하는 것이 보다 합리적으로 보이나 그러한 해석가능성은 보이지 않는다.

3. 적용이 제한되는 디지털콘텐츠

유럽공통매매법은 디지털콘텐츠 중에서도 일정한 범위에 대하여는 그 적용을 배제한다. 즉 (i) 온라인뱅킹서비스를 포함하는 금융서비스, (ii) 전자적 형태로 제공되는 법률서비스나 금융서비스, (iii) 전자적 보건서비스, (iv) 전자적 통신서비스와 네트워크 및 그와 관련된 설비 내지 서비스, (v) 도박, (vi) 소비자에 의한 디지털콘텐츠의 새로운 제작 내지는 종래 디지털콘텐츠의 변경 또는 다른 사용자들과의 공동제작의 경

15) 박종권, 전게논문, 204면.
16) Wendehorst/Schulze, RegCESL Art 5. Rn. 18; Zahn, ZEuP, 2014, S. 82.

우는 제외가 된다. 예를 들어 특정 로펌이나 병원에서 고객의 문의에 대하여 법률자문이나 진단의 내용을 이메일을 통하여 보내는 경우에는 유럽공통매매법이 적용되지 않는다. 이러한 경우는 대부분 서비스제공에 부수하여 이루어지는 것들이다.

유럽공통매매법은 (vi) 소비자에 의한 디지털콘텐츠의 새로운 제작 내지는 종래 디지털콘텐츠의 변경 또는 다른 사용자들의 제작에 대한 기타의 상호작용의 경우도 적용이 배제되는 것으로 규정하고 있다. 이 문장이 의미하는 바는 다소 불명확하나 유럽공통매매법 규칙 제2조 (j)호의 규정이 정하는 적용배제 영역과 유사하게 기본적으로 서비스제공을 제외하는 것으로 이해된다. 즉 아직 제작되어 있지 않은 디지털콘텐츠를 소비자가 요구하는 바에 따라 혹은 기존의 디지털콘텐츠를 소비자가 요구하는 바에 따라 제작하여 주는 '서비스'제공계약을 제외하는 것으로, 그러한 급여는 매매계약이 아니라 순수한 서비스 혹은 도급계약이 될 수 있기 때문에 매매법의 본질에 부합하지 않는 것이다. 그리고 이러한 해석은 유럽공통매매법 규칙 제2조 (k)호가 매매계약의 개념에 대하여 규정하면서 생산되거나 제조되어야 할 물품의 공급을 위한 계약, 즉 제조물 공급계약도 매매계약의 범위에 포함시키면서도[17] 디지털콘텐츠 공급계약에 대하여는 그에 상응하는 아무런 규정도 두고 있지 않고 있다는 점에서 타당하다.[18] 다만 유럽공통매매법 규칙 제2조 (j)호 본문은 '매수인의 지정에 따른 것인지를 불문하고 (whether or not according to the buyer's specifications)' 디지털의 형태로 생산된 콘텐츠의 공급에 대하여도 유럽공통매매법이 적용된다고 하고 있는데 이 내용과 (vi)의 경우의 구별이 곤란하다는 문제점이 제기된다. 주된 급여가 기존의 콘텐츠를 공급하는 경우에는 유럽공통매매법이 적용되고, 주된 급여가 서비스제공에 있다고 할 경우에는 적용이 배제되는 것으로 보면 될 것이다.[19]

4. 디지털콘텐츠의 공급방식

디지털콘텐츠에 대한 또 하나의 유럽공통매매법의 특징은 그 공급방식에 대하여는 아무런 제한을 두고 있지 않다는 점이다. 따라서 콘텐츠가 CD나 DVD의 매체에 저장되어 인도받느냐 혹은 온라인을 통하여 내려받아 사용하느냐를 불문한다. 나아가 클

---

17) Stadler, "Anwendungsvoraussetzungen des CESL" AcP 212(2112), 473(492)

18) Zahn, ZEuP, 2014, S. 83.

19) AaO.

라우드 컴퓨팅을 그 적용대상에 넣으려고 했던 상기 입법자의 의사를 감안한다면 디지털콘텐츠가 단지 온라인상에 저장되어 있고 이를 내려받지 않고 직접 이용할 수 있는 접속계약의 경우도 포함하게 된다. 소비자권리지침은 디지털콘텐츠가 유체물에 저장되어 양도되는 경우 이를 디지털'콘텐츠'가 아니라 '물품'(goods)으로 보고 있다.[20] 따라서 소비자권리지침에 따를 경우에는 디지털콘텐츠가 유체물에 저장되어 양도되는 경우에는 디지털콘텐츠의 공급(supply of digital content)이 아니라 물품의 매매(sales of goods)로 이해되지만 유럽공통매매법은 디지털콘텐츠 공급계약으로 본다.[21]

III. 유럽공통매매법상의 디지털콘텐츠 공급계약의 체결

1. 유럽공통매매법의 규정

유럽공통매매법안은 매매계약뿐만 아니라 디지털콘텐츠를 '공급'하는 계약에도 적용된다. 유럽공통매매법은 매매계약의 개념에 대하여는 유럽공통매매법 규칙 제2조 (k)호에서 "물품의 소유권을 이전하고 대금을 지급하기로 약정하는 계약"이라고 규정하고 있지만 디지털콘텐츠 공급계약의 개념에 대하여는 침묵하고 있다. 여기서 디지털콘텐츠 공급계약을 체결하는 경우 공급자가 지게 되는 급여의무가 무엇인지, 공급자는 디지털콘텐츠를 이용자에 대하여 어떠한 상황에 두어야 '공급'을 한 것으로 되는지 문제된다. 이에 대한 해답은 유럽공통매매법 규칙(CESLReg) 제5조가 규정하고 있다. 동조 (b)호는 유럽공통매매법이 적용되는 범위와 관련하여 "대금지급과 교환하여 이루어지는지, 유체적 매체에 담겨서 공급되는지를 묻지 않되, 저장, 처리 혹은 접근되고 사용자에 의하여 재사용될 수 있도록 디지털콘텐츠를 공급하는 계약"[22]도 유럽공

20) Directive on Consumer Rights(Dir No 2011/83/EU) Recital (19) "If digital content is supplied on a tangible medium, such as a CD or a DVD, it should be considered as goods within the meaning of this Directive"

21) 전통적으로 CD나 DVD 등에 담겨 공급되는 디지털콘텐츠는 물건의 양도로서 논의되어 왔다(장병일, "독일에 있어서 멀디미디어의 개념과 그 이용의 법적 성질", 민사법이론과 실무(2010.12.31.), 107면).

22) Article 5 RegCESL "(b) contracts for the supply of digital content whether or not supplies on a tangible medium which can be stored, processed or accessed, and reused by the user, irrespective

통매매법이 적용되는 것으로 보고 있다.

2. 디지털콘텐츠 공급계약의 규정에 대한 해석가능성

하지만 이 규정은 표현의 불명확성으로 인하여 다양한 해석의 여지를 남긴다. 디지털콘텐츠가 저장, 처리되거나 접근되고 사용자에 의하여 재사용될 수 있어야 (which can be stored, processed or accessed, and reused by the user)하는데, 저장과 처리, 접근과 재사용의 관계에 대하여 여러 가지 해석이 가능한 것이다.

먼저는 세 가지 요건 즉 (1) 저장될 수 있어야 하고, (2) 처리되거나 접근될 수 있어야 하며, (3) 재사용할 수 있어야 한다는 요건이 중첩적으로 필요하다는 견해가 있다.[23] 이 견해는 접근될 수 있으면 처리될 수 있으므로 처리될 수 있어야 한다는 별도의 요건은 불필요한 것으로 본다.[24]

두 번째 견해는 앞의 세 요건중 하나의 요건과 재사용이라는 요건이 중첩적으로 필요하다는 입장이다. 즉 (1) 저장이나 처리 그리고 접근가능성 중에 하나의 요건과 (2) 재사용이라는 요건이 모두 충족되어야 하는 것으로 보는 견해이다.[25] 이 견해는 무엇보다 디지털콘텐츠의 일시적인 사용이 아니라 지속적인 사용을 위한 공급이 소유권과 점유를 이전하는 매매라는 특성에 부합하며, 영어본이 본래의 공통매매법의 원본으로 이해되어야 한다는 점을 근거로 든다.[26]

---

of whether the digital content is supplied in exchange for the payment of a price"
유럽보통매매법(하경효 외), 2014, 127면은 이 규정을 "디지털콘텐츠가 대금지급의 대가로 공급되는지에 영향이 없이 저장, 가공 또는 접근가능한 유체적 매체로 공급되는지, 그리고 이용자가 재사용하는지의 여부를 묻지 않고 디지털콘텐츠의 공급을 위한 계약"이라고 번역하고 있으나 이는 타당하지 않은 번역이다. 이럴 경우 모든 형태의 디지털콘텐츠의 공급계약이 유럽공통매매법의 적용대상이 되어 일정한 범위에서 디지털콘텐츠 공급계약을 유럽공통매매법에서 제외하려는 이 규정의 취지에 반하게 된다. 의회안은 동 규정을 "contracts for the supply of digital content whether or not supplied on a tangible medium or through any other means, which can be stored, processed or accessed, and reused by the user, irrespective of whether the digital content is supplied in exchange for the payment of a price or in exchange for a counter-performance other than the payment of a price, or is not supplied in exchange for any other counter-performance."로 개정되었다.

23) Schulze/Wendehorst, RegCESL Art. 5 Rn. 20.
24) Ibid.
25) Zahn, ZEuP, 2014, S. 85f.
26) Zahn, ZEuP, 2014, S. 85.

이에 반하여 독일어본의 해석에 따라 저장하거나 처리가능하거나 재사용할 수 있는 경우 또는 접근 가능한 경우라고 보는 견해가 있다.[27] 즉 독일어본은 디지털콘텐츠가 "저장, 처리 혹은 재사용할 수 있도록 한 경우이거나 또는 접근가능하게 한 경우"[28]라고 하고 있다. 이 견해에 따를 경우 접근가능성이 유럽공통매매법을 적용하도록 하는 독립된 요건이 되기 때문에 매수인이 공급자의 온라인 영역에 일회적인 접근만 허용받는 경우에도 유럽공통매매법이 적용되게 된다.[29]

먼저 첫 번째의 견해는 디지털콘텐츠를 자신의 컴퓨터에 다운받아서 사용하여야만 유럽공통매매법이 적용되는 해석으로서 매매계약의 전통적인 특성에 가장 부합한다고 할 것이다. 하지만 이럴 경우 공급자의 온라인 영역에 접속(access)하여 이용하는 경우는 디지털콘텐츠의 공급에 해당하지 않게 되어 디지털콘텐츠공급의 개념을 지나치게 좁게 보게 된다. 따라서 이 견해는 클라우딩컴퓨팅의 경우도 유럽공통매매법의 적용영역에 포함시키려고 하는 입법자의 의사에 반한다. 클라우딩컴퓨팅이라는 것이 기본적으로 자신의 컴퓨터에 소프트웨어나 기타 디지털콘텐츠를 다운받음이 없이 온라인상으로만 소프트웨어를 포함한 다양한 서비스를 이용하도록 하는 것인데 저장을 필수적 요소로 보는 이 견해에서는 클라우딩컴퓨팅은 유럽공통매매법의 적용대상에서 제외된다. 따라서 이 견해를 따르기는 어려워 보인다.

두 번째 견해와 세 번째 견해 차이는 기본적으로 영어본을 따를 것이냐 혹은 독일어본을 따를 것이냐에 따라 나타나는 번역의 문제이다. 따라서 이 문제는 통일법이 언어에 따른 다른 내용을 갖고 있는 것으로 이를 정비함으로써만 해결될 문제이다.[30] 다만 필자는 독일어본보다는 영어본이 국제적으로 보다 영향력이 있고 또 본래 그 초안이 영어로만 작성되었다는 점에 비추어[31] 이를 따르기로 한다. 입법제안설명 (17)도 "저장하여 실행하거나 접근하여 반복적으로 이용을 할 수 있는 디지털콘텐츠의 이용"이라는 표현을 사용하여 영어본 해석에 보다 힘을 실어 준다.

---

27) Schmidt-Kessel/Schmidt-Kessel, GEK-VO, Art. 2 Rn. 65; 이병준, "보통유럽매매법에서 디지털콘텐츠에 대한 규율과 그 시사점", IT와 법연구 제9집(2014), 211면.

28) 유럽통일매매법 독일어본은 "Verträge über die Bereitstellung digitaler Inhalte gleich, ob auf einem materiellen Datenträger oder nicht, die der Nutzer speichern, verarbeiten oder widerverwenden kann oder zu denen er Zugang erhält, unhahägig davon, ob die Bereitstellung gegen Zahlung eines Preises erfolgt oder nicht"라고 하여 영어본과 차이를 보인다.

29) Schulze/Wendehorst, RegCESL Art. 5 p. 44 Fn. 3; 이병준, 전게논문, 211면.

30) Zahn, ZEuP, 2014, S. 85.

31) AaO.

3. 유럽공통매매법이 적용되는 디지털공급계약

영어본 해석에 따라 유럽공통매매법이 적용되는 디지털콘텐츠의 공급은 저장될 수 있거나 처리될 수 있거나 접근 가능하여야 하며 이와 더불어 사용자가 재사용할 수 있어야 하는 경우로 제한된다. 따라서 디지털콘텐츠가 재사용할 수 있어야 한다는 필수적 요건이 충족되어야 하고 이 요건을 위하여 저장, 처리 그리고 접근가능한 경우 중 최소한 한 가지가 더 추가되어야 한다.[32)]

1) 저장되어 사용되는 경우

먼저 저장은 구매자가 디지털콘텐츠를 자신의 컴퓨터나 기타 자신의 다른 매체에 저장할 수 있다는 것을 의미한다. 예를 들어 음악이나 영화를 다운로드를 받아서 자신의 컴퓨터에 저장하거나 CD나 DVD에 저장되어 있는 것을 구입하는 경우를 포함한다. 이러한 저장은 매매와 관련하여 보면 물건의 인도를 받는 경우와 유사하다. 물론 공급자는 디지털콘텐츠의 공급에도 불구하고 그 콘텐츠의 지배를 상실하지 않기 때문에 공급자의 지배영역을 떠나서 구매자의 지배영역으로 점유가 완전히 이전하는 전통적인 계약유형의 매매와는 다른 모습을 보인다. 그럼에도 구매자는 디지털콘텐츠를 자신의 지배영역으로 이전받아 이를 지배할 수 있다는 점에서 매수인과 유사한 위치에 있다.

2) 처리 혹은 접근가능성

디지털콘텐츠가 저장될 필요까지는 없더라도 공급자에 의하여 처리되거나 접근가능하여야 한다. 이러한 경우는 저장의 경우와 달리 디지털콘텐츠가 구매자의 지배영역에 들어오지 않는다. 오히려 디지털콘텐츠는 여전히 공급자의 영역에 있으면서 구매자는 단지 그의 영역에 들어가 디지털콘텐츠를 사용 혹은 재사용할 수 있을 뿐이다. 사실 이 경우에 대하여 매매의 규정을 유추적용하기는 쉽지 않다. 이러한 경우는 임대차나 사용대차계약이 유추적용될 수 있다. 따라서 유럽공통매매법이 전통적인 매매법의 유형성을 고집하는 한 이러한 경우는 적용될 수 없다고 할 것이다. 하지만 이러한

32) Schulze/Wendehorst, RegCESL Art 5. Rn. 23; Zahn, ZEuP, 2014, S. 85f.

경우를 유럽공통매매법에서 제외한다면 디지털콘텐츠 공급계약의 대부분의 경우에 적용이 불가능하게 되어 입법자의 의도에 반하게 될 것이다.[33] 입법자의 의사에 따라 이를 포함하는 것으로 이해하는 것이 유럽공통매매법의 취지에 부합한다.[34]

3) 재사용

디지털콘텐츠가 저장되거나 처리 혹은 접근가능하다는 요건과 별개로 유럽공통매매법이 적용되기 위하여는 디지털콘텐츠를 이용자가 재사용할 수 있어야 한다. 따라서 디지털콘텐츠에 접근하여 혹은 내려받아 일회적인 사용만 가능하다면 유럽공통매매법은 적용될 여지가 없다. 그런데 이러한 재사용의 요건은 디지털콘텐츠의 저작권을 보호하는 디지털저작권관리(Digital Rights Management, DRM)시스템과 관련하여 법리상의 문제를 낳는다. 즉 디지털콘텐츠가 사용자의 컴퓨터 등에 저장되어 재사용되거나 또는 공급자의 영역에 접근하여 재사용할 수 있다고 하더라도 디지털저작권관리기술에 의하여 일정 기간만 재사용할 수 있는 경우가 많다. 예를 들어 VOD(Video on demand)를 활용하여 대금을 내고 영화를 한편 관람하는 경우 그 영화를 다시 볼 수 있는 기간이 하루 혹은 일주일이나 길게는 한 달로 제한되는 경우가 대부분이다. 이러한 경우는 물품의 소유권을 이전받아 언제든지 이용할 수 있고 나아가 자유롭게 처분도 할 수 있는 매매계약의 경우와 근본적으로 다르다고 볼 것이다. 사용자가 공급자의 영역에 접근하여 일정기간 동안 디지털콘텐츠를 활용하는 경우는 물론이고 사용자의 컴퓨터에 디지털콘텐츠가 저장되어 사용할 수 있다고 하더라도 사용기간이 제한되어 있는 경우라면 여전히 그 처분이 공급자의 통제에 있다고 보는 것이 타당하다. 따라서 완전히 공급자의 영역에서 이용자의 영역으로 통제가 이전하는 경우에나 (유추) 적용가능한 매매계약은 이러한 경우에 그 적용이 합당하지 않다고 할 것이다.[35] 그러한 경우에는 임대차나 사용대차의 규정이 유추적용되어야 한다. 그렇다고 하여 이러한 경우에 유럽공통매매법의 적용이 배제되어야 한다는 것을 의미하는 것은 아니다. 유럽공통매매법은 디지털콘텐츠의 재사용의 가능성을 요건으로 하되 반드시 지속가능한 재사용으로 제한하고 있지 않는 점에서 보면 이러한 경우를 배제할

33) 입법제안설명 (17) RegCESL.
34) 이병준, 전게논문, 211면.
35) Zahn, ZEuP, 2014,S. 85f.

수는 없는 것이다.[36] 이러한 점에서 유럽공통매매법이 반드시 매매계약만을 규정한 것이 아니라 매매와 임대차 혹은 사용대차계약도 함께 규율하고 있다고 할 것이다.[37]

4. 클라우드 컴퓨팅에 대한 적용가능성

상술한 바와 같이[38] 유럽공통매매법의 의회안은 디지털콘텐츠와 함께 클라우드 컴퓨팅을 유럽공통매매법에 포함시킬 것을 주장하고 있다. 하지만 이렇게 의회안에서 고려된 클라우드 컴퓨팅이 유럽공통매매법의 적용대상으로 적절한 지에 대하여 클라우드 컴퓨팅을 특수성을 감안하여 별도로 검토할 필요가 있다.

1) 클라우드 컴퓨팅의 개념

클라우드 컴퓨팅이라는 개념은 매우 최근에 만들어진 것으로 클라우드 개념을 공식적인 자리에서 처음으로 언급한 사람은 2006년 미국 검색엔진전략회의(Search Engine Strategies Conference)에서의 구글 CEO 에릭슈미트라고 한다.[39] 하지만 그 구체적인 의미에 대하여는 아직 명확하게 확립되어 인정받고 있는 것이 없다. 가장 많이 인용되는 클라우딩 컴퓨팅의 개념[40]은 미국 상무성(U.S. Department of Commerce) 산하의 미국 국립 표준 기술 연구소(National Institue of Standards and Technology, NIST)에서 정의한 것이다.[41] 이 개념에 따르면 클라우드 컴퓨팅이란 "최소한의 관리조치 또는 서비스제공자와의 상호작용에 의하여 신속하게 컴퓨팅 자원들을 제공받고 또 반환할 수 있는 설정적 컴퓨팅 자원들(configurable computing resources,

---

36) Stadler, "Anwendungsvoraussetzungen des CESL" AcP 212(2112), 473(493).
37) Stadler, "Anwendungsvoraussetzungen des CESL" AcP 212(2112), 473(493).
38) 각주 8) 의회안 Amendment 8로 추가된 17 a) 참조.
39) 송호신, "클라우드 컴퓨팅의 활성화에 따른 법제 정비 방안", 한양법학 제25권 제4집(2014.11), 116면 이하.
40) 예를들어 오길영, "'클라우드 컴퓨팅 발전법안'의 검토와 비판", 민주법학 제56호(2014.11) 254면 이하; 송호신, "클라우드 컴퓨팅의 활성화에 따른 법제 정비 방안", 한양법학 제25권 제4집(2014.11), 117면 등.
41) Peter Mell/ Timothy Grance, The NIST Definition of Cloud Computing – Recommendations of the National Institute of Standards and Technology, p. 2 (http://faculty.winthrop.edu/domanm/csci411/Handouts/NIST.pdf)

예를 들어 네트워크, 서버, 저장, 앱 그리고 서비스)이 있는 공유영역에 어디서든지(ubiquitous) 그리고 편리하게 네트워크를 통하여 주문식으로(on demand) 접근이 가능한 모델"[42]이라고 정의한다. 우리나라의 경우도 정부 차원에서 클라우드 컴퓨팅의 발전을 도모하고 소비자의 정보보호를 위하여 "클라우드 컴퓨팅 발전 및 이용자 보호에 관한 법률"이 국회를 통과하여 2015년 9월 28일부터 시행되고 있다. 이 법 제2조 제1호는 클라우드 컴퓨팅에 대하여 "집적, 공유된 정보통신기기, 정보통신설비, 소프트웨어 등 정보통신자원을 이용자의 요구나 수요 변화에 따라 정보통신망을 통하여 신축적으로 이용할 수 있도록 하는 정보처리체계"라고 하고 있다. 결국 클라우드 컴퓨팅이란 인터넷을 통하여 서비스되는 여러 가지 정보통신 자원을 이용자가 필요한 경우 접근하여 이용할 수 있는 체계라고 할 것이다.

2) 유형

클라우드 컴퓨팅은 매우 다양한 유형으로의 분류가 가능하겠지만 서비스의 내용에 따라 통상 소프트웨어서비스(Software as a Service, SaaS), 플랫폼서비스(Platform as a Service, PaaS), 기반시설서비스(Infrastructure as a Service, IaaS)로 구분한다. 클라우드 컴퓨팅 발전 및 이용자 보호에 관한 법률 시행령 제3조도 "법 제2조제3호에서 "대통령령으로 정하는 것"이란 다음 각 호의 어느 하나에 해당하는 서비스를 말한다. 1. 서버, 저장장치, 네트워크 등을 제공하는 서비스 2. 응용프로그램 등 소프트웨어를 제공하는 서비스 3. 응용프로그램 등 소프트웨어의 개발·배포·운영·관리 등을 위한 환경을 제공하는 서비스 4. 그 밖에 제1호부터 제3호까지의 서비스를 둘 이상 복합하는 서비스"로 분류하여 이러한 분류방식에 기초하고 있다.

(1) 소프트웨어서비스(Software as a Service, SaaS)

소프트웨어서비스란 "클라우드 기반시설(cloud infrastructure)[43]에서 구동하는

---

42) "Cloud computing is a model for enabling ubiquitous, convenient, on-demand network access to a shared pool of configurable computing resources (e.g., networks, servers, storage, applications, and services) that can be rapidly provisioned and released with minimal management effort or service provider interaction."

43) 클라우드 기반시설이란 클라우드 컴퓨팅을 위한 하드웨어와 소프트웨어의 총체를 말하는 것으로 물리적 계층(physical layer)과 추상적 계층(abstracion layer)으로 구성된다. 물리적 계층은 제공될

제공자의 앱을 소비자가 사용할 수 있도록 하는 서비스"[44]를 말한다. 예를 들어 MS Word 프로그램을 구입하여 독립적으로 내 컴퓨터에서 사용하는 것이 아니라 필요한 경우에만 일정한 비용 등을 내고 온라인 상에서 사용하는 경우를 말한다. 웹기반의 이메일 프로그램도 마찬가지이다. 우리가 이메일을 보기 위하여 프로그램을 다운 받는 것이 아니라 포털사이트가 제공하는 온라인 이메일 프로그램을 이용하여 온라인에서 메일을 주고 받는 경우가 그것이다.

(2) 플랫폼서비스(Platform as a Service, PaaS)

플랫폼서비스란 제공자에 의하여 지원되는 프로그래밍 언어, 도서관, 서비스, 도구 등을 사용하여 소비자에 의해 개발되거나 소비자가 필요로 하는 앱을 클라우드 기반 시설에 배치할 수 있도록 하는 서비스를 말한다.[45] 즉 소프트웨어를 개발하여 제공할 수 있는 환경을 제공해 주는 것으로 저장공간이나 네트워크와 같은 기간 클라우드는 통제하지 못하나 제공자가 제공하는 앱이나 소프트웨어의를 활용할 수 있고 활용환경에 대한 통제가능성도 주어진다. 대표적으로 구글앱엔진(Google App Engine)을 들 수 있다.

(3) 기반시설서비스(Infrastructure as a Service, IaaS)

기반시설서비스는 클라우드 컴퓨팅의 가장 기초가 되는 기간시설에 대한 통제가능성을 부여하는 것으로 저장공간, 네트워크 등을 가상환경으로 만들어 OS프로그램을 통하여 통제할 수 있도록 하는 클라우드 제공 서비스이다.[46] NHN에서 제공하는 Ndrive가 여기에 해당한다.

클라우드 서비스를 지원하기 위하여 필수적인 하드웨어 자원으로 구성되어 있는데, 서버, 저장공간, 네트워크구성부분 등을 포함한다. 이에 대하여 추상적 계층은 물리적 계층을 활용하는 소프트웨어로 구성되는데, 클라우드 컴퓨팅의 필수적 특성을 이룬다. 개념상으로 물리적 계층의 상위에 추상적 계층이 있게 된다(Peter Mell/ Timothy Grance, The NIST Definition of Cloud Computing, p. 2 Fn. 2).

44) Peter Mell/ Timothy Grance, The NIST Definition of Cloud Computing, p. 2.
45) Peter Mell/ Timothy Grance, The NIST Definition of Cloud Computing ,p. 2-3.
46) Peter Mell/ Timothy Grance, The NIST Definition of Cloud Computing, p. 3.

3) 유럽공통매매법의 적용가능성

먼저 일정한 기간을 두고 반복적으로 소프트웨어를 사용할 수 있도록 하는 소프트웨어서비스의 경우는 유럽공통매매법이 적용될 것이다. 예를 들어 한 달 동안 MS사의 Word 프로그램을 이용하는 계약을 체결하고 이용료를 지불하는 경우가 여기에 해당한다. 하지만 이러한 클라우드 컴퓨팅의 기본적인 수요는 필요한 경우에만 온라인 상에 있는 소프트웨어를 활용할 수 있다는 점에서 발생한다. 특별한 그림을 보거나 영화를 보기 위하여 특정한 프로그램을 구동하여야 하는 경우 내 컬퓨터에 그 프로그램을 저장할 필요없이 그림이나 영상을 볼 때에만 일회적으로 특정 프로그램을 이용하는 경우가 많다. 그런데 이러한 경우는 통상 그때그때마다 일회적으로 사용하는 계약을 체결하고 프로그램을 사용하기 때문에 기본적으로 재사용을 적용요건으로 하는 유럽공통매매법상의 디지털콘텐츠에는 해당하지 않는다.

다음으로 플랫폼서비스는 프로그램을 만들거나 또 만들어진 프로그램을 이용하는 사람이 프로그램이나 기타 여러 가지 주어진 환경을 활용하는 것이므로 그러한 환경을 이용한다는 점에서 유럽공통매매법이 적용될 것이다. 이에 대하여 그러한 환경 자체는 디지털화 되어 있기는 하지만 일정한 내용을 가는 콘텐츠라고 할 수는 없다는 견해가 있다.[47] 따라서 후술하는 기반시설서비스와 함께 유럽공통매매법의 적용범위에서 제외되어야 한다는 입장이다. 하지만 콘텐츠라는 것을 반드시 내용물을 담는 용기에 대응하여 생각할 필요는 없으며 오히려 환경이라는 것도 이용자의 입장에서는 그 자체로 내용이라고 볼 여지는 충분하다. 더욱이 클라우드 컴퓨팅을 유럽공통매매법을 통하여 규율하려고 하는 입법자의 의사를 고려한다면 이러한 플랫폼서비스나 후술하는 기반시설서비스를 제외하는 것은 타당하지 않아 보인다.

마지막으로 기반시설서비스인데 이 경우는 분명이 어떤 내용이라기보다는 환경을 제공해 주는 것이 분명하다. 예를 들어 컴퓨터의 하드디스크와 마찬가지로 사이버공간에 사용자를 위한 저장공간을 제공하여 주는 경우는 일응 용기만을 제공하는 것이라고 볼 것이다. 하지만 이러한 저장공간을 콘텐츠로 못볼 것은 아니다. 콘텐츠라는 개념은 매우 상대적이다. 예를 들어 내가 음식을 담기 위하여 그릇을 이용하는 경우 그릇은 분명히 콘텐츠가 아니다. 하지만 내가 그릇을 구입하여 포장에 담긴 그릇을 받는 경우 포장이 용기가 되고 콘텐츠는 바로 그릇인 것이다. 저장공간을 이용한다는 것은 바

47) Zahn, ZEuP, 2014,S. 94.

로 이러한 콘텐츠로서의 저장공간을 이용하는 것으로 이해할 수 있는 것이다. 따라서 기반시설서비스를 이용하는 계약의 경우에도 유럽공통매매법의 적용범위에 드는 것으로 이해하는 것이 타당하다. 다만 이 경우는 전형적인 매매계약이라기 보다는 임대차나 사용대차에 해당하는 것으로 이해해야 한다.

5. 무상으로 제공되는 디지털콘텐츠

유럽공통매매법은 디지털콘텐츠의 공급계약이 유상인지의 여부를 불문한다.(Art.5 (b) RegCESL) 즉 대가없이 디지털콘텐츠의 공급을 약속하는 경우에도 유럽공통매매법이 적용되는 것으로 보고 있다.[48] 이 규정은 디지털콘텐츠가 무상으로 제공된다고 하더라도 공급자의 입장에서는 일정한 수익을 예상하고 있기 때문에 유상인 경우와 크게 다르지 않다는 고려가 반영된 것이다. 즉 디지털콘텐츠가 무상으로 공급되더라도 사용자의 인적 정보를 대가로 하거나 사용자의 확보를 통하여 광고수익을 올리는 경우 혹은 사용자가 디지털콘텐츠를 사용하면서 광고에 노출되도록 하는 이익을 올리는 경우가 많다. 이 경우 비록 디지털콘텐츠가 형식상 무상으로 공급되기는 하나 공급자나 사용자의 입장에서는 일정한 반대급부가 있는 경우로 볼 수 있는 것이다. 따라서 사용자는 무상으로 제공되는 디지털콘텐츠이더라도 계약불합치로 인한 손해배상 등을 청구할 수 있다.[49]

---

48) 본래 유럽위원회 안은 "대금의 지급과 교환으로 공급되는 것과 상관없이(irrespective of whether the digital contents is supplied in exchange for the payment of a price)" 디지털공급계약이라고 본 것을 의회안(Amendment 62)은 이를 보다 확대하여 "대금의 지급과 교환으로 혹은 대금의 지급이외의 다른 반대급여와 교환으로 혹은 다른 어떤 반대급여에 대한 교환없이 공급되는 것인가와 상관없이(irrespective of whether the digital content is supplied in exchange for the payment of a price or in exchange for a counter-performance other than the payment of a price, or is not supplied in exchange for any other counter-performance)"라는 표현으로 수정하였다.

49) Loos/Helberger/Guibault/Mak, "The Regulation of Digital Contracts", ERPL 19(2011), p. 757.

IV. 계약의 철회

1. 계약철회의 제한

유럽공통매매법에서는 소비자의 권리를 보호한다는 측면에서 소비자에게 철회권을 부여하고 있는 반면 일정한 사유가 있으면 동시에 사업자를 보호하기 위하여 철회권을 제한하는 규정을 두고 있다(Art. 40 CESL). 그리고 디지털콘텐츠 공급계약의 철회권제한과 관련하여 물품의 매매와 다른 규정을 두고 있다. 먼저는 물품의 매매와 마찬가지로 유체적 매체에 담긴 디지털콘텐츠가 봉인되어 인도된 이후에 개봉된 경우(Art. 40 (3) (c) CESL)로 디지털콘텐츠의 손쉬운 복사가능성에 염두를 둔 것이다.[50] 다른 하나는 유럽공통매매법 제40조 제3항 (d)에서 규정하는 경우로, 유체적 매체에 담겨 공급되는 것이 아닌 경우, 즉 온라인을 통하여 디지털콘텐츠가 공급되는 경우에는 소비자가 철회권의 상실에 대하여 사전의 명시적인 동의와 승인이 있는 경우에 한하여 철회권이 상실시키는 경우이다. 그 외에 물품매매와 동일하게 소비자의 지정(specification)에 따라 혹은 명백히 개인을 위하여 제작된 디지털콘텐츠의 경우에도 철회권이 제한된다.(Art. 40 (2) CESL)

2. 철회권 행사기간의 기산점

소비자의 철회권은 14일의 기간이 주어지는데 그 기산시점과 관련하여 디지털콘텐츠가 유체물의 매체에 담겨 공급되는 경우에는 그 매체를 수령한 날로부터 기산한다.(Art. 42 (1) (f) CESL) 반면에 디지털콘텐츠기 온라인으로 제공되는 경우에는 통상 “I agree"라는 배너를 클릭함으로써(클릭랩 계약) 또는 그러한 절차도 없이 단순히 검색엔진 같은 소프트웨어를 용함으로써(브라우즈랩 계약) 계약이 체결되고 또 동시에 다운받거나 그러한 절차없이 콘텐츠를 활용하게 되는 경우가 많다.[51] 이러한 경우를 감안하여 유럽공통매매법은 디지털콘텐츠가 유체적 매체에 담겨 공급되지 않는 경우

---

50) Schulze/Schulze, CESL, Art. 40 Rn. 24.

51) 클릭랩 계약(click wrap agreement) 및 브라우즈랩 계약(browse wrap agreement)에 대한 설명으로는 박종권, 전게논문 200면 이하 참조.

에는 계약이 체결된 때부터 철회권의 행사기간이 시작되는 것으로 정하고 있다.(Art. 42 (1) (g) CESL)

3. 물품의 반송비용

유럽공통매매법에 따르면 철회권을 행사한 경우의 물품반송비용은 원칙적으로 소비자가 부담한다(Art. 45 (2) CESL). 디지털콘텐츠가 유체적 매체에 담겨 공급된 경우에는 이 규정이 적용될 것이다. 반면 온라인을 통하여 디지털콘텐츠가 제공되는 경우 소비자가 철회권의 상실에 대하여 사전의 명시적인 동의와 승인이 있었다면 소비자는 철회권을 행사할 수 없다(Art. 40 (3) (d) CESL). 반면 이러한 사전의 명시적인 동의나 승인이 없다면 디지털콘텐츠를 제공받은 후 14일 내에 소비자는 철회권을 행사할 수 있고 이 경우 소비자는 물품의 반송비용을 부담하지 않아도 된다(Art. 45 (6) (b). 다만 이 경우의 물품의 반송은 디지털콘텐츠의 반환이라기 보다는 디지털제품의 특성상 사용의 중지 및 삭제를 의미하게 될 것이다.

V. 디지털콘텐츠의 계약불합치(conformity with the contract)

유럽공통매매법에서 디지털콘텐츠에 대한 계약불합치[52]는 원칙적으로 물건에 대한 계약불합치와 큰 구별없이 동일하게 규율된다. 다만 디지털콘텐츠 공급계약의 특성이 반영된 몇 가지 특별규정이 있다. 먼저는 계약적합성의 판단기준에 대한 규정에서 무상성을 고려하도록 하였다. 제100조 (g)호는 디지털콘텐츠도 물품과 같이 매수인이 기대할 수 있는 품질과 이행능력을 갖추어야 한다고 전제한 후, 이를 판단하는 데에 있어서 디지털콘텐츠가 대금과 교환으로 공급되었는지를 고려할 것을 규정하고 있다. 그 수정안으로 나온 의회안은 전문규칙 제5조 (b)의 수정에 상응하여 대금뿐만 아니라 그 이외의 어떠한 대가가 있었는지(in exchange for any other counter-

52) 유럽공통매매법의 계약불합치규정에 대한 비교법적 검토 및 비판으로는 박희호, "유럽공통매매법(CESL)의 계약합치성에 관한 연구", 동북아법연구 제9권 제2호(2015.9.30.), 419면 이하 참조.

performance)도 고려하도록 하였다. 대가가 없더라도 신상에 관한 정보가 제공되거나 강제로 광고에 노출되어야 하는 경우 등에는 계약불합치의 판단수준을 낮출 필요가 없다는 점을 강조한 것이다.

계약불합치의 판단과 관련하여 디지털콘텐츠는 과학기술의 발달과 함께 보완되고 개선되는 특성을 갖는다. 또한 개인정보의 보안과 관련하여 항상 해킹의 우려가 있기 때문에 특정 디지털콘텐츠를 통하여 바이러스 등이 감염될 위험이 상존한다. 따라서 디지털콘텐츠가 공급되었다고 하더라도 매도인 혹은 제작자와의 관계가 계속되는 경우가 대부분이다. 작업환경이 바뀜으로 인하여, 예를 들어 새로운 윈도우즈를 설치함으로써 이에 맞게 소프트웨어를 보완할 필요성이 있으며 새로운 바이러스의 출연으로 보안작업을 하여야 하는 것이 그것이다. 그러한 작업이 바로 업데이트작업인데 이 점을 감안하여 유럽공통매매법 제103조는 “디지털콘텐츠는 계약이 체결된 후에 업데이트된 디지털콘텐츠가 사용가능하다는 이유만으로 계약에 불합치한 것으로 볼 수는 없다”고 규정한다. 하지만 이 규정에 대하여는 많은 논란이 있었다. 먼저는 디지털콘텐츠뿐만 아니라 통상의 상품도 개선되어 나오는 경우 마찬가지로 다루어져야 한다는 문제제기[53]부터 그 규정취지에 대하여 디지털콘텐츠 공급계약의 위험이전 시기를 계약체결시로 앞당기는 규정인지 등[54]이 그것이다. 이러한 논란 속에서 의회안은 이 조항을 삭제하였다(Amendment 187).

디지털콘텐츠 공급계약은 특히 계약이 체결되어 일단의 소프트웨어가 사용자의 컴퓨터나 기타 기기에 장착된 경우에도 제작자나 매도인의 지속적인 지원 및 보완이 필요한 경우가 많다. 대표적으로 새로운 바이러스의 출현을 감안하여 상시적인 업데이트가 필요한 백신프로그램이나 지형의 변화나 새로운 도로 등으로 지속적인 정보의 업데이트가 필요한 네비게이션프로그램 등을 들 수 있다. 이러한 경우 디지털콘텐츠 공급계약은 지속적인 업데이트를 전제로 하여 이루어진다. 유럽공통매매법도 이러한 점을 감안하여 “사업자가 디지털콘텐츠를 사후에 업데이트하여야 하는 경우, 사업자는 디지털콘텐츠가 계약의 기간 동안 내내 계약에 합치하도록 유지할 보증을 하여야 한다”고 규정하고 있다.

---

53) Loos/Helberger/Guibault/Mak, “The Regulation of Digital Contracts”, ERPL 19(2011), p. 746.

54) Schulze/Zoll, CESL, Art. 103 Rn. 1. 이에 대한 반대견해로는 Schmidt-Kessel/Remien, GEK, Art. 103 Rn. 1 ff.

VI. 유럽공통매매법의 디지털콘텐츠 규정에 대한 비판 및 시사점

1. 디지털콘텐츠 공급계약의 법적 성격 및 유럽공통매매법에서의 적용

유럽공통매매법은 그 이름에서 알 수 있듯이 기본적으로 유럽연합내의 통일매매법을 지향한 법안이라고 할 것이다. 그런데 유럽공통매매법은 전통적인 매매법영역뿐만 아니라 디지털콘텐츠 공급계약을 함께 규율하려고 하였다. 하지만 유럽위원회의 이러한 시도는 많은 의문이 남는데, 디지털콘텐츠 공급계약의 법적 성격과 관련하여 이를 검토해 본다.

1) 유럽공통매매법상 디지털콘텐츠 공급계약의 법적 성격

디지털콘텐츠 공급계약의 법적 성격에 대하여 여러 가지 다양한 의견이 제시된다.[55]

우선 이 계약을 매매계약으로 보는 견해가 있다. 이 견해는 일정한 가격이 정해져 있고 그 대금을 제품과 교환하거나 사전에 전액 지불하지 아니하면 안 되는 거래이고 그 후에 그 이상으로 개발자에게 사용료 등을 지불하는 것이 아닌 점 등을 종합해 보면 시판되는 소프트웨어의 거래 자체는 라이센스를 부여한다고 하는 것보다는 단발적으로 완결된 매매로 보는 것이 합당하고 주장한다. 기존 저작물인 서적을 거래하는 경우나 유형의 저장매체에 담긴 소프트웨어를 거래하는 경우나 별반 차이가 없으므로 특별히 다르게 규율할 필요가 없다는 것이다.[56] 나아가 이 견해는 과거 컴퓨터프로그램보호법 제14조 1항 (폐지 후에는 저작권법 제101조의5)이 프로그램 복제물을 정당한 권원에 의하여 소지 사용하는 자는 필요한 범위 안에서 당해 복제물을 복제할 수 있다고 규정하였는데 이 경우 프로그램 기억매체의 소유자를 프로그램의 소유자와 동일하게 보아야만 이러한 규정이 가능하다는 입장이다. 이 견해에 따를 경우 유럽공통매매법에서의 물품매매와 디지털콘텐츠공급을 함께 규율하는 것은 자연스러운 것으로 매우 타당하다고 볼 것이다. 하지만 이 견해는 콘텐츠가 종이라고 하는 책에 담겨 판매되는 것

---

55) 디지털콘텐츠 공급계약의 법적 성격에 대한 자세한 논의는 박정권, 전게논문, 205면 이하 참조.

56) 황찬현, “Shrinkwrap 계약”, 인터넷법률 제3호, 2000, 6면; 김두안, “프로그램에 대한 사용허락계약의 법리”, 산업재산권(한국산업재산권법학회) 제7권 제1호 96면.

과 같이 CD나 DVD와 같은 유체적 매체에 담겨서 공급되는 것에서나 타당한 설명으로 실제로 거래에서 보다 많은 비중을 차지하고 있는 온라인을 통한 공급의 경우에는 적용될 수 없는 주장이다.[57] 나아가 매매계약에서는 이행의 결과 그 물품의 소유권이 매수인에게 이전하지만 디지털콘텐츠의 소유권이 이전하는 경우는 디지털콘텐츠의 배타적 저작권이 양수인에게 이전하는 경우뿐이며 통상은 그 콘텐츠의 이용권만을 부여받게 된다. 따라서 소유권의 이전을 전제로 하는 매매계약설은 받아들이기 어렵다.

두 번째로 '저작권법상 저작물 이용허락계약'으로 보는 견해가 있다. 즉 디지털콘텐츠 공급계약이 민법상 전형계약이 아니라 비전형계약으로서 저작권법상 독자적으로 규정하고 있는 저작물이용허락계약에 해당한다는 주장이다.[58] 하지만 저작권법에 의하여 문제가 되는 경우는 저작물을 이용하여 어떤 수익을 얻고자 하는 경우이다. 즉 저작권법상 저작물이용허락계약으로 보는 견해는 통상 B2B계약으로서 사업자가 저작물을 자신의 사업에 활용하여 수익을 얻는 경우로 단순히 디지털콘텐츠를 최종적으로 소비하는 경우를 포함하지 않는다.[59] 반면에 유럽공통매매법에서는 B2B뿐만 아니라 B2C의 경우도 규율하고 있었고 오히려 규범의 초점은 B2C의 경우에 맞추어져 있었다. 따라서 저작권법상 저작물 이용허락계약으로는 유럽공통매매법상의 디지털콘텐츠 공급계약을 온전히 설명하지 못한다고 할 것이다.

새로운 유형의 디지털콘텐츠에 대한 최종사용계약으로 보는 견해[60]도 있다. 하지만 이 견해는 디지털콘텐츠를 단순히 감상하거나 시청하는 경우로 제한하여 좁게 해석하는 입장으로 B2C의 경우만을 다루고 있다. 즉 저작권법상 저작물 이용허락계약과 마찬가지로 유럽공통매매법상의 포괄적인 디지털콘텐츠 공급계약의 단지 일부만을 설명할 수 있을 뿐이다. 나아가 디지털콘텐츠에 대한 최종사용계약이라는 것이 후술하는 바와 같이 그 본질에 있어서 민법상 임대차 혹은 사용대차 내에서 설명 가능한 것으로 보이는데 이러한 새로운 유형의 계약형태로 이해할 필요가 있느냐는 비판이 제기된다.[61]

유럽공통매매법상의 디지털콘텐츠 공급계약은 저작권법상 저작물이용허락계약뿐만 아니라 디지털콘텐츠에 대한 최종적 사용을 허락하는 임대차계약 혹은 사용대차계

57) 박정권, 전게논문, 206면.
58) 오승종/이해완, 저작권법(2005), 722면 이하; 정상조, 지적재산권법(2004), 390면 이하.
59) 박정권, 전게논문, 208면.
60) 오병철, "디지털콘텐츠 이용계약에 관한 법적 문제", 디지털재산법연구 제4권 제1호(2005), 123면 이하.
61) 구병문, "디지털콘텐츠 이용계약의 법적 성질에 관한 소고", 경희법학 제43권 제2호(2008), 131면.

약으로 보는 것이 타당하다.[62] 디지털콘텐츠 공급계약은 디지털콘텐츠의 소유권, 특히 처분권은 공급자 혹은 제작자에게 그대로 둔 채 그 사용만을 허락받는 것으로 이 경우 그 콘텐츠가 유체적 매체에 담겨 있느냐 혹은 온라인으로 제공되느냐는 중요하지 않다. 물론 유체물에 대한 임대차나 사용대차와 달리 디지털콘텐츠가 다수에게 내용적, 장소적 시간적으로 구애 받음이 없이 동일하게 이용될 수 있다는 특색[63]을 갖기는 하지만 그로 인하여 임대차나 사용대차의 본질이 침해된다고 볼 수는 없다. 이는 유체물과 다른 디지털콘텐츠의 특성 및 이용방법에 기인하는 것일뿐 배타적 처분권을 넘겨 받지 않고 그 이용가치만을 이전받는다는 점에서는 임대차 혹은 사용대차의 본질에 부합한다. 물론 CD나 DVD 등의 유체적 매체에 담겨 디지털콘텐츠가 공급되는 경우 종래에는 도서에 대한 경우와 같이 매매에 의하여 무리없이 다루어져 왔으나, 마찬가지로 매체에 담겨 있는 콘텐츠만을 염두에 두더라도 그 콘텐츠를 이용하는 것에 불과한 것으로 보는 것이 부당하지 않다. 더욱이 온라인상에서 이루어지는 게임이나 소프트웨어 내지 기반시설을 온라인에서 이용하는 클라우드 컴퓨팅과 같이 디지털콘텐츠를 개인의 컴퓨터에 내려 받지 않고 온라인에 접속한 상태에서 공급자의 영역에 접속하여 활용하는 경우는 대차계약에 의하여서만 설명이 가능하다.

2) 유럽공통매매법의 디지털공급계약에 대한 규정의 문제점

이렇게 유럽공통매매법상의 디지털콘텐츠 공급계약을 유상의 경우에는 임대차, 무상의 경우에는 사용대차로 볼 경우라면 유럽공통매매법은 매매와 대차계약을 함께 규율하는 것으로 보아야 할 것이다. 그런데 매매와 대차계약은 근본적으로 그 본질을 달리한다. 우선 매매는 일회적 계약으로 계약의 체결과 이행에 의하여 종결된다. 이에 반하여 대차계약은 기본적으로 대차기간동안 당사자의 사이의 법률관계가 지속되는 계속적 계약이다. 그리고 이러한 계속적 채권관계는 매매와 같은 일회적 채권관계와 법률효과의 측면에서 다르게 다루어진다. 그럼에도 이들을 별개의 계약으로 분리하여 규율하지 않고 오히려 통일하여 규율하게 될 경우에는 혼란을 초래할 여지가 크다. 실제로 유럽공통매매법이 이러한 오류를 범했던 것으로 보인다.

먼저 계속적 채권관계에서는 채권채무관계가 지속적으로 유지되기 때문에 임대차

62) Loos/Helberger/Guibault/Mak, "The Regulation of Digital Contracts", ERPL 19(2011), p. 753; Zahn, ZEuP, 2014, S. 79; 박종권, 전게논문, 211면 이하 등.

63) 김병일, 전자거래에서 지적재산권 라이센싱에 관한 연구, 2002, 198-199면.

의 임대인과 같은 채무자는 채권자의 권리행사를 위하여 계약에 적합한 상태를 유지시킬 의무가 요구된다. 즉 디지털콘텐츠의 공급자는 이용자가 계약에 부합하게 콘텐츠를 일정기간 혹은 반복적으로 이용할 수 있도록 디지털콘텐츠의 상태나 접근가능성을 유지시켜줄 의무가 발생한다. 하지만 매매를 중심으로 규정하고 있는 유럽공통매매법은 이러한 의무에 대하여 아무런 규정을 두고 있지 않다. 또한 채권자인 이용자의 입장에서도 경우에 따라서는 계약기간동안 디지털콘텐츠의 이용을 위하여 정기적으로나 부정기적으로 사용료를 지불하여야 하는데, 유럽공통매매법상의 대금(price)[64]의 개념에 이러한 지속적인 사용료도 포함되는지는 의문이 간다. 또한 계속적 채권관계가 발생한 경우에 그 소멸과 관련하여 함께 규율되어야 하는 제도가 바로 해지이다. 계속적 채권관계가 시작된 경우에는 채무불이행이나 기타 다른 사유로 채권관계를 소멸시키는 경우는 통상 소급효를 가진 해제가 될 수 없고 종래의 채권채무관계를 정산하고 장래를 향하여 계약관계를 소멸시키는 해지가 인정되어야 한다. 하지만 유럽공통매매법은 취소(avoidance) 및 해제(termination)의 효과에 공통하여 소급효를 갖는 원상회복(restitution)만을 규정하고 있다(제17장, 제172조 이하). 즉 이전의 채권채무관계를 인정하고 장래의 계약관계만을 소멸시키는 효과에 대하여는 아무런 규정이 없는 것이다.[65]

3) 문제의 해결

이러한 문제점을 해결하는 방안에 대하여 생각해 보면 우선은 디지털콘텐츠 공급계약의 대차계약성 및 계속적 법률관계성을 감안하여 이를 보완하는 규정을 두는 것을 생각해 볼 수 있을 것이다. 즉 매매법 중심의 태도를 그대로 따르되 계속적 법률관계로서의 디지털콘텐츠 공급계약을 보완할 규정을 추가하여 유럽공통매매법을 다시 만드는 방안이다. 하지만 필자로서는 이러한 방법이 이를 계약내용으로 활용하려는 사업자나 소비자의 입장에서는 매우 혼란스럽고도 번거로운 작업으로 여겨질 가능성이 커서, 유럽연합내에서의 거래의 장벽을 없앤다는 취지에 타당한지 의문이 간다. 디지털콘텐츠를 이용하려는 사람과 일정한 물품을 사려는 사람이 유럽공통매매법을 계약

64) 유럽공통매매법 규칙 제2조 (i)호는 "'대금'은 매도되는 물품, 공급되는 디지털콘텐츠나 제공되는 관련서비스와 교환하여 지급되는 금전을 의미한다"고 규정하고 있는데, 이러한 대금이 예를 들어 매달 정기적으로 지급되는 경우도 포함되는지는 의문이다.

65) Zahn, ZEuP, 2014,S. 87f.

에 활용할 것인지 여부를 저울질을 할 것인데 이 경우 당사자는 전혀 다른 유형을 계약에 대한 규정들을 선별하여 어느 규정이 자신에게 적용될 것인지를 가늠하여 보아야 한다. 즉 두 가지의 다른 유형의 계약을 규율하고 있는 법률을 가지고 자신에게 적용될 규정이 무엇인지를 번거롭게도 다시 검토하여 보아야 한다는 것이다. 필자로서는 차라리 물품의 매매의 경우에만 적용되는 '유럽공통매매법'과 디지털콘텐츠의 공급에만 적용되는 '유럽공통디지털콘텐츠거래법'을 별개로 제정하는 것이 보다 타당하다고 생각한다. 국제거래에 관한 규범에 있어서 규정의 단순화 및 통일화의 문제는 상이한 국내법규정을 갖고 있는 각국의 사업자나 소비자들의 입장에서 보면 그 활용여부를 판단할 가장 중요한 요소 중의 하나라고 여겨지기 때문이다.

나아가 디지털콘텐츠와 관련한 거래 규정을 매매법과 별도로 제정하게 되면 굳이 디지털콘텐츠거래를 매매에 준하는 경우로 제한할 필요가 없어진다. 즉 법률이 적용되는 디지털콘텐츠의 범위나 공급방식을 보다 넓게 포함할 수 있다. 예를 들어 유럽공통매매법이 적용되는 디지털콘텐츠 공급계약은 설명한 바대로 '저장이나 처리 그리고 접근가능성' 중에 하나의 요건과 '재사용'이라는 요건이 모두 충족되어야 한다. 이럴 경우 사용시마다 새롭게 접근하여 요금을 내야하는 일회적 접근만을 위한 경우는 제외되게 된다. 이는 상술한 바대로 유럽공통매매법이 매매계약에 준하는 디지털콘텐츠 공급계약만을 적용범위에 넣으려고 하였기 때문이다.[66] 하지만 이는 주요한 디지털콘텐츠공급의 경우를 적용범위에서 제외하여 규율대상이 공동화될 위험이 있다. 디지털콘텐츠의 거래만을 규율하는 경우라면 굳이 매매에 준하여 그 계약을 제한할 필요가 없으므로 일회적인 접근으로 한 번만 디지털콘텐츠를 이용하는 경우 등도 적용범위에 넣을 수 있는 장점이 있게 된다.

2. B2B와 B2C의 규정

디지털콘텐츠 공급계약의 법적 성격을 디지털콘텐츠의 대차계약으로 이해하여 매매와 함께 규율하는 것이 부적절함과 같이 디지털콘텐츠 공급계약을 B2B와 B2C의 구별없이 함께 규율하는 것도 필자로서는 부적절해 보인다. 그 이유는 최근에 급격하게 커진 정보통신분야에 대한 개인의 지식의 차이가 너무나 크기 때문이다. 사업자가 자

66) Schulze/Wendehorst, RegCESL, Art. 5 Rn. 19ff.;Zahn, ZEuP, 2014, S. 85.

신의 사업을 위하여 디지털콘텐츠를 활용하는 경우와 소비자로서 온라인 상에서 앱이라던지 기타 다른 서비스를 이용하려는 경우는 디지털콘텐츠에 대한 이해도나 그에 접근하기 위한 컴퓨터지식 및 인터넷 지식 등의 편차는 너무나 크다. 인터넷을 난생 처음 이용하여 사이버공간 이곳저곳을 광고에 따라 기웃거리는 정도의 소비자는 자신이 지금 사이버공간의 어디에서 무엇을 하고 있는지도 모르는 경우가 허다하다. 이들에 대한 보호는 예를 들어 구글이 제공하는 플랫폼을 이용하여 앱을 개발하고 이를 활용하여 수익을 올리는 프로그램전문가에 대한 경우와 차원이 다르다. 또한 디지털콘텐츠의 소비자는 사전에 그 콘텐츠에 대한 정보를 거의 알지 못한 상황에서 그것도 상대방과의 직접적인 대화 등이 없이 디지털콘텐츠를 구입하는 경우가 대부분이다. 오프라인으로 가게에 가서 CD에 담겨 있는 소프트웨어를 구입할 때에도 책의 경우와 달리 그 콘텐츠를 직접 사용해 볼 수도 없고, 온라인에서는 그에 대해 간략하게나마 물어볼 사람이 거의 없다. 고작해야 (흔히 조작되기 쉬운) 사용후기나 읽어보고 구입여부를 결정할 수 있을 뿐이다. 자신의 구입목적에 맞는지의 여부를 구입 전에는 판단하기가 어렵다는 점이다. 더욱이 콘텐츠를 다운 받거나 접속하면 철회할 수 없도록 하는 여건이라면 소비자의 실질적 사적자치는 더욱 보장되기 어려운 상황이다. 이러한 상황에서 굳이 법률적인 규율이 필요 없는 B2B의 경우와 그 보호가 매우 절실한 B2C의 경우를 함께 규율하여 규범의 단순화나 통일성을 저해할 필요는 없어 보인다.[67] 오히려 디지털콘텐츠거래와 이용자보호에 관한 법률로 최종소비자의 보호에 치중하는 법률을 만드는 것이 더 입법의 효과가 커 보인다. 그리고 이러한 디지털콘텐츠소비자보호만을 위한 규범의 제정은 소비자에게 안전한 구매여건을 마련하여 줌으로써 장기적으로는 디지털콘텐츠산업의 발전에 기여하는 효과를 가져 올 것이다.

3. 디지털콘텐츠의 범위와 관련한 문제

유럽공통매매법은 디지털콘텐츠 공급계약의 대상으로서 디지털콘텐츠의 범위를 매우 광범위하게 인정하고 있다. 유체적 매체에 담겨 있는 경우뿐만 아니라 온라인을 통하여 내려받는 디지털콘텐츠는 물론 공급자의 영역에 있는 도구적 기반시설까지도

67) 이 문제는 소비자법을 민법에서 함께 규율할 것이냐의 문제보다도 더욱 조심스럽게 접근하여야 할 문제로 보인다. 디지털콘텐츠의 소비자는 일반 물품매매의 소비자보다 훨씬 더 보호가 필요한 대상이라고 생각한다.

디지털콘텐츠에 포함시키고 있다. 이에 반해 디지털화되지 않고 아날로그 방식에 의하여 콘텐츠가 생산된 것은 디지털콘텐츠가 아니라 아날로그콘텐츠가 되어 유럽공통매매법이 말하는 디지털콘텐츠의 공급계약에 관한 규정이 적용되지 않는다. 예를 들어 음악테이프나 비디오테이프, LP 디스크 등을 구입하는 경우에는 디지털콘텐츠 공급계약에 해당하지 않게 된다. 하지만 일반인의 입장에서 음악테이프의 경우와 디지털방식의 음악 CD의 경우가 전혀 별개의 규범이 적용될 것이라고 생각하기는 쉽지 않다. 종래의 규율방식과 같이 유체적 매체에 담겨서 거래되는 CD나 DVD는 디지털콘텐츠 공급계약에서 제외하고 다만 온라인을 통하여 디지털콘텐츠가 공급되는 경우만을 규율하는 것이 타당하다.

유럽공통매매법은 디지털콘텐츠 중에서도 일정한 범위에 대하여는 그 적용을 배제한다. 즉 (I) 온라인뱅킹서비스를 포함하는 금융서비스, (ii) 전자적 형태로 제공되는 법률서비스나 금융서비스, (iii) 전자적 보건서비스, (iv) 전자적 통신서비스와 네트워크 및 그와 관련된 설비 내지 서비스, (v) 도박, (vi) 소비자에 의한 디지털콘텐츠의 새로운 제작 내지는 종래 디지털콘텐츠의 변경 또는 다른 사용자들과의 공동제작의 경우는 제외가 된다. 하지만 이 규정에 대하여 불필요한 것들이라는 주장이 지배적이다. 왜냐하면 유럽공통매매법은 관련서비스공급계약을 제외하고는 서비스공급을 주된 채무로 하는 계약에 적용되지 않기 때문이다. 즉 금융서비스나 법률서비스 보건서비스, 통신서비스, 도박 등은 콘텐츠 그 자체가 거래의 대상이 아니라 디지털콘텐츠는 오히려 서비스제공에 부수적인 역할에 불과하기 때문에 이러한 예외규정이 없더라도 당연히 유럽공통매매법이 적용되지 않는 것이다.[68] 오히려 이러한 영역을 명시적으로 제한할 경우 유럽공통매매법이 당연히 적용될 것으로 예상하는 디지털콘텐츠의 공급을 배제할 우려가 있다.[69] 예를 들어 생활법률에 대한 내용을 쉽게 검색하여 참고할 수 있도록 만든 소프트웨어나 최근에 웨어러블 기기와 함께 소비자들에게 인기가 높은 건강체크 애플리케이션의 공급도 배제해야 한다는 주장을 가능하게 하는 것이다. 하지만 이러한 경우들에도 당연히 유럽공통매매법이 적용되어야 할 것이다. 이 규정은 삭제하는 것이 바람직하다.

---

68) Schmidt-Kessel/Schmidt-Kessel, GEK-VO, Art. 2 Rn. 45; Zahn, ZEuP, 2014, S. 84.
69) Wendehorst/Schulze, RegCESL Art 5. Rn. 23.

4. 계약불합치에 관한 규정

유럽공통매매법은 물품과 디지털콘텐츠의 적합성 기준에 대하여 동일한 척도를 제시한다. 즉 주관적으로 계약의 내용 및 계약체결 당시에 매도인에게 알려진 특별한 목적에 적합하여야 하며(주관적 계약합치성), 그러한 사정이 없는 경우 같은 종류의 물품이나 디지털콘텐츠가 일반적으로 이용되는 목적에 적합하여야 한다(객관적 계약합치성)고 규정한다(Art. 99-100 CESL). 하지만 이 규정은 물품의 계약불합치성을 판단하는 경우에는 타당할지 모르나 디지털콘텐츠 공급계약에 있어서는 그대로 적용하기가 쉽지 않다. 이는 디지털콘텐츠가 갖는 여러 가지 특성 때문이다.

우선 이미 B2C계약을 B2B계약과 분리하여야 한다는 주장과 관련하여 설명한 대로 소비자의 입장에서는 디지털콘텐츠를 오프라인으로 구입하건 온라인으로 구입하건 그 내용물의 실체나 기능 등을 사전에 알기 어렵고 또 자신의 구입목적과 관련하여 그 콘텐츠가 합당한 것인지 설명을 듣지 못하는 경우가 대부분이다. 오직 제목이나 간단한 설명 혹은 이용후기 정도로 그 제품의 구입여부를 판단하여야 한다. 따라서 사용 후에 자신의 목적과 맞지 않았다고 하더라도 계약의 내용이나 목적에 부합하지 않는 것을 근거로 철회하거나 계약불합치를 주장하기는 거의 불가능하다. 계약의 내용이라고 말할 수 있는 것이 고작 몇 줄 되지 않는 판매자의 일방적인 설명이 될 가능성이 크기 때문이다.

다음으로 계약불합치의 제2차적 판단기준인 객관적인 척도도 존재하지 않는다는 점이다. 디지털콘텐츠는 컴퓨터 및 정보통신산업과 더불어 매우 최근에 급격하게 성장한 산업분야로 통상 표준이 될 만한 디지털콘텐츠를 상정하기가 거의 불가능하다. 디지털콘텐츠라는 새로운 현상이 지금 이대로 머무르고 있는 것이 아니고 한 순간도 확정할 수 없는 기술적 발전의 도상에 있기 때문에 콘텐츠의 계약합치성을 판단할 객관적 표준을 찾기가 어렵다.[70]

그리고 계약불합치의 유형이 종래의 물품에 대한 계약불합치와 다른 양상을 보인다는 점도 디지털콘텐츠에 대한 새로운 시각이 필요한 이유이다. 즉 디지털콘텐츠가 예를 들어 음악파일이 음질이 좋지 않거나 영화의 영상이 흐린 경우 등이라면 종래의 물품의 매매와 같이 계약불합치를 어렵지 않게 판단할 수 있겠지만 디지털콘텐츠에 온라인으로 접속하는 것이 어려운 경우나 프로그램을 통하여 바이러스에 감염되는 경

---

70) Loos/Helberger/Guibault/Mak, p. 741.

우, 나아가 그로 인하여 내 개인파일이 유출 혹은 파괴되는 경우, 컴퓨터를 교체하면서 새로운 OS를 사용하는데 그와 충돌하여 콘텐츠의 활용이 제한되는 등을 계약불합치로 볼 것인지는 그 판단이 어렵다. 하지만 유럽공통매매법은 그에 대한 특별한 규정을 두고 있지 않다.

이러한 점을 염두에 둔다면 디지털콘텐츠의 계약불합치성을 판단할 수 있는 보다 구체적인 척도가 제시되어야 한다. 이를 대략적으로 열거하여 보면 다음과 같다.

(1) 디지털콘텐츠에의 접속이나 내려받기가 어려운 경우에 대한 계약불합치성을 선언할 필요가 있다. 이는 비록 그것이 사용자의 컴퓨터 내지 인터넷 사용능력의 부족이라고 하더라도, 이를 인정할 필요가 있다. 이 경우 소비자에게 계약해제권을 주거나 사용자가 원격조정을 통하여 혹은 유체적 매체에 담아 소비자에게 전달하도록 하는 방안을 고려해야 한다. 경우에 따라서는 사용자에게 일정기간 동안은 다시 내려받을 수 있는 권리를 주어야 한다. 물론 추가로 발생하는 비용은 소비자에게 부담시킬 수 있을 것이다.

(2) 콘텐츠의 활용이 일정한 범위에서 제한되는 경우에는 그에 대한 사전적 명시적 설명이 없으면 계약불합치로 보아야 한다. 예를 들어 디지털콘텐츠가 제한된 환경(가장 최근의 OS에는 작동하지 않거나 특정 핸드폰에서는 그 접근이 불완전한 경우 등)에서만 이용가능하다면 그 사실을 미리 알렸어야 한다. 영화 등이 특정프로그램에서만 구동되는 경우도 마찬가지이다. 이러한 설명의무가 없는 경우 그로인한 불이익은 계약불합치로써 사업자가 부담하여야 한다.

나아가 그러한 설명의무를 다하였다는 건만으로 무조건 소비자가 구제수단을 박탈당하는 것으로 할 것도 아니다. 계약불합치에 대한 구제수단 중에 손해배상의 경우를 제외하고는 소비자의 구제가 사업자에게 큰 부담이 되지 않기 때문이다. 디지털콘텐츠는 개발비가 많이 든다고 하더라도 그 관리나 재생산의 비용은 크지 않은 것이 사실이다. 사업자가 개발비를 환수하고 일정한 수익을 올리도록 보장하는 것도 당연히 중요한 일이지만 계약불합치로 인하여 소비자가 계약을 해제하거나 소비자가 완전물급부청구권을 행사한다고 하여 사업자에게 부가적으로 큰 비용이 드는 것은 아니다. 사업자의 입장에서는 소비자가 디지털콘텐츠를 이미 복사해 놓은 상태에서 계약을 해제할 것이라고 하겠지만 일반 소비자가 디지털콘텐츠를 복사를 해 놓고 계약을 해제한다는 것은 흔히 있는 일이 아니다. 디지털콘텐츠를 다운받았다가 제대로 쓰지도 못한 상태에서 지워지거나, 작동방법을 알지 못해 프로그램과 씨름하다가 폐기하는 경우, 프로그램 작동이 제대로 되지 않아 강제로 삭제하는 경우가 훨씬 더 많다는 점이 고려되어야 한다. 디지털콘텐츠의 복사 후에 이루어지는 경우와 같은 부당한 해제를 막아야 한다는 측면에서 소비자의 철회권이나 해제권을 제한해야 한다는 주장은 오히려 소비자가 아닌 다른 사업자나 소수의 사람들(예를 들어 해커들)에 의하여 입은 손해를 소비자에게 전가하는 것일 뿐이다. 그러한 문제는 저작권보호의 문제이지 디지털콘텐츠거래에서 발생하는 계약불합치를 판단하는 데에 감안할 문제는 아니다. 소비자에 의한 계약해제권의 범위를 물품매매의 경우보다 크게 확대할 필요가 있다.

(3) 유럽공통매매법은 디지털콘텐츠가 사용자에 의하여 사후에 업데이트 되어야 하는 경우 사업자는 디지털콘텐츠가 계약의 존속기간 동안 계약에 합치하도록 할 의무가 있다고 규정한다(Art. 105 (4)). 따라서 당사자 사이에 이에 관한 합의가 있거나 디지털콘텐츠의 성질상, 예를 들어 백신프로그램이나 네비게이션프로그램, 방송프로그램 등 당연히 업데이트가 필요한 경우 뿐만 사용자의 입장에서는 최소한 일정기간 동안은 디지털콘텐츠를 사용할 수 있다는 기대를 할 것이므로 합리적인 기간 동안의 사용을 사업자는 보장하여야 한다. 하지만 이러한 의무는 계속적 채권관계를 원칙으로 하는 대차계약의 본질에서 유래하는 특성으로 콘텐츠의 활용가능성이 위험 이전후 사용자의 귀책사유 없는 새로운 기술의 발전환경에 의한 경우이더라도 원칙적으로 인정되어야 한다. 사업자는 환경의 변화에 대하여도 일정 기간은 사용이 가능하도록 업데이트를 해 주어야 하며 이것이 불가능한 경우에는 소비자에 대하여 계약해제의 길은 열어 두어야 한다.

(4) 디지털콘텐츠 공급계약의 체결 전에 사업자가 지는 정보제공의무를 강화할 필요가 있다. 예를 들어 낮은 버전의 소프트웨어를 파는데 이미 업데이트버전이 나와 있는 경우에는 이 사실을 소비자에게 알려야 하고, 사업자가 계약전에 이미 디지털콘텐츠상 하자를 이미 발견한 경우라면 이것도 고지의 대상이 되어야 한다. 프로그램이 특정한 환경에서만 구동이 되는 경우도 당연히 알려야 하며, 특히 지역적인 제한이 있는 경우(예를 들어 DVD에 있어서 지역코드)에는 그 지역을 명시하여야 하며 작동기종이 제한되는 경우에도 마찬가지이다. 디지털콘텐츠의 내용에 대한 정보를 최대한 쉽게 그리고 자세히 고지하도록 할 필요도 있다. 이러한 정보제공의무에 위반한 경우도 모두 채무불이행 혹은 계약불합치로 보아 소비자를 보호할 필요가 있다.

VII. 결론

유럽공통매매법안이 철회된 상황에서 결과론적인 이야기가 될지 모르나 사실 유럽공통매매법의 규정을 보면 여러 가지 점에서 좀 무모해 보이는 특면이 많았다. 이러한 무모함은 무엇보다도 여러 가지 법적 현상을 하나의 법규범으로 통합하여 규율하려는 시도 때문이었다. 먼저는 매매법을 규율하려고 하면서 전혀 다른 유형의, 오히려 대차계약에 가까운 디지털콘텐츠거래를 규율하려는 시도였고, 디지털콘텐츠만을 놓고 보더라도 지식의 편차가 큰 사업자와 소비자간의 경우를 구별없이 동시에 규율하려는 것이었다. 그러다보니 디지털콘텐츠거래가 갖고 있는 특성을 반영하는데에 한계가 있게 되었고 또한 규범의 통일적이며 일관된 체계를 갖지 못하게 되었다. 다만 그러한 시도가 비록 실패하였다고 하더라도 그 구체적인 문제점을 찾아내고 고찰해 볼 수 있는 중요한 계기를 제공하였고, 또 앞으로도 유럽공통매매법안이 최소한의 문제제기로서의 역할을 담당할 것이라 기대한다. 유럽공통매매법의 디지털콘텐츠거래의 규율시도는 그 시도만으로도 긍정적인 평가를 받아 마땅하다. 비록 철회되었지만 다른 통일규범과의 비교를 통하여 계속적으로 연구되고 참고할 수 있는 자료로서의 가치가 여전히 인정되어야 하는 이유이다.

참고문헌

구병문, "디지털콘텐츠 이용계약의 법적 성질에 관한 소고", 경희법학(경희대학교 법학연구소) 제43권 제2호(2008.9.), 105-149.

김두안, "프로그램에 대한 사용허락계약의 법리", 산업재산권(한국산업재산권법학회) 제7권 제1호, 1998.

김병일, 전자거래에서 지적재산권 라이센싱에 관한 연구 – 전자적 소프트웨어라이센싱을 중심으로 –, 정보통신부, 2002.

박종권, "디지털콘텐츠 이용계약의 법적 성질과 권리·의무에 관한 고찰", 법학논집(이화여대 법학연구소), 제14권 1호(2009.9.) 189-230.

박희호, "유럽공통매매법(CESL)의 계약합치성에 관한 연구", 동북아법연구(전북대학교 동북아법연구소) 제9권 제2호(2015.9.30.), 417-438.

송호신, "클라우드 컴퓨팅의 활성화에 따른 법제 정비 방안", 한양법학(한양대학교 법학연구소) 제25권 제4집 (2014.11), 115-135.

오병철 "디지털콘텐츠 이용계약에 관한 법적 문제", 디지털재산법연구 제4권 제1호, 세창출판사, 2005.

오승종/이해완, 저작권법(제4판), 박영사, 2005.

이병준, "보통유럽매매법에서 디지털콘텐츠에 대한 규율과 그 시사점", IT와 법연구(경북대학교 IT와 법연구소) 제9집(2014), 203-232.

장병일, "독일에 있어서 멀디미디어의 개념과 그 이용의 법적 성질", 민사법이론과 실무 (2010.12.31.), 103-120.

정상조(편집대표), 저작권법 주해, 박영사, 2007.

황찬현, "Shrinkwrap 계약", 인터넷법률 제3호, 법무부, 2000.

EU정책브리핑, 부록 2 - EUROPE 2020 전략발표, 외교통상부/주벨기에 대사관 겸 주유럽연합대사관, 2010년 9월 제2차 개정증보판.

Penadés/Velencoso(ed.), European Perspectives on the Common Euroepean Sales Law, 2015("Penadés/Velencoso/Author, European Perspectives on CESL, 2015"로 인용).

Dannenmann/Vogenauer(ed.), The Common European Sales Law in Context, 2013

Schulze, Common European Sales Law, 2012.(부속서 I에 대한 주석은 Schulze/Author, CESL, 전문인 규칙에 대한 주석은 Schulze/Author, RegCESL로 인용).

Loos/Helberger/Guibault/Mak, “The Regulation of Digital Contracts in the Optional Instrument of Contract Law”, European Review of Private Law 19(2011) 729-757(“Loos/Helberger/Guibault/Mak, “The Regulation of Digital Contracts”, ERPL 19(2011)“ 로 인용).

Schmidt-Kessel(hrsg.), Der Entwurf für ein Gemeinsames Europäisches Kaufrecht, 2014(“Schmidt-Kessel/Autor, GEK”로 인용).

Stadler, “Anwendungsvoraussetzungen und Anwendungsbereich des Common European Sales Law”, AcP 212(2112), 473-501 (“Stadler, “Anwendungsvoraussetzungen des CESL” AcP 212(2112)“로 인용).

Zahn, Die Anwendbarkeit des Gemeinsamen Europäischen Kaufrechts auf Verträge über digitale Inhalte, ZEuP, 77-96.

찾아보기

찾아보기

E

F

K

L

M

ㄱ

ㄷ

ㅁ

ㅂ

ㅅ

ㅇ

EU사법(III)

Private Law of the European Union

EU사법(III)

초판 인쇄 2017년 2월 21일
초판 발행 2017년 2월 28일

지은이 박영복
발행인 김인철
총괄 · 기획 가정준 Director, University Knowledge Press
편집장 신선호 Executive Knowledge Contents Creator
도서편집 김민정 Contents Creator
전자책편집 최인우 Chief e-Contents Creator
재무관리 김은혜 Managing Creator
마케팅 파트장 백승이 Chief Marketing Creator
마케팅 박종원 Marketing Creator
발행처 한국외국어대학교 지식출판원
02450 서울특별시 동대문구 이문로 107
전화 02)2173-2493~7
팩스 02)2173-3363
홈페이지 http://press.hufs.ac.kr
전자우편 press@hufs.ac.kr
출판등록 제6-6호(1969. 4. 30)
디자인 · 편집 (주)이환디앤비 02)2254-4301
인쇄 · 제본 네오프린텍 02)718-3111

ISBN 979-11-5901-187-0 94360 정가 30,000원
ISBN 978-89-7464-634-9 (세트)

*잘못된 책은 교환하여 드립니다.